GARZÓN: EL HOMBRE QUE VEÍA AMANECER

GARZÓN:

EL HOMBRE QUE VEÍA AMANECER

PILAR URBANO

PLAZA & JANÉS EDITORES, S.A.

Ilustraciones interiores cedidas por Baltasar Garzón Real

Primera edición: noviembre, 2000
Segunda edición: noviembre, 2000
Tercera edición: noviembre, 2000

Printed in Spain – Impreso en España

ISBN: 84-01-37651-3
Depósito legal: B. 48.854 – 2000

Fotocomposición: Lozano Faisano, S. L.

Impreso en Printer Industria Gráfica, s.a.
San Vicenç dels Horts (Barcelona)

L 376513

A Julia, dos veces nacida:
seguirás naciendo y naciendo,
siempre que en tu vida haya amor

ÍNDICE

«Nunca me sumaré al gregoriano de los canónigos amarillos de la envidia que sólo ven en el joven juez afán de protagonismo.

»Éste es un país camastrón donde no sólo nos molesta hacer cosas, sino también que las hagan los demás. Garzón está desmoralizando a los españoles con tanta acción, con tanta eficacia, con tanta fe y tanto músculo mental (...).

»Le ha asombrado a uno el que a estas alturas del partido, cuando el joven juez ha dado uno de sus golpes maestros contra ETA, la media España de derechas diga que Garzón es un trepilla y la media España de izquierdas diga que la cosa ha estado bien, pero que no era el momento... Claro que ETA ha respondido al día siguiente. Y así nos encontramos a un hombre solo y famoso contra una organización que no tiene rostro.

»Garzón no tiene jamás agujetas, pese a su actividad, pero sabemos que empieza a tener agujetas en el alma, cansancio frente a la incomprensión y la envidia de sus connacionales. ¿Que busca protagonismo? Sólo los que buscan protagonismo mueven la Historia: Cervantes, Colón, Juan de Austria, Quevedo, Velázquez, Cajal, El Cid, evidentemente buscaban protagonismo, y reuniendo todos esos protagonismos nos sale la imagen de España. El que no aporta nada es el que sólo busca un sueldo fijo del Estado para toda una vida modesta. Ya nos dijeron en casa que unas oposiciones y por las tardes al casino (...). El horror provinciano al protagonismo, la ética camp de las clases medias y las clases bien, que consideran de mal gusto salir en los periódicos antes de la esquela. Lo dicen de Garzón: "Ése algo anda buscando."»

FRANCISCO UMBRAL
(Fragmento de su columna «Garzón», publicada en El Mundo)

«¿Juez moderado? Sí, porque puede equivocarse; pero, cuando se tiene el poder de aplicar la ley, los errores deben ser los menos.

»¿Juez temeroso? No. En el momento en que un juez tenga miedo de sus propias decisiones ha de abandonar la carrera porque... ya está prevaricando. Si deja de aplicar una ley justa, por temor a que le critiquen, a que le persigan, a que le difamen, a que perturben su vida privada, a que le maten... ese juez está mediatizado, ese juez ya es parcial: su miedo es *su parte*. Si nota eso, que cuelgue la toga y se marche a su casa.

»El juez precisa altas dosis de fortaleza y llevar esculpida la ley en su conciencia. Tiene que estar bien seguro de lo que va a hacer, para arrostrar después las consecuencias que afecten a su propia persona. Su orden incidirá sobre intereses en conflicto y posturas enfrentadas... La sociedad se posicionará en bandos: unos montarán el hosanna de gloria y otros la cacería contra él. Si no se siente capaz de dominar la embestida con temple y con independencia... ese hombre no puede ser juez ni un minuto más.»

BALTASAR GARZÓN

[illegible] Garzón de [illegible] contemporáneos, el [illegible] Felipe V se [illegible] el Supremo [illegible]

[illegible] de [illegible]

[illegible] Ana, durante [illegible] años. [illegible] y de elec- [illegible] periodista, [illegible] y de mayor [illegible]

[illegible] práctica [illegible]

[illegible]

[illegible] más agra- [illegible] de [illegible] Audiencia [illegible] Civil, etc. [illegible] de [illegible]

[illegible]

Cuando en el verano de 1998 le hablé a Baltasar Garzón de hacer este libro, yo no sabía que pocos días antes —exactamente, el 23 de junio— él había escrito en su diario: *Aunque entre Felipe y yo no hubo ningún pacto, esta mentira suya de hoy, ante el Supremo, cancela todo compromiso moral de silencio. Me siento dueño de sacar a la luz mis vivencias cuando yo quiera. Algún día lo haré; pero a mi manera: yo no sé mentir. Y daré datos a la Historia, para que la Historia ponga a cada uno en su sitio.*

Lo que yo estaba proponiéndole, pues, era que ese *algún día* fuese ya, fuese hoy.

Él sólo me puso un tope, que entendí y respeté: «No diré una palabra sobre causas abiertas, que yo esté instruyendo. Ahí, búscate la vida.» Y empezó una larga conversación que ha durado dos años. Conversación de conversaciones, con tramos de ausencia y de silencio, con rachas de más cercanía o de más lejanía. Como periodista, necesitaba el primer plano. Como biógrafa, la perspectiva. Podría decir que, durante dos años, he escuchado al hombre y he investigado al juez.

He trabajado siempre en un doble frente: la dimensión pública y el ámbito privado; su relato y mi indagación; el testimonio de sus amigos y el de sus enemigos; la tensión entre la actualidad batiente y la historia absorta que ha de permanecer...

He procurado, a conciencia, que el interés objetivo suscitado por el personaje no empañase en ningún momento mi independencia crítica. De ahí, un deliberado juego de equilibrios entre la confianza y la distancia.

Una página de cortesía es insuficiente para reseñar mis agradecimientos. Con este libro he contraído deudas informativas impagables: aparte las facilidades en archivos y bases de datos de acceso restringido, he dispuesto de una magnífica documentación de sumarios judiciales y diligencias policiales, así como relatos de primera mano de magistrados, fiscales, funcionarios de la Audiencia Nacional, abogados, mandos de la policía, de la Guardia Civil, etc.

Guardo especial gratitud hacia el entorno más íntimo de Baltasar Garzón: sus amigos de siempre, su madre y sus hermanos, sus tres hijos... Todos me han aportado algo genuino y de valor.

Inestimable ha sido la ayuda de Yayo, su mujer y además «involucrada» compañera. Con una sutil complicidad, ella me franqueó la entrada a ese mundo intimista de los álbumes de fotos, las cartas, los recuerdos entrañables, las menudas historias cotidianas del juez Garzón cuando vuelve a casa. En fin, una tarde de invierno que Baltasar estaba en Londres, Yayo hizo café, encendió la estufa y, por primera vez, dejó que me asomara al arcano confidencial de los diarios...

Al fin, puedo decirlo, sólo me he vendido a la verdad.

Pilar Urbano

I

EL AÑO PASADO EN MARIENBAD

—Felipe, cesa a Barrionuevo: es necesario.
—No puedo... Ya le he dicho que se marche, y me ha contestado que no: que si él se va, yo con él.

Baltasar Garzón y Felipe González
La Moncloa, 22 de abril de 1994

Baltasar Garzón está sentado entre el público en una de las últimas filas del salón de actos. Solo, serio, con la mirada perdida en el vacío, espera a que comience el evento. Antonio Asunción ha dimitido como ministro del Interior, y ahora Juan Alberto Belloch va a tomar posesión de esa cartera, uniéndola a la que ya tiene de Justicia. En este momento, doce menos cinco del mediodía del 6 de mayo de 1994, Baltasar Garzón es, sigue siendo, secretario de Estado y «número dos» de Interior.

Sin que él la haya visto venir, se le acerca Margarita Robles. Nerviosa, apurada, parpadeando mucho, le transmite un recado en voz baja. Un recado inconscientemente *quequeado*:

—Baltasar, *que* me dice Juan Alberto *que* venga y *que* te diga *que qué* vas a hacer...

—Que qué voy a hacer... ¿de qué?

—Si te vas a quedar, o —parpadea más— si vas a dimitir...

—¿Juan Alberto te envía para eso? Dile que... ya hablaremos.

—Baltasar: él quiere una respuesta ahora: lo que sea, ahora.

Garzón se levanta. Atraviesa el salón de actos sorteando butacas, en diagonal. Está lleno de gente. Se han ido concentrando funcionarios, altos cargos, diputados, jueces, fiscales, jefes de policía, periodistas y jóvenes señoras con vestidos primaverales en tonos pastel. Junto al estrado, en la puerta de autoridades, está Belloch recibiendo a los ministros invitados: Narcís Serra, Julián García Vargas, Cristina Alberdi, Alfredo Pérez Rubalcaba... Juan Alberto estrecha manos, sonríe, recibe palmadas en la espalda, besa a una dama en la mejilla... Al ver a Garzón, deja a todos y va hacia él:

—Baltasar, ¿has decidido algo?

—No he podido hablar con Felipe todavía. Desde anoche llevo...
—Yo sí he hablado con él, y dice que tomes una decisión ya.
—¿Eso te ha dicho? Bien, pues... lo pienso y luego te digo.
—No, no. Te estoy diciendo que tomes una decisión ya.
—Hombre, no pretenderás que sea aquí, ahora mismo...
—Sí, aquí, ahora mismo. La decisión que quieras, pero ya.
—¿Y por qué ya?
—Porque no pienso consentir que utilices tu dimisión en tu propio beneficio. Éste es mi tiempo político, y aquí decido yo.

Narcís Serra y Cristina Alberdi están muy cerca. Quizá no oyen, pero sí detectan alta tensión, y se retiran a un lado. Pueden ver los perfiles de Belloch y de Garzón, como dos medallas enfrentadas: los entrecejos fruncidos, las venas marcadas en las sienes, dilatadas las aletas de la nariz, los labios en rictus. Los dos hombres, conteniendo el aliento y mirándose a los ojos. Los pechos engallados, como un Zeus y otro Zeus capaz cada uno de fulminar al otro con una súbita descarga de electricidad.

Garzón rastrea los ojos de Belloch: las bolsas marrones y mates como cuero, los iris brillantes y duros como gemas. De repente, en cada uno de esos iris brillantes y duros como gemas, con *la cruel simetría del tigre* relampaguea un fulgor de odio. Sin alzar la voz, arrastrando muy despacio las sílabas, Garzón le dice:

—Si tienes cojones, césame.

Ha vuelto a su despacho, en la calle Amador de los Ríos. Una estancia recoleta y circular, decorada con espejos y viejos relojes. Porque intuía la celeridad del desenlace, se trajo esta mañana su maletín Samsonite verde vacío. Lo ve, en el suelo, junto a la mesa. Pide a Mari Carmen, la secretaria, varias cajas de cartón, de las de archivar papeles. En mangas de camisa, empieza a recoger sus cosas: telegramas, cartas, discursos, notas manuscritas de trabajo, fotografías, actas... y sus compactos de sinfónica, óperas, rock duro, guitarra flamenca, bailables de los sesenta... Consciente de que está poniendo el punto final en una página importante de su vida, se obliga a no liar cuatro paquetes deprisa y corriendo. Lo ordenará todo por fechas, papel a papel, con la minuciosidad de quien le hace un albarán a la historia.

Cuando ya está metido en faena, suena el teléfono. Es Araceli

Manjón, su directora de gabinete. Al salir del salón de actos de Interior, Baltasar le encargó: «Quédate a la rueda de prensa de Belloch; si ocurre algo especial, yo estaré en mi despacho.» Y ha ocurrido. Un periodista ha querido saber:

—¿Por qué no está aquí el señor Garzón?, ¿sigue o dimite?

—Yo le he pedido que se quede —ha dicho Belloch—. Pero si me presenta la dimisión se la aceptaré. Y se la aceptaré ¡encantado!

En ese mundo político de formas tan exquisitas como falsas, el exabrupto ha sonado a patada destemplada.

—¿Ah, sí? Pues le va a llegar ahora mismo.

A vuelapluma, Garzón redacta apenas tres escuetas líneas de dimisión. Llama a la secretaria: «Telefonea al gabinete del ministro y anuncia que va esto. Envíalo por fax, y que a la vez lo lleve un motorista.»

Por dentro está herido. Siente la decepción del fraude. «Culpas a nadie —se dice a sí mismo—, soy mayorcito. Entré en esta aventura porque quise, y porque quiero me voy.» Pone un compacto, algo de Berlioz. Al poco lo quita. Prueba con Händel. Hoy le estorba. Necesita silencio. Como si ajustase la lente de unos prismáticos, corrigiendo el foco hasta lograr el punto de visión exacto y nítido, retrocede un año en su memoria. Es un ejercicio acostumbrado. Lo ha hecho mil veces, como juez, al redactar un auto de procesamiento: abrirse paso entre la cascada apabullante de los hechos, remontarse río arriba, volver al inicio, tocar con las manos aquel punto original donde empezó una historia...

En las navidades de 1992, José Bono, presidente de Castilla-La Mancha, felicita las pascuas a los guardias civiles del acuartelamiento de Herrera de la Mancha. En su discurso de arenga y elogio viene a decirles que la Guardia Civil es grande y honrosa, «a pesar de lo que diga o de lo que haga algún superjuez, que busca la foto y el protagonismo». La alusión es directa: en esas fechas, Garzón ha procesado a una batería de guardias civiles y jefes de la Ucifa —la Unidad Central de Información Fiscal y Antidroga—, por pagar con droga a confidentes y por provocar ellos nuevas remesas para apuntarse mayores alijos. Cuando Garzón lee la reseña en el periódico, piensa: «¡Vaya, hombre! Ventura Pérez Mariño me hablaba muy bien de Bono, pero ya veo que es uno más, uno más de los que hacen la pose demagógica en lugar del discurso exigente. ¿Guardia Civil grande? Sí, y benemérita; pero hay que perseguir los delitos que se cometan dentro. Claro, usted queda de dulce felicitándoles las pascuas, y yo como un imbécil que busca notoriedad.»

A los pocos días, Garzón se encuentra con Ventura en la Audiencia Nacional. Son magistrados los dos, hombres de izquierdas los dos, y coinciden algunos veranos en Galicia, en Amorín.

—Joer, Ventura, a ver si eliges mejor a tus amigos...

—¿Por quién lo dices?

—Por José Bono. Se dedica a insultar a los jueces...

—No, hombre. Habrá sido un malentendido. Conozco a Pepe hace mucho tiempo: estuvimos juntos en el PSP con Enrique Tierno, con Raúl Morodo, con Donato Fuejo... y es oro molido.

—Pues mal lo demuestra.

Ventura habla con Bono. Días después, le propone a Garzón un encuentro entre los tres:

—Pepe quiere cenar contigo y explicarte lo de Herrera de la Mancha. Te gustará conocerle.

—No me apetece cenar con una persona que me insulta.

—No te cierres, Baltasar. Él quiere darte una explicación. Ya verás como es un tío fenomenal en el plano corto.

Cenan en el Asador Donostiarra. Juan, el *maître*, sabe que al juez le gustan los vinos con cuerpo, y sirve un Viña Ardanza. Bono ofrece sus excusas: «¡Lejos de mi ánimo ofenderte!; pero a veces el político tiene que decir cosas fuertes, frases redondas, que uno no las siente con esa rotundidad... Y tú, además, Baltasar, eres una persona a quien admiro por tu valentía, porque le echas arrestos.»

Pronto hay buena química. Bono está locuaz y brillante. Habla de la situación política, del Partido Socialista, de Felipe González... En algún momento, Garzón declara: «Mis ideas están muy cerca del socialismo; en mi familia hay de todo, pero yo desde niño me he sentido de izquierdas.»

La sobremesa es larga. Al despedirse, dice Bono:

—Esto tendría que repetirse. No sé, yo he estado muy a gusto. Venga, ¿quedamos para otra vez, pero pronto? ¿Cuándo podéis...?

—Así, pronto, pronto, yo no creo que pueda —dice Garzón—, porque tengo comisión rogatoria en Milán y en Génova. Y al volver, ya en febrero, aprovechando la semana blanca, me voy con mi mujer y los niños a esquiar.

—Mi mujer y mis hijos también esquían. ¿Dónde vais vosotros?

—Este año queremos ir a Granada.

—¡Hombre, qué casualidad! En esos días de la semana blanca, Ana y los chicos piensan ir a Sierra Nevada. Al Rumaikyya. Yo no sé si podré, tengo bastante jaleo de despacho; pero si vosotros vais, me bajo un par de días.

Ventura comenta que el hotel Rumaikyya será muy caro para ir en plan familiar.

—¡Nada! Eso dejadlo de mi cuenta —dice Bono—. Es un hotel de Cetursa y nos hacen un precio especial. Incluso, ¡qué caray!, si os apetece ir, os invito yo.

Garzón enhebra con su mujer un diálogo fluido. Rosario Molina. Él la llama Yayo. Se conocieron cuando eran estudiantillos de COU. Han roturado la vida juntos, y juntos han aprendido a vivir. Son marido y mujer y son amigos. Yayo es el quicio en la vida cotidiana de Baltasar Garzón. Entre ellos hay complicidad y electricidad de pareja, y un hilo de conversación a pespunte del día a día. Ella es su confidente: el ámbito íntimo donde él proyecta lo más inocente y lo más turbio de su ser, sus certezas de plomo y sus dudas de niebla. Yayo está muy enamorada. Y sabe que, digan lo que digan por ahí, no hay «otra». Quizá porque, en el fondo, de quien él está enamorado es... de él. A veces le riñe como a un colegial: «Ya no sé cómo decírtelo, Baltasar: por donde pasas vas dejando un reguero: la chaqueta y la cartera, abajo en el comedor; el inalámbrico lo has soltado en la cocina, y me he vuelto loca buscándolo; hay un tramo de escaleras que está lleno de cajas de papeles; botes vacíos de coca-cola aquí, allí... Eres más desastrao que tu hijo Balti. Desde luego, no pienso ir detrás recogiendo. Me planto. Y cuando lleguen los invitados a cenar, que lo vean.»

Discuten. Pero luego abrochan bien, bailando sevillanas. Yayo vela con él sus guardias. Es mujer de largos silencios y tiene un buen escuchar. Juntos hacen rafting en el Noguera Pallaresa. O esquían en Baqueira. O pasan la tarde del domingo en casa, ella corrigiendo exámenes de sus alumnos del instituto, y él preparando un texto de trabajo con la música a todo volumen.

Baltasar le comentó a Yayo la cena con Bono y el plan de Sierra Nevada: «Dice que nos invita... a ti, a mí, a los nenes.» A Yayo le chocó. Cada vez que salía el tema, ella decía que no se fiaba. Bono le parecía falso. A Garzón le han desarmado siempre los vislumbres de la intuición femenina, las corazonadas de Yayo.

—No sé, Baltasar, no lo veo claro. Algo busca. Nadie da duros a cuatro pesetas.

—Mujer, no seas tiquismiquis. Me lo avala Ventura, que es su amigo... Además, ¿qué va a buscar?

—Llevas cosas delicadas entre manos. A cualquiera le puede interesar arrimarse a tu amistad para enterarse de qué vas a hacer, o para ver si te influyen. Ten cuidado...

Baltasar se queda con la copla y le insiste a Ventura:

—Oye, a mí Bono me parece muy amable; pero ¿de qué lo conozco? De dos avemarías que nos hemos rezado juntos. Me oriento por lo que tú me dices...

—Que sí, hombre, que es un tío sano, abierto, rumboso; le gusta invitar, regalar quesos y mazapán, ser buen anfitrión...

—Si tú me das garantía de que no busca explotarlo políticamente, yo no tengo por qué ocultar que Bono me ha invitado a pasar tres días en Sierra Nevada. Ni es ilegal, ni es inmoral.

Pepe Bono estuvo sólo día y medio en el hotel Rumaikyya. Pero se volcó con sus invitados.

Garzón recuerda, como si fuera ahora mismo, aquella charla distendida. Ventura, Bono y él, arrellanados en los sillones de un confortable rincón del Rumaikyya, tomándose un gin-tonic y hablando de política. Bono decía que a Felipe le preocupaban las próximas elecciones; era todo muy incierto; el PSOE estaba bajo mínimos, pero los del PP también lo tenían crudo porque Aznar no era un líder con tirón... Entonces, Bono se dirigió a los dos, aunque mirando a Garzón:

—¿Te... os apetecería un encuentro con González?

—Siempre es interesante conocer al presidente del Gobierno.

—Sería un encuentro informal, con más gente. Por Cabañeros hay una finca del Patrimonio, Los Quintos de Mora. Felipe viene a veces, se esconde allí con los guardeses de la finca, sin teléfonos ni nada, y se pierde de todo, así se junte el cielo con la tierra. Le encanta el campo, hacer injertos...

—Mira, ya tenemos algo en común —dice Garzón—: yo soy muy campero y algo sé de injertos. Mi padre era labrador y me enseñó.

—Yo allí suelo organizarle algunas comidas con líderes sociales, no figurones ni figurines, sino gente que está en contacto con la calle. Podríais venir en ese grupete...

—Pero ese grupete ¿son siempre los mismos?, ¿es algo fijo?

—No, no, qué va, al revés: son siempre caras nuevas, voces nuevas, de distintos ambientes... Lo que yo busco es que Felipe baje a la realidad y oiga lo que piensa la gente.

—¿Y eso?, ¿es que ese tío está en otro mundo, o qué?

—No, pero vive muy encerrado en Moncloa, rodeado siempre de los mismos. Lo del abucheo en la Universidad Autónoma le ha marcado, y no quiere salir a ningún sitio. Teme que se produzca otra bronca similar. Sólo va a actos oficiales. Y yo no creo que sea bueno que se encastille. Le conviene poner los pies en el suelo y fajarse con gente que le ponga peros; gente que no vaya a adularle, que de ésos sobran. Si decidís venir, atacadle fuerte, habladle con claridad...

Esa misma noche, en la habitación del hotel, Garzón le dice a su mujer, con cierto empaque de vanidad:

—Ya sé qué quiere Bono: que yo conozca a Felipe González.

—¿Y eso es bueno para ti?

—¿Por qué va a ser malo? Lo mismo, acuérdate, que cuando conocí al Rey el año pasado, o cuando don Juan quiso conocerme. Y no son malas experiencias —Yayo le escucha en silencio mientras cuelga la ropa en el armario—. Es como lo del primo Baltasar, empeñado en que tengo que tratar de cerca a Julio Anguita. Por cierto, hemos quedado para comer. ¿Y por qué no voy a tener reticencia con Anguita y sí la voy a tener con González? Además, será un encuentro con más gente. Y también irá Ventura.

Sentado en el borde de la cama, un pie descalzo y el otro aún con calcetín, Baltasar mira a Yayo. Nota que ella recela.

—No sabría decirte qué es. Tantas ganas de conocerte y de entablar amistad contigo, así, de pronto...

—¿Eso te preocupa?

—Me gustaría saber qué hay detrás de ese repentino interés.

Al día siguiente, Bono, Garzón y Pérez Mariño tienen otra conversación de sobremesa. Bono se descara algo más en su diagnosis de las entrañas del PSOE. No es nuevo lo que dice, pero sí oírselo a un *barón* socialista, a un íntimo de esa restringida camarilla de González donde sólo están Serra, Solana y Rubalcaba.

—Es como si Felipe no quisiera darse cuenta de que en el partido hay que hacer cirugía. En el PSOE hay comportamientos corruptos, y no se pueden seguir negando. Y compañeros que no deben estar donde están: pero les falta la vergüenza torera de coger y marcharse. Es urgente regenerar el partido. Por eso yo os animo y os jaleo para que, desde vuestra independencia, le habléis claro a Felipe. Ahora está desconcertado por la pitada de los universitarios, y puede ser un buen momento. Quizá vosotros, diciéndole cuatro verdades, le hagáis reaccionar.

Sin embargo, ese mismo Pepe Bono quiere organizarle «un acto de desagravio con jóvenes, para subirle la moral». Garzón le dice con ironía:

—Ya. Un acto con alevines de las Juventudes Socialistas, bien domesticados para que no haya pitadas ni voces discrepantes.

—No, hombre. Es que Felipe es ciclotímico: sube, baja, se enardece, se deprime... Necesita de vez en cuando un baño de multitudes, una oleada de felicitaciones. Ahí el hombre recarga las pilas, remonta, tira p'alante, se le aclaran las ideas. Ahora tiene un momento muy bajo.

En esos días de febrero de 1993, estando Garzón en Sierra Nevada, el diario ABC publica una información brutal contra él. Es un aparatoso montaje, pero resulta creíble y puede oxidar su prestigio. Del juzgado central número 5, en la Audiencia Nacional, alguien ha sustraído unos folios escritos de puño y letra de Garzón. Son minutas del sumario contra el traficante de armas sirio Monzer Al Kassar: borradores de autos con tachaduras, añadidos, correcciones sobre la marcha, llamadas al margen, anotaciones para el funcionario judicial que debía redactar en limpio ese documento. El ladrón ha entregado los papeles a los abogados de Al Kassar. Dos de ellos, Díaz Bastién y Sanz Arribas, denuncian a Garzón por prevaricación y falsedad, aportando esos folios, que dicen haber recibido de un denunciante anónimo. Y ya en el mismo viaje los sueltan en ABC, donde saben que la mercancía tendrá un despliegue informativo efectista.

Monzer Al Kassar está en la cárcel y procesado por su implicación en el secuestro del barco *Achille Lauro* en aguas de Alejandría. Se le imputa el suministro de las armas para ese acto de piratería, cometido por el grupo terrorista palestino *Abu Abbas*, y en el que asesinaron a bordo al judío norteamericano León Nofer. Garzón instruyó el caso. Y no fue sencillo. Tuvo que vencer una batería de dificultades. Una, la propia internacionalidad del asunto y su novedad procesal en España: imputados palestinos y sirios, víctima estadounidense, buque italiano, aguas territoriales egipcias... Otra, que la CIA, después de aportar informaciones correctas, que abrieron a la policía española líneas nuevas de indagación, cuando llegó la hora de judicializar esos datos, por ser la Agencia un servicio secreto, preferían no personarse como testigos de cargo. Eso obligó al equipo policial de Garzón a redotarse de pruebas y testimonios, cara a la vista pública. Otro entorpecimiento nada despreciable: la fortuna de Al Kassar y su multimillonaria capacidad de mover voluntades, incluso desde la prisión. A lo largo del proceso, se asistió a una contradanza de testigos —sirios de la misma mafia— que cambiaban sus declaraciones cada dos por tres, según cuánto les pagasen o cuánto les amenazasen. A ello se añadían las estrategias de la defensa, empeñada en cargarse el sumario por la vía de dinamitar al juez instructor: demostrar que era venal, tramposo, prevaricador. De ese modo se anularía todo lo actuado.

Garzón no lo duda: detrás del ataque de ABC ve el cerebro maniobrero del penalista Cobo del Rosal, abogado de Al Kassar, aunque en ocasiones utilice abogados interpuestos.[1]

Habla por teléfono con dos compañeros de la Audiencia Nacional, el juez Carlos Bueren y la magistrada suplente Araceli Manjón: «Por favor, ayudadme a desenredar este lío. Primero, explicando ahí en la Audiencia y en el Consejo del Poder Judicial de qué va esto... Y a los periodistas que pregunten, dejadles claro que son minutas mías de trabajo, de las que tengo cientos, miles, donde indico al funcionario cómo tiene que ordenar el procedimiento: "quitar esto... poner lo otro", "sustituir por auto de fecha tal", "informe policial, que especifique este dato".. Sí, es un montaje muy burdo;

1. En ese momento, 23 y 24 de febrero de 1993, Manuel Cobo del Rosal, catedrático de Derecho Penal, dirige la defensa de Al Kassar y las de algunos miembros de la Guardia Civil implicados en el caso Ucifa. Más adelante, por encargo de Belloch, organizará la falsa y quizá ilícita extradición de Roldán desde Laos, utilizando los servicios de Francisco Paesa, cliente también de Cobo del Rosal. Al mismo tiempo, conducirá la defensa de Rafael Vera por el caso Gal. Los intereses que asume Cobo le enfrentan, pues, continuamente al juez Garzón.

pero a un público sin cultura jurídica le crea la impresión de que hay un trucaje, que he falseado diligencias, o que me he conchabado con los policías para perjudicar a Al Kassar... Joder, ya sé que no tiene agarre jurídico, pero ellos lo intentan, a ver si cuela. Y, mira qué bien, se quitan de encima al tío que les está pisando callos en lo de Al Kassar, en lo de la Ucifa, en lo del Gal...»

Pasado el tiempo, Garzón sabrá que uno de los que entonces estaban detrás, impulsando que la denuncia prosperase, era Eligio Hernández, el fiscal general del Estado. En el caso de la Ucifa, ya Eligio había estado muy activo —también en la sombra, dado el cargo que ocupaba— con Luis Roldán, Rafael Vera y Cobo del Rosal, diseñando maniobras defensivas para los jefes, oficiales y guardias civiles implicados.

La cita con Felipe González en Los Quintos de Mora es el sábado 27 de ese mismo febrero. Garzón lleva a Ventura en su coche oficial. Con ellos, aunque no se conocen, viaja el pintor Antonio López. Va el hombre un poco perplejo por la situación, por la invitación... Se le nota ajeno a la *pomada* política. El nombre de Garzón le suena vagamente, pero no sabe quién es. Un par de veces comenta: «Yo no sé a qué vengo aquí.» Garzón le tranquiliza: «Nosotros también asistimos por primera vez... Vamos a estar ahí como un dálmata: un montón de manchas, un batiburrillo de gente diversa.» De haber tenido más confianza con el pintor, le diría lo que piensa: Bono le monta al presidente estos saraos con «líderes de opinión», lo mismo que podía llevárselo de copas o a bailar sevillanas. Una terapia para que toque una realidad que empieza a hacer crack.

Los Quintos de Mora es como un cortijo de tapias encaladas blancas, con gran portalón de entrada. Un encinar inmenso. Frondor verde oscuro de monte bajo. La sierra de Toledo, al fondo. El día es claro, pero hace frío. Felipe está allí desde la víspera, después del consejo de ministros. Viste pantalón de pana y jersey gris. Los que van llegando se acercan a saludarle. Garzón se rezaga unos segundos, lo suficiente para que González y Bono vayan a su encuentro.

—¡Hombre, Baltasar!, ¿qué tal? ¡Me encanta que hayas venido! —Felipe le coge por el brazo, muy risueño—. ¡El tiempo que hace que yo quería conocerte...!

Advierte que el juez mira de soslayo unas encinas peladas,

apuntaladas y con vendajes, delante de la casa. Felipe le explica: «Me trajeron los cepellones medio muertos. Los podé, los cuidé, les hice unos injertos de encinas sanas... y ahí están: han prendido, se han salvado. Y yo, como si los hubiera parido.»

La casa es un pabellón de caza, rústico, pero acogedor. Una sala amplia con dos ambientes: el comedor y la sala de estar. En la chimenea arde y crepita una buena lumbre. Huele a leña recién prendida. En el aperitivo, queso y vino manchego, y las presentaciones, porque los invitados no se conocen entre sí: el abogado Gregorio Marañón; el pintor Antonio López; Xavier Pastor, presidente de Greenpeace; el sacerdote Modesto Salgado, del Proyecto Hombre; la catedrática Clementina Díez Valdeón; Rafael López, de la cooperativa La Solana; Concha Vázquez, alcaldesa de El Ballestero; Fernando López Carrasco, consejero de Agricultura de Castilla-La Mancha; Ana Rodríguez, esposa de Bono y muy activa militante del PSOE; los magistrados Pérez Mariño y Garzón; y los anfitriones Bono y González. Se diría que los han cazado a lazo como comparsas de fulgor escaso que no harán sombra a Garzón. Incluso el encuentro parece improvisado, porque González ha de regresar a La Moncloa esa misma tarde del sábado, y temprano.

Sin embargo, cuando Garzón rememora el suceso un año después, mientras recoge sus efectos personales en el despacho de Amador de los Ríos, sigue pensando que «aquello no se montó para cazarme; ni yo tuve un protagonismo estelar, ni Felipe ni Pepe pensaban entonces que yo pasase a la política».

Alubias con chorizo, pan de hogaza, carne asada, naranjas, café, chinchón y pacharán. Todo muy de pana rural.

«Empezó a hablar Felipe —recuerda Garzón—. Contó impresiones de su reciente viaje a China y a India. Luego, al conocerle algo mejor, comprobé que era una de sus formas de iniciar la conversación: situándose en esa atmósfera exterior y superior de la política internacional. Yo le tenía enfrente. Le escuchaba y le observaba en silencio. Fue interviniendo la gente, y entrando en materias más cercanas. Él creó enseguida un ambiente de confianza. Se estaba bien. De pronto, se dirigió a mí:

»—¿Y tú, Baltasar, qué opinas de esto?

»*Esto* era nada menos que la situación que se estaba viviendo en el país. Entre los alientos de Bono y las ganas que yo tenía de decirle al presidente del Gobierno lo que pensaba, no me hice de rogar. Pensé: "Ésta es la mía... ¡a saber si se presenta otra!" Y entré pegándole en el hígado:

»—Pues mira, presidente, yo opino que la clase política tiene muy poca credibilidad. En especial, los que gobernáis. La gente está harta de la corrupción, harta de que la engañen, harta de la falsedad del político, que en campaña promete el oro y el moro a sabiendas de que no lo va a hacer...

»—¿No estás siendo un poco duro?

»—No. Más bien, me estoy quedando corto. Lo que te pasó en la Universidad Autónoma —y disculpa que sea tan directo— es un test claro de ese hartazgo.

»—¿Por qué no piensas que fue un montaje? Había reventadores del PP moviendo el cotarro...

»—Felipe, a ti eso te puede tranquilizar; pero, por mucho reventador, cuando la reacción general que se produce es de un abucheo compacto, no le des vueltas: hay un magma. Y te recuerdo que, ante los estudiantes, tú te comprometiste a luchar contra la corrupción. No habéis hecho nada. Les has mentido.

»—¡Hombre...!

»—Perdona, sé que es fuerte, pero la percepción desde fuera es que el gobierno no hace ¡nada de nada! contra la corrupción. Y eso la gente no lo perdona. La gente aguanta mucho tiempo, hasta que un día se le hinchan las narices y deja de aguantar.

»—Tú eres juez, Baltasar, y sabes que el gobierno no puede tomarse la justicia por su mano y condenar antes que condenen los tribunales.

»—Yo soy juez, y sé que una cosa es la sanción penal y otra cosa es la sanción política. Hay casos, como el de Juan Guerra, o el de García Valverde y los terrenos de la Renfe, o el de Filesa... en los que no se ve reacción política. Los que lo han hecho, o lo han consentido, siguen ahí tan campantes. Y el gobierno no puede ser ajeno a eso. No basta decir "ya escampará".

»Al citar esa frase del propio Felipe, sentí las miradas de todos clavadas en mí. Pero no me arredré:

»—Yo echo de menos que, en la lucha contra la corrupción, tome la iniciativa el gobierno. Yo echo de menos el bisturí para amputar lo que está podrido, o lo que está bajo sospecha...

»—Me parece, Baltasar, que eres demasiado drástico.

»—No, presidente. Es que aquí no cambia nadie, no se cesa a

nadie. Seguimos viendo en los escaños las mismas caras de los escándalos. Y el ciudadano deja de creer. Con todo lo que ha caído del despacho de influencias de Juan Guerra, no es de recibo que Alfonso siga de diputado y de número dos del partido.

»—¡Un momento, un momento! Eso no es justo imputármelo a mí. Ésos son asuntos de Alfonso Guerra. Yo ahí ni he entrado ni he salido... ni quiero meterme. ¡Menudo punto me has ido a tocar!

»A Felipe se le ensombreció el rostro. La mirada se le puso torva. Yo seguí con mi alegato:

»—Al ver esos cientos y miles de millones de financiación espuria del partido, uno se pregunta: ¿adónde va ese dinero?, ¿quién se lo queda?

»—Yo no me atrevería a hablar de financiación espuria, sin tener los datos...

»—Felipe, ya que me has tirado de la lengua, déjame terminar mi *speech*. Yo no quiero acusar aquí a nadie de nada; pero sí señalar la gravedad de que los ciudadanos ya estén pasados de vuelta y convencidos de que los partidos no son lo que debieran ser: los cauces de su participación en la política. Uno, porque se les engaña con promesas que no se realizan; dos, porque no se sienten representados ni defendidos en sus intereses por ciertos dirigentes corruptos; y tres, porque se les estafa creando unas carísimas maquinarias artificiales, llamadas partidos, que sólo sirven para que de ahí chupen unos cientos de *apparatchiks*.

»Dije cuanto quise. Felipe lo encajó bien. Luego intervino Ventura. Empezó suave, envolvente, en clave gallega; poco a poco, fue cargando el discurso, y acabó clavando el arpón con brío. Estuvo valiente y brillante. Felipe, muy atento. Yo creo que sorprendido del sopetón. Quizá nadie le hablaba así. Hasta Antonio López se puso vehemente cuando llegó su turno.

»A las cinco de la tarde, Bono sugirió levantar la sobremesa, porque González tenía que volver a Madrid. "Si queréis, salimos y nos hacemos unas fotos como recuerdo." Había allí un fotógrafo dispuesto. Nos pusimos. Clic, clic. "Ya os las enviaré." Y adiós, adiós.»

Días después, el 11 de marzo, Garzón se reúne a almorzar con un grupo de dirigentes de Izquierda Unida: Julio Anguita, Antonio Romero, Ángel García Castillejos, y un primo suyo que también se llama Baltasar Garzón. Es tradición en su familia paterna que los primogénitos varones se llamen Baltasar. El almuerzo, en un restaurante de la calle de Santa Catalina, cerca del Congreso de Diputados, no va más allá de una agradable conversación y una franqueza en las opiniones. En cierto momento, Garzón comenta:

—Estuve el otro día con Felipe González. No le conocía yo así, de *vis-à-vis*.

—Entonces —dice Anguita—, te habrás dado cuenta de que es un cínico...

—Pues no. Me ha parecido un tío campechano, inteligente, y que, ¡olé sus huevos!, sabe meterse a la gente en el bolsillo. Y eso que allí éramos unos cuantos acribillándole... Hombre, lo que sí noté es que le tiene una tirria feroz a Alfonso Guerra.

A raíz de Los Quintos de Mora, Bono —que ya cavila la idea de abrir el PSOE a personas independientes— empieza a pensar en Garzón como un nombre con quilates de crédito social, cuya incorporación al juego electoral podría ser un golpe de efecto importante. Llama a su amigo Ventura. Y Ventura a Baltasar: «Oye, que éste —por teléfono, Ventura evita mencionar a Bono— viene a Madrid para una reunión de la ejecutiva de... lo suyo, y dice que si queremos comer con él en Lhardy, porque tiene ya las fotos que nos hicimos en Los Quintos...»

Ese día, en Lhardy, Bono se emplea a fondo:

—¡Estuvisteis sembrados! Felipe necesitaba oír aquello. Que gente como tú —ya en adelante, se dirige casi todo el tiempo a Garzón—, que no tiene nada que ver con nosotros y no necesita adorar el santo, le diga lo que está pasando. Porque dentro de mi partido hay un montón de personas que le tienen engañado: sólo le dicen lo que a él le gusta oír. Encima, como está enrocado sobre sí mismo, no se entera. El otro día, en Los Quintos, yo pensaba: ¡jodeeer!, la que se puede liar aquí; porque Felipe te miraba como diciendo: «Pero ¡este tío está pirao...!, ¿cómo me habla así?» Luego, al no ceder tú, y el parlamento de Ventura, y el de Marañón, y tal... yo vi que Felipe, poco a poco, iba encajando, iba aceptando la crítica, incluso os pedía ideas. Creo que se ha quedado impactado.

Un poco más adelante, Bono les dice en tono confidencial:

—He hablado con Felipe y sé que está decidido a sacar pecho para acabar con la corrupción. Habrá que echar gente. Y eso no es fácil. Pero hay que limpiar. Hemos acumulado mucha morralla.

—¿Y cómo lo vais a hacer? Ahí tenéis algunos que no se os despegan ni con agua caliente...

—Pues, mira, en un sector del partido va tomando cuerpo la conveniencia de abrir las listas a gente nueva, independiente, con prestigio, con un historial limpio. Eso regeneraría y respaldaría a Felipe y a los que de verdad estamos nauseados y dispuestos a dar la batalla contra la corrupción. Las estructuras del partido son muy cerradas. Pero hay que ir abriéndolas.

En otro momento del almuerzo, pregunta:

—Baltasar, ¿tú nunca has pensado en dedicarte a la política?

—¡¿Yo?! —Garzón, como activado por un resorte, se lleva físicamente las manos a la cabeza—. ¡Dios me libre! ¡Pues no tengo ya follones, como para meterme en política!

—Pero ¿no te gusta la política...?

—¡Claro que me gusta! Como juez, tengo que pasar, y paso. Pero soy un animal político. Lo que no me gusta es la política mediocre, cicatera y mentirosa que se gasta en este país.

—Pues si te gusta, éste podría ser el momento.

Bono vuelve de vez en cuando al suceso de Los Quintos de Mora, y repite como un estribillo: «¡Hay que ver lo impresionado que Felipe se quedó con vuestras opiniones!... le escoció, pero le gustó oíros.» Y en una de ésas, Garzón le dice un poco a la brava:

—Se quedó impresionado. Vale, pero ¿va a hacer algo?

—Sí, sí. Y la forma de regenerar es dando entrada a savia nueva. Por eso quiero que nos ayudes, Baltasar, a meterle al partido un revulsivo, un giro de ciento ochenta grados en las próximas elecciones.

—¿Cuándo son?

—En otoño. Tienes tiempo para pensártelo.

—¿Sabe Felipe que me estás proponiendo que vaya con vosotros como independiente?, ¿o es cosa tuya?

—Él no sabe nada. Si tú me das permiso, yo le digo lo que hemos hablado hoy aquí.

—Por mí, dile lo que quieras. Hombre, ojalá quiera renovar desde dentro, comprometerse y abrir el partido a la sociedad. Y con esto no estoy diciendo que yo vaya a mover ficha en esa dirección. Sólo digo que es una línea acertada.

«Yo no estaba cansado...» Garzón se ha enfrascado en la tarea de «hacer orden» entre los papeles. Su pensamiento, tenaz como una abeja colmenera, sigue libando la secuencia de su año en la política. Un año intenso, que le parecen diez. Un año distinto a toda su vida anterior. Un año quemado, haciendo ¿qué? Un año esperando hacer, esperando que le dejaran hacer... Tiene la sensación del futbolista a quien, después de un esforzado precalentamiento, alguien le dice: «quítate la camiseta, que tú hoy no juegas». Un año raro. Le sobreviene el título de un viejo filme de Alain Resnais: *El año pasado en Marienbad.*

«Yo no estaba cansado, aunque como juez había cerrado un ciclo. Desde 1988 batallaba con el caso de los Gal, que en ese momento estaba en dique seco. Ahí había causas vivas, pero procesalmente ninguna acusación aportaba testigos, ni pruebas, ni pedía diligencias. La instrucción del caso Ucifa estaba terminada. Se concluía ya el tema de Al Kassar. Y en pocos días le daría cerrojazo brillante a la *Operación Pitón*, de narcotráfico, en su tercera fase.

»Tenía la sensación de haber tocado techo: no porque como juez ya no pudiera hacerlo mejor, sino porque palpaba los topes, los "hasta aquí puede llegar usted, señor Garzón; pero a partir de aquí no pretenda cruzar la raya". Lo vi cuando intenté investigar los fondos reservados en los Gal. Sentí que pisaba sobre vidrios de punta al meterme con la Ucifa, una elite de la Guardia Civil. Me sublevaba la irritante falta de medios para afrontar el crimen organizado: el terrorismo, el narcotráfico, el blanqueo de dinero, la corrupción política y económica... Me había desfondado mucho la sentencia absolutoria para Ricardo Ynestrillas por el asesinato de Josu Muguruza. Yo tenía la íntima convicción de que fue coautor. También me pesaba el sesgo que iba tomando la causa contra Manuel Charlín, el capo de las mafias gallegas de la droga. Al final, la Sala no consideró algunas pruebas —pruebas reales y objetivas—, siendo como era clamorosa su culpabilidad. Esos reveses, que desbaratan y dejan en nada meses y meses de trabajo agotador, tuyo y de tus funcionarios y de los policías, son peores que un ataque feroz contra la fama, o que una amenaza de muerte. Esos reveses, como bofetadas de la propia Justicia, descorazonan, le quitan a uno la moral. Yo no estaba cansado: yo tenía desaliento.

»Me habían dado todos los premios y homenajes: el español del año, el garbanzo de plata, el olivo de oro, la naranja, el más bonito que un sanluís, ¡el copón de la baraja! Se me rifaban para ir aquí y allá: conferencias, pregones, aperturas y clausuras. Pero con todo eso yo no construía nada.

»No es que tuviera ganas de salir de la Audiencia Nacional. Mi problema era: ¿y adónde voy? Irme a un tribunal como magistrado no me atraía. Siempre he sido juez unipersonal. Mentalmente, tendría que ponerme a cero, desactivar todo mi caudal. Lo bueno o lo malo que tuviera, pero todo mi caudal. ¿Dejar la toga? ¿Abrir un bufete? ¿La docencia?

»Ésa era mi situación por dentro. Si Pepe Bono, en aquellos ejercicios de tanteo, hubiese conocido mi estado de ánimo y mi necesidad vital de ilusionarme con algo que valiera la pena, habría dicho: "coño, este tío está maduro para pasarse a la política, pero ¡ya mismo!" Sin él saberlo, me proponía algo que llegaba en el momento, más que oportuno, único. Mi impresión era que un tren pasaba y se detenía, justo cuando yo estaba en el andén y con un billete para viajar... a Marienbad.»

Los Garzón pasan la Semana Santa de 1993 en Marbella. Unos amigos les dejan la casa. El Domingo de Ramos, 4 de abril, Bono llama a Garzón por el móvil: «Nos hemos reunido los *barones* en Navas del Marqués, y Felipe ha dicho que después de Semana Santa disolverá las Cámaras... ¿Tú dónde estás?... Es que quiero que sepas que esto va en serio. Alfonso Guerra y Txiki Benegas están forzando la marcha, y se adelanta todo. Tú y yo tenemos que vernos, ¿cuándo vuelves?»

En la estrategia proselitista de Bono, hasta ese momento no había prisa. Pero, al anticiparse seis meses las elecciones, la centrífuga se pone en marcha como un torbellino, y apenas quedan dos semanas para cuajarlo todo.

González anuncia la disolución de las Cortes. A los dos días, Bono, Pérez Mariño y Garzón almuerzan en el comedor reservado para autoridades en la estación de Atocha. Bono les informa de la crítica situación dentro de la cúpula del PSOE:

—Alfonso está en plan cabrón, a fastidiar lo máximo. Y Felipe, decidido a tirar p'alante. Pero el otro tiene todavía bastante poder dentro del partido, los guerristas son una piña, se mueven mucho y enredan que no veas... El panorama es complicado, porque Guerra, como ve que las elecciones se pueden perder, quiere quitarse de en medio, desentenderse de la campaña, y que el tortazo se lo dé Felipe... Y se van a perder unas elecciones que, si todos arrimáramos el hombro, se podrían ganar.

»Baltasar, vuelvo a lo que hablamos: ¿te animas a arrimar el hombro?, ¿quieres incorporarte a nuestras listas como independiente? Si me autorizas, se lo planteo a Felipe ya en serio.

—Pero, antes que a Felipe, tengo que planteármelo yo mismo.

—¿No lo has pensado?

—No. Tú me hablaste de una hipotética apertura del partido a independientes. Y para el otoño. Pero así, de golpe y porrazo, no sé... me resulta prematuro.

—Te entiendo, pero es que, al disolver Cámaras, vamos embarcados, y el calendario manda. Hay de plazo sólo hasta finales de mes, porque se han de presentar las listas para que las apruebe el comité. Piénsatelo. A Felipe le parecerá bien. Seguro.

—Pepe, joder, no estoy preparado para esto. Tengo una montonera de asuntos en mi juzgado, trabajo pendiente que pa'qué contar. Y tú me vienes diciendo que cierre la tienda, y que ¡ya!

En casa, Garzón se lo cuenta a su mujer. Yayo se lo veía venir. No le sorprende la propuesta, pero sí la fogosidad con que Baltasar trata de persuadirla. Eso es nuevo. Están los dos sentados en la sala de estar:

—No te puedes ni imaginar lo que me han propuesto... Felipe González quiere que vaya con ellos en las listas del PSOE.

—¿Cuándo has hablado tú con Felipe?

—No, he estado con Bono. Tengo que decidirlo en esta semana.

—¿En esta semana...? Baltasar, hijo, que no es un juego: tienes que pensártelo muy bien...

—Yo tampoco lo tengo claro, Yayo. El PSOE está en una situación muy penosa, pero merece la pena intentar que se regenere. Felipe y Bono y unos cuantos más quieren cambiarlo. Y me piden ayuda. Puedo decir que no; pero ni hacerme el sordo, ni mirar pa' otro lado. Hacia dentro, mi presencia puede ser un revulsivo para el cambio. Hacia fuera, les aportaría imagen de honradez, de prestigio... Sé que dando este paso defraudo a muchos. A algunos se les van a fundir las neuronas. Dirán que me he cambiado de bando. No me lo perdonarán...

—Te van a correr a gorrazos. Vete preparando.

—Aunque me chorreen las críticas, me cueste lo que me cueste, honestamente, debo intentar esa batida fuerte contra la corrupción. Y eso hay que hacerlo estando dentro. Yayo, tú me conoces y sabes que, una vez que me lo han propuesto, si no lo hago, me pasaré el resto de mi vida con mala conciencia y sin fuerza moral para criticar lo que no me guste, porque... yo pude ayudar a arreglarlo, pero no quise: me quedé en casa.

—Si tú fueras profesor, médico... pero eres juez. Tienes que dejar tu carrera.

—Yayo, aunque suene grandilocuente: pienso que debo sacrificar algo por intentarlo. Está en juego la regeneración de un partido en el que se puede creer. Si todos nos cruzamos de brazos, no se hará.

—¿Ni por un momento piensas que lo que quieren es utilizar tu imagen, y utilizarte a ti, pero no para resolver la corrupción sino para ganar las elecciones?

—No creo que quieran aprovecharse de mí. Hay un proyecto serio de renovación. Y Felipe abre la marcha. Ha oído mis críticas, sin paños calientes, y es él quien desea que yo vaya detrás respaldándole. Yayo, aunque fuese un engaño, en conciencia, tengo que arriesgarme. ¿Que me engañan? Pues, que les pique un pollo. Me vuelvo a mi casa. Pero estoy seguro de que Felipe conmigo y yo con Felipe podemos limpiar la corrupción. Él me necesita.

Esa tercera semana de abril de 1993 Garzón tiene un trabajo intenso en el juzgado, aparte sus clases de derecho penal en la Universidad y un par de conferencias sobre criminalidad organizada. Interviene en Ceuta, donde se han cortocircuitado unos 20.000 millones de pesetas de dinero negro y su ingeniería de blanqueo. Ultima los preparativos de la *Operación Pitón* en su tercera fase —una gran redada de narcotraficantes de hachís y de cocaína—, fijada para la medianoche del domingo 25 de abril: treinta y cinco órdenes de detención, otros tantos mandamientos de entrada y registro, distribución de un amplísimo dispositivo policial por Málaga, Cádiz, Huelva, Sevilla y Gibraltar. Garzón se desplaza a Sevilla con el fiscal Pablo Contreras y un equipo de funcionarios del juzgado central n.º 5, para coordinar el operativo.[2]

2. La *Operación Pitón* —en un principio se llamó Python, como la pistola de esa marca— tuvo cinco fases, desde 1991. La iniciaron los jueces Carlos Bueren y Baltasar Garzón. No se buscaba tanto la incautación de drogas como desmantelar

También en esas fechas, Garzón asiste a dos o tres reuniones informativas de alta confidencialidad con Luis Roldán, director de la Guardia Civil, el general jefe de los servicios de información, y Davidson, el «antena» de la CIA en Madrid. La última es el 20 de abril. Hablan de la *Operación Dólar*. Con el patrocinio de Irán, y para atacar al capitalismo imperialista de Estados Unidos, se está produciendo ya hace tiempo una falsificación masiva de billetes de cien dólares. Los «pavos grandes». Son ejemplares perfectos. No hay control de las cantidades que pueden estar circulando. También falsifican *travellers checks* de la American Express Company. El peligro es que pueden generar un problema de inflación y de depreciación del dólar, lo cual preocupa seriamente al Departamento del Tesoro de Estados Unidos. Se han detectado al menos dos redes de mercados negros para la venta «barata» de los billetes falsos. Los de la CIA, en tándem con la Guardia Civil, han logrado infiltrar dos «topos» en esas redes. Andan sobre la pista de los talleres y la fábrica del portentoso papel moneda, propiedad de un vicecónsul sirio residente en Viena. Saben que, a más de desestabilizar la economía norteamericana, ese dinero falso financia armamento para terroristas islámicos; y tiene otra derivada, en sí misma rentable, que es la inversión en droga. El asunto es una bomba, y se guarda como secreto máximo. Sin embargo, piden ayuda a Garzón. ¿Por qué? Es lo que el juez les pregunta, después de escucharles, en el reservado del restaurante Fortuny. Como respuesta, le enseñan uno de los billetes falsos, serie C14342, conseguido en Marbella, y un listado de los miembros más activos del circuito. Garzón reconoce entre esos nombres a varios individuos que él ha tenido bajo sospecha, investigados por trabajar para Monzer Al Kassar.

Los americanos quieren que el juez les consiga una entrevista

---

las redes de narcotraficantes en Andalucía, Ceuta, Gibraltar y Marruecos. La segunda fase, la más enjundiosa, descabezó el clan de Emilio Di Giovine, una de las mafias fuertes de la N'Dranguetta de Calabria, y sus conexiones con la Camorra de Nápoles, y acabó con la organización de los hermanos Mizziam Amar, los más potentes exportadores de hachís marroquí hacia Europa, con un servicial mecanismo bancario para el lavado de dinero. Sin embargo, fue esta tercera fase —25 de abril de 1993— la que suscitó una atención informativa más espectacular. Hubo especial interés del gobierno de González para que TVE aplicara los focos sobre esta *Operación Pitón*, convirtiéndola en el broche de oro de la carrera de un juez que horas después ficharía por las listas electorales del PSOE.

En julio de 2000, concluyen los juicios. De los intruidos por Garzón se condena al 75 % de los acusados.

con Al Kassar en la cárcel. «Si los falsificadores son de su cuerda, no dirá nada. Pero eso ya será un dato. Y si son competidores en su negocio de armas, como suponemos, nos contará cosas de interés.» Aunque a Garzón le atrae el caso, ve que la consulta no es judicial sino oficiosa, como todas las investigaciones de la CIA. Le insisten en «la gravedad» y «el enorme interés de la Casa Blanca, porque en Estados Unidos los temas de falsificación de moneda los lleva en directo el servicio secreto del presidente». Pero él no se aviene a una componenda amistosa:

—Señores, o esto se judicializa, o para mí no existe. Que un juez de Estados Unidos curse comisión rogatoria al juez español. Y, en ese contexto, se visita a Al Kassar en la cárcel y al almuecín de la mezquita de Marbella si hace falta.

Ni estando ya con medio cuerpo fuera del juzgado, aguachina Garzón los mandatos legales. «Ésa es mi garantía: no salirme nunca de la ley», suele decir. Sin embargo, los de la CIA no van a hacer nada sin contar con él. De hecho, no mueven pieza en España. Esperarán... por si algún día regresa de la política.[3]

Ese mismo 20 de abril, el abogado Jorge Manrique se presenta ante Garzón, en el juzgado n.º 5, como el nuevo letrado de Michel Domínguez y de José Amedo, los ex policías encarcelados con una condena de ciento ocho años por sus implicaciones en el Gal.

—Michel Domínguez quiere comparecer aquí...

—¿Para prestar declaración?

—Se lo está planteando, pero pide hablar antes con usted.

—Hummm... La única causa del Gal abierta ahora mismo es la del secuestro de Segundo Marey. Está muy ralentizada, porque hace un par de años que esperamos la traducción de los documentos. Se ve que el Ministerio de Justicia no tiene prisa. Sólo ahí, en el marco de ese sumario, le podría yo recibir.

—¡Pues, justo de eso quiere hablar Michel!

—Vamos a ver... Esta semana la tengo muy liada —Garzón toma su agenda y va viendo: viaje a Córdoba, clases, dos conferencias, señalamientos a tope, preparativos de la *Pitón*, viaje a Sevilla, declaraciones de los detenidos...—. Habría que hacer un hueco con fórceps... O es mañana por la tarde, o ya no sé cuándo.

3. En el capítulo 3, *Regreso a Howard's End*, de esta misma obra se relata esa operación.

Se especuló mucho, después, sobre el secretismo de esa visita. Pero no hay secreto alguno: el juez libra un oficio al director de la prisión de Guadalajara para el traslado de Domínguez al juzgado. Lo comunica por escrito al fiscal Pedro Rubira, que firma el «enterado». Al día siguiente, Domínguez acude escoltado por dos policías[4] y con su abogado.

El Michel que se sienta al otro lado de la mesa del juez es un hombre resquebrajado por cinco años entre rejas. Dice que les han traicionado, «a Pepe y a mí, los que nos prometieron el oro y el moro». Su discurso es machacón: «Nos dan de lado, pasan los años y nada, hay que esperar un poco más... y un poco más es otro año y otro y otro... Quienes tenían que sacar la cara, en cuanto pueden se escaquean, y no le ves final al túnel. ¡Joder!, yo allí me pudro... Tengo un desastre familiar: mi mujer está enferma, un hijo de seis años y otro de año y medio que, para cuando yo salga, tendrá ya siete años o diez o no sé cuántos. ¿Qué medios hay de obtener un indulto y acabar con esta puta situación?» Y vuelta a empezar: «Nos dan de lado, se escaquean... el túnel.»

—Comprendo, me hago cargo, pero el indulto no depende de mí.

—Yo he venido porque usted es el juez de este caso y sabe de qué va. Usted sabe qué hay detrás. Usted sabe la tira...

—Sí, pero yo no puedo cambiar las cosas, salvo que las cambie usted con una declaración, en los términos que sean, y firmada. Le recuerdo que hace cinco años en este mismo despacho, como estamos ahora, usted se negó a declarar hasta su nombre...

—¡No hace falta que me lo recuerde! No he dejado de pensar en eso ni un solo día. Nos obligaron a no declarar. Usted me fue soltando ciento y pico preguntas. Yo, como una ostra. Y Amedo lo mismo. ¿No podía yo haber contestado lo que hubiese querido, sin comprometer a nadie, en defensa propia? Pero Argote nos lo prohibió. La orden era no abrir la boca. Si yo hubiera contado mi participación real, pues seguro que un montón de cosas no se nos habrían imputado... Aquello de callar y poner cara de zombi se volvió en contra nuestra. ¡Fue absurdo! Pero, bueno, si callábamos era mejor para todos, y nos garantizaban el indulto.

—¿Quién les garantizó el indulto?

—¡Quién iba a ser! Interior... A Argote no le conocíamos de nada.

4. Los funcionarios de registro n.º 12.719 y n.º 17.257.

Nos lo impusieron porque era el abogado de Interior. Será un tío muy listo, pero con Pepe Amedo y conmigo se equivocó: hablando, habríamos tenido más defensa que sin hablar.

—A ver, para hacerme yo una idea: ¿ustedes dos estarían dispuestos a declarar...?

—¡Ah, no, no! Yo hablo por mí. Yo estoy aquí por iniciativa mía. Pero, vamos, ¡total! Amedo no sabe nada. Ni tiene por qué. Él ahora mismo está acompañando a su mujer, que la operan en el Ruber Internacional. A mi mujer también la operaron allí.

Lo que Michel Domínguez no dice —y el juez lo desconoce en ese momento— es que esas cirugías y estancias clínicas se costean con fondos reservados de Interior.

Al recordar ahora aquella escena, Garzón subraya en su mente el dato de que Amedo, en la tarde del 21 de abril de 1993, estaba en el Ruber con su mujer; no en el despacho del fiscal general, Eligio Hernández, negociando su indulto como una gestión paralela a la que Domínguez intentaba con Garzón. Sin embargo, ésa fue la historia que entonces se contó... y se creyó.

—Bien, usted viene por propia iniciativa. Pero ¿qué quiere?

—Pues, yo hablaría con usted en plan confidencial...

—Ya estamos hablando en plan confidencial, y delante de su abogado. Pero aquí las confidencias no sirven para nada si no se convierten en una declaración firmada.

—Lo que quiero saber es, si yo tuviera algo que declarar, sólo estoy planteándomelo en hipótesis, porque me siento muy agobiado... hay momentos en que creo que voy a volverme loco...

—Si usted tiene algo que declarar, cuando quiera hacerlo me avisa, y en ese momento convoco a las partes... Si quiere ahora mismo, dígamelo: aquí está su abogado, yo ordeno el secreto del sumario, aviso al fiscal y le recibo la declaración.

—No, yo no estoy decidido a dar ese paso todavía. Pero, supongamos, si yo hiciera esa declaración... ¿qué?

—Se le darían las medidas de seguridad necesarias, se le protegería, y si su colaboración fuese veraz, sin ánimo de venganza, y ayudara a la Justicia, tendría después una valoración positiva y un reflejo favorable en la sentencia.

Así continúan un rato dando vueltas a los mismos argumentos. Garzón mira el reloj para recordarles el paso del tiempo. Michel tiene miedo. Da a entender que sabe cosas y puede decirlas, pero pide seguridades. En cierto momento, suena el teléfono. Garzón responde. Al otro lado del hilo, Carlos Bueren, el juez del n.º 1. Llama para acordar detalles del viaje y la conferencia que van a impartir juntos el día 23 en Córdoba.[5]

Ya al despedirse, Michel insiste en lo que le bulle dentro:

—Mire, usted me ha dejado caer encima una bien gorda, ¡ciento ocho años, que no hay quien los viva!; pero, lo que son las cosas: yo me fío de usted, pienso que busca la verdad. Así que voy a creerme lo que me diga: si tiro p'alante y declaro, ¿qué protección puedo tener?, ¿y mi familia?

—El juzgado tiene medios para protegerle, aunque lo que declare afecte a personas vinculadas a usted profesionalmente, por muy notables y encumbradas que sean. No sé si me explico...

—Me parece que estamos pensando lo mismo. Pero ¿quién me protegería?

—El Ministerio del Interior tiene un servicio de protección.

—O sea, que me protegerían los mismos de los que me tengo que defender... Es un poco fuerte, ¿no?

—Estamos en un Estado democrático y de derecho, no en un Estado de terror. Si usted decide colaborar con la Justicia, se le va a proteger... por mucho poder que tengan las personas a las que aluda su testimonio. Pero, repito, esa decisión ha de tomarla usted libremente. Yo no puedo ponerle una pistola en el pecho.

Michel Domínguez no vuelve. Como los de la CIA, dejará pasar el tiempo hasta que el juez del n.º 5 regrese de la política.

Esa noche, Garzón tiene una cena de matrimonios amigos en el Asador Donostiarra. Les participa su decisión de pasar a la política. Allí están Tomás Sanz, inspector del Poder Judicial, y Mari Carmen, su mujer; Federico Soria, abogado de Almería; Manolo Medina, abogado también, y Amelia, su mujer; Yayo y Baltasar. Todos opinan, unos con entusiasmo, otros con reticencia. Se oyen las típicas bromas: «Baltasar, ¡haznos ministros a todos!», «a mí, ya sabes, la presidencia de Telefónica», o «¡ten cuidado con ese zorro de Felipe, que no te lleve al huerto...».

«No consulté a magistrados, ni a políticos, ni a periodistas, excepto a una. Alguien me escribió después diciendo que se sentía trai-

5. Cuando se produzca el fichaje político del juez, esa conversación se contará en la prensa como «una llamada de Bono ofreciéndole un ministerio, si se pasaba a la política; y ya, con esa baza en la mano, Garzón le aseguró a Michel el indulto».

cionado. Yo no tenía por qué consultar. Si me equivocaba, me equivocaba solo. Eso sí, no quería sorprender a quemarropa a mi familia ni a mis amigos. A Carlos Bueren, a Javier Zaragoza y a Araceli Manjón también les di un adelanto...

»No sabría yo calibrar —piensa Garzón ahora— cuánto había en mí de ingenuidad y cuánto de soberbia, pero estaba convencido de que mi aporte tendría el peso moral suficiente para dar el vuelco: ganar unas elecciones que estaban perdidas y, a partir de ahí, trabajar en una línea nítida de regeneración. Los guerristas y los burócratas del partido no me podían ver ni en pintura. Pero había otros muchos que me miraban como a una "esperanza blanca". Yo oscilaba entre la seguridad y un océano de dudas. Tenía mucho miedo. Me veía solo, ante un mundo desconocido para mí.»

El sábado, 24 de abril, hay zafarrancho de combate en el juzgado n.º 5: ultiman la *Operación Pitón*. El domingo se desplazan a Sevilla. La redada será a medianoche. Baltasar se aloja en casa de su madre. Quiere explicar a su familia lo que va a hacer:

«No buscaba yo su consentimiento, ni sus plácemes; pero sí que entendieran que daba ese paso por compromiso moral, no por oportunismo político. No apostaba a caballo ganador. Me metía en esta historia en el momento más incierto para el PSOE, cuando más posibilidades había de pegármela en toda la crisma. Si yo fuese un logrero, con medio guiño a los del PP en aquel momento, ¡bueno!, se les hubiesen abierto las carnes de gusto, me habrían acogido con apoteosis, y quizá hubiésemos ganado las elecciones de corrido; pero al precio carísimo de quebrantar mi credo ideológico.»

Antes, pasa el trago de decírselo a su hija María, que a sus diez años se da cuenta de las cosas y no le gusta que su padre deje de ser juez. «No, hija, yo sigo siendo juez. Lo que hago es un paréntesis por un tiempo —traza con los dedos índices dos arcos en el aire para que María entienda que el "ser juez" queda protegido—. Te aseguro que volveré... y quitaré los paréntesis.»

Los Garzón Real están alrededor de la mesa camilla, en el cuartito de costura de María Real, la madre: las tres hermanas, Pepi, Juani y Mari Esther; Miguel, el marido de Pepi, y Pedro, el de Juani. Falta Luis, un hermano de Baltasar, que vive en Girona. La que más le anima es Mari Esther, la pequeña. María Real presiente las broncas que se desencadenarán:

—Hijo mío, van a meterse todos contigo. Te van a machacar.

—No intentes convencerme, Baltasar —discrepa Juani—. Una cosa es que como familia seamos una piña y te apoyemos estés donde estés, y otra cosa es que yo no pueda decirte que vas a hacer una barbaridad...

—Lo que no entiendo —dice Pepi, la mayor— es que te vayas con el PSOE, después de lo que te han zurrado.

—Pepi, el tema no es si me han zurrado o no. El tema es ¿yo puedo hacer algo?, ¿me van a dejar combatir la corrupción?, ¿merece la pena intentarlo? Me han propuesto ayudar en esa lucha, y si no me mojo estaré toda mi vida amargado, reprochándome: «pude hacerlo y no me atreví». Sí, mamá, me van a criticar; pero así y todo, tengo que afrontarlo.

—¡Tengo que afrontarlo! —remeda Juani—. ¿Te obligan acaso?

—Pero, vamos a ver, ¿es que te van a hacer ministro? —dice la madre, y en el cuartito lleno de fotografías de abuelos y nietos y estampas de vírgenes y santos, hasta el tapete de croché de la camilla se queda de un aire con el descaro de la pregunta.

—Mamá, tú a mí no me vas a ver de ministro ¡nunca!

—¿Por qué?

—Porque si hay algo que sé que no quiero es ser ministro. No quiero que puedan decirme: «tú cállate, que tus servicios electorales ya se te han pagado con una cartera». No. Yo, si voy, es para no callarme. Quiero demostrar a la gente que lo que me mueve es una convicción ética. Y la manera más expresiva de acreditar que entro porque vamos a acometer un saneamiento, es no aceptar una poltrona de ministro. Mi fuerza tiene que ser otra. Al ministro lo disciplinan, al diputado lo ignoran. La fuerza de una persona sola puede agotarse al día siguiente de las elecciones. Yo no quiero un cargo, pero sí un puesto desde el que se entienda qué hago yo en ese belén.

En aquel momento, Garzón no columbraba todavía la idea de ir de «número dos» por Madrid.

La redada *Pitón* le tiene en vela toda la noche. Ordena el traslado de los detenidos a Madrid, aunque empieza a tomar declaraciones ya en Sevilla. Como son treinta y cinco detenidos, se dedicará a ellos intensamente los días 26, 27 y 28.

El lunes 26, de regreso ya en Madrid, cena con el decano del Colegio de Abogados, Luis Martí Mingarro. Después, ha quedado con Araceli Manjón, Ventura Pérez Mariño y Manolo Medina en el hotel Eurobuilding. A la mañana siguiente es la cita con González en La Moncloa. Y de eso hablan.

—Si mañana Felipe te ofrece encabezar la lista de Jaén, ¿tú qué dices? —pregunta Ventura.

—¿Yo, por Jaén? ¡Ni de coña!

—Hombre, es tu tierra.

—Sí, pero salgo elegido diputado por Jaén, ¿y qué? Ahí se acaba la historia. Si fuese el «número uno» por Sevilla, la cosa tendría más enjundia. Mi gente vive en Sevilla. Yo voy mucho. Sevilla es la cuna del socialismo. Y el feudo de Alfonso Guerra. Quitarle de «número uno» a él para ponerme a mí, eso sí que sería un pelotazo de imagen, un decir «aquí las cosas van a cambiar».

—¡No veas! Sería la guerra civil en el PSOE —dice Medina.

—Es impensable. Además, no, ése no es mi plan.

—Tú tienes que ir por Madrid —suelta Araceli, rotunda.

Ventura, que parece estar tanteando las exigencias de Garzón, vuelve con otro planteamiento a la baja:

—Si te ofrecieran el cuarto por Madrid, o incluso el quinto, estaría bien, eh...

—¡Coño, Ventura, ni quinto, ni cuarto! Yo en esos términos no hablo. ¡Pues sólo me faltaría que me pusieran detrás de Barrionuevo! Vamos, es que ¡ni me siento a escuchar esa oferta!

—¿Tú tienes ya algo concreto pensado? —pregunta Medina.

—Sí. Hay un puesto que es indiscutible. Y voy a pedir eso y sólo eso. No quiero cargos.

—¿Qué puesto?

—El «número dos» por Madrid.

Se produce una especie de sacudida eléctrica. Medina se quita las gafas como para ver mejor. Araceli exclama: «¡Perfecto!»

—Eso es desmesurado. No lo van a aceptar —Ventura menea la cabeza a derecha y a izquierda, negando.

—Mira, Ventura, si lo aceptan, lo aceptan. Si no lo aceptan, no hay más que hablar. Yo no pienso discutir ni chalanear. Sé a qué voy. Y sé lo que quiero y lo que no quiero.

—¿Por ejemplo...?

—Por ejemplo, no quiero ser ministro. Y sí quiero ser diputado. Mi decisión es ésa: número dos por Madrid, inmediatamente detrás del presidente del Gobierno. Es el único puesto con el peso político y la suficiente visibilidad social para que mi opinión se tenga en cuenta sin necesidad de arroparme con ningún cargo. Y, ojo, prescindir de mí en un momento dado les supondría un coste político importante. Es mi salvoconducto. Luego está la elocuencia del mensaje: «pues si Felipe pone a su lado a Garzón, eso quiere decir que el "número dos" ya es otro, y que Felipe está por el cambio». Si voy el «uno» por Jaén, o el «cuatro» por Madrid como tú dices, Ventura, estos tíos me ningunean a la primera que yo me cierre en mis trece... Yo puedo lanzarme a esta aventura sin red. Vale. Pero no soy un gilipollas: necesito una garantía de que voy a poder luchar por lo que quiero luchar.

—Tendrían que quitar a Solana y a Barrionuevo, y correr a todos hacia atrás —insiste Ventura—. No te lo van a admitir.

—Son ellos los que le llaman —Araceli, retadora—, son ellos los que le necesitan: aceptarán cualquier cosa que les pida.

—Y si no, allá ellos. Se acabó. Y mañana la reunión se termina en cinco minutos —Garzón apura de un golpe el culín de schweppes que le queda en el vaso, y casi se traga el hielo.

Yayo está despierta, esperándole. No se han visto ni el 25 ni el 26. Hablan un rato abajo, en la sala de estar. Luego, suben al piso donde está el dormitorio y siguen charlando en la cama hasta pasadas las cuatro de la madrugada.

—Lo que yo no entiendo es por qué habéis dejado tan pillada para última hora la conversación entre Felipe y tú. ¿Tiene que ser así: o lo tomas o lo dejas? ¿Por qué no vas mañana, escuchas lo que él te proponga, le dices «dame un día para pensarlo», lo vemos tú y yo, y luego vuelves y lo discutís?

—Porque no tengo nada que discutir con Felipe. Yo no voy a que él me haga una oferta, ni a que me contrate. Yo debo llevar decidido lo que quiero y lo que no quiero. Y eso ya lo tengo claro. Si mañana, allí, percibo que Felipe González tiene ese planteamiento de renovación, de verdad y sin marrullerías, y quiere que yo vaya con ellos, mi única condición y mi única garantía es ir de «número dos» por Madrid. Me da igual lo que él me ofrezca. No quiero que me ofrezca nada. Es más, mi exigencia para sentirme libre es que no me ofrezca nada.

—Tú escúchale, a ver qué planes tiene él...

—¡Y dale! ¡Que no, Yayo! La decisión no la va a tomar Felipe, sino yo. Y el puesto no lo va a proponer Felipe, sino yo. Él puede decir que no. Perfecto. Y aquí paz y después gloria.

—Baltasar, ¿tú te fías de que Felipe quiere limpiar la corrupción del PSOE?

—Salvo que Bono sea un embustero y un embaucador, eso es lo que me ha transmitido en nombre de Felipe todo este tiempo.

—Pues si lo ves tan claro, vamos a dormirnos... Tú aguantas más, pero yo mañana voy a estar rota.

—Lo único oscuro que hay ahí es... el tema del Gal.

Yayo detiene la mano en el aire, cuando ya iba a apagar la luz de la mesilla de noche. Baltasar habla mirando hacia el techo, como si allí estuviera escrito su discurso:

—Lo único oscuro. Pero lo importante es que yo no esté confuso. Y no lo estoy. Primero, si se llega a demostrar que Felipe ha estado involucrado en el Gal, en ese instante reconozco públicamente que me he equivocado al apoyar esta opción y me vuelvo a mi casa. Segundo, si se les da el indulto a Amedo y a Domínguez, dimito inmediatamente. Y tercero, fíjate bien, si en vez del indulto se les da el tercer grado, dimito también. Es una cuestión de principios: creer o no creer en un Estado de derecho. En el tema del Gal, no voy a aceptar ni una sola componenda. Sé lo que me ha tocado pasar ahí. No se me olvida mi soledad en esa investigación. Solo, como un suicida, frente a todo el aparataje del Estado.

—Cuando dices «si se llega a demostrar que Felipe ha estado...», ¿es que piensas que Felipe puede ser el responsable?

—Yo del Gal sé sólo lo que he investigado. Jamás me he planteado quién estaba por encima, quién coño era *la equis*. ¿Tenía que habérmelo planteado? No lo sé. En ese tema, a pesar de la presión de los *mass media*, yo nunca he hecho valoración política. Jamás. He hecho valoración judicial. ¿Responsabilidades? Las que yo pueda probar. Por asepsia mental, nunca tuve en la cabeza quién podía ser *la equis*. Nunca. Y tú lo sabes, Yayo.

—Sí, pero es muy difícil hacerle creer a la gente que, cuando tú estás poniendo una equis en lo alto del organigrama del Gal, no piensas en nadie...

—Pienso en alguien superior a Amedo. Alguien desconocido. Alguien a quien no puedo señalar con su nombre porque no tengo pruebas. Mi *equis* significa lo que en matemáticas: la incógnita. Ni lo sabía en 1988, ni lo sé ahora en 1993. No sé quién es *la equis*. Pero sí sé que el Gal no han podido organizarlo Amedo y Domínguez solos. Detrás y por encima de ellos hay alguien. Alguien, o varios, o algo. A día de hoy, salvo los artículos de prensa y las viñetas, en ningún sitio se ha dicho que haya una responsabilidad más allá del Ministerio del Interior y de los superiores policiales. Yo, en esto del Gal, precisamente por ser el juez instructor, hace mucho tiempo que decidí bloquearme y no hacer hipótesis, porque eso podría predeterminarme en una investigación futura. Los periodistas le han puesto cara y ojos a mi *equis*. Están en su derecho. Yo soy quizá el único que no puede entrar en juegos de sospechosos.

»El tema Gal está cerrado. De momento, todo acaba en Amedo y Domínguez. Ahí están las sentencias, ahí están las condenas. Si se reabre, y el gobierno que yo estoy respaldando resulta implicado, no tengo más que presentar mi dimisión. Y fíjate que digo "el gobierno". Porque, honradamente, con los datos y las pruebas que hoy existen, no vislumbro una sola responsabilidad penal en lo que es el Partido Socialista.

—Tú trazas una raya y haces la división muy fácilmente. Pero, aunque vayas en unas listas del partido, al que apoyas es al gobierno. No puedes ser un idealista puro. En un platillo de la balanza has de poner que te buscan porque necesitan lo que tú tienes y ellos no: tu imagen de limpieza, de honestidad...

—Mujer, es obvio que Bono y González quieren que vaya con ellos porque tengo labrada una fama de persona que no acepta chanchullos; he sido el juez que más me he comprometido contra la *guerra sucia* del Gal; he acabado con las turbiedades de drogas en la Ucifa...

—Irte con ellos es como decir «aquí no hay nada malo».

Baltasar calla. Yayo, incorporada, mira hacia un cuadro que hay enfrente de la cama: una mujer agarena en óleos bermellones y color fuego. Espera alguna respuesta a su última provocación.

—Si no existiera el Gal, ni procesos por corrupción en los juzgados, ¿qué problema tendría yo de ir en las listas del PSOE? No estaríamos tú y yo aquí, dándole vueltas a la cuestión. ¿Que no me buscan a mí, sino a mi imagen? Pues sería penoso... Sin embargo, yo no creo que Felipe busque mi imagen.

—Tú confías en Felipe González...

—Sí. Y cuando confías en una persona no le pides papeles ni

comprobantes. Yo, con los demás, trago; pero de quien me fío es de Felipe. Él tiene que ser el renovador, el limpio que limpie. Por eso quiero ir de «número dos»: inmediatamente detrás, sin nadie por medio de tabique.

—Pues no lo dudes más. ¡Echa p'alante! A los niños y a mí nos vas a tener siempre, para todo lo que venga, sea bueno o sea malo... Lo sabes, ¿no?

—Pero me gusta oírlo. Necesito oírlo. Yayo, me van a arrear muy fuerte por todas partes. Y te voy a necesitar muy cerca.

Un beso. Un silencio intenso. Y después:

—Tú eres fuerte, Baltasar. Te has hecho a ti mismo... a golpes. Tu fuerza es que haces lo que crees que debes hacer.

Están sentados en los sofás blancos del salón de columnas de La Moncloa. Garzón, de espaldas al ventanal que da al jardín. González enfrente, recibiendo el sol tibio y temprano de las nueve y media de la mañana. Han venido también Bono y Pérez Mariño, que se han enganchado en el último momento y por sorpresa.

Felipe ha expresado su alegría «porque te incorpores con nosotros al proyecto de renovación». Ha asegurado que «por Javier Solana no va a haber problema: ya me ha dicho Pepe que tu condición es ir de número dos». Ha hecho un discurso vibrante, cautivador, pero gaseoso, sobre «la fuerza de la sociedad para imprimir un cambio... y el empuje de gente ilusionada y decidida como tú... Ya verás como nos va a salir bien... ¡Por supuesto que estoy decidido a meter el bisturí, aunque a algunos les duela!»

—¿Van otros independientes con el PSOE? —pregunta Baltasar.

—En eso estamos —responde Felipe—. Es probable que vengan con nosotros Victoria Camps, Carmen Alborch... A Paco Tomás y Valiente se le ha propuesto ir en la lista de Valencia.

—¡Sería fenomenal! El panorama tendría otro color...

—Él está dudoso. Dice que nos puede prestar mejor servicio desde fuera: apoyaría la campaña con artículos, tertulias, opiniones; incluso, con su presencia en algún mitin donde esté yo. El hombre no quiere abandonar su cátedra, y tampoco ve muy claro lo de comprometerse yendo en una lista y tal...

En otro momento, dice González: «Debo advertirte que no todo va a ser de miel y rosas: encontrarás gente que te ponga dificultades, porque dentro del partido hay posiciones discrepantes; pero eso me lo dejas a mí, y ni medio trauma.»

Después, como dejándolo caer:

—Bueno, Baltasar, yo quiero contar contigo en su momento para alguna responsabilidad administrativa...

—No, no. Yo no quiero más responsabilidad que ir de «número dos», y las que se deriven de ser diputado. Vengo con un empeño de regenerar la vida pública, no a buscar prebendas ni cargos.

—Bien, pues... habrá que oficializar esto.

—¿A qué te refieres?

—A hacernos unas fotos para la prensa, y para la posteridad.

Salen al jardín. Posan ante el fotógrafo. En el instante del «sonrían... digan patata», Felipe, entre dientes, le comenta:

—Ahora vas a saber lo que vale un peine: te van a dar por todas partes. Los que hoy te adoran, mañana los tendrás de uñas.

—Mi padre me enseñó a tener las espaldas anchas para el aguante. Y las tengo, Felipe. Aguantaré aunque me breen.

Vuelven hacia las gradas del porche, para entrar del jardín al salón. Por el rabillo del ojo, Garzón ve el bosque de bonsáis que ha dejado atrás. En ese momento, echando ya el pie al primer peldaño, oye a sus espaldas que Felipe le dice a Ventura: «Bueno, Ventura, y tú ¿qué?, ¿te apetecería también?» No ha terminado de decir «también», cuando Ventura ya ha respondido: «Sí, si no creo problemas.» Baltasar entiende entonces por qué Ventura quería venir a La Moncloa.

En el juzgado le esperan los interrogatorios a los detenidos de la *Operación Pitón*. Después, sube a dar la noticia a Clemente Auger, presidente de la Audiencia:

—Clemente, he estado hoy en La Moncloa con Felipe González: me presento a las elecciones, de número dos por Madrid.

—¿Número dos... por Madrid? —repite Auger, estupefacto—. ¿Has conseguido eso...? ¡Es impresionante! Bueno... el panorama puede dar un vuelco total. Yo, la verdad, siento que nos dejes. Creo que te equivocas... De todas formas, ¡ánimo!

La reacción del presidente del Tribunal Supremo y del Consejo General del Poder Judicial, Pascual Sala, es más entusiasta, más levantina, espolvoreada de exclamaciones como «¡formidable!» «¡no me puedo alegrar más!», «una cosa así es lo que *nos* hacía falta», hasta concluir en un análisis descaradamente partidista: «Es una decisión perfecta: producirá un fuerte impacto de credibilidad, de ilusión; y, sobre todo, frenará a la derecha. Hay que evitar que ganen, que eso sería una catástrofe.»

Durante una semana, Garzón ultima sus trabajos del juzgado. El 4 de mayo pasa a la situación de *servicios especiales* y se desvincula de la actividad judicial.

La campaña electoral se programa de modo que González y Garzón no se solapen, por explotar mejor el relumbrón de cada uno. Sólo actúan juntos en el mitin de cierre de campaña.

«Cuidaban mucho —recuerda ahora Garzón— que no actuásemos a la vez, para que las televisiones no tuvieran que escoger entre él o yo en el arranque de sus informativos de campaña. Si Felipe daba un mitin por la tarde, yo por la mañana. Si él en Castellón, yo en Huelva. Por mi parte, sólo puse la condición de no coincidir con José Barrionuevo. Las razones eran obvias: con Barrionuevo, igual que con José Luis Corcuera, a lo largo de la instrucción del caso Gal, yo había tenido muy serias discrepancias y había padecido sus obstrucciones.»

Antes de meterse en campaña, está un par de veces con Narcís Serra, Pepe Bono y un personaje clave para moverse por los laberintos de la Presidencia del Gobierno: José Enrique Serrano, el jefe del gabinete de Serra.

«José Enrique Serrano me ayudó a confeccionar el discurso de mi primer mitin. Se lo pedí: "Oye, que no tengo ni idea de qué se dice, ni cómo se hace; hasta ahora he dado conferencias, pero esto es diferente." Nunca me pusieron cortapisas, "no hables de tal". Ni nadie me marcó el guión. Aunque yo no iba de francotirador, y sí me dijeron "la idea que vamos a machacar en la campaña es la del impulso democrático, personalizado en Felipe González: el líder es él, el que nos puede sacar de esta situación es él". Todo el protagonismo debía ser para Felipe, sin eclipsarle. En cuanto había un mínimo riesgo de que la imagen de Felipe se nublara, yo veía que rápidamente le daban foco. Y me parecía bien. Él era el líder. Él era también mi líder. Eso sí, a él lo llevaban por una ruta, y a mí por otra.»

El primer mitin es en Albacete. Bono quiere esa primicia para su región. Garzón va de novato, sin tablas, y con una afonía agarrada que casi no puede hablar. Todo el trayecto en el coche, inhalando spray Ginobar. Mucho público, mucha prensa, muchos claveles, muchos aplausos. Pepe Bono, Narcís Serra, Virgilio Zapatero... arropándole. Pero el debutante está soso, sin tirón.

«Por la calle Ávila, me instalaron "la oficinilla del candidato". Una habitación chiquitita: cuatro paredes blancas y vacías, que olían aún a pintura fresca. Dentro del zulo, una mesa, una silla, un teléfono y yo. De las circunscripciones me llamaban para que fuese a dar mítines. No paré. Sólo dije que no a Sevilla, sintiéndolo con toda mi alma, pero no quería interferir en la campaña de Alfonso Guerra. Él llevaba su línea. Y yo había notado nada más llegar que en el partido había dos bandos, dos barrios enfrentados.

»Me presentaban como la gran adquisición, el juez con caché, el personaje creíble, el honestísimo, la figura esencial de la campaña, ¡joder, se me rifaban! Yo le decía a Yayo: "Si notas que me lo estoy creyendo, tira de mí p'abajo, ¡vaya a ser que me suba flotando... hosanna en las alturas!"

»Fui el único candidato del PSOE que dio conferencias y mítines en universidades. Ellos tenían el síndrome de González en la Autónoma y les daba pánico. Yo dije: "¿Cómo no vamos a ir a las universidades? Si nos pitan que nos piten, pero hay que ir y echarle bemoles." Hice actos universitarios en Madrid, en... —Garzón se detiene en su tarea de apilar papeles y hace memoria— en Almería, en Barcelona... El de la Autónoma de Barcelona era delicado: estaba muy reciente el proceso que yo había instruido contra los de Terra Lliure, acabando con ese terrorismo. Pero les dije: "Voy, aunque me zumben con cócteles molotov."

»El recinto estaba hasta los topes. Había un grupo numeroso de radicales catalanistas que, cuando entramos, empezaron a gritarme, a abuchearme: "¡fascista!, ¡fuera, fuera!, ¡Garzón, cabrón, lárgate!, ¡viva Terra Lliure!, ¡viva Catalunya libre!". Los que venían conmigo: "¡Vámonos, vámonos!" Y yo: "¿Estáis locos?, ¿queréis que mañana los periódicos digan que Garzón salió huyendo de la universidad?, ¿revivir el episodio de Felipe? Yo no tengo nada que temer. Yo me quedo. Dejadme, que ya me las apañaré."

»En el auditorio había como tres franjas: unos aplaudían, otros indecisos y otros muy hostiles, muy rabiosos. El reto era hacerme con ellos, sin ceder en lo que no tenía que ceder. Me quedé de pie. Soporté el chaparrón unos minutos. Dejé que se desahogaran. Era cuestión de temple. Luego, poco a poco, fui soltando unas palabras: "Vamos a iniciar el acto... Yo sólo os pediría, ya que estamos hablando en democracia... en un foro universitario y tolerante donde todos escuchamos a todos, nos gusten o nos disgusten..., que me permitáis exponer mi pensamiento —se iban acallando los gritos— y que dialoguemos... Quiero responder a todo lo que me preguntéis, sin más límite que el que me impone mi reserva como juez en ciertos asuntos..."

»Se fue haciendo el silencio. Agarré el toro por los cuernos: hablé de terrorismo, de nacionalismo, de las falsas denuncias sobre torturas. Ahí me fajé con algunos en un debate muy áspero, muy acusador por parte de ellos. Plas, plas, plas, yo iba soltando datos: nombres, fechas, hechos probados, textos de la sentencia del Tribunal de Derechos Humanos de Estrasburgo que descartó la más leve sospecha de amparo a malos tratos... Al final, hasta los que me llamaban fascista aplaudieron. Nunca en mi vida un aplauso compacto me ha reconfortado tanto como aquél. Y no por mí: por ellos. Esos chavales me afirmaron en la convicción de que puede haber debate racional, siempre que una de las partes quiera. A mí me tocaba echarle paciencia, y se la eché. Aprendí mucho aquel día.

»La verdad es que aprendí mucho en la campaña electoral... y no todo precisamente bueno, por desgracia. Se me iban abriendo los ojos. Televisión Española, por ejemplo, estaba al servicio total del Partido Socialista. Era un descaro. Supongo que ocurre en todos los partidos que están en el poder. Todos niegan que manden en la televisión, pero todos la manipulan. Me acuerdo de las señales en el mitin. La cámara estaba por allí funcionando y, con un pilotito rojo en el atril, te avisaban que iba a empezar el telediario. En ese momento, la locutora o el locutor decía: "conectamos en directo...", y uno tenía que soltar la frase clave de ese día. Estando en Toledo, en un mitin, Rubalcaba dijo con la mayor naturalidad: "Voy a llamar a Jordi —se refería a García Candau—, para que abran el telediario con tal... y no se les ocurra salir diciendo que cual..." Me quedé de un aire:

»—Oye, Alfredo, ¿así lo hacéis?, ¿llamáis al director de TVE para decirle qué tiene que dar y qué no? ¡Jo, qué fuerte!

»—Bah, eso es normal.

»—¿Cómo normal? Cuando subimos al estrado de los mítines, decimos que no controlamos la televisión...

»—Es que ése es el discurso "políticamente correcto".

»—Pero, Alfredo, que estamos predicando precisamente un nuevo estilo ético. Yo creo que hay que guardar las reglas del juego, coño, hay que ser honrados...

»Llegaba yo políticamente *in albis*, y en ese momento me "iniciaron" en la pérdida de la inocencia. Yo tenía que haber dicho: "adiós, ahí os quedáis". Y no lo dije. Acepté. Tragué. Seguí libremente. Pero aquello en sí ya era un acto "iniciático". Para mis adentros, pensaba: "si hacen esto así, y es cara al público, ¿qué será en lo demás?"

»Estuve en mítines populistas, como aquel de Granollers con emigrantes andaluces. Era visceralidad pura. Deliraban conmigo. Me sacaban en volandas: recorrí más de cincuenta metros sin rozar el suelo, llevado por la gente. Allí estaban Narcís Serra, Raimon Obiols, Josep Borrell. No sé qué pensarían ellos. El fenómeno de los mítines es irracional. Te tocan, te besan, te estrujan, te jalean, te idolatran, te convierten en un fetiche público. Es alucinante. Un frenesí raro que te lleva a la borrachera del baño de masas. Yo soy mucho más tímido de lo que la gente cree, y ese tipo de exhibición me sobrecogía, me agobiaba.

»Otra experiencia que me desagradó, y que fue como echarme una mancha encima: ir a un mitin en coche oficial, usar los bienes públicos para actos electorales y de partido. Yo, como juez, utilizaba coche oficial blindado por razones de seguridad, pero no sentía vergüenza. Si acaso, la impotencia de saber que estás amenazado de muerte y no te puedes defender. Pero ¿que te lleven en coche oficial porque tú quieres ser candidato a diputado? En plena campaña, yo me preguntaba: "¿por qué esta molesta sensación de estar haciendo algo incorrecto?". Y hacía examen de conciencia. Era como haber entrado en el juego de usar lo público indebidamente.

»Aquí falla algo, me decía yo. Los políticos se aprovechan de la gente. El ciudadano da mucho; en cambio, el hombre público va sólo a sacar: el voto, el impuesto, el poder. En campaña, todo se utilizaba en beneficio propio: a la gente la buscabas para que te aplaudiera, te apoyara, te diera su voto; o para que escribiese artículos laudatorios, y dijera en su programa de radio ¡qué tío más grande eres!, y así te acarreaba la adhesión del público. Y punto. Vi y oí a políticos que a sí mismos se tomaban muy en serio pero se reían de la gente, menospreciaban a los que asistían a los mítines: "Ésos no tienen ni zorra idea de lo que es la separación de poderes, Baltasar, no les metas ese rollo. Tú pega cuatro gritos contra Aznar y verás cómo les va la marcha. Tú diles que Felipe es cojonudo y notarás cómo se calientan. Tú suelta una burrada bien gorda y oirás la ovación que te llevas." En los mítines se iba a tocar la víscera. ¿Mensaje inteligente?, ¡cero! Demagogia, discurso fácil, manipulación de las masas. El ciudadano, tratado como un imbécil.

»A veces preguntaba: "Oye, ¿no sería mejor, en lugar de gritar cuatro tópicos, argüir, debatir, convencerles?" Me respondían: "No. El mitin no tiene sentido en sí mismo. Es un producto de marketing, para la televisión: que se vean diez mil personas, un tío con la camisa sudada arrancando una ovación, las luces, la música, las siglas, la ola, los dedos en uve, cuatro eslóganes cada día para dar titulares a la prensa... y ése es el juego." Así de cínico. Quizá era igual en todos los partidos. Y si Anguita se ponía esencialista se quedaba sin titulares de prensa. Algunas noches, al volver a casa le decía a Yayo: "Esto es una mierda. Yo no quiero entrar en ese discurso de las palabras fáciles, de las promesas que no se van a cumplir, de darle leña al adversario sólo por marketing. No me gusta, no me va. Estamos haciendo circo. ¡Y yo soy el circo!"»

A partir de su fichaje por la lista del PSOE, los medios que antes le eran favorables, como El Mundo o la Cope, estiman que ha cambiado de trinchera y le hacen el vudú. Más o menos, eso Garzón lo esperaba. Lo que no podía esperar era que El País, adicto al gobierno de González, le ignorase. Durante toda la campaña, Garzón no existe para ese periódico. El silencio nace, o coincide, con cierta encuesta oficial, hecha por el CIS.[6]

Un buen día, Pepe Bono telefonea a Garzón. Está exultante: «Baltasar, el CIS ha hecho unos sondeos de voto, y en la encuesta de popularidad sales tú el número uno, por encima de Aznar, por encima incluso de Felipe. Vamos... al mismo nivel que el Rey. Lo dará El País el 30 de mayo, con la portada dedicada a ti...» A Felipe se la enseñan. Y entre él y Rubalcaba deciden que esa encuesta no vea la luz. Y no se publica.

«Yo era consciente de que me metía en un avispero —reflexiona Garzón—. Los *apparatchiks* del PSOE no me perdonaban el

6. Centro de Investigaciones Sociales, organismo público.

haber entrado por la puerta grande pactando mis condiciones con el presidente del Gobierno, y que de los demás no quisiera saber nada. La verdad es que yo no tenía inquina a nadie, pero no quería relación con personas como Acosta, Marugán, Barranco, Martín Toval, Benegas, o el propio Guerra. Me eran ajenas. No compartía sus criterios sobre el ejercicio de la política. Además, los tribunales estaban investigando la gestión del PSOE durante la época en que los dirigentes directos eran ellos. Y no es que yo me considerase un armiño, pero necesitaba tener las manos libres. Se lo había dicho a Felipe: "no voy a casarme con nadie".

»Esa libertad y esa independencia me obligaban a blindarme, a ajustarme los machos, a tomar toda clase de cautelas. Tampoco era algo nuevo para mí llevar comprobantes, certificados y facturas de todo. Yayo me decía: "Tú estás mal de la cabeza, Baltasar: te vas a volver maniático de los justificantes." Desde que empecé a investigar los Gal y quise meter las narices en el cuarto oscuro de los fondos reservados, los había visto venir. Y me preocupé de tener mis cuentas en limpio. Como preparaba a chicas y chicos opositores, llevaba al día mi libro de matrícula fiscal con los datos de quiénes eran los alumnos y cuánto les cobraba. En España no es muy usual que los jueces y fiscales declaren lo que ganan preparando opositores por las tardes en su casa. Pero como yo sabía que algunos me la querían pegar hasta en el cielo de la boca, declaraba a Hacienda el último duro. En cualquier momento podían salir las hermanitas de la caridad diciendo: "Mira, le hemos pillado, como a Al Capone, por una minucia fiscal: ¡las clases!"...»

Por esa necesidad de tener el techo de cristal, el mismo día que cesa como juez para entrar en la política, Garzón llama a su asesor tributario:

—Vamos a hacer mi declaración de la renta hoy.

—¿A qué esas prisas? Tienes de plazo hasta el 20 de junio.

—Lo sé, pero quiero hacerla y presentarla ante notario hoy, 5 de mayo, para que conste el día y la hora.

Así lo hace. Y no se lo dice a nadie.

Un día, en plena campaña electoral, Bono y Garzón almuerzan en Los Remos, por la carretera de La Coruña. Bono, después de estar un rato callado, mirando el vino de su copa, carraspea, traga saliva, y suelta algo que le ha madrugado la periodista Esther Esteban, y que se va a publicar en el semanario Tribuna:

—Baltasar, hay un tema delicado, que no sabemos cómo pararlo o cómo neutralizarlo. Al parecer, tienes algún problema fiscal: ingresos por clases particulares, que no has declarado...

—Eso es falso. No tengo ningún problema fiscal. Me pueden revisar por arriba, por abajo y por el forro. Mira, Pepe, no tengáis preocupación por mí. Yo no tengo cadáveres en el armario.

Después de ese almuerzo, Garzón viaja a Galicia para dar un mitin. De regreso, telefonea a Felipe González:

—Felipe, vamos a poner las cosas claras desde el principio: yo me fío de ti por tu palabra, sin comprobantes. Tú puedes fiarte o no fiarte de mí; pero, si te fías, tiene que ser también por mi palabra. Ya le he dicho a Pepe, y ahora te lo digo a ti, que de esa historia de problemas fiscales no hay nada. ¡Nada!

—No, compréndelo, hay mucho hijoputa suelto que nos tiene ganas, y ésta es la ocasión para pegarme a mí pegándote a ti...

—Para tu tranquilidad, Felipe, tengo presentada mi declaración de la renta, ¡com-ple-ti-ta!, el mismo día que dejaba el ejercicio judicial... y ante notario. Le puedes callar la boca a quien te dé la gana.

—Pues la verdad, me tranquilizas porque...

—No, no, Felipe: si te fías, te fías, sin explicaciones. Yo no pienso estar justificándome contigo cada vez que a alguien se le ocurra soltar una contra mí.

—Hombre, a mí me llega la onda de todo, y estaba preocupado.

—Pues, como te llega la onda de todo, cuando algo se refiera a mí, en vez de comentarlo con Pepe o con quien sea, habla conmigo. Si confiamos el uno en el otro, yo te diré cuáles son mis miserias. Si no, tú y yo no iremos juntos a ninguna parte.

—Pero, ¡Baltasar, por favor!, ¿cómo voy a desconfiar de ti?

—Joder, Felipe, pues lo parece... En cambio, yo creyendo en todos vosotros, fiándome de todos vosotros. A lo mejor tendría que fiarme un poquito menos y creerme también yo las ondas que me llegan. Porque algunas me llegan...

—No te pongas tan cáustico...

—No es causticidad. Mira, no pensaba comentártelo, pero me ha llegado una información que quizá te venga bien saberla.

—¿Qué información?

—Por lo visto, hay un informe de la agencia americana de detectives Kroll: una investigación sobre el patrimonio y los negocios de

Mario Conde en el extranjero. Y el encargo de ese informe os afecta a Narcís Serra y a ti.

—¿A mí, por qué?

—Porque, según mis fuentes, ese informe se ha hecho, o se está haciendo, a instancias del vicepresidente del Gobierno.

—¡Eso no es verdad! Baltasar, te han mentido. No se ha ordenado ninguna investigación sobre Mario Conde.

—Pues no sabes cuánto me alegro, porque hay un elemento bastante inquietante en esa información: a la agencia de detectives se le ha pagado con dinero público, a través de un alto cargo del Ministerio del Interior.

—¡Falso de toda falsedad!

—Oye, Felipe, tal cual me la dan te la doy, por lo que te pueda valer; pero no tengo ni puñetera idea de qué va eso...

—¡Nada de nada de nada...! De todos modos, muchas gracias.

Garzón está anticipándose al escándalo que estallará dos años después con el nombre de *Informe Crillón*. Aunque González lo niega, la agencia Kroll trabaja en ese momento en el informe sobre Mario Conde. Y no para averiguar tramos de su gestión en Banesto, sino por buscarle ilícitos e invalidar sus pretensiones de sentar plaza en política. El encargo lo ha hecho Narcís Serra a través de Luis Roldán. Julián Sancristóbal ha facilitado el contacto con la agencia Kroll. Y los 70 millones de pesetas en pago de adelanto proceden de fondos reservados del Cesid.

El 28 de diciembre de 1993, seis meses después, el Banco de España intervendrá Banesto. Un «agujero» de 500.000 millones, una gestión de riesgo y un enriquecimiento personal sin explicación contable pondrán al banquero entre rejas. Pero el principio de ese fin se llamaba *Informe Crillón*.

Durante la campaña electoral, Felipe González tiene un debate con José María Aznar, el líder del PP. Es en directo, desde los estudios de Antena 3. El poder está en juego. La expectación es máxima. González ha vuelto de Canarias con mucho retraso por un accidente mecánico en el avión presidencial. Llega zumbado de sueño y se echa a dormir. Quizá desprecia al «pequeño contrincante», quizá confía demasiado en sus propios recursos. Lo cierto es que acude al plató televisivo sin haber hecho los deberes. No se ha preparado. Aznar, en cambio, ha puesto toda su mercancía en el mostrador. Está suelto, agresivo, percutiente. Por primera vez en su vida traspasa el cristal y entra en las salas de estar de los telespectadores.

En cierto momento del debate, Aznar pregunta a González qué hará, si gobierna otra vez, para erradicar la corrupción. González responde rápido, con la destreza del ilusionista que hace un pase mágico sobre su chistera: «He encargado a Baltasar Garzón, precisamente, que presida una comisión parlamentaria para investigar la corrupción política.»

Baltasar está en su casa, sentado a la mesa frente al televisor, tomándose una sopa de fideos...

«Me quedé con la cuchara en el aire, la boca abierta como un lelo, y un fideo colgándome por la comisura del labio: "¿Qué coño dice este tío? Yayo, ¿tú has oído lo que yo? ¡Pero a mí qué va a encargarme... a mí no me ha dicho ni una palabra de eso!"»

A la mañana siguiente, le llama a Moncloa:

—Felipe, eso de la comisión anticorrupción ¿qué es?

—Ah, ¡nada! Fue un recurso electoral. El momento era apurado, el debate no estaba yéndome muy bien, y bueno... largué eso para salir del paso.

—Pues ten cuidado, Felipe, porque las cosas que se dicen hay que cumplirlas. Y, a poco que me conozcas, sabrás que yo soy de los que la palabra la doy en serio, y en serio la tomo. Vamos, que... si no me creyera lo que tú dices, no tendría ningún sentido el paso que he dado. Y eso lo has dicho en público, ante millones de personas, en un debate a cara de perro por la presidencia del gobierno. No era un programa de guasita...

—No, hombre, si ya te digo que no, que ni estaba ni está en mi ánimo que tú presidas ninguna comisión de ese tipo...

—Pues, si no está en tu ánimo, no lo digas. Y menos mal, porque nombrándome para ese puesto ¡en menudo berenjenal os metíais! Que yo no sirvo para cubrir apariencias.

—Bueno, bueno, tranquilo... Ya hablaremos en su momento.

Al colgar el teléfono, en el tono de voz y en la mirada de Baltasar a Yayo hay una veladura de decepción:

—Espero no tener que mentir nunca como esta gente. Si oírle ayer me irritó, hoy me ha resultado penoso.

Con unas cuantas perdigonadas como ésa incrustadas en la conciencia, Garzón comparece en el mitin final, en la Casa de Campo. Interviene el último, antes que Felipe. Cuando González sube al estrado, entre ovaciones y rosas rojas, abraza a Garzón. Mientras le palmea la espalda, le dice al oído: «¡Cómo has mejorado, cuántos decibelios has subido en el discurso! ¡Te has convertido en un mitinero que puede hacerme sombra en cualquier momento!» «Todo se aprende —responde Baltasar con sorna—. ¡Si tú supieras la de cosas que he aprendido yo en esta campaña!»

El día de las elecciones, los Garzón pasan la tarde en casa haciendo tiempo para conocer los resultados. Cuando ya aparece Corcuera por televisión diciendo «hay una horquilla... y un escaño bailando... pero la opción ganadora es el PSOE», Baltasar telefonea a La Moncloa:

—¡Enhorabuena, Felipe, lo hemos conseguido!

—Lo hemos conseguido gracias a todos, y especialmente gracias a ti.

—Bueno, te llamo para ver cómo hacemos esta noche...

—Pues me pillas saliendo hacia el Palace en este momento.

—Es que no quiero solaparme contigo. Hoy el tiempo es tuyo. He pensado no ir al Palace hasta que te hayas marchado tú. Estaré viendo la tele, y cuando digan que te retiras acudo yo...

Todavía al teléfono, y por ponerse de acuerdo con González en la valoración pública de los resultados, le pregunta:

—¿Qué vas a decir, Felipe?

—La verdad es que aún no lo sé. Me acaba de llamar Narcís Serra, y me dice que José Enrique Serrano le ha dado un eslogan. Espera un momento, que lo tengo anotado por aquí... ah, sí: «He entendido el mensaje.» Pues eso es lo que voy a decir.

«¡La de artículos, comentarios, horas de radio y elucubraciones mentales que se dedicaron a desentrañar el sentido del "he entendido el mensaje" —piensa ahora Garzón, con un año de chasco a cuestas—. ¡Y a Felipe González se lo da un asesor de Serra, cuando está saliendo de Moncloa...! Que me dicen que diga que... he entendido el mensaje. En aquel momento no, porque todo era euforia, pero después yo iba sumando: lo de la comisión anticorrupción, bah, para salir del paso; lo del gran oráculo "he entendido el mensaje", a salto de mata; la campaña electoral, caótica, improvisada, cambiando de lugar, de horario y de discurso sobre la marcha, manipulando al público... ¿Y ésa es la política que va a regir en este país?, ¡menudo desastre!»

Le viene a la memoria una extraña secuencia de la fiesta electoral en el Palace:

«Llegó Fali Delgado, el secretario de Alfonso Guerra, para pedirme que subiera al segundo piso: "Alfonso está alojado ahí y tiene mucho interés en saludarte." Pensé: "es raro que no esté aquí abajo con todo el mundo; se ve que, como en la campaña lo han marginado, el hombre no se siente a gusto en este follón". Inicié la subida, pero los periodistas me entretuvieron, y cuando llegué arriba, Alfonso ya se había retirado a sus habitaciones. Txiki Benegas, que andaba por allí, aunque no nos conocíamos en persona, vino hacia mí: "¿Ves?, a pesar de algunos jueces, hemos ganado." Se refería al magistrado Marino Barbero, que investigaba el caso Filesa. Yo le contesté: "Y también gracias a algunos jueces habéis ganado." Tuvo entonces Benegas una rara ocurrencia: "¡Ven, Baltasar, asómate a la ventana!", y me llevó a la ventana de la célebre foto de Alfonso y Felipe con la rosa, en 1982, cuando la apoteosis triunfal de los diez millones de votos. Pretendía que me asomara: "¡Asómate, asómate!" Abajo, en la calle, multitud de fotógrafos, cámaras de televisión y cañones de luz enfocando el hueco de la ventana. Dije que no, con la cabeza. Aún hoy no sé qué buscaba. ¿Que me fotografiasen, como si yo quisiera invadir la iconografía histórica del partido, y al día siguiente provocar con esa foto un enfrentamiento entre Felipe y yo?»

Ha de estar espabilado y en guardia, porque hay maquinaciones contra él. Se mueven con sigilo, no enseñan el rostro. Pero Garzón, como el llanero del *far west* con su par de revólveres al cinto, siempre tiene a punto un instinto rápido y buena información. Ésas son sus armas. Y no salirse de la ley. En vísperas del debate de investidura y de la formación del nuevo gobierno, el *lobby* jurídico que se mueve cerca de Manuel Cobo del Rosal, Eligio Hernández, el ex ministro Fernando Ledesma... trama algo serio para impedir que «la estrella invitada», como le llaman con sarcasmo, llegue a ocupar la cartera de Justicia. El rumor en los cenáculos y en las quinielas de ministrables insiste en situar a Garzón al frente de Justicia. Los muñidores ignoran que él se ha impuesto a sí mismo el voto laico de no ser ministro. Y que González lo sabe desde el principio.

Está pendiente por entonces el juicio de Monzer Al Kassar. Los letrados de la defensa han intentado que Abou Merched, un testigo de cargo que había acusado a Al Kassar, cambie su declaración. Y no sólo eso: que en su nuevo testimonio diga que la vez anterior, cuando testificó ante el juez Garzón, lo hizo presionado. Hablan con Abou Merched, le ofrecen dinero y consiguen de él un papel escrito en ese sentido. Se entera la policía e informa al juez Bueren, que desempeña la suplencia de los asuntos del juzgado n.º 5 hasta que se cubra la vacante.

A Garzón le llegan simultáneamente dos informaciones: esta del intento de sobornar al testigo protegido Abou Merched; y otra de un almuerzo en el restaurante Las Reses entre Eligio Hernández, Fernando Ledesma y Juan José Martínez Zato, destacado miembro del Consejo General del Poder Judicial. Desde una mesa cercana, alguien escucha ráfagas de la conversación que se traen. El argumento es hacerle la cama a «ese tío arrogante, que va de Giovanni Falcone por la vida, y eso es muy peligroso», «¡la que nos puede montar, como Felipe tenga la debilidad de nombrarle ministro de Justicia!, ¿te imaginas?, con el poder de reformar a su gusto el Código Penal, el Ministerio Fiscal, o lo que le salga de...», «si ocurriera eso —llega a decir Eligio—, yo dejaba la carrera en el acto». Esos mismos comensales hablan de «algo que puede acontecer dentro del proceso de Al Kassar: que el traficante sirio se querelle contra Garzón por prevaricación, falsificación y coacción a un testigo». Uno de ellos indica la conveniencia de «que ese riesgo lo conozca Felipe González antes de prometerle ningún cargo». Eligio, el fiscal general, se brinda a hablar con Tomás de la Quadra, ministro de Justicia saliente, para que advierta a Felipe: «Ojo, presidente, no vayas a columpiarte con Garzón y, al cuarto de hora de jurar como ministro, te lo averíen con una querella criminal.»

El 9 de julio, en un receso de la sesión de investidura, Tomás de la Quadra se acerca a Garzón:

—¿Tienes un minuto, Baltasar? No sé si sabes... Hay un letrado por ahí que no te quiere nada bien: Cobo del Rosal. Cuenta atrocidades de ti. Por Eligio, me ha llegado la especie de que Cobo anda diciendo que, si te nombran ministro, los abogados de Al Kassar van a fundirte con una querella.

—Tú sabrás mejor que yo si me van a nombrar ministro... Te agradezco la información, Tomás, pero ya lo sabía.

Garzón sale del hemiciclo y va al despacho que el jefe del Gobierno tiene en el Congreso. Habla con González de su discurso, que ha estado muy bien... De pronto, con un «ah, por cierto», en apariencia negligente, Felipe le dice:

—Me han llegado noticias de una querella contra ti...

—Te lo he dicho una vez, Felipe, y no me gustaría tener que decírtelo muchas más: o te fías de mí, o tú y yo vamos mal. No me pongas en cuestión cada dos por tres. Los problemas te podrán venir por cualquier sitio, pero por mí no te van a venir.

—Es algo de Al Kassar o no sé qué...

—Felipe, no hagas como que te han comentado algo difuso. Te han dicho que un testigo va a declarar que yo le coaccioné. Y, además, como una advertencia: que si me nombraras ministro de Justicia, al día siguiente me caería una querella. Te habrás sonreído, supongo, porque tú y yo sabemos que en ningún momento voy a ser ministro de Justicia: ni quieres tú, ni quiero yo.

—Sí, algo de eso me han dicho; pero no le he dado más...

—Puedo decirte los nombres de quienes están detrás de esto. ¿Quieres saberlo? Te ilustraría bastante.

—¡Venga, Baltasar, vamos a hacer grandes cosas! En cuanto acabe de «fabricar» el gobierno, te invito a cenar en La Moncloa.

En esos días, Carlos Bueren, que se ha hecho cargo del sumario de Al Kassar, cita a declarar a Abou Merched. Asisten los abogados de Al Kassar, seguros de que el testigo va a decir lo que le han marcado. El juez le pregunta: «¿Reconoce como suyo este escrito?, ¿lo ha redactado usted libremente?, ¿está de acuerdo con su contenido?» Y entonces Abou Merched dice: «Ese papel no vale... lo que se dice ahí es falso.» Denuncia que le han coaccionado para que lo escriba, y vuelve a ratificarse en lo que declaró ante el juez Garzón. Se desbarata el montaje.

Para designar al nuevo ministro de Justicia, González pide orientación, nombres y currículos a Pascual Sala, presidente del Tribunal Supremo. Sin duda, la última persona a quien debía hacer esa consulta, por un mínimo sentido de la separación e independencia entre los poderes del Estado. Y no es sólo un «dame nombres», sino que el presidente del Gobierno designa a los dos que el presidente del Supremo le señala: «Si quieres una mujer —le dice—, te recomiendo a Teresa Fernández de la Vega. Si quieres un hombre, Juan Alberto Belloch puede hacerte un gran papel.»[7] El hecho no trasciende, pero ocurre así. Esa consulta revela una promiscuidad que explica muchos episodios de justicia politizada. Gobernando González, con demasiada frecuencia se perciben trazas de amancebamiento entre el poder judicial y el poder ejecutivo. Cuando años antes Alfonso Guerra afirmaba: «Montesquieu está muerto y enterrado

7. Con Juan Alberto Belloch como ministro, Teresa Fernández de la Vega fue secretaria de Estado de Justicia.

hace mucho tiempo», quizá tan sólo repetía la filosofía política que como «oyente» escuchaba en La Moncloa.

Visto desde el fuelle del tiempo, el error político de Baltasar Garzón será aceptar un cargo vinculado al gobierno. Se lo proponen Bono y Serra como «algo que tú no puedes rechazar: quebrantarías tu trayectoria de lucha contra la droga y lo que has dicho en el programa electoral y en la campaña». Así le ofrecen ser delegado del gobierno para el Plan Nacional sobre Drogas. Nadie mandando nada a nadie. Pero esa nada le mete en la cadena de la jerarquía y le traba con dependencias.

¿Cómo surge la idea de «nombrarle algo, darle un quehacer, tenerle entretenido»? Acaso les asusta que un hombre como Garzón, con liderazgo natural y motivado hasta la médula en combatir la corrupción, no tenga más tarea que el gris menester de un diputado de base.

Garzón se resiste con un argumento práctico: «Ese cargo tiene rango de director general: incompatible con ser diputado. Y yo no estoy dispuesto a dejar de ser diputado. Sería un fraude.» Narcís Serra espanta el obstáculo: «Eso lo acomodamos enseguida: se eleva de categoría, se le da rango de secretario de Estado, y así puedes seguir con el escaño.»

A los pocos días, el 27 de julio, Felipe González invita a Ventura y a Baltasar a una cena informal en el jardín de La Moncloa. La mesa está dispuesta en el mismo lugar donde se hicieron la foto «para la posteridad». Cuando están viendo el bosque de bonsáis, llega Felipe: «Perdonad, me he retrasado un poco... estaba escribiéndole una carta a Helmut Kohl.» Y ya por ahí, González se interna en la fronda de sus experiencias en política internacional. Comentan, como buen indicio, que se haya forzado la dimisión del portavoz socialista en el Congreso, José María Mohedano, por el asunto de un Jaguar. González les dice: «Lo del Jaguar era una minucia. Yo no quería hacer sangre, pero Solchaga[8] me dijo que convenía resolverlo enseguida por la imagen del partido. Cedí, costándome hacerlo.»

Felipe cambia de conversación. Quizá el subconsciente le pide alejarse de esos riscos del castigo por la corrupción. Enseguida en-

8. Carlos Solchaga ha dejado de ser ministro de Economía y Hacienda —sin explicación a los ciudadanos, por parte de González— y le han nombrado presidente del grupo parlamentario socialista en el Congreso.

cuentra una pradera más grata para distraer a Garzón con un tema que puede engolosinarle: «Ya sé por Narcís que has aceptado ser delegado del Plan sobre Drogas. Mañana te vamos a nombrar. Tú empieza a trabajar ya en eso, prepárame informes. Conozco tu planteamiento de coordinación policial, te lo escuché en Los Quintos de Mora (...). Elabora un diseño, porque quiero potenciar ese ámbito en el futuro y contar ahí contigo (...). No te importe que la delegación esté ubicada ahora en el Ministerio de Asuntos Sociales. Eso tiene arreglo.»

Cuentan anécdotas de la campaña: la megafonía que no funciona, el grupete reventador, el tío que te agarra la mano y casi te la deshace con tanto fervor beato... Baltasar comenta:

—Lo que resultó un poco forzado fue el abrazo entre Alfonso y tú en el mitin de Sevilla...

Ante la mención de Guerra, a Felipe se le muda la expresión, como aquel día en Los Quintos de Mora: la mirada se le enturbia, y se le ve contraer las mandíbulas, haciéndose violencia. Ventura va a cambiar de tercio, pero Felipe se arranca con un desahogo:

—Yo a Alfonso lo doy por totalmente perdido. Para mí es... agua pasada. Alfonso está fuera, está al margen de la sociedad. Vive en un mundo suyo, ajeno. No se entera de lo que pasa. Él, que siempre estaba a la última, ahora ni lee la prensa. Sólo lee los recortes que le dan, sólo oye los cuatro chismes que le cuentan. Políticamente, es un lastre. Además... no está bien de la cabeza, coño: Alfonso está loco. Sí, como lo oís: está loco.

Se hace un silencio abrumador. ¿Cruza por la mente de Garzón la idea de que el modo más eficaz de anular a un testigo de cargo es matarlo o «enloquecerlo»? Tal vez no. Su pregunta es política:

—¿Y por qué no prescindís de él?, ¿tanta fuerza tiene?

—Hombre, el guerrismo, como corriente organizada, no existe; pero los guerristas sí existen, y están ahí, y dan el coñazo, y tienen una fuerza en el partido. No se puede prescindir de ellos.

—Lo raro es que el secretario general no se hable con el vicesecretario general. Eso es un follón, Felipe...

—Bah, Alfonso es una pieza decorativa. En estas elecciones, él apostó a la contra, para que las perdiéramos. Es evidente quién manda ahora, ¿no? Y más adelante, se van a ver cosas...[9]

9. Se vieron: en el siguiente congreso del PSOE, el guerrismo fue descalabrado, y Alfonso Guerra perdió su puesto dirigente.

«Después de la cena y la sobremesa —recuerda ahora Garzón—, en un instante en que nos quedamos solos, pregunté a Felipe:

»—De mi pase a la política, ¿qué piensa el Rey?, ¿qué opina?

»—El Rey no piensa nada —me contestó—. El Rey piensa y opina lo que yo le diga que piense y opine.

»Me pareció una chulería inadecuada. Un exceso irrespetuoso. Tal vez quiso dejarme claro que, en los asuntos políticos, el Rey, para no *borbonear*, se guía por lo que le dice su jefe de Gobierno. Pero en su tono había algo despectivo. Y eso me chocó.

»En cuanto a la ruptura con Guerra, no era un secreto. Era visible que no se hablaban. En las reuniones del grupo parlamentario, cuando iba uno no iba el otro. Si asistían los dos era clamoroso porque, sentados en la misma mesa, Alfonso miraba hacia un lado y Felipe hacia el otro. Además, Alfonso sólo hablaba con los guerristas; a los renovadores no les dirigía la palabra. Y entre ellos, no cruzaban ni el saludo. Se ignoraban, aunque coincidieran en el ascensor. Había un clima agrio, de enfrentamiento sordo. Las miradas entre guerristas y renovadores eran como cuchillos afilados. Yo a veces le decía a Ventura: "Vámonos de aquí, quitémonos de en medio", y nos sentábamos al fondo, trascachados con algunos renovadores. Era una guerra con silenciador, pero de alta tensión. Se notaba en cada acto del grupo. ¿Qué votación fue...? Ah, sí, para elegir al portavoz y a los miembros de la mesa. Felipe tuvo que presentarse y decir: "Ésta es mi propuesta, y quien no esté conmigo está contra mí." Aun así, el resultado fue raspado. Estoy viendo a Alfredo Rubalcaba, como el caporal de la manada, diciéndonos qué teníamos que votar. Iba el hombre ajustando con uno y con otro. En voz baja, le comenté a Ventura: "Éstos dan por hecho que nosotros vamos a votar. ¿Mira que si se me ocurre votar en blanco?" La verdad, no me atrevía a hacer ciertos comentarios, porque había una especie de Gestapo: decías algo, y al poco rato lo sabían todos.

»No sé si se fiaban o si desconfiaban de mí. Yo era como una sombra. Nadie entendía bien cuál era mi papel. Sí tenían claro que yo estaba muy próximo a Felipe y que hablaba con él cuando quería. Se dirigían a mí con respeto, como si yo fuera el eslabón de conexión: "Baltasar, ¿qué piensa Felipe de esto...?" Cuando, en mi ronda de contactos oficiales por el Plan contra la Droga, visité a Joaquín Leguina, en diciembre del 93, me preguntó ya al final: "¿Qué tal está Felipe?" Ante mi cara de extrañeza, me confesó que él no sabía cómo llegar a Felipe. Es más, me pidió: "Cuando le veas, dile que quiero hablar con él... de cosas del partido." Y Leguina era presidente de la Comunidad de Madrid y uno de los *barones* del PSOE. Felipe se había aislado. Era un solitario. No hablaba con nadie. A Ventura y a mí, por la razón que fuera, nos escuchaba. Se ve que nos sentía como savia nueva.»

En la carpeta que Garzón acaba de abrir, haciendo orden en el despacho que deja, hay de todo, como en botica: billetes de avión, telegramas, notas manuscritas con tachaduras, faxes donde la tinta ya empieza a desvanecerse, un programa de mano del Teatro de la Ópera de Viena anunciando *El barbero de Sevilla* de Rossini, fotografías de actos oficiales, el texto de un discurso que pronunció en la Asamblea General de Naciones Unidas, otro de una conferencia en el parlamento de Bruselas, recortes de prensa, un christmas laico que le envió Alfonso Guerra... Con la carpeta de par en par entre las manos, se acomoda en un sillón rinconero. Son retazos de su paso por la administración pública.

Sabe que es pronto aún para responder a la pregunta: ¿qué ha hecho Garzón en estos nueve meses al frente del Plan Nacional sobre Drogas? Pero le viene a la mente una palabra síntesis: refundarlo. Lo ha rehecho de arriba abajo. Recibió un organismo asistencial y preventivo, orientado al drogodependiente, encajado en el Ministerio de Asuntos Sociales. Y lo deja inserto en el Ministerio del Interior, organizado no sólo para prevenir el consumo de sustancias, sino para coordinar los diversos servicios policiales y hacer con toda esa información una comunidad de inteligencia. Recibió una *maría* voluntarista; deja un órgano director de la lucha contra el narcotráfico, con un enfoque operativo ampliable a todo el frente de la criminalidad organizada.

Hasta ahora, los directores de la Seguridad del Estado se han dedicado en exclusiva a combatir el terrorismo. En concreto: el terrorismo de ETA. El tráfico de drogas, de armas, de órganos humanos, de sangre, de litio, de uranio, de *travellers checks*, de software, la piratería industrial y científica, el blanqueo de dinero, la falsificación de billetes, las mafias de la inmigración, los delitos fiscales de alto bordo... toda esa criminalidad gruesa y transnacional ha sido marginada, como si no entrase en el ámbito de la Seguridad del Estado.

En realidad, lo que ha hecho Garzón es decirle a ese hombre

fuerte de Interior, a ese número dos del staff, llamado con pompa y redundancia «secretario de Estado para la Seguridad del Estado», cuáles son sus asignaturas pendientes. Y ha podido hacerlo sin señalar a nadie porque, durante más de la mitad de su estadía en la política, ese cargo ha estado suicidamente vacante.[10]

Casi todo su trajín ha sido de papeleo, de trámite, de gestión, hasta dejar diseñado y aprobado un organigrama punta de lanza. Meses de trabajo intenso para demostrar algo obvio: que para enfrentarse a las criminalidades organizadas se necesitan policías también organizadas. Suena paradójico, pero la seguridad de la nación puede hacer aguas por una hipertrofia policial: en España hay demasiadas policías,[11] demasiado descoordinadas y demasiado enfrentadas. Cada una de ellas, muy celosa de su primacía de elite y con un sentido patrimonial exclusivista de sus confidentes, sus bancos de datos, sus contactos intocables, sus informes incompartibles. Y con frecuencia, en lugar de pelear contra el delincuente, pelean entre sí: se solapan, se puentean, se guardan información, se espían mutuamente... Sobrar no sobra ninguna, pero falta un órgano superior que las dirija y coordine. A todas. Y eso es lo que Garzón ha intentado hacer entender.

«No ha sido arar en el mar —piensa—: dejo listo el artefacto para el que venga detrás.»

Mirando unas fotos de su toma de posesión, recuerda aquellos pocos meses que estuvo con Cristina Alberdi:

«Cristina tiene empuje y ganas de trabajar. Es una buena ministra de Asuntos Sociales. Está cerca de la gente y sufre de veras con los problemas de la sociedad: cree en lo que hace.»

10. Desde que dimite Corcuera, mediado noviembre de 1993, Vera es *de derecho* el secretario de Estado para la Seguridad del Estado, pero *de hecho* no ejerce: cesa a principios de enero de 1994. Antonio Asunción no provee ese cargo. Así, pues, cuando dimite como ministro de Interior, en mayo de ese mismo año, la más importante Secretaría de Estado del gobierno lleva cinco meses y medio sin nadie al timón. Y ningún diputado de la oposición parlamentaria pide explicación al gobierno por tan negligente vacío.

11. Cuerpo Nacional de Policía, Guardia Civil, Policía Militar, Servicio de Vigilancia Aduanera, Ertzaintza, Mossos d'Esquadra, y un sinfín de policías municipales armadas. Muchas de ellas, con sus grupos operativos especiales, sus unidades inteligentes, sus servicios informativos, sus comandos de intervención rápida, sus geos... Y además, el Cesid. En cambio, sigue faltando una policía judicial, independiente de Interior.

Al principio, mientras encuentran sede propia, ubican la Delegación del Plan sobre Drogas en la planta 5.ª del Ministerio de Sanidad. Para Garzón ese despacho tiene la ventaja de que puede ir andando al parlamento, estirar las piernas, ver la calle... Además, no quiere meterse en gastos de obra. Al contrario, llega midiendo cada peseta. Su primera directriz es viajar en clase turista, suprimir dietas, almuerzos de trabajo innecesarios, coches oficiales. Lleva consigo un equipo exiguo, pero competente: Araceli Manjón, como directora de gabinete; y dos asesores: José Oliva Gil, José Miguel Sánchez Tomás y Mari Carmen Medina, como secretaria. Mantiene a los técnicos que están ya allí, porque funcionan bien.

Enseguida, toma contacto con las áreas y las personas que actúan en el ámbito de la drogodependencia. Se entrevista con los ministros a quienes, por hache o por be, afecta el tema de la lucha contra la droga: Sanidad, Educación, Trabajo, Defensa, Hacienda, Interior. Les expone su proyecto de lucha contra la droga, y recaba de ellos cierto grado de compromiso en el ámbito de la prevención, de la sensibilidad social... En ese jalón de encuentros, visita al ministro José Luis Corcuera. Interior ha firmado un convenio con la Delegación del Plan sobre Drogas para financiar ciertos programas. Uno de ellos es orientar a la policía en la prestación de auxilios urgentes a toxicómanos que se encuentren en estado crítico. Garzón detalla al ministro que «hay que dotarles de unos manuales explicativos y unos cajetines con material sanitario y fármacos para esas emergencias...». Corcuera escucha con interés. Se ha relajado al ver que Garzón no pretende «tomar el mando» de lo policial, que es lo que le preocupaba.

—Me parece estupendo ese proyecto —dice—; lo que pasa es que no hay dinero para financiarlo. Eso es nuevo y yo no contaba...

—Ya, pero habéis firmado un convenio de ayuda. Se podría abrir una línea de ampliación presupuestaria...

—¡Quita, quita! ¿Hacer un presupuesto extraordinario? Yo te doy dinero de las multas, y tú te lo administras como quieras.

—¿Dinero de las multas? ¿Cómo es eso? Yo supongo que las multas son una partida de ingresos con la que ya se cuenta.

—Hombre, claro que es una partida, pero eso se arregla: tú te llevas lo que necesites para ese programa. Y punto. Eso sí, sin decir nada a nadie.

—Perdona, José Luis, yo agradezco tu buena intención, pero un proyecto oficial no puede financiarse así, de tapadillo. Eso que me propones es irregular. Cuando tengas la partida lista, por la vía legal de los Presupuestos, me avisas y hablamos.

Garzón sale del despacho con los ojos a cuadros: «Baltasar, mira bien en qué baldosa pones el pie; que aquí al menor descuido puedes estar pisando fuera de la ley.»

En la carpeta que está revisando hay una foto hecha el 18 de noviembre de 1993. Tras una mesa de debates aparecen el fiscal antidroga, Enrique Abad; el fiscal general, Eligio Hernández; el presidente de la Asociación Española de la Banca, José Luis Leal; el secretario de Estado para la Seguridad, Rafael Vera; y el propio Garzón, explicando cómo las mafias criminales se sirven de los bancos para blanquear sus beneficios ilícitos.

«Las caras de Eligio y de Vera —piensa, al mirar la fotografía— son patéticas. En ese preciso instante acababa de dimitir Corcuera, y los dos andaban nerviosos con las perspectivas de sucesión. Yo sabía que se estaban moviendo para ser uno u otro el próximo ministro de Interior. Eran, son, uña y carne. Y tenían convenido un pacífico reparto del poder: uno sería ministro y el otro director de la Seguridad del Estado, como contrafuertes en apoyo mutuo. Lo importante para ellos era evitar que fuese designado Roldán, el candidato más sólido, apadrinado por Narcís Serra y por González. Y no fue casual sino muy premeditado que, justo en ese trance sucesorio, saltara el escándalo: Diario 16 empezó a revelar cohechos, comisiones por adjudicación de obras, cuentas corrientes en Suiza, patrimonio inmobiliario acumulado: dato sobre dato, la saga insospechada del enriquecimiento de Roldán. Era el material que suministraban los jefes y oficiales de la Ucifa con el *placet* de Vera, que pensaba ser el beneficiario.[12] Roldán quedaba con sus vergüenzas y fechorías al desnudo, cuando más le podía perjudicar. La venganza fría, el ajuste de cuentas porque en su día consintió que yo investigara la Ucifa. El ataque fue fulminante: desencadenó la dimisión, fuga, escarnio, proceso y muerte civil de Roldán. Lo laminaron.»

Corcuera, antes de dimitir, ha indicado a González: «Si nombras ministro a Vera, Vera echa a Roldán. Y si nombras a Roldán, Vera

12. Una nota interna de 3 de marzo de 1994, firmada por el coronel Ángel López, jefe del Servicio de Información de la Guardia Civil, detalla cómo esa campaña contra Roldán, activada en la segunda quincena de noviembre de 1993, se realizó por orden de Rafael Vera.

se va por su propio pie. Si quieres mantener el equipo, haz ministro a Eligio Hernández. Eligio es mi candidato.» Felipe le oye, pero... sobreviene el oportunísimo «descubrimiento» de las miserias de Roldán, y opta por otro registro: Antonio Asunción, el candidato que Belloch le propone. Con el crack de Roldán, Serra empieza a perder pie, y Belloch a ganar pujanza.

«Me traía sin cuidado la movida de cargos en Interior, y me marché rápido de la Asociación Española de la Banca. No me apetecía estar en la misma mesa con Eligio Hernández, hablando de temas como el blanqueo de dinero y la lucha contra la droga que, debiendo interesarle como fiscal general, le importaban un bledo.

»Aunque algunos cronistas políticos se empeñaban en que yo quería ser ministro de Justicia o del Interior, mi desinterés era tal que me fui con la familia ese fin de semana a Jaén, al cortijo de Manolo Medina, incomunicados, sin más teléfono que el móvil y con muy mala cobertura por las sierras. A un conocido que me dijo con guasita: "¿No te quedas aquí, por si te llaman de La Moncloa?", le contesté: "Si González quiere dar conmigo, ya mandará a la Guardia Civil a buscarme."»

Un par de semanas antes, Garzón viaja a Estados Unidos. En Nueva York, diserta sobre drogas ante el pleno de la Asamblea de Naciones Unidas. En Washington, se entrevista con la fiscal general Janet Reno, con altos cargos del Departamento de Estado y con su homólogo, Lee Brown, que allí tiene el pretencioso nombre de «zar antidroga». Asiste a una reunión de trabajo en la *Drug Enforcement Administration* (DEA): le conocen como juez, porque ha intervenido con ellos en una investigación de blanqueo de capitales —la operación Hielo Verde/*Green Ice*— y en varios abordajes de barcos en aguas internacionales.

Tiene una interesante conversación con Louis Free, en la que el director del FBI inquiere pormenores sobre el diseño de coordinación policial que Garzón está preconizando en España, porque, según dice el americano, «ése es el mismo esquema que yo tengo en proyecto, por encargo del presidente Clinton, para luchar contra la delincuencia organizada y el tráfico de drogas; pero encuentro reticencias por parte de la DEA, a la hora de que el FBI asuma ese control superior, rector dice usted, ¿no?, de las distintas agencias y policías». Free le habla de las fricciones e interferencias entre la DEA, la CIA, el FBI y las policías de cada estado. «Si le consuela, en España ocurre algo parecido: suspicacias políticas para que los cuerpos y fuerzas de seguridad se coordinen desde un organismo superior.»

Su visita concluye en Cayo Hueso: la sede casi de ciencia ficción del comando unificado del mar Caribe, *Take Force*, desde donde se controla con radares muy sensibles y paneles gigantes el flujo aéreo y marítimo de naves que pueden transportar drogas.

El 17 de noviembre de 1993, Garzón envía a González un informe que le ha pedido para una entrevista que va a mantener con Clinton. Le aporta datos de última actualidad, llamando su atención sobre los nuevos circuitos de transporte de estupefacientes, que ya no van en directo de América del Sur a América del Norte. Para evitar la vigilancia recelosa ante cualquier flete que proceda de Centroamérica o de Sudamérica, las drogas recorren ahora larguísimos trayectos: viajan hasta la Europa báltica y las repúblicas del Este. Desde ahí, introducidas en Alemania, las embarcan, cruzan de nuevo el Atlántico en sentido de vuelta, y entran finalmente en Estados Unidos con la franquicia portuaria de ser «mercancías procedentes de la Unión Europea».

A Felipe González le interesa repentinamente ese informe. Y, en vísperas de la cumbre hispano-alemana, que se celebra en Granada con asistencia del canciller Helmut Kohl, decide que participe Garzón con su equipo. «Kohl está obsesionado con este tema de las mafias rusas y las drogas que les meten desde el Este —comenta González a Garzón—. Y tú ese tema lo dominas.»

«Intervine, expuse las conexiones supranacionales del tremendo negocio de las drogas: unos países las producen, otros aportan los precursores para su manipulación, otros las elaboran, otros las comercializan, otros son tránsito obligado, otros aportan las redes de blanqueo y reciclaje del dinero, otros aún prolongan el negocio con los mercados de armas, y así allegan más beneficios ilícitos y nutren los arsenales de nuevos tipos de terrorismo... Hablé de los vínculos entre los carteles colombianos y las mafias italianas; y la extensión de sucursales mafiosas hacia las repúblicas del Este. En ese momento, Interpol tenía detectadas más de seis mil organizaciones criminales funcionando en Europa del Este. "La razón es simple —dije—: resulta mucho más fácil instalar los nuevos tentáculos de una mafia en países que están en vías de formación, y donde la mano de obra es barata, el trabajo escaso, la corrupción de policías y funcionarios muy profunda, no existen controles... incluso el Estado en sí mismo no existe." Cargué el énfasis en la urgencia de establecer entre los gobiernos occidentales unas políticas agresivas, a base de estrategias comunes, cruce de información, entendimientos policiales... "para afrontar organizadamente el crimen que organizadamente nos amenaza". Kohl asentía con la cabeza, oyendo la traducción simultánea. Felipe escuchaba con las gafas puestas. Sólo se las ponía cuando algo le interesaba.

»La pregunta de cajón era: "¿y cómo se hace?" Dije que para atacar tan exorbitante negocio artificial había que ir a su punto más vulnerable: averiguar los circuitos financieros, desmantelar los entramados económicos donde lavan sus beneficios ilícitos. Eso me parecía más eficaz que la mera aprehensión de alijos. Y conté que acababa de estar en Estados Unidos, en Cayo Hueso, la *Take Force*, como de "guerra de las galaxias", y se me había caído el alma a los pies al ver que los más sofisticados y poderosos esfuerzos del FBI, de la DEA, del zar antidroga y del Departamento de Estado competente no conseguían interceptar más que un quince por ciento de la droga que entraba. "Esa experiencia me reafirma, señores, en que hay que atacar por otro lado: el reciclaje del dinero, la caja."

»Estaban muy atentos. Pensé: "Ésta es la mía; no voy a tener otra ocasión igual." Y me lancé a exponer mi diseño de un sistema coordinador de información, con unos gabinetes de analistas para filtrar, contrastar y valorar toda la información disponible en cada momento entre las distintas policías del Estado. Eso requería un canal por el que entrase la información en bruto, y se distribuyera depurada ya. O sea, una "comunidad de inteligencia", capaz de penetrar en esa zona vital que es la ingeniería económica de las mafias criminales.

»Sólo de pasada mencioné las tríadas chinas, los tongs y las yakusas japonesas. En cambio, hablé de la nueva presión de las mafias rusas y de las mafias implantadas en Europa: las turcas, las paquistaníes, las libanesas, las iraníes, las italianas con sus trescientos clanes del crimen: la Cosa Nostra en Sicilia, la Camorra en Nápoles, la N'Dranguetta en Calabria, la Sacra Corona Unita en Puglia... Y cada una en estrecha sociedad con los carteles colombianos.

»En el cóctel que hubo después, González y Kohl charlaban solos, apartados de los ministros y de las delegaciones. De pronto,

Felipe se volvió, me localizó a distancia y, con un gesto de la mano muy escénico, me llamó: "Ven, Baltasar, ven."

«—Bueno, Helmut, aunque ya le has escuchado, te presento a Baltasar Garzón, uno de los jueces más importantes de España, que ahora está con nosotros. Es un experto en criminalidad organizada, narcotráfico, blanqueo de capitales y demás. Quiero que sepas que le he encargado un diseño de coordinación de los cuerpos y fuerzas de la seguridad del Estado para luchar con más eficacia.

»Me quedé con cara de pan, con la que salgo en la foto que nos hicieron en ese momento: Felipe estaba diciendo como cosa suya ¡lo que yo acababa de exponer tres minutos antes! Listo como el hambre, Felipe agarraba al vuelo eso que a Kohl le interesaba tanto y cuanto, y venía a decirle: "el discurso que ha hecho Baltasar es un trabajo que le he encargado yo". Yo sabía que eso no era verdad. Felipe no me había encargado ningún diseño de coordinación policial, ni de comunidades de inteligencia. Sin embargo, con esa cabriola que acababa de improvisar, me hacía pasar, ¡zas!, de la droga como "asunto social", que es donde yo estaba, al narcotráfico como "asunto policial" y al vasto mundo del crimen organizado. Para mis adentros, dije: "¡Cojonudo!, esto significa que quiere hacer algo... Pero ¿cómo pretenderá que yo conjunte inteligencias y esfuerzos policiales, si no es desde el Ministerio del Interior?"

»No pude evitar cierta comezón de duda: ¿no será otra ocurrencia más "para salir del paso"? Pero me parecía demasiado fuerte que soltase esa trola delante del canciller de Alemania.

»Desde Madrid, seguí viaje al País Vasco para ir al entierro de Joseba Goikoetxea, sargento de la Ertzantza asesinado por ETA: habíamos trabajado juntos, y yo le quería mucho. Allí estaba el nuevo ministro del Interior, Asunción. Me invitó a regresar con él en su avión oficial. Durante el vuelo me dijo: "Quiero hablar contigo, ¿cuándo te viene bien que nos reunamos a comer?" Tiramos de agenda y fijamos el 4 de diciembre, en Los Remos.»

En ese almuerzo, cuando apenas han transcurrido siete días desde el impacto de Garzón sobre González en la cumbre de Granada, Asunción le pide que se incorpore a Interior. Y le encarga que diseñe «una estructura de coordinación policial, orientada a la lucha contra el crimen organizado, la droga, el blanqueo de capitales, para ponerla a funcionar cuanto antes».

—Esto lo he hablado con Felipe —dice el ministro—, y los dos vemos que tu delegación debe pasar a Interior, porque es absurdo plantear esa lucha sin una coordinación de policías. Felipe me ha dicho que tienes varios informes muy al día con lo que se hace en Estados Unidos y en otros países...

—Y si yo paso a Interior y coordino policías y dirijo la lucha contra el crimen organizado, ¿qué pasa con Rafael Vera?

—Hummm, no sé si Vera se va a quedar en el ministerio. Me ha hecho alguna que otra putada... Va por libre. No hay quien le gobierne. Toma decisiones que no me consulta y que incluso me oculta. En fin, prefiero callar.

El ministro se queda muy serio y no dice más. Garzón entiende que el asunto, por la causa que sea, no tiene vuelta de hoja.

Y así es. Ya en noviembre, a Asunción, recién aterrizado en el ministerio, le llega una primera noticia de que Txiki Benegas y alguna otra persona, auspiciados por Rafael Vera, han tenido contactos con el entorno de ETA para habilitar una nueva vía de diálogo como aquella de Argel. El intermediario debe de ser Azkoiti. Aunque resulte extraño, no tienen otros enlaces. Asunción habla con Vera. Y aunque se lo prohíbe de modo terminante, Vera persiste en sus intentos.

Tiempo después, el ministro se lo explica a Garzón:

—En los últimos días de Corcuera y en los primeros de su vacante, Vera empezó a mover fichas por su cuenta para montar una negociación con ETA. Él pensaba acreditarse ante Felipe con esa jugada. Buscaba un aval *in extremis*. ¡Quería ser ministro, joder! Y luego siguió en su dinámica, suplantando mis competencias sin decirme una palabra, puenteándome como si yo fuera un pelele. Y yo no consiento que nadie en el ministerio trajine a espaldas mías, y menos en un tema tan serio y usando el nombre del Estado.

Así pues, el 4 de diciembre de 1994 Asunción ya ha decidido prescindir de Vera. Ese dato echa por tierra las teorías que el propio Vera pondrá en marcha años después cuando, para defenderse en el tema del Gal, recuse al juez Garzón aduciendo «enemistad política» y arguyendo que tuvo que irse del Ministerio del Interior porque «me resultaba insoportable convivir con Garzón y compartir responsabilidades con él». Parece más cierto que su salida del ministerio la decide Asunción, y que con Garzón no hay «convivencia» ni buena ni mala: no llegan a trabajar juntos.

Rafael Vera ambiciona, lógicamente, la cartera de Interior. Además, la necesita como muralla defensiva frente a los eventos judiciales que puedan venirle: Gal, fondos reservados, malversación, fraude fiscal... Él lo sabe mejor que nadie. El fuero de secretario de Estado no le garantiza un juicio ante el Supremo. Precisa la inmunidad de ministro. Cuando ve perdida su ocasión, ya sólo le interesa salvar el pellejo. Sería sumamente revelador reproducir sus movimientos, entradas, salidas, búsqueda y requisa de documentos, limpia de papeles... durante el mes y medio que siguió en el casón de Castellana 3 como secretario de Estado, sin ejercer sus funciones pero con la capacidad de maniobra intacta. Él mismo, al despedirse, trazó su psicorretrato: «Me voy porque me siento como un mueble en este ministerio.»

La Delegación del Plan sobre Drogas se adscribe al Ministerio del Interior el 29 de diciembre. El 3 de enero, el ministro Asunción convoca una rueda de prensa. Junto a él ya no está Vera, sino Garzón. Un periodista pregunta:

—Señor ministro, ¿la ausencia de Rafael Vera significa que el nuevo «número dos» del ministerio es Baltasar Garzón?

—Sí, significa eso.

Garzón coge de la carpeta el programa de mano de *El barbero de Sevilla*, le da la vuelta y ve que, en efecto, allí está el dibujo a mano de un croquis: el organigrama de la nueva delegación, coordinando los servicios de policía, de Guardia Civil, de vigilancia aduanera y del Cesid. Lo hizo en la penumbra del Teatro de la Ópera de Viena.

«Cuando la delegación pasó a Interior, me tocó vivir alguna escena de esas de pellizcarse el brazo para notar que uno está despierto y no con pesadillas: al llegar, en la Dirección General de la Seguridad del Estado había una habitación llena de relojes, corbatas, pañuelos, estilográficas..., que tenían para obsequios; y otra habitación llena de cuadros. Lo asombroso fue que en veinticuatro horas, visto y no visto, desapareció todo. Poco después, Irma, la relaciones públicas, hija de Boby Deglané, me vino muy afectada:

»—Baltasar, mira lo que ha ocurrido: una mujer de la limpieza ha abierto un cajón de una de las mesas que han quedado libres, y ¿qué crees que se ha encontrado...? ¡Un millón de pesetas en billetes! Me dice la mujer que qué hace...

»—Irma, ¡yo qué sé!, ¿a mí qué me cuentas...? Que lo deposite donde se suela hacer con los objetos... perdidos.

»Olvidarse un millón de pesetas en un cajón, como quien se olvida un bolígrafo Bic, dice bastante de la situación de arramble desbocado que allí se estaba viviendo.»

Tendrán que pasar aún varios años hasta que Antonio Asunción se decida a contarle: «Yo tomé posesión como ministro a finales de noviembre del 93; en enero del 94 quise saber qué había de fondos reservados, y me encontré con que las arcas me las habían dejado vacías: ¡estaban a cero! Como lo oyes: a cero. Y ni un justificante, ni una explicación, ni un puto papel.»

En esos últimos meses de 1993, entre el sobresalto diario de escándalos de corrupción política, llega desde Italia la noticia de que la empresa Ferruzzi ha pagado comisiones ilícitas —en italiano, *tangente*— a funcionarios y políticos españoles, para tener facilidades en la compra de Aceites Elosúa. En la onda del rumor suenan los nombres de dos ex ministros, Carlos Romero y Carlos Solchaga, y el de Enrique Sarasola, amigo personal de Felipe González y acaudalado *broker* en negocios concomitantes con tráfico de influencias y con decisiones de gobierno.

Garzón habla con González y se ofrece a establecer contacto con el fiscal italiano Antonio Di Pietro, que investiga el caso:

—Conozco a Di Pietro y puedo decirle que cuente con la ayuda del gobierno y con la cooperación judicial para averiguar qué españoles están implicados en la venta de Elosúa. Felipe, tenemos la oportunidad de adelantarnos a la oposición y hacer nosotros la denuncia. Con iniciativas de este tipo es como demostramos que va en serio lo de la regeneración, lo de «he entendido el mensaje»...

González, viéndole encendido de entusiasmo, le dice: «Me parece bien, hazlo.»

Con toda diligencia, Garzón escribe a Di Pietro. Le encarece que «si hay implicados españoles, lo comuniques cuanto antes a la jurisdicción de mi país». Y se toma la licencia de «garantizarte que yo mismo, desde el ejecutivo, haré todo lo posible porque se exijan responsabilidades penales al nivel necesario». Le explica que así lo ha hablado con el presidente del Gobierno de España. Un motorista lleva a González copia de esa carta.

La respuesta del fiscal de «manos limpias»,[13] Di Pietro, no se

13. *Mani pulite*, movimiento de jueces y fiscales surgido en Italia para luchar contra las mafias criminales y la corrupción política.

hace esperar. Incluso, yendo más allá de lo estricto oficial, adelanta a su *caro amico Baltasar* que «sí que hay algunas acusaciones respecto de Elosúa, por parte de Ferruzzi»; y le expresa su extrañeza porque «me dices que en España estáis interesados en profundizar en este caso; pero no he recibido de ahí ninguna comisión rogatoria, instrumento esencial, como tú sabes, para el intercambio de información. En el momento mismo en que yo reciba un requerimiento de la autoridad judicial española, me pondré inmediatamente a su disposición».

Garzón insiste tenaz ante el presidente, sin saber que uno de los pocos lujos que González ya no puede permitirse es, precisamente, poner en compromiso judicial a personas como Solchaga o como Sarasola... En su ingenuidad y desconocimiento de esos zocos, Garzón se pregunta: ¿cómo es posible que, teniendo asegurada una investigación ágil y eficaz en Italia y pudiendo apuntarnos un tanto formidable en la lucha contra la corrupción, Felipe no ordene ¡pero ya! al fiscal general del Estado que inste una comisión rogatoria al fiscal Di Pietro?

«Naturalmente —reconoce ahora—, Felipe no instó al fiscal general. No hizo nada. Supongo que, por no oírme, o pensando que se me olvidaría, o que yo no escribiría a Di Pietro, me dijo lo de "me parece bien, hazlo". Luego, al ver que el fiscal de Italia tenía el motor encendido y estaba dispuesto a llegar hasta el fondo del asunto, se sintió pillado, incordiado por mi exceso de celo. Sin pretenderlo yo, empezaba a ocasionarle quebraderos de cabeza. Y, bueno, me invitó a almorzar, en torno al 24 de enero. Solos él y yo en la biblioteca de La Moncloa.

»Charlamos gaseosamente de todo, sin centrarnos en nada, que es lo que solía ocurrir con Felipe. Yo acostumbro a tomar notas de las conversaciones interesantes; sin embargo, sobre aquel almuerzo no sentí necesidad de escribir una sola línea. Miento. Sí registré una frase. Una frase que me dejó helado...

»Estaba en efervescencia el escándalo Roldán. Y en el Congreso de los Diputados se había constituido la Comisión Roldán. En el almuerzo le planteé:

»—Felipe, sobre esto de Luis Roldán no ha habido reacción ninguna, ni del partido ni del gobierno. Cada día salen cosas nuevas, se van acumulando datos. No podemos hacernos los sordos y los ciegos: o es verdad o es mentira; pero algo habrá que decir, algo habrá que hacer... y pronto.

»Felipe tomó su copa de agua. Bebió un sorbo largo. Yo aguardaba su respuesta con interés. Él bebía despacio. Se dio unos toquecitos en los labios con la servilleta. Después, mirando al vacío, como si hablara a solas, chasqueó la lengua y dijo:

»—¡Pobre Luis, la han tomado con él!... No sabes tú lo mal que se lo está pasando el hombre.

»Del tema Elosúa, ni palabra. De la comisión rogatoria a Italia, nada. Y de Roldán... "¡pobre Luis, la han tomado con él!".

»Salí de La Moncloa aquella tarde de enero con la saliva pastosa y un sabor acre de decepción. También yo estaba entendiendo el mensaje. El mensaje era un cínico no hacer nada.»

Mete en un sobre unas fotos de la cumbre hispano-lusa en Mallorca, copresidida por Felipe González y Aníbal Cabaco Silva, y se acuerda de un retazo de conversación con el ministro Josep Borrell, paseando de noche por los alrededores del hotel Sonvida.

—Llevo tanto tiempo en el ejercicio del poder, Baltasar, que ya no me relaciono más que... con los que me dan la razón; pero tú estás más en contacto con la sociedad y lo sabrás mejor: ¿qué piensa de nosotros la gente de la calle?, ¿cómo nos ven?

—Hay una brecha. Os ven como inaccesibles: que estáis en vuestro rollo, en vuestro interés, en vuestra ambición...

—¿Qué se puede hacer para que no haya esa fractura?

—Chico, ¡bajar del coche oficial! Yo voy al supermercado, hago cola entre la gente, llevo a mis hijos al cine, acudo a una cena de matrimonios que no están en la política y me dicen las cosas tal como las piensan. Al parlamento voy a pie, me paran por la calle, me preguntan, me dicen... Es cuestión de estar con la gente, y aceptar que nos corrijan. Oye, Pepe: suelen tener razón.

Toma ahora un recorte de periódico sin fecha. Debió de salir en febrero de 1994. Es una gacetilla cabezona, de esas que tienen casi más títulos que cuerpo de texto. Lee: «Ley de Asilo. Ex cargos institucionales apoyan las tesis de Garzón sobre la Ley de Asilo. Reclaman al Congreso la modificación del proyecto.» Ya en la información de letra pequeña se menciona una serie de personalidades que «expresan su acuerdo con las tesis de los diputados independientes Baltasar Garzón y Ventura Pérez Mariño: Juan María Bandrés, Gregorio Peces-Barba, Francisco Tomás y Valiente, Joaquín Ruiz-

Giménez, Álvaro Gil-Robles, el general Sabino Fernández Campo; intelectuales como José Luis Aranguren, Antonio Gala y Luis Carandell, entre otros».

«Aquello tuvo su impacto y su efecto. El proyecto de Ley de Asilo del gobierno agredía y cercenaba de tal modo los derechos de los inmigrantes que, en la práctica, hacía imposible ese asilo. España se convertía en el gran policía aduanero de Europa. Y asumíamos las políticas más reaccionarias de otros estados. A Ventura y a mí nos parecía una ley impropia de un partido socialista. Nos opusimos. Ventura ahí se batió el cobre. Un día, en pleno rifirrafe parlamentario, me dice:

»—Le he puesto un telegrama en tu nombre y en el mío a Felipe González pidiéndole que nos reciba para tratar este tema.

»—Joder, macho, ¿tú crees que es normal que nos dediquemos a ponerle telegramas al presidente del Gobierno para que nos reciba? Nos va a mandar a la mierda a los dos.

»Era nuestra primera discrepancia como diputados. Felipe, que había leído el manifiesto de personalidades apoyándonos, nos llamó para almorzar en La Moncloa. Le expusimos nuestro criterio: "no se puede dejar en manos del Ministerio del Interior la facultad absoluta de expulsar a los inmigrantes sin ningún tipo de garantía judicial". Nos comentó: "Bueno, es que si yo acepto lo que propone Izquierda Unida, nos echan al día siguiente de la Unión Europea, porque se nos meten aquí todos los parias del mundo universo." Nosotros argüimos que, entre el "pase quien quiera" y el "aquí no pasa nadie", había fórmulas para establecer un proceso judicial rápido. Incluso le llevamos un boceto de trámite ante la Sala de lo Contencioso de la Audiencia Nacional.

»—No os preocupéis —nos dijo, receptivo—; yo me encargo de que se tengan en cuenta vuestros puntos de vista.

»Ese proyecto de ley era un engendro del equipo de Corcuera, que Asunción se encontró al llegar a Interior. Después de hablar con nosotros, Felipe decidió que lo rehicieran en Justicia.

»En mi agenda de encuentros para el Plan sobre Drogas, yo tenía cita con Belloch en su despacho del Ministerio de Justicia, en el palacete de Parcent, el 11 de febrero. Me telefoneó él: le había surgido algo urgente y estaba camino de Sevilla. Quedamos para pocos días después. Antes de despedirse, me dijo:

»—Ah, ya conozco tu actitud y la de Ventura sobre la Ley de

Asilo, pero quiero que sepas que he hablado con Antonio Asunción, y de eso voy a hacerme cargo yo.

»—¿Quieres decir que esa ley ya no la propone Interior, sino Justicia?

»—Sí, por ahí van los tiros. Te lo adelanto, Baltasar, para que Ventura y tú no sigáis haciendo... gestos de oposición.

»—¿Qué dices de gestos de oposición? Oye, oye, que esto no son gestos, sino convicciones. Es un tema de humanidad, de solidaridad. Es cumplir, ni más ni menos, lo que hemos dicho en la campaña. Tú, Juan Alberto, no has hecho campaña; pero yo sí, yo he dado la cara por esas ideas, y voy a seguir dándola. Así que no me vengas tú con monsergas ni con llamaditas al orden...

»—¡Por supuesto que no! Si, además, tenéis razón y yo pienso como vosotros. Lo he hablado con Felipe: esa ley no es de recibo, se tiene que cambiar. Pero vamos a hacerlo de modo que la rectificación sea incluso rentable para el gobierno.

»—Eso es otra cosa. Y nosotros, en lo que podamos ayudar, ayudaremos, pero sin traicionar nuestras ideas...

»¿Qué hacía Belloch? Subirse al carro y asumir el protagonismo después que Ventura y yo habíamos hecho todo el trabajo de campo: Felipe estaba convencido, la prensa interesada... Entonces llega él, ¡plass!, le quita el tema a Asunción y se cuelga la medalla: "El Ministerio de Justicia ve la necesidad de modificar la Ley de Asilo en la línea de atender los derechos humanos de los inmigrantes." Así parecía que el impulso venía del gobierno. Pero Ventura y yo sabíamos bien de dónde venía.

»Belloch es un animal político. ¡La de historias que ha podido urdir y consentir...! Le conozco desde que se fundó Jueces para la Democracia en mayo de 1983. Yo estuve en la fundación y me afilié; pero, en cuanto vi manipulación del voto, directrices y politiqueos bajo cuerda, lo dejé. Su trayectoria es trepar y trepar, sin importarle pisar el cráneo de éste, aprovecharse de aquél, dejar en la cuneta al de más allá. Nunca fue santo de mi devoción. Ni yo de la suya.»

Por esos días, se alza una polémica en prensa y en radio a causa de un permiso carcelario de siete días que les han dado a Amedo y a Domínguez. El 14 de febrero, Asunción comparece ante el Senado.

Al salir, los periodistas le preguntan, no ya por el permiso, sino por el indulto para Amedo y Domínguez. Y el ministro se descuelga con un «no me parece descabellado; y, si se plantease, yo no tendría inconveniente en concederlo».

Garzón acude a la cita apalabrada con Belloch en Parcent. Cuando entra en su despacho, el ministro está hablando por teléfono. Su interlocutor al otro lado de la línea le comenta algo sobre el indulto, y Belloch dice: «Asunción siempre ha pensado así, pero eso no puede ser, yo no voy a transigir... ¡que no, que no, ésas son palabras mayores...!» Después de colgar, pregunta a Garzón:

—¿Qué te parece esto del indulto? Una barbaridad, ¿no? Si siguen adelante, habrá que hacer una estrategia conjunta: Ventura y tú, como independientes, me tendríais que acompañar, porque en una tesitura así deberíamos plantarnos y decir que nos íbamos.

—Juan Alberto, yo no sé lo que tú harás; pero sí sé lo que pienso hacer yo. Lo tengo clarísimo desde antes de integrarme en las listas del PSOE. Más te diré: por haber sido el juez instructor, soy quien lo tiene más claro... y más crudo, porque yo sí que me iría. En cambio, permíteme dudar de que te fueras tú.

—No, si se plantea la concesión del indulto tendríamos que adoptar una postura de fuerza, diciendo que nos íbamos los tres.

—Yo lo siento, pero para hacer lo que tengo que hacer no necesito «refuerzos» de nadie. Si hay indulto, yo me iré. Y, como te conozco, sé que tú no te irás: tú te quedarás.

—¡Baltasar, no hables así! Sabes que en esto estamos en la misma línea. Darles el indulto a esos tíos es impresentable... es muy gordo. Hombre, el tercer grado ya sería otra cosa.

—¿Otra cosa? El tercer grado es irse de rositas a la calle...

—Pero no dándoles el tercer grado así como así, sino en una estrategia a largo plazo... Yo de eso sí sería partidario. Te digo más: tengo hasta los tiempos marcados. Allá para junio o julio...

—¿Tú has pensado en el escándalo que se puede formar?

—Escucha, es que ha de hacerse de forma que no salgan solos.

—¿Qué quieres decir con que no salgan solos?

—Pues mezclando el tercer grado de Amedo y de Domínguez con la excarcelación de treinta o cuarenta presos de ETA.

—¡Joder! Me parece muy fuerte. ¿Cómo venderíais eso?

—Mira, Baltasar, este problema hay que solucionarlo. A esos dos hay que darles una salida. Yo no soy tan drástico como Asunción, que propone el indulto ya, a capón. Ahora bien, metiéndolo en un lote, como un gesto de pacificación, de compensación y tal, sería distinto, la gente lo vería muy bien. Y yo lo tengo previsto para el verano: junio, julio...

—Con lote o sin lote, olería a algo que se quiere tapar. Y yo, te lo repito, no soy partidario ni de lo uno ni de lo otro.

Belloch frunce el entrecejo, preocupado, al percibir en el tono de voz de Garzón una actitud firme. Ciertamente, por entonces Baltasar ya anda madurando en silencio la idea de marcharse.

«Yo estoy en un proceso crítico desde diciembre del 93 —reflexiona—. Jalón a jalón, voy labrando mi salida. Mi marcha no es flor de un día, ni un enfado de ayer noche o de esta mañana: hay una serie de hechos que no me gustan, y voy tomando nota...» Y ese día de febrero, Garzón «toma nota» de que el ministro de Justicia ya tiene diseñado un plan para excarcelar, de tapadillo y en mogollón envolvente, a los dos presos del Gal.

Por otra parte, los guardias civiles procesados en el caso de la Ucifa y sus abogados —nucleados en torno a Manuel Cobo del Rosal, Eligio Hernández y Rafael Vera— siguen con la estrategia utilitaria de desacreditar a Garzón: si demuestran que fue un juez corrupto, quizá por ese resquicio logren que se revise todo el proceso. Lo que iniciaron en mayo de 1993, durante la campaña electoral, pagando al testigo de cargo de Al Kassar, arrecia en febrero y marzo de 1994: propalan bulos anónimos afirmando que Garzón, cuando ejercía la judicatura, percibió fondos reservados como pago de algunas conferencias, o como abono de unas obras de seguridad hechas tiempo atrás en su domicilio.

Esta segunda oleada de ataques coincide con la investigación parlamentaria sobre Roldán. Rogelio Bahón, diputado del Partido Popular, pide que comparezca el titular de Interior y explique el uso de los fondos reservados, y que Garzón, como jurista, opine sobre ese asunto. Garzón telefonea enojado al ministro y le insta a que haga buscar en el ministerio los expedientes de obras de seguridad realizadas en su casa.

—Mira, Antonio, el único baluarte político que yo tengo es mi honradez. ¡El único! Jamás me he llevado conscientemente un duro de nadie. Y no pienso consentir que eso se ponga en tela de juicio. Así que, o se me dan cuanto antes esos expedientes de obra y todos los documentos de antecedentes que justificaran hacerlas, para que yo pueda mostrarlos y defenderme, o comparezco a petición propia ante el Congreso y cuento allí todo lo que sé de fondos reservados, porque el más interesado en esa investigación yo soy. ¡Me va la honra, fíjate si me interesa!

Esto sucede el 10 de marzo de 1994.

«¿Qué podía decir yo sobre fondos reservados? —memoriza ahora Garzón—. Pues, aparte mis sospechas sobre cómo se había financiado el Gal, y las trabas que se me pusieron para investigar ahí, yo tenía información solvente de que, cuando el caso de la Ucifa, Eligio Hernández visitó a Rodríguez Galindo y le recomendó que designaran a su amigo Cobo del Rosal como letrado defensor del comandante Pindado. Vera pagó a Cobo del Rosal diez millones de pesetas con cargo a fondos reservados. Luis Roldán, como director de la Guardia Civil, abonó otros diez millones de pesetas, también de fondos reservados, al bufete de Francisco Escobar para que defendiese al resto de los guardias procesados. Nada de eso era de recibo. Y menos aún, que se amañara delante del fiscal general, que debía ser ¡el guardián de la legalidad!»

Garzón sabe que la gente de ese cenáculo es la que anda detrás de esta nueva tarascada de basura: los guardias civiles de la Ucifa, Cobo del Rosal y Eligio Hernández. Pero ni se le cruza por la mente que Vera pueda estar también entre esa brigada de resentidos.

Al poco, Asunción le devuelve la llamada:

—Tranquilo, Baltasar: aquí tengo los tres expedientes que pedías. Te envío los originales.

Garzón tiene ahora en sus manos un abultado dossier con toda esa documentación. Ahí se acredita que las conferencias impartidas a la policía y a la Guardia Civil, cuyas minutas eran de 12.500 pesetas cada una, se abonaron con cargo al presupuesto oficial y público, con sus retenciones de IRPF, y el juez las declaró a Hacienda en su día. Asimismo, hay un informe completo sobre las medidas de seguridad en el exterior y accesos de la vivienda de Garzón, en Pozuelo: fotografías, planos, presupuestos alternativos, aprobación ministerial, publicación del gasto en el Boletín Oficial del Estado y facturas abonadas por partida presupuestaria normal. De fondos reservados, nada.

«Eso de reforzar medidas de seguridad lo decidió Rafael Vera, en 1991, a petición de Carlos Bueren, por las amenazas que yo recibía de los narcos, tras la *Operación Nécora*, y sobre todo de la mafia turca.

Vera ordenó instalar un circuito visor para controlar entradas y salidas, presencia permanente de guardias civiles en una caseta y en vigilancia móvil por la urbanización, cristales blindados, una valla metálica... Recuerdo que le dije: "Seguridad, poned la que os parezca necesaria; pero yo no quiero ni enterarme de qué va: voy a seguir haciendo mi vida con un escolta, con dos, o con ninguno."

»En aquel clima de alarma y de amenazas personales, Vera se interesó por mis clases en la facultad de derecho:

»—Baltasar, es peligroso que vayas en días y horas fijos, porque eres un blanco estático muy fácil: durante una hora estás ante una multitud de chicos, y alguno puede no ser un estudiante. Eso te hace más vulnerable y menos protegible. Deberías dejarlo.

»—Rafael, yo vivo de un sueldo muy justito, y esas clases me vienen muy bien, es un dinero que entra en casa...

»Él me contestó rápido, y me pareció generoso y amable:

»—¡Ni te preocupes! Con dar unas cuantas conferencias en la Guardia Civil, en la policía, nosotros te podríamos cubrir ese ingreso... ¿Qué ganas en la facultad?, ¿doscientas mil? Te las pagamos sin problema.

»—No, no, te lo agradezco... Primero, que yo no gano eso, sino 85.000 pesetas al mes; y segundo, que a mí me gusta la universidad, el contacto con los jóvenes, porque me siento más vivo y sintonizando cada día con el presente.

»Al margen de esa oferta, que rechacé, más tarde me pidieron alguna conferencia a policías y guardias civiles, no como actividad estable, y abonadas con toda transparencia y legalidad.»

Garzón no sospecha de Vera ni en 1991, ni ahora, en 1994, cuando repasa estos hechos. Se habría sentido ruin pensando que, con su amable generosidad, Vera intentaba tenderle una trampa, proveerse de una caución cara al día de mañana: tenerle agarrado por la percepción de unos fondos reservados. Sin embargo, era así: se las tendía nimias, pero capciosas.

En otro momento, también a propósito de esas medidas de seguridad, Vera le sugiere:

—En vez de dar de alta una toma eléctrica sólo para el circuito visor, ahorramos el contrato y los trámites de burocracia si el fluido se deriva de tu propia línea; que vaya a tu nombre, y después el ministerio te paga la factura de la luz.

Por instinto de legalidad, que en algunas personas es como una segunda piel, Garzón se niega:

—¡Quita, quita, no hagamos chanchullos! Si Interior quiere ponerme protección, que la pague de la partida presupuestaria que tenga prevista para ese tipo de gastos de mantenimiento; pero la luz de mi casa me la pago yo.

¡De buena se estaba librando!

Al día siguiente, 11 de marzo de 1994, Pérez Mariño y Garzón dan un paso al frente, toman la iniciativa y se pronuncian en público por que se investigue y aclare si en el Ministerio del Interior se han usado indebidamente los fondos reservados.

«La Comisión Roldán era de bochorno. Llamé por teléfono a Felipe González: "Aquí hay que investigar y poner coto. No vale ya decir pobre Luis, pobre Fulano, pobre Mengano... Habrá que ver si Luis y Fulano y Mengano han metido la mano en la caja." Me atendió, pero le encontré más preocupado por el 33.º Congreso del PSOE, que estaba ya calentando motores y que iba a transcurrir a dentelladas feroces entre guerristas y renovadores.

»Me invitaron de la Federación Socialista Madrileña. También, Alfredo Rubalcaba desde La Moncloa: "Baltasar, queremos que estés." Dije que tenía otro compromiso. Me resultaba incongruente asistir cuando estaba pensando en hacer las maletas. A esas alturas, yo ya no compartía nada con ellos. Incluso había declarado en público que el espectáculo casi diario del PSOE y del gobierno, chapoteando entre escándalos de corrupción como si no fuera con ellos, me producía un hastío creciente. Y no me dio la gana que Felipe me utilizase, sentándome junto a él en la primera fila, posando otra vez como buque insignia de la renovación, como coartada de una limpieza que no se estaba haciendo. No quise poner la cara en la foto de ese congreso.»

En lo profesional, sí percibe Garzón una voluntad política, al menos en el ministro del Interior. El mismo 18 de marzo en que arranca el 33.º Congreso, el consejo de ministros aprueba su esquema de lucha contra el narcotráfico, con un mando que coordina las policías y los servicios de información.

Sin embargo, pese a los buenos deseos de Asunción, en el Ministerio de Interior todo son demoras, atascos burocráticos, bloqueos.

Un ministerio que ha de ser el motor cerebral del Estado, y está parado como un lagarto al sol. Garzón se desespera con la lenta y farragosa espiral de trámites inútiles: papeles que van y vuelven y guardan antesala sin desembocar en parte alguna. No lo entiende. Piensa que todo el cuadro es una calamidad.

Sin embargo, hay causas indeseadas provocando esa parálisis. Asunción tiene demasiados frentes dándole guerra a la vez. Es el escándalo de Roldán y sus cómplices civiles y militares, con una seria crisis de recelos y descréditos en la entraña de la Guardia Civil. Es el escozor todavía reciente de los elementos corruptos de la Ucifa. Es la manera bronca y malencarada con que Corcuera ha dimitido, a empellones y atacando a todo el mundo. Es la salida no explicada de Vera. Es el no designar un nuevo director para la Seguridad del Estado, generando así vacíos de autoridad, duplicidades en actuaciones policiales, lentitud en la burocracia, hernias en la línea de mando. Es la tensión añadida de Amedo y Domínguez, enviando cartas y telegramas amenazantes al ministro de Justicia, al fiscal del Estado, al presidente del Gobierno. Incluso, al Rey. Es el tener que pagarles bajo cuerda su silencio carcelario a un precio moralmente insoportable...[14] El ministro no da abasto para poner sacos terreros en todas esas trincheras a un tiempo.

Garzón tiene, sí, unas competencias aprobadas sobre el papel del BOE; pero la realidad es un desmadre de taifas policiales donde cada quien quiere dirigir su parcela sin coordinarse con nadie. Vacío el sillón de Vera, no aceptan que el delegado para el Plan sobre Drogas les mande. En abril de 1994, de viaje oficial en Austria, sigue desde allí una gruesa operación de tráfico de hachís. Y está a punto de perderse la incautación del alijo en alta mar, porque Guardia Civil, policía y vigilancia aduanera actúan a su aire, sin aceptar un mando común.

Hay un momento tenso en el que se resuelve a cara o cruz el test de autoridad del jefe. Garzón, por teléfono, indica algo al subdirector de la Policía, Agustín Linares, y éste se le resiste:

14. Aparte los casi trescientos millones de pesetas que desde las sacas de fondos reservados les ingresaron en la UBS de Ginebra, por orden de Vera, Amedo y Domínguez recibían un atípico «incentivo por silencio» mensual de 500.000 a 600.000 pesetas cada uno. El sistema funcionó con Barrionuevo, con Corcuera, con Asunción y con Belloch, como ministros del Interior, desde mayo hasta noviembre de 1994, que fue cuando Margarita Robles se plantó y dijo: «Esto es un chantaje, yo no les pago.»

—No, yo tendría que pedir permiso a mi director general...

—Usted no tiene que pedir permiso a nadie: el secretario de Estado soy yo.

—Sí, ya, pero comprenda que yo dependo de...

—No, no. No se equivoque usted: en el ámbito del narcotráfico, quien da las órdenes soy yo. Ni el director general de la Guardia Civil, ni el director general de la Policía tienen nada que decir por encima de lo que yo mande... ¿Me ha comprendido usted? ¿Sí? Pues, esto que me ha oído, transmítalo de mi parte. Y mañana, cuando yo regrese a España, quiero tener un informe de los hechos encima de mi mesa, y a todos ustedes esperándome allí.

Al día siguiente, ya en su despacho de la calle Amador de los Ríos —en el que ahora está—,[15] habla con Ferran Cardenal, director de la Guardia Civil, y con el director de la Policía, Conde Duque: «Señores, léanse el Boletín Oficial del Estado y den las órdenes precisas y claras para que, en adelante, sus subordinados no cuestionen ni media palabra mía. Les guste o no les guste, lo dice la ley. Y yo cumplo la ley.»

Va incubando Garzón en su ánimo la idea de dejar la política. Y es en esos días de abril, en Austria, cuando le da cuerpo.

«Allí, alejado del ambiente político, reflexiono sobre las divergencias y las decepciones acumuladas. Al volver, me espera un programa de Jesús Hermida —se acuerda al ver en la carpeta un sobre grande con el anagrama de Antena 3 y unas fotografías hechas en el plató—. Sé que indefectiblemente se hablará de los sucesos de corrupción que estallan cada día. Puedo ir o no ir. Lo comento con Yayo y decido que "si voy, no me morderé la lengua". Comparto el plató con Alejandro Rojas Marcos y Enrique Curiel. Alejandro y yo nos conocemos de Sevilla desde hace algunos años, pero distinguimos entre la amistad y el debate público. En cierto momento, me suelta:

»—Parece mentira que usted, señor Garzón, paradigma de los jueces incorruptibles, esté ahí en el gobierno consintiendo tal estado de cosas...

»—¿Y quién le ha dicho a usted que yo estoy consintiendo tal estado de cosas? Yo estoy instando a que se investiguen. Yo estoy

15. Utiliza los dos despachos: el de Amador de los Ríos, en el Ministerio del Interior, y el de Sanidad, próximo a las Cortes.

diciendo que hay que instaurar la cultura de la dimisión. Y hoy lo reitero desde aquí. Es más, digo que un solo caso de corrupción debe hacer caer al gobierno.

»—Es muy fuerte eso que usted acaba de decir...

»—Sí, es muy fuerte. Pero lo pienso así. Y seré coherente hasta las últimas consecuencias.

»Afirmando eso ante las cámaras, yo entregaba las arras de mi compromiso por instaurar esa cultura de la dimisión, aunque me llevara a mí mismo por delante.

»No tuve del gobierno ni un ah, ni un oh, ni un eh...»

Dos días después, el domingo 17 de abril, los Garzón están en casa. Junto a la camilla, al calor del brasero eléctrico, una luz tenue, y la sinfonía número 10 inacabada de Mahler como música de fondo. Es de noche. Yayo Molina evalúa exámenes de sus alumnos. María, Balti y Aurorita duermen ya. Baltasar dobla un periódico que leía sin apenas enterarse. Se quita las gafas, y se frota suavemente el puente de la nariz a la altura de los lacrimales. Le descansa ese masaje.

—Yayo...

—¿Qué?

—Voy a dejarlo. Es absurdo seguir. Esto no tiene remedio. No hay voluntad de cambio. Ni impulso democrático, ni leches. Es todo mentira. Sólo hay una ambición: aferrarse y resistir. Aún guardaba yo la esperanza de que en el 33.º Congreso Felipe dijera que iba a entrar con el bisturí. Pero nada... ha sido un pleito de navajeo entre ellos.

—¿Dejarlo? ¿Ahora que te han aprobado la estructura que tú querías para lo de la droga? ¿No crees que a lo mejor...?

Yayo no concluye la pregunta. Tampoco ella espera que las cosas cambien. Lleva meses viendo a su marido triste, callado, de malhumor. No parece el mismo: no canturrea al afeitarse, no trajina por la casa los domingos, no cuenta chistes en las cenas de amigos, no tiene ganas de jaranas ni de bromas, apenas ríe, llega demasiado cansado para revisar los deberes escolares de sus hijos, se sienta frente al televisor a ver las noticias y, en cuanto sale alguien del gobierno o del partido, mueve la cabeza de un lado a otro, diciendo: «¡Que no, que no es eso...!, ¡que os equivocáis, poniéndoos el parapeto! ¿No tenéis redaños...?»

Baltasar pasea, arriba y abajo, por la sala de estar:

—Yo sigo ahí, como un imbécil, pidiendo que se investiguen los fondos reservados. Y nada. Miro el volumen bestial que va adquiriendo por días el caso Roldán, y me digo: seguro que de hoy no pasa, seguro que hoy en el gobierno, en el grupo parlamentario, alguien se arremanga y dice: «¡Se acabó! Barrionuevo, Serra y Corcuera: sois los responsables políticos de haberle nombrado y de haberle mantenido. Tenéis media hora para dimitir.» Veo el pasmo nacional ante el escándalo de Mariano Rubio. Y soy tan capullo que espero una reacción decente, por parte de Solchaga o de alguien del gobierno. Y entonces va y sale Felipe diciendo: «Yo pongo la mano en el fuego por él.» Pero ¿este hombre se cree que gobierna a un país de gilipollas?

Yayo aparta los exámenes, saca de una bolsa un montoncito de calcetines menudos y se pone a zurcir punteras y talones, mientras escucha a su marido, que sigue pateándose la sala.

—¿Tema de Elosúa?, nada. ¿Fraude de los de UGT en la PSV de las viviendas?, nada. ¿Salanueva y el papel del BOE?, nada. ¿No sé qué historias de Carmen Mestre y la Cruz Roja?, nada. ¿Comisiones por el AVE?, nada. ¿Cuentas de la Expo?, nada. ¿Filesa?, nada. ¡Que no quieren investigar la corrupción, coño! No sé por qué, pero no quieren. Las declaraciones de los dirigentes del PSOE, tú las ves y las oyes como yo, son siempre a la defensiva, siempre negando la evidencia. Y todo es callar, negar, tapar, decir que bueno, que no es para tanto, que vaya usted a saber, que ya llegará la hora de los tribunales... Y el fiscal del Estado, el ínclito Eligio, detentando el cargo ilegalmente, sin cumplir los requisitos. Ah, y en cuanto te descuidas, sale alguien, ¡qué digo alguien!, ¡mi propio ministro!, postulando el indulto para Amedo.

»Empieza a darme vergüenza ir a pie por la calle. Ese paseíto que me daba tan a gusto del despacho de Sanidad a las Cortes: Prado, Neptuno, San Jerónimo...

—¿Te han dicho algo molesto?

—No, pero ya no quiero que me pare la gente, ¡porque no sé qué diablos les voy a contestar!

Se sienta, derrengado, como si en vez de un cuerpo arrastrara un saco de piedras.

—Al final, va a ser verdad lo que me decías: «Felipe va a utilizarte para ganar las elecciones; de ti no busca otra ayuda.»

—Dime una cosa, Baltasar, ¿tú piensas que has agotado todas las posibilidades?

—Sí. Todas.

—Entonces, corta ya... No quiero verte sufrir más.

—Seguir sería unirme al rebaño de los que dicen a todo «sí, bwana», y convertirme en un borrego más. Yo no quiero prebendas. No me he metido en esta historia para tener poltronas ni pesebres. Además, ¿qué pesebre? ¡Mi pesebre soy yo! Felipe tenía un compromiso con la sociedad y conmigo. No lo ha cumplido, ni le veo trazas de cumplirlo. Lo único que me importa son las personas que confiaron en mí y que, por mi presencia en las listas, volvieron a confiar en Felipe y en el PSOE. Eso es lo que me importa: los millones de votantes a los que hemos engañado.

Esa noche, ahí, en la sala de estar, con un Mahler triste y crepuscular sonando al fondo, Garzón decide dimitir. A la mañana siguiente, en su despacho, habla con Araceli Manjón, la directora de su gabinete, y luego comunica su determinación a los dos asesores, Oliva y Sánchez Tomás.

En una agenda grande, a mano y de un tirón, escribe el borrador de una carta a Felipe en la que le anuncia su dimisión. Es un texto largo, cuatro folios. Lleva fecha de 18 de abril de 1994. Tras un medido y distante *estimado presidente*, Garzón describe el panorama como él lo ve:

> Ésta es una carta que nunca hubiese querido escribir, porque me duele hacerlo; pero más me duele la situación frustrante e indignada que se vive en España por la falta de compromiso real del gobierno y de su presidente para poner coto y fin a los comportamientos de corrupción, pérdida de valores democráticos y ausencia de una política efectiva, comprometida, que haga recuperar la ilusión y la confianza de los españoles.
>
> Es posible que, por tus múltiples obligaciones de gobierno, hayas perdido el contacto con la gente sencilla, con el pueblo. Si lo tuvieras, comprobarías que apenas respetan a quienes les gobernamos. Hemos perdido su confianza, porque una y otra vez se les engaña. Están hartos de palabras huecas y promesas insatisfechas. Si estuvieras cerca de la sociedad, comprobarías con qué poco se conforman los españoles (...). Están dispuestos a perdonar la falta de puestos de trabajo; pero no pueden aceptar ni la corrupción ni el engaño. Y yo con ellos.
>
> Felipe, ya ha pasado el tiempo de las palabras, ya no valen los juegos malabares. Es tiempo de hechos y de realidades (...). Cuando me hablaste del impulso democrático me lo creí, con ingenuidad (...).

Cuando hablamos de la regeneración de las instituciones, me entusiasmé: vi en ti al líder dispuesto a luchar contra viento y marea. Hasta el momento no se ha hecho nada (...). La Administración que tenemos es obsoleta, inefectiva, ruinosa, plagada de corruptelas (...). El fiscal general del Estado no responde al modelo de fiscal independiente y comprometido con la sociedad, no con el poder. Su cese es una medida de impulso democrático (...). No se han investigado los casos de corrupción. Es insufrible la vergüenza de tener que enterarnos por lo que la prensa saca con cuentagotas día a día. Como juez, como político, como ciudadano: no puedo soportar esto (...).

Estimado Felipe, es inconcebible que, después de los escándalos que estamos viviendo en España, no se haya producido ni una sola dimisión de un responsable político.

Recientemente he dicho que en España hay que instaurar la cultura de la dimisión en la política (...). Felipe, se está obstaculizando y no se ha puesto interés alguno en investigar el caso Roldán, que es de los más graves en la historia reciente. ¡Y no ha dimitido nadie! En el caso Rubio, necesariamente tendría que haberse producido alguna dimisión. Frente a estos casos, primero hay que dimitir; y luego, si se tiene que volver con todos los honores, que así sea.

Si nadie dimite en el gobierno o en el grupo, quizá tenga que hacerlo yo, porque no cabe seguir cerrando los ojos ante la realidad. La sociedad necesita respuestas políticas inmediatas.

Siempre que hemos hablado, te he manifestado tu obligación de dejar este país en situación de ser gobernado.

En el debate sobre el Estado de la Nación tienes la última oportunidad para ganar la confianza de los ciudadanos en el proyecto al que me sumé. Sólo un cambio radical y visible en medidas concretas —un cambio de actitud del gobierno frente a la corrupción— haría que yo continuase formando parte del mismo y ocupando mi escaño. De no ser así, no más tarde del 25 de abril me reincorporaré al Juzgado Central de Instrucción número 5 para desde allí seguir prestando mis servicios a la sociedad.

Esta decisión, como la que tomé al unirme al proyecto socialista, la he meditado profundamente (...). Aquí no caben medias tintas: las medidas han de ser quirúrgicas y definitivas. No puedo ser cómplice, siquiera por omisión, en la degeneración progresiva del sistema. Un cordial saludo, Baltasar Garzón.

—Esto es fortísimo —dice Ventura al leer la carta—. Joder, Baltasar, menudo momento has escogido: que mañana es el debate...

—Yo dejo una puerta abierta, en función de lo que se diga en el debate. Y tú, Ventura, ¿qué vas a hacer?

—No es mi tiempo todavía: no he tenido ninguna contrariedad.

—¡Ni yo! Tengo aprobada mi estructura de coordinación policial. Pero ¿tiene sentido estar por estar?

—Yo te comprendo, aunque de momento no voy a secundarte.

Garzón envía la carta esa misma tarde con un motorista.

A las nueve menos cuarto de la noche, suena el teléfono en casa de los Garzón.

—¿Lo coges tú o lo cojo yo? —pregunta Yayo—. Deja, voy yo.

Descuelga, escucha, tapa con la palma de la mano la rejilla del micro y vocaliza en sordo: Mon-clo-a.

—¡Poco ha tardado...! —susurra Garzón, yendo al teléfono.

—¿Baltasar? Felipe quiere hablarte —es Piluca Navarro.

Piluca, la *confianzatotal* de Felipe González, ayuda de cámara y de despacho. La mujer que más historias grandes y pequeñas sabe del presidente. Felipe sin Piluca no se avía. En los viajes, ella va siempre cargada de medicinas: la píldora para no sé qué; esto, tiene que despertarse y tomarlo a las tres; lo otro, día sí día no a las siete... Enfermera, secretaria, confidente, gestora, brazo derecho, mano izquierda, agenda, despertador, aduana, portafolios, todo en una pieza.

—Baltasar —al habla González—, me pillas preparando el discurso del Estado de la Nación y, bueno, con esa carta me has partido por el eje... Vamos a ver, cálmate, tranquilízate...

—Yo estoy calmado y tranquilo.

—Tenemos que hablar. Lo que te pido es que te esperes: por lo que tú más quieras, no dimitas ni hagas nada hasta después del debate del Estado de la Nación...

—En mi carta digo que voy a esperar. ¿Vas a anunciar algo?

—Tú espérate al debate, y verás... Te lo pido por favor: no dimitas ahora. No me hagas eso. ¿O quieres joderme vivo?

—Yo no quiero joder a nadie, Felipe; pero sí quiero que quede constancia de cuál es mi estado de ánimo a fecha de hoy.

—Bueno, los estados son pasajeros...

—No, Felipe, esto no es un brote que me haya dado. Yo en mi carta te señalo hechos...

—Hay cosas que pones aquí que... no son verdad. ¡Es muy dura tu carta, Baltasar! Me ha dolido mucho que me digas que he perdido la sensibilidad con la gente sencilla... Yo eso no te lo acepto.

—Pues no me lo aceptes, pero es así. ¿Crees que me resulta

agradable decirte todo eso, Felipe? Pero es lo que yo estoy pulsando en la calle...

—Eres durísimo conmigo. Toda tu carta es un reproche...

—Felipe, a estas alturas yo no puedo decirte las cosas de otra manera. Tal como lo siento te lo expreso.

—Baltasar, por favor, escucha: estoy terminando el discurso de mañana. Te lo pido por lo que más quieras: espérate y no me hagas efectiva tu dimisión en medio del debate del Estado de la Nación. Es un favor que te estoy pidiendo. Primero quiero hablar contigo. Además, estos días habrá decisiones importantes.

Yayo ha estado presente, pero le falta la mitad de la banda sonora. Sin necesidad de preguntas, Baltasar le cuenta:

—Que le ha dolido mucho, que me espere al debate, que no le deje en la estacada... Pero no ha dicho «en esto o en aquello llevas razón»; no, sólo que soy muy duro, y que no le parta el debate por la mitad. Más que un deseo de que no me vaya, lo que tiene es miedo: el puto miedo a la mala imagen, a que le monte un zapifostio en el hemiciclo diciendo que estoy harto y me voy.

—¿Estaba enfadado o disgustado...?

—Pues mira, una mezcla de sorpresa, de sentirse desairado: «¡¿Cómo puedes hacerme esto?!» No con tono arrogante y despectivo. No, no, incluso ha estado suplicante: «Te lo pido por lo que más quieras.» Y contrariado. Se ve que nadie le dice las cosas claras, y mi carta le ha herido, le ha escocido como una ortiga.

En su discurso sobre el Estado de la Nación, Felipe no se compromete a nada.

«Fue un blablablá anodino, de hojarasca. ¿Por qué aplaudir, si no me había gustado? —evoca Garzón—. Yo ni sabía que las cámaras me estaban enfocando, ni pensé en las cámaras. Pero todas las televisiones dieron esa "imagen de la discrepancia": yo muy serio, con las manos en triángulo bajo la nariz. El único diputado del grupo socialista que no aplaudió al presidente. Desde mi escaño vi a los del grupo popular que cuchicheaban mirando hacia mí. Los compañeros de mi grupo me miraban de reojo: "¿Y este tío por qué no aplaude?" Era una situación desagradable. A partir de ese momento se iba a saber ya que existía una fractura honda. Rosita Conde, mi paisana, sentada a mi lado, estaba apuradísima:

»—¡Ay, por Dios, por Dios! Arreglad las diferencias que tengáis... Baltasar, ¿de verdad no te pasa nada?

»—No, Rosa, sólo que no me ha convencido el discurso.

»Por la tarde es la réplica de Aznar y la contrarréplica de Felipe. Rubalcaba, desde el banco azul del gobierno, de pie y girado hacia mi escaño, que está detrás del suyo, me coge por las muñecas, con su tono suave, persuasivo, como de fraile mansurrón:

»—Por favor, Baltasar, aplaude la intervención de Felipe. No te puedes imaginar el impacto que ha producido tu imagen en televisión, sin aplaudir, esta mañana...

»—¿Impacto, por qué? Yo soy un simple diputado.

»—¡Venga, Baltasar! Aplaza el tema hasta pasado el debate.

»Como Rubalcaba y Rosa Conde estaban en Moncloa, habían oído campanas. Al ver que los informativos resaltaban mi actitud, Felipe les habría dicho: "Sí, me ha enviado unas notas críticas."

»—Hablando, todo se arregla. Pero ahora, por favor, aplaude; la oposición está a la que salta, y los cámaras como buitres.

»—Alfredo, si el discurso me convence, aplaudiré. Si no, no.

»Yo no quería perderme ni una palabra de lo que decían los oradores, y éste venga con que "aplaude, aplaude". Yo pensaba: "Esta gente está mal de la bola. ¡Qué insistencia en que aplauda, coño! Como en los mítines: ¡todo es imagen!" El problema no era que Felipe se saliese por la tangente, sino que yo no aplaudiera.

»Aznar le echa en cara a Felipe aquella Comisión Anticorrupción que prometió en campaña y de la que nunca más se supo. Y ahí le arranca la palabra de que se va a constituir una comisión para investigar Filesa.»

Al día siguiente, en el Congreso se acuerda constituir esa comisión de investigación para el asunto Filesa. Los socialistas aceptan, y Garzón se va a su despacho. Al rato, llega Ventura muy alarmado porque el PSOE se ha echado atrás:

—¡Inaudito! Dicen que nada de investigar Filesa. Si acaso, una comisión que estudie la financiación de partidos en general.

—Pero ¿estos tíos a qué juegan? A nosotros lo único que nos importa es que se aclare y se depure hasta el fondo lo de Filesa.

—Ha sido la bandera de la campaña...

—Nos comprometimos tú y yo y Felipe y todo dios: «¡vamos a dar una patada a los corruptos!», «¡hay que echar a los corruptos de la política!»... Se les llenaba la boca. Yo a veces me maliciaba: a ver si éstos son como mazo de tambor, que pega en la badana para hacer ruido nada más, porque el tambor está hueco.

—¿Y qué hacemos?

—Lo que íbamos a hacer con la Ley de Asilo, que no lo hicimos porque se avinieron a razones y se arregló.

—¿Romper la disciplina de voto?

—Exacto. Votar con quien proponga la Comisión Filesa.

—Pues tú, que conoces más a los del Partido Popular, que te digan el número exacto de la enmienda que hay que apoyar.

Garzón decide hablar con Javier Arenas. Tienen una relación amistosa desde hace tiempo. Garzón recuerda siempre cierta noche en la feria de Almería, años ochenta. Javier andaba en las Juventudes de UCD y Baltasar era ya magistrado: terminaron a las siete de la mañana, hartos de copas y cantando por sevillanas... Quedan en el bar de los diputados, en la zona alta del hemiciclo.

—Javier, voy a pedirte un favor, pero antes me tienes que prometer reserva total. No se lo puedes comentar a nadie. Y si te crea un compromiso, pues no te lo digo, y no pasa nada.

—No te preocupes, no diré nada a nadie. ¿Qué es?

—Verás, mi grupo se ha echado atrás en lo de la Comisión de Filesa. Y Ventura y yo vamos a votar con vosotros. Necesito saber cuáles son los números de las enmiendas que tenemos que votar. Además, tendré el dedo bien puesto en la tecla del *sí*, porque no quiero abstenerme: quiero votar con el adversario.

Arenas se queda de piedra. «Voy a preguntarle a Rodrigo Rato qué enmiendas son. Espérame aquí.»

—Baltasar —le dice Arenas, ya de vuelta—, tengo los números de las enmiendas. Oye, yo me encuentro en una situación azarosa, porque a Rodrigo no le he dicho nada. Si tú me autorizas, me gustaría decírselo a José María Aznar. Exclusivamente a él.

—Te entiendo. Pero dile que no corra la voz. No vaya a ser que alguien mate el pájaro antes que salga del nido.

Garzón habla con Ventura:

—La cosa ya está decidida, así que nosotros quietos. Cuando el grupo socialista proponga su Comisión de Estudio, votamos *no*, y cuando el grupo popular proponga la de Investigación de Filesa, votamos *sí*. Y punto. Antes anunciamos el voto, para que no salga luego un capullo diciendo que nos equivocamos de botón. Y después convocamos a la prensa y explicamos el sentido de ese voto.

—Nos caerá una sanción disciplinaria.

—Yo no les voy a dar opción, porque acto seguido anunciaré mi dimisión. Para mí, aquí se acaba la presente historia.

—Baltasar, ¿te importa que le comente esto a Juan Alberto Belloch, por si todavía se encuentra una solución? Si nos ven decididos a votar en contra, a lo mejor lo reconsideran...

—Vale... pero no uses como argumento mi dimisión.

«Fue un error táctico por mi parte —analiza Garzón en presente—. Acepté esa gestión por buena voluntad: el PSOE podía desdecirse, pero yo no; yo me había comprometido con el presidente del Gobierno a no reventarle el debate del Estado de la Nación. Y suelo cumplir mis compromisos.»

Garzón ve desde su escaño que Pérez Mariño y Belloch salen juntos del hemiciclo. Son amigos, se llevan bien. Al poco, regresa Ventura y se acerca a Garzón: «Juan Alberto quiere hablar. ¿Sales un momento?»

En una de las salas de pasos perdidos les espera Belloch:

—Venga, a ver cómo lo solucionamos, para que no cometáis la atrocidad de romper la disciplina... ¿Qué queréis vosotros?

—Una Comisión de Investigación sobre Filesa —responde Garzón.

—Eso no puede ser. Vosotros lo veis muy fácil, pero... no es una decisión de gobierno: está por medio el grupo parlamentario. No podemos imponerle una decisión al grupo, que tan democráticamente ha decidido primero que sí como después que no.

—Perdona, Juan Alberto, lo de «democráticamente» vamos a dejarlo, porque ni a Ventura ni a mí nos han pedido opinión.

—Bueno, la han pedido a los representantes.

—Entonces, no digas que es democrático. Democrático es que me pidan opinión, porque yo soy representante de unos electores ante los que me comprometí a luchar contra la corrupción, y en concreto a aclarar esto de Filesa. Ellos también, pero por lo visto no se acuerdan. Yo sí. Yo me acuerdo de todo lo que prometimos y no estamos cumpliendo. Y llega un momento en que ya la conciencia dice ¡basta!

—Baltasar, si estás a disgusto, o si tienes problemas de conciencia, o de lo que sea, lo que debes hacer es pactar tu salida, irte con discreción, y no crearle problemas al gobierno.

En ese punto, Garzón se arranca indignado:

—¡Un momento, Juan Alberto! Estoy... ¡hasta aquí! —se coge un mechón de pelos de la cabeza y los estira hacia arriba—, ¡hasta aquí, de comprometido contra la corrupción!, ¡hasta la mismísima punta del pelo, de sacar la cara por este partido en mítines de pueblo, en mítines de ciudad, dando más vueltas que un tiovivo por toda España! Me han arreado hasta en el carnet de identidad por defender al Partido Socialista Obrero Español. Me he jugado mi carrera en esta aventura. He arriesgado todo lo que tenía: mi nombre, mi prestigio, mi credibilidad, ¡mi palabra!, porque íbamos a regenerar el partido y a echar fuera a todos los corruptos. He prometido delante de mucha gente investigar esto, esto de Filesa. El presidente del Gobierno lo ha prometido. Todo dios lo ha prometido a voz en cuello. ¡¿Y tú... vienes ahora a decirme a mí que salga por la puerta discretamente?! ¡¿Que salga yo discretamente del gobierno, mientras los que tendrían que haber dimitido hace tiempo siguen ahí?! ¡¿Tú... vienes a decirme que pacte en secreto mi salida?! ¡¿Tú... a mí?! ¡¿Tú, que no has estado en un solo mitin?! ¡¿Tú, que te has metido de rondón por la puerta de atrás, de rositas, y sólo para ser ministro?! ¡¿Tú te atreves a decirme a mí que no os cree problemas?! ¡¿A mí, que llevo un año afrontando las carretadas de mierda que me echan encima desde las radios y los periódicos, por una corrupción con la que no tengo nada que ver?! ¡Un año soportando críticas de aquí, de allá, de más allá! ¡No tienes ni puta idea, tío!, ¡ni puta idea! Y con esas cosas no se juega.

—¿Has terminado?

—Todavía no. Tú serás muy ministro de Justicia, pero no tienes legitimidad ninguna para decirme a mí eso. Y para que lo sepas: yo me iré del gobierno cuando quiera, y me iré como pienso que me tengo que ir: diciendo la verdad, por mucho que les joda; diciendo que esta gente ha incumplido su compromiso con la sociedad... y conmigo. ¡¿Que me vaya discretamente, sin armar ruido?! ¡¿Y el ruido que montaron ellos cuando yo entré?!

»Entérate bien, Juan Alberto: el cómo y el cuándo de mis decisiones lo administro yo.

—Sí, ya sé, ya sé que le has escrito una nota al presidente.

—Eso es... algo entre el presidente y yo. Tú ahí no pintas nada. Y ahora sí que he terminado. No tengo más que decir.

—¿Ésa es entonces vuestra última palabra?

—La mía sí. Ventura no sé... Yo hablo por mí.

Ventura ha permanecido demudado y en silencio durante el estallido verbal de Garzón, pero ahora interviene:

—La mía también: Comisión de Investigación sobre Filesa.

—Y si no es así, ¿rompéis la disciplina de voto...? ¿Puedo contar al presidente esta conversación?

—¿Por qué no? —dice Garzón, regresando ya al hemiciclo.

Faltan pocos minutos para que se voten las propuestas. Comienza un cabildeo de consultas, tiras y aflojas. Belloch se acerca a González, le dice algo al oído. González inclina la cabeza hacia su izquierda y habla con Narcís Serra, que se sienta a su lado. Un par de palabras a Belloch. Belloch sube una grada y habla con Carlos Solchaga, presidente del grupo parlamentario. Los dos hombres cruzan frases rápidas, gesticulan, miran el reloj. De lejos, se nota que discuten criterios. Los diputados empiezan a darse cuenta de que ocurre algo fuera del guión. Alfonso Guerra, como un centinela desde su atalaya, mueve la cabeza oteando a un lado y a otro. Rubalcaba está nervioso. En el graderío de los populares notan el desasosiego, pero no saben qué sucede. Arenas y Aznar ponen cara de «yo soy músico, y me acuesto a las ocho». Garzón escampa la mirada hacia la bóveda barroca del salón de plenos. Rosa Conde pregunta: «¿Qué pasa?», sin que le conteste nadie. Belloch concluye su diálogo con Solchaga y sube por la escalerilla lateral hasta el escaño de Ventura. Le hace una seña, enarcando las cejas, y sigue ligero escaleras arriba hacia el bar de los diputados. Ventura va detrás. Al minuto, Ventura baja, se acerca a Garzón y le dice algo breve. Remolón, abrochándose dos botones de la chaqueta, Baltasar asciende. Ventura le precede.

—Todo arreglado. Belloch dice que redactemos la enmienda como queramos que quede. Tienen que pactar con la minoría catalana para que Miquel Roca la proponga; así el PSOE la puede votar como una iniciativa de sus socios, sin tener que enmendarse a sí mismo. Es el paripé que hay que hacer...

Entre el bar y los servicios de caballeros, apoyándose en la pared, Ventura escribe a mano la enmienda transaccional:

> Comisión de Investigación sobre Filesa y
> ídem de Estudio sobre Financiación de Partidos Políticos

Belloch ha vuelto a su escaño azul. Con amanerado gesto de cansancio se mesa los dos bandos de su cabellera, marcando bien la raya en medio. Decenas de cabezas de diputados han seguido esas idas y venidas. La expresión de Guerra es sarcástica, pero su entrecejo fruncido y el tamborileo de sus dedos sobre el pupitre delatan que algo le preocupa.

«Yo pensaba que si Alfonso se había dado cuenta de que el negocio que nos traíamos era por Filesa, estaría en ascuas. A Guerra le he visto siempre como a un ser enigmático —reflexiona ahora Garzón—. Durante muchos años parecía que él lo urdía todo dentro del aparato, que era el pararrayos de Felipe, y que éste le utilizaba para que diese la cara en los asuntos desagradables. Era una percepción muy elemental, pero aceptada con facilidad: Alfonso quedaba como el malo y Felipe como el bueno. No digo que fuera al revés. Pero tal vez sea más justo un reparto de maldades y bondades mitad por mitad.»

El trasiego continúa en el hemiciclo. Garzón vuelve a su asiento. Ventura lleva la nota manuscrita a Belloch. Belloch la lee, va donde González y se la entrega. González asiente y la pasa a Serra. Serra, a Solchaga. Solchaga la estudia despacio, dice que «¡ni de coña!». Parlotea con Belloch. Al fin, Belloch atraviesa de nuevo la platea central con la nota en la mano, sube hasta la grada de la minoría catalana, se agacha junto a Roca casi en cuclillas. Le cuenta la rocambolesca historia. Es fácil suponer lo que esos politicones traman, con apenas dos líneas de texto:

—Estos pájaros nos la quieren meter doblada. Pero mira, mira, mira lo que han escrito. Lee... Te saltas el *ídem*, y lo sueltas todo seguido: *Comisión de Investigación y Estudio sobre Filesa y sobre Financiación de Partidos Políticos*. Nos lo han puesto a huevo.

Alfonso Guerra ya se ha percatado de lo que se cuece. Alterado y con sorna, mirando hacia Belloch y Roca, grita:

—¡Miguelitoooo!, ¿é passssaaaaa?, ¿no eres capaz, y te tienen que enviar de recadero der recadero?, ¿cumpliendo órdenes otra vez?

La liturgia de votar las enmiendas a las propuestas de resolución es un trámite tedioso. Todo se ha negociado en la recámara. A un gesto digital del portavoz, los diputados votan robóticamente. Roca se levanta y lee lo que le han dicho que lea. En ese momento, Rodrigo Rato, portavoz del grupo popular, pide la palabra «por una cuestión reglamentaria». Félix Pons se la da.

—¿Al amparo de qué artículo se solicita esa comisión, o esas comisiones? Según el reglamento de esta Cámara, no es lo mismo una «comisión de estudio» que una «comisión de investigación». La primera no es vinculante para el gobierno. La segunda sí. Aparte de que aquí —blande el librillo del reglamento— no se contempla la figura híbrida que nos proponen de *Estudio e Investigación*...

Con ese certero mandoblazo sobre el nudo gordiano del engendro, Rato desbarata la ficción: el grupo socialista no pensaba investigar Filesa, sino cortocircuitar la rebeldía de dos diputados de postín que iban a votar con la oposición. Y, con más instinto que escrúpulo, fletaban a toda prisa una calabaza vacía[16] e inoperante para averiguar la corrupción y para exigir responsabilidades políticas. Desde su escaño, Garzón deja escapar un «¡olé tus huevos, Rodrigo Rato!».

Después de hacer el papelón de correveidile de dos diputados, Belloch, ministro de Justicia y notario mayor del Reino, está que se lo llevan los demonios. Pero no tardará en sacarse la espina de este episodio bufo.

Concluido el debate, Piluca Navarro localiza a Baltasar Garzón cuando está en su taquilla recogiendo la gabardina y el maletín: «Dice Felipe que si te viene bien pasado mañana, 22, a las siete de la tarde: que tenéis una conversación pendiente.»

Moncloa. Salón de columnas. Los sofás blancos. Los bonsáis.

—Tu carta me sorprendió: yo creía que estabas a gusto en el Ministerio del Interior...

—Felipe, la cuestión no es que yo esté o no esté a gusto en Interior. De eso hablamos luego, si quieres. Es algo más serio y más profundo: es la situación del país, y es que no respondemos, que no despegamos. Yo no veo una actitud de pasar a ser los adalides de la regeneración, ni de adelantarnos a investigar la corrupción cuando la tenemos dentro del propio partido...

—Las cosas no son tan sencillas, tienen sus aristas. Dices en tu carta... Hombre, yo creo que algunas cosas se han hecho. El impulso democrático lo estamos haciendo razonablemente bien.

—Felipe, el impulso democrático no consiste en reunirse en Toledo, soltar unos discursos y hacerse unas fotos. El impulso democrático se demuestra yendo por delante de los acontecimientos,

16. Esa comisión se bloqueó sin empezar a funcionar.

instando al fiscal general del Estado a que investigue los casos clamorosos de corrupción: Renfe, BOE, Elosúa, Roldán, Filesa, Ibercorp... ¡toda esa letanía que tú te conoces!

—A ver, Baltasar, ¿tú qué piensas que hay que hacer?

—Coño, Felipe, si no lo digo yo, si lo dice la gente. Caso Mariano Rubio: la gente dice ¿y cómo sigue ahí Solchaga? Caso Luis Roldán: la gente dice ¿y cómo sigue ahí Barrionuevo, que lo nombró? ¿y cómo sigue ahí Corcuera, que lo mantuvo? Caso...

—Yo no puedo decirle a Carlos Solchaga que dimita como diputado: eso tendría que decirlo el grupo parlamentario.

—Felipe, ¡que eres también secretario general del partido! A mí Solchaga me merece el mayor respeto, y le tengo gran afecto; pero en política a veces hay que pagar precios muy caros. Tú me decías una vez: «hay que saber retirarse». Bueno, pues se ve que aquí nadie sabe. Yo no veo ninguna dimisión.

—Corcuera ha dimitido...

—Corcuera ha dimitido de ministro. Y por otro asunto: porque le tumbaron una ley que nunca debió haberse aprobado y habéis tenido que aguantar que os digan que es inconstitucional. ¡Tela! ¿Y cómo se ha ido Corcuera? Echando pestes contra magistrados, fiscales, periodistas... Eso no es actitud de cambio, ni es reconocer que se han hecho las cosas mal. La gente se está yendo a trompicones, retranqueándose para ver si logran quedarse como sea. Además, Corcuera sigue ahí de diputado. Como siguen Carlos Navarro y Solchaga y Barrionuevo y Sala, de senador... Felipe, hay que limpiar la casa por dentro.

—Lo que me preocupa mucho es eso que dices en tu carta de renovar la Administración. ¿A qué te refieres?

González se ha escaqueado del tema. Y Garzón nota el corte.

—Sólo te puedo hablar de lo que conozco: el Ministerio del Interior. No rula. Todo tarda la intemerata en salir adelante.

—Me dejas atónito: yo creía que tu relación con Antonio Asunción era buena...

—¡Y es buena! Antonio es un tipo estupendo. Pero el ministerio es un desastre. Está paralizado. La gente de Vera y la de Corcuera pone zancadillas a la gente nueva. Y todo se resiente.

—¿A qué nivel?

—Pues... no sé a qué nivel, pero la sensación es que nadie está a gusto, nadie quiere que eso marche. Te advierto en serio, porque lo vivo desde dentro: ese ministerio es una bomba. Y va a estallar en cualquier momento.

—¿Qué quieres decir?

—Va a estallar por el tema de Roldán, por señalarte uno. Y si no tomas la iniciativa de depurar responsabilidades políticas, te estallará a ti en la cara.

—Tú eres juez y sabes muy bien que ese caso está *sub iudice.*

—Pero ¿qué tendrá que ver la responsabilidad judicial con la responsabilidad política? Las depuraciones políticas no las hacen los jueces. Y se deben adoptar antes que las penales. El político tiene que ser ejemplar y, si aparece una sombra en su imagen, lo primero que ha de hacer es irse. Por decencia, por decoro, por respeto a los electores. Aunque luego se proclame su honradez y vuelva a hombros y por la puerta grande.

—Bueno, esperemos a ver qué dicen los tribunales...

—Felipe, la gente está harta del chorreo diario de escándalos. O piensan que somos todos corruptos, o pasan de nosotros. Te lo decía en mi carta: la gente nos ha vuelto la espalda.

—Eso me dolió. Y además no es cierto.

—Di que tú no lo percibes, porque sólo vas a actos oficiales, inauguraciones o saraos de militantes. ¡Ésa es otra! Perdona que te lo diga, pero los ciudadanos ven que vivís vueltos hacia dentro, mirándoos el ombligo, en una disputa permanente de reparto de cargos. ¡Joder, Felipe, hay que bajar al asfalto, hay que mojarse! Yo me niego a seguir viendo cómo se marea la perdiz.

—Por favor, Baltasar, te pido que te quedes, que me ayudes, que me eches una mano...

—¿Que te eche una mano... en qué? Te estoy poniendo delante una serie de casos concretos con nombres y apellidos. El fiscal general del Estado: ¿cuándo, Felipe, cuándo vas a cesar a Eligio?

—Pues mira, probablemente se va a ir dentro de poco, porque en la sentencia nos dirán que el nombramiento fue ilegal.

—¿Y tienes que esperar a que te digan que fue ilegal? ¡Coño, Felipe, no vayas a remolque de los hechos! ¿Por qué no te adelantas y reconoces que se le designó mal?

—Porque yo respeto a los tribunales y no quiero interferir.

—¡No interfieres! Incluso le allanas el camino al tribunal. Ésa fue una decisión política. Rectificarla sería otra medida política, pero de impulso democrático. ¿De verdad quieres que te eche una mano? Pues, venga, vamos a hacer algo, que se note que hay voluntad. Es que si no, lo que se nota es que hay miedo.

—¿Miedo?

—Miedo. No se quieren perder unos resortes de poder y unos escaños y unos fueros, porque hay miedo. Y yo veo que esto se va gangrenando por días, como si tuviéramos lepra y se nos fuera cayendo el cuerpo a cachos. Cuando nos queramos dar cuenta, aquí no queda nada.

—¿Tan mal lo ves?

González, dicharachero de suyo, hoy está hablando poco. Con frases breves y a la defensiva. Muy cauto. Provocando y soportando el desahogo ingenuo de Garzón, pero sólo para enterarse. Elude comprometerse en firme. Garzón se ha dado cuenta de las evasivas de González. En ese «¿tan mal lo ves?», ha percibido un deje de ironía. Entonces, hace un quiebro en su discurso:

—Tan mal... o tan bien. Todavía estamos a tiempo. En la carta te digo que tienes que tomar medidas quirúrgicas y definitivas. Yo no quiero ponerme aquí de tomista, pero al miembro podrido se le extirpa cortando por lo sano. Sé que duele cortar por lo sano. La dimisión de Solchaga puede ser dolorosa, pero es necesaria. El cese de Eligio Hernández es necesario. El cese de Corcuera y el de Barrionuevo, lo mismo: son necesarios.

—Solchaga es el presidente del grupo parlamentario. Es el grupo el que se debe pronunciar. En cuanto a Pepe Barrionuevo... no puedo.

—¿Cómo que no puedes?

—No puedo.

—No puedes... ¿por qué?

—Porque ya le he dicho que se marche, y me ha contestado que no: que si él se va, yo con él.

Se ha hecho un silencio extraño, frío y punzante como un clavo de hielo. Alguien ha dicho una palabra de más. Algo frágil se ha roto. Los dos hombres buscan cómo zanjar la conversación.

Garzón se acuerda de que Felipe apadrinó la elección de Solchaga, poniendo sobre la mesa sus atributos de autoridad y haciendo de ese nombramiento *casus belli* frente a los guerristas. Y también de que, por algo muchísimo menos importante que lo de Ibercorp y Mariano Rubio, un Jaguar no muy claro, a Mohedano lo fulminaron como portavoz del grupo... Pero las últimas palabras de Felipe sobre Barrionuevo le han dado vértigo. Antes lo intuía; ahora lo sabe: Felipe está atado. Felipe no es libre.

—En fin, Baltasar, quédate, échame una mano, pero dame un tiempo... yo te aseguro que se van a tomar medidas.

—¿Qué es un tiempo? Si son unos días, vale. Pero un año no. Además, si acabo de decirte que el Ministerio del Interior no funciona, que está renqueante, que va a reventar, ¿cómo voy a quedarme ahí, después de criticar a mi ministro? Estoy faltando a la lealtad con Antonio Asunción. Y le tengo respeto. Y cariño. Veo que el hombre está sufriendo, pasándoselas canutas. Pero no puedo decir otra cosa: no funciona la lucha contraterrorista, no funciona la lucha contra el narcotráfico. Habría que crear unidades especializadas para investigar los casos de corrupción económica: una brigada de intervención rápida a disposición judicial y de los fiscales. Pero yo no puedo ponerme al frente de eso, después de decir que mi ministro es una calamidad. Me repugna en conciencia seguir a sus órdenes... me siento hipócrita.

—Tú de eso no te preocupes. Ya hablaré yo con Antonio.

—No, prefiero decirle yo con franqueza lo que te he dicho hoy aquí. Me sentiría moralmente incómodo, si no lo hiciera.

—No, no, tú no tienes que contarle a Asunción nada de lo que hemos hablado aquí. Ya le diré yo. Tú quédate, échame una mano, y verás cambios.

«Me marché con la conciencia en paz, porque había dicho lo que llevaba dentro —Garzón dobla con cuidado unas cartas suyas a González. Las lee por encima y luego las guarda en un sobre color garbanzo—. Pero no me gustó ver al presidente del Gobierno tan necesitado de que yo me quedara. O tan falso, tan teatral, como para fingir que me necesitaba. Esa duda se me metió dentro.

»A los tres días, y sólo por dejar constancia de lo hablado, le envié una carta, glosando la conversación: una especie de albarán de los compromisos verbales que el presidente había contraído durante aquella hora y media en el salón de columnas:

> »Estimado presidente (...). Una vez más confío en ti, como responsable político, como socialista y como persona comprometida en el servicio a la sociedad; pero ten presente que tal confianza debe ir

acompañada de realidades. Tú me has prometido que las próximas semanas tomarás soluciones políticas drásticas en los casos Rubio y Roldán, en el del fiscal general del Estado y en el propio Ministerio del Interior, según el contenido de nuestra conversación. Si he de serte sincero, soy escéptico de que pueda ser así, no obstante (...) voy a continuar "echándote una mano" como tú mismo dijiste (...) en cualquier responsabilidad que pueda encomendárseme: terrorismo y coordinación de las unidades policiales que te pedí que se crearan para investigar supuestos de corrupción (...). Ten la seguridad de que, si no recuperas la credibilidad inmediatamente, el rechazo social será definitivo...»

Con esa nueva carta, González ve de modo meridiano por dónde va Garzón: su «echar una mano» se traduce en ponerse al frente de unas brigadas especiales anticorrupción. Baltasar ha mentado la soga en casa del ahorcado. La reacción de Felipe vuelve a ser encomendarle un quehacer que le apasione y le absorba, pero... muy lejos de los temas de corrupción. Habla con el ministro del Interior enseguida, y éste rápidamente con Garzón:

—Baltasar, quiero que te encargues de coordinar todo el tema del terrorismo. Yo llevo encima demasiado peso.

—Como tú digas; pero me parece difícil encajar orgánicamente lo del terrorismo con el puesto y las funciones que desempeño ahora en el Plan sobre Drogas, tal como está la nueva estructura.

—Bah, tú eres secretario de Estado y el «número dos» de este ministerio. Como yo soy quien distribuye el trabajo, yo delego en ti esto y lo otro. Y no hay orgánica ni historias que valgan.

Nuevos hechos escandalosos dislocan el escenario político. El 28 de abril a última hora de la mañana, en el Congreso de los Diputados, Garzón se acerca a su ministro: «Antonio, me voy a tu tierra: tengo un acto en la plaza de toros de Valencia esta tarde.» Al salir del hemiciclo, le abordan unos periodistas: hay un rumor de que Luis Roldán se ha fugado, ha desaparecido. Vuelve a entrar, y va flechado al ministro:

—Antonio, me acaban de decir que se ha escapado Roldán.

—No. Yo tengo su teléfono móvil y estamos en contacto...

—Joder, Antonio, como este tío se escape no veas la que se monta aquí... Oye, ¿suspendo mi ida a Valencia?

—No, no, vete tranquilo: Roldán está bajo control.

Pero Garzón detecta que el ministro está asustado. «Éste no tiene localizado a Roldán —piensa—, y por la razón que sea no me quiere intranquilizar.» En ruta hacia Valencia, le telefonea:

—¿Has oído la radio? ¡Qué vergüenza! Yo me vuelvo a Madrid.

—No hagas caso, no ha huido, yo sé dónde está.

—¿De verdad? ¿Tú sabes dónde está, físicamente?, ¿o sólo tienes un número de móvil? Porque el pájaro puede haber volado...

Garzón va a clausurar unas jornadas de drogodependencia. Pero algún espabilado del Partido Socialista Valenciano intenta, aprovechando su presencia, organizarle a Joan Lerma un baño de multitudes. Lo que iba a ser una charla sobre drogas sólo para los doscientos participantes en las jornadas lo transforman en una convocatoria monstruo de doce mil jóvenes traídos de pueblos de Alicante, Valencia y Castellón con la oferta «gratistotal» de un viaje, bocatas y concierto de rock duro de Loquillo y los Trogloditas. Cuando ya los tienen en la plaza de toros y les dicen que «antes del rock habrá unos discursos políticos», rompen a patear, a pitar, a abuchear y a hacer la ola, cantando y ahogando la megafonía de los oradores. Se sienten engañados.

«Yo iba a hablar de drogas —rememora Garzón—, y acabé hablando de corrupción, porque comprendía sus pitadas y sus insultos. Joan Lerma estaba tenso, agarrotado. Habló un minuto. No logró hacerse oír. Se marchó a toda prisa. Les había salido el tiro por la culata. Yo me quedé. Era una situación similar a la de la Universidad de Barcelona con aquellos de Terra Lliure. Aguanté veinte minutos mirando al tendido, afrontando al público. Y no por chulería, ni porque me creyera un sietemachos. La verdad es que yo estaba de parte de ellos. Yo entendía su repulsa. Esos abucheos, esos "¡ladrones!, ¡josdeputa!, ¡corruptos!, ¡gobierno, a tomar por culo!, ¡dimisión, dimisión!", no iban conmigo. No me sentía ya ni del PSOE ni del gobierno, ni de toda aquella historia. Tiré los papeles y cambié mi discurso:

»—Me parece bien que abucheéis a los corruptos —les dije, porque lo pensaba—. Hay que hacer una buena limpia. Lleváis razón. Yo estoy con vosotros. Esta versión de libertad que estáis ofreciendo me parece sincera: expresáis lo que pensáis...

»Doce mil muchachos. Unos abucheaban, otros aplaudían. Le eché bemoles y seguí y seguí...

»—Ahora, por democracia, dejadme que también yo diga lo que pienso: os pido que alcemos juntos nuestras voces para rechazar a los culpables de que haya una juventud sin valores y amarrada a la droga... Alcemos nuestras voces para rechazar a ese tipo de gente ¡y de dirigentes! que sólo buscan su lucro, sin escrúpulo. Los canallas abundan. Los hombres honrados escasean. Pero vale más un hombre honrado que cien canallas. ¡No dejéis de protestar y de pedir honradez! ¡Tenéis motivos! ¡Yo también protesto!

»Acabamos haciendo la ola juntos.»

La fuga de Roldán se confirma. Asunción dimite. Garzón no se encontrará en paz consigo mismo mientras no se sincere con él. El mismo día de su dimisión va a verle a su despacho. El ministro le gana por la mano:

—Al despedirme de Felipe, le he dicho: «Garzón es mi candidato a sucederme.»

—Pues quiero que sepas que yo también le hablé de ti, pero... en otros términos. Antonio, no te he comentado nada antes porque el presidente me encareció que no lo hiciera; pero me parece leal decirte que he criticado la parálisis de este ministerio, las zancadillas...

—Y tienes razón. No te preocupes, porque antes de irme dejaré las *órdenes comunicadas* de la puesta en marcha de tu organigrama, con coordinación policial y demás, para todo lo del narcotráfico y lo del terrorismo.

Esas órdenes son lo último que firma como ministro.

El miércoles 4 de mayo, a la vez que Asunción dimite, Garzón recibe una llamada de un amigo de sus tiempos de estudiante en Sevilla: Heriberto Asencio.

—Me acaba de comentar una persona del equipo de Belloch que no te fíes ni de él ni de Fernando Escribano: van a por ti. O te vas por ti mismo, o te harán la vida imposible.

—Lo que no acierto a ver es cómo pueden ir a por mí. Ellos están en Justicia y yo en Interior. Tengo mi propio ámbito de competencias. Además... es probable que no les dé siquiera la opción de venir a por mí. Pero, bueno, gracias por el aviso.

A Baltasar no le extraña la enemiga de Belloch. En cambio, le sorprende que Escribano le tenga ojeriza. En 1987, siendo Escribano juez de Vélez-Málaga, alguien tenía interés en segarle la hierba bajo los pies. Garzón, que entonces era inspector del Consejo General del Poder Judicial, fue a investigar al juez de Vélez-Málaga con la sugerencia de «meterle un puro, porque ese juzgado es un caos». Y no sólo no le expedientó, sino que pidió más medios para él: lo que tenía aquel juez era exceso de trabajo. Y aún más, propuso que le dieran una medalla.

El clima político, tras la dimisión de Asunción, es un frenesí de conjeturas y rumores sobre quién le va a sustituir.

Garzón habla con Bono.

—Pepe, ¿sabes por dónde van los tiros?

—No, no sé nada, ¿y tú?

—A mí «todavía» no me han avisado...

—Ah, pero... ¿es que tú quieres ser ministro?

—¡No, hombre, es en plan de coña! Que no tengo ni idea.

Ese mismo día salta la noticia sobre ciertos cheques comprometedores para el ministro de Agricultura, Vicente Albero. Garzón llama al presidente del Gobierno:

—Felipe, esa historia de los cheques de Albero ¿es cierta?, ¿lo sabíais?

—Sí, es cierta... Bueno, algo sabíamos.

—Y con éste ¿qué?, ¿lo cesas o no?

—Se le va a plantear que renuncie, que pida él la dimisión.

—Pero, Felipe, no se trata de que dimita: ¡césalo!, ¡césalo tú! Es lo que quise transmitirte el otro día: que no vayas arrastrado por los acontecimientos. La sociedad tiene que ver que tú tomas la iniciativa, que te colocas de parte de la honradez, de parte de la limpieza. Felipe, si el tema está ahí candente, ¿por qué no le dices: «Tú, cesado, porque eres un inmoral»? Es que, si no, es otro caso más, otra corrupción más, otra dimisión más...

Todavía al teléfono, Garzón pregunta:

—¿Tienes ya decidido el nuevo ministro del Interior?

—He encargado a Juan Alberto Belloch que asuma la cartera.

—¿La cartera de Interior? Entonces, ¿quién va a Justicia?

—Él. Le he pedido que se haga cargo de Justicia e Interior.

—¡¿Fundes los dos ministerios...?!

—Sí. ¿No te parece bien?

—Me parece... una equivocación y una barbaridad. Eso es andar el camino al revés. Felipe, una reorganización de esa envergadura exige tiempo de estudio, dictámenes, sopesar pros y contras, hacer una nueva estructura de la fusión, redimensionar... Bueno, eso no se puede improvisar de un día para otro.

—Pues lo he hablado con Jordi Pujol y le ha parecido bien.

—¡Me da igual lo que le parezca a Jordi Pujol! Pienso que es una equivocación muy gorda, y que te vas a arrepentir.

—¿Qué quieres decir con que me voy a arrepentir?

—Que no va a funcionar. Es lo contrario del impulso: una retranca, ir p'atrás como los cangrejos. Mira, enlazando ya con lo que hablamos el otro día, creo que lo mío debo cancelarlo ya.

—Bueno, bueno, ya hablaremos...

Garzón corta la llamada, pero no cuelga el auricular: marca el teléfono directo de Bono.

—Pepe, está hecho todo: se funden Justicia e Interior.

—Ya lo sabía.

—Joder, macho, podías habérmelo dicho.

—Es que Felipe me pidió que no lo comentara con nadie.

—Pues, mira, Pepe, creo que yo tenía que haberlo sabido. Una, porque soy el «número dos» de Interior. Otra, porque soy el «número dos» de la lista de Madrid. Otra, porque soy magistrado y sé algo más que Pujol de las consecuencias de esa fusión...

El nombramiento de Belloch se hace público el viernes 6 de mayo. El 5 por la tarde, Garzón está en el hotel Miguel Ángel, en unas jornadas de estudio sobre blanqueo de dinero, cuando le pasan aviso de que «el ministro Belloch quiere verle: está esperándole en el palacio de Parcent».

Belloch le recibe sentado detrás de su mesa de despacho. La mesa por medio marca las distancias.

—Bueno, Baltasar, ¿qué planes tienes? Estoy muy contento con tu trabajo... Creo que eres imprescindible en la lucha contra la droga. No hay en España nadie que sepa más que tú de esto. Siempre he opinado lo mismo. He pensado que te quedes en el ministerio y que montes una DEA, como la agencia antidroga de Estados Unidos, pero a la española, adaptada a nuestras necesidades, y sin preocuparte de lo que cueste: estoy dispuesto a que se te dé cuanto necesites y a que desarrolles esa iniciativa con plena autonomía.

—Juan Alberto, la DEA está obsoleta, no la quieren ya ni los americanos. Clinton la está liquidando. He estado allí, y sé que la lucha contra la droga se va a coordinar desde el FBI. Además, no sé si lo sabes, pero aquí tenemos un nuevo organigrama del Plan sobre Drogas.

—Estoy perfectamente informado de todo el organigrama que has diseñado...

—Pues eso: no hay que crear nada. Ya está hecho. Y ayer firmó Asunción las *órdenes comunicadas* para la coordinación policial.

—¿Qué *órdenes comunicadas*? No tengo constancia de que se haya firmado nada...

Belloch se sorprende de que existan esas órdenes. No conocía el dato. Por un instante, se desconcierta y pierde pie. Garzón aprovecha para poner las cartas boca arriba, a todo o nada:

—Juan Alberto, dejémonos de rodeos: yo he hablado con Felipe el otro día, largo y en profundidad, sobre una serie de temas...

—Sí, algo me ha comentado.

—Bien. ¿No te ha comentado nada del tema del terrorismo, que iba a llevarlo yo?, ¿ni de una brigada anticorrupción, dependiente del ministerio fiscal?

—Baltasar, todo eso excede de tus competencias. Yo tengo mi equipo, y ya diseñaremos la estrategia que corresponda. La secretaria de Estado va a ser Margarita Robles.

—Por supuesto que tú tienes tu equipo. Fenomenal. Y yo no pienso interferir. Lo que te pregunto es si Felipe te ha contado en qué quedamos él y yo. Entre otras muchas cosas, me dijo que esas unidades anticorrupción se iban a poner en marcha ya...

—Baltasar, por favor: eso no es competencia tuya. Me gustaría que me dijeras si aceptas lo de la DEA. El resto no te incumbe.

—Yo te reitero mi respeto a cuantas decisiones adoptes con tu equipo; pero quiero saber si se va a hacer o no se va a hacer lo que Felipe me dijo que se haría, porque eso sí me incumbe.

—Por ejemplo, ¿qué?

—Por ejemplo, cesar a Eligio Hernández como fiscal general.

—No se le va a cesar. Se esperará a la sentencia del tribunal.

—Juan Alberto, ¿hablas en tu nombre o en el de Felipe?

—Todo lo que te estoy diciendo lo he hablado antes con Felipe.

«Para mí, en ese momento queda todo claro —Garzón no necesita recordar esa escena; la tiene caliente, recién vivida—: Felipe ha cambiado de polo a polo, desde que doce días antes me pedía "échame una mano, que vamos a hacer muchas cosas". Oyendo a Belloch, entiendo que de lo dicho sobre impulso ético, ceses ejemplares, unidades anticorrupción..., nada de nada. Y entiendo también aquel aviso críptico: "Belloch y Escribano, desde Justicia, van a por ti." Lo que no comprendo es ¿por qué Felipe me ha retenido, después de su debate del Estado de la Nación?, ¿qué falta le hacía yo?, ¿por qué me engañó en esa última conversación, a solas los dos?, ¿por qué me ha engañado siempre?»

Belloch quiere perimetrar bien las parcelas de su vasto territorio biministerial, y se refiere ahora a la lucha antiterrorista, la última encomienda que Asunción hizo a Baltasar:

—Eso lo asumo yo. Por otra parte, Baltasar, tú no te has distinguido en la lucha contra el terrorismo. Vamos, que no es lo tuyo, tú no eres conocido en ese campo... salvo en lo del Gal.

—Si hablas en serio, tu desconocimiento es de preocupar. Que un ministro de Justicia, que ha estado de magistrado en el País Vasco y ha sido miembro del Consejo del Poder Judicial, diga que yo no he llevado temas de terrorismo, es que ni sabe a qué me he dedicado yo, ni a qué se dedica la Audiencia Nacional.

—Quiero decir que no es lo más conocido de tu palmarés.

—Si alguien en la Audiencia Nacional ha instruido casos de terrorismo, innovando la investigación tradicional, aparte de Bueren, ése he sido yo. Ahora, si para ti eso no es «conocido», pues... joder, es que tienes una información muy escasa.

—No quiero discutir. Te reitero mi oferta: la Secretaría de Estado para el Plan sobre Drogas con el esquema de la DEA.

—Eso no es lo que yo he hablado con Felipe.

—Pues ésa es mi propuesta.

—Juan Alberto, no tiene sentido continuar esta conversación. Permíteme que hable con Felipe, para comunicarle que me marcho.

—Entonces, ¿es ésa tu decisión?

—Sí, pero queda en suspenso hasta que yo hable con Felipe.

—Lo que sí te encarezco es que me digas cuanto antes qué has decidido. Entiéndeme: tengo que organizar el nuevo departamento.

Pasadas las ocho y media de la tarde, desde el coche, Garzón intenta localizar a González. En Moncloa, el ayudante de servicio le informa que «el presidente está en un acto público; le pasaré nota de su llamada». Media hora después, ese mismo ayudante:

—Don Baltasar, el presidente no podrá hablar con usted esta noche porque ya ha empezado la cena oficial...

—Bien, pues yo trataré de hablar con él mañana.

—Recuerde que mañana hay consejo de ministros.

Al día siguiente, viernes 6, vuelve a intentarlo temprano. Normalmente, cuando ha buscado a Felipe lo ha tenido enseguida al otro lado de la línea. En Moncloa le dicen que ya ha entrado al consejo de ministros y después se va a Zarzuela para la jura de Belloch como ministro del Interior.

Por la tarde, Garzón sigue aún su desalentada búsqueda: «El presidente está viajando hacia Sevilla, tiene un acto...» Es evidente que González rehúye a Garzón. Tal vez ya no le quede repertorio de evasivas.

«Un presidente habla con quien quiere, siempre que quiere. Felipe no quiso hablar conmigo.» Garzón sujeta con cinta adhesiva la lengüeta de una caja archivadora llena de papeles. Está en lo cierto. El mismo Belloch le confiará más adelante a Margarita Robles: «Felipe, cuando corta, corta. A partir de cierto momento no estuvo disponible para Garzón, no quiso verlo. Le resultaba incómodo y ya no lo necesitaba. Lo dejó caer.»

«Yo sólo quería decirle: "Felipe, lo siento: me apeo en esta parada" —Garzón sigue azacanado con la cinta adhesiva—. Seré un tío de pueblo, pero me parecía feo final irme a la francesa, sin despedirme de quien me llamó a esta aventura política.»

Mientras Garzón hacía sus paquetes, Mari Carmen, la secretaria, dejó hace un rato sobre la mesa el original de su escueta carta de dimisión. Baltasar la lee antes de firmarla:

> Excmo. Sr. D. Alberto Belloch Julbe, Ministro de Justicia e Interior. San Bernardo, 47. 28071 Madrid. Estimado ministro: por la presente te comunico que con fecha de hoy te presento mi dimisión irrevocable al cargo de secretario de Estado y delegado del gobierno para el Plan Nacional sobre Drogas. Atentamente, Baltasar Garzón. Madrid, 6 de mayo de 1994.

Chasquea los labios: «Joé, le hemos dejado en Alberto a secas, nos hemos comido el Juan. También Felipe, cuando anunció su nombramiento se confundió y le llamó Luis Alberto... como en los culebrones sudacas.»

Tras la rueda de prensa de ese mediodía, Belloch y sus dos equipos se van al restaurante Solchaga para celebrar los nuevos cargos. Estando allí, llaman del gabinete de Garzón anunciando el envío de la carta dimisoria. Juan Alberto dice a los comensales, con mordaz regocijo: «En cuanto llegue esa carta, filtradla a la prensa a toda pastilla, ¡no sea que se arrepienta!»

Baltasar mira en derredor. Ha terminado de empaquetarlo todo. De un mazo de papel timbrado, toma un folio. Se sienta, se acoda en la mesa de despacho y redacta una carta para despedirse de Felipe González. Escribe de un tirón, pero sin gana:

> ... Los últimos acontecimientos me han demostrado que no te fías de mí, quizá por mi empeñada decisión de llegar al fondo en todos los casos de corrupción, habiéndote ofrecido fórmulas para hacerlo. Comprenderás que con esa sensación no puedo permanecer ni un minuto amparando las decisiones que se toman. Tengo que marcharme... Un cordial saludo, Baltasar Garzón.

Camino de Pozuelo, vuelve a ver el fulgor felino de los ojos de Belloch... sus iris brillantes y duros como gemas. Vuelve a oír su voz crispada y urgente, su declaración impúdica: «No pienso consentir que utilices tu dimisión en tu propio beneficio. Éste es mi tiempo político, y aquí decido yo.» También se oye a sí mismo, muy lejano: «Si tienes cojones, césame.»

Cuando el coche enfila el puente azul, Baltasar siente el peso sonámbulo de quien abandona un tiempo extraño. Atrás queda *el año pasado en Marienbad*. Ve la primera rotonda y la segunda y la mole del transformador de la luz, las acacias pimpantes. Poco a poco, le invade la aplomada consciencia de estar regresando a su verdadera patria: «mi casa, mi gente, mi sitio mejor: sólo aquí me quieren por mí mismo».

Al abrir la puerta, María, once años, echa a correr a su encuentro, da un brinco y se le abraza al cuello con fuerza:

—¡Me alegro tanto, papá! Yo quiero que vuelvas a ser juez. No me gustaba que fueras político. No me gustaba ¡nada!

—Te dije que sólo sería un paréntesis...

Con esa sorprendente memoria de los niños para retener cosas nimias, María estira sus dos deditos índices y traza en el aire unos paréntesis invisibles. El mismo gesto de su padre hace un año. Baltasar busca con la mirada a Yayo. Está ahí detrás, asegundada como suele:

—¡Bien hecho! La conciencia nunca se equivoca. Ahora tendrás más trabajo, pero no más pesadumbres... Y serás más nuestro.

Moviendo la cola lentamente, a la zaga y sin querer estorbar, se acerca *Gina*, la vieja perra. Frota su cabeza con suavidad por el muslo de Garzón, le husmea un poco. Luego, alza el afilado hocico. Desde sus ojos inútiles, le mira sin verle. Es ciega.

II

EL SABOR DE LAS CEREZAS

> «Con nueve años, yo iba hora y media de camino, y vuelta, a abrir la alberca y a regar, antes de entrar en la escuela.»
>
> Baltasar Garzón

«Sólo los íntimos, y somos un regimiento.» Yayo extiende manteles sobre las mesas unidas. Desde ayer han ido llegando todos, la familia de Baltasar y la suya, para la primera comunión de Balti. Luego acudirán los amigos. Van a celebrarlo abajo en el jardín, un patio ajardinado donde ya echan flores los rosales, los geranios, el albaricoque, el almendro, la catalpa y el cerezo. Baltasar dice que no es cerezo, sino guindo griego o garrafal. Oscuro y enhiesto se alza un ciprés. Tuvo un mal principio ese árbol. Crecía poco, desgalichado y raquítico. Una madrugada, hace ya cinco años, Garzón se levantó, se echó la pelliza sobre el pijama, bajó al patio, cogió la azada y cavó con cuidado para sacar entero el cepellón de raíces y curar el mal donde estuviera. Al cabo de un rato, volvió a la cama. Yayo le sintió llegar contento:

—Pero, Baltasar, ¿cavando a estas horas?, ¡tú estás loco!

—¡Lo he curado! ¿Sabes por qué no crecía?

—No lo sé, pero no son horas...

—Lo habían trasplantado sin quitar la red que envolvía el cepellón. Y, el pobre, tenía las raíces sofocadas.

Yayo trasiega, faenera. De vez en cuando, «se me olvida algo... ¿a qué venía yo aquí?; ah, sí, las servilletas». Hoy tiene la cabeza en otro sitio. No hace ni cuarenta y ocho horas que Baltasar dimitió. De soslayo, le ve desplegar las sillas, regar los arriates, sacar las cajas de refrescos; pero está serio, metido en sí, como ausente. En una de esas idas y venidas, se cruzan sus miradas.

—¿Sabes qué me ha dicho mi hermano Luis? Me pega un abrazo, que le ha salido del alma, y, cuando me tiene agarrado y bien prieto, me suelta al oído: «Baltasar, has hecho lo que debías. Incluso, ¡ahora, mejor que antes!»

—Me alegro... ¿Vas a comulgar?

—Hummm... no. Lo haría por el chiquillo, pero sería una hipocresía. Me parece un cosa demasiado seria para tomármela a la ligera. Lo que no quiero es que Balti tenga una fiesta empañada por culpa de lo mío...

—Pues olvídate de todo y disfruta del día.

—Desde que me he levantado, estoy como si cada brazo y cada pierna me pesaran doscientos kilos. Y un dolorazo de cabeza...

Después de la ceremonia, ya en casa, Garzón se dedica a su hijo, las fotos, los invitados, y echar un ojo a la chiquillería.

Mientras descorcha botellas en la cocina, le llegan retazos de una conversación a varias bandas: «le han utilizado», «le han querido utilizar, que no es lo mismo, y él no se ha dejado», «antes de las elecciones, todo era besar el santo y exhibirlo bien, porque era el emblema de la ética y de la honradez», «pero, en cuanto ganaron, ya no les interesaba para nada», «incluso era un incordio, un Pepito Grillo: él a Felipe le decía cosas muy gordas y muy claras», «y, si no se hace lo pactado, agarro el portante y adiós muy buenas»... Son sus amigos: Maribel y Quique, Freixanes y Olvido, Federico, Pepe y Bea, Araceli y Nacho, Manolo y Amelia, Paco y Encarna, Ángel Luis y Ángela, Tomás y Mari Carmen... Sus hermanos y sus cuñados. Su madre y la madre de Yayo. Y el tío Víctor Garzón, hermano de su padre.

Llevando en vilo una gran bandeja, Baltasar sirve copas de helado. Anuncia la mercancía como si fuera un feriante: «¡Los tengo de limón y menta, de vainilla y chocolate, de nata y turrón! A ver: uno por aquí de rrrrriiiiico turrrróóóóón ¡con guinda roja para esta señora!»

—Estábamos diciendo que ibas de ingenuo, de idealista...

—¿Y no es hora ya de que la ingenuidad y el idealismo se impongan también en la política? ¿Por qué «política» tiene que ser igual a «perversión», a «colmillo retorcido»? Yo le decía a Yayo: «Sólo cuando lo tengan muy crudo y muy adverso, se podrá hacer estallar ese invento, reventándolo para que salte en mil pedazos...» Pero la clave era hacerlo desde dentro.

—¿No pensabas que encontrarías resistencia dentro?

—No pensaba que encontraría resistencia... arriba.

Un silencio. Baltasar continúa:

—Más que ingenuo, he sido soberbio: creí que yo solo podría.

Balti y los críos vienen a buscarle para que les monte juegos, gincanas, concursos... Garzón tiene el dolor de cabeza cada vez más agarrado, pero se va con ellos al cuarto de estar.

—Es muy chiquero mi Baltasar. Disfruta con los niños. Y como ellos lo notan, enseguida le buscan —mujer de temperamento, luchadora y vivaz, la madre de Garzón, María Real, charla con los invitados que están cerca de ella—. Cuando nos juntamos la familia, en Torres o en Sevilla, él en un pispás los organiza: al pañuelo, al fútbol, a la gallina ciega, al pillapilla, a la silla vacía, a ver quién salta más, a ver quién llega más lejos, carreras de sacos... Si uno pequeñito no se duerme, lo coge, lo mece, unos golpecitos, ta, ta, ta, ta, y al momento se le queda frito en los brazos. Él se divierte gastándoles chanzas. En verano, les hace ahogadillas en el agua; en navidades, se disfraza de Papá Noel...

—La última Navidad que pasaron en nuestra casa, en Sorihuela —interviene Aurora, una hermana de Yayo—, también se vistió de Papá Noel. Los críos se acercaban y él les iba dando los regalos. Yayo, haciéndose la niña, decía: «Papá Noel, ¿para mí no hay nada?» Él se levantó, la abrazó y le dio un beso muy largo. Entonces, Balti empezó a gritar: «¡Ése no es Papá Noel! ¡Ése es papá! Papá Noel no besa en la boca. Además... mamá se ha dejado.»

—Una vez, en Sevilla —sigue María Real—, se llevó a todos mis nietos al cine, una buena patulea, y la gente por la calle decía: «Mira, mira, ahí va Garzón. ¡Cuántos chiquillos!, ¿serán todos suyos?» Tiene un talante muy bromista. Un día, llamó por teléfono fingiendo un acento extranjero. Yo no le reconocí. Como no le entendía bien, y él no paraba de hablarme, le dije: «Usted perdone, no sé a quién llamará, pero se ha equivocado usted.» Y va y me contesta: «Señora, ¡yo nunca me equivoco de madre!»

—Ah, a mí también me la pegó —se anima ahora Manolo Medina—. Telefoneó a mi despacho de Jaén. Se hizo pasar por un argentino, un hombre de negocios interesado en que yo llevara asuntos suyos en mi bufete. Insistía mucho. Yo estaba mosca, porque el tío conocía mis datos, mis teléfonos, mis viajes a Madrid... Le preguntaba: «Pero, ¿a usted quién le ha hablado de mí?, ¿usted cómo ha dado conmigo?» Hasta que, pasado un rato, como ya empezaba a creérmelo, él soltó la carcajada. Y por la risa le conocí...

A media tarde, la gente parlotea a gusto en el jardín, entre cigarrillos, licores y cafés. Garzón se acerca a las mesas: «¿Me perdonáis que vaya a echarme un rato? He tomado varios tonopanes, pero tengo la cabeza como una olla a presión, y todavía me queda preparar la rueda de prensa de mañana.»

Con paso cansino, sube las empinadas escaleras blancas. Son cuatro pisos. Un chalet adosado. Lo compraron en 1988 con una hipoteca que aún tienen pendiente de pago. Hacen la vida en el piso bajo. El entresuelo es la zona social, de visitas. Los dormitorios de los niños y uno de invitados están en el tercer piso. En la última planta, abuhardillada, la alcoba del matrimonio y el estudio de Garzón.

Tras él, olisqueándole los talones, sube también *Gina*, la perra, una Golden Retriever que le regaló Yayo. Tiene el hocico afilado, el pelo lacio y largo color almendra, y los ojos enfermos con mirada lastimera. Cogió una infección por comer malas hierbas; la operaron de los ojos, pero se quedó casi ciega. Todos la quieren, y ella les da una compañía mansa.

Baltasar no enciende la luz. Abre un poco la ventana para que el aire le desenrarezca la migraña. Se descalza y se tumba en la cama sin quitar la colcha. Como sabe que a Yayo no le gusta, retira media colcha y ahí se tiende boca arriba.

En esas circunstancias, tan magullado el ánimo, no ha podido tener mejor arropo que la presencia de su gente. Su gente es *tierra, tierra, tierra...* y estar con ellos le da la seguridad de esas verdades palpables y macizas que se podrían partir como se parte un pan. «Lo que soy es... lo que de verdad tengo, y nadie me lo quitará jamás —piensa—. La mirada de mi padre, la voz de mi madre, la sangre que va por mis venas, mi familia, mi paisaje, mi historia de chavea de pueblo... Yo soy de pueblo, soy un hombre que vengo del pueblo, y siempre que puedo vuelvo al pueblo. Mi pueblo es algo mío. Yo lo tengo, y él me tiene.»

La familia de Baltasar Garzón Real ha sido campesina siempre y por los cuatro costados. Los Real Burgos, la rama materna, proceden de Torres, un pueblo pequeño en la serranía de Jaén. Baltasar evoca la casa del abuelo Luis y de la abuela María Juana, donde él nació: «El 89 de la calle Mayor. Cuando yo era niño se llamaba calle del Generalísimo. Ahora, por una decisión del ayuntamiento del PSOE, se llama calle de Baltasar Garzón Real.» A Luis Real y a Juana Burgos les nacieron diez hijos, aunque sólo les vivieron cinco: Gabriel, Luis, Celedonio, María y Juan. Entre ellos se crió Baltasar. Conservadores, católicos, tradicionales, labradores de sus propias tierras, tenían para vivir sin depender de nadie. El abuelo Luis fue cofundador del Partido Agrario. Sin embargo, su hijo mayor, Gabriel, de la quinta del 35, estuvo perseguido y preso durante el franquismo. Había sido comisario político del Ejército republicano; y ayudó al maqui Pajuelas,[1] bandolero de la resistencia comunista en Sierra Mágina. En el juicio no se tuvo en cuenta que a Gabriel Real se le requirió esa «ayuda» poniéndole una pistola en la sien.

Los abuelos Garzón Cruz, Baltasar y Josefa, la rama paterna, de una economía aún más modesta, trabajaban como aparceros en fincas arrendadas. El abuelo Baltasar era hombre de pocas palabras, severo, sobrio, honrado con lo ajeno y con lo propio, duro consigo mismo como el pedernal, de ideas socialistas espontáneas y sin retóricas. Respetaba al rico, pero no le rendía pleitesía. Muy trabajador, no se sentía servil trabajando. Baltasar y Josefa tuvieron quince hijos. Sólo seis sobrevivieron a la esquilmadora mortandad infantil de aquel tiempo: Juan, José, Ildefonso, Antonio, Águeda y Víctor. Labriego y trompeta de la banda de música del pueblo, Ildefonso fue el padre de Baltasar Garzón Real.

Echado sobre la cama, los recuerda, lejanos pero nítidos:

«Es una suerte haber conocido a mis cuatro abuelos. Los cuatro me dejaron huella... La madre de mi madre, Mamá Juana la llamábamos, vivió con nosotros hasta su muerte y me influyó en lo religioso. A mi abuela Josefa, la paterna, ¡je!, yo le robaba las peras. Arriba de la casa estaba la cámara, una nave diáfana donde colgaban las ristras de ajos, las longanizas; guardaban allí las bellotas, el grano, el aceite en cetriles... Al no haber frigoríficos, en esa altana conservaban también las frutas para comerlas todo el año. Bajo el tejado, estaba el ventanuco de la piquera con su garrocha y una cuerda larga. Por ahí bajaban las barcinas de esparto, redondas y grandes, cargadas de paja o de grano para llevarlo a las cuadras, al establo. Yo me comía las peras y las manzanas, y la abuela Josefa refunfu-

1. Manuel López Guzmán, alias Pajuelas, era de Sierra Mágina. Acabada la guerra civil española, eligió ese escarpado territorio para su resistencia guerrillera. Con su partida de maquis, campeó por Torres y Albánchez de Úbeda.

Gabriel, el tío de Baltasar Garzón, fue condenado a seis meses y un día (Causa 17/1946), aunque le atracaron y desvalijaron dos bandas de maquis rivales, los Pajuelas y los Chaparros.

ñaba. Entonces, el abuelo Baltasar me defendía: "¡Deja al muchacho, mujer!, ¡que todos fueran como él!" Como era tan callado, por esos salideros notaba yo que le rezumaba el cariño hacia mí.»

El abuelo Luis Real, el del Partido Agrario, hombre con iniciativas y con empuje, no se ahormaba a un rincón sino que iba abriendo puertas nuevas. Cuando tenía algún ahorro, compraba pequeños trozos de terreno, rompizos, eriales. Llegó a juntar ciento cuarenta cuerdas, treinta y cinco hectáreas. De él sacó su hija María el ímpetu y la valentía para arriesgarse en nuevas situaciones: cambiar de casa, marchar del campo a la ciudad, tirar para arriba de los hijos y darles estudios superiores. María Real sólo recibió la instrucción primaria, pero fue por la vida aprendiendo, como una esponja, con una inteligencia natural bien despierta y un ávido interés hacia todo.

Si Ildefonso Garzón era el trabajo, el tesón y la seriedad viril, María Real era el impulso, la audacia y la alegría.

De abajo, del jardincillo, llegan voces sueltas, risas, que se cuelan en el dormitorio por la ventana entreabierta. Garzón escucha a Yayo, que responde a alguien: «Criticarle unos, ponerle por las nubes otros, porque con Baltasar nunca llueve a gusto de todos... Él de por sí no está pendiente... le llamáis vosotros, y así se entera de que le han atacado o que le han elogiado... En eso sí he querido influir, para no fomentar su vanidad y para que no esté todo el día con esa sufridera de las noticias... Su madre sí, padece mucho porque todo lo escucha.»

«A mi pobre madre —piensa Garzón— la he llevado *amargá* toda mi vida. De niño, la tenía en vilo por mis juegos peligrosos. Y, siendo ya mayor, vive la mujer pegada a la radio y al televisor, por si me pasa algo, por si un atentado, por si una crítica...»

Matriarcal y con un gran instinto de la casta, en cuanto el familión se reúne, María Real abre el cofre de los recuerdos y empieza a desmigar «nuestra historia de familia, para que sepáis, niños, de dónde venís». Oyéndola a ráfagas ahora, Baltasar se imagina el auditorio de hijos y nietos, todo en derredor y boquiabiertos. «Durante el noviazgo, como Ildefonso trabajaba en el campo y luego tocaba la trompeta en la banda del pueblo, cuando venía a verme, a veces se dormía por el camino cabalgando, al ritmo del ijadeo de la mula... Los primeros años de casados los vivimos en La Dehesa, que era un campo de mis padres. Queríamos estar juntos y solos, aunque tuviéramos menos confort. Había que hacer las faenas del campo, cuidar el ganado, atender la casa, guisar, vender los productos de la tierra, lavar en un lavadero al aire libre, poner la ropa al oreo, repasarla con planchas de carbón... porque entonces allí no había electricidad, ni alumbrado, ni neveras, ni teléfono, ni radio. Pero Ildefonso tenía conmigo muchas delicadezas de cariño. Me hizo una pila de lavar a buena altura para que yo no tuviera que encorvarme. Y me cultivaba parterres de rosas y de geranios, porque me gustaban. Estaba muy enamorado...»

«¡Que si estaba...! —confirma Baltasar para sus adentros—. Mi padre bebía los vuelos por ella.» María Real sigue su relato en el patio: «Pero él no llegó a captar que yo le quería aún más. Lo que pasa es que una mujer nunca debe dejar de ser novia. No puede declararse del todo: algo hay que guardar escondidito y sin descubrir... Y ése es el ambiente que vuestros padres han vivido: abuelos y padres muy enamorados entre sí, muy respetuosos, matrimonios muy unidos...»

Además de La Dehesa, otro escenario de la infancia de Garzón fue El Hueco, en la falda del Cerro del Almadén, por la Sierra Mágina. Alto y frío, arriscado, con quebradas y despeñaderos. Paisaje macho. Trigo, centeno, cebada, cerezos, olivos, almendros.

«Alguien nos había regalado una pava —continúa María—; se puso clueca y tuvo doce pollitos. Y Baltasar, que era pequeñillo pero más malo que un dolor, me los mató a casi todos...»

«Yo tenía tres años, y mi hermana Pepi cinco. Un día, cogí un palo, le pegué a uno de los pollos, ¡plaf!, y lo dejé seco. Pepi de la impresión se puso a llorar. Pero a mí me gustó aquello, empecé a perseguirlos con el palo y, plaf, plaf, plaf, plaf..., me cargué once. Como la otra lloraba mucho, yo le decía: "¡Coge el cebero y ve metiéndolos dentro, o si no te pego a ti!" Llegó mi padre, me zurró la badana y me encerró en el cuarto oscuro, una leñera donde guardaban también los aperos y las herramientas del campo, y que tenía un ventanuco. Yo aguanté allí sin llorar. Miraba la luz del ventanuco y así me hacía el fuerte. Pero no pedía perdón...»

«Cuando su padre le sacó del cuarto oscuro —sigue María Real, en el jardín—, él como si nada. Luego, al cabo de un rato, se me acercó despacito: "Mamá, que vengo a perdonarte." Me entró la risa: "Anda, anda, que ya se ve que tú has nacido para perdonar y no para ser perdonado!"»

«Sí, ahí apuntaba un carácter. Mi *tito* Celedonio quería hacerme recio y fuerte ya desde pequeñillo. Me colgaba del parral, a dos metros del suelo, "agárrate fuerte", y me dejaba suspendido para que hiciera volantinas y empezase a tener músculos. Un día me llevó a otra parte del campo donde él iba a hacer caballones y surcos de riego. Para que me entretuviera, me dio un rastrillo pequeño, un almocafre. Yo jugaba escardando la tierra. Él, de vez en cuando, me daba empujoncitos y provocaba que me cayera. Como lo hizo varias veces, ¡agarré un nublao...! Fui con el almocafre y le removí los lomos de tierra que él había apilado en caballones para regar, le saqué el agua de sus surcos, le desbaraté la reguera... El *tito* Celedonio me gritaba furioso:

»—¡Te voy a matar! ¡Lo chico que eres y lo que me has hecho!

»—Y tú, lo mayor que eres y m'has achuchao. ¡También yo te voy a matar!

»No dejaba yo que me toreasen. Y eso que todos mis *titos* me querían a rabiar. Una mañana de primavera, mi padre iba por el campo plantando pimientos y tomates. Yo, que tendría tres años, iba detrás, pero arrancando lo que él plantaba y dándoselo a la borrica que estaba por allí cerca. Mi padre se dio cuenta: "¡Se ha acabado!" Me ató por la cintura al tronco de un peral, me dejó tres metros de cuerda para que corretease con holgura, pero teniéndome a la vista y sin que yo me pudiera meter a enredar donde lo plantado. En éstas, llegó mi *tito* Gabriel: "¡Me cago en diez, Ildefonso! ¡No puedo creer que tengas al chiquillo ahí atado, como un lechón!" Vino, y me liberó.»

«Era de temer —cuenta María Real, ajena a que Baltasar la oye desde su habitación—, porque no tenía sentido del riesgo y se atrevía con todo. *El Comisario* era un mulo garañón, bravío, que lo teníamos de semental de pura raza, violento y sin domar; no lo montaba ni siquiera Ildefonso. Un día, a Baltasar, con dos o tres añitos, lo sentaron en lo alto del mulo. Yo, despavorida:

»—Pero, ¿qué hacéis?, ¿me queréis matar al niño?

»—No, mujer, a una criatura el animal no va a hacerle daño; y así el mulo empieza a acostumbrarse a llevar carga encima.

»Pero otro día, estaba el mulo con la albarda puesta, y va el crío, se acerca por detrás, lo agarra fuerte de la cola y empieza a trepar por la ancas traseras encaramándose hasta arriba. Todos allí, conteniendo la respiración y sin dar una voz. *El Comisario* quieto como una estatua. Y Baltasar, chiquitillo, en lo alto, tan tranquilo, tomando posesión del jumento.»

«Luego, con siete años, cogía yo a *El Comisario* —recuerda Garzón—, y lo llevaba a tal o cual sitio. Me encargaban conducirlo por el ronzal, de reata; pero en cuanto podía, me encaramaba a una cerca alta y desde ahí, ¡hala!, de un brinco lo montaba y me paseaba tan ufano por todo el pueblo. Las vecinas al verme se santiguaban y luego iban a asustar a mi madre: "¡Ay, María, si vieras a tu chico, cualquier día te lo traen descalabrao!"

»Eran los tiempos de mis estudios primarios en la escuela de Torres, y de monaguillo con don Francisco Parras, el párroco, el que me bautizó y me dio la primera comunión. Años labriegos, de andar con mi padre por el campo. Había que ir a abrir la alberca para regar la huerta y que abrevaran las bestias. Sacar a los mulos, enjaezarlos, llevarlos con la carga de grano o de paja en los serones. Aventar el trigo y la cebada en la era... Ése fue el ambiente de mi primera infancia. Pensaba mi padre que yo tendría que estudiar, pero que también trabajaría la tierra, y me enseñaba las labores del campo. Yo iba con él a la aceituna: podar, cavar, regar, recolectar las aceitunas... Mi padre prefería llevarme consigo porque, si me quedaba en el pueblo, alguna travesura haría. Así, mientras, me enseñaba el oficio. La tierra para él no era una esclavitud: él la amaba, era su vida. Y a mí me inculcó ese amor. De aquellos años que viví en el campo, conozco toda especie de árboles, cómo se varean los olivos, cómo se crían el pimiento, la patata, los tomates, cómo se cultiva el maíz, qué variedades hay de peras, de manzanas, de guindos... Allí, en El Hueco, las cerezas[2] maduran entre junio y julio, y se dan de tres clases: la de carrillo blanco, la picota fina y la cereza garrafal, que es la que me gusta más: roja, carnosa, entre ácida y dulce. De los cinco a los quince años, me hice labriego. Aún hoy, cuando los labradores me oyen hablar creen que acabo de venir del campo.

»Por mi parte era un aprendizaje inconsciente, que me iba calando como una lluvia fina. Pero por parte de mi padre era una enseñanza bien concienzuda. Él no perdía ocasión, no se olvidaba nunca de que yo iba a su lado. Me platicaba por los huertos, calmosamente. Era un magisterio oral, sencillo, hondo, constante. Tenía

2. Este capítulo toma el nombre del filme de Abbas Kiarostami *El sabor de las cerezas*.

mi padre un don natural para el cálculo y me enseñaba la aritmética cantando. También, a distinguir los vientos, las nubes y la hora, sin mirar el reloj; la historia de nuestra familia; los usos de la labranza... A veces, me recitaba poesías. Todavía me acuerdo de aquello de *estando yo en la mi choza / cantando la mi callada / las cabrillas altas iban / y la luna rebajada, / vi de venir siete lobos / por una oscura cañada.* Él me explicaba que las cabrillas altas eran las nubes pequeñas como borreguitos, y que los siete lobos eran...

»Desde El Hueco, iba yo por un camino muy empinado, como son todos los de allí, llevando a *El Comisario* o a *El Montañés*, otro mulo que teníamos, con las barcinas cargadas con cincuenta kilos de paja. En la cuesta abajo, casi se me despeñaba la bestia, y tenía que agarrarlo del ronzal para frenarlo. Luego, en la cuesta arriba, tirar con todas mis fuerzas y que no se resbalara hacia atrás. Lo hacía canturreando coplas de Antonio Molina, que se las había oído yo a mi padre yendo por esos caminos. Hasta en eso le imitaba, sintiéndome ya un hombre...»

Baltasar Garzón se ha adormilado, entreoyendo a su madre el relato de cuando le llevó en la camioneta pública a Jaén, para que le operaran de amígdalas: «El niño tenía seis años. Como aquélla era su primera salida del pueblo, en Jaén fuimos a un fotógrafo de estudio a que lo retratara... De la operación se quedó la criatura con mucha anemia. Tan flojucho y débil estaba que, siendo malísimo como era, hasta parecía bueno... Un día me lo encontré, derrengado, pálido, que se había dejado caer en el escalón de la casa de Carmen la Tambora... Espabilado como el hambre, aprendía lo bueno y lo malo sin que te dieras cuenta. En Torres, hacían la primera comunión a los siete años; pero Baltasar la hizo a los seis. Como en la escuela iba un curso adelantado, se coló en la catequesis con sus amigos, que tenían un año más que él. Se sabía de memoria el catecismo aquel de tapas *colorás*. Y nosotros le compramos el traje de marinero. Bueno, ya todo estaba listo, cuando se enteró el señor cura de que el niño sólo tenía seis años. Se enfadó mucho, le dio un bofetón y le dijo que no la hacía. Yo fui a verle: "¡Pero, don Francisco, si el zagal está preparado y tiene el traje...!" Y él: "No, María, si hacerla, la va a hacer, porque está más que maduro; pero le he dado el bofetón por haberme tenido un año engañado."»

Baltasar se acuerda menos de su primera comunión que de sus pillerías como monaguillo, primero con don Francisco y después con don Maximino. Son sus siete, ocho y nueve años, que transcurren entre las labores de la tierra, los rezos en la iglesia y los juegos pandilleros por las afueras del pueblo:

«Me atraía el misterio y la búsqueda de algo enigmático y secreto en las cosas de la religión: subía al campanario, curioseaba agazapado en el púlpito, me metía en el confesonario para ver cómo se estaba allí dentro, o entraba en un hueco que había debajo del altar por detrás del sagrario. En la sacristía, en algún descuido del cura, otros monagos y yo nos bebíamos el vino o trincábamos las obleas sin consagrar: nos encantaba comerlas.»

Entre juegos de niño, Garzón experimentaba ya un doble sentimiento ante lo religioso: lo percibía como algo inquietante y perturbador, pero al mismo tiempo oscuramente deseado.

Sus amigos de escuela y de fechorías eran Miguel Morales Cabezas, Filaña, el hijo del zapatero, que luego él fue peón caminero; Diego Fernández García, el del albardonero: su padre hacía albardas para caballerías; y Juanito Ortega Moya, Pelache, que después fue catedrático de matemáticas.

«Habían organizado para fin de curso un viaje escolar a Málaga y Granada. Yo tenía derecho, porque era el primero de la clase. Estaba muy ilusionado. Quitando aquella vez que me llevaron a Jaén en la camioneta, nunca había salido de Torres. Un día, mis amiguetes me dijeron que había ya cerezas maduras en un sitio, aunque no era el tiempo. Estábamos en abril. Me gustaba el tacto suave de las cerezas, su sabor dulce, fresco y breve, como de algo que enseguida se acaba. Las comía sin avidez, muy despacio, disfrutándolas una a una, haciéndolas durar... Por ir a coger las cerezas tempranas hice novillos. Al día siguiente, me dijeron en el colegio: "Pasas al último puesto: o espabilas o pierdes el derecho a la excursión." Tuve que tomar carrerilla y recuperar el puesto primero en una semana.

»Venían niñas también, porque el colegio era mixto. En el hostal donde nos alojaron, hacíamos turnos de guardia por la noche para ir a ver a las niñas en su habitación, y que alguno vigilara por si asomaba el cura... Otra novedad: como éramos zagales rústicos, nunca habíamos visto un bidé. Y estuvimos mucho rato pensando si sería un lavabo bajito o si sería un retrete...

»En ese viaje, me encontré ante dos cosas grandiosas. Y las dos me fascinaron, pero no me sobrecogieron. En Granada, la Alhambra. Allí me sentí Boabdil. Me movía bajo los arcos y por los jardines como si fuera mi casa de siempre. Y en Málaga, lo más impresionante: encontrarme con el mar. Yo no tenía noción del mar. Como en mi pueblo no había ni cine ni televisión, nunca lo había visto ni imaginado. Al contemplarlo, pensé que era una alberca muy grande, inmensa. Aunque hacía frío, unos cuantos nos desnudamos y "en pelota picá" nos lanzamos al mar. ¡Qué grititos daban las niñas, escandalizadas! Fui metiéndome hacia dentro, hacia dentro, intentando llegar al otro extremo. Quería dominar aquella masa de agua. Pensaba: "Tiene que haber otro borde, no es posible, no es posible que esto no tenga final..." El maestro y el cura se asustaron, al verme tan lejos, y empezaron a gritarme desde la orilla: "¡Eh, Baltasar, vuélvete!, ¡que no vas a poder salir...!" Casi me ahogo.»

Oye otra vez la voz de su madre. Alguien la ha provocado para que cuente la historia de los campanarios.

«Íbamos la abuela Juana, doña Paz la comadrona y yo a la novena del Carmen, o sea que esto era en el mes de julio, y nos sale al encuentro una vecina: "¡Ay, María, qué mal te lo tienes que haber pasado!" Y yo, "¿Mal? ¿por qué?". "Por lo de tu hijo Baltasar: se pasó por allá arriba, de campana a campana, ¡y no le alcanzaban los brazos! Yo, viéndolo desde aquí abajo y sin poder gritar al crío para no asustarle."»

«Yo quería ser el jefe de los monagos —el recuerdo de Baltasar es más preciso—. Llevaba ya dos años en el "oficio". Hicimos una apuesta de valor: quien superase la prueba, sería el jefe. El campanario de la iglesia tenía dos torres, cada una con su campana: la chica para repicar, y la gorda para el volteo. Quien pasase de una torre a la otra, ése mandaría sobre los monaguillos. Algún rival se rajó sólo de pensarlo. Había que ir de torre a torre por una cornisa muy estrecha, menos de un palmo de ancha, con bastante riesgo de caer por el precipicio. Yo pasé la primera vez cara al vacío, con la espalda pegada al muro; y la segunda al revés, con la cara y el pecho pegados a la pared. Una vecina me vio allá arriba, le dio un soponcio y se desmayó...»

«Ya habían pasado muchos días —sigue María, abajo— cuando me lo contaron. Y Baltasar estaba jugando al fútbol con otros muchachos. La pelota se les había colado por el balcón de la casa. Miré y allí le vi. Con el sofocón que yo llevaba, le grité: "¡Baja, baja, que vamos a ajustar cuentas!, ¡me quitas la vida!"»

«¿Cómo iba a bajar? Me escapé —Baltasar empalma su propia

vivencia—, me largué con Juanito Pelache a las afueras del pueblo, huyendo de la paliza que me iban a dar. Nos escondimos en un gallinero, que era de don Gallinaza. Y allí nos juramentamos en que ya no volveríamos más al pueblo y en adelante haríamos rancho aparte. Con toda seriedad, sellamos un "pacto de hombres juntos". Y nos echamos a dormir. Al amanecer, Pelache tuvo miedo y se fue. Yo le busqué, salí, entré, le llamé... Las gallinas se alborotaron, y ellas mismas avisaron a los vecinos.»

Los juegos de Baltasar eran de pandilla. Juegos imaginativos, recios, montaraces. Sólo recuerda haber tenido un juguete: un aro. Lo enristraba y lo llevaba ligero, ligero, cuesta arriba, cuesta abajo, sin que se le escapara, mientras iba a los recados.

Repasa de memoria los paisajes de sus andanzas de chaval: «El río Gilmoreno. Las cuevas de la Nariz y de las Columnas: había que entrar arrastrándose. Los cerros de El Viejo y La Vieja, el Aznatín, el Peñón del Fraile, las Cimbras... Hacíamos carreras subidos a la valla que corre pareja a la iglesia, muy estrecha, de medio metro. Era peligroso resbalar ahí porque daba a un despeño, un cortado de rocas muy profundo. El riesgo tenía para mí un magnetismo atractivo.»

Vivían él y sus amigos de juego una democracia jerárquica y tribal: formaban bandas, de gran cohesión interna y enfrentadas a los contrincantes de otra banda, o de otro pueblo. El liderazgo había que ganárselo superando una prueba. El jefe debía dirigir el grupo, proponiendo planes de diversión audaces y sugestivos.

«Había en Torres —evoca Garzón— unos postes muy altos de cemento para el tendido eléctrico, que no remataban en punta, sino por un cuadrilátero. Un día, hice una apuesta con Manolo el Pataleto, el hijo del carnicero. Si él era capaz de subir arriba del poste y hacer el pino, yo le daba veinte duros. Si lo hacía yo, él me daba diez duros y un cortaúñas que tenía.

»A la hora de la siesta, mi *tito* Gabriel venía de Caniles, de regar olivos. Cuando subía la cuesta, vio a un grupo de chavales jugando alrededor del poste de alta tensión y, arriba del todo, uno, que era yo, haciendo el pino: la cabeza abajo y los pies arriba, con las palmas de las manos apoyadas en el cuadrilátero del remate, muy tensos los brazos y manteniendo el cuerpo vertical. Al estar boca abajo y mirando hacia el suelo, le vi venir por el camino. Los otros me avisan: "¡Oye, que viene tu tío!" El *tito*: "Eh, muchachos, ¿qué hacéis?" Y yo: "¡A quien me delate, lo mato!" "Por la boca muere el pez —dijo mi *tito* Gabriel—. ¡Anda, hijo, baja... despacio, no vayas a lastimarte!" Me hablaba con suavidad, para no ponerme nervioso. Cuando bajé, me llevó con él, y el Pataleto se escabulló sin pagarme. Yo fui luego, le encontré, y le pegué una paliza que lo puse como a un cristo.

»A los pocos días, paso con mi madre por la puerta de la carnicería. Y el carnicero nos aborda:

»—María, ¿sabes que tu hijo Baltasar le pegó el otro día una paliza a mi Manolo? —Y se me encara—. ¡A ver, explícate!

»—Sí, señor, le zumbé. Fijamos una apuesta. Yo cumplí: hice el pino subido al poste de la luz. Pero él no me dio ni los diez duros ni el cortaúñas que nos habíamos apostado.

»El hombre se quedó mirándome muy serio, muy serio...

»—Chico, tú serás un hombre, porque cumples. Hicisteis la apuesta, y tenían que haberte pagado. Cuando vea a mi hijo le diré que los hombres empiezan a serlo desde críos. Así que no le has pegado: le has "pagado" lo que se merecía. ¡Choca la mano!

»Y me dio las cincuenta pesetas... Para mí la injusticia es no cumplir lo pactado, no respetar el acuerdo previo, que es la base de la vida en sociedad... Desde que yo era muy pequeño, mi padre me inculcaba el valor de la palabra dada, que tenía que ser inamovible. Me decía: "Lo prometido va a misa." Tenía sacralizada la verdad: "¿Mentir?, ¡por nada del mundo, hijo! Si tú en un arrebato matas a alguien, vienes a casa y me lo dices. Yo llamo a un abogado para que te defienda. Pero nunca me mientas." Muchas veces me aconsejó: "Apoya a los más débiles, porque los fuertes ya pueden defenderse", y "jamás te pelees con uno más flojo o más chico que tú; estáte cerca de los desvalidos y de los pobres, lucha por ellos"... Y no eran monsergas. Lo he visto yo en casa de mis abuelos y de mis padres, que acudían los pobres más pobres, y les daban lo que se podía: pan, patatas, pimientos, tomates... Ayudaban al que no tenía. Ésa ha sido mi escuela. Lo mismo que en el trabajo. Cuando me dicen "qué trabajador eres", yo contesto: "No nací así: tuve el ejemplo de mi padre, que trabajaba hasta extenuarse."»

Repesca en su memoria una sarta de dichos de su padre:

«Los soltaba como sentencias, pero todos tenían su aplicación práctica... Le estoy oyendo decirlos, siempre con actualidad, como si fuera la primera vez: *Si no vas a arar, irás por leña*, para indicarme que, con lluvia o con sol, tenía que madrugar porque al campo había que ir en todo caso. *Mientras descansas, machaca las granzas*: que aprovechase hasta el descanso sin estar ocioso. Yo a él nunca lo vi mano sobre mano. Cuántas tardes, después de aventar y de trillar el grano, se sentaba en el corral a machacar las granzas, la parva y las pajas largas, o el grano que había quedado sin descascarillar.

»Su secreto para estar de buen humor todo el día era muy naturalista: *hay que ver amanecer*. Si decías una cosa baladí como si fuera importante, rezongaba: *con ese melón no se llena un serón*. Y, al revés, si no le dabas valor a lo menudo, sacaba a relucir un dicho añejo de su padre: *a uva, a uva, se comió un golondrino cien cuerdas de viña; y el viñador decía: ¡déjalo, total, que un pobre golondrino se coma una uva de vez en cuando...!*»

Ahora es Pepi, la hermana mayor de Baltasar, reviviendo sus enfados: «Baltasar y los brutos de su panda se acantonaban arriba de las Cimbras, unos cortados de piedra que estaban sobre el parque donde paseaba la gente. Allí hacían silos de cebolletas para lanzarlas cuando pasábamos las niñas del colegio. Un día, muy harta ya, la maestra le denunció en el cuartelillo de la Guardia Civil.» Baltasar la oye desde la cama y se ríe: «Eran cebolletas silvestres, que las cogíamos de la pila Pellenda, y a una orden mía, ¡zas!, ¡bombardeo arrasante!»

El tío Víctor Garzón trabajaba en Campsa, como perito industrial. Desde allí, fue tirando poco a poco de sus hermanos. Un día, se lo propuso a Ildefonso: «Campsa te proporciona un sueldo, un empleo seguro en nómina y que tus hijos puedan estudiar.» A Ildefonso le costaba salir de Torres, dejar aquellas calles empinadas, el lugarejo que se conocía como la palma de su mano, los probos vecinos, el paisaje abrupto, los cantiles y barrancos de Sierra Mágina..., ¡la tierra! Pero María quería, por los hijos.

En 1964, Ildefonso Garzón se va a la Campsa de Jerez. Es un trabajo duro: limpiar los camiones-cisterna, llenarlos de gasolina... todo el día oliendo a petróleo y bencina. Baltasar aún no tiene nueve años, y ya se queda de hombre de la casa. Para que le dé tiempo a llegar pronto a la escuela, sale al amanecer, recorre seis o siete kilómetros por las eras, en mulo o andando, hasta la alberca: «Tenía que abrirla, dándole dos o tres vueltas al papirojo de la llave, y dejar salir el agua: la necesaria, ni de más ni de menos, para regar las hortalizas.»

Así, hasta que a su padre le trasladan de Jerez a un surtidor de gasolinera en Cantarranas, junto a Linares. Y a Linares se va María Real con tres de sus hijos. Baltasar se queda con los abuelos en Torres hasta terminar el curso.

«Juanito, Pelache, se marchó al seminario. Quizá porque se había ido mi familia, al marcharse también mi amigo Pelache, yo me sentía muy solo, muy solo...» Al llegar a este tramo de su evocación, Baltasar advierte que, curiosamente, ha tenido que explicar muchas veces por qué se fue *del* seminario; y muy pocas veces por qué se fue *al* seminario. Incluso a él mismo se le han difuminado los motivos. Ahora intenta rastrearlos, buscándose en aquel mozalbete de diez años. «¿Por qué decido irme al seminario? ¿Por salir del pueblo? No, porque de todos modos iba a irme a Linares. Yo estaba muy metido en la parroquia, de monaguillo, y aquel ambiente me agradaba. Me atraía ser misionero en África o en América: la entrega a los demás, la defensa del más desvalido, los enfermos, los pobres. No quería ser *cura de misa y olla*... El seminario era, por demás, una forma gratuita de estudiar. El cura del pueblo se lo arreglaba al más listo, o al que siendo más pobre valiera para los estudios. Yo tuve beca desde segundo de bachillerato hasta segundo de derecho. No por pobre, sino porque sacaba matrículas de honor. En todo caso, cuando dije de ser sacerdote, no me hicieron un test de virtudes. Se contaba con que el seminario era en sí una palestra para la forja del carácter, para adquirir virtudes, para ir teniendo vida de piedad. Mi madre estaba feliz: me veía ya de obispo. Quien sí pegó un respingo fue mi padre: "¿Éste?, ¡con lo rebelde que es, no aguanta dos días!"

»Aquel verano de 1965, don Miguel Luque, el nuevo párroco de Linares, me puso bajo la tutoría de un seminarista del pueblo, Pedro Martínez, que me orientaba para encajarme en el seminario de Baeza. Yo aún no había cumplido los diez años.

»Mi familia se instaló en Linares. Allí volvía yo en vacaciones. Tengo un enjambre de impresiones de aquellos tiempos de vuelta a casa... Vivíamos en el barrio de Las Américas y nuestros adversarios naturales eran los chavales del barrio Girón.[3] Con ellos nos peleábamos. Los argumentos para entablar una guerra eran siempre "vindicaciones de damas y de honor": por defender a las chicas o por acreditar nuestra

3. Muchas barriadas de protección oficial se llamaban así, por José Antonio Girón de Velasco, ministro de Franco.

virilidad y nuestra valentía. Cuando me volvía al seminario, mis huestes de Linares se quedaban aletargadas en los cuarteles de invierno. En las vacaciones de verano, los llevaba a explorar y a conquistar territorios. No entendía yo que no salieran del barrio, que no se alejasen cinco kilómetros más allá del pueblo, a las ruinas de Cástulo, de donde era la mujer de Aníbal. Yo estaba, por entonces, muy apasionado con lo que iba descubriendo en mis lecturas del seminario: los asirios, los medos, los persas, la historia de Grecia, la de Israel, el imperio romano, los reinos árabes... Con once o doce años, me fascinaba revivir la historia y protagonizarla yo: ser cónsul romano, general cartaginés, guerrero persa. En cambio, para los muchachos de Linares todo se acababa en la gasolinera o detrás, en el lindero del campo. Ésas eran las fronteras de su mundo. Yo me inventaba fortificaciones de castillos, fabricábamos lanzas, flechas, arcos y espadas para hacer las guerras púnicas. Íbamos, a campo traviesa, a conquistar Cástulo, o asaltábamos Linares, rodeándolo por las afueras. Mis padres decían: "Éste nos va a meter en un lío, como le pase algo a algún chaval, porque el que los lleva es él." Pero yo vivía en un mundo fantástico, amplio, fabuloso, sin más límites que los de mi imaginación...

»Otra fuente de fantasía para mis aventuras era el cine. Los sábados de verano, en la plaza de toros de Linares, me veía tres películas por diez reales, dos cincuenta, que decíamos en pesetas. Películas del Oeste, *El Zorro*, *Phantomas*, *Ben-Hur*, *Los Diez Mandamientos*, *Guerra y Paz*, *Espartaco*...

»Al entrar en el seminario, le pedí a mi padre la indumentaria de futbolista del Barça. "¿Cómo del Barça?", decía mi padre, "¡tienes que ser del Madrid!". Le expliqué que ya estaban completos los equipos. Para ser del Real Madrid, tenía que estar como suplente. En cambio, quedaba libre la plaza de portero en el Barça. Y desde entonces, portero y fan del Barça. Se me daba bien. Estando en el seminario, quisieron ficharme de portero para el Elche. Pero el rector dijo: "Baltasar, tú vas a seguir estudiando: ¡no hay contrato que valga!"»

«Cuando volvía los veranos a casa —sigue hablando Pepi—, se olvidaba de que era seminarista. Le gustaban mucho las chicas. Ya en Torres iba siempre detrás de ellas. Un día, estaban las niñas bañándose en la alberca, cerca del matadero. Llegó él con su pandilla y, en un descuido, les quitaron los vestidos. Las pobres tuvieron que atravesar todo el pueblo en braguillas o en bañador.»

«También las perseguíamos por los trigales —se acuerda Garzón de las trenzas de una, de los ojos verdes de otra, y de alguna a la que besó más de una vez—. Con doce años, bailaba, cuatro besos... pecaba. Es verdad, en verano perdía la noción del seminario. Tuve tres novietas en esos años. Una me escribió a Jaén. El cura me pilló la carta, y ¡buenooooo, la que me armó!»

«Su padre y yo estábamos preocupados. Yo me olía que en cualquier momento lo dejaba —la madre de Baltasar ha cambiado de asiento: su voz llega ahora al dormitorio del cuarto piso con más claridad—. El rector del seminario, don Victoriano Renedo, le dijo a Ildefonso: "Mire, Garzón, cuando Baltasar vaya a ser sacerdote, que aún faltan muchos años, entre lo que ustedes hagan y lo que hagamos nosotros, habremos tallado un buen hombre, para dentro o para fuera. Llegado el momento de ordenarse, él podrá elegir con libertad. Y, sobre todo, sabrá elegir con honradez." Decían que Baltasar era el ojo derecho de don Victoriano, porque se lo llevaba con él cuando salía del seminario a cualquier gestión. Él mismo nos explicó: "Lo que ocurre es que su hijo tiene cuajo de líder; y me lo llevo conmigo porque si le dejo aquí, en el seminario, me puede organizar un desaguisado con todos los demás." Ildefonso le contestó: "Eso mismo hacía yo: me lo llevaba conmigo al campo, porque temía dejarlo a su albedrío en el pueblo."»

«Todo se desencadena en el verano de 1968. Yo tengo trece años y vuelvo a casa con un "cate" en matemáticas. Al día siguiente, mis padres conversan a media voz en su dormitorio. Hablan de mí. Me quedo rezagado, escuchando con curiosidad. Mi padre dice: "María, habrá que apuntar al muchacho a una academia, y que hinque los codos." Y mi madre le contesta: "Tampoco hay que agobiarle; don Victoriano nos ha dicho que las matemáticas las tiene aprobadas, que él quiere que estudie, pero no va a examinarse en septiembre." No querían que yo lo supiera, para que estudiara. Pensé: "¡Menudo verano me voy a pasar!"

»Allí, en Linares, voy a la academia de don Juan Pasas, que era mixta. Ese verano me relaciono por primera vez con gente distinta de la del seminario. Los profesores fuman en clase, comentan lo que está sucediendo en París, *el mayo francés*. Leo otras cosas, veo los pasquines, revistas con noticias de las revueltas estudiantiles. Se habla de los hippies, de Sartre, de Leonard Cohen, del pacifismo, del LSD. Aprendo canciones de protesta. Oigo críticas contra los curas, contra la religión, contra la Iglesia... Un mundo nuevo y contestatario se me abre. Yo, asombrado como un patán: "Esto no lo conozco... A ver si, recluido allí en Baeza, estoy en la inopia de lo que pasa en el mundo." Aunque todo es muy elemental y sin argumentos filosóficos de fondo, yo lleno de eso mis pulmones. Ahí empieza mi ebullición ideológica. Me asalta la intrepidez de cuestionar principios hasta entonces intocables para mí. Y ya, como en un tobogán hacia abajo, la crisis de fe y la crisis de vocación. Todo se me hacía costoso. No encontraba respuestas. Se me habían oscurecido las realidades espirituales. Yo meditaba la Biblia, que me enganchaba, me entusiasmaba, leía vidas de santos, elaboraba homilías... pero no hacía oración. No me gustaba rezar. Y me preguntaba: ¿por qué ir a misa todos los días?, ¿por qué meditar?, ¿por qué sacrificarme?, ¿por qué ser sacerdote, si puedo vivir la solidaridad como médico o psicólogo en el Tercer Mundo?

»Pero una razón fuerte y poderosa es que yo no iba a vivir bien el celibato. Me atraían mucho las mujeres. No me sentía capaz de ser casto. Y no quería ser un mal sacerdote. Siempre acababa en lo mismo. Se lo planteé a don Victoriano:

»—No voy a seguir, esto no es lo mío. Yo aquí me quemo, estoy perdiendo el tiempo, quiero marcharme.

»—¿Dónde vas a estar mejor que aquí, para seguir tus estudios de bachillerato? —me dijo él—. Tienes sólo catorce años, aquí están tus compañeros y tus profesores que te conocen y te quieren. Continúa quinto y sexto. Y mientras cursas el bachillerato, te lo vas pensando. Tú estás conociendo ahora el mundo y tienes una crisis de identidad, una crisis de crecimiento, una crisis de vocación. Nadie quiere retenerte contra tu voluntad, pero aquí tienes el ambiente ideal para recibir una buena formación humana y cultural. Si te vas, me da miedo que cuelgues... hasta los libros.

»—¡Es que estoy a ciegas!

»—Sigue, Baltasar, ya te vendrá la luz, ya te vendrá la fe. Y, si Dios te quiere sacerdote, te dará la fuerza de la vocación. Sigue estudiando aquí. Y luego, con toda libertad, lo decides. No temas: sacerdote a la fuerza no vas a ser.

»En el seminario no dejaban fumar, ni bajar a un pinar que había. Don Victoriano sabía que yo fumaba y bajaba al pinar, pero no conseguían pillarme. Un día, paseando, hablé de esto con él:

»—Don Victoriano, hemos fumado varios, y van a expulsar sólo a dos. Encima, tengo yo la culpa, que les di los cigarrillos...

»—Aquí, las decisiones las tomo yo. He expulsado a dos y he

cubierto la cuota. Además, ¿tú qué sabrás de por qué se les expulsa? Son dos expulsiones muy meditadas. Y ahora, te callas.

»No quería echarme. Yo era un rebelde, y él se propuso domarme, hacer de mí un trabajador duro, un asceta, un tío recio; él quería formarme como hombre completo; orientar toda mi fuerza, mi caudal y mi personalidad a un buen fin...

»Pasado el tiempo, fuera yo del seminario, casado y juez en ejercicio, don Victoriano me escribió varias veces. Conservo sus cartas, sus tarjetones... En una carta, me recuerda cuando yo le zurraba a él y le pegaba algún revolcón tirándolo al suelo. Y es verdad, porque me provocaba, y yo arremetía y le tiraba al suelo. Una vez, boxeando, casi le parto una costilla. El hombre me tenía mucho cariño. Me quería bien, bien, bien... Cuando me localizó en la Audiencia Nacional, en 1992, vino a verme a mi despacho.

»La última vez que nos vimos fue hace bien poco: se presentó por sorpresa en el Ministerio del Interior. Yo ya estaba dimitido *in pectore*, aunque sólo mi conciencia lo sabía: aún no había materializado la dimisión. Me avisan: "Aquí hay un sacerdote que quiere verle, se llama Victoriano Renedo..." Y digo: "¡Que pase inmediatamente!" Tuvimos una conversación larga y profunda, en tono confidencial. Le conté por qué había dado el paso a la política y por qué me iba a ir... Describiéndole mi decepción moral y la imposibilidad de tirar del manto de corrupción que cubría lo que había allí dentro, vi que se le enrojecían los ojos. Al despedirse, dijo: "Te conozco y sé que, si tomas esa decisión, es porque has agotado ya todas las salidas... ¡Mucho ánimo! Rezaré por ti. Lo hago siempre." Me dio un abrazo fuerte. Y me miró, no sé, como si dijera: ¡éste es mi chico, me lo he criado yo desde que tenía diez años!

»Desde los catorce años tenía yo muy claro que no iba a seguir. Sin embargo, en ese mismo curso, don Victoriano se va del seminario para ser secretario del obispo de Jaén, don Félix Romero Mengívar. Al marchar, me pide: "Baltasar, prométeme que quinto y sexto los haces aquí." Le di mi palabra. Él me tendió su mano grande. Yo le eché la mía. Y, por ser fiel a la palabra dada, continué allí dos años más.[4]

»Yo era un seminarista iconoclasta que sacaba los pies del ties-

4. Baltasar Garzón cursa 1.º, 2.º y 3.º en el palacio de Jabalquinto, sede del Seminario Menor San Felipe Neri, en Baeza. Los cursos 4.º, 5.º y 6.º, en el Seminario Menor Diocesano Virgen del Carmen, de Jaén. El COU, de nuevo en Baeza, en el mismo palacio de Jabalquinto, que ya no es seminario sino Colegio Menor San Felipe Neri.

to y transgredía las normas —Garzón está razonando consigo mismo—. Me costaba la disciplina impuesta. Lo que no entendía, lo cuestionaba. Tenía quizá una visión demasiado humana y social del sacerdocio, más en la onda de la "teología de la liberación", que empezaba a morder por entonces. Honradamente, no me veía capaz de cumplir con lo que la norma eclesiástica exigía de un sacerdote. Me sentía en contradicción conmigo mismo. Yo pensaba: "Vamos a ver, si estoy en el seminario, ¿qué carajo hago los veranos echándome al monte con las chicas?, ¿no soy capaz de prescindir de las mujeres?" Hasta que dije: "Se acabó, me voy." Pero no es Yayo la causa de mi abandono del seminario. Yo entonces ni conozco la existencia de Yayo. No ha aparecido todavía en mi vida. Así que el Altísimo, lo sé, no puede reprocharle haber separado una vocación de su órbita...»

Siempre que llega al punto de explicar por qué su hijo dejó el seminario, María Real busca una causa esquinera: «Estaban muy revueltas las aguas en la Iglesia con el posconcilio —dice enfática; hace una pausa intencionada, y después agrega sigilosa, bajando mucho la voz—: los seminarios se cerraban y los conventos también... Al irse don Victoriano, llegó don Justo. Que Dios me perdone, pero quizá aquel hombre no fue muy ejemplar para Baltasar. No sé, tiempo después colgó la sotana...»

«¡Que no, mamá, que no! —protesta a solas Garzón—. ¡Que no hay culpables! El seminario me marcó, pero me marcó bien. Me enseñaron a trabajar con seriedad y con honradez, a responder de mis actos, a pensar en los demás... Yo quería ser sacerdote. Lo quería seriamente. Era lo más grande que se podía ser en este mundo. Y tenía aptitudes humanas; pero no hacía oración, no me mortificaba, no superé el celibato. ¡Y no hay más cáscaras!»

El COU, interno en el Colegio Menor San Felipe Neri de Baeza, fue un curso difícil. Garzón estaba moralmente descolgado del seminario, aunque convivía con otros colegiales que sí eran seminaristas. Allí se topó con un director, don Juan Párraga, que tenía fama de «cura simpático y amigo de los muchachos», pero se negó a reírle las gracias y a pasarle por alto las gamberradas.

«Desde el primer día —admite Baltasar—, don Juan Párraga vio que yo estaba más fuera que dentro, que tenía una buena empanada mental y que me llevaba de calle a los otros internos. "Estás jugando con tu vocación y con tu fe —me advertía—. Tú verás...

pero mide también tu capacidad de influir en los demás: no transmitas tus dudas a otros, no contagies tu tibieza a otros, no desvíes a otros." Dos veces nos expulsó, a mí y a mi grupillo.»

Cierto. En aquel Garzón diecisieteañero, guapete, rebelde, delgado y elástico como un junco, había un caos rompiente de mundos contradictorios: leía a Marx y se embelesaba con Moisés. Burlaba un registro en la aduana francesa, para que no le requisaran un disco «prohibido» de canciones milicianas de la guerra civil; y con el mismo entusiasmo se colaba en la sala de audiencias vaticanas, mezclado con muchachos holandeses, cantando enardecido *oh, when the saints go marching in...* «porque tocar la silla gestatoria de Pablo VI era para mí el *summum summorum*». Era al mismo tiempo el chaval gamberro que le escondía el coche a un profesor «por chincharle un rato», y el mozo que ya miraba a una mujer con amor verdadero.

Frente al palacio de Jabalquinto, internado de los chicos, estaba el colegio de las monjas filipenses, con alumnas internas. A la madre Ernestina se le ocurrió organizar un festival para el fin de curso de 1972, con numeritos de zarzuelas en el que participasen chicas y chicos. Invitaron a unos cuantos alumnos de COU del Jabalquinto, y entre ellos fue Garzón, que cantaba en el coro. Los ensayos comenzaron en abril.

«Yo conocía chicas de las filipenses —recuerda Baltasar—. Después supe que en la escena de *A la sombra de una sombrilla* mi compañera se llamaba Yayo. Cuando la vi, me alegré de que fuese mi pareja. Ya me había fijado en ella, cuando venía con las de su colegio a oír misa en nuestra capilla los domingos. Solía llevar un traje azul claro y unas botas muy altas. Tenía el pelo largo, sedoso, castaño oscuro. Los ojos negros, con una mirada cálida y sensitiva. Los dientes muy igualitos y blancos, y una sonrisa simpática, atractiva. Era muy femenina... Bueno, todo esto de lejos y en la capilla, sin saber ni cómo sería su voz.

»Otros compañeros de curso me dijeron que Yayo y sus amigas salían con chicos, iban a tomar unas copas y a bailar. Pensé que sería una mujer moderna, liberal... Imaginé que estaría solicitadísima y que nunca me haría caso. Yo, todo lo que tenía de brutote para las gamberradas entre chicos, lo tenía de tímido e inseguro para alternar con chicas mayores...»

Yayo también se había fijado en Baltasar, y le dijo a José Pablo

Martínez, uno de su pandilla: «Invítale al guateque del domingo.» El guateque era tomarse unos chatos con cacahuetes y bailar al aire libre, en la azotea del bar La Cooperativa, a las afueras de Baeza, con música de discos seleccionados en una tragaperras. Por cinco pesetas, *Le llamaban Charlie*, del grupo Santa Bárbara, o *El gato que está triste y azul*, de Roberto Carlos, o *Suavemente me matas con tu canción*, de Roberta Flack, o *Noches de blanco satén*, de The Moodie Blues...

Aquel domingo, aunque le han invitado, Baltasar no acude. Le daba corte. Pero Baeza es pequeño, y los amigos de Yayo saben que él va mucho al cine Montemar. Allí le buscan. Y está. Dentro ya, con su entrada sacada, asomado a unas ventanas altas que dan a la calle, fumándose un cigarrillo. «Baltasar, ¿no vas a venirte con nosotros?» Por un instante, se queda perplejo. Pero resuelve la duda rápido: se va al guateque.

A Yayo le bastan dos miradas y una respiración para advertir que Baltasar es tímido, que se siente intruso en el grupo, y que hay otras dos chicas a las que él les gusta. Así pues, toma ella la iniciativa de sacarle a bailar la primera vez...

«Se nos iba el santo al cielo bailando aquellas melodías lentas, y llegábamos tarde a cenar al colegio —evoca Garzón, agarrado a la almohada—. Acabaron los ensayos de la zarzuela, y nosotros ya salíamos, aunque en grupo. Me atraía físicamente, y también me gustaba su madurez. Ella es un poquito mayor que yo, quince meses; y eso siendo jóvenes se nota más. Yo la veía como una mujer, no como una cría: resuelta, determinada, con personalidad, con temple. Sabía lo que quería, no era voluble, no cambiaba de un día para otro... Había tenido un noviete en su pueblo, en Sorihuela de Guadalimar. Yo, sólo de pensarlo, me ponía celoso y de malhumor. Luego supe que jamás la habían besado. ¡No sabía besar...!

»Fernando, de mi pandilla, revoloteaba alrededor de ella. Me comentaba: "¡Qué guapa es Yayo!, ¿tú crees que yo le gusto?, ¿qué me aconsejas que haga?" Y yo: "No sé, eso es muy personal... haz lo que puedas." ¿Cómo iba a decirle "creo que le gusto yo"?

»Con mayo llegaron los exámenes, el festival y el día de fin de curso. Varios de mi clase, Aurelio Núñez Pretel, Pepe Gámez, Manolo Jiménez de la Cruz, este Fernando y algunos más, dijimos: "¡Vamos a ir esta noche a darles una serenata a las filipenses!" Después de cenar, saltamos las tapias del colegio, salimos y empezamos a rondarles cantando a todo pulmón... Una tras otra, empiezan a encenderse la luces en el colegio. Las chicas se asoman por los ventanucos de las buhardillas, que es donde están los dormitorios. Les decimos: "¡Bajad, bajad!" Bajan a la sala de estudios, a ras de suelo. Y allí estamos charlando y cantándoles bajito para que no nos oigan los curas. En éstas, don Juan Párraga que viene: se acaba de levantar de la cama, porque va sin gafas, y nosotros "¡¡joéééééé, nos ha pillado el cura!".

»—¿Quién os ha dado permiso para salir?

»—Bueno, como es el último día...

»—¿El último día...? Va a ser el último día, pero de verdad, porque no vais a poner más los pies en el colegio. ¡Me tenéis harto, hartísimo todo el curso! No habéis parado de hacer el cafre y el gamberro, llegando siempre tarde, sin colaborar en las cosas del colegio, saltándoos las normas a la torera... Y esto, escaparos de noche en un internado, es ya la gota final. Como sois tan mayores y tan independientes y os gusta tanto callejear de noche, ¡hala!, ¡tenéis la noche entera para vosotros!

»Les dijimos a las chicas: "Que nos han echado y no podemos entrar a dormir en nuestro colegio. No llevamos dinero encima, ¿nos podéis dar algo, para irnos a una pensión?" No recuerdo si fuimos a la pensión; pero sí que estuvimos toda la noche por la muralla ensayando una canción de Al Bano, *La aurora al subir va cantando*. Le cambiamos la letra y compusimos unos ripios para cantárselos a las chicas al amanecer —silba tenuemente la melodía—. Acaba el curso, y nos vamos cada uno a su casa. Ella a Sorihuela y yo a Linares. Pero quedamos en volver a Baeza para recoger el Libro de Escolaridad y despedirnos. Ahí había nacido algo, había surgido algo. Lo que no sé es por qué volvíamos todos el mismo día... Bueno, sí, el dueño de La Cooperativa nos invitaba a la comunión de su hija el 12 de junio; y Yayo le pidió a su padre que la dejase pasar su cumpleaños, que era el 13, con las amigas en Baeza. En esa fiesta de comunión bailamos hasta las once de la noche, cuando cerraron La Cooperativa. No teníamos dinero para alojarnos en un hotel, ni siquiera en una fonda. Tomamos una habitación para todos en el hotel Montemar y allí dejamos los bártulos, las mochilas y las bolsas de viaje. Luego, un grupito de seis, tres parejas, cogimos un taxi y nos fuimos a Úbeda. Íbamos Adela y Manolo Jiménez de la Cruz, Loli y Aurelio Núñez Pretel, Yayo y yo. Estuvimos en un *pub*.

Recuerdo que hablamos mucho, sin bailar ¡Teníamos tantas cosas que decirnos, tantas cosas que contarnos! Y luego, bailamos... sin hablar.

»A eso de las tres de la madrugada, nos dijeron que iban a cerrar. Y nosotros, ¿qué hacemos, qué no hacemos? Nos fuimos los seis a pasear por un parque muy bonito, muy romántico. Vimos amanecer. Y allí fue el primer beso. Me supo a cereza... quizá porque pensaba que aquello iba a ser breve, como las cerezas. Yo estaba destrozado de pensar que a las pocas horas teníamos que decirnos adiós...»

Alguien sube por la escalera. Es Yayo. Baltasar conoce su forma de pisar, incluso cuando, como ahora, domina el paso y sube de puntillas, despacio... *para no despertarme, a mí, que no dormía...* «¿De quién es eso?», se pregunta, y trata de ensartar un poema que se sabe desde hace mil años, y de pronto le asalta deshilachado:

Yo no dormía. Ella creyó que yo dormía.
Y la dejé hacer todo: ir quitándome
poco a poco la luz sobre los ojos,
dominarse los pasos, el respirar, cambiada
en querencia de sombra que no estorbara nunca...

Aquí falta algo más...

... y marcharse despacio, despacio, con el alma,
para dejar detrás de la puerta, al salir,
un ser que descansara...
para no despertarme, a mí, que no dormía.

Terminaba diciendo no sé qué de...

Su gran obra de amor era dejarme solo.

No recuerdo si es de Cernuda o de Salinas...[5]

Yayo ha entrado despacito, abriendo mucho los ojos para hacerse a la penumbra del dormitorio. Se acerca a la cama y le pregunta en voz baja:

5. Pedro Salinas, Imposible llamarla, de *La felicidad inminente*. Unidad Editorial, S. A., Madrid, 1998.

—¿Se te ha pasado un poco el dolor de cabeza?

—¿A que no te acuerdas de cómo se llamaba el *pub* de Úbeda?

—¿Qué *pub* de Úbeda? ¿Estabas soñando...?

—No. Estaba recordando... Aquél, donde fuimos la noche de la despedida de curso...

—Ah, sí... Tenía espejos..., pero no me acuerdo cómo se llamaba...

—Pues parece mentira... yo sí me acuerdo.

—Y yo guardo la cajita de cerillas, ahí vendrá el nombre.

—¡Zeta Zeta!

—¡Es verdad, Zeta Zeta!

—En esa caja de cerillas te escribí yo algo, ¿no?

—No. Tú me enviaste una nota en una servilleta de papel: *Te has venido a Úbeda conmigo, ¿eso significa que te gusto?* Yo te contesté en la solapa del estuche de cerillas: *Me gustas mucho.*

—Tú lo sentías menos...

—Al principio, yo estaba ilusionada, pero no tan a fondo como tú. Quizá las mujeres, por precavidas, vemos más las dificultades. Nos separábamos. Yo me marchaba a Jaén. A tu padre lo habían destinado de Linares a Sevilla, a la gasolinera de Cabezas de San Juan. Tú ibas a estudiar derecho en Sevilla; yo, biológicas en Granada. Aquello nuestro no tenía raíces, empezaba a nacer y ya había que cortarlo... Yo no veía claro un después. Era el último día para los dos. Y sin embargo, era el día que nos dábamos cuenta de que estábamos enamorados.

—Te propuse que nos viéramos en Granada en las fiestas del Corpus. Pero yo era un insolvente: con una mano delante y otra detrás... Para poder ir, le hice unos trabajos a mi madre: le pinté las paredes y las puertas de la casa de Linares, que teníamos que adecentar para venderla. Y a mi padre le saqué el permiso con fórceps, por teléfono. Me decía que no, que arrimase el hombro en la mudanza, porque nos trasladábamos justo esos días. Entonces, me puse muy serio: «Papá, yo me encargo de embalar todos los bultos, pero déjame ir a Granada. No es un capricho. Te lo juro. Es una cuestión... de vida o muerte.»

—Nos citamos frente al cine Reyes Católicos, en una cafetería muy chiquitita. Tú llevabas un jersey burdeos de pico... Juntamos el poco dinero que teníamos y nos fuimos a una discoteca sin bullicio. Queríamos intimidad.

—Luego, paseamos por detrás de la feria. Yo quería que adquiriésemos un compromiso, para que aquello no se diluyera...

—Sí, pero no me lo decías.

—¿Cómo que no, Yayo? ¿No me declaré yo a la orilla del Darro... y a la luz de la luna?

—Tuve que darte yo un empujoncito... Tú dijiste: «Vamos a pararnos, que te quiero hablar de una cosa muy especial.» Y nos sentamos sobre unas piedras. Pero no arrancabas. Dabas rodeos: «Es algo que me afecta a mí, que te puede afectar a ti...» No hacías más que restregarte la palma de una mano contra la otra. Te tiré de la lengua: «¿Es que quieres que seamos novios?» Y, en vez de decirme: «Pues sí, eso quiero», me repreguntaste: «Si yo te lo propusiera, ¿tú que dirías?»

—Es que... me estaba jugando la felicidad. Y retrasaba la pregunta porque me daba pánico que me dijeras que no. Por eso, cuando luego tú me decías que sí, pero que iba a ser muy difícil por la distancia y porque tendrían que pasar muchos años, a mí eso me importaba un bledo. Sabiendo que tú me querías, lo veía todo fácil. Te preguntaba una y otra vez: «Pero, Yayo, ¿tú me quieres?» Porque, para mí, con eso estaba ya todo.

—Bueno, Baltasar, que yo venía a ver cómo seguías, porque Araceli está todavía ahí, y pregunta si vais a preparar o no lo de la rueda de prensa de mañana... ¿Te traigo algo para tomar?

—Si Araceli puede quedarse, estupendo. Yo me tomaría otro par de tonopanes con un café fuerte, a ver si en media hora...

—¿Por qué no te los tomas con un poco de leche, y haces por dormirte este ratito? ¡Venga! En vez de pensar, intenta quedarte en blanco...

—No, si no es pensar: es recordar, volver a mis raíces, recomponer la historia... Necesito reencontrarme. Di a Araceli que, si quiere, puede ir viendo las notas que tengo en el Samsonite verde, en una carpetilla blanca...

Yayo sale y cierra suavemente la puerta. Baltasar se desliza otra vez por sus remembranzas:

«Empezamos un noviazgo largo: siete años y por carta. Le escribo un par de veces por semana, tres, cuatro folios. Necesito contarle lo que hago, lo que siento, lo que pienso... Me he enamorado de veras.

»Yo nunca había vivido en Sevilla, y no tenía amigos allí. Encima, el nuevo ministro de Educación, Julio Rodríguez, instauró otro calendario universitario, "calendario juliano" lo llamábamos: el curso, en vez de empezar en octubre del 73, empezaba en enero del 74. Aproveché esos cinco meses sin clases, de julio a enero, para trabajar y ahorrar un poco de dinero. Así me pagaba los libros y los gastos del noviazgo. Ah, mi padre me preguntó:

»—¿Qué era aquello de Granada "a vida o muerte"?

»—Pues... es que me he puesto novio con una chica que ahora vive en Sorihuela, porque su padre es el maestro del pueblo. Ella luego se irá a Granada a estudiar...

»—Pero, hijo, ¿cómo vas a llevar ese noviazgo? Tú lo que tienes que hacer es estudiar. Eres muy jovencito para tener novia. A una novia hay que costearla, llevarla a sitios, viajar para verla, agasajarla... Y en esta casa el dinero va muy justo.

»—No te preocupes, papá, que a ti mi novia no va a costarte dinero. Trabajaré para mantener mi noviazgo y aportar algo en la casa.

»Me empleo de camarero en un *pub*, El Castillo, de la plaza Grande; y los fines de semana trabajo sirviendo bodas, con mi chaquetilla roja y mi lazo de pajarita. Luego, en unos bloques de viviendas que estaban construyendo por la prolongación de Marqués de Nervión, me ofrecí como peón de albañil.

»—Pero ¿qué sabes hacer tú de albañilería? —decía mi padre.

»—Hombre, papá, yo sé hacer todo lo que veo que hacen ellos: raspar chapas, limpiarlas, trasladar petacas, acarrear material, preparar la argamasa, poner ladrillos con cemento...

»Me aceptaron, y trabajaba la jornada y horas extras. Así pude ir varias veces a Sorihuela. Al principio, me alojé en la pensión del bar Bueno. Después, me invitó a su casa un pariente de Yayo. Los Molina son una familia hospitalaria y me acogieron muy bien; pero el padre de Yayo, don Gregorio Molina Cledera, no se dirigía a mí como al novio de su hija, no le daba carta de naturaleza a nuestra relación, y eso me sublevaba...

»Pedí a mis padres que invitasen a Yayo a venir a Sevilla, a casa, para celebrar juntos mi cumpleaños, el 26 de octubre. Le escribimos una carta. Su padre la dejó. Vino y estuvo varios días viviendo en mi casa. A mis padres les gustó, y le dieron enseguida su confianza. Un día, al llegar yo de la calle, venía del andamio de la construcción, le di un beso en la boca, que era como se besaban mis padres al salir o al entrar. Fue un beso profundo, sentido. Ella se ruborizó, porque mi madre estaba por allí. Después me dijo: "Ha sido un beso de albañil... me has dejado arenilla en los labios." Entonces es cuando ella empieza a sentirse novia mía.

»Mi padre tenía diabetes, y se le produjo un trombo en una pierna. En la gasolinera del Cerro del Fantasma, que así se llamaba el lugar donde estaba el surtidor, de noche no pasaba un alma: tres marroquíes, una prostituta que alguien descolgaba allí para que siguiera haciendo su ruta, dos piraos que volvían de una fiesta, y poco más. Me preocupaba que le ocurriera algo a mi padre, porque no habría nadie para socorrerle. Empecé sustituyéndole en los turnos de noche, que eran rotatorios. Después, me quedé permanente en una plaza nocturna. Ganaba 31.000 pesetas, que las aportaba a mi casa, y me guardaba las propinas. Tenía que ir cuarenta y tres kilómetros en el autobús de línea, desde Sevilla hasta Cabezas de San Juan; y, de allí hasta el Cerro del Fantasma, siete kilómetros más, a pie. Para llegar al turno de las diez de la noche, salía de casa a las siete y media. Me llevaba los libros y los bocadillos de la cena a la gasolinera. Trabajaba y estudiaba a la vez, porque eran doce horas, más bien de pernocta. Por la mañana temprano, con alguien que parase a repostar y quisiera llevarme, volvía a Sevilla. Pasaba toda la mañana en la facultad. Comía de caliente con mi familia, dormía cuatro horas, y ¡hale!, al autobús y a la gasolinera... Mi gran ilusión, lo que me hacía contar los días marcha atrás, era que cada dos semanas iba a Granada a ver a mi novia.

»Yayo vivía en un piso con tres o cuatro chicas. Me gustaba presentarme sin avisarla, llamar a la puerta y sorprenderla. Ella decía que yo hacía eso porque era desconfiado y celoso. Un poco *moro* sí que era. Llevaba muy mal que ella saliese con su pandilla de amigas y amigos, no estando yo. En esas cosas quizá soy un tío conservador, chapado a la antigua... Si me proponían juerguecillas, yo decía "soy novio" o "estoy de novio". O sea, no. Mi noviazgo era un compromiso serio, casi un estado civil. No me consideraba "suelto" como un soltero, sino vinculado a ella.

»Para que se me hiciesen más cortos los viajes, cerraba los ojos un rato, calculaba el tiempo que habría transcurrido y, antes de volver a abrirlos, me decía a mí mismo: estamos exactamente a la altura de tal sitio. ¡Y lo clavaba! Al final, después de siete años de novio yendo y viniendo, me conocía palmo a palmo esa carretera con los ojos cerrados. También los códigos viajaban conmigo. Y me acostumbré a leer con el traqueteo. ¡Qué remedio! Si quería conservar la beca, tenía que picar alto: matrículas de honor...»

Baltasar se ha dormido. Empezó a discurrir sobre esa dichosa rueda de prensa. Llevaba rato intentando enhebrar un poema de Evguen Evtuchenko, que aprendió de estudiante en Sevilla. Pero el verso que le venía era ya casi del final: *y para transmitirles todo esto a ustedes...* El poema comenzaba diciendo:

Quiero ser un poco anticuado,
para que no se avergüencen de mí mis muertos,
que conocían el antiguo y buen sentido de la vida...

Al llegar ahí, se le desmemoriaba Evtuchenko, y volvía a inundársele la mente con imágenes de su padre, del abuelo Luis, del abuelo Baltasar, del *tito* Gabriel... como una poderosa nana.

Yayo entreabre la puerta y se asoma.

—Ven... Lo he pensado bien: ni rueda de prensa fustigadora, ni frases de pegada. Quiero decir la verdad escueta, lastimando lo menos posible. No deseo salir dando un portazo. Al revés: con ese señorío rancio que gastamos los hombres de pueblo...

A la mañana siguiente, 9 de mayo de 1994, en el Congreso de los Diputados, y ante una legión de periodistas ansiosos de morbo, Garzón desdobla con parsimonia los folios de su comunicado. Otra vez, la oleada del poema de Evguen Evtuchenko, como un prontuario de «buenas maneras»:

Quiero ser escrupuloso, un poco raro
y cortés, a la manera antigua.
Quiero, frente a la ruindad, conservar un espíritu fino.
Quiero... no fiarme del brillo de las frases falsas,
y vivir escuchando la voz de la conciencia,
la antigua y buena voz que no traiciona nunca.[6]

6. Evguen Evtuchenko, *Entre la ciudad sí y la ciudad no*. Alianza Editorial. 1971.

Carraspea, mira en derredor:

Y para transmitirles todo esto a ustedes...

«El objeto de esta rueda de prensa es explicar las causas de mi dimisión. Cuando hace un año decidí unirme como independiente en la lista electoral del PSOE —lee con voz deliberadamente apática—, muchos dijeron que se me utilizaba para dar una imagen de lucha contra la corrupción política. Ahora he de darles la razón...»[7]

En cuatro hojas escasas, diseca y liofiliza todo un año. Para el buen entendedor, Garzón se va porque, de quedarse un cuarto de hora más, empezaría a ser un cuarto de hora cómplice.

—¿Teme usted alguna represalia? —pregunta a quemarropa un periodista.

—¿Temer? No tengo nada que temer. Sin embargo... hay un potentísimo aparato en el gobierno, el Ministerio de Justicia sumado al Ministerio del Interior. Desde ahí, se hará lo imposible para alzarme obstáculos y que yo tropiece. Pero, igual que me he enfrentado a toda la fuerza del aparato de un partido por luchar contra la corrupción, afrontaré las embestidas que vengan. ¡Qué le voy a hacer, si para mí no hay otro camino que el filo de la navaja! Asumo que eso suceda. No me pillará por sorpresa. Estoy preparado. A partir de hoy, empieza... la caza del hombre.

7. El comunicado se publicó en su día —10.5.1994—, y está en las hemerotecas.

III

REGRESO A HOWARD'S END

Ministro García Vargas: —¡Éstas, éstas, éstas son las consecuencias de los que os habéis empeñado en alterar el país!

Juez Garzón: —Creo que se equivoca usted de objetivo.

No teniendo rentas, ni ahorros, ni fondos reservados en el calcetín, Baltasar Garzón necesita ganarse la soldada, y enseguida se reincorpora al juzgado central n.º 5 de la Audiencia Nacional. El 18 de mayo de 1994 ya está en su despacho de la segunda planta, ventanal a la calle de Génova. Saluda antes a Pascual Sala. El presidente del Tribunal Supremo y del Consejo del Poder Judicial le recibe con frialdad. Un escueto «¿qué tal?», tendiéndole la mano en gesto mecánico de protocolo, y un desangelado «bien, hasta la vista, adiós, adiós». Garzón nota la diferencia entre este saludo glacial y aquella exultante despedida sembrada de plácemes, hace ahora un año, cuando le dijo que iba a dedicarse a la política. Sala se destapó entonces elogiando su «acertadísima decisión de apoyar el proyecto socialista y evitar que gobierne la derecha, que eso sería una catástrofe para España...».

En la calle del rumor político, tertuliano, marujón, de bar de copas, de sauna y de squash, se da por cierto que Garzón regresa para vengarse de Felipe González y, en cuanto se siente ante su mesa, se enzarzará con el Gal. Sin embargo, no ocurre así. Garzón reabrirá el caso Gal, ciertamente, pero transcurrido más de medio año: cuando Amedo y Domínguez se descuelguen con nuevas declaraciones y aporten nuevos indicios de criminalidad.

Ocasión de toquetear el Gal sí tuvo: se la dejó en bandeja Manuel García-Castellón, el juez que le sustituyó en su ausencia. El propio Garzón lo comentaba años después: «Cuando volví, de los asuntos que seguían abiertos el menos importante, a efectos de atención judicial, era el del secuestro de Segundo Marey:[1] en aquel

1. El secuestro del industrial Segundo Marey, al que confundieron con un colaborador de ETA, en diciembre de 1983, fue la primera acción reivindicada por los

momento no había nada nuevo. García-Castellón había citado para julio a unos policías que estuvieron destinados en Bilbao en un paso de frontera. Tomé esas declaraciones, porque estaban ya señaladas por él; pero fueron tan anodinas que no dieron pie a ninguna diligencia nueva. Y no hice nada.»

Si se hojea página a página su dietario de juez en esos meses de su *rentrée*, lo que se ve es una agenda repleta de actuaciones judiciales delicadas y complejas: tropel de casos viejos y nuevos que las mareas arrojaban en su juzgado cada día.

Su regreso al central n.º 5 lo asocia Garzón con una película que no ha visto, *Regreso a Howard's End*, de la que sólo sabe que se basa en la novela de Edward Morgan Foster, tiene el bellismo de James Ivory y va de retornos y reencuentros. Algo como esto suyo: volver y reencontrarse con un montón de asuntos que dejó iniciados cuando se fue, y aún continúan en trámite. Pero no le van a faltar casos nuevos. Las mareas están vivas...

Con lo primero que se topa es con el terrorismo de ETA: los *Grupos Y*, los muchachos violentos de Euskadi enrolados en la *kale borroka*, la lucha callejera. Uno de los detenidos, Javier Araña, se ha negado a hablar ante la Ertzaintza, pero ante Garzón declara: da pistas, aporta datos documentales e imputa a otro compañero, que hasta ese momento estaba mintiendo. El juez apremia a la policía, y se produce una secuencia ágil de detenciones e interrogatorios. En tiempo récord, a los cinco días de su *regreso a Howard's End,* Garzón redacta el auto de procesamiento de diez miembros de *Grupos Y*. Ese auto del 23 de mayo de 1994 es innovador y es importante, porque establece por primera vez una clara vinculación entre la *kale borroka* y ETA: la lucha callejera forma parte de la lucha de ETA, como «terrorismo de baja intensidad».[2] Y no es que lo diga él; lo dice ETA, lo dicen los papeles que se le incautaron al dirigente etarra Álvarez Santacristina, Txelis, en la redada de Bidart en 1992.

Grupos Antiterroristas de Liberación (GAL): mercenarios dirigidos y contratados por mandos del Ministerio del Interior cuando su titular era José Barrionuevo.

2. El juez Garzón considera que «dentro de la estrategia delictiva global del Movimiento de Liberación Nacional Vasco (MLNV), ETA y KAS (*Koordinadora Abertzale Sozialista*) pusieron en marcha a principios de la década de los noventa una serie de grupos de apoyo, para obtener la autodeterminación del País Vasco por medios violentos: los llamados *Grupos Y*, coordinados con ETA, centran su actuación en objetivos menores previamente marcados».

A partir de ahí, Garzón aplicará la teoría de que ETA y KAS son una misma cosa, y que existe una acordada distribución de funciones entre los diversos estamentos que componen la organización terrorista. Desde entonces, será una constante el investigar y juzgar como hechos de terrorismo de ETA una serie de actividades delictivas de la banda y de sus colaboradores, aunque no sean atentados. La decisión del juez, audaz en ese momento, tendrá un reflejo inmediato en la ley: el Código Penal,[3] que está reformándose entonces, recoge esa realidad delictiva y tipifica la lucha callejera como terrorismo.

Garzón no se sale de la ley, ni la bordea; pero sí sabe que el juez, porque trabaja con el pulso de la vida misma, es quien puede acarrear material que abra caminos a la norma. Él padece la estrechez de unas leyes cortas de vista y obsoletas, que no han evolucionado a la par que la tecnología de los delincuentes. Pero no pierde un minuto en quejas: apilando hecho sobre hecho, carga de razones a los legisladores para que fabriquen leyes más dinámicas, más ahormables a las nuevas situaciones, que permitan más rapidez y más holgura de maniobra al perseguir el delito.

Una investigación que Garzón inició en 1992, y que cuaja en detenciones y alijos de droga en mayo de 1994, es la *Operación Pelícano* de tráfico multinacional de hachís. El juez dedica buena parte del mes de mayo a tomar declaración a la treintena de detenidos, hacer careos, indagaciones complementarias... Es una trama múltiple con narcotraficantes de Marruecos, Portugal, España, Francia, Holanda, Inglaterra e Italia. Antes o después, algún imputado destapa escondites, señala nudos de la red sin explorar. En julio, todavía se aprehenden 2.100 kilos más de hachís, que estaban escondidos en un camión y en dos zulos.

El 2 de junio por la mañana, el Comando Madrid de ETA asesina a tiros por la calle al general Juan José Hernández Rovira, cuando iba andando por la calle. Garzón está de guardia esa semana. Es la primera, desde su *regreso a Howard's End*. El ministro de Defensa, Julián García Vargas, acude al hospital Gregorio Marañón con otras autoridades y con los hijos del general fallecido. Cuando llega el juez, el ministro pierde el control de sus nervios y, muy alterado, le espeta:

3. El nuevo Código Penal es de 24 de noviembre de 1995, siendo ministro de Justicia Juan Alberto Belloch.

—¡Éstas, éstas, éstas son las consecuencias de los que os habéis empeñado en alterar el país!

Garzón no quiere gresca. Además, sabe que en aquel momento la autoridad allí es él, no el ministro. Mira de frente a García Vargas y, marcando el «usted» de distancia, le dice despacio:

—Creo que se equivoca usted de objetivo.

Da media vuelta y se dedica a su quehacer: la inspección ocular del lugar de los hechos, el levantamiento del cadáver, las diligencias de identificación de testigos presenciales...

García Vargas se refiere al clima enrarecido por las denuncias de corrupción; pero le da un sesgo abstruso, desnortado, al ponerlo en concomitancia con el terrorismo.

Al día siguiente, las autoridades francesas expulsan de su país a José Domingo Aizpurúa Aizpuru, Pitxas, que fue miembro de la dirección de ETA: responsable de logística. Tras cumplir su condena en la prisión de Fleury, le llevan a la frontera de Irún y lo entregan a la Guardia Civil. No hay solicitud de extradición. Es mucho más simple: Francia le expulsa de su sociedad. Garzón, que sigue de guardia, asume el caso, ordena la prisión incomunicada de este etarra y recibe su declaración. Lo que Pitxas cuenta al juez provoca dieciséis detenciones en cadena.[4]

Cada uno de esos detenidos, vinculados todos a ETA, abre nuevos grifos de datos. Así, Gorriti Pagola localiza un zulo de armas y explosivos. La declaración de este hombre resulta de gran interés porque en su caserío acogía a miembros de ETA, y de ahí arrancan nuevas líneas de indagación. Tres días después, con ciertos elementos que Pitxas ha aportado, Garzón envía a Francia una comisión rogatoria recabando una investigación, por sorpresa y en caliente, sobre cuarenta y ocho personas que viven en territorio francés. La respuesta gala es inmediata: veintitantas nuevas detenciones.

Al trazar la raya bajo la suma, no tiene vuelta de hoja que la

4. Aparte José Domingo Aizpurúa Aizpuru, los miembros de ETA detenidos son: Luis Gorriti Pagola, Eusebio Lasarte Balerdi, Manuel Salsamendi Salardía, Fidela García Bilbao, José Ramón Unarme Machín, Juan Cruz Orella Roncal, José Luis Urain Egaña, Juan Prieto Pérez, Francisco Javier Aldaz Carrera, José Luis Salardía Zaldúa, Juan Ignacio Nenue Machí, María Encarnación Martínez Fernández, Javier Pikabea Aizpurúa, Jesús María Iparragirre Alkorta, Patxi Lizaso Azkonobieta y Francisco Ramón Uribe Navarro. En Francia, por esta misma investigación judicial, se producen veinticuatro detenciones más.

locuacidad de Aizpurúa Aizpuru, Pitxas, ante el juez ha provocado la caída de cuarenta compañeros de su banda. A Pitxas se le han doblado los pies demasiado pronto, se ha acobardado y se ha vuelto parlanchín... Por mucha autocrítica de confesión escrita que el etarra haga ante la organización, el bajonazo de su «cante» dice bien poco del hermetismo y de la resistencia dialéctica que se suponen en un dirigente de ETA. Esa historia hay que vestirla. El viejo truco es inventar a toro pasado un currículo de malos tratos y torturas que, extrañamente, no se denunciaron en su debido momento; es decir, al comparecer ante el juez, o a solas en la revisión del forense.

Es preceptivo que un médico forense —facultado por el Ministerio de Justicia— atienda al detenido en una estancia especial, a puerta cerrada, a solas, sin presencia de funcionarios judiciales, ni policías, ni guardias civiles. El facultativo se interesa por su estado de salud y le pregunta cómo se produjo su detención, la forma de su traslado a las dependencias policiales, si ha dormido, si ha recibido alimento y con qué regularidad, si le han tratado con violencia... En ese mismo trámite, el forense recaba del preso una batería de datos: antecedentes clínicos, consumo de tabaco, alcohol o sustancias de abuso; si precisa tomar medicamentos específicos. Si el preso no se niega, ese mismo médico le hace un reconocimiento físico de auscultación, tensión arterial, reflejos, y una exploración de toda la superficie corporal. El forense está obligado a reflejar en su informe todos los hallazgos detectados y lo que el detenido haya referido.

Es un uso estándar entre los presos de ETA la denuncia de malos tratos. En esta ocasión, por consejo de sus abogados, ocho de los diecisiete detenidos denuncian ante el Comité para la Prevención de la Tortura (CPT) y ante el TAT *(Torturaren Aurkako Taldea)* que han sido sometidos a malos tratos por la Guardia Civil durante la detención o en los días de prisión antes de su puesta a disposición del juez. Sin embargo, a cada uno de ellos se le reconoció médicamente a diario mientras estuvieron detenidos. Esos informes médicos constan en las diligencias 300/94, así como un dictamen de 10 de junio de 1994, firmado por los forenses adscritos al juzgado n.º 5 y en el que manifiesta que «no se evidencian señales que hagan pensar en posibles malos tratos o torturas por parte de funcionarios de la Guardia Civil». En su informe sobre Pitxas, la doctora Ladrón de Guevara dice: «José Domingo Aizpurúa Aizpuru no refiere haber recibido malos tratos, ni se le aprecian señales de violencia. Curiosamente, este detenido denuncia malos tratos después, cuando concurren los miembros del Comité de Prevención contra la Tortura. Pero ante la forense bajofirmante en ningún momento los manifestó, ni presentaba signos de ningún tipo que los acreditasen.»

Aparte el mentís de los forenses y el del fiscal, que es terminante, el propio Comité para la Prevención de la Tortura, después de entrevistarse con los etarras en las dependencias judiciales, liquida la historia porque no hay rastro alguno de maltrato físico para mantener en pie la denuncia.[5]

También en estas fechas, el 16 de junio de 1994, se resuelve un fleco aún pendiente de aquella *Operación Pitón* que el juez había cerrado un año antes, en las vísperas de su marcha a la política. Holanda concede a España la extradición de un ciudadano holandés, el empresario Piet Bakker, uno de los organizadores más activos y potentes del tráfico de hachís. Desde Marruecos y a través de las costas españolas, Bakker había introducido más de 25.000 kilos de hachís en Europa, derivándolos hacia Holanda. Enriquecido con el comercio de droga, posee en España en ese momento cuentas bancarias con activos por valor de 200 millones de pesetas y un conjunto de propiedades inmobiliarias en la Costa del Sol. Procesado en la *Operación Pitón*, huyó a Holanda. Garzón ordenó su busca y captura y pidió que lo extraditaran. La maquinaria de la Justicia tarda más o menos, pero una vez puesta en marcha es inexorable. Un año después, y por primera vez en la historia, Holanda entrega a un nacional suyo a la jurisdicción española para que se le juzgue por narcotráfico. Bakker declara varias horas ante Garzón. Al concluir, ingresa en la cárcel. Hasta este momento, a la *Pitón* le faltaba el punto final.

Una de cal y otra de arena: si el remate de la *Operación Pitón* le satisface, enseguida sobreviene un hecho frustrante relacionado con la afamada *Operación Nécora*: el 2 de julio, Manuel Charlín Gama, El Patriarca, el mayor capo mafioso del narcotráfico en Galicia, queda en libertad sin fianza..., antes de conocerse la sen-

5. Sin embargo, Pepe Rei —periodista de Egin procesado por colaboración con banda armada— dedica más de la mitad de su opúsculo *Garzón, la otra cara* a transcribir las denuncias por supuestas torturas. Incluso, sugiere que el juez las consentía.

tencia. Garzón se indigna. Y, con él, el fiscal antidroga Javier Zaragoza y los policías que tanto insomnio y tanta neurona gastaron en seguimientos, escuchas telefónicas, indagaciones sobre el terreno... ¿Todo ha sido en balde? ¿Qué ha ocurrido? Pues ha ocurrido algo difícil de explicar al ciudadano que con sus impuestos paga una Justicia y quiere que funcione. Pese al gran número de imputados y testigos, el caso se instruyó y se procesó en apenas cuatro meses; como quien dice, a galope tendido y sin abrevar: la redada de la *Operación Nécora* fue en junio de 1990 y la detención de Manuel Charlín en julio. En noviembre del mismo año, Garzón elevaba el sumario ya concluido a la Sala que debía juzgar. A partir de ahí, empezaron las demoras en los trámites: las defensas jugaron sus estratagemas para provocar dilaciones y pérdidas de tiempo, hasta agotar el límite legal de los cuatro años de prisión preventiva sin que concluyera el juicio. El patriarca del clan de *Los charlines* es puesto en la calle... con todas las de la ley. Pero Garzón está persuadido del espesor criminal de este individuo y los de su camada.

Charlín persiste en su narcotráfico de cocaína y el juez también en sus diligencias. A los seis días de la puesta en libertad, el 8 del mismo mes de julio, Garzón vuelve a enviarle a la cárcel, por otro delito de narcotráfico, desprendido del mismo sumario.

Parece chusco, pero más adelante, cuando se celebre el juicio, Manuel Charlín Gama será absuelto de un tramo de la *Nécora* porque los magistrados no valoraron bien las pruebas. Ante unas conversaciones telefónicas en las que Charlín habla con otro conocido narcotraficante, Antonio Cebollero, acerca de envíos de miles de kilos de «atún blanco... no de atún negro, que en Italia se paga peor», los juzgadores creen que «tratan de pesca»: «¿Cómo vamos a saber nosotros que no hay atunes blancos ni negros, y que los atunes son azules?» Garzón se arma de paciencia, hasta que en 1999 Manuel Charlín sea condenado a veinte años de cárcel por los mismos hechos que el juez del n.º 5 instruyó en 1990, y con las mismas pruebas y los mismos testimonios... Como no cabe decir que el juez instructor se anticipó, habrá que reconocer que la sentencia fue retardada, fue remolona. Consterna calcular el daño que hizo ese *patriarca* de la droga, con las manos libres y su organización en activo durante nueve años, mientras una sección de la Sala de lo Penal aprendía a distinguir entre delito común y crimen organizado.[6] También un hijo, Melchor Charlín Pomares, recibe condena de veinte años. Y la misma sanción, veinte años de cárcel, pende sobre otra hija, Josefa. Pero en la familia de *Los charlines*, como en la de los halcones, la hembra es un tercio mayor que el macho, más rapaz y más veloz. Josefa Charlín sabe halconear: abaja, cobra la pieza, remonta el vuelo y se pierde en paradero desconocido...

Garzón chasquea la lengua, al pensar en la astucia de esta familia de Vilagarcia de Arousa donde, dicen, hasta el más tonto hace relojes. Él había decretado prisión contra Josefa, y cursó una orden internacional de busca y captura. ¿Y qué hizo la mujer? Asesorada por su listísimo abogado, Marcos García Montes, aprovechó que Garzón estaba de picnic en la política y se presentó voluntariamente donde la reclamaba la Justicia: en el juzgado n.º 5, ante el juez sustituto. Y si unos magistrados no sabían que los atunes eran azules, otros, como García-Castellón, ignoraban que los halcones tuvieran hembras aún más predadoras que los machos. El sustituto se limitó a imponerle la obligación de comparecer periódicamente. Y Josefa sonrió por lo bajinis. Esto ocurría en diciembre de 1993. Cuando ahora, de *regreso a Howard's End*, Garzón se entera, cursa enseguida otra orden de detención. Pero la *charlín*, zorzaleña de raza, hace meses que ahuecó el ala.

Otra guardia. Y otro caso en que el tren de la ley lleva retraso. Cierto juez de Alemania dicta orden de detención por «apología y exaltación del nazismo» contra Otto Ernst Remer, un alemán octogenario que fue colaborador cercanísimo de Hitler y ahora reside en Marbella. Garzón le da curso, aunque el fiscal Eduardo Fungairiño se opone alegando razones de edad. Garzón recordará este episodio cinco años más tarde, cuando él mismo demande la detención y extradición de otro anciano, Augusto Pinochet, y el fiscal Fungairiño se oponga también.

Garzón no duda en decretar la prisión provisional del nazi Remer, si bien pide informes médicos contrastados. Luego, a la vista de esos informes, decide atenuar a Remer la prisión en su domici-

6. Manuel Charlín Gama fue condenado en 1999 por uno de los episodios de la frondosa *Operación Nécora*: un alijo de seiscientos kilos de cocaína en las playas de Muxía. La Sala sí que estimó entonces las pruebas y las declaraciones de «narcos» arrepentidos —Portabales, Fernández Padín, Manuel y Daniel Báulo— que había desechado con anterioridad.

lio y bajo vigilancia; pero en ningún momento, ni por motivos de edad ni de salud, interrumpe el proceso de su extradición.

Finalmente, no se concede la extradición porque en esas fechas la apología del nazismo no es delito en España, y la incriminación recíproca es requisito necesario para que un país entregue a un ciudadano a las autoridades de otro país que lo reclama para juzgarlo. Meses más tarde, el reformado Código Penal de 1995 incluye de modo expreso las conductas racistas entre los comportamientos intolerantes y xenófobos. En la matriz de esa nueva sanción penal está muy presente el caso de Otto E. Remer.

En su primera bocanada de regreso, Garzón se reencuentra también con aquella *Operación Dólar* —falsificación perfecta de billetes de cien dólares, apadrinada por el gobierno de Irán— de la que le informaron un año antes, justo cuando estaba dando el paso a la política. Durante este paréntesis ha seguido la investigación el Grupo 2 de la Guardia Civil. Andan quejosos porque los de la CIA pretenden controlar el tema desde dentro: «Nos incrustaron de clavo a un negrazo de dos metros, como si fuera un simple agente de los servicios americanos —informan los de la Guardia Civil a Garzón—; pero descubrimos que era comandante de marines. O sea, que nos habían colado a un jefe.»

El asunto tiene calado. Estados Unidos no ha logrado cortocircuitar la falsificación de los billetes. En cambio, ha utilizado los servicios informativos de la Guardia Civil a modo de arriendo político, como utiliza por entonces las bases de Rota, Torrejón o Morón. Y con magros resultados. Así se deduce de los datos y pormenores que el coronel Ángel López de la Guardia Civil muestra ahora al juez Garzón.

En efecto, por esas fechas han localizado a varios de los objetivos humanos que la CIA les señaló como sospechosos. Uno es el sirio Mansul Kuzbari, que está comprando inmuebles por Marbella, donde se había detectado un flujo de esos billetes falsos. Opera este Kuzbari a través del Deutsche Bank en la promotora inmobiliaria Cristamar, muy frecuentada por los sirios para blanquear dinero. Otros individuos bajo sospecha son Abu Khalil y Al Khalil, del círculo próximo de Monzer Al Kassar. Un sujeto al que observan con más atención, aunque con más dificultad, es Nabil Kuzbari, primo de Mansul Kuzbari y sirio como él. Nabil Kuzbari es la pieza clave del ingenio. Un potente hombre de negocios, con altas influencias en Austria, amparado por el paraguas diplomático de vicecónsul general de Siria en Viena, y dueño de la base material delictiva: la fábrica de papel y los talleres de imprenta donde se realiza la falsificación. Los de la CIA tienen indicios de que está asociado desde hace tiempo a Monzer Al Kassar en transacciones ilegales de armas para Oriente Medio. Para ellos, la perseguida entrevista con Al Kassar es el medio directo de probar esa relación en fecha actual, y aclarar si se trata de un negocio entre particulares, o si andan detrás el gobierno de Siria o el gobierno de Irán.[7]

Se sabe que Al Kassar es un perfeccionista que no descuida detalles en la delicada fase del blanqueo de divisas. Suele usar empresas legales inmobiliarias o de importación y exportación. Gran parte de su capital lo ha reciclado desde su propia sociedad Alkastronic[8] de Viena. Es otra pista que husmean los de la CIA. Clavan su interés en probar el nexo entre Monzer Al Kassar y el vicecónsul sirio en Viena, Nabil Kuzbari. Y, en cuanto saben que Garzón se reincorpora a su juzgado, vuelven a la carga para conseguir el contacto con Al Kassar. El juez les repite, como un año antes: «Señores, lo que procede es librar una comisión rogatoria para obtener los datos de que se dispone en Estados Unidos, y desplegar aquí esa investigación que nos solicitan.»

Como servicio secreto, la CIA es reacia a oficializar una información: eso supone entrar en la senda judicial que, tarde o temprano, se ha de sustanciar como «vista pública» sin reservas ni secretos. Pero, al fin, dan el paso y solicitan la intervención del juez

7. Desde hacía años, Nabil Kuzbari era una especie protegida de ministro plenipotenciario de Siria en Austria: cuidador de las transacciones económicas entre ambos países al máximo nivel de gobierno. Respecto a sus contactos con Al Kassar, tuvieron cuando menos los insoslayables entre dos sirios con negocios, sociedades y domicilio en Viena; y la coincidencia de ser propietarios de sendas compañías de jets aerotaxis: Al Kassar, la Jet-Air; y Kuzbari, la Transair.

8. Alkastronic, inscrita el 11 de marzo de 1983 por los hermanos Haitham Al Kassar y Monzer Al Kassar en el registro mercantil vienés —extracto 7HRB 30633—, con sede en la Zelinkagasse n.º 2, Viena, y sucursales declaradas en Damasco, Beirut, Madrid y Marbella. El 25 de noviembre de 1986, los austriacos suprimen del registro esa empresa de los Al Kassar, para dificultar su tráfico de armas hacia países nutricios de terrorismo y desbaratar una posible «tapadera» legal del negocio de las drogas y las armas. Pero, ese mismo día, la ciudadana siria Raghda Habbal, con domicilio en Marbella —Atalaya Río Verde, 4—, registra en las mismas oficinas otra sociedad comercial, Maschiba —7HRB 36452—, con sede en Beatrixgasse n.º 3, Viena, cuyos gerentes son también los hermanos Haitham y Monzer Al Kassar. Raghda Habbal es la mujer de Monzer Al Kassar. El negocio de Alkastronic no se interrumpe, pues, ni un minuto de reloj.

español. Esta vez, asume la indagación la policía, no la Guardia Civil. En turno de reparto, atendiendo a los antecedentes y a las conexiones, el juez decano entrega el caso a Garzón que, sin más dilaciones, cursa la comisión rogatoria a Estados Unidos. Desde ese momento, se repliega la CIA y pasa a primer plano el servicio secreto del presidente de Estados Unidos, actuando como policía judicial por parte americana. Incumben a ese servicio secreto dos tareas en exclusiva: proteger la vida del presidente e investigar la falsificación de moneda. En este caso, obviamente, el servicio secreto estaba desde el principio en línea con la CIA.

El 24 de julio de 1994, Baltasar Garzón se desplaza a Washington. Con él viaja Pablo Contreras, fiscal antidroga, porque en la *Operación Dólar* se mezclan tramas de falsificación y de narcotráfico. Trabajan con intensidad en la sede de los servicios secretos, ubicada en la misma Casa Blanca, junto a la vivienda presidencial. Garzón y Contreras reciben la información «utilitaria» de que disponen los americanos; y éstos quedan en tramitar su propia comisión rogatoria ante la Justicia española.

Este asunto se mantuvo siempre en una blindada clausura de secreto. No circuló por los ambientes políticos y diplomáticos, ni trascendió a los circuitos financieros y bursátiles. Ni se pidió ni se dio explicación en foros como el Banco Mundial o el Fondo Monetario Internacional. Ni el Congreso ni el Senado de Estados Unidos tuvieron boca para interpelar al presidente Bill Clinton. Hacerle cosquillas en las axilas por sus devaneos sexuales con la becaria era, sin duda, menos peligroso para el interés estatal que jugar con el sacrosanto dólar. Sin embargo, nadie dijo que el caso estuviese resuelto, cancelado. Nunca más se habló de él.

La realidad era que, siendo idénticas las falsificaciones, resultaba imposible distinguir los billetes *made in Washington* de los *made in Viena*. Y el problema no era baladí: una masa dineraria incontrolada de falsos billetes de cien *pavos* circulando por el mundo. La disyuntiva del gobierno estadounidense era muy dura: o declarar una alerta mundial a todos los bancos centrales nacionales, arriesgando con ello el prestigio de su moneda y el de su banco emisor; o pagar el precio del silencio: una retirada total de billetes verdaderos y falsos, con cargo al Tesoro, y su sustitución por otra emisión de características diferentes. Al parecer, optaron por esto último.

En el vuelo de regreso Washington-Madrid, Garzón se quita los zapatos y la corbata, se enfunda los horrorosos calcetines grises que Iberia da a los viajeros del Jumbo en clase turista, se ajusta por las sienes el elástico de los cubreojos negros, echa hacia atrás la cabeza, cierra los ojos y trata de relajarse. Está cansado, y al día siguiente entra de guardia otra vez.

El primer pensamiento que le asalta, junto a la impresión innegable de que «mucha Casa Blanca, pero están acojonaos», es una puerilidad: «¡Si mi madre supiera que vengo de echarle una mano al presidente de Estados Unidos, le daba un patatús!»

Y vuelve a ver aquella escena de hace más de veinte años en el cuarto de estar de la casa de sus padres, 1973 en Sevilla, cuando les planteó que quería estudiar derecho, «pero no para ser un picapleitos: quiero ser juez... y sólo quiero ser juez».

«Aquel COU fue tremendamente decisivo —acomoda la nuca sobre la tersa almohadilla, con idea de adormilarse pensando—: me enamoro de Yayo, me radicalizo en unas actitudes de izquierda y doy con mi verdadera vocación social. Todo de una tacada. En el San Felipe Neri de Baeza había varios sacerdotes del Opus Dei, y organizaron unas charlas de orientación universitaria. Vino a disertar sobre la carrera de derecho y sus salidas profesionales el juez comarcal de Jódar, Juan del Río, padre de un alumno del colegio, Lorenzo, compañero mío de habitación. Este señor nos habló de su vida como juez, de la soledad y de la independencia del juez. Él se sentía independiente, aun en aquellos tiempos en que "una decisión judicial se podía cuestionar políticamente". Así lo afirmó y, para entonces, me pareció muy audaz. Afirmó que, en definitiva, el juez es el único que tiene en su mano la fuerza de la ley, pero "no para avasallar sino para servir a los demás ciudadanos"; y que "esa misma fuerza de la ley le exige ser independiente". Yo le oía como deslumbrado por un resplandor. Recuerdo que dijo: "donde haya un juez independiente, el hombre de la calle estará amparado por la ley". Entonces, pensé: "Esto es lo que yo quiero ser: un ciudadano independiente, que sirva a los demás haciendo justicia, defendiendo a los débiles, luchando contra el delito, sin más armas ni más herramientas que la ley."

»Hasta ese momento, yo tenía un ideal de solidaridad, de entrega a los demás, pero muy gaseoso y sin amarre: me veía yéndome al Tercer Mundo como médico, como psicólogo... Aquella charla me abrió horizontes y me orientó: vi en la judicatura el cauce para mis ideales de espíritu de servicio y de entrega a la comunidad civil, desde mi independencia, llevando yo la iniciativa y haciendo posible la justicia para todos.

»El juez Del Río nos dijo también: "Hoy, en España, la carrera de derecho tiene ciento treinta y tres salidas." Y yo le comenté a mi compañero Lorenzo, que luego fue también juez: "Me sobran ciento treinta y dos. Me basta con una: sólo quiero ser juez." Fue como un flechazo. A partir de ahí, ordené toda mi vida hacia esa meta.

»Lo tuve siempre claro: ni cátedra, ni notaría, ni abogacía del Estado... Elegí la especialidad de derecho de la empresa, para que mi familia se callase. Estaban preocupados porque suponían que yo podía marrar en lo de juez; me decían: "Eso es un coto cerrado, todos son hijos y nietos de magistrados, y tú no eres nadie... un engreído, eso sí, que aspiras demasiado alto."

»¿Engreído, ambicioso? Nada de eso. Yo elegí ser juez como un trabajo para mejorar mi mundo y servir a los demás. Ni quería imitar a nadie, ni envidiaba a nadie. Mi camino era el mío.»

El Jumbo vuela ya a velocidad de crucero. Garzón se sitúa con la imaginación en aquellos primeros meses de 1974: el inicio de sus estudios universitarios en Sevilla. No conocía a nadie: ni alumnos ni profesores. Y combinaba el trabajo en la gasolinera, o el servicio de bodas los fines de semana, con el empeño de sacar muchas matrículas de honor. Su primer amigo en Sevilla fue Felipe García Hoyos...

«Yo entraba en el aula —recuerda—, me sentaba en segunda fila, callado, tomando apuntes. El orden alfabético de los apellidos determinaba una ubicación en los pupitres, porque pasaban lista. Mis compañeros más próximos eran los *garcías*. Los chicos sevillanos tenían su propia sociedad, muy cerrada a los ajenos: jugaban al fútbol o al baloncesto contigo, te prestaban o te pedían apuntes de clase; pero los fines de semana, si te he visto no me acuerdo, no hacían plan contigo. Así que me hice amigo de otros estudiantes que andaban también desambientados porque no eran del mismo Sevilla. Éste, Felipe García Hoyos, que es de Carmona, o Eloy Pineda Calle, de Osuna. Nos hicimos amigos los tres. Felipe me integró en su grupo de residentes del Colegio Mayor Hernando Colón. Cristóbal y Nacho Manrique, Tito Balmontín, Federico Yoli Palomino... En la Universidad de Sevilla había entonces mucha ebullición política.

Era el final del franquismo y el arranque de la transición, con algaradas, manifestaciones y follones de protesta, día sí y día también. De ahí surgieron otras amistades: Pepe Muñiz, Heriberto Asencio, Jesús Cruz Villalón, Miguel Ángel Cano... Cuando el recital de Patxi Andión, en el Lope de Vega de Sevilla, montamos una buena tangana contra «el espíritu del 12 de febrero», aquel sucedáneo de democracia que nos endosaba Arias Navarro. Recuerdo también la bronca de protesta por la ejecución a garrote vil de Salvador Puig Antich. Eso ocurrió el 2 de marzo del 74. La manifestación en sí la tengo en nebulosa; pero participé, y acabé magullado y con moratones, por la leña que repartió la policía... Comprábamos en la librería Antonio Machado, que regentaba Carmen Reina. Alfonso Guerra solía estar allí. No sé si eran novios o se habían casado ya. Fue mi época de compromiso político, sin militancia. Yo gritaba y pegaba pasquines, que era una forma de expresar la opinión política, en contra del fascismo y en favor de la democracia, de las libertades, de las ideas socialistas; aunque en aquel tiempo los socialistas me parecían unos paniaguados, unos pusilánimes. En febrero del 75, vino a hablar a la facultad, como líder del PSOE, Felipe González, que todavía era el clandestino Isidoro. Le invitó Rodríguez Piñero, catedrático de derecho del trabajo. Me interesaba oírle, pero el aula magna estaba hasta los topes, no pude entrar...

»En cuestiones ideológicas, ni fui sectario ni fui excluyente. Yo era de izquierdas hasta la médula; pero nunca tuve carnet de partido. Votar, votaba al PSOE y el PCE. Nadie hizo proselitismo político conmigo. Yo estaba decantado hacia una actitud revolucionaria y rupturista; sin embargo, tuve amigos de todas las tendencias, lo mismo iba con gente de la UGT que de CC OO; tenía amigos ácratas, comunistas, socialistas, del PTE, de la ORT, del PSOE, de la UCD de Suárez...

»Un día, cerraron la facultad de derecho para evitar movidas de protesta, porque la policía había matado a un estudiante en Valladolid. Yo llego a casa aquella mañana, de trabajar en la gasolinera, me ducho, y cuando voy a salir, me dice mi madre: "Quédate, porque no tienes clase: han cerrado la facultad de derecho." "Ya, pero yo voy a la biblioteca —le contesto—: he quedado allí con unos compañeros." Fui. Estábamos arremolinándonos unos cuantos alumnos en las verjas de acceso a la facultad, leyendo el cartel de "cerrado hasta nueva orden gubernativa", cuando llega alguien y nos dice: "¡Se está montando una muy gorda en medicina! ¡Vámonos p'allá!" Cuando nos disponemos a ir, llega un furgón zeta lleno de *grises*.[9] Se apean, con sus cascos y sus porras negras de cuero. Uno de los guardias se planta ante nosotros, golpeándose la palma de la mano izquierda con la porra que blandía en la derecha, y mirándonos amenazante.

»—¿Qué hacen aquí...?

»—Somos de esta facultad.

»—¿Y no han leído que está cerrada hasta nueva orden?

»—Bueno, pero nada nos impide estar aquí...

»—¿Usted estudia derecho? —se dirige a mí.

»—Sí.

»—Pues, mire, quizá algún día usted sea juez y me dé órdenes; pero ahora quien las da soy yo, así que ¡fuera de aquí todos!, ¡circulen rápido, o habrá palos!, ¡rápidoooo, fueraaaa!

»Y nos fuimos; pero... a engrosar la movida de medicina. Cantamos *La Internacional* puño en alto y gritamos ¡policía asesina!, ¡arriba, abajo, Arias al carajo!, ¡no nos moverán...! hasta enronquecer. Para mí, en cierto modo, participar en algaradas y en manifestaciones era como jugar a los castillos en Torres o en Linares; pero ahora, afrontando las bocachas lanzabolas de los guardias. Más de una vez sentí el impacto de una de esas pelotas negras de goma dura a media cuarta de mi cuello, estrellándose contra la pared donde yo estaba apoyado. Si me llega a pegar en la garganta, no lo cuento. Las gastaban así...

»El 25 de abril de 1974, cuando triunfó en Portugal la Revolución de los Claveles, acudimos todos a clase con un clavel rojo en la mano. Yo lo llevaba dentro un libro. Iba hacia el rectorado. Un *gris* me para y me dice:

»—¿Qué llevas ahí?

»—¿No lo está viendo?, un clavel.

»—¿Y por qué lo llevas?, ¿vas de cachondeo, o es que... estás celebrando el triunfo de los comunistas en Portugal?

»No le contesté. Él continuó, en tono arrogante:

»—¿Sabes lo que pienso? Que te lo tendrías que comer.

»—Pues yo pienso que no.

9. A los agentes de la Policía Armada en los tiempos de Franco se les llamaba *grises* por el color de su uniforme.

»Hubo un tris de desafío en silencio. Un instante rápido de mirarnos los dos a los ojos. El *gris* vio que yo le aguantaba la mirada. Perdió pie y cambió de actitud:

»—Venga, anda, lárgate, que me has pillado en un día bueno.

»Pero me arrancó el clavel y lo tiró al suelo con rabia.

»Esas actitudes prepotentes, y muchas otras cosas más de fondo, me inclinaban a preferir para los nuevos tiempos la ruptura con el pasado, y no la reforma. Por eso, cuando el referéndum para la Reforma Política de 1976, yo voté *no*. Y sigo pensando lo mismo, aunque la historia se haya orientado bien, y tengamos la Constitución y la democracia que tenemos. Pero hay demasiada rémora, demasiados malos hábitos del pasado que no debieron mantenerse. Y mantos de silencio... Sin ir más lejos, el Gal, que es un intragolpe de Estado. El Gal ha sido violar el Estado de derecho desde el propio Estado de derecho...»

Garzón se ha quedado dormido un cuarto de hora, una cabezada de sueño intenso. No necesita más. Se despierta como nuevo cuando la azafata ofrece auriculares, toallitas húmedas, *peanuts* y una copa de vino de California. «¡A cualquier agüilla llaman éstos vino!», rezonga, pero se lo bebe. Vuelve a colocarse los cubreojos, recuesta la cabeza en el respaldo del asiento y empalma con el hilo de evocación que había perdido en algún zigzag mental. Le sirve de relax, de reencuentro y de *regreso a Howard's End*. Se acuerda de su euforia, en la noche del Sábado Santo 9 de abril de 1977, cuando se legalizó el PCE:

«Yo gritaba, en casa: "¡Por fiiiiinnnnn!, ¡han legalizado el Partido Comunista!" Y mi madre: "¡Ay, cállate, por Dios, cállate, hijo!" Y yo: "Pero ¿es que vais a tener miedo de la guerra civil toda vuestra vida?, ¡fuera miedos de una vez, mamá!" ¡Ufff, la de grescas que tuve con mi padre por esto de la política!

»—Si quieres ser juez —me decía—, no puedes estar fichado por la policía, no puedes tener una mancha política.

»—Me da igual, papá. Hay que arriesgarse por las cosas nobles que uno desea. Y yo deseo la libertad, la democracia...

»—Te vas a convertir en un revolucionario. Y tú lo que tienes que hacer es meterte en los libros y dejarte de líos políticos, que no te van a llevar a ninguna buena parte...

»—Papá, ¿cuántas matrículas he sacado el curso pasado, y el otro...?, ¿están fallando mis estudios?, ¿estoy desatendiendo el trabajo? ¡Entonces, déjame con mi lucha y mi compromiso!

»—No debimos salir de Torres, no debimos venir a este mundo, que no es el nuestro...

»—Papá, uno tiene que luchar por las ideas en las que cree, y hacerlo en su momento. Si yo no vivo mi compromiso político ahora, ¡no mañana, ahora!, toda mi vida seré un frustrado, un egoísta de mierda que sólo fue a lo suyo...

»Él me entendía, pero se quedaba moviendo la cabeza con aire preocupado. Habían vivido con el miedo en el cuerpo toda su vida. La incertidumbre del cambio político les tenía en vilo.

»De ese acobardamiento guardo una anécdota muy expresiva... Poco después de la legalización del PCE, Santiago Carrillo daba su primer mitin en Sevilla, en Dos Hermanas. Fui con mi cuñado Miguel y con el *tito* Gabriel, que en toda su vida no se quitó de encima el trauma de la guerra civil y de haber sido condenado por Franco. Habría allí unas doce mil personas, una marabunta... Por primera vez, "¡se siente, se siente, Carrillo está presente!". Y de verdad se sentía que estábamos en el arranque de un cambio real. Yo pensaba: "Esto va en serio, Suárez le ha echao un buen par, y esto ya no tiene vuelta atrás." Mi tío, ante el enardecimiento de la gente, decía muy inquieto:

»—Aquí va a pasar algo. Se va a montar otro 36. No nos hagamos ilusiones. Esto no va a poder ser. Los militares no se van a aguantar. Esto para ellos es la vuelta de la tortilla...

»—*Tito*, ya tenemos libertad, ya tenemos democracia: ¡esto es la democracia y ésta es la libertad! Se han abierto las compuertas. Ya no hay vuelta atrás que valga...

»No se me ha olvidado su respuesta:

»—¡Ay, sobrino, las manos del fascismo son muy largas y siempre te pueden atrapar!

»Pero lo importante durante mi carrera no era correr delante de los guardias, sino hincar los codos. Tuve buenos profesores. Manuel Olivencia, uno de esos maestros que dejan huella. Recuerdo una de sus más lúcidas clases magistrales, sobre la responsabilidad civil y humana del empresario. Me dio matrícula de honor en derecho mercantil. Luego, el PSOE le nombró comisario de la Expo'92. Y al poco tiempo dimitió "por no cohonestar negocios raros".

»Alfonso de Cossío, profesor de derecho civil, era una figura venerable y un demócrata contestatario a pesar de su avanzada edad. Él me estimaba, sin ser yo un alumno que se acercara mucho a los profesores. Un día, me hizo examen oral. Me preguntó "la donación". Cuando se la definí, me dijo: "Baltasar, no hace falta que te examine: te lo sabes." Le contesté: "Pues muchísimas gracias, don Alfonso, porque tengo que salir pitando: me voy a ver a la novia a Granada, y tengo que ir a Alcalá de Guadaira para hacer autostop..." Un examen oral con Cossío podía durar dos horas, y me habría crujido el fin de semana.

»Manuel Clavero Arévalo, que luego fue ministro con Adolfo Suárez, enseñaba administrativo. Un hombre cumplidor, respetuoso con los alumnos, que traía las clases preparadas a fondo. En tercero, a principio de curso, me preguntó: "Usted ha sacado matrícula en derecho internacional, ¿a qué aspira en mi asignatura?" Le contesté: "Aspiro a la máxima nota, porque voy a aplicar esa matrícula de internacional a administrativo".[10] Desde ese momento, me prestó una atención especial; y yo a su asignatura, que fue de las mejor impartidas. Me dio matrícula. Por cierto, al curso siguiente la apliqué a otra asignatura; pero, si no llego a tener reflejos, me la birlan. Nos hicieron un examen parcial y me pusieron un aprobado, un 6,5. A un amigo, al que dejé que copiara de mí, le dieron notable alto. Entonces hice lo que nunca había hecho: pedí ver mi examen. El profesor se extrañó: "¿Por qué, si estás aprobado...?" "Ya lo sé —le dije—, pero he aplicado una matrícula de honor y aspiro a mantenerla." Nos sentamos los dos a leer mis folios. A los tres minutos, me dice:

»—Chico, ¿te digo qué ha pasado? Te puse 6,5 porque no entendía tu letra. ¿Qué quieres que te ponga?, ¿te parece bien un sobresaliente? La matrícula te la daré a fin de curso...

»—Bueno, me la dará a fin de curso... si sigo así, ¿no?

»—Es que vas a seguir, lo sé.

»Lo que había ocurrido era que ese catedrático repartía la tarea de corregir entre un grupete de alumnos de su confianza...

»Francisco Muñoz Conde, catedrático de derecho penal; Jaime García Añoveros y Fernando Pérez-Royo, que me enseñaron derecho financiero y también me dieron matrícula. La verdad es que fui muy matriculón: saqué diecisiete sobresalientes, nueve de ellos con matrícula de honor, dos notables y un aprobado. Tenía claro que de-

10. Cada calificación de honor era un *premium* con el que el alumno ahorraba el gasto de matrícula en otra asignatura.

bía estudiar duro: mi único capital para bandearme en la vida sería el bagaje intelectual que adquiriese. Yo era un desclasado. Por fuerza, necesitaba hacerme a mí mismo. Estudiaba con pasión porque me gustaban mucho las materias. Como un vicioso lleva encima su petaca de güisqui, así llevaba yo los códigos conmigo a todas partes. A Yayo le decía: "¡Venga, bonita mía, tómamelos!" Y le soltaba un bloque de artículos del Código Civil o del Código Penal. Pero no era un empollón repelente. Yo en aquella época jugaba al fútbol, al tenis, hacía karate, tocaba la guitarra, trabajaba en la gasolinera, iba a ver a la novia a Granada...

»En 1978 hicimos el viaje fin de carrera, en plan barato, de cámping. Íbamos diecisiete chicas y chicos. Se vino Yayo. Fuimos a Francia, a Italia y a Yugoslavia. La Yugoslavia de Tito, díscola con el régimen soviético. A uno se le desmochaban ciertos mitos al ver de cerca la pobreza, el miedo de la gente, la falta de libertad, las tremebundas medidas de vigilancia, las prohibiciones, las colas, la carestía de todo... Los yugoslavos querían a los españoles. En el tren, todos nos decían lo mismo: "¡Ah, españoles!, ¡oh, Real Madrid! ¡Franco, kaput!" Me fastidiaba muchísimo, no lo de "Franco, kaput", sino lo de "¡Oh, Real Madrid!", porque desde los diez años yo era del Barça.

»En septiembre, licenciado ya en derecho, dije a mi familia que lo de la judicatura iba en serio: necesitaría encerrarme a cal y canto para sacarlas cuanto antes, y ya no podría aportar a la casa. Hasta entonces, yo había *conreao*, que decimos en mi tierra: había estirado el dinero pasando en muchas cosas la mano por la pared, sin permitirme ni un caprichito sibarita, haciendo durar la ropa y no gastando en nada superfluo.

»Mis padres se llevaron las manos a la cabeza:

»—¡Tú estás loco! Es una oposición muy difícil. Son ganas de salirte de tu sitio...

»—Papá, mamá, vosotros os salisteis de vuestro sitio, dejasteis la tranquilidad del pueblo donde teníais un pasar acomodado con sólo trabajar vuestra tierra. Os lanzasteis a la aventura de vivir con un sueldo de miseria para los siete de la familia. Os embargasteis hasta las cejas por darnos un futuro. ¿Por qué os asustáis ahora de ese futuro? ¡Si el futuro es nuestro! Vosotros, al dejar el pueblo, nos habéis puesto en la parrilla de salida. ¿Qué queréis?, ¿que ahora nos quedemos acurrucados en un empleíllo de ir tirando? ¡Si sois vosotros los que nos habéis enseñado a ser así...! Papá, tú no puedes acobardarte ahora porque un hijo te diga que quiere hacer algo que te sobrepasa. No podéis echarme una barrera de "prohibido el paso" porque aspire a una oposición que, en vuestra mente, es para gente rica, para gente con mucho poder. ¡No, no, no! ¡El poder lo lleva uno dentro!

»Estoy viendo sus caras: mi madre, creyéndome; mi padre, pensando que yo podía fracasar y que eso me hundiría. Luego, les planteé "la dolorosa":

»—Me voy a meter en gastos, y estaré aquí a la sopa boba sin ganar un sueldo. Pero, papá, cuando termine ganaré más que tú y te pagaré hasta la última peseta. Voy a ir anotando todos los gastos, para devolvértelos en su momento.

»En un folio, yo iba apuntando lo que gastaba: los once tomos del Castán, las clases del preparador, un tanto mensual por la comida, la luz, la suscripción a la revista de la Academia Gala de Madrid para estar al día, porque la oposición me pillaba en plena transición política con muchos cambios en las leyes... ah, el gimnasio de karate: llegué a cinturón marrón, porque la prueba de cinturón negro cayó en día de oposición, y lo dejé.

»Mi madre, viéndome apuntar en el folio, decía: "¿En esas cuentas del Gran Capitán, has puesto el lavado de la ropa? ¡Menos mal que a la lavandera le caes bien y te lo regala!"

»Yo quería un preparador que tuviese pocos alumnos, para que me prestase atención; por eso no fui al de más postín que había en Sevilla. Me preparó Antonio Ocaña, un fiscal de Jaén, de Torredonjimeno, que estaba destinado en Sevilla. Heriberto Asencio se colgaba de mi brazo y decía: "Yo me preparo donde tú." Y juntos aprobamos la oposición.»

Fuera cubreojos, respaldo del asiento en posición vertical. Una sonrisa a la azafata que le pone delante la bandejita del catering. Una mirada vaga al panorama oceánicamente azul que sobrevuelan. La minuciosa liturgia de rajar bolsitas de celofán, sacar cubiertos diminutos y hacer mil equilibrios para no tirar nada ni rozar con el codo a la señora que viaja a su izquierda, mientras busca la sal entre el montón de sobrecitos que contienen muchas otras cosas: azúcar, leche en polvo, sacarina, pimienta, servilleta húmeda, aceite y vinagre, mondadientes, descafeinado, poleomenta, mantequilla... Después, la frustración en el paladar porque ni la ternera sabe a carne, ni el panecillo sabe a pan, ni las colecitas de Bruselas han estado jamás, no ya en Bruselas, sino plantadas en tierra alguna. Se acuerda de aquellos bocadillos de tortilla y de aquellos tomates de huerta que le preparaba su madre cuando era opositor. Cuando sólo era opositor, neurótico opositor, enclaustrado, «muerto para el mundo», decía él, desde septiembre de 1978 hasta septiembre de 1980: dos años, encerrado en un cuartito de dos por tres metros; un sobrado en el ático del bloque de pisos donde vivía con sus padres, en Sevilla.

El cuartito estaba arriba del todo, en el noveno, junto al motor de los ascensores y con una ventana a la azotea. Lo alquilaron a la comunidad por dos mil pesetas al mes. Allí tenía una mesa de railite, una silla, un camastro, un flexo metálico, libros y más libros, una litografía barata del *Guernica* de Picasso, un póster del referéndum de Andalucía, otro de Ernesto Che Guevara. Y, siempre, un termo con café fuerte.

Empezó a un ritmo de doce horas de estudio al día. Los últimos cinco meses sacaba una jornada de dieciocho horas. Sólo paraba los domingos.

«Me ponía a estudiar a las ocho de la mañana. A las tres y media de la tarde bajaba a casa a almorzar. Mientras comía, me acuerdo, en la tele daban dibujos animados de los pitufos y un anuncio del detergente Colón en el que salía un tío con un mono blanco. A las cuatro volvía a encerrarme. A las diez de la noche, me subían la cena. Y no bajaba hasta las tres de la madrugada. Si alguna vez me sentía muy hecho polvo, hacía un alto y me iba al cine Juncal, al lado de casa.

»Los veranos de Sevilla con 40 y 50 grados, y en aquel ático al que le pegaba el sol todo el día, me entrenaron a trabajar en condiciones de incomodidad, de altas temperaturas, de fuerte tensión. Pero decidí que ni brasero en invierno, ni ventilador en verano. Lo aprendí del karate: "Has de lograr que tu organismo se acomode a situaciones extremas, hasta que te sientas bien sin beber, sin comer, con calor, con frío..." Aprendí a trabajar cansado, asumiendo el cansancio como algo mío.

»En invierno, me ponía una vieja pelliza, "la canadiense", que mi padre usaba en el campo. En verano, un meyba de rayas y el torso desnudo. Tenía allí un barreño con agua fría. De vez en cuando, salía a la terraza y ¡plash! me lo echaba encima, me jarreaba, me empapaba. Por las noches, sacaba a la azotea la mesa, la silla y el flexo, para respirar la poquita brisa, *la fresca*, que corría a esa hora. Y ese refrigerio me daba empuje para seguir hasta las tres de la mañana.

»Subían a tender la ropa las vecinas. Merodeaban, eran curiosonas, buscaban conversación. Tenía que taparme los oídos, porque me distraían con sus parloteos sobre la vida y venturas de todo el vecindario. Allí me enteraba de "la trifulca que tuvieron el otro día los del piso tal", o de que "Fulanita está esperando un hijo, y sus padres no lo saben". Yo carraspeaba, para hacerme notar. Si iba a llover, les recogía las sábanas tendidas. Decían que estar yo allí era "como tener sereno": "de noche, da mucha seguridad ver encendida la luz del estudiante".

»Tenía un vecinito, David, un niño de dos años que no decía una palabra, no se había lanzado a hablar todavía. Subía a la terraza, se acodaba en el alféizar de mi ventana, y allí se tiraba un rato largo mirándome callado. Quizá le extrañaban mis barbas y mi pelambrera. Por ahorrar el tiempo de afeitarme y de ir a la peluquería, me había dejado crecer la barba y llevaba melena. Yo alzaba la cabeza, me acodaba sobre mi mesa, le miraba fijamente y le decía bajito: "¿Qué haces, canalla?, ¿cuándo vas a hablar?... si me hablas, te compro un caramelo". Él ni se inmutaba. Cuando se aburría de mirarme, se iba sin decir palabra.

»Un día, llegó, se asomó como siempre y se quedó mirándome.

»—Oye, granuja, ¿tú cuándo me vas a hablar? —le dije.

»—Y tú, ¿cuándo me vas a comprar el caramelo?

»¡Me lo soltó de un tirón! O sea, que no hablaba porque no le daba la gana.

»Yayo seguía en Granada. Terminó biológicas y estaba también opositando para agregaduría de cátedra de instituto... A mí, en mayo del 80, me entró la neura, un cansancio infinito, una desmoralización del carajo, la crisis de abatimiento del opositor en capilla, y unos celos del copón de la baraja. ¡Todo junto! —evoca Garzón, después del insípido catering, que aún no sabe si es cena o lunch, porque vuelan ganándole horas a la marcha del sol.

»No retenía un artículo, me quedaba de pronto con un tema en blanco, cuando acababa de recitarlo un cuarto de hora antes paseando por la azotea. Y empecé con "que no me presento y que no me presento". Esto era quince días antes del primer ejercicio. Estaba muy deprimido. "Además —decía yo a mi madre—, Yayo estará por ahí divirtiéndose." Ella tenía que ir a buscar flores y ramitas y semillas, para un muestrario de botánica; se iba a la Vera, por la Alhambra, con sus compañeros. Y eso a mí me ponía malo, me encelaba: "¡Entra, sale, se va a buscar plantas, no tiene tiempo de estar conmigo!, ¡ni viene, ni me quiere!"

»Mi madre, al verme así, cogió el teléfono y llamó a Yayo:

»—Hija, vente, vente a Sevilla, que este chico está muy nervioso, está *desfondao*... Lleva varios días así, y no me gusta el cariz que empieza a tomar esto... Con todo el esfuerzo que ha hecho, va a tirar la toalla. Además, anda celoso. Dice que esto lo hace para casarse contigo, y que sólo tú le puedes animar... Yayo, dile a tus padres que te tienes que venir: que yo estoy enferma y te he llamado.

»Yayo había aprobado el escrito y se examinaba oral un mes después. Vino, estuvo en casa de mis padres tres o cuatro días y me dio ánimo. Para mí fue mano de santo. Lo malo es que se jugó sus oposiciones, porque al venir se distrajo, perdió el ritmo, y en el oral se retiró. Luego, pasó agosto conmigo, viviendo en casa con mi familia. Nos veíamos a la hora de comer y de cenar. Y los sábados, que salíamos a divertirnos. Pero me confortó mucho, mucho. Lo hizo muy bien: con cariño, con paciencia, con talento, con discreción... Me dejaba estudiar tranquilo, sin interrumpirme. En cambio, mientras yo almorzaba o cenaba, estaba allí dándome conversación. Me subía jarras de agua con hielo, café frío, batidos de frutas en los que me camuflaba una ampolla de vitamina y otra de astenolit. A veces, si estaba yo muy agarrotado, me daba un masaje en la nuca, en las sienes o en la espalda. Luego, se quitaba de en medio. Entre nosotros había una relación firme, un amor sólido. Ella guardaba cierta distancia, cierta reserva, sin gazmoñerías; pero a la vez me hacía notar que estaba cerca, que me quería.

»Tuve la mala o la buena suerte de que el opositor que exponía antes que yo era, ¿cómo no?, un *garcía*; pero no un *garcía* cualquiera, sino un tío brillante, empolladísimo, que iba el mejor puntuado de la oposición: un gallego, José Antonio García Vila, hijo del magistrado coruñés García Caridad. Yo pensaba: "¡Lo fresquito que estará estudiando ése en Galicia; y yo, achicharrándome aquí de calor... y encima, me va a machacar!, ¿no podría haberme tocado delante otro un poco más lelo?" Por fuerza, tenía yo que exponer muy bien los temas, porque la comparación estaba servida. Pero esa dificultad me espoleaba a estudiar más.

»Yayo se vino conmigo a Madrid para el último ejercicio. En plan de comparsa amistosa del opositor, vinieron también el pintor Pepe Freixanes y Olvido, su mujer, una aparejadora gallega, amiga de la familia de Yayo. Cuando allí, en el Tribunal Supremo, vi al gallego, a García Vila, yo decía para mis adentros: "¡Macho, qué ganas tengo de mojarte la oreja!" Pero ese pique mío con él, esa emulación, dio resultado: García Vila obtuvo 13,75 puntos y yo 13,50. Al final, se lo dije con franqueza: "José Antonio, esta nota casi te la debo a ti, porque tú eras para mí lo que la zanahoria para el caballo de carreras. Así que te estoy agradecido." Después, nos hicimos muy amigos.

»Quedé el número once de jueces. La número uno fue Margarita Robles. El 10 de noviembre del 80 ya soy juez...»

El Jumbo aterriza pegando un golpe seco de ruedas sobre la pista. Algunos viajeros aplauden la machada del piloto... La megafonía del avión sonoriza a tope *España cañí*. Garzón no se apresura en salir. Rezagado en el asiento, remata su evocación:

«¡Qué abrazo me dio mi padre! Nunca olvidaré aquella forma de apretarme contra él, fuerte, fuerte, como si quisiera fundirse conmigo. Sin decir una palabra, tiempo y tiempo. No me soltaba. Después, le oí decir muy quedo: "¡Gracias, hijo!"

»¡Cómo era mi padre...! No le gustaban las ceremonias ni los artificios; sin embargo, como hablaba poco, lo que decía no se perdía, quedaba resonando; y al ser tan sobrio de gestos, cuando hacía alguno, por sencillo que fuera, resultaba solemne. Al poco de haber terminado las oposiciones, saqué los folios de mis gastos y le dije:

»—Tenemos que ajustar cuentas, papá, porque yo ya me voy...

»Tomó los folios. No llevaba puestas las gafas de ver de cerca. Hizo como que recorría los renglones con la mirada. Luego, dobló el papel despacio, lo volvió a doblar y, ras, ras, ras, fue rasgándolo en cuatro, en ocho, o en dieciséis trozos...

»—Yo, con mis hijos, las cuentas las ajusto así...»

Dos días después de volver de Washington, el 29 de julio, superado ya el estuporoso efecto del *jet lag*, cuando Garzón se dirige hacia el juzgado, a las 8.45 de la mañana, capta por la radio policial la noticia compulsiva y todavía desorientada de un nuevo atentado terrorista «en la plaza de Ramales... una explosión bestial... de momento no sabemos más».

—Cambie de ruta, vamos allí en directo —indica al conductor. Garzón está de guardia. Por el móvil habla expeditivo con una funcionaria del central n.º 5. Le pide que avise al fiscal Pedro Rubira, al forense José María Álvarez Leboreiro y a Natalia Reus, la secretaria judicial. Después comenta: «Por el sitio que es, pueden haber hecho una masacre, yo voy hacia allá.»

El aspecto de la plaza de Ramales es desolador. Huele acremente a pólvora, a amonal, a neumáticos chamuscados y a ferretería quemada. Hay humaredas negras en veinte o treinta sitios: son coches ardiendo como efecto de la carga explosiva. El suelo está sembrado de restos de metralla, cristales rotos de los vehículos y de las casas que dan a la plaza, pedazos de asientos de automóviles, puertas y aletas metálicas desprendiendo olor a pintura recalentada... Garzón echa una mirada en círculo para hacerse su composición de lugar. Empieza a ver manchas de sangre, nubes de pavesas grisáceas, una siembra macabra de restos orgánicos: un trozo de cráneo con cuero cabelludo, parte de un hígado, media mano con dos dedos... Se le sobrecoge el corazón, como si se lo estuvieran apretando en un puño, y se le escapa un «¡Diooooos!» que sólo oye el comisario González Muñiz.

—Parece que han matado a un general, o a un teniente general... Y hay más muertos, por los menos dos, allí, donde aquella grúa roja —el comisario señala hacia el otro extremo de la plaza.

Garzón va hacia ese lugar. De camino, se calza unos guantes blancos de goma y sopla fuerte en una bolsa de plástico de esas de la policía judicial. De cuando en cuando, se agacha, recoge algo del suelo, lo mira y lo mete en la bolsa... Examina los cadáveres. Están abrasados, ennegrecidos, deformados por la cremación. Uno es de Joaquín Martín, el conductor militar del teniente general Veguillas Elices. El otro, de César García Contonente, un muchacho, tramoyista de un ballet que en ese momento estaba descargando el camión del vestuario. Los trajes del ballet han ardido también... Y de ahí sale la nube densa de pavesas. El cuerpo del teniente general Francisco Veguillas ha saltado por los aires, reventado y seccionado por el tronco. Lo ven desde abajo, enganchado en el balcón de una de las casas de la plaza. Es un muñón sanguinolento, un amasijo de carnes desgarradas. Garzón sube a ese inmueble. Son oficinas. Están rotos los cristales, desvencijadas las ventanas, hay vísceras, intestinos y sangre por todas partes... El forense, el fiscal, el comisario de policía y el propio juez intentan recomponer el cadáver del teniente general, estirarlo, agrupar de algún modo los restos desperdigados. Después, a Luis Miguel, un testigo presencial, vecino y amigo del militar asesinado, Garzón le pregunta si puede reconocerlo.

—Sí. Es él...

—¿Está usted absolutamente seguro?

—Sí... Él tenía... esos dos dientes separados, los paletos de delante —el hombre rompe en sollozos.

Llegan Juan Alberto Belloch y Margarita Robles, como altos cargos de Justicia e Interior. El general asesinado era también director de Política de Defensa, con Narcís Serra. Belloch saluda a Garzón y le pide permiso para acceder al piso de oficinas. El juez se lo autoriza. A Margarita le dice: «Mejor que no subas... el cuerpo está muy mal.»

Los policías y los especialistas en explosivos están ya calculando la potencia del artefacto, que estalló desde un coche bomba. No dudan de que se trata del Comando Madrid, que en esa fecha está integrado por Mikel Azurmendi Peñagaricano, Miren Nagore Múgica y Jon Bienzobas Arretxu, al menos. Los mismos que un año antes hicieron explotar un coche bomba en la calle López de Hoyos, al paso de una furgoneta militar, provocando la muerte de siete personas.

Garzón compara mentalmente, y no ve similitud de factura entre este atentado y el asesinato a tiros del general Hernández Rovira, que ocurrió el mes pasado, estando también él de guardia.

Lo que ni Garzón ni nadie sospecha en ese momento es que, desde hace muy pocas semanas, el cerebro de esta brutal embestida, Azurmendi Peñagaricano, está suministrando a la dirección de ETA datos valiosísimos para un nuevo golpe: los del vehículo Audi V8 metalizado azul oscuro, que utiliza el presidente del Partido Popular, José María Aznar, y los de su coche de escolta, un Citroën BX. Color, blindaje, matrículas, sistema de inhibidor de frecuencias, recorridos e itinerarios usuales... Incluso, la observación perspicaz de que al Audi V8 de Aznar le cambian cada equis días las placas de matrícula. Esos informes han puesto en marcha ya la cuenta atrás de un atentado que se perpetrará el 19 de abril de 1995.[11]

Este etarra, Azurmendi Peñagaricano, ya intentó matar al presidente de la Audiencia Nacional, Clemente Auger. Más tarde, integrado en el Comando Andalucía, asesinará al concejal del PP en Sevilla, Alberto Jiménez Becerril, y a su esposa, Ascensión García Ortiz, caso que instruirá también Garzón.

Con los guantes manchados de sangre, trajinando en ese inútil adecentamiento del cadáver, Garzón se ve a sí mismo allí y fuera de allí. Siente el golpe de culpabilidad de los vivos que están en el escenario de una tragedia y... pueden contarla. El golpe de culpabilidad de quien debe revestirse de frío amianto para realizar con pulcritud su faena: la inspección ocular, las diligencias previas de investigación, las órdenes precisas a la policía judicial, el dictado minucioso de datos a Natalia Reus que, junto a él, va levantando acta: «varón, corpulento, de unos sesenta años, con bigote... vestía pantalón gris de marca Leandro Bustos, camisa azul con etiqueta Segundo Barral, cinturón de cuero trenzado...»; «bajo un camión grúa rojo parcialmente quemado, aparece un antebrazo y parte de una mano con anillo de oro en un dedo, faltan dos dedos...».

En ese clima de conmoción, intuyendo que hay mucho más de lo que sabe, y sabiendo que hay mucho más de lo que intuye, le sobreviene el golpe de culpabilidad, la pregunta de conciencia: «¿Qué hago yo aquí? Si no puedo evitar que ocurra esto, ¿qué hago yo aquí?, ¿de qué le sirvo yo a la sociedad?»

Es fácil sentirse un desemocionado levantador de cadáveres, un impío husmeador de huellas y rastros en medio del pavoroso caos. Un testigo impotente. Él hoy, en la plaza de Ramales, se siente así. Al respirar esa mezcla de olores azufrados y dulzones del amosal y la sangre. Al ver, entre la gente consternada, esos rictus de miedo, de dolor y de rabia. Al pisar, ponga el pie donde lo ponga, los despojos de tal desolación... La pregunta acucia y hurga en sus meninges: «Si no puedo evitar nada de esto, ¿qué hago yo aquí?»

Todavía el espanto le confunde; pero, a hebras, despacio, empie-

11. Según los expertos, pese a los 74,8 kilos de amonal, amosal, amerital, hexolita, sigmatel y goma-2 empleados como explosivo, Aznar salvó la vida porque los etarras sincronizaron los detonadores Davey Bickford en el n.º 2, que necesitaba 50 milisegundos para estallar; hubiesen tenido que sincronizar en el n.º 1, que sólo precisaba 25 milisegundos.

za a balbucir una verdad: «Sí puedo evitar que otros, o estos mismos, vuelvan a destrozar y a matar. Sí puedo perseguir al criminal. Sí puedo, sin ira y sin furia, con la fuerza serena de la ley. Y eso es trabajar contra el mal. Y eso es trabajar por el bien.»

Han de pasar aún muchas fatigosas respiraciones, muchos pulsos de sangre por sus sienes, hasta que mansamente regrese al *Howard's End* de... aquella decisión juvenil, aquel resplandor germinal. Ahí está la respuesta: «¿Qué hago yo aquí? Abrir la puerta a la salida. La única puerta a la única salida. No hay otra. La única verdadera y legítima salida: el imperio de la ley. Siguen sobrándome ciento treinta y dos salidas. Hoy, aquí, en la escena del drama, lo sé con más fuerza que nunca: sólo quiero ser juez. Un juez en guardia. Un juez que ve amanecer. Como decía mi padre, *hay que ver amanecer*. Hay que ver amanecer porque el criminal no duerme.»

IV

EL SALARIO DEL MIEDO

«Debemos afectar al menor número de personas posibles e incluso paralizar todas las investigaciones en curso y destruir todos los informes que hagan referencia directa o indirecta a los GAL.»

(Informe Militar 16597/AS, de 20-12-94, referencia n.º 16.500/AS)

El día que Felipe González mintió ante el Supremo, Baltasar Garzón se enteró pronto. La noticia cruzó rápida la plaza de la Villa de París y subió hasta su despacho de la Audiencia Nacional. La decepción, el coraje y todo eso vendría luego; pero así, al primer golpe, sólo acusaba desconcierto. Hizo que se lo repitieran. «Que, cuando estabas en la política, le pediste el indulto para Amedo y Domínguez... Que también se lo pidieron Barrionuevo y Corcuera y otros responsables de Interior... "peticiones informales", ha dicho. Y también, "me lo pidió directamente". Se puede entender que sin testigos. O sea, su palabra contra la tuya. Ah, que Barrionuevo no quería que tú fueras en la lista electoral. Y que había discrepancias, tensiones, convivencia agria entre Vera y tú.» Por todo comentario, Garzón intercalaba dos preguntas enjaretadas: «¿eso ha dicho?, ¿estás seguro?». O «¿estás seguro?, ¿ha dicho eso?».

Un instinto primario le impelía a salir de su despacho, bajar a la calle, atravesar en cuatro zancadas la plaza de la Villa de París, irrumpir en la sala donde se celebraba el juicio por el caso Gal, y pedir la palabra: «Señorías, aquí se ha mentido. Yo recuso lo que ha declarado don Felipe González Márquez. Bajo juramento o bajo promesa, el testigo no ha dicho la verdad.» Pero siguió amarrado a su mesa el resto de la mañana, domeñando las vaharadas de indignación que le subían por dentro.

El día que Felipe González mintió ante el Supremo era martes y 23 de junio de 1998. Baltasar Garzón canceló un almuerzo. Quería estar en casa. Lo necesitaba. Además, su hijo Balti había acabado el curso sin quedarle ninguna asignatura pendiente. Se calzó unos vaqueros y unas chanclas, cogió de la nevera un par de latas de coca-cola *light*, y se dejó caer en los recuerdos. Como el corredor cansado se deja caer sobre la raya blanca de la meta, relajando los músculos, rindiendo las nervaduras, plegando los tendones, masticando un inmenso chicle de flojera. Se dejó caer en los recuerdos sin orden ni concierto, a chorros, a espuertas, a ráfagas, a borbotones, como le vinieran... el día que Felipe González mintió ante el Supremo. Once años de su vida de juez. Instantáneas de escenas, conversaciones fragmentadas, rostros, gestos, flashes del proceloso caso Gal. Las axilas de Amedo, empapando de sudor su camisa de seda. Argote, moviéndose como un pavo bajo su capa negra con capelina. El entrecejo adusto de Vera. Sus pómulos de cartujo. Las gafas empañadas de Damborenea. La voz enfática de Sancristóbal, el acaudalado Sancristóbal. Belloch y Pedrojota Ramírez, solos de madrugada por la misma acera de la calle Almagro. El maletín negro del Ministerio del Interior que iba a Suiza lleno y volvía vacío. «Nunca podrán encontrar pruebas.» Los veintinueve muertos. Más Lasa y Zabala, dos, son treinta y uno. Más Mikel Zabalza, el que se les fue en la prueba de la bañera y luego le inyectaron agua del Bidasoa en un pulmón. Presuntamente, claro. De ése se habló menos. Alguien dijo que... encima, era un «topo» del Cesid. Una lucha titánica contra el poder del Poder. Un sumario escarpado. Una historia condenada a que nunca le veamos el final. «Nunca podrán encontrar pruebas.» Lo dijo Felipe González. Y no es que no las haya. Es que siempre se adelantará la trituradora. O el dinero enmudecedor de bocas. O la tecla *abort* sobre la memoria del disco duro. O la cal viva. Nunca lo sabremos todo. Y lo que sepamos se distorsionará, se desfigurará o se negará. «Nunca podrán encontrar pruebas.» Siempre quedará un fondo viscoso y oscuro sin tocar. El día que Felipe González mintió ante el Supremo, a Garzón se le apareció el caso Gal, entero y de frente, como un toro clamoroso.

En abril de 1988, recuerda, surge por primera vez la expresión «fondos reservados» como un tabú inviolable:

«Yo había pedido que me informasen de unos pisos alquilados y unos teléfonos contratados por el policía Michel Domínguez, y unos desplazamientos del subcomisario José Amedo a diversas localidades de Portugal. Me responde el director general de la Policía, José María Rodríguez Colorado, que esos gastos se han producido con cargo a los fondos reservados. Ante esa expresión, "fondos reservados", en vez de quedarme callado, vuelvo a preguntar: "Dígaseme qué son los fondos reservados, en qué partida presupuestaria van, finalidad de esos desplazamientos, alquileres de inmuebles y de teléfonos, cantidades entregadas, etc..." Sin yo saberlo, estaba poniendo el dedo en la llaga. Empieza la batalla jurídica. Y empiezan las trampas políticas. Me niegan la información. Cito a los superiores de Amedo y Domínguez. Y el ministro Barrionuevo les ordena no contestar a mis preguntas sobre materias reservadas, "porque incurrirían en delito de revelación de secretos". Más aún: el consejo de ministros decide que ese tipo de gastos se considere materia reservada. Pero cuando esos gastos se hicieron no estaban clasificados así.

»Me pongo a hacer acopio de datos. Uno a uno, con paciencia de hormiga. Ésa ha sido siempre mi técnica de instrucción: apilar, apilar, y sólo al final tomar declaración, cuando ya tengo bazas en la mano; porque el delincuente es quien se las sabe todas y, si ve que no hago pie, tratará de confundirme.

»En mayo y en junio del 88 me desplazo a Francia y a Portugal en comisiones rogatorias, para interrogar a los matones contratados que estaban en prisión. Con el fiscal Ignacio Gordillo, voy a Bayona. Armand Riberolles es el juez francés que investiga el caso Gal. Nos recibe con frialdad. No se fía del fiscal. No por ser Gordillo, sino por ser fiscal. Me llama aparte. Quiere hablar conmigo sin el otro delante. "Perdone, pero me pone usted en una situación incómoda. La presencia del fiscal es imprescindible en el procedimiento español." Él insiste: "He de hablar con usted de juez a juez." Paso a su despacho y nos quedamos los dos a solas: "Con sinceridad, no hay nada personal, pero en este caso de los Gal no confío en la Justicia española: está muy politizada y muy dirigida. Llevamos tiempo intentando obtener información y sólo recibimos silencios, evasivas, negativas. Usted lo sabrá, supongo: el juez Seys —mi antecesor en este asunto— luchó por practicar una comisión rogatoria en España sobre los policías Amedo y Domínguez, y ya decidió dejar el legajo de papeles encima de la mesa del juez Carlos Bueren, a ver si de esa forma, *por las bravas* dicen ustedes, ¿no?, tenía entrada física en España este sumario. Créame, hoy, por primera vez, veo cierto interés por parte española. ¿Entiende, *monsieur* Garzón, nuestro recelo? Ustedes tendrán que ganarse la confianza." Señala un póster de la Declaración Universal de los

Derechos del Hombre que tiene allí: "En Francia se respetan los derechos humanos —me dice—, y uno de ellos obliga a la Justicia a investigar los hechos criminales que se hayan producido..." Le contesto: "Conozco bien esa Declaración Universal, y puede ahorrarse el discurso. Si estoy aquí es para investigar esos hechos de los Gal. No dude, *monsieur* Riberolles, que soy un juez testarudo: mi norma es ir hasta el final de los asuntos que instruyo".

»Los interrogatorios a los mercenarios son muy reveladores para mí, que estoy partiendo de cero. Uno de ellos, Figueredo Fontes, reconoce entre una serie de fotografías que se le muestran a los policías Amedo y Domínguez, aunque a él se le presentaron con las identidades de "Ricardo" y "Eduardo". Negoció con ellos su actuación criminal en el sur de Francia.

»A la hora del almuerzo, Riberolles y yo tomamos algo juntos en un restaurante, cerca del Palacio de Justicia, y luego continuamos con las declaraciones. Veo a los sicarios portugueses y franceses, y a una informante de los Gal, Dominique Thomas, apodada la dama negra.

»Desde Bayona, me desplazo a la prisión de Tarbes para hablar con Mohand Talbi, otro mercenario. Voy solo, porque Ignacio Gordillo tiene que regresar a Madrid para dar unas clases. En ese momento, yo pienso que a Ignacio, como fiscal dependiente de una jerarquía, le resulta arriesgado ayudarme a escarbar en lo del Gal...[1]

»Este Talbi me cuenta —y entonces yo no me lo creo— que en su día quisieron contratarle para asesinar a Santiago Brouard. Menciona "reuniones con altos cargos políticos y policiales de España en el hotel Ercilla de Bilbao", donde se había planeado lo de Brouard. Talbi reconoce también a Amedo. En cambio, a Domínguez no lo había visto nunca. Otro punto de esta comisión rogatoria es Burdeos. Voy y tomo declaración a Christian Hitier y a Pierre Frugoli, que también están en prisión.

»Ya de vuelta en España, me oriento hacia la pista del uso de tarjetas de crédito por Amedo y Domínguez, los pisos alquilados, los teléfonos con mensáfonos, los viajes... Pongo ahí a dos policías, José Luis de Santiago y Javier Tejedor —a éste le sustituye después

1. Esa mediatización de la Jerarquía Fiscal se comprobó cuando obligaron a Ignacio Gordillo a «no oponerse» a la libertad de Amedo y de Domínguez

Fernando Esteban Bravo—. Trabajan sin apenas medios, porque en Interior nos niegan el pan y la sal. Investigan como perros perdigueros: documentos de identidad falsos, pagos con cierta tarjeta Visa, facturas de consumiciones, gastos en casinos; viajan a Lisboa, Cascais, Estoril, Tuy, Lugo, Bilbao, San Sebastián, Vitoria... miden kilometrajes y calculan los tiempos en que se podía cubrir tal o cual distancia. Ni la policía ni la Guardia Civil nos facilitan un solo indicio. Son ellos dos, siguiendo mis directrices, pero en el desierto. Verifican ce por be lo dicho por los mercenarios, con resultados positivos. Poco a poco, vamos reconstruyendo con pormenor cada uno de los movimientos y fijando los lugares donde Amedo y Domínguez estuvieron con los mercenarios. Trabajan con minuciosidad. Mi esquema es no dejar cabos sueltos: "quiero comprobarlo todo: la factura del restaurante *A Boca do Inferno*; si existe tal gasolinera donde se supone que repostaron; si Amedo asistió al entierro de un familiar en tal fecha; si en Villalón de Campos les repararon el coche que se les averió yendo hacia Portugal; cuándo se pararon en la cuneta a echar una meada..." Miran cuentas bancarias, pisos, hoteles, agencias de alquiler de coches. Después, en 1989, van a las canteras de Irún para verificar el explosivo utilizado en el asesinato de García Goena. Buscan una ferretería donde tengan cierto tipo de imanes como los que Amedo y Domínguez emplearon. Y la encuentran, casualmente muy cerca de la comisaría de Bilbao...

»Estas pesquisas se hacen en junio del 88. Los del gobierno piensan que no estamos en la pista de nada y que no va a suceder nada. Mejor para mí, porque trabajo con tranquilidad y en secreto. Nadie interfiere en las comisiones rogatorias de Francia y de Portugal. Me ilusiono con la investigación, porque empiezan a cuadrar varias piezas probatorias que utilizaré al final, cuando cite a Amedo y a Domínguez.

»La primera vez que veo a Amedo y a Domínguez, así, cara a cara, es el 13 de julio de 1988. Los cito a declarar como imputados. Les acompaña Jorge Argote, el abogado que Interior les pagaba.[2] Un personaje pintoresco, como de guardarropía, de estampa bizarra con su barba y su chalina; y en invierno, capa y sombrero. Su técnica de defensa es la hostilidad permanente con el juez. Alguien

2. Antes tuvieron a Gonzalo Casado y más tarde tendrán a Jorge Manrique; pero en ese momento su letrado era Argote.

le dijo un día que "la mejor defensa es un ataque", y lo ejerce hasta dormido. No funda su defensa en el aporte de coartadas para destruir las pruebas de cargo, o tal dato de valor, o tal argumento de jurisprudencia. Nada. Sólo guerra y guerra: recursos, apelaciones, campañas de imagen contra el juez, andanadas, demoras en los plazos, orden de silencio a sus clientes en los interrogatorios, aunque les perjudique gravemente.

»El Amedo que llega aquella mañana a mi despacho es un hombre fuerte, atlético, con calva incipiente, facciones marcadas, labios gruesos y carnosos, mirada altiva. Me recuerda a ese tipo duro de los *westerns* que entra en el *saloon* con los brazos en jarras y las manos apoyadas en las culatas de sus revólveres, mirando a los parroquianos por encima del hombro y sacando pecho. Amedo entra así, engreído, con la seguridad de que va a pasearse como un gallo por el juzgado. Viste un traje azul con camisa de seda. Suda mucho. Es un día caluroso de julio. Se sienta muy erguido, echando hacia atrás los hombros, con actitud de desafío. Pide fumar. Y fuma, aunque en mi juzgado no se fuma.

»Por consejo de Argote, Amedo y Domínguez se niegan a contestar. No obstante, le desgrano a cada uno las ciento y pico preguntas que había preparado: para que consten y ellos sepan sobre qué quería yo interrogarles. No dicen esta boca es mía. Ni siquiera confirman sus datos de identidad. Es un silencio mecánico, forzado, premeditado. Seis o siete años después, cuando sepa todo el dinero que hay por medio, entenderé ese silencio. Pasadas las once de la mañana, concluye el interrogatorio de Amedo. Argote firma el acta y, soltando el bolígrafo sobre la mesa, más que preguntar da por hecho "mi cliente ya puede marcharse... ¿no?".

»—No, su cliente no puede marcharse —le respondo—: queda preso a disposición de este juzgado y en esta causa. Señor Amedo, pase usted ahora al despacho del secretario judicial. Luego, esperará en las dependencias policiales mientras disponen su conducción al centro penitenciario que se le designe...

»Amedo da un respingo, se yergue con un impulso instintivo de dureza, también de asombro, de consternación, con las cejas enarcadas, parpadea perplejo como si alguien le hubiera tendido una trampa o le hubiesen engañado respecto a lo que allí iba a ocurrir. Sin duda, le han asegurado que no sucedería nada. La reacción del letrado Jorge Argote es una espantada grotesca: sale de mi despacho desaforado, corriendo y gritando: "¡Está loco!, ¡ese juez no sabe lo que hace!, ¡ha metido en la cárcel a Amedo!, ¡está loco...!" Según los periodistas que andan por allí, atraviesa al trote la calle Génova hacia Amador de los Ríos, y se mete en la Dirección General de la Seguridad del Estado: va a informar con urgencia que yo he decretado prisión para Amedo y que previsiblemente haré lo mismo con Domínguez.

»Michel Domínguez, sabiendo ya que Amedo va a la cárcel, entra convencido de que la medida para él será la misma. Reacciona fríamente. Siempre le he visto como un hombre impasible. Da la apariencia de segundón, pero se asegunda cuando le conviene. Él lleva su propio control de la escena. Observa mucho, habla poco, no pierde detalle. Actúa sin nervios, de un modo ordenado y sistemático. Esa sangre fría de Michel puede ser terrible... Lo ha demostrado años después. Cuando ha tenido ocasión de ajustar cuentas con el pasado, variando sus declaraciones, lo ha hecho sin miramientos: primero, se volvió contra sus jefes porque no le daban el indulto; más tarde, cuando a instancias mías le bloquearon su cuenta bancaria de Suiza, lanzó sus invectivas contra mí. Él va a su interés ...

»Amedo y Domínguez, aunque no contestan a ninguna de mis preguntas, las oyen y se percatan de que los mercenarios presos han hablado. En cuanto yo encarcelo a estos dos, el gobierno pone tiesas las antenas. A partir de ahí, las "fuerzas ocultas" tratarán de destruir el valor de prueba de cargo de las declaraciones de los mercenarios, en las que yo me apoyo. Comienza la guerra de las defensas: destruir los indicios como sea, entrando en mi casa a llevarse el sumario, mis papeles, mis minutas en borrador; o pagando al mercenario tal para que se desdiga, o fabricando el artificio de las cartas portuguesas: cartas ya escritas, todas iguales, el mismo papel, la misma letra, el mismo texto, introducidas en las cárceles de Coimbra, Lisboa y Linhao para que las firmen los sicarios presos y se desdigan de lo que un mes antes han declarado ante mí.

»Fernando Duarte, el director de Instituciones Penitenciarias de Portugal, investigó a fondo el tema y demostró que esas cartas se redactaron fuera de la prisión y carecían del menor valor de declaración voluntaria y fiable: habían sido inducidas. Fue una maniobra muy sucia. Incluso forzaron a que se pringase el fiscal general del Estado, Javier Moscoso. El gobierno español preparaba ya el indulto de Amedo y Domínguez con la seguridad de que, libres esos dos, el asunto Gal moriría para siempre.

»Aquella mañana de julio del 88, cuando envié a Amedo y a Domínguez a prisión, el ambiente en la Audiencia Nacional era tenso y adverso contra mí. A casi nadie le parecía bien: ni a los funcionarios, ni a los jueces, ni a los policías. Percibí un corporativismo cerrado: policías que me retiraron el saludo, desprecios ostentosos, cuchicheos a mis espaldas... Y soledad.»

Ese día, Garzón va por primera vez a unos almuerzos con sobremesa que se celebran en el restaurante Lhardy. Entre otros contertulios, asisten el abogado Antonio García-Trevijano; Jaime García Añoveros, ex ministro de Economía; Joaquín Navarro Estevan, magistrado juez; el psiquiatra Francisco Albertos; José Navalón, abogado con bufete en Washington, y su hermano Antonio, conocido *broker* y hombre de negocios; Ezequiel Jaquete, ex gobernador de la UCD; el jurista Daniel Regalado; el escritor murciano Paco Guerrero; el profesor Jesús Neira; los periodistas Lorenzo Contreras y Bonifacio de la Cuadra.[3] Garzón acude invitado por su colega Navarro Estevan, quien, ya al final y en un aparte, le pregunta:

—¿Qué tal va lo del caso Gal?

—Pues mira, acabo de decretar la prisión a Amedo y a Domínguez.

Lo dice sin énfasis, con frialdad. Pero la noticia es de gran calibre: la primera dentellada seria al tema de los Gal. Los que están cerca y le oyen se quedan de una pieza. A esas alturas, nadie duda ya de que tras esos dos policías hay una sospechosa protección del Ministerio del Interior y un indisimulable olor... a cloaca del Estado.

Antonio Navalón, charlando con Adolfo Suárez esa misma tarde, le comenta la novedad:

—He conocido al juez Garzón... Y acaba de meter en la cárcel a Amedo y Domínguez.

—¿En serio? ¿Y ese hombre sabe lo que está haciendo...?

—Pienso que sí, que lo sabe muy bien. Me ha parecido un tipo seguro, sereno, con *fuerza tranquila*. De esos hombres que no se detienen ante lo que creen que deben hacer, y van hasta el final.

Después de almorzar en Lhardy, Garzón alquila la película *Zeta*,

3. Más adelante, se incorporan el catedrático Juan González Encinar y alguno periodistas: Sol Alameda, Iñaki Gabilondo, Raúl del Pozo, etc.

de Costa Gavras. La vio con Yayo, siendo novios, pero quiere volver a verla: hay cierto parecido entre el juez de aquel caso y él con los Gal.

Se acuerda ahora de un episodio que vivió en solitario y nunca lo ha contado. Fue por aquellas mismas fechas: cuando trazó la enigmática equis sobre la estructura de los Gal.

«Con Amedo y Domínguez en prisión, me aplico a elaborar un informe en el que expongo las razones para procesarles. Lo concluyo el 18 de julio, aquí en casa, en la buhardilla, sobre la mesa recia de pino yugoslavo que me compró mi mujer. A mano, como suelo trabajar, he ido ordenando elementos: fechas, lugares, rastros, viajes, acciones conocidas de los Gal, mercenarios ya condenados en Francia o en Portugal, presuntos responsables... En cierto momento, sin más historia ni más misterio, hago un esquema para mí: un organigrama, para tener las cosas a la vista, claras y ordenadas. En un folio, yo había escrito los nombres de los implicados, con unas flechitas: "Este de aquí y aquel de allí se relacionan así; estos tres mercenarios se vinculan con Amedo y Domínguez, que les dan las órdenes y el dinero; a su vez, Amedo y Domínguez reciben el dinero y las órdenes de... ¿de quién?" A medida que lo elaboro, veo que queda bien: se visualiza una interrelación, una dependencia, unas gradas de mando. Era lo mismo que escribí en mi auto de 4 de abril de 1988, cuando dirigí la acción contra Amedo y Domínguez... *y otros responsables superiores e instituciones*. ¿Por qué no incorporo este gráfico al auto proponiendo el procesamiento?, me digo. Amedo y Domínguez no han actuado solos, han recibido medios, han obedecido órdenes, han seguido instrucciones de escalas superiores... De ahí, la equis: alguien que está por encima. Para mí, en ese instante, la equis no tiene nombre. No pienso en ningún *mister X* identificado. La equis no oculta a nadie, no es en absoluto un antifaz.

»Al final, va a tener razón Amedo cuando me decía con todo cinismo: "Sólo podrán trincarnos por lo de Segundo Marey. Fue el primer caso, no había experiencia, y la pringaron metiéndose de hoz y coz todos en todo. Ahí dejaron huellas, papeles escritos, comunicados, facturas de viajes y alojamientos, etc. Pero, a partir de Segundo Marey, se aprendió mucho: se pagó a los mercenarios y se cortaron las conexiones."»

Mediado julio de 1994, cuando Amedo y Domínguez llevaban seis años en la cárcel, Jorge Manrique, su abogado, habló un día con Garzón —regresado ya de su excursión política— y le contó que tenía contacto muy frecuente con el ministro Juan Alberto Belloch y con el director general de Instituciones Penitenciarias, David Beltrán: «A mis clientes les han garantizado el tercer grado para el 15 de este mes; pero el 19 o el 20 hay no sé qué acto del Partido Popular a nivel nacional y, para que no les ataquen con ese motivo, les retrasan la salida unos días... Como yo ya no me fío un pelo, y los dos que están en la cárcel menos, le he dicho a David Beltrán, que es amigo mío: "Mira, macho, son demasiadas promesas que se ha llevado el viento; estos dos están ya atacados de los nervios, y pueden saliros por cualquier registro, así que pónmelo por escrito." Y tengo un documento, con fecha antedatada, firmado por David Beltrán, donde se indica ya la concesión del tercer grado para antes del 30 de julio.»

Garzón se lo hizo repetir, por si hubiese entendido mal.

—Eso es una barbaridad. Pero... les tienen ustedes pillados.

—Es que, con tercer grado o sin tercer grado, Amedo y Domínguez están muy hartos, porque no era eso lo convenido. Y andan planteándose venir aquí a soltar todo lo que saben. Esto se lo cuento como juez instructor de los casos que afectan a mis clientes. Usted ya escuchó el año pasado a Michel...

—Bueno, bueno, le escuché un blablablá de no decir nada, que encima me creó muchos problemas...

—Sí, pero ahora están más quemados y con más ganas de hablar.

—Pues cuando lo tengan decidido en serio, que vengan.

De esa conversación, aparte la existencia de un documento otorgando el tercer grado con dos semanas de adelanto, lo que pasmó a Garzón fue un dato final que le trasladó Manrique: «Los soltarán camuflándolos con la excarcelación de algunos etarras.» ¡Exactamente, lo que Belloch le dijo a él en febrero de 1994 en su despacho de ministro, en Parcent!

En efecto, el 26 de julio de 1994, el gobierno de González, por mano de Belloch, concede el régimen abierto a Amedo y a Domínguez, concordando con el pacto escrito y firmado por el responsable de prisiones. Desde un curso de verano en El Escorial, Garzón hace una declaración de alto voltaje: «Son los jueces quienes han de decidir el tercer grado. Ese arma no debe estar en manos del gobierno, porque puede dar la impresión de que a alguien se le recompensa para que tenga la boca cerrada.»

«El 6 de septiembre —recuerda— operaban en Córdoba a mi hija María. Era una intervención muy delicada del pulmón izquierdo, y sufrimos mucho. Javier López Pujol, el cirujano, hizo un trabajo magnífico. Yo tenía que ir a Ginebra al día siguiente. Me costaba dejar a la niña, tan reciente de la operación. Pero era un encuentro de jueces y fiscales comprometidos en la lucha contra la corrupción; y yo, el único participante español. Debía estar. En Ginebra me conocían algunos de mis colegas, Laurent Kasper-Ansermet entre ellos, porque habíamos tramitado juntos varias comisiones rogatorias sobre el caso de Al Kassar y otros temas de narcotráfico y de blanqueo de dinero. Nos reunimos más de cuarenta: queríamos universalizar la Justicia para perseguir la corrupción, la delincuencia de los poderosos, la criminalidad organizada... El procurador general, Bernard Bertossa, estaba firmemente empeñado en que Suiza se mojase judicialmente y dejara de ser paraíso de corruptos y escondrijo seguro de dineros procedentes del delito.[4] En ese clima de opinión conocí al juez suizo Paul Perraudin aquel día de septiembre. Llegó retrasado, porque venía precisamente de atender, con la juez española Mercedes del Molino, una comisión rogatoria sobre un remanente de cuarenta millones de pesetas entregados por Luis Roldán a Julián Sancristóbal para el *Informe Crillón*, que no se abonaron a la agencia Kroll y estaban "distraídos" en Suiza. Perraudin investigaba también las cuentas de Paesa, y algo del reciclaje de dinero procedente de comisiones ilegales o de fondos reservados, depositado en bancos de Ginebra. Nos presentó Kasper-Ansermet.

»Yo barruntaba que podía haber una conexión entre el caso Gal y algunas cuentas suizas. Ya en Ginebra pensé que Bertossa y Perraudin podían saber algo. Así que le pregunté al juez, un poco en plan embudo, concretando poco a poco mi cuestión: "¿Maneja usted información sobre fondos reservados del ministerio español del Interior...?, ¿sobre fondos relacionados con los Gal?, ¿hay algo relativo a José Amedo y Michel Domínguez...?" Perraudin es un tipo reservado y muy celoso del secreto sumarial. Lo somos todos los

4. Un par de años después, en 1996, Bertossa puso en marcha la iniciativa de «la llamada de Ginebra», *L'appel de Genève*, de jueces y fiscales contra la corrupción. El núcleo fundador lo constituyeron los magistrados Bernard Bertossa, Edmondo Bruti Liberati, Gherardo de Colombo, Benôit Dejemeppe, Baltasar Garzón Real, Carlos Jiménez Villarejo y Renaud Van Ruymbeke.

jueces; pero más si cabe los suizos, porque su legislación es draconiana con el sigilo. Se quedó mirándome y dijo: "Bueno, hummmm, yo llevo una investigación amplia, hay mucho material —hizo un gesto con los dedos pulgar e índice, como si me mostrara un gran tocho de papeles—; aunque quizá haya algo de eso... *peut-être qu'il ait quelque chose...*" No me dijo más, porque no debía. No puso cara de desconocer esos nombres. Y yo me quedé con la copla. Aquel *peut-être qu'il ait...* me activó las pilas. Allí había algo. Yo no sabía, no tenía ni idea de que Amedo y Domínguez hubiesen sacado dinero de España. Sólo una intuición. Roldán tenía dinero en Ginebra. Paesa operaba también en Ginebra. Y él era quien aconsejaba negociarlo todo en Ginebra. Constaba ya que Paesa tenía estatus diplomático por Santo Tomé en Suiza, y residía en Ginebra. Se empezaba a decir que habían bloqueado determinados fondos de Julián Sancristóbal en un banco de Ginebra. Pensé: "Joer, pues esto es sota, caballo y rey: los del Ministerio del Interior han elegido Ginebra para sus operaciones raras." Me acordé también del caso de las pistolas Sig Sauer con Francisco Paesa y George Starckmann, el traficante de armas: yo había seguido el itinerario de las cien pistolas Sig Sauer desde Austria, y aquel pago pasaba también por Ginebra.[5] Eran hechos sueltos. Yo los conecté: "Si todos ellos traen su dinero aquí, ¿por qué no van a tenerlo también Amedo y Domínguez? Puesto a buscar en algún sitio, aquí es donde más indicios hay." Luego ya será cuestión de añadir ese plus de arrojo y decir: "voy a jugármela, sólo el que busca halla".

»Al regresar a España, pido a la juez del número 16 que me diga si en sus investigaciones del caso Roldán o en la documentación que le han enviado de Suiza aparecen elementos relativos a Amedo y a Domínguez. Mientras me llegan esos datos del juzgado 16, anuncio que voy a cursar una comisión rogatoria a Suiza en relación con los Gal. Yo no suelo dar a conocer mis diligencias antes de practicarlas; pero en esta ocasión me interesaba que trascendiera. Era un movimiento de provocación, para ver si alguien se ponía nervioso. Luego supe que se produjo más que zozobra entre los afectados, cuando supieron que yo dirigía la comisión rogatoria al cantón de Ginebra, y no al de Lugano o al de Zúrich o al de Basilea o al

5. Las encargó y abonó el Ministerio del Interior para tender una trampa a ETA; pero la treta no funcionó, y las pistolas acabaron como un regalo en manos de la banda terrorista.

de Appenzell... Y, en concreto, al juez Perraudin. ¡Ahí estaba la madre del cordero! Los que tenían que nadar y guardar la ropa se preguntaban: "¿Cómo sabe este tío que hay que dirigirse a Perraudin?" Hombre, lo que yo sabía era que ese juez investigaba los temas de fondos reservados de España; y que, en la normativa suiza, cuando se solicita que para un determinado caso el juez de tal cantón sea nombrado cantón director, si desde Berna le dan luz verde, los jueces, los fiscales y las policías de los restantes cantones pasan todos sus datos a ese cantón director. Si hubiese cuentas corrientes de Amedo y de Domínguez en Lausana, en Saint Gall, en Zúrich o en cualquier otra ciudad suiza, los informes acabarían en Ginebra sobre la mesa de Perraudin. Pero en España no todos saben esto, y, cuando ven "comisión rogatoria al cantón director de Ginebra: juez Paul Perraudin", se les enciende la alarma roja: ¡este Garzón ya está de vuelta...!»

La provocación funciona. El primero que mueve ficha es el abogado de Amedo y de Domínguez. Jorge Manrique se presenta en el juzgado n.º 5:

—Mis clientes están preocupados por esa providencia suya, ¿es que usted sabe algo o busca algo de Suiza?

—¡Por favor, Manrique! Yo no le voy a decir ni qué sé, ni qué busco; pero si he dictado esa providencia, no lo he hecho por matar el rato, mis razones tendré...

Garzón suelta esa evasiva y tiene la impresión redonda de que ha pinchado en carne: «¡tate, hay algo!». Desde entonces, su estrategia con Manrique será aparentar que sabe lo que no sabe.

—Pero eso complica las cosas, porque estos dos ya estaban decididos a hablar, y ahora igual se echan p'atrás...

—Ellos están en su derecho de hablar o de callar. Y yo estoy en mi deber de investigar. Además, a qué andarnos con disimulos, Jorge, si usted sabe de esto más que yo...

Y ahí empieza un juego equívoco de frases ambiguas al que el juez va dando sedal. Sin mentir, midiendo mucho las palabras, Garzón deja que el abogado crea que él está al cabo de la calle. Tiene la certidumbre de que, tras cada encuentro en el juzgado, Manrique informa inmediatamente a los ex policías.

Todavía en 1994, en noviembre, se producen dos hechos que desestabilizan el ánimo de Amedo y de Domínguez. De una parte, Garzón reactiva el sumario de los Gal en el tramo de los cuatro asesinatos perpetrados en el Mon Bar de Bayona. De otra, el Ministerio del Interior les suprime el salario, las seiscientas mil pesetas netas que uno y otro recibían cada mes. ¿Salario del silencio, de los que hasta ahora estaban dentro? ¿Salario del miedo,[6] de los que hasta ahora estaban fuera? Un salario extraño que, mes tras mes, pagó Barrionuevo, pagó Corcuera, pagó Asunción y, desde mayo del 94, paga Belloch... hasta que Margarita Robles se niega a continuar con ese chantaje:

—Si se les paga, yo dimito, Juan Alberto. Te lo digo en serio: mientras yo esté al frente de la Secretaría de Estado del Interior, a esos dos pájaros no se les da un duro más.

Esto es un jueves de noviembre de 1994, por la noche y en el palacete de Castellana 3. Belloch ve determinación en la mirada brillante de Margarita Robles. Para tranquilizarla le dice: «Mañana, antes o después del consejo de ministros, se lo consultaré al presidente.» Sin embargo, esas palabras inquietan aún más a Margarita. Son como un fogonazo revelador: que el presidente del Gobierno esté al tanto de si se paga o se deja de pagar a dos ex policías es un dato tremendo. En otro momento de la conversación, y queriendo pulsar quizá la firmeza de su secretaria de Estado, Belloch desliza con tono afectadamente nostálgico: «¿Te das cuenta, Margarita...? Ésta puede ser nuestra última noche juntos en el Ministerio.» Y no es que Belloch esté dispuesto a irse, si González dice que siga pagando. A lo que Belloch está dispuesto es a dejar que se vaya Margarita Robles.

Al día siguiente, Belloch, que ya ha concedido a Amedo y a Domínguez el tercer grado para que dejen de graznar desde sus celdas, habla con Felipe González del tema de *la paga*:

—Yo soy partidario de seguir dándosela, por el momento; pero Margarita se me ha plantado, no quiere, y dice que se va...

Ah, si González hubiese podido encogerse de hombros y decir: «Juan Alberto, no sé de qué me hablas...» Pero, por las razones que fueran, por razones *equis*, no pudo fingir ignorancia. Quizá le resultó inconveniente la consulta de Belloch. Un lazo para hacer que se pronunciase. Un cepo trampero para engancharle por ahí. ¿No sabía Belloch arreglárselas por sí solo con los fondos reservados de sus

6. Este capítulo toma el título del filme de Henri Georges Clouzot, *Le salaire de la peur*, 1953.

dos ministerios? ¿Por qué le ponía en un brete, planteándole de cara esa cuestión? Felipe salió del lance con un elusivo «¡Haced lo que queráis!» De astuto a astuto: en adelante, un mismo nudo de complicidad les amarraría a los dos.

«Si a Domínguez y a Amedo les dan el indulto que les habían prometido desde el primer momento —sigue pensando Garzón—, esos dos no hablan en su vida. Al no dárselo y dejar de pagarles, dicen: "Esto se acabó y aquí que cada palo aguante su vela." Cuando decidieron declarar ante mí, ya estaban en libertad y sólo volvían a la cárcel, al centro Victoria Kent, a dormir. Primero vino Michel Domínguez. Quería tantear el terreno, ver qué riesgos corría hablando y qué garantías podía ofrecerle yo.

»—Esta gente nos ha dado el tercer grado, pero de eso no se come. Económicamente, nos han dejado colgados, al pairo, y hay que mantener a la familia...

»—Ya me ha dicho su abogado —Manrique estaba allí delante— que quieren ustedes declarar respecto al caso Segundo Marey. Piénsenlo, decídanlo, y en el momento que ustedes me digan, yo fijo las comparecen...

»—¡No, no...! —me interrumpió Michel—. Yo no sé qué querrá hacer Pepe Amedo. Yo hablo por mí. Mi situación familiar es de crack... Estoy ya muy harto de callar y aguantar, y lo mismo cuento todo lo que sé. Al fin y al cabo, tampoco fue tanta mi participación.

»Yo ahí registré algo que Michel ya me había dicho cuando estuvo en mi despacho el 23 de abril del 93, sólo que entonces no le di valor: Amedo y Domínguez no eran un tándem; tenían la misma condena y el mismo abogado, pero funcionaban por separado.

»—¿Qué problema tengo yo para hablar? —seguía Michel—. Pues, hombre, la seguridad de mi familia, el futuro de mis hijos...

»—Eso tiene que valorarlo usted, pros y contras, teniendo en cuenta lo que dejan, lo que tienen, lo que pueden perder...

»—¡Ah, no, no, es que eso no se podría tocar!

»Para mis adentros anoté: "Tercer dato, y bastante definitivo, de que hay un *eso* que no se puede tocar." Mi impresión fue: Éstos dan por hecho que tengo todos los datos. Y, por lo que su abogado les ha ido transmitiendo, creen que he entrado en un acuerdo tácito: que sólo me interesa conseguir elementos y pruebas de que los Gal se ordenaron desde arriba, pero que sus dineros de Suiza no voy a tocarlos...»

Jorge Manrique es de esos abogados que se pasan las mañanas pateando pasillos por los juzgados. Al central n.º 5 iba con bastante frecuencia. Si Garzón estaba libre, se asomaba unos minutos. Así, un día y otro... Del usted, pasaron al tuteo. Era a fines de noviembre, en la fase vacilante, que sí, que no, que hablamos, que no hablamos. Se mencionaba «lo de Suiza» como un sobreentendido, sin decir que fueran cuentas bancarias.

—Están indecisos. Les preocupa el tema de Suiza...

—Es que... es para preocupar. Pero yo de eso no necesito que me den grandes novedades; si acaso, confirmar algunos datos que, en definitiva, están en las propias cuentas...

En ese punto, Garzón se queda callado. El silencio de Manrique confirma en cierto modo que se trata de «cuentas» en plural. Al menos, una por cada uno. Manrique cree a pie juntillas que el juez está al cabo de la calle, y que no tira de ahí porque no es el dinero lo que busca en su investigación sobre los Gal. En cada dejarse caer de Manrique por el despacho judicial, Garzón avanzaba un milímetro más.

—Esto es muy jodido, Baltasar, porque se les puede poner feo el tema de Suiza —comentaba el abogado.

—Hombre, el dinero siempre es conflictivo —respondía el juez, en un deliberado moverse entre los árboles—. Aunque en principio los suizos son reticentes a soltar prenda, al final, poco a poco, acaban diciéndolo todo; y más en este marco, con el follón de evasiones, de fondos reservados, de capitales ilícitos del Ministerio del Interior, que han ido a parar allí... Los jueces y los fiscales suizos no están tampoco por ser la tapadera de toda la basura del mundo. Precisamente ahora hay en Ginebra una movida fuerte, del tipo «manos limpias», contra la corrupción. Sin ir más lejos, cuando estuve allí en septiembre, hablando de estos temas con Perraudin...

Ahí Garzón volvía a marcar un silencio zorro. No decía que él supiera, pero dejaba que el otro lo creyese. No era tan difícil jugar de farol: dar por descontado que las cuentas legales o ilegales del Ministerio del Interior estaban en Ginebra y en ningún otro sitio; mencionar el cantón de Ginebra; nombrar de pasada al juez Perraudin... Y si iniciaba una frase como «Jorge, tú eres abogado y sabes que, ley en mano, yo podría...», Manrique saltaba: «¡Joder, pues claro, si lo que yo no entiendo es cómo estos tíos siguen teniendo allí ese dinero...! ¿Qué les costaba a las mujeres hacer un viaje y sacarlo, coño?» Con lo cual, al dato de Domínguez sobre su independencia respecto a Amedo, indicio de que actuaban por separado y que tendrían cuentas distintas, se sumaba otro más enjundioso: las titulares eran sus esposas. «Como ellos estaban en la cárcel y no podían salir —le explicó Manrique—, lo ingresaron a nombre de las mujeres. Alicia, la mujer de Domínguez, tiene una hermana en Ginebra; ella se informó y les aconsejó que lo pusieran así.»

Entretanto, y a partir del 16 de noviembre, la agenda de Garzón se centra en otro tema: la desarticulación del Comando Vizcaya de ETA. El juez se desplaza a Bilbao para tomar declaración a los terroristas Koldo Martín Carmona y Lourdes Churruca Medinabeitia. De ahí arranca una operación judicial-policial intensa, a contrarreloj, en la que Koldo y Lourdes cantan de plano y se detiene a veintitantos etarras. Muchos de ellos eran nombres nuevos para la Ertzaintza, gente no fichada hasta entonces. Se obtienen pruebas importantes y se descubre la autoría de más de cincuenta delitos, con atentados y muertes. El Vizcaya era uno de los comandos más activos de ETA.

Cada comando que se desmantela supone para un juzgado más de quince días de trabajo sin pausa: comprobación de identidades; control de domicilios, vehículos, bares frecuentados, lugares de tránsito; registro de zulos con armas; vigilancia de «buzones» en el monte, en zonas boscosas, por si alguien acude a dejar o a recoger algo; personas que escaparon tras la detención de sus compañeros, a las que se les montan «esperas» hasta que van apareciendo; análisis de los documentos incautados donde figuran otros colaboradores... Mientras sigue abierta la operación policial, el juez ha de estar al frente, dirigiéndola. Y a ello se aplica Garzón desde el 16 de noviembre hasta el 1 de diciembre. Ese día viaja con su mujer a Argentina, para dar unas conferencias sobre corrupción en la Fundación Mar del Plata.

Poco antes, Jorge Manrique le ha dicho que Domínguez y Amedo al fin se han decidido y quieren comparecer: «Ellos proponen la primera semana de diciembre.» «Pues ya lo siento —responde el juez—, pero tengo la agenda muy justa.» Echa una ojeada rápida al bloc de mesa. «No hay más hueco que el 14. Pero ese día es el partido *Drogas No*, que organizamos Luis del Olmo, Johan Cruyff, unos cuantos y yo para recaudar dinero, y este año es en Sevilla... Como lo de estos dos no va a ser cosa de un solo día, prefiero tener cancha por delante: diles que, después del 15, cuando ellos quieran.» Se fijan las comparecencias para el 16 de diciembre.

—No sé qué es lo que ustedes desean declarar —les comenta Garzón a modo de saludo—, pero cuando tanto se lo han pensado, supongo que algo importante será...

—Sí. Y porque es importante y afecta a gente que tiene mucho poder, tememos por nuestra seguridad...

—Por su seguridad no deben preocuparse: la protección del testigo es una responsabilidad que asumiría el juzgado.

—¿Y seguiríamos yendo a dormir a la cárcel?

—No lo sé. Ustedes no dependen de mí, sino del juez de vigilancia penitenciaria. Yo, si me hablan de hechos por los que ya han sido juzgados y condenados, ni puedo excarcelarles ni puedo decretarles el ingreso en prisión.[7]

En ese mismo acto y antes de declarar, Amedo y Domínguez advierten al juez que han grabado en cintas un relato «periodístico» de lo que le piensan contar a él. Entonces, Garzón dicta esa circunstancia particular al oficial del juzgado, José Carlos Julián, para que conste en el encabezamiento. «Reabro el sumario con carácter secreto —comenta—, y no quiero que se me vaya al garete porque salga alguien acusándome de filtrar.»

Ciertamente, desde septiembre de ese mismo año 1994, El Mundo está en tratos informativos con Amedo y con Domínguez. Desde ese periódico se ha denunciado y hostigado a los Gal sin darles cuartel, yendo no pocas veces por delante de la acción policial y judicial. Y no es que ahora los periodistas hayan cambiado de trinchera: es que los ex policías han decidido, según el argot, *cantar la traviata* y señalar culpables superiores. Del 8 al 11 de diciembre de 1994, grabaron sus relatos —cada día en una suite distinta del hotel Eurobuilding, de Madrid— en presencia de Jorge Manrique, de Pedrojota Ramírez y de Melchor Miralles, que es quien ha logrado lo que será un explosivo *scoop* serializado, con un espectacular subidón de tirada y de ingresos para el diario. La condición estipulada es que el periódico no tendrá en su poder las casetes ni

7. Más adelante, Garzón solicitará a la juez de vigilancia penitenciaria M.ª del Prado Torrecilla que, dada la gravedad de lo que están declarando, les exima de pernoctar en la cárcel y les asigne protección por su condición de testigos arrepentidos; la juez lo hace y la Audiencia Provincial lo confirma.

publicará media palabra hasta que los dos ex policías hayan declarado ante el juez Garzón.

Aunque sólo van a hablar del secuestro de Segundo Marey y de los atentados en los bares Batzoki y Consolation, Amedo y Domínguez amplían mucho el retablo de responsables penales.[8]

El mismo 16, cuando comparecen por vez primera ante el juez, Manrique entrega al periodista Miralles un paquete con las treinta y ocho cintas grabadas. Garzón forcejeará con el impaciente Pedrojota, para convencerle de que espere unos días y no publique nada. No puede darle explicaciones, pero precisa tiempo para localizar a uno de los principales implicados, Julián Sancristóbal, que no está en España, a Ricardo García Damborenea y a los policías que van a caer en la redada: los comisarios Francisco Álvarez Sánchez, Miguel Planchuelo Herresánchez, Julio Hierro Moset, Francisco Saiz de Oceja, y los inspectores Juan Ramón Corujo y Luis Hens Serena. El director de El Mundo atiende a razones y no inicia su «culebrón» hasta el martes 20 de diciembre.

Lo peliagudo era que las nuevas diligencias del sumario en esa fase debían hacerse con todas las cautelas del secreto: convenía que quienes iban apareciendo implicados en el relato de Amedo y de Domínguez, al ser citados a declarar, no supieran hasta dónde sabía el juez. Sin embargo, el *copyright* de esa información lo tenía El Mundo. Y antes que el juez. Se podía apelar a su sentido cívico de ayuda a la Justicia, pero no se les podía imponer silencio. Por lo demás, nada obligaba a Amedo y a Domínguez a hablar ante Garzón ni a callar ante los periodistas.

«Yo trabajaba en una situación bastante incómoda —rememora Garzón—, porque no podía prescindir de ellos: eran mi fuente. Pero no mandaba en su voluntad ni en la de los de El Mundo. No sabía, ni me interesaba saber, si les habían pagado o no por sus relatos al periódico. Se especuló mucho. Se habló hasta el tedio de conspiraciones y pactos entre Mario Conde, Pedro J. Ramírez, Ál-

8. Entre el 16 de diciembre de 1994 y el 20 de abril de 1995, Amedo y Domínguez comparecen ante el juez Garzón trece veces cada uno, por separado; también en ese tiempo, declaran en varias ocasiones sus respectivas esposas: M.ª Ángeles Acedo Morales y Alicia Sánchez Carrión. Ese ritmo permite que en una horquilla de sólo cuatro meses queden judicialmente amarrados los temas del secuestro de Segundo Marey, Batzoki y Consolation, y la presunta malversación de fondos reservados del Ministerio del Interior.

varez Cascos y yo. ¿Yo, meterme en intrigas y chalaneos de ese tipo? Hubiese sido, no ya espurio y deshonesto, sino ¡demencial! Y a fecha de hoy sigo sin datos fundados para afirmar o para negar que a esos dos hombres les dieran dinero, como se dijo, por venir a declarar ante mí. Otra cosa es que les pagasen sus relatos al periódico. Lo que sí sé es que ellos en ningún momento creyeron que su dinero de Suiza corría peligro. Me inclino a pensar que a nadie le pidieron un resarcimiento por los doscientos millones que iban a perder: estaban convencidos de que el dinero no se tocaba. Tan es así que, durante varias sesiones, vienen, declaran, aportan elementos, sin mencionar el dinero de Suiza. Ni al fiscal Pedro Rubira, ni a mí nos piden garantías sobre eso. La cuestión la saco yo sobre la mesa ya en el tramo final de sus declaraciones, a últimos de diciembre del 94.

»Para mí era un inconveniente que los de El Mundo vocearan con su serial cuanto sabían sobre el secuestro de Segundo Marey. Y eso, al ritmo, zas, zas, zas, de mis órdenes de prisión: Sancristóbal, Planchuelo, Álvarez, Hierro, Saiz de Oceja, Corujo, Hens... La impresión en la calle era de conchabeo, de pacto, de apaño. Un *show* de imputaciones en estéreo: en el juzgado y en el periódico a la vez. En una democracia con libertad de información, yo no podía evitarlo; sólo... reconcomerme y aguantarme.

»Barrionuevo, desde el Congreso, se erigió en abanderado de la gente más notoria del PSOE, y comenzaron sus ataques. Fueron feroces. En aquellos meses, recibí palos por todas partes: unos me obstruían la investigación, otros me lo ponían todo patas arriba con el dichoso serial de El Mundo, otros me acusaban de filtrar... Nadie en el gobierno me daba la menor facilidad. Yo estaba solo contra viento y marea; y "corriendo a cuatro pies", que dicen en mi tierra. Como todo lo que se publicaba me lo atribuían, adopté la actitud de no hablar ni con mi padre que está en el cielo... En la puerta de la Audiencia Nacional, los periodistas me preguntaban: "Señor Garzón, ¿hay alguien citado para mañana?", y yo con la punta de dos dedos me cogía los labios por el centro y los apretaba con gesto de "punto en boca". Llegué a ser grosero con los informadores. Más de un día escuché a mis espaldas: "Pero este tío ¿quién se habrá creído que es?" Yo ¿qué me iba a creer? No me creía nada. Simplemente, tenía que callar. Y, aun callado como un muerto, me vi denunciado ante el Consejo del Poder Judicial, querellado ante el Supremo, recusado una docena de veces, vapuleado por los *mass media*, y varios funcionarios de mi juzgado afrontaron una denuncia infundada por filtración. Nada de eso prosperó, pero nos produjo molestias.»

Ciertos lealismos que se incuban entre pliegues de togas obran muchas veces el portento de que el gobernante sea siempre el hombre más tempranamente informado del país. Nunca falta un fiscal con alma de teniente, o de agente del Cesid, que eleve confidencias *top secret* hacia las cresterías del mando. El 16 de diciembre Amedo y Domínguez hacen sus primeras declaraciones bajo riguroso secreto; sin embargo, tan sólo tres días después, el lunes 19, Felipe González ya ha tenido tiempo de organizar una cita también secreta con su rival político, Aznar, y en un territorio bastante inapropiado para este tipo de encuentros: el domicilio del presidente del Tribunal Constitucional. Medidas de seguridad máximas. Opacidad total. Y nocturnidad. El anfitrión es un viejo amigo de Felipe González: Miguel Rodríguez Piñero, aquel catedrático que en Sevilla lo avaló y lo llevó en andas al aula magna, cuando González era apenas Isidoro. Ahora, agradecido por la presidencia del Constitucional, le celestinea el escenario y la mesa servida, «porque se trata de un asunto importante y urgente». Felipe expone a Aznar, «de estadista a estadista», una petición de árnica en medio de la cena: «Garzón ha reabierto el Gal. Amedo y Domínguez han ido a contarle cuatro mentiras. Y él, que no tiene ni zorra idea de lo que es el Estado, pero que lo del Gal le chuta, ¿qué más quiere? Además, detrás hay dinero. Amedo y Domínguez son como las putas: si no cobran no trabajan. Ya te puedes imaginar quién es el paganini... Hombre, yo entiendo que el tema tiene morbo, que huele mal, que electoralmente os puede resultar apetecible; pero tú, José María, sí tienes idea de lo que es el Estado y... sus servidumbres. Por eso, de estadista a estadista, te pido que le digas a tu gente que no entren a hacer sangre. Además, cuando se baja a los desagües, nunca sabe uno lo que se puede encontrar...»

Por su parte, el ejército busca su propia información sobre los Gal. Y la obtiene sospechosamente pronto. El 20 de diciembre de 1994, cuando Amedo y Domínguez acaban de empezar a declarar ante Garzón, el sumario es secreto y todavía no se sabe nada de la financiación con fondos reservados, ni mucho menos de la participación de Sancristóbal, Vera, Barrionuevo y González, existe ya un *Informe Militar 16597/AS, de 20-12-94, referencia n.º 16.500/AS,* con cuatro páginas de prosa mostrenca y sintaxis garbancera, pero cuyos contenidos le sacan muchos meses de ventaja a los resultados de la indagación judicial. Los militares están preocupados *por el enorme entramado que constituye los GAL, y el exceso de altos cargos, de uno y otro organismo, implicados en la trama GAL*. Así se refleja literalmente en tal informe, emitido en la 6.ª Región Militar, Brigada Infantería DOT VI, y acompañado por oficio 16597/AS de 3 de enero de 1995, que firma y sella Miguel Gonzalo de Uría Azcoiti, coronel jefe del Regimiento San Marcial 7. En ese documento castrense confidencial —*le ruego tenga la mayor cautela, por su seguridad y por la mía propia*, recomienda el coronel informante a quien sea su destinatario— se establece ya que *los máximos responsables de los GAL son D. Rafael Vera y D. José Barrionuevo, así como todos los nombres relatados en el citado informe*. Se habla de *delicadas gestiones* e *informaciones reportadas por agentes integrados en los cuerpos de seguridad del Estado, personas muy cercanas a los GAL*. Se afirma que *D. Felipe González Márquez dio visto bueno a dos partidas de fondos reservados a este grupo, por valor de más de 300 millones de pesetas;*[9] que *la organización de los GAL dependía directamente de D. Rafael Vera y era éste quien informaba (...) de los resultados de las operaciones de los GAL*; que *D. Julián Sancristóbal participó desde el primer momento en la organización, conjuntamente con Vera y Barrionuevo, quien así mismo siempre estuvo informado de las actuaciones de los GAL*, aunque *tuvo conocimiento con posterioridad, no desde que se crearon*.

Por varios apuntes de ese *Informe* se deduce que los militares han tenido acceso a las declaraciones de Amedo y Domínguez, que se están produciendo en esas fechas, así como a las que obran en los tribunales franceses de Pau. Disponen, pues, de una *longamanus* fiscal o de un *topo* en los juzgados. El escrito expone también las diversas ocasiones en que Vera se reunió con los mercenarios. Cita a Pierre Baldes, *procesado y condenado en Francia por un asesinato de los GAL*, y al *contratador de mercenarios*, Jean Philippe Labade; y asegura que *de los nueve contratados, cuatro se personaron repetidas veces en el despacho de D. Rafael Vera*.

9. El citado informe militar es de 20 de diciembre de 1994. En esas fechas, ni judicial ni policialmente se sabía que Amedo y Domínguez habían recibido de Interior 200 millones de pesetas.

Lo más asombroso de ese texto son sus «conclusiones»: *Para evitar mayores males, se deberían concluir de inmediato las investigaciones en curso, y con ello se conseguiría salvaguardar a determinados mandos militares implicados, que no es necesario nombrar en este informe (...) al menos, como Mando Militar que es Vd. estará de acuerdo en que los GAL, pese a ser Terrorismo de Estado, dieron una buena lección a ETA (...) debemos procurar afectar al menor número de personas posibles e incluso paralizar todas las investigaciones en curso y destruir todos los informes que hagan referencia directa o indirecta a los GAL. Manifieste su opinión a la mayor brevedad y por vía extraordinaria.*[10]

En esta secuencia de hechos, el mismo lunes 19 de diciembre que González cena con Aznar, a Baltasar Garzón le interceptan la línea de su móvil y empiezan a grabarle conversaciones... Es muy fuerte que a un juez le intervengan el teléfono. Esa violación constitucional duró al menos seis meses:[11] el tiempo que el juez empleó en investigar y elevar su instrucción al Supremo.

Lo más hampón de esos escuchadores es que, cuando lo grabado no les sirve o las cintatecas se les desbordan, venden por dos perras las casetes en los zocos del periodismo. Y así, un año después, le llegará al director de Época, Jaime Campmany, una cinta con varias conversaciones triviales en las que Garzón habla con su madre, con su amigo Manolo Medina, con Araceli Manjón, con algún funcionario... Claro que más delatora —por cuanto *excusatio non petita, accusatio manifesta*— resulta la carta que Garzón recibe del director del Cesid, Emilio Alonso Manglano, de fecha 23 de marzo de 1995, teniendo el juez su línea de teléfono intervenida. A Manglano nadie le ha pedido ninguna explicación, como él mismo reconoce en su misiva: *A pesar de que la excusa no ha sido solicitada, creo absolutamente necesario poner de manifiesto a su señoría que su preocupación, de existir, carece de todo fundamento real por cuanto este Centro ni realiza ni ha realizado operación alguna*

10. Ésta es la primera vez que se da noticia de tal *Informe Militar* y del oficio acompañante. Desde este momento, la autora pone a disposición del juez competente las fotocopias de ambos textos.

11. Jaime Campmany envió a Garzón copias de conversaciones grabadas entre el 20 de diciembre de 1994 y el 16 de junio de 1995, sin que se pueda afirmar que antes o después estuviese «limpia» la línea n.º 908 714 451, que era entonces la del móvil de Garzón.

de seguimiento de sus actividades o de intervención de sus comunicaciones. Se trata, en efecto, de una *excusatio non petita*. Transcurrido el tiempo, cuando Garzón reciba las copias de algunas de sus charlas telefónicas desde el móvil, atará datos de memoria y constatará que algunas las mantuvo yendo en coche, en el trayecto de Pozuelo a Madrid, por la carretera de La Coruña... ¡en las inmediaciones del Cesid!

Adiestrados por su abogado, Amedo y Domínguez habían hecho dos compartimentos en sus cerebros: estaban dispuestos a incriminarse ellos y a implicar a sus superiores en lo del secuestro de Marey y en la contratación de mercenarios portugueses y franceses; pero sin mencionar para nada los cobros de Interior. No querían hablar de las mensualidades percibidas durante siete años, desde agosto de 1988 hasta noviembre de 1994; ni de gastos de abogados, atenciones médicas para ellos y sus esposas, con intervenciones quirúrgicas en el Ruber Internacional; y menos, del dinero que Vera hizo que entregasen en Suiza a sus mujeres, en sacas sucesivas. El hermetismo en ese jalón era absoluto. Sin embargo, Garzón rastreaba por ahí.

«Mi punto de partida es cero: ni una sola evidencia de que esas cuentas existan. Sólo aquel gaseoso *peut-être* del juez Perraudin —recuerda Garzón—. Estos dos, cerrados a cal y canto. Y yo, necesitando que me den los números exactos de las cuentas corrientes...»

Desde que inician sus declaraciones, en esta reapertura del caso Gal, Amedo y Domínguez aportan contratos de alquiler de «pisos seguros» utilizados para citas y contactos de los Gal; documentaciones falsas expedidas desde dependencias policiales de Bilbao; recibos de alquileres y cuotas de teléfono con contestador automático, expedidos a sus diversos nombres falsos; talones bancarios; facturas de gastos de viajes y alojamientos; fechas y lugares y asistentes a reuniones organizativas de los Gal; datos del dinero recibido en pesetas o en francos para contratar a esos matones; fijación de objetivos humanos a «liquidar»; minuciosos detalles sobre cómo y dónde se debía secuestrar al etarra Mikel Lujua, que fue confundido con el pequeño empresario Segundo Marey; el traslado de éste en coche desde Francia a España por el paso fronterizo de Dantzarinea en Navarra; los nombres de los funcionarios de aduanas; las comunicaciones telefónicas urgentes y sobresaltadas aquella noche del secuestro, el 4 de diciembre de 1988, entre Amedo, Álvarez, Planchuelo, Damborenea, Sancristóbal, Roldán y Vera; las decisiones que se van adoptando en el despacho del comisario jefe Francisco Álvarez; la llamada de Sancristóbal al ministro Barrionuevo dándole novedades; el dramático momento en que algunos son partidarios de deshacerse del hombre secuestrado por error, y Damborenea propone «enterrarlo en cal viva»;[12] la localización exacta de la cabaña de Colindres donde retuvieron secuestrado a Marey; el manuscrito original del comunicado reivindicando el secuestro y poniendo condiciones para su liberación, de puño y letra de Sancristóbal y de Damborenea, sin descuidar el último detalle: «Repetir y ¡clic!» O, ya en tiempos más cercanos, las conversaciones entre Amedo Fouce —condenado y encarcelado— y el fiscal general Eligio Hernández, que le mostraba el dossier de su indulto asegurándole: «El número uno me ha dado instrucciones y todo está arreglado.»

A últimos de diciembre, Garzón aborda la cuestión del dinero en Suiza, aun sabiendo que pueden replegarse como ostras en sus valvas:

—Quiero información de esas cuentas...

—¡Ni hablar! ¡Eso, ni en broma!

—Escúcheme, señor Domínguez: los suizos no dan el dinero así como así. Se requieren muchos trámites. Y ustedes pueden litigar allí por él. Ustedes me han dado un apoyo documental muy rico en el tema de Segundo Marey; en cambio, no han aportado ni un documento de todo lo demás. Para que esto que me cuentan de los pagos hechos desde Interior sea creíble ante un tribunal, yo he de respaldarlo con pruebas documentales. Preciso alguna constancia: un banco, por ejemplo.

—No, no. Ese dinero es nuestro salvoconducto en adelante...

—Bueno, es que pueden aportarme datos probatorios de que a ustedes les han estado pagando, sin necesidad de poner el dinero encima de la mesa. Algún resguardo, los números de las cuentas...

—Yo no soy partidario de dar ese dato. Además, no sé el número de la cuenta. Lo tiene mi mujer.

—Mire, Domínguez, a mí me da igual. Más o menos, ya sé lo que hay. Haga usted lo que crea que le conviene. Pero sepa que voy a cursar una comisión rogatoria a Suiza pidiendo información exhaustiva de esas cuentas... y de otras.

12. Amedo no estuvo en ese despacho la noche del secuestro. En su relato, dice seguir lo que Sancristóbal le iba refiriendo al hilo de los hechos.

En efecto, la cursa el 28 de diciembre de 1994. Después de averiguar que los de Interior solían operar a través de la Unión de Bancos Suizos, Garzón pide datos bancarios de «todas las cuentas que tengan abiertas los ciudadanos españoles Rafael Vera, Juan de Justo, José Amedo, Michel Domínguez, Miguel Planchuelo, Julián Sancristóbal y Francisco Álvarez en la UBS de Ginebra».

Sabiendo que Garzón busca los fondos reservados, Amedo y Domínguez deciden: «mejor nos vendrá una actitud de colaboración, para que no nos lo trinque». Domínguez, más calculador, piensa aducir en su momento que ese dinero no está vinculado al Gal, que fue una indemnización. Como confidencia oficiosa lo cuenta en el juzgado: «Si los suizos descifran mi cuenta secreta, yo digo que es dinero legal de indemnizaciones, y litigo fuerte allí.»

Comienza una nueva tanda de comparecencias,[13] en las que no sólo Amedo y Domínguez, sino también sus esposas, M.ª Ángeles Acedo Morales y Alicia Sánchez Carrión, autorizadas por ellos, aportan datos de los pagos mensuales que ellas mismas recogían en el Ministerio del Interior, en metálico y en mano; y no precisamente pasando por una taquilla de pagaduría de haberes, sino en el despacho del secretario de Estado, Rafael Vera, o en el de su edecán de mayor confianza, Juan de Justo. Las mujeres informan de sus visitas a Vera, a su secretario De Justo y al ministro Corcuera. En su día, avisadas por sus maridos, tomaron la cautela de ir guardando los vales de visita que cumplimentaban al entrar, en recepción. Presentaron más de cuarenta. Anotaron los números de serie de varios de los billetes con que se les abonaban los «salarios» mensuales. Esto, una vez investigada la fecha de emisión de tales billetes, ayudaría al juez a verificar la cronología de los pagos. Había que hilar fino. Conservaban asimismo los fajines azules con sello del Banco de España y firma y rúbrica del empleado que dispensó ese fajo de billetes. Tenían anotadas las fechas en que fueron a ver a sus maridos en la cárcel, «siempre llevándoles instrucciones y mensajes de sus jefes, de que no se preocuparan». M.ª Ángeles y Alicia dan noticia también de sus intervenciones quirúrgicas en el Ruber

13. Éstas y las anteriores declaraciones o aportaciones de material probatorio se producen en la sede del juzgado central n.º 5. El testigo va acompañado de su letrado —Jorge Manrique, en este caso—. Están presentes el juez Baltasar Garzón, el fiscal Pedro Rubira, la secretaria judicial Natalia Reus y el funcionario judicial José Carlos Julián Casado.

Internacional, y el cargo a Interior de todos los gastos médicos, de quirófano y de estancia. Poco a poco va saliendo todo. Todo, menos los depósitos en Suiza.

La legislación helvética no permite informar sobre existencia y movimientos de cuentas si se les hace una solicitud genérica: hay que inquirir datos precisos y mediando un protocolo judicial de admisibilidad. En la práctica, el juez instructor del país solicitante tiene que llevar ya los datos en la mano, a falta de que los suizos se los confirmen. En cambio, la policía presta auxilio a la Justicia de cualquier país que se lo requiera. Es un resquicio que Garzón aprovecha. Acude a los inspectores José Villar, Guglielmetti, Cretenand y Zoltan Gombas, de la Brigada Financiera de Ginebra, porque los conoce de investigaciones anteriores. Les hace preguntas de arranque, de situación: ¿en qué hotel suelen hospedarse los de Interior cuando van a Ginebra?, ¿cuáles son sus bancos de confianza operativa?, ¿llevan escolta?, ¿la piden ahí?, ¿o... viajan de incógnito?, ¿en coche, en avión, en tren? Pronto dispone de unos datos verbales que, en ese cuarto de hora, abren un rellano a su escaso margen de maniobra para sonsacar a Amedo, a Domínguez y a sus mujeres. Garzón vuelve a jugar de farol y luce los pocos naipes de valor que posee: ellas viajaron en avión, hubo dos o tres viajes, los números de vuelo fueron tales y cuales, se alojaron en el hotel Du Rhône, alquilaron una caja fuerte cuyas medidas interiores eran de 28 por 60 por 40 centímetros, de modo que ahí bien pudo «dormir» el maletín en el que transportaban los billetes de cada entrega... «Y las cuentas están —se arriesga— en la UBS.»

Amedo y Domínguez sienten que su multimillonario secreto ha saltado por los aires. O lo que es peor: lo tiene Garzón sobre su mesa, en esos folios de los que lee un par de palabras, pasa al folio siguiente, lee otras dos palabras, pasa...

—Vamos a ver —les dice—, aquí está todo ya, sólo faltan los números de las cuentas: si ustedes los quieren aportar, se hará constar así como un gesto de colaboración con la Justicia.

Deciden darlos. Acuden las mujeres, que son las titulares. Marian y Alicia, por separado. Cuando están dando los números de las cuentas, todos en el despacho judicial contienen la respiración; sólo se oye el arrastre de la cinta en la grabadora y el tecleo suave de José Carlos en el ordenador. Garzón se ha echado hacia atrás en su sillón y se ha cruzado de brazos, aparentando desinterés. Por dentro, «¡venga, vamos, que lo suelte, que lo suelte!». Hay un clímax de tensión máxima. Es el final de una partida, y puede ser el comienzo de otra a un nivel muy superior. Hasta ese momento, el juez ha ido ganando bazas sin tener cartas seguras. La persona que está frente a él al otro lado de la mesa va a descartarse o va a envidar o va a pedir más naipes... Está en juego el elemento probatorio definitivo: los doscientos millones de pesetas de fondos reservados que se pagaron a Amedo y a Domínguez antes de su juicio,[14] para que surtieran el efecto que exactamente surtieron: el silencio, el encubrimiento, la impunidad de todos. De todos, excepto de los dos ex policías que, a cambio de esos salarios multimillonarios, se victimizaron aceptando ser los únicos acusados. Hasta ahora. Pero, a partir de ahora, quizá el juez y el fiscal dispongan de una imputación directa contra los más altos responsables del Ministerio del Interior.

Marian y Alicia llevaban cada una el número de su cuenta anotado en un papelito. Garzón ahora está reviviendo la escena de Marian, sentada ante él: abrió su bolso, sacó una billetera de piel y, despacio, con mucho cuidado, como si manejase uranio, extrajo un trocito de papel, una notita. En ese papelito escaso estaba la gran pieza de valor. Dictó los seis guarismos de la cuenta bancaria y las dos letras finales. Alicia, la mujer de Michel, hizo lo mismo en su turno. Pero le bailó una letra. Dijo 562618KC y era 562618KB. Tuvo que volver, para enmendar el yerro. Rubira y Garzón en aquel momento no querían ni mirarse. A Natalia le entró un súbito calor nervioso, pese a ser ultimísimos de diciembre, y empezó a abanicarse con unos folios.

—Menos mal que te ha dado el sofoco o lo que sea cuando ya habían soltado los números —le dijo luego el juez—. ¡Me las llegas a distraer, y te estrangulo!

Sin perder un minuto, Garzón se puso en contacto con el juez Perraudin. Por fax le adelantó la comisión rogatoria y que iría él en persona «a mediados de enero: ya le avanzo que se trata de confirmar y bloquear las cuentas números 562619KC y 562618KB de la UBS de Ginebra, cuyas titulares son las señoras...».

El sumario estaba en fase secreta. Lo de los fondos reservados era

14. Fueron entregas de cincuenta millones de pesetas, en cuatro ocasiones: 31.10.89, 29.12.89, 25.9.90 y 4.2.91, hasta totalizar los doscientos millones. Aparte, cada uno recibió una mensualidad no inferior a 450.000 pesetas y no superior a 600.000, desde agosto de 1988 —al mes siguiente de ingresar en prisión— hasta noviembre de 1994, lo que supera otro total de 76 millones.

una línea de investigación promovida por Garzón, en la que los de El Mundo no habían tenido arte ni parte. El juez exige a Amedo y Domínguez absoluta reserva: «En este país existe el derecho a la libertad de expresión y yo no puedo ponerles a ustedes un esparadrapo en la boca; pero entiendan, por favor, lo delicado que es este nuevo terreno: voy a tener que andar sobre vidrios de punta.» Los ex policías y sus mujeres se comprometen, «¡por supuesto, no faltaba más!», a respetar el secreto de una investigación que se presenta muy ardua, por los respaldos que Vera y compañía iban a tener desde el Ministerio del Interior. Pero, en cuanto les ofrecen un fajo de dinero caliente, abren la espita locuaz para El Mundo, que el 9 de enero del 95 conmociona otra vez al respetable público con la sacudida de metralla de las cuentas de Ginebra, los pagos con fondos reservados, los viajes de Juan de Justo, Aníbal Machín, Félix Hernando, Rafael Yuste y las esposas, los fajines azules del Banco de España, el hotel Du Rhône, los sobres blancos de Interior con membrete de la Secretaría de Estado y el nombre *Marian* escrito a mano... Lo soltaron todo.

«El Mundo me desbarata el ritmo que yo había diseñado. Salen con todo eso, cuando aún no están bloqueadas las cuentas de Suiza —Garzón se enoja de nuevo, recordándolo—. Al verlo en portada y a toda pastilla, no me aguanto: "¡la madre que los parió... ya me han jodido otra vez!". Un tocho del sumario, que tengo sobre la mesa, lo tiro furioso contra el suelo. Está allí Pedro Rubira: "¡Así no hay quien trabaje! Pedro, ¿qué coño hacemos ahora?" Me agarro un cabreo de órdago con Jorge Manrique: "¡Pero, oye, esto es de locos! ¿Tú no puedes coserles la boca a tus clientes? ¡Hombre, diles que si desde 1983 se han callado doce años, joder, que se callen ahora doce días, mientras yo amarro unos datos!"

»La indiscreción me fuerza a detener al secretario de Vera, Juan de Justo, antes de lo previsto, y salir zumbando a Ginebra para ver a Perraudin. Dispongo que ese mismo día Domínguez vaya a reconocer la cabaña de Colindres donde tuvieron secuestrado a Marey...»

Garzón está en Ginebra veinticuatro horas. Se trae la documentación bancaria que acredita la apertura, los movimientos y los saldos de esas dos cuentas:[15] los 200 millones, con los in-

15. A 31 de diciembre de 1994, los saldos de esas dos cuentas en la UBS de Ginebra eran de 1.370.063 y 1.746.000 francos suizos, equivalentes, al cambio oficial de esa fecha, a las sumas de 147.579.596 y 188.061.660 pesetas.

tereses acumulados, se han convertido en 335.641.256 pesetas.

Al día siguiente, por valija le llegan otros datos que pide a la policía de Ginebra: listados de vuelos en Iberia y Swissair para confirmar los cuatro viajes, reservas de Wagons Lits a nombre de Juan de Justo y Rafael Yuste, apoyo documental sobre las estancias en el hotel Du Rhône, recibo del alquiler de una caja de seguridad en el hotel y las medidas de ese receptáculo para corroborar que en su interior cabía el maletín negro de Interior donde transportaban las remesas de billetes. Tras el último viaje, las mujeres habían conservado de «recuerdo» el maletín, y lo aportaron como prueba.

Detenido Juan de Justo, factótum de la total confianza de Vera, por cuyas manos pasaron casi siempre —o siempre— los fondos reservados, el ex secretario de Estado se siente en peligro, y propulsa dos medidas inmediatas: hace que Juan de Justo recuse a Garzón, lo cual paraliza el proceso; y el mismo Vera se presenta en el cuartel de la Guardia Civil de Torrelodones, y denuncia al juez: aduce que la detención de su secretario es una medida de represalia de Garzón por discrepancias políticas.

«Ahí, Vera abre ya una senda falsa, pero que le puede resultar muy útil —piensa Garzón, con la perspectiva del tiempo transcurrido—: se inventa una enemistad que nunca existió.

»Nuestra relación fue siempre cordial, agradable, amistosa. Por mi parte, al menos. Y en lo político, no pudimos discrepar ni discutir, porque cronológicamente no hubo ocasión: no coincidimos, no trabajamos juntos. Cuando yo me incorporé a Interior, él se marchó. No estuvo siquiera en la rueda de prensa donde se comunicó mi llegada.

»Al recusarme Juan de Justo, se detiene el sumario. Yo, recusado, no puedo tocarlo. Así pasa enero. Corresponde dirimir esa recusación a Carlos Bueren, como titular del juzgado central n.º 1, que es mi suplente legal.[16] Bueren rechaza los argumentos de Juan de Justo, y me devuelve el caso. Como yo tenía desde un mes antes los resultados de Suiza, antes de citar a Vera a declarar pregunto al Tribunal Supremo si es o no es aforado, porque los hechos se refieren a cuando él era secretario de Estado. Los socialistas intentan aforar

16. Cuando un juez es recusado, resuelve el incidente su sustituto legal. En la Audiencia Nacional, los juzgados n.º 5 y n.º 1 se sustituyen recíprocamente.

a Vera y elaboran a toda prisa una Ley del Gobierno que dé el blindaje del fuero no sólo a los ministros: también a los secretarios de Estado. Aun sin llegar a nacer esa ley, la gente la llamó "Ley Coraza".

»La denuncia de Vera en Torrelodones se convierte, en querella ante el Tribunal Supremo: me achaca delitos de prevaricación, coacción a testigos, amenazas a Juan de Justo... Él sabe que esa querella no va a prosperar, pero tiene una inteligente finalidad: "fabricar", donde no lo hay, un motivo de animadversión entre él y yo; destruir así mi imparcialidad respecto a él; y poder esgrimirlo como argumento más tarde, cuando yo le procese y él me recuse: "Yo soy su querellante, dirá, y él es mi querellado; estamos en pleito, ¿cómo va a poder juzgarme asépticamente?" Ahí se ve la mano de su abogado defensor, el catedrático Cobo del Rosal, un jurista de los que se conocen las costuras de la ley. Es cierto, un juez no puede juzgar a un ciudadano que previamente le ha denunciado. Pero Vera y Cobo calcularon mal: ellos no sabían —no lo podían saber, porque el sumario era secreto— que, antes de detener yo a De Justo, ya tenía a Vera en el punto de mira de mi instrucción: yo le investigaba a él.

»Antes que Vera me denunciase, yo ya instruía una causa que le afectaba a él. Y así se lo hago saber: que el procedimiento estaba dirigido contra él, no desde la fecha que él menciona —el 9 de enero del 95—, sino desde antes, desde el 16 de diciembre del 94, que es cuando en las declaraciones de Amedo y Domínguez aparecen los primeros datos relacionando a Vera con los Gal, objeto de mi investigación. "Sin que pueda olvidarse —digo también— que el señor Vera tenía firma y era responsable de la administración de los llamados fondos reservados en 1983, cuando se produce la detención ilegal de Segundo Marey."

»La nueva saga de Amedo y Domínguez en El Mundo, "Así se financiaron los Gal", me perjudicaba lo indecible, porque iba dejando casi todos mis hallazgos al descubierto. Cuando el sumario tenía que ser secreto, porque yo estaba casando en el aire las piezas del mecano, la publicidad trastornó mi instrucción. Me acuerdo que, al tomarle declaración a Vera, vino ya resabiado, conociendo por El Mundo qué datos tenía yo. La única ventaja de un juez sobre el presunto delincuente es que él ignore hasta dónde sabes tú. Uno, porque él conoce toda la historia. Y dos, porque en su legítima defensa se acogerá al derecho de mentir.

»En las investigaciones sobre criminalidad organizada, al final sólo tienes lo que hiciste al principio, cuando podías jugar con el factor sorpresa y quizá con el secreto del sumario. Por eso, en la fase inicial, necesitas trabajar a gran velocidad, aunque la burocracia policial sea lenta. Lo tienes todo prendido con alfileres. Te mueves sobre hipótesis y conjeturas: agujeros que has de llenar con pruebas, con datos que encajen. Has de situarte en la mente del sospechoso cuando le tienes delante. Prever varias respuestas suyas, para cada una de tus preguntas. Él sabe qué ocurrió. Tú lo intuyes, pero sin certeza. Sólo dominas si le pillas a contrapié, si le desconciertas, si sales de pronto, ¡pum, pum, pum!, con una batería de actuaciones veloces, inesperadas: hoy, mañana, pasado, por la tarde, de madrugada, por la noche... A tal banco le pides unos saldos; a aquel testigo le requieres "preséntese en 24 horas"; ordenas un registro en su oficina, en su domicilio... Si te mueves así, rápido como una ardilla, en tres o cuatro meses lo consigues casi todo, y emites el procesamiento sin darles tiempo a reaccionar. Pero si tú, al aparato criminal que sea, le dejas mano suelta, enseguida organiza estrategias defensivas, compra testigos, destruye pruebas... y a ti, como juez instructor, te machaca.»

El día que Felipe González mintió ante el Supremo, Baltasar Garzón supo que, además de la falsía sobre lo del indulto, el ex presidente había vertido juicios de valor sobre el estado de ánimo con que dejó el gobierno: «Garzón no se marchó contento. La situación era muy tensa. Había apetencias encontradas y, como no era posible satisfacerlas todas, se produjo la ruptura y la salida, que no fue cordial.» Declarando ante el tribunal, González puso en duda la rectitud de la conducta de Garzón: «Yo creo que se marchó de la política decepcionado —dijo— porque no se le dio lo que él esperaba.» Y en distintos momentos, afirmó la existencia de «tensiones», «disputas», «discrepancias», «relaciones agrias»... entre Barrionuevo y Garzón, y entre Vera y Garzón. Con tales asertos, sin arriesgarse en desacatos, ni injurias ni calumnias, Felipe sugería que en las posteriores iniciativas judiciales de Garzón pudo haber despecho, afán de revancha... prevaricación. Y, al apuntar una posible parcialidad, ponía en solfa la validez de todo lo actuado por Garzón mientras instruyó el sumario. González no hacía más que seguir, sumiso, la línea de hierro marcada por Cobo del Rosal para este asunto: «eliminad a Garzón, y el caso Gal morirá por sí solo».

González ya había mentido, cuando dijo: «Yo nunca hablaba ni trataba nada con segundos niveles, con secretarios de Estado, por no puentear a los ministros.» Sin embargo, con el secretario de Estado Baltasar Garzón sí habló y trató cuestiones de política interna general y de su ministerio en particular. De otra parte, si —según reiteró— no hablaba con Vera, ¿cómo pudo conocer ese repertorio de estados de ánimo entre dos «segundos niveles»?

Sin lamerse las heridas, pero consciente de que si tiene cicatrices es porque alguna cuchillada o algún chirlo alevoso recibió, Garzón escampa ahora la memoria por el ciclorama de aquel tiempo en que él era peligroso porque indagaba en los hechos del Gal.

«Durante años me han asaeteado con campañas incesantes, diseñadas al milímetro desde el núcleo de Vera, Barrionuevo y Corcuera. Seguían teniendo el poder policial de Interior y el imponente respaldo del gobierno, del partido y del grupo parlamentario socialista, que hicieron bloque de hormigón en su defensa. Contaban con la pericia innegable de sus abogados y con la tremenda fuerza de los medios de información, privados y públicos, que usaron como plataforma para soltar contra mí un albañal de inmundicias. En el "¡esto es la guerra!", Barrionuevo y una pléyade de diputados utilizaron el Congreso como escenario para unas ruedas de prensa en las que me atacaban con virulencia. Eran provocaciones para hacerme saltar, que respondiera atacando y me convirtiera en parte afectada. Yo me decía: "Bueno, están en su derecho de ponerme a caer de un burro; lo que no veo es que estén en su derecho de usar el parlamento para ventilar un pleito que nada tiene que ver con los trabajos legislativos."»

El 14 de enero de 1995, TVE entrevista a Julián Sancristóbal en la cárcel. A José Antonio Martínez Soler, jefe de los informativos, le entregan la pastilla de vídeo ya lista para emitir... a las tres menos cinco de la tarde:

—Toma, mételo ahora, tiene que ir abriendo.

—¿Cómo que tiene que ir abriendo? ¿Qué es esto...?

—Una entrevista a Sancristóbal, dentro de Alcalá-Meco.

—¿Y quién la ha hecho...? ¿Quién coño la ha encargado?

—¡Ni *flowers*! Es una orden del director generalísimo...

Martínez Soler pide más altas explicaciones.

—No le pongas peros: informativamente es un bombazo, una exclusiva muy buena —le dice Jordi García Candau—. Lo ha organizado Fernando Escribano... No, no te equivoques: a mí no me da órdenes Escribano. Otra cosa es que a él se las dé quien se las puede dar, el ministro de Justicia... como yo ahora mismo te las estoy dando a ti.

Son los ministros Belloch y Pérez Rubalcaba quienes patrocinan esa entrevista y movilizan a sus alfiles subordinados: Fernando Escribano, director general de Justicia, y Jordi García Candau, director general de RTVE.

En sus declaraciones carcelarias, Sancristóbal lanza por vez primera una idea que prenderá enseguida, pues TVE es una tribuna seria, con marchamo de crédito: la teoría del pacto oscuro, de la confabulación, que él llama *conspiración Z* y en cuyo liderazgo sitúa al juez Garzón.

Seis meses después, Sancristóbal pedirá excusas al juez, «porque en ocasiones uno tiene que defenderse disparando con pólvora del rey». En cuanto a Martínez Soler, obedeció la orden, pero sin dejar de exponer su repugnancia moral «a que TVE sea el patio de monipodio donde cualquier ministro tiene derecho de pernada, y a que nos metan por narices en la cofradía de los Gal». Ahí empezó su ostracismo. Muy pronto, lió su petate y marchó a Estados Unidos de corresponsal.

«Fernando Escribano —reflexiona con extrañeza Garzón—, aquel juez de Vélez-Málaga al que no abrí expediente, antes bien, dije que le condecorasen. ¿Qué tendrá contra mí?

»El tándem de estrategas Belloch-Rubalcaba dio mucho juego mientras duró mi instrucción del caso Gal. A fines de julio del 95, cuando lo elevé al Supremo, idearon una campañita perfecta, mucho más cuidada que la campaña electoral. Me lo contaron algunos. Narcís Serra reunió a los del PSOE y les expuso "el plan de Juan Alberto y Alfredo", sobre todo en lo que se refería al ámbito mediático. Tenían que movilizarse y crear opinión. Se distribuyeron tareas: algunos tenían el encargo de llamar a las emisoras de radio, en programas abiertos al público, para contrarrestar día a día el efecto de la reviviscencia del caso Gal. Me lo contaron dos del partido. Serra les marcó también una línea de fondo para sus intervenciones públicas: un dale que te pego de imputarme ánimo de venganza, parcialidad, enemistad, "contaminación", haciéndome aparecer como juez ya prevenido, que conocí del asunto Gal y de los fondos reservados estando en la política, fuera del marco judicial. ¡Ni Goebbels hubiese sabido crear una apariencia con tantos matices! La consigna era: leña al juez del n.º 5, y alabanzas al Supremo. "No queremos ni medio roce con el Supremo porque, al final, la causa se ventilará ahí." Y así lo han hecho. No salgo de mi asombro: ni en el referéndum de la OTAN estuvo el PSOE tan compacto y tan unido...

»Es curioso: cada vez que yo proceso a alguien y ese alguien, como un tic primario, me recusa —ahí están los procedimientos en que aparecen imputados Juan de Justo, Rafael Vera, José Luis Corcuera, el general Enrique Rodríguez Galindo, el guardia civil Enrique Dorado o el letrado Jorge Argote—, todos usan el mismo argumento: que yo conocí a mi paso por Interior los datos de fondos reservados. No deja de ser chocante que quienes estuvieron tantos años, y decían no conocer nada, afirmaran a la vez que yo —que sólo estuve dos meses en Interior, y como delegado del Plan sobre Drogas, sin acceso a los fondos reservados, ni de derecho ni de hecho— había tenido tiempo de conocer los más crípticos entresijos del Ministerio del Interior, el manejo de los fondos reservados, su distribución...

»Por entonces, Barrionuevo se ofrece a comparecer como testigo. Le respondo: "No puedo tomarle declaración como testigo, porque usted es aforado. En mis preguntas podría subyacer una imputación criminal. Al venir como testigo, obligado a decir la verdad, usted se sentiría indefenso. Con toda razón, me diría: 'Eh, señor juez, que está violentando mi fuero de diputado, mi derecho a ser juzgado por el Supremo.' Ni este juzgado es el lugar para citarle a usted, ni éste es el momento procesal de hacerlo: como testigo, usted no me sirve; y para señalarle como imputado necesito más datos." Y así fue.

»Los ataques a tumba abierta en diciembre del 94 y enero del 95 son terribles. Cada uno barre para sus intereses. Casi nadie dice la verdad. Clemente Auger, presidente de la Audiencia, me sugiere: "Baltasar, pide protección al Consejo del Poder Judicial: hay razones más que suficientes para que te amparen." Denuncio que están atacando mi independencia como juez. Javier Gómez de Liaño, que entonces está de vocal en el Consejo, se mueve con nobleza y eficacia. Aunque algunos miembros eran renuentes, el Consejo me da la razón y me ampara. Ese amparo no tiene más valor que dejar constancia de que ha habido hostigación e injurias. Pascual Sala y los otros consejeros elaboran un comunicado muy digno, pero no van a más: no piden cuentas a nadie. Ahora bien, si miembros del gobierno y miembros del parlamento están coaccionando a un juez, y hay un delito tipificado en el Código Penal que es "el ataque a la independencia del poder judicial por otro poder del Estado", ¿por qué faltan agallas para dar el paso de exigir responsabilidades a esos otros poderes del Estado?

»La verdad es que yo estaba más ocupado con las diligencias de comprobar puntada a puntada cada uno de los elementos aportados por Amedo y Domínguez, que con ese vendaval que se agitaba en torno a mí y contra mí, pero fuera de mí...»

Comienza febrero de 1995, y Garzón cita a declarar a quienes viajaron a Ginebra llevando las remesas sucesivas de dinero para Amedo y Domínguez: Machín, Hernando y Yuste. Este Yuste fue sin saber de qué «negocio» se trataba. Vera se lo ordenó, pero le ocultó el argumento. En esos días, comparecen también varios empleados del Banco de España y funcionarios del Ministerio del Interior,[17] para verificar la autenticidad de ciertos datos y determinar cuándo se emitieron las series de billetes con que se pagó a Amedo y a Domínguez; quiénes firmaban por orden de Vera los talones librados de la cuenta 25012128-6 del Banco de España con cargo a fondos reservados; si respondían a visitas reales los cuarenta resguardos presentados por Alicia Sánchez y M.ª Ángeles Acedo; si reconocían como de uso del ministerio el maletín negro que se les mostraba y unos sobres blancos con membrete de la secretaría de Vera; si se hicieron desde Interior las reservas de vuelos en Swissair; si se abonaron esos billetes y las facturas del Ruber Internacional por gastos clínicos y quirúrgicos de estas dos mujeres... También declaró el ginecólogo y cirujano, García del Real. Se comprobó hasta el último clip.

Cuando Vera es citado a declarar, desenfunda una recusación doble: contra Garzón, porque lo considera enemigo suyo; y contra

17. Para comprobar la mecánica de los pagos, aparte los informes de la Fábrica Nacional de Moneda y Timbre, declaran los empleados del Banco de España Rafael Martínez Antona, Alfonso Ignacio Yago y Jesús Barroso; y, del Ministerio del Interior, los funcionarios Carmen Lobo Díez, Irma Deglané, Luis Bernaldo de Quirós, Primitivo Seivane García, Manuel Ballesteros García y Mínguez Álvarez.

Bueren —que, como juez sustituto, debe aceptar o rechazar esa recusación—, porque lo considera amigo de Garzón. Con ese trámite, Vera bloquea el proceso un tiempo, como ya hizo cuando se detuvo a Juan de Justo. Pero en esta ocasión la maniobra dilatoria provoca un daño más triste: resquebraja el vaso de la amistad que había entre los dos jueces. Garzón piensa ahora en aquello, desconcertado todavía: «Fue una actuación muy extraña, y sigo sin entenderla. Carlos Bueren era mi amigo... El 4 de febrero, sábado, yo estaba en el juzgado. El día antes Vera había presentado su doble recusación. Vino Carlos, me dio un abrazo fuerte, sentido: "¡Baltasar, venga, ánimo!, esto es una cabronada. Van a por ti y quieren acojonarte, pero tú sigue adelante. Y no te preocupes: pienso rechazar la recusación, como rechacé la que te puso De Justo." Mi sorpresa es morrocotuda cuando Carlos acepta ser recusado... él, porque se considera amigo mío. Pero ésa no es causa legal de recusación ni de abstención entre dos jueces, ya que lo normal entre colegas es que haya una relación profesional amistosa. Pero él, en virtud de esa amistad, decide abstenerse. ¿Acaso no era amigo y compañero mío un mes antes, cuando me recusó De Justo y él dirimió el asunto sin abstenerse, y rechazó los argumentos aducidos? ¿Acaso no era amigo y compañero mío cuatro años antes, en 1991, cuando me recusó Paesa, y él resolvió rechazando la recusación y multando a Paesa por mala fe? Él era sincero al subir a mi despacho, sin tener por qué, para darme un abrazo con congoja, llorando casi, para decirme que iba a hacer... lo que luego no hizo. ¿Qué pasó? Carlos nunca me explicó por qué actuó así. Ahí nos distanciamos, nos enfriamos. En esa época, llega a su juzgado el caso de Lasa y Zabala. Un año después, deja la toga y se dedica a la abogacía...»

El conflicto artificial suscitado por Vera lo zanja, por turno, un tercer juez de la Audiencia, Manuel García-Castellón, que no ve motivo para ninguna de las dos recusaciones. Y así se llega al 14 de febrero. Días después —25 de febrero de 1995—, la Sala Segunda del Supremo[18] rechaza la querella que interpuso Vera contra Garzón, y da un paso doctrinal importante: el juez del n.º 5 *debe continuar su instrucción (...) porque los fondos reservados no pueden estar exentos de la luz indagadora de la Justicia, sobremanera si*

18. Integrada para esa cuestión por los magistrados Enrique Ruiz Vadillo, José Luis Martín Pallín y Ramón Montero.

existen indicios de que se usaron para delinquir. Toda una franquicia para investigar los arcanos del Estado.

El 14 de febrero recupera Garzón la competencia del caso. A las cuarenta y ocho horas, Rafael Vera comparece ante él. Ya no hay más recusaciones ni querellas que sacarse de la manga.

«Había un cúmulo de indicios de delitos graves. La situación era dura para él y dura para mí. La escena fue correctísima, pero muy tensa. Toda la historia de las discrepancias y de la hostilidad era un recurso hábil, comprensible, aconsejado por su abogado. Vera tuvo que seguir por ese carril, pero los dos sabíamos que era falso de raíz. Yo no me presté a fingir que había guerra donde no había guerra. Cuando Rafael llegó al juzgado, me puse de pie, le tendí la mano, le tuteé, le miré con cordialidad para darle confianza, para transmitirle sin palabras que estuviese tranquilo, que yo le conocía y le estimaba. Pero enseguida percibí que él quería mantenerse distante. Y así estuvo: frío, hierático como una estatua, inexpresivo como un esqueleto con traje y corbata.

»No me agradaba tener sentado enfrente a un ex director de la Seguridad del Estado, interrogándole sobre hechos delictivos muy serios. Para él tenía que ser humillante. Había desplegado un poder imponente hasta un año antes, y yo le hacía preguntas incómodas en relación con su propia actividad política. Su gesto era adusto. Todos sus músculos estaban tensos. No me miró a la cara ni una vez. Yo le planteaba mis cuestiones buscando sus ojos, la chispa de su humanidad, pero él me contestaba con la vista perdida. Si en algún momento se cruzaron nuestras miradas, él desvió la suya. Me daba a entender que yo no existía para él.

»Mi interrogatorio se ceñía al secuestro de Segundo Marey y a los atentados en los bares Batzoki y Consolation. En ese momento yo no disponía de datos objetivos que le implicasen de modo directo en el secuestro de Segundo Marey. Más tarde, vuelto Roldán de su fuga, me aportó el testimonio de que, en la misma noche del secuestro de Marey —cuando aún creían que era Mikel Lujua—, Vera le dijo por teléfono "que los del control de Dantzarinea dejen paso libre a los que vienen del otro lado de la frontera, porque esto es un tema de Bilbao". Lo corroboraron después Planchuelo, Sancristóbal y Álvarez. Pero sí tenía pruebas abrumadoras sobre el pago de su silencio con fondos reservados de Interior. Había indicios meridianos que le situaban en el control de los Gal, como director de la Seguridad del Estado. Era obvio que él tenía las claves. Pero lo negó todo. Hizo una declaración técnica, concisa, muy estudiada, sin un titubeo, sin abrirse en ningún momento a dar una explicación, siquiera colateral. Se escudó en la reserva de los secretos de Estado: "la Ley de Secretos Oficiales me prohíbe contestar a esa pregunta", "no respondo a esa pregunta porque su contenido está sujeto a materia reservada"... Yo sufría: ese enroque en el secreto de Estado no le ayudaba nada. Conforme avanzaba la declaración, veía más inexorable el decreto de prisión. Allí en mi despacho, mesa por medio, pensé varias veces: "¡Vaya putada, que tengamos que estar aquí enfrentados, jugando cada uno su papel hasta el final!" Pero en mí no podía influir nada que me apartase de la más ecuánime aplicación de la ley a una conducta gravísima, como era la de haber patrocinado desde el Estado métodos violentos y actuaciones delictivas.

»Lo más valioso de su robótica declaración fue admitir de plano que el responsable de los fondos reservados de Interior fue siempre él: tuvo firma en el Banco de España desde su nombramiento en 1982 hasta su dimisión en 1994, con capacidad para disponer a su arbitrio de esos fondos: "capacidad que nunca perdí", recalcó.

»A la vista de las medidas que he tomado con los otros imputados —Sancristóbal, Planchuelo y Álvarez—, con Vera aún hay más fundamentos para enviarle a la cárcel. Como juez, me veo ante una decisión de envergadura. No se me escapa su trascendencia social y política. Como hombre... estoy hecho polvo. Esto es ya caída la tarde. Me encierro en el despacho y escribo el auto de prisión. Cuando termino, digo a los policías: "Indiquen al señor Vera que baje: está preso y se le va a notificar. Vayan avisando a sus compañeros para la conducción."

»Vera y Cobo del Rosal pasan al despacho de la secretaria judicial. Yo acudo también, por deferencia. "He dictado auto de prisión —les digo—. Lean ustedes..." Rafael está reconcentrado en su silencio y muy serio. Cobo, nervioso, alterado, protestando: los periodistas han hecho sus quinielas, sus conjeturas, y él ya habla de filtración. "Mire, señor Cobo —le digo—, son ustedes los primeros en conocer la resolución; antes, incluso, que la conozca oficialmente el ministerio fiscal, al que se le va a notificar ahora"... Un coche policial conduce a Vera a Alcalá Meco. Ya es de noche.»

Aquella tarde, Yayo no se movió de casa, «pendiente de la radio, con un ahogo, con un peso en el corazón...». Supone que así estará también Ángeles Esquiva, la mujer de Rafael Vera. Baltasar estuvo en casa a la hora de comer, pero no comió. Se sentó junto a la chimenea. Quería estar solo. «¡Si tú supieras, Yayo, lo que me cuesta esto! No soy de piedra... ¡Ojalá, en su declaración de esta tarde, Vera desmonte una a una todas las imputaciones que hay contra él! ¡Ojalá...!» Se sentó junto al fuego, los codos sobre las rodillas y sujetándose la cabeza entre las manos. De vez en cuando miraba al reloj. «No se lo puede creer nadie —comentó en otro momento—, pero éste es uno de los peores tragos de mi vida como juez. Si pudiese pasarle los trastos a otro, cogía las de Villadiego y me perdía...»

Cuando dicen por la radio que Vera sale hacia la prisión, Yayo se echa a llorar. Espera a su marido levantada. Baltasar llega pasada la una de la madrugada. Entra derrengado y pálido. Deja en el suelo el maletín verde y se queda parado en el umbral de la sala, aún con el abrigo. Abraza a Yayo. Desploma su cabeza en el hombro de ella, abatido, como dejándose... Casi sin voz: «¡Qué dura es la vida a veces... no puedo con mi alma!»

«Esa noche no dormí. Me sentía roto por la mitad. No dejaba de pensar en aquel Vera endurecido y sin expresión, y en su noche de cárcel. Aforismos como *dura lex, sed lex* no me aliviaban nada.

»Al día siguiente, 17 de febrero, me esperaba otro trago amargo: Ricardo García Damborenea, que comparecía por segunda vez y con las pruebas ya contrastadas. Era muy probable que fuese a prisión. Cada prisión que he decretado en mi vida —no sé si han sido muchas o pocas; han sido las que tenían que ser— me ha producido un dolor abrasivo en el estómago. Cada una, como si fuese la primera. Llevo bastantes años de juez, y recuerdo a cada persona a quien he tenido que decirle "está usted preso". Nunca he mandado a nadie a la cárcel con ligereza o... por si acaso. Y jamás, jamás, como elemento de presión.

»Damborenea ya había declarado quince días antes. Entonces me lo negó todo. Quedó en libertad, porque todavía no teníamos los informes periciales cotejando su cuerpo de escritura y el manuscrito del comunicado del Gal con su letra, que me entregó Amedo. Esta vez persistió en sus negativas, aunque en la noche del secuestro de Marey él estuvo en el despacho de Álvarez, en Bilbao, con Sancristóbal y Planchuelo; desde allí hablaron por teléfono con Vera y Barrionuevo, y les informaron de que habían secuestrado a otro que no era el etarra Mikel Lujua; redactó de su puño y letra un comunicado para reivindicar el secuestro; y, según refiere Amedo, sugirió el macabro "blanqueador de cadáveres" de la cal viva para deshacerse de Marey. Con todo, yo percibí que Damborenea tuvo un móvil diferente del de los otros procesados. Este hombre no era ni un matón sin escrúpulos, ni un policía violento, ni alguien interesado en ganar dinero a costa de ETA y los Gal, ni un mando de Interior ansioso de colgarse medallas de éxito con la lucha antiterrorista... A él le guiaba un planteamiento político exacerbado. Era su modo de entender el patriotismo. Bastaba oírle: él creía que había que hacer aquello —"combatir a ETA con sus mismas armas, yendo a cazarlos donde están"— para salvar al País Vasco de una situación terrible. Lo manifestó más adelante, en julio y en septiembre, cuando se sinceró y asumió lo ocurrido. En esta ocasión, el 17 de febrero, todavía se parapetaba a la defensiva. Le mostré su letra, el texto reivindicando lo de Marey, y me contó la milonga de que por entonces él escribía un libro sobre terrorismo y analizaba distintos comunicados para demostrar que había mucha intoxicación.»

Aquella tarde de febrero, la actitud de Damborenea respondía a la directriz de «silencio y negarlo todo» que Txiki Benegas había impartido en una reunión de urgencia en la sede del PSOE. Meses después, Damborenea relató con detalle esta reveladora circunstancia: «Cuando en diciembre del 94 Amedo destapa el escándalo, ante la inquietud de quienes han tenido algo que ver en lo de los Gal, nos convocan del PSOE a una reunión con Benegas en Ferraz 70. Yo estaba expulsado del partido y hacía tiempo que no volvía por allí. Me hicieron entrar por el garaje. Todo muy cauteloso. Expongo mi criterio: "Felipe debe salir a explicar y a inculparse." Benegas está de acuerdo. No obstante, se adopta la estrategia decidida por el gobierno: "como no podrán probarlo todo, procede negar los hechos". Pese a la alta tensión que hay entonces entre Ferraz y Moncloa, se reúnen Alfonso y Felipe, que ya ni se hablaban. Se establece un "comité de seguimiento" al más alto nivel: González, Serra, Benegas, Belloch y Rubalcaba. Nos dicen que "el gobierno va a tomar las riendas y lo arreglará todo". Comparecemos uno tras otro ante Garzón, y somos como tumbas. Pero el gobierno ni toma las riendas ni arregla nada. Al revés, les estalla el Cesid en las manos; dimiten Serra, García Vargas y Manglano; y lo único que les importa es salvar a Felipe, así se hunda el mundo (...). Los policías que están en la cárcel deciden cambiar su declaración: Sancristóbal, Planchuelo, Álvarez... Y a mí ya no hay quien me tape la boca. Me parecía terriblemente injusto que se cerrase el círculo de los Gal cayendo esos policías, y Vera y Barrionuevo y yo mismo, pero librándose González. Sería venderle a la Historia como la aventura de unos cuantos lo que fue una apuesta política decidida por el presidente del Gobierno. Un presidente pusilánime, eso sí, que no tuvo el coraje de pedir a las Cortes la cobertura legal necesaria para liquidar a ETA... sin tener que pagar por ello, como estamos pagando nosotros. ¿Licencia para matar? Bueno, ése es el derecho a defenderse que tiene toda nación. Necesidades fuertes requieren soluciones fuertes. Como hizo Francia con la OAS, o Alemania con la Baader-Meinhoff, los terroristas de los Juegos Olímpicos de Múnich, o Estados Unidos bombardeando Trípoli. Pero González tuvo complejo democrático y le faltaron redaños para pedir medidas legales de excepción».[19]

«Yo tenía elementos de sobra que le inculpaban —Garzón sigue rememorando aquella escena de febrero de 1995 en su juzgado— y lo pasé mal a la hora de mandarle a la cárcel. Le dije incluso algo personal: "Señor García Damborenea, hay indicios de que presuntamente usted participó en estos hechos, y voy a ordenar su prisión provisional. Lo siento de veras. Créame: es una decisión que me disgusta y me cuesta..." Él conservaba su entereza por fuera. Se quedó pensativo, como diciéndose a sí mismo: "No sé por qué nos hemos empeñado en negar y negar... tarde o temprano, esto tenía que llegar." Me miró. Las pupilas se le veían pequeñitas allá al fondo de sus lentes tan gruesas. Musitó: "Como usted diga." Dio media vuelta y salió de mi despacho a paso muy lento. Viendo su espalda encorvada, comprendí que iba moralmente derrumbado.»

Rafael Vera apela contra su prisión preventiva. La Sala de la Audiencia decide mantenérsela, aunque eludible con una fortísima fianza de doscientos millones de pesetas. El auto por el que le conceden la libertad bajo fianza es de una tremenda dureza reprobadora: el magistrado ponente, Siro García, dice que la actuación

19. Ricardo García Damborenea a la autora de este libro durante una entrevista mantenida en presencia de su abogado, Enrique Fernández de la Lama, y publicada en El Mundo el 22 de octubre de 1995.

presuntamente delictiva realizada por el imputado Rafael Vera «constituye un grave ataque al sistema constitucional». El PSOE deposita el aval de esa fianza, cosa que no ha hecho con otros imputados del mismo proceso. Por el contrario, a Planchuelo le suprimen el sueldo policial y le obligan a evacuar la vivienda familiar. Dos medidas correctas, pero que generarán consecuencias indeseables para el gobierno.

«La de Vera es la primera libertad que se concede. No la doy yo, sino la Sala —Garzón, minucioso, reconstruye aquella épica—. Después pongo en libertad a Damborenea, con una fianza de veinticinco millones de pesetas, que se rebaja a quince para que pueda afrontarla. Se decreta también la de Francisco Álvarez bajo fianza de diez millones. Y sin que ninguno de ellos hable ni confiese. En cuanto a Sancristóbal y Planchuelo, siguen en prisión porque la Sala rechaza sus recursos.

»Cuando el PSOE deposita la fianza de Vera, los otros imputados se rebelan ante el silencio impuesto y deciden hablar. Me lo piden ellos libremente. Es en julio de 1995. Planchuelo declara estando en prisión, y vuelve a la prisión. Sancristóbal declara estando en prisión, y vuelve a la prisión. Yo no les gratifico con la libertad. Todos los demás, los policías, que también declaran incriminándose en ese mes de julio, lo hacen en libertad —provisional, pero libertad— y nadie les coacciona. El propio García Damborenea, que no acude voluntario, sino que le convoco yo, presta sus declaraciones en régimen de libertad, acusando hacia arriba e inculpándose a sí mismo. Por tanto, hay unos que, estando en libertad, declaran y se incriminan; y hay otros que vienen de la cárcel para declarar y vuelven a la cárcel después de declarar. Y si unos y otros declaran porque quieren y siguen en prisión por orden mía, ¿cómo puede decir alguien que yo uso la prisión preventiva para forzar a que confiesen o para premiar las confesiones? La historia es mucho más limpia de como algunos la han querido contar...»

Fueron tiempos duros. Tiempos de amenazas. Tiempos de padecer la babosería maledicente. Tiempos de andar alerta, denunciando la patraña antes que se produjera. Tiempos de asechanzas, sintiendo en la nuca los hocicos húmedos y calientes de ciertas jaurías que siempre atacan por la espalda. Tiempos de aprender a comerse crudo el miedo.

«Pudo ser casual, pero durante el proceso de Rafael Vera se

producen dos entradas aquí, en mi casa —Garzón lo recuerda con toda nitidez—. Es gente del entorno policial de Interior. El 16 de febrero ingresa Vera en Alcalá Meco. Días después me llama por teléfono el periodista Antonio Rubio,[20] preguntándome algo la mar de chocante:

»—Baltasar, ¿tú has notado que han entrado en tu casa? En el fin de semana del 17 de febrero al...

»—¿Cómo que si han entrado...? ¿A robar...?

»—No precisamente. ¿Has encontrado una piel de plátano en tu cama de matrimonio? Entre el 17 y el 20 de febrero...

»—Pero ¿de qué me hablas?, ¿estás pirao?, ¿te encuentras bien?

»Como Rubio insiste en que tienen esa información de buena fuente, le digo: "Mira, Antonio, creo que os han vendido una burra vieja... pero, bueno, le preguntaré a mi mujer."

»A la hora de cenar:

»—Yayo, ¿tú has visto algo anormal en la casa? Bueno, más concretamente, ¿en la habitación de matrimonio?

»—Anormal, ¿como qué...?

»—No, tienes que decírmelo tú...

»—¿Una gotera?, ¿un desconchón...?, ¿es algo que tú has traído...? Chico, no sé, oriéntame...

»—Una piel de plátano...

»—¿Una piel de plátano? ¡Ah, sí, sí...! El otro día, ¿cuándo fue...? Cuando comimos en casa de los Oliva. Pepa y yo nos fuimos después al Corte Inglés. Al volver, encontramos una piel de plátano encima de la cama de matrimonio, pero en la de invitados. Yo pensé que los chiquillos, jugando...

»Me quedé de piedra. Fui al teléfono:

»—Oye, Antonio, que va a ser verdad lo de la piel de plátano...

»—Es que nosotros tenemos noticia de que cierta gente de Interior, del antiguo entorno de Vera y de Corcuera, han entrado en tu casa y te han dejado esa señal. Sabes lo que significa, ¿no? Es la advertencia mafiosa de que están sobre ti. Como en *El Padrino.* Esos cabrones te están diciendo: "Tenemos las llaves de tu intimidad, podemos llegar hasta tu cama."

»—¡Pues... menos mal que no me dejaron la cabeza de caballo!

20. Antonio Rubio y Manuel Cerdán son dos periodistas de investigación con instinto y oficio que, trabajando en tándem, han servido importantes primicias a los lectores de El Mundo.

»Ajustando fechas con Yayo, vimos que eso sucedió el sábado 18 de febrero de 1995, entre las dos y las seis de la tarde, único momento en que no había nadie en casa. Mary Luz, la empleada, tenía su tiempo libre y salió. Nosotros almorzamos en casa de Beatriz y Pepe Oliva. De ahí, yo me fui con los niños al cine a las 4.15 de la tarde; y Yayo, con su hermana Pepa, al Corte Inglés. Cuando volvimos los nenes y yo, a las seis, me subí a trabajar a mi buhardilla y no me enteré de eso. Ellas llegaron sobre las nueve de la noche, vieron la piel de plátano sobre la cama de invitados y la quitaron, sin más. Los que entraron a dejarla sabían que en casa no había nadie. Sólo se equivocaron de cama. Pero encajaba en la horquilla de fechas del 17 al 20 que a Rubio y Cerdán les dijeron sus informantes.

»La segunda entrada fue cuando yo acababa de redactar el auto de procesamiento de Vera. Buscaban ese documento. Era en la Semana Santa del mismo año 95. Yayo se marchó a Jaén con Balti y Aurorita. Yo me quedé con mi hija María, preparando ese auto. Lo terminé el Viernes Santo, 14 de abril. Antes de irnos, cerré con llave mi despacho de la buhardilla y puse algunos "testigos": un par de papelillos diminutos en la misma hoja de la puerta, para que se cayesen al suelo si la abrían. Alguien podía andar esperando a que yo me marchase. Era público que yo estaba con el procesamiento de Vera y que, siendo Semana Santa, trabajaba en mi casa. Lo normal en un puente festivo como ése es que, si salgo de viaje, me deje los papeles en casa. Como así hice. Ya habíamos emprendido la marcha, íbamos por las afueras de Madrid, y de pronto me dio mala espina. Entrábamos por la curva de Seseña cuando le dije a Mané, el escolta que conducía: "Dé usted la vuelta: regresamos a casa." Cogí el sumario y la minuta mía, manuscrita, del procesamiento. Fuimos a la Audiencia. Fotocopié la minuta. Desde el fax del juzgado se la envié a José Carlos, el oficial. Metí en la caja fuerte esa misma fotocopia de mi manuscrito. El original lo llevé conmigo. Esto era por la tarde. Llegamos a Villanueva del Arzobispo ya de noche. Nos esperaban impacientes, porque era la hora de ver la procesión...»

Al regresar de esas vacaciones a casa, mientras descargan los bultos del coche, Yayo se adelanta y abre la puerta de la verja. En esa temporada, siempre abre ella la puerta. «Por si tenemos sorpresa —explica en su círculo de familia—. No sé... puede haber alguien dentro esperando para pegarnos un tiro, o algo preparado para estallar. Pienso que es preferible que me ocurra a mí, y que los chicos sigan teniendo a su padre.» Esa noche, al abrir la puerta, ve que *Gina*, la perra, está dentro de la casa. Yayo sabe que cuando salió de viaje la dejó fuera, en el patio ajardinado, y le llenó el comedero con bolas de pienso. Supone que ha sido un despiste de su marido:

—Baltasar, al irte el viernes, ¿dónde dejaste a la perra?

—¿Dónde la voy a dejar? Fuera, en el patio.

—Pues... está dentro.

Baltasar pega un rebote de enfado súbito: «¡Estoy harto! ¡Me tienen hasta los mismísimos...! ¡Ya no aguanto más, es la segunda vez que esos cabrones nos entran en la casa!» Entretanto, Yayo ha observado que la cerradura está forzada...

Garzón inspecciona las habitaciones. Desde el patio llama:

—¡Yayo... ven un momento! Mira el suelo... El viernes yo regué y dejé un pequeño charco. Como estos dos días ha hecho calor, se ha evaporado el agua y se ha formado barro... Aquí hay pisadas de zapatos de hombre y huellas de pezuñas de la perra. Luego *Gina* ha pateado por aquí después de irme yo. Y el comedero... ¿ves las bolas de pienso esparcidas? La perra ha comido, ha estado aquí fuera, que es donde la dejé. Y en la casa no hay excrementos. El animal ha estado pocas horas dentro. Quienes sean, han entrado hoy mismo. Al abrir la puerta, *Gina* se les coló, que es lo que hace siempre... sólo que «los visitantes» no se dieron cuenta.

Luis, un vecino, les corrobora después que, en efecto, el Sábado Santo él había visto a la perra fuera, en el patio.

«Son mala gente —le decía yo a mi mujer, por entonces— y van a por todas. Se han manchado: unos con lo de la Ucifa, otros con lo de los Gal, otros con chanchullos de dinero... Y para librarse, presionarán hasta lo insoportable. Son una banda organizada, aunque algunos lleven uniforme. Y me preocupa vuestra seguridad. La vigilancia de nuestra casa está en manos de la propia Guardia Civil. Estos guardias que andan por aquí son buenos chicos, pero ¿y sus jefes? Estoy dejando que los chacales cuiden mi casa... Esto es serio, Yayo, no es una broma. No hay que vivir asustados, pero sí en alerta.

»Durante ese tiempo, para hablar entre nosotros de algo importante o confidencial poníamos música a todo volumen, porque nos habían entrado, no se habían llevado nada, pero podían haber dejado "canarios" puestos y en actividad. Esa sensación de riesgo, de tener al enemigo cerca, no era nueva en nuestra vida. En 1988, cuando empecé con el caso Gal, ya recibía amenazas. Una noche que no estábamos en casa sonó el teléfono pasadas las doce y media. La chica descolgó. Era voz de hombre y, según ella, amenazante, pero frío, sereno, aplomado. "¿No está el juez Garzón? —le dijo—. Pues comuníquele que mañana, cuando vaya al juzgado, le vamos a matar." Y colgó.

»Los capos del narcotráfico amenazaban también. Yo había metido en la cárcel a Urfy Çetinkaya, tetrapléjico, pero jefe de una de las mafias turcas más potentes del mundo en el tráfico de heroína. Recurrió, y la Sala le dio la libertad provisional bajo la irrisoria fianza de veinticinco millones de pesetas. Para él, calderilla. Pagó... y si te he visto no me acuerdo. Por ahí sigue con sus negocios. Hace poco le incautaron un cargamento de heroína en el que había un mensaje escrito: "Esto es mejor para la salud que Baltasar Garzón." Y la policía sabe por sus confidentes que ha jurado descerrajarme un par de tiros.»[21]

En esa misma época, Garzón recibe un aviso de Carmen Avendaño, la presidenta de la plataforma contra la droga ¡Érguete!: en Galicia, unos narcos han propuesto a alguien el trabajo de «eliminar a Garzón, cuando venga a veranear a Amorín». Este hombre duda, pero al final decide no hacerlo y da el soplo. La policía indaga. Durante los años 90 a 93, Garzón y su familia pasaban quince días de agosto en Amorín, por el término de Tomiño, en una casa alquilada. En 1994, la dueña de ese inmueble recibió un par de visitas muy interesadas en alquilar la vivienda donde veraneaba Garzón, «sólo unos días de julio, y pagando el mes entero por adelantado». Dijeron que trabajaban para una agencia de publicidad y una revista de turismo. Según el confidente de Carmen Avendaño, el plan era colocar con antelación un artefacto explosivo y accionarlo cuando el juez estuviese ya en la casa. Viendo fotografías policiales, para identificar a esos visitantes, la arrendadora señaló las de Fernando Gil y Antolín Fernández Pajuelo: dos narcos investigados por Garzón.

La familia Garzón, advertida, deja Amorín y pasa esos días en Ribadeo y en Betanzos.

21. Garzón andaba tras él desde 1989. Lo encarceló en 1991. La sección II de la Sala de lo Penal le dio la libertad bajo fianza en 1995, aun siendo el traficante de heroína más potente de Europa. Çetinkaya burló a la Justicia española y se fugó a Turquía. Fue apresado el 14 de agosto de 2000.

«También en enero del 95, cambiamos a última hora el lugar donde pensábamos ir a esquiar —recuerda Garzón—. Solíamos ir al Tüc Blanc, un hotel sencillo y agradable de Baqueira Beret. Pero Gabriel Fuentes, el comisario general de Información, me dijo: "Baltasar, no tientes al destino. Ya has visto lo que te preparaban en Amorín, ¿no? Pues cambia de sitio." Y nos organizamos para ir en plan familiar a una estación de los Alpes franceses. En éstas, un buen día me vienen el juez Ismael Moreno y la fiscal María Dolores Márquez de Prado, los dos con cara de circunstancias, para advertirme de que en su juzgado, el central n.º 2, se había personado un policía —le dieron identidad y cobertura de testigo protegido— denunciando algo que acababa de saber por un agente del Cesid: al parecer, se preparaba un atentado contra mí y contra mi familia, "un escarmiento sangriento", aprovechando que estaríamos más desprotegidos esos días de deporte en la nieve y fuera de España. Sabían, pues, que nos íbamos a los Alpes. No me quedó muy claro el origen de la noticia: si procedía del propio Cesid, o si era una información interceptada por la CIA. Ismael y María Dolores me recomendaron extremar el cuidado. Luego, por lo que fuera, el agente del Cesid no aportó más datos.[22] Lo que hicimos fue cambiar de escenario, y en lugar de a los Alpes fuimos a Baqueira. Yo estuve sólo tres días, porque esto era en la primera semana de enero del 95 y tenía recién abierto y secreto el caso Gal con las declaraciones de Amedo y Domínguez, y mi comisión rogatoria a Suiza.»

Había en los ambientes judiciales españoles cierta «mística heroica», en emulación del movimiento italiano de «manos limpias» y antimafia, que ya tenían un granado martirologio de jueces y fiscales asesinados por... grupos criminales con poder.[23] Y existía el «síndrome Falcone», de jueces con conciencia de que podía haber por ahí una

22. Entre el 29 de diciembre de 1994 y el 10 de enero de 1995 se cursan varias comunicaciones oficiales sobre «un posible atentado contra el juez Baltasar Garzón y su familia, en una estación de esquí»: el juez Ismael Moreno informa a Margarita Robles y al presidente Clemente Auger, y éste lo comunica por oficio al presidente Pascual Sala. Se refuerza «la protección dinámica del juez Garzón». Según relató la fiscal Márquez de Prado a la autora de este libro, «el aviso procedía de un miembro del Cesid que decía sentir cargo de conciencia». Eso apunta a que, conociendo los planes desde dentro, tal agente del Cesid dio la alerta, pero no denunció a nadie. Habría que poner en conexión el proyecto de atentado con la reapertura del caso Gal.

23. Giovanni Falcone, Francesca Morvillo, Paolo Borsellino, Rosario Libatino, fueron algunos de los magistrados asesinados por las mafias italianas.

bala que llevara su nombre... Quien sintonizase en su dial con la SER cierta mañana de febrero de 1995, durante el programa de Iñaki Gabilondo, pudo escuchar a Garzón hablando de ese «síndrome Falcone»: «Conozco el procedimiento, Iñaki. Montan patrañas para desprestigiar tu honra. Intentan amedrentarte con cartas, llamadas nocturnas, pintadas en las paredes. Entran en tu domicilio, simulan robos, dejan una señal de que han estado allí. Atemorizan a tu familia. Luego fabrican pruebas falsas contra tu tarea judicial. Y, si no te acobardas, si sigues adelante..., acaban asesinándote. Así hicieron con Giovanni Falcone. Pero a mí no me van a echar con esas artimañas. Cuanto más me presionan, más bríos cojo. Tendrían que matarme, porque pienso pelear hasta el último instante.»

Baltasar Garzón y Yayo Molina hablaron más de una vez en aquellos meses sobre esa forma de «vivir peligrosamente».

—Todo lo que estoy viviendo —le decía Yayo— es prestado. Yo no contaba con vivir el día de hoy. Se me ha regalado. Lo pienso cada mañana al despertarme, y en cada fiesta familiar, y cuando estamos juntos pasando un buen rato. Un regalo, otro, otro... Tengo asumido y aceptado el riesgo de que nos maten, a ti o a mí. O a los dos. Sin embargo, no vivo en vilo, ni con miedo. Y esa soltura la he aprendido de ti.

—A mí no me asustan: ni ETA, ni los narcos, ni... los otros.

—Yo sólo quisiera, pensando en nuestros hijos, que no nos matasen a los dos. Prefiero que me maten a mí.

—Pues yo prefiero que me maten a mí. El que ha decidido vivir en peligro soy yo. Si hacen algo, que me lo hagan a mí.

—No, Baltasar, tú puedes aportar más a la sociedad y dar más a nuestros hijos. Yo ya los he traído al mundo y los he criado... A veces, pienso en dejarles una carta escrita para que entiendan que nosotros no hemos elegido esta vida, aunque la aceptamos libremente. Les explicaría que, si nos matan, no es porque hayamos hecho nada malo, sino porque hay gente que tiene cuentas pendientes con la Justicia y quiere vengarse de lo que su padre hace o puede hacer. Quizá les escriba esa carta...

Garzón sabe que cada mañana, cuando él sale de casa, su mujer se queda unos minutos en silencio, escuchando. «Si han puesto una carga, la explosión ocurre muy poco después de arrancar el coche... Pero no respiro tranquila hasta media hora o tres cuartos después, que es cuando calculo que ya has llegado al gimnasio o al juzgado —le confesó Yayo un día—. Tu regreso, en cambio, como nunca sé cuándo vas a llegar, es más inesperado, siempre me sorprende.»

«Hay otro tipo de ataques que no son cruentos, y sin embargo son crueles. No matan pero desgarran la fama, destrozan la paz del espíritu con que debe trabajar un juez y trastornan la serenidad de una familia, golpeada por noticias que deshonran al padre, al marido... —Garzón echa una mirada al retrovisor de la memoria, y abarca algunas andanadas de esa pertinaz artillería descargada contra él—. El 22 de febrero del 95, a los cinco días del ingreso en prisión de Rafael Vera, desataron una guerra sin cuartel para mancharme: a ver si lograban hundirme.

»Yo, adelantándome a los hechos, iba presentando denuncias ante el fiscal general del Estado, Carlos Granados, en cuanto veía venir la ofensiva —no soy adivino, pero tenía avisos—; no podía cruzarme de brazos y esperar a que me pegasen el leñazo. Cursé varias denuncias por escrito. En una de ellas, digo al fiscal que "uno de los imputados y arrepentidos de la *Operación Nécora*, Manuel Fernández Padín, pide verme en mi despacho oficial y me informa de que ha sabido por ciertas personas —no me las ha identificado— que existe un documento firmado por mí en el que yo señalo determinadas cantidades para que se les paguen con cargo a los fondos reservados a este Fernández Padín y a Ricardo Portabales, otro narco arrepentido. Como es imposible que exista tal documento, porque yo no lo he escrito ni lo he firmado, temo que se haya fabricado algo similar para utilizarlo contra mí (...). Soy consciente de que no pasa de ser un rumor insidioso; pero, dada la gravedad de lo que se afirma —que yo habría mandado pagar a testigos de un sumario instruido por mí—, solicito se investigue cuanto sea preciso hasta saber qué personas están detrás de este infundio, afirmando tener ese u otros documentos".

»Ya había denunciado, también por oficio ante el fiscal Granados, la publicación que preparaban, ¡otra vez!, sobre un supuesto beneficio obtenido por mí con cargo a fondos reservados: las famosas obras de seguridad en mi vivienda...

»Pero hay historias que sólo se entienden pasado el tiempo... A partir de un momento que no sabría precisar, Rafael Vera fue acercándose, paulatino, a los jueces de la Audiencia. En particular, a mí. Era una relación natural: él como político y yo como juez, los dos investigábamos el terrorismo de ETA. En más de una ocasión le mostré la carencia de medios con que se trabajaba en la Audiencia, y que no había un ordenador para centralizar y cruzar el caudal de datos que pasa por esos juzgados sobre personas del mundo de ETA y sus aledaños. En ese contexto, un buen día nos hizo llegar una gran fotocopiadora Ran Xerox y un fax. ¿Era de buena fe? ¿Era una trampa? ¿Se habían comprado esos aparatos con fondos reservados? No lo sé. Mandé inventariar enseguida las dos máquinas, el 2 de abril de 1991, como "pertenecientes al Ministerio del Interior, aunque se utilicen en la Audiencia Nacional en calidad de depósito".

»También en esa línea obsequiosa, el empeño de Vera en poner a mi nombre las facturas del fluido eléctrico del circuito cerrado de televisión para la seguridad de mi casa, "y después, a factura vencida, se te abona del ministerio". Y su oferta envolvente de asalariarme con doscientas mil pesetas mensuales de sus *fondos de reptiles*, por conferencias a guardias civiles y a policías. Yo detecté que era anómalo, pero sin sospechar que Vera intentaba tenerme enganchado con algún talón. Eso lo supe años después, cuando Sancristóbal declaró ante mí que "Vera manejaba los fondos reservados y era él, sólo él, quien libraba los cheques: no se movía ni un talón que no llevase su firma". Por eso podía guardar fotocopias de los talones que libraba, y siempre tenía pillado al receptor del cheque...[24] Ah, curiosamente, Vera nunca me habló del tema Gal. Él sabía que yo lo instruí en 1988. Y que para mí no era un caso zanjado: por encima de Amedo y Domínguez, había puesto una equis... Yo no tenía datos entonces para mirarle como a un sospechoso; en cambio, él sí conocía toda la historia y hasta dónde estaba implicado. Es lógico que quisiera tenerme trincado, antes que yo le trincase a él.

»En esa ofensiva a la desesperada, cuando Vera está en la cárcel, cualquier arma arrojadiza les vale. De pronto, me sacan otra falsa historia: que en 1991 yo había mediado en una negociación entre el gobierno y ETA, y me había reunido con Íñigo Iruin y Rafael Vera a las afueras de Madrid. Al oírlo me llevé las manos a la cabeza... Un día de enero de 1991, me dijo Vera:

24. Años más tarde, en 1999, Vera «ajusta cuentas» con Amedo y Sancristóbal: se venga de quienes en 1995 le denunciaron por su implicación en el secuestro de Segundo Marey, y saca a relucir las copias que conservaba de cheques que entregó a Sancristóbal para «operaciones» como el asesinato de Santiago Brouard.

»—Íñigo Iruin suele ir por la Audiencia, ¿tú le ves?

»—Sí. Es letrado defensor de gente de ETA, y viene a menudo.

»—¿Y qué relación tenéis?

»—Hombre, dentro de lo que cabe, bastante fluida, bien...

»—Baltasar, ¿tú podrías decirle que yo tengo interés en hablar con él?

»—No tengo inconveniente... Pero, ¿vosotros no tenéis vías para comunicaros con ellos?

»—Pues no. Últimamente no tenemos enlace. Por eso, como Iruin es un abogado que va por ahí...

»Cuando llegué a mi juzgado le dije a una funcionaria: "Por favor, llame usted a Íñigo Iruin y dígale, de mi parte, que el secretario de Estado para la Seguridad desea ponerse en contacto con él." Era una gestión normal para mí, que no precisaba reserva alguna, y ni siquiera la hice yo: se la encargué a una oficial.

»Pasados varios días, Vera al teléfono:

»—Oye, Baltasar, vamos a almorzar Manolo Ballesteros, yo mismo y alguien más con Íñigo Iruin. Me gustaría que vinieras.

»—¿Yo? No, mira, la verdad... yo no pinto nada ahí.

»—Hombre, tú tienes una visión global del terrorismo. Además, le conoces más que nosotros. Eso lubricaría el encuentro...

»—Sí, ya, Rafael, pero ten en cuenta que soy un juez en ejercicio. Yo no puedo reunirme ni a tomar un café con ciertas personas: hay procesos abiertos, o puede haberlos, y ellos son una de las partes.

»Y no asistí a ese almuerzo.

»Que después, en unos papeles incautados al etarra Gil Cervera, aparezca la nota de que "Garzón facilitó un contacto con el gobierno", es fácil de explicar, y el mismo Vera podía haberlo hecho en vez de retorcer la historia: Iruin en su momento comunicaría a la dirección de ETA: "El secretario de Estado de Interior desea un encuentro, y me lo pide a través del juez Garzón." Así de simple.

»Otra perdigonada, de la que me zafo a tiempo gracias a un aviso del comisario Gabriel Fuentes: a partir de una serie de grabaciones telefónicas intervenidas, estaban preparando el montaje de una cinta con la voz del abogado abertzale Txema Montero y la mía. Querían componer una conversación ficticia en la que yo estaría dando consejos jurídicos a Montero para favorecer a gente de ETA en sus procesos penales.

»En el mismo arco de tiempo, a fines de junio del 95, dos magistrados de la Audiencia Nacional, Calderón Cerezo y Requero, proponen que nos investiguen a Bueren y a mí, para saber si es cierto que disponemos de una Visa Oro con cargo a los fondos reservados del Ministerio del Interior. Consternados, Bueren y yo tomamos medidas inmediatamente. Yo lo denuncio al fiscal general. A continuación, escribo a la Asociación Española de la Banca, a la Confederación de Cajas de Ahorro y a todas las empresas de tarjetas de crédito —American Express, Visa, Eurocard, Servired, 4B, Dinner Club, Master Card— para alertarles y que me informen de *si existen o han existido tarjetas de crédito a nombre de Baltasar Garzón Real y/o Rosario Molina Serrano, mi esposa, y cuáles han sido sus movimientos*. Recibí respuesta de todos, y no encontraron nada anómalo en ninguna parte.

»Había un empecinado interés en mancharme por ahí, por los fondos reservados. Pusieron en circulación la especie de que a Ventura Pérez Mariño y a mí, en compensación por pasarnos de la judicatura a la política, Corcuera nos había dado —luego dijeron que "prestado"— seis millones de pesetas con cargo a los fondos reservados del Ministerio del Interior. La verdad fue que Pepe Bono nos preguntó a Ventura y a mí si el mes de mayo del 93, que nos dedicaríamos a la campaña electoral, cobraríamos del Ministerio de Justicia, como magistrados. Le dijimos: "No, porque acabamos de pedir la excedencia." Entonces nos hizo llegar una cantidad, quinientas y pico mil pesetas, que, según su expresión literal, "el partido os entrega para cubrir los gastos y dietas que tengáis durante la precampaña y campaña electoral; lo mismo se hace, con cargo a los gastos electorales, con todos los diputados y senadores que cesan en la última legislatura y se presentan a la siguiente, porque durante un mes van a tener que vivir y hacer gastos de viajes y alojamientos sin percibir sueldo". Fueron quinientas y algo mil, en una sola entrega. Y punto. Mi madre y unos amigos tuvieron que prestarme dinero; porque yo, además de la campaña, tenía que mantener a mi familia.

»En cuanto supe que se iba a publicar, ya en la dinámica de ir por delante de los hechos, informé por escrito al fiscal Granados: "Acabo de hablar con don José Bono, y me ha reiterado que aquel dinero que se nos dio para gastos y dietas de campaña procedía del PSOE —nada de Ministerio del Interior—, según le informó a él, a su vez, don José María Benegas. Como es de suponer que existirá el correspondiente apunte contable en la tesorería del PSOE, a ella me remito. Pero pongo estos datos en su conocimiento significándole que, si la procedencia de aquel dinero fuese de fondos reservados, con este mismo escrito denuncio formalmente lo ocurrido."

»Era el "calumnia que algo queda" y el "tira la piedra, a ver si hay suerte y Garzón no encuentra papeles con que negarlo".

»Cada vez que yo tenía noticia de que tramaban algo contra mí, remitía los datos al fiscal general para desmontar lo que pretendían imputarme.[25] Granados me decía: "Tomamos nota, y esto queda aquí; aunque no podemos actuar porque los hechos no han ocurrido todavía." Lo mismo pensaba yo: "¿Qué hago?, ¿me dedico a querellarme contra algo que no ha pasado?"

»Yo era la bestia negra, porque instruía el sumario del Gal. Ellos intentaban despellejarme vivo y enterrarme después bajo paletadas de basura... Basura indecente, como la del *Informe Véritas*, que salió de Interior siendo ministro Belloch. "Por órdenes superiores", se encomendó nada menos que al comisario general de la Policía Judicial, Enrique de Federico, movilizar a un grupo de veintitantos policías de Barcelona, traerlos a Madrid —así se camuflaban mejor entre sus propios compañeros, que no los conocían— y dedicarlos a tiempo completo, durante días y días, a hacerme un marcaje y un seguimiento kafkianos, buscando alguna mancha en mi conducta privada: investigaban si yo "esnifaba cocaína", si "tenía orgías de caviar y champán con prostitutas", si "dirigía una red de corrupción policial de blanqueo de dinero", si "me inclinaba a la pederastia o a la homosexualidad"... Eso coincide exactamente en el tiempo con mi trabajo de reapertura del caso Gal y con la intervención de mi línea de móvil. Querían tenerme bajo control.

»Margarita Robles me lo negó: "¡No creerás que te estamos investigando...!" Pero estaban. En 1996, cuando Juan Alberto Belloch fue relevado como ministro por Jaime Mayor Oreja, al comisario Enrique de Federico lo trasladaron a Granada. Vino a despedirse de mí. En ese momento, el hombre me pidió perdón por lo del *Informe Véritas*, y me confesó muy pesaroso: "Yo cumplía órdenes." No supe qué decirle. Más que enojo, me producía tristeza ver en qué había

25. Son cuatro los informes-denuncias que Garzón remite al fiscal general del Estado, fechados a 15 de julio de 1994, 24 de febrero de 1995, 3 y 4 de octubre de 1995.

degenerado nuestra democracia: un Estado de derecho de pacotilla, donde a un juez podían *pincharle* el teléfono, entrar en su casa, montarle un espionaje policial, tratar de deshonrarle o de asustarle... Y todo, porque había osado reabrir un sumario que apuntaba penalmente a personas vinculadas al gobierno.»

Mediado julio de 1995, el tamtam, el gongo carcelario de los presos del caso Gal, emitió con retumbe de alerta: «¡eh, que éstos van a salvarse ellos, y nos dejan en el pudridero!», «¡eh, que éstos quieren vender la historia de que todo fue una furia patriotera de cuatro locos de Bilbao!». Y en un relámpago de tormenta seca, Planchuelo, Sancristóbal, Álvarez, Hierro Moset, Saiz de Oceja, Hens Serena, Corujo y García Damborenea pasaron del silencio de los sepulcros al «yo me acuso y yo acuso». Fueron donde Garzón y se liaron a disparar con fuego real, apuntando hacia arriba y tirando a dar. Los políticos socialistas dejaban caer por la comisura de los labios una pregunta vitriólica: «¿Y quién fue el listo que le cepilló el sueldo a Planchuelo y pagó los doscientos quilos de la fianza de Vera?»

Garzón ahí no hizo nada. Había llegado un momento en que su indagación se topaba con la consigna de «labios sellados». No podía seguir. Fueron ellos mismos, los del gobierno, nerviosos porque Vera hubiese caído en el trullo, quienes liberaron al cautivo. En su vacua declaración ante el juez, Vera sólo se había dignado decir una cosa de interés: que quien movía los fondos reservados era él, y nunca había dejado de ejercer tal potestad. Pero ese mensaje no era para Garzón, sino para otros. «¡Temblad, temblad, malditos!» Y fue como una orden fulminante para que el único que podía decir «constitúyase la fianza», lo dijera.

No es superfluo subrayar que, desde 1982 hasta 1994, en el orden fáctico, el ministro del Interior en España fue Rafael Vera. Barrionuevo y Corcuera no pasaron de ser fachada para los actos oficiales. Vera mandaba en la policía, en la Guardia Civil y en los sucesivos fiscales generales del Estado: Antonio Burón Barba, Javier Moscoso, Leopoldo Torres, Eligio Hernández. Le bastaba descolgar un teléfono para instruir —o puentear— al ministro de Justicia de turno. Vera sabía con cuántos fiscales contaba. Y con qué jueces... en toda demarcación de la Justicia nacional. Y a qué magistrados convenía condecorar o agasajar o facilitar unas conferencias, unas vacaciones, un apartamento en Miami... O si había que empezar más modestamente, con unas verjas y una puerta blindada. Andaba en ese selectivo coleccionismo de magistraturas propicias, pensando quizá en asegurar su futuro. Disponía a su arbitrio de miles de millones de fondos reservados: más que Defensa, más que Justicia, más que el Cesid, más que Exteriores, más que Presidencia del Gobierno. Y tenía el dichoso tic de fotocopiar los talones que libraba de esa cuenta 25012128-6 del Banco de España. Vera era... mucho Vera. ¿Vera en la cárcel? Como prender un mixto junto a un polvorín. A toda prisa, constituyeron el aval de los doscientos millones. Guardando las formas, eso sí: no fue el gobierno, sino el partido, quien salió a dar la cara.

Con la urgencia, calibran mal el grado de hastío de sus presos. Sancristóbal, entre rejas desde diciembre del 94, había propuesto ya varias veces «retratarse y hacer un cante total» cuando Barrionuevo, Vera y Rodríguez Galindo le visitaban en Alcalá Meco: «Una declaración conjunta donde todos los responsables, ¡pero todos!, asumamos la ejecución de los hechos de los Gal en base a un estado de necesidad: aquella situación desoladora y de terror que se vivía en el País Vasco.» Pasan los meses, y ese texto no se redacta. En cambio, ahora, el PSOE se moja por Rafael Vera... Ahí se desencadena el agravio comparativo, el estridor de dientes, el pánico a quedarse tirados, el «hasta aquí hemos llegado» y el «cuanto peor, mejor: cuanto más alto lleguen las imputaciones, más fácilmente nos darán los indultos».

Comienzan las declaraciones en cascada. «Una torrentera imparable», dirá Garzón. El sábado 15 de julio, Miguel Planchuelo pide comparecer ante el juez. Antes de las tres de la tarde, ya está declarando. Continúa el domingo. A las diez de la noche de ese domingo, empalma Julián Sancristóbal. Juntos los dos en la prisión, uno ha tirado del otro. Stampa Braun, el abogado de Sancristóbal, tiene que interrumpir su solaz de fin de semana en Biarritz y regresar a todo jet: «Pero, Julián, ¿has pensado bien qué vas a decir?»; «José María, joder, que no te enteras... ¡llevo siete meses pensando en todo lo que me callo, y ahora estos hijos de puta me obligan a hablar!». Y habla. Habla hasta las dos o las tres de la madrugada. Y habla los tres días siguientes, 17, 18, 19, para «precisar detalles». Aníbal Álvarez, abogado de Planchuelo, representa también a los policías que retuvieron secuestrado a Segundo Marey y están en libertad bajo fianza: «Ya no tiene sentido callar —les dice—; sacáis más ventaja hablando.» Garzón ordena de nuevo el secreto del sumario. Sancristóbal se incrimina e implica a una punta de gobernadores civiles que cobraron incentivos millonarios de fondos reservados: Luis Roldán, Julen Elgorriaga, Ferran Cardenal, Jesús García Villoslada, Iñaki López, José María Rodríguez Colorado, Ramón Jáuregui. «Existía un libro donde se anotaba todo eso —dice—. Barrionuevo llevaba un control periódico.» Y, con pormenores muy precisos, imputa a Vera y a Barrionuevo la financiación y el conocimiento de las acciones de los Gal.

—¿Era el ministro Barrionuevo el más alto responsable político que autorizó el secuestro de Marey? —pregunta Garzón.

—No tengo ninguna prueba de que Barrionuevo consultase con su superior, el presidente del Gobierno —responde Sancristóbal—; pero conozco bien el talante de Barrionuevo, y estoy convencido de que informó al presidente. Nunca actuaba por libre.

Garzón y el fiscal Rubira cruzan sus miradas.

También a petición propia declara el comisario Francisco Álvarez: más datos acusatorios contra Vera y Barrionuevo.

García Damborenea no acude voluntariamente. Le cita el juez.

«En cada interrogatorio, el listón de las imputaciones iba subiendo de nivel —Garzón revive aquellas intensas jornadas—. Se presentía adónde podíamos llegar. Y fue el testimonio de García Damborenea el que desembocó en el señalamiento penal de Felipe González. Aparte los nexos de gobierno, en aquellos años, cuando se crean los Gal, el engarce político con González, como secretario general del PSOE, era Damborenea, secretario general del Partido Socialista en Vizcaya. Sobre todo, para tratar cuestiones de terrorismo; por tanto, si hubo implicación del aparato del PSOE tenía que decírnoslo él. Damborenea era un enigma. Estábamos expectantes. No sabíamos hasta qué punto sabía o no sabía. Siempre dijo que él no tuvo nada que ver. Pero esta vez venía decidido a abrirse de par en par, pagando el precio de incriminarse a sí mismo.

»Rotundo, sin titubeos, con la seguridad de quien sabe lo que dice y habla de algo inequívoco, Damborenea explicó: "En 1982, al llegar el PSOE al poder, el terrorismo era una de las más graves preocupaciones en el partido y en el gobierno. Era una batalla que se estaba perdiendo (...). Cuando empieza Barrionuevo en el Ministerio del Interior, consulta a todos los del partido que teníamos una opinión relevante sobre el tema. En la práctica totalidad de los casos, la opinión es a favor de intervenir, de actuar contra ETA de modo directo en el sur de Francia. Con la colaboración de los franceses, o sin ella, todos consideramos indispensable la intervención."

»Según García Damborenea, en ese planteamiento "estaban no sólo los de la opinión relevante, sino también quien tenía el poder de decidir y, por tanto, debía tomar la decisión". Entre los responsables políticos que participan en la elaboración de esa "doctrina", Damborenea mencionó, aparte de otros dirigentes del partido en el País Vasco, a José María Benegas y a Felipe González, "no tanto como secretario general del PSOE, sino como jefe del Gobierno con capacidad de decidir en tal asunto".

»Damborenea relató que la iniciativa de alzar una respuesta violenta e ilícita frente a ETA se produjo "al principio de forma espontánea", "se plasmó definitivamente en la primavera de 1983: en ese momento queda clara la necesidad de intervenir, y se toma la decisión por quien corresponde, es decir, por el presidente del Gobierno".

»Sobre ese punto, Damborenea insistió en otra declaración que hizo días más tarde, el 28 de julio: "La decisión de una respuesta activa frente a ETA la tomó el presidente González en la primavera de 1983." Y añadió, contundente, como si descargara una bolsa de plomo sobre la mesa: "Tanto yo como los dirigentes del partido a los que ya he citado, tuvimos ocasión de comprobar con total claridad y sin duda ninguna, en múltiples conversaciones con el presidente del Gobierno, qué pensaba él y cuál era su planteamiento sobre la estrategia antiterrorista y la necesidad de intervenir directamente en el sur de Francia (...). Yo no habría dado aliento político a los Gal, si no hubiese tenido claro, sin la más mínima duda, que González los quería."

»Aunque Damborenea no pide comparecer, una vez allí tuvo en toda su declaración el rasgo continuo de no escaquearse: "En modo alguno quiero descargar mi propia responsabilidad sobre otras instancias superiores; pero sí que quede claro que era una responsabilidad compartida, en la que otros cargos del partido, y yo mismo, ayudamos a formar la opinión del presidente del Gobierno. Ahora bien, quien tomó la decisión fue el presidente del Gobierno, Felipe González: ¡no podía ser de otra manera!" Y continuaba: "Tomada la decisión por el presidente del Gobierno, puede decirse que había dos niveles: uno, político; y otro, operativo, que no sé cómo intervino, porque ahí los canales decisorios eran distintos. Pero básicamente se contó con el ministro de Defensa y con el ministro del Interior (...). Todos estuvieron de acuerdo en que esa estrategia se llevara adelante. Para mí era axiomático que la iniciativa de actuar contra ETA en el sur de Francia contase con el aval del presidente del Gobierno, como en efecto ocurrió."

»Yo se lo hacía repetir, o le hacía reflexionar:

»—¿Está usted seguro de lo que ha dicho? ¿Se da cuenta de la gravedad de esa afirmación?

»—La gravedad es la que es —me contestaba, alzando un poco las manos y mostrando las palmas, como si dijera "¡lo siento!"—. He meditado mucho este paso; pero ya es hora de que se conozca la verdad. La decisión de organizar una respuesta activa contra ETA, todo lo que después se llamó Gal, estaba avalada por el presidente del Gobierno y por los ministros de Defensa e Interior. Repito: estaba a-va-la-da por el presidente...

»Se transcribió todo como él lo dijo. Aparte la grabadora, y Natalia, que también tomaba sus notas, mientras José Carlos transcribía había pausa suficiente como para que Damborenea pudiese rectificar: "bueno, he querido decir que...", pero no se echó atrás ni se desdijo en ningún momento. Él iba narrando con bastante orden mental cuál había sido su actuación, y que todo lo había hecho con el conocimiento de Felipe González. Ése era el vástago firme de su confesión. En algún momento le pregunté: ¿el presidente del Gobierno estaba informado de esto? "¡Sin lugar a dudas! —me contestó—. Yo mismo tuve varias conversaciones sobre ese tema con el presidente del Gobierno —no una, ni dos, ni tres— en Moncloa, en el Congreso de los Diputados o en su despacho de la sede del partido, antes o después de alguna reunión del Comité Federal del PSOE. Y lo que tratábamos eran asuntos de la lucha antiterrorista, tanto en la vía policial como en nuestra respuesta —por supuesto, ilegal y violenta— en el sur de Francia. A alguna de esas reuniones asistió Benegas, como secretario general del Partido Socialista de Euskadi. Estos encuentros tuvieron lugar a lo largo de 1983 y 1984. Felipe González me hablaba con toda confianza y compartiendo la responsabilidad. A partir de 1984, el presidente trata este tema ya directamente con Barrionuevo, el ministro del Interior."[26]

»Otra revelación importante de García Damborenea, en sus declaraciones de 20 y 28 de julio de 1995, fue la noticia de un documento elaborado por el Cesid: "Un análisis estratégico en el que se explicaba qué había que hacer —dijo—, partiendo de una base: la lucha contra ETA era una variante de guerra y exigía un Estado Mayor pensante, para elaborar una respuesta en los mismos términos y con las mismas armas que utilizaban los terroristas. En ese documento se examinan objetivos, condiciones, medios y riesgos de la estrategia y se señalan unas líneas de actuación, que finalmente son las que se utilizan: campañas de intoxicación, secuestros, eliminaciones físicas..."»[27]

Van encajando las piezas del mecano. El invento Gal no es «la reacción de unos exaltados de Bilbao». El Gal se idea en Madrid, por voluntad del gobierno y con diseño del Cesid. Se aplica en el sur de Francia, primero desde Bilbao... pero enseguida, en febrero del 84, el mando de Interior asciende y traslada a Madrid a sus *gales* más destacados, y los sitúa en los puestos estratégicos para que toda la cadena jerárquica esté en la misma «sintonía». Sancristóbal deja el gobierno civil de Bilbao y asciende a director de la Seguridad del

26. En la citada entrevista con la autora, Damborenea dijo también: «El Gal fue una decisión política de actuar contra ETA en el sur de Francia para remover su *santuario* y cambiar las tornas, frente a un terrorismo que iba ganando la batalla. Yo hablé de esto muchas veces con Felipe González. No una ni dos ni tres: muchas veces. No se crea un cuerpo especial de lucha: es la misma Administración del Estado con sus medios y con sus hombres la que actúa. Las siglas Gal son una cortina que oculta a los auténticos autores. Entre otras razones, por exigencias diplomáticas. No era un asunto policial, sino político. Y esa decisión la toma personalmente Felipe González —era el único que podía tomarla— en 1983. Y la mantiene cuatro años: hasta que cambia el gobierno francés y, con él, la actitud de su policía hacia ETA. No es que me lo imagine o lo deduzca: es que lo sé, me consta. Por eso le he señalado ante el juez como el responsable de los Gal. Los miembros de la Ejecutiva del PSOE estaban enterados. Todos. Y nadie se opuso. Sólo una vez, en una reunión del Comité Federal —si no han destruido la cinta, tiene que estar grabada— se oyó una voz crítica. Era nuestro catedrático en Berlín, Ignacio Sotelo. Le replicamos Felipe González y yo. Yo le dije: "El dogmatismo más peligroso es el de los principios." Y González lanzó por primera vez aquello de que "al Estado también se le defiende desde los desagües". Esto era en 1984 o en 1985.»

27. Hasta septiembre de 1995 no aportó Damborenea ese documento del Cesid denominado *Actuaciones en el sur de Francia*, que el gran público conoció como «Acta fundacional de los Gal», ya que ahí se diseñaban los Grupos Antiterroristas de Liberación.

Estado. Se trae a *Paco* Álvarez como jefe del Gabinete de Información y Operaciones Especiales del Ministerio del Interior. En su puesto de jefe superior de Policía de Bilbao colocan a Planchuelo, que estaba allí al frente de la Brigada Regional de Información. También Hierro Moset es promovido a jefe del Servicio de Información de Bilbao. No se trata de una combinación «casual»: es un panel ejecutivo de hombres marcados por un mismo secreto y trabados por una misma complicidad.

Resulta sarcástico que Felipe González, declarando ante el Supremo, intente convencer a los once magistrados de que tales ascensos fueron «premios» a esos hombres —casualmente, a ésos— por lo bien que trabajaron... durante las inundaciones de Bilbao.

«Ricardo G. Damborenea justificaba aquellos hechos —Garzón vuelca su memoria, sin apenas esfuerzo: son pasajes fuertes que tiene muy vivos—. Hablaba de "una variante de la guerra". Y lo exponía con vehemencia: "Esto fue así, y no tengo ninguna razón para mentir. Ha llegado la hora de decir exactamente lo que ocurrió." Se percibía la sinceridad de quien está quedándose desnudo, y desnudando la realidad que afecta a los demás. Cuando ves a un hombre que se abre de arriba abajo y te dice "esto es lo que hay: lo hicimos pensando que había que hacerlo; señoría, haga usted ahora lo que considere justo", puedes pensar que cometió un error criminal, pero sabes que no está mintiendo.

»Por primera vez, alguien formulaba una acusación directa y tajante contra Felipe González como presidente del Gobierno. Y eso impresiona oírlo. Era de tragar saliva dos veces seguidas. Había un silencio compacto en el despacho. Mis preguntas. Sus respuestas. Yo, indicando al oficial algo que había que anotar. Al salir Damborenea, el fiscal Rubira, emitió un silbido:

»—¡Jodeeeeeer! Éste implica a todos...

»—Ya, ya he oído. Pero nosotros aquí somos meros testigos... Sólo que a mí me incumbe tomar una decisión. Afortunadamente, mi decisión pasa por que unos tomen antes la suya, como ha hecho Damborenea; y que otros la tomen también después, como hará la Sala Segunda del Supremo, porque yo ni juzgo ni digo la última palabra. Yo soy sólo un instructor.

»Desde el momento en que Sancristóbal, Planchuelo y Álvarez involucran a Barrionuevo, tengo que dejar el caso y elevarlo a la instancia competente, al Supremo. Y, albarda sobre albarda, cuando Damborenea acusa a Serra, a Benegas y a González. Son cuatro diputados con fuero especial, y dos de ellos miembros del gobierno.»

Hacía mucho calor en Madrid aquel 20 de julio. Una multitud de periodistas, fotógrafos y cámaras de televisión aguardaba a Damborenea en la calle. Él había convocado una rueda de prensa para primera hora de la tarde. Antes de salir, preguntó a Garzón:

—¿Hay algún inconveniente en que atienda a la prensa?

—La ley me prohíbe... prohibirle que use usted de su libertad de expresión —le contestó el juez—. Pero el sumario es secreto. Usted sabe lo que eso significa. No puedo decirle más.

Pasado algún tiempo, Ricardo G. Damborenea, hablando de aquellas sesiones de interrogatorio, describirá al juez Garzón con un par de trazos, como los buenos retratistas: «Se notaba que tenía oficio. Iba al grano. Dictaba rápido a la secretaria. Y volvía a preguntar. Buscaba con afán. Buscaba... la equis.»

En su rueda de prensa, Damborenea incrimina con luz y taquigrafía a González, a Serra, a Barrionuevo, a Benegas y al aparato ejecutivo del PSOE. No dice más, dice menos de lo que ha declarado ante el juez del n.º 5. Aun así, se arma la marimorena. Los cimientos políticos del país se estremecen. Los partidos de la oposición emplazan al presidente del Gobierno para que se explique en el parlamento... Y ahí sucede una extraña historia entre sagaces, con su nocturnidad y su punto de picardía: la historia de una filtración que en realidad persigue un solo destinatario, un solo y excelentísimo lector...

Estando secreta la causa, y en capilla de su remisión al Supremo, Garzón toma precauciones para que no haya fugas de la declaración judicial de Damborenea. Da al fiscal Rubira la copia que le corresponde, y prohíbe que en su juzgado se hagan copias para nadie. Ni él se queda un ejemplar. Encomienda el control del sumario a José Carlos Julián, el funcionario que lo lleva. Y está presente cuando se borra del disco duro del ordenador el texto de esa declaración. Se asegura así de que, si hubiese alguna filtración, sería por la vía del fiscal. Y justo es ahí donde se produce. Siguiendo la escala jerárquica, el fiscal Rubira pasa su copia al fiscal jefe, José Aranda; y éste al fiscal general, Carlos Granados. Pero la escala de dependencia termina en esa grada. El traspapeleo de documentos de un sumario no entra en las obligaciones del ministerio fiscal con el gobierno; y menos aún si el caso está bajo secreto. Todo apunta a que el ministro de Justicia, Belloch, ejerce un hábil *pressing* sobre el fiscal Granados hasta lograr esa declaración de Damborenea. Un texto preciadísimo para construir la «defensa» de Felipe González ante la Cámara. Con todo, ahí no concluye la filtración...

Provocando un *shock* de pasmo en la ciudadanía, García Damborenea ha relatado en su rueda de prensa el verdadero inicio de los Gal: En octubre de 1983, ETA secuestró al capitán de Farmacia Alberto Martín Barrios. Como represalia, y para forzar a que ETA liberase al capitán, Interior decidió que un grupo de policías —tres *geos* mandados por el inspector Argüelles— secuestrara a su vez a un etarra significado, Larretxea Goñi. Ése fue realmente el primer objetivo de la *guerra sucia* en el sur de Francia. Pero los *geos* fallaron: cuando estaban en plena faena, los detuvo la policía francesa. Y los metió en el cuartelillo. Inmediatamente, escándalo diplomático, teléfonos calientes, durísimo reproche del gobierno de Mitterrand al Gobierno español, contradanza de embajadores templando gaitas entre Felipe González y Pierre Mauroy...

Los Gal demuestran enseguida que, además de guerra sucia, hacen guerra torpe. No se les ocurre otra que perpetrar un nuevo secuestro: esta vez del etarra Mikel Lujua, para exigir a las autoridades francesas su canje por los *geos* detenidos. Encargan y pagan el trabajo a cuatro mercenarios, no precisamente de elite,[28] que realizan la «acción» el 4 de diciembre de 1983. Son los que se equivocan de víctima y capturan a un ciudadano francés de cincuenta y tantos años llamado Segundo Marey. Los altos mandos de Interior, informados del error, consienten en que ese secuestro cumpla su «finalidad reivindicativa y de presión» para que la policía francesa libere a los *geos*. De ahí el famoso comunicado coactivo que escriben Damborenea y Sancristóbal: el primero con la firma Grupos Antiterroristas de Liberación. Éxito innegable: a los cuatro días, el 8 de diciembre, Francia pone en libertad a los *geos*.

Y bien, el 20 de julio del 95, cuando Damborenea declara todo esto al juez, tiene un baile de fechas: confunde la acción de diciembre para liberar a los *geos* con la de octubre para liberar al capitán Martín Barrios. Luego, ante los periodistas, lo dice bien. Más tarde, vuelve al juzgado y enmienda su lapsus.

28. Los secuestradores materiales de Segundo Marey fueron Pedro Sánchez, Mohand Talbi, Jean-Pierre Échalier y Raymond Sanchís. Y José Amedo Fouce, el «seleccionador» del equipo.

Los del equipo de Belloch, cotejando el texto de la rueda de prensa y el de la declaración judicial, que el fiscal Granados le ha pasado al ministro, advierten esa incoincidencia de datos. Y, preparando como están la comparecencia explicativa de Felipe González, les viene de perlas: ¿qué mejor defensa que dejar por embustero al acusador Damborenea? Pero sólo hay un modo de que González use ese conocimiento de un documento judicial secreto sin levantar sospechas: que tal declaración sea del dominio común, que se publique íntegra el mismo día que él ha de comparecer ante el Congreso: el 26 de ese mes. Así, «enterado por la prensa, como todos los españoles», el presidente del Gobierno podrá cuestionar la fiabilidad de un testigo que confunde octubre con diciembre, al capitán Martín Barrios con unos *geos*, y a Larretxea Goñi con Mikel Lujua...

El gobierno necesita, pues, que la declaración de Damborenea aparezca impresa. Y aparece. La publica El Mundo, un periódico que no movería un dedo en servicio de Felipe González. Aquí es donde la astucia de Belloch y la avidez de *scoops* informativos de Pedrojota Ramírez se dan la mano.

Los fantasmas de la noche de Madrid aseguran que una de esas de finales de julio, rayando en madrugada, Ramírez caminaba por la calle de Fernando el Santo. Había estado en el restaurante Lur Maitea tomando copas y tapas con Mario Conde. A esa misma hora y en la misma geografía urbana, los espectros nocturnales vieron también al ministro Belloch, que salía solo y sin escoltas del portal n.º 20 de la calle Almagro. Ahí, en un agradable dúplex con terraza, vive Piluca Navarro, la secretarísima de Felipe González. Belloch la visitaba con frecuencia. El caso es que el periodista y el ministro se encuentran de frente por la calle. Uno de los dos se siente incómodo. El otro, sorprendido. Y ambos con sensación de *in fraganti*...

—¡Hombre, Pedro, qué bien encontrarte! Tengo algo que te puede interesar... Es un bombazo: la declaración de Damborenea ante Garzón. La más política y la más terrible de todo el tema Gal. Ya sabes que el sumario es secreto. Puedo enviártela, pero tienes que jurarme por tus muertos que la embargas hasta... hasta el día 26.

«Ese mismo 20 de julio por la tarde —Garzón sigue explorando su memoria—, me encierro aquí en casa, en la buhardilla, y me pongo a recopilar elementos de la instrucción, doctrina jurídica y normas legales, para razonar ante el Tribunal Supremo por qué les elevo el caso. Papeles por todas partes, tomos del sumario en dos sillas y por el suelo. Yo, con las gafas quitadas y casi echado de bruces sobre la mesa, escribo deprisa, folios y más folios que son un desastre de tachaduras, notas a pie, llamadas, añadidos al margen... Empalmo las mañanas con las noches, y en tres días confecciono mi exposición motivada al Supremo.

»¿Qué pienso, cuando estoy escribiendo ese texto? Por asepsia mental, no me planteo la veracidad definitiva de tales acusaciones. Soy un juez instructor, y sólo me corresponde una estimación provisional. Aun así, desde la provisionalidad, los elementos que acusan a González, siendo menos en número que los que acusan a Barrionuevo, son lo suficientemente válidos y objetivos como para que se pronuncie el único que puede pronunciarse. Ese único es la Sala Segunda, Sala de lo Penal, del Tribunal Supremo. Y mi deber es dirigirme al presidente de esa Sala, Fernando Cotta Márquez de Prado en tal momento, y decirle: Excelentísimo señor, yo no debo dar un paso más en el sumario que estoy instruyendo, porque los aforados José Barrionuevo, José María Benegas, Narcís Serra y Felipe González me aparecen como presuntamente incursos en tales y cuales delitos... En el caso del señor Barrionuevo se aprecian indicios claros y abundantes que determinan su eventual implicación en los hechos que se investigan. De otra parte, según los elementos y datos que existen contra el excelentísimo señor presidente del Gobierno, don Felipe González Márquez podría resultar incriminado como promotor de banda armada u organización terrorista, por malversación de caudales públicos y por otros delitos —detención ilegal, por ejemplo—, siendo difíciles de determinar en este momento procesal. Y esa dificultad nace de que yo no puedo indagar más, ya que el propio fuero del presidente González me inmoviliza, me obliga a detener esa investigación. Valórelo, pues, esa Sala...

»Mido mucho mis palabras. Al referirme a Barrionuevo, escribo "indicios"; en cambio, de González digo "elementos y datos". Cualquier jurista con olfato percibe en ese matiz que no cargo la mano contra Felipe; más bien, le alivio la imputación.

»Acodado sobre la mesa —una jungla de papeles, códigos y legajos—, sudando bajo el calor sofocante de finales de julio, como cuando siete años atrás y también en julio redacté la propuesta del procesamiento de Amedo y Domínguez, me es inevitable recordar aquel organigrama de los Gal que dibujé en este mismo sitio, casi en las mismas condiciones... sólo que aquella enigmática equis que puse encima de la raya, la incógnita del problema, a estas alturas va teniendo cuerpo, rostro, nombre...

»Ya no es una conjetura. Ya hay una persona, García Damborenea, que me dice que eso se produjo... Yo no hago mía su afirmación; pero sí la traslado al Supremo y afirmo que, por primera vez en el proceso, aparece alguien que señala directamente a Felipe González como responsable de los Gal. Y, desde el momento en que eso lo valoro como dato, estoy apuntando a que, si Damborenea ha dicho la verdad, es posible incriminar al presidente del Gobierno como "promotor de banda armada u organización terrorista"...[29]

»¿Qué siento, cuando estoy escribiendo ese texto...? Experimento la ruptura interna de que Felipe González, con quien yo colaboré, y con ilusión, se vea acusado de algo tan grave como los Gal. Por suerte, no me toca a mí calibrar las imputaciones. Me incumbe sólo hacerlas constar. No me gusta hacerlo. Sin embargo, se han producido. Y ahí no cuentan los sentimientos personales, ni los estados de ánimo, ni esto me disgusta o esto me asusta. No, yo no siento nada, no quiero sentir nada, al redactar mi exposición. En cambio, cuando no puedo dejar de sentir es cuando escucho a Sancristóbal y Damborenea, con toda la seriedad de un acto judicial en el que se incriminan a sí mismos, diciendo que el presidente sabía lo ocurrido con el secuestro de Segundo Marey y con la formación de todo ese entramado criminal. Entonces sí, entonces se me funden los plomos y me quedo noqueado. Es de tal gravedad, que uno se consterna y se defiende por dentro, sin querer dar crédito a lo que allí se está diciendo. Pero, joder... se está diciendo.

»Yo siempre había tenido un gran respeto a Felipe González. Como hombre, me caía bien. Sintonizábamos con un simple guiño. Como gobernante, con sus luces y sus sombras, me parecía un político de instinto afilado. No había en mí ningún ánimo de venganza, ¿por qué iba a haberlo? En absoluto. Y eso me daba paz y serenidad al hacer mi trabajo.»

El 27 de julio de 1995 Garzón eleva al Supremo esa exposición

29. Garzón no dispone en esas fechas del documento del Cesid *Actuaciones en el sur de Francia*, diseño operativo de los Gal. Incluso, cuando lo tenga, no podrá utilizarlo como prueba hasta que el gobierno de Aznar acepte desclasificarlo como materia reservada. Es decir: existía tal documento en los servicios de inteligencia, y su contenido no era un ejercicio teórico: se consideraba «secreto de Estado».

razonada. Aunque no es quién para imputar indicios criminales a ningún aforado, sí expone a la Sala la «necesidad» de que Barrionuevo, Benegas, Serra y González «comparezcan como personas imputadas, al menos —como mínimo— en la primera declaración».

Pero los eminentes magistrados no se atrevieron a citar a González como imputado. En la España de las instituciones, desde la banca hasta la Junta de Jefes de Estado Mayor, y desde el gobierno de Aznar hasta la Corona que nos reina, todos tomaron tranquimazin ante la hipótesis traumática de que el hombre que fue presidente del Gobierno durante cuatro legislaturas por aluvión de votos populares se viera en el trance del banquillo. El del Supremo es de madera noble, con terciopelos rojos y galón dorado. Pero es banquillo. Y un suceso así asustaba... El síndrome de las dos Españas y las dos espadas. Felipe González compareció como testigo. Pese al voto particular en contra de cuatro magistrados[30] de esa Sala Segunda, que recomendaban su presencia en condición de imputado: no sólo para poder preguntarle pormenores de su actuación personal respecto a hechos de entidad criminal; también, porque se acogiera a las garantías de autodefensa de los imputados, sin obligación de decir la verdad y con asistencia de letrado.

Durante la instrucción del caso en el Supremo, se supo de varias visitas y reuniones *in occulto* entre el presidente del alto tribunal, Pascual Sala, el ministro de Justicia, Juan Alberto Belloch, y el presidente del Gobierno, Felipe González: quizá Sala les daba cuenta de la evolución del procedimiento, y garantías de que la inquisición no iría a más: en el peor de los supuestos, la guadaña abatiría a Barrionuevo, pero sin pasar de ahí. Tampoco era infrecuente que el presidente Pascual Sala tratase de la marcha del sumario en directo con el instructor Eduardo Moner. Fernando Cotta no negaba ante sus íntimos que, como presidente de la Sala Segunda, se sentía puenteado.

El día que Felipe mintió ante el Supremo... Luis del Olmo llamó por teléfono a su amigo Garzón:

—Baltasar, si realmente Felipe ha mentido, tienes el derecho, y yo diría que hasta el deber, de desmentirle...

30. En este sentido emitieron voto particular discrepante los magistrados Luis Román Puerta, Joaquín Delgado García, José Luis Martín Pallín y Roberto García-Calvo Montiel.

—Yo también he pensado que tengo que hacerlo; pero no por mí, sino porque es una mentira envenenada y muy perniciosa: puede cargarse todas mis actuaciones anteriores como instructor de este caso. Pero, Luis, yo... para hablar necesitaría estar frío.

—¿Y cómo estás ahora?

—Joder, pues, ¿cómo quieres que esté...? Asombrado, indignado, decepcionado... Sin embargo, no voy a lanzarme a la yugular de nadie. Yo, como juez, no puedo permitirme las orgías de animosidad que otros se permiten. En ningún caso; y menos en éste. El tema de los Gal sigue vivo, sigue abierto... y sigue en mi mesa.

—Bueno, ¿te llamo mañana y entras en directo...?

—Pero, Luis, ni quince segundos: un escueto mentís. Y *prou!*

Garzón colgó el teléfono y se quedó ensimismado. Hasta ese momento, había estado dándole campa al recuerdo. Ahora, por fin, se fajó con el suceso:

«Felipe no ha dicho la verdad. Ha mentido, y él lo sabe igual que yo. Además, no ha sido una coña, fumándose un puro ante un grupete de amigos. Ha sido con la solemnidad de un acto judicial, prometiendo por su honor, ante la instancia suprema de nuestra Justicia... Si Felipe González no tuvo nada que ver con los Gal, ¿por qué no ha sido capaz de desmarcarse?, ¿por qué ha necesitado mentir? Puedo imaginarlo: le han dicho que pase por taquilla, que pague su cuota, que se pliegue a la estrategia de defensa que marcan *los manolos*:[31] barrenar para que se anule todo lo instruido por mí, dando a entender que yo actué por venganza, por frustración política, por animadversión... Le exigen compromisos simbólicos y concretos: "Tú tienes que estar físicamente presente en el juicio, nada de contestar por escrito"; "tú puedes inutilizar a Garzón, dejarle averiado como instructor de este caso: basta con que digas que cuando estuvo en la política intentó sonsacarte sobre el tema de los Gal, o que intercedió para que se indultase a..." Vera y Barrionuevo tienen las razones que sean, para presionarle. Y le presionan. Lo hicieron, forzándole a dar la cara con varias declaraciones públicas. Y cuando le obligaron a escribir un prólogo para el libro de Barrionuevo, tan deprisa y corriendo que tuvieron que meterlo como se-

31. Es una referencia coloquial a Manuel Cobo del Rosal, letrado defensor de Vera, y a Manuel Jiménez de Parga. Este último, al ser magistrado del Constitucional, no ejercía legalmente la defensa de Barrionuevo, pero la «impartía» a través de su hijo.

parata porque los ejemplares estaban ya encuadernados... Felipe acata esas exigencias. Y las satisface. Como no tiene un pelo de tonto, lo calcula al milímetro, sin pasarse de la raya peligrosa, sin ponerse él en apuros.

»Al ir de testigo, se obliga a decir la verdad, promisoriamente, pero con la misma fuerza legal del juramento. Sin embargo, él va y miente. Eso sí, miente en algo no medular del proceso —que si Garzón me habló de los Gal, que si me pidió el indulto para Amedo y Domínguez—. Miente con la impunidad de que, al tratarse de hechos laterales, de una digresión, y no de lo que se está juzgando, no le van a deducir testimonio por perjurio dentro de este sumario. En cambio, siembra la duda sobre si yo he sido, y soy, un juez parcial en este sumario... Ése es el servicio útil que les presta, la cuotaparte que paga mintiendo: si fuese cierta esa parcialidad, yo quedaría invalidado como instructor del sumario Gal en el futuro; y se podría anular todo o gran parte de lo ya actuado.

»Quien esté cerca de Felipe González, como yo mismo estuve, lo que le habrá oído decir de Vera y de Barrionuevo no serán precisamente lindezas. No obstante, por conveniencias del partido, por fidelidades debidas, por presiones personales, por... ¡vaya usted a saber qué!, Felipe ha necesitado mentir en el juicio.»

En ese cuarto de hora, Garzón no sabe todavía que ha de asistir al espectáculo de un González y unos dirigentes del PSOE, azogados por la sentencia condenatoria de Vera y Barrionuevo, armándose para la confrontación con la Justicia, plantando cara al Tribunal Supremo y acusándole de «sentenciar contra el Estado de derecho». El mismo González que se había ufanado al decir: «Yo aprendí siendo muy joven que la disputa política con los órganos judiciales era propia de sistemas no democráticos; pero eso en España no se ha aprendido aún.»

En ese cuarto de hora, Garzón no sabe todavía que ha de ver a González en la puerta de la cárcel de Guadalajara dando abrazos a Vera y a Barrionuevo. Y no entre una comparsa de comilitantes que bailan el sirtaki al son de *¡todos somos pepebarrionuevo!,* con Carmen Romero y Esperanza Huélamo en cabeza de la pachanga solidaria; sino destacándose, porque habrá asumido el rol de abogado y «representante» de Barrionuevo, para recurrir ante el Tribunal Constitucional la sentencia del Supremo. Nueva cuota de carísimo marketing. Rol simbólico y de pie forzado: Esperanza Huélamo se desahogaba hasta en la peluquería: «Pepe y yo estamos ya muy hartos de tragar y callar. Yo lo tengo claro: si mi marido va a la cárcel, Felipe va con él. ¿O es que alguien se puede creer que Pepe, y más en aquellos años, y más en aquellos temas, era un ministro que iba por libre? ¡Venga ya...!»

En ese cuarto de hora, Garzón no sabe todavía que, cuando Barrionuevo y Vera ingresen en prisión, la sacudida socialista será tan fuerte, tan hostil, tan de desacato, y las presiones políticas tan tremendas y tan hacia arriba, que estos dos ciudadanos pasarán apenas 105 días en la cárcel. González provocará reuniones secretas «a tres» —Suárez, Aznar y él mismo—, llamará a rebato y moverá ciertos hilos sutiles que nadie debería mover, y menos *pro domo sua*, hasta arrancarle a Aznar el intempestivo indulto de esos dos hombres, cuyo encarcelamiento tendrá en vigilia a demasiada gente importante de este país. Y el argumento persuasivo será: «Hay presos *sui generis*, que resultan mucho más peligrosos en la cárcel que en la calle.»

Baltasar Garzón abre la agenda de tapas de cuero rubio que usa como diario. Sitúa la punta de la pluma bajo la fecha *1998, Junio, martes 23*, y arranca con brío:

Ha sido un día complejo. Balti ha aprobado el curso. Eso es lo importante. Pero también, que el sinvergüenza de González ha mentido ante el Supremo, diciendo que yo le pedí el indulto para Amedo y Domínguez. Cuando estuve en la política, de los Gal sólo hablé con Ventura Pérez Mariño y con Juan Alberto Belloch, en febrero del 94; y fue, justamente, para decirles todo lo contrario: que me iría a mi casa si se daba el indulto a esos dos...

Felipe ha mentido. Jamás hablé con él de los Gal. ¡Nunca tuvo el valor de tratar ese tema conmigo! Él sabía bien lo que yo iba a decirle. Uno, que no era partidario de esos indultos. Dos, que si el Gobierno los daba, a mí me encontraría en el bando opuesto. Y tres, que lo que él tenía que hacer sobre los Gal era asumir las responsabilidades que existieran dentro de su Gobierno.

Llegado aquí, relee lo que ha escrito. Añade un par de tildes y alguna coma. Se detiene ante las palabras *el sinvergüenza de González*. Tacha *sinvergüenza* y pone *pocavergüenza*. Sigue escribiendo con letra desgarbada y veloz:

Éste es el punto de inflexión. Como ciudadano, Felipe González ya no me merece respeto ni crédito. Ha demostrado su falta de es-

crúpulos ante la verdad, y de recato ante la instancia máxima de la Justicia. Y eso, en un Estado democrático social y de derecho que él contribuyó a crear. Además, como Felipe ha mentido estando bajo promesa formal y pública de decir la verdad, yo comparo esta promesa falsa de hoy con otras promesas suyas también formales y públicas de «cumplir y hacer cumplir las leyes» y de «ejercer honestamente el cargo de presidente del Gobierno»... y no tengo más remedio que poner muy en duda lo que este hombre haya hecho al frente del Gobierno.

Felipe ha caído para mí. «Kaputt.» Y lo siento. Siento... que me duele. Pero, vista su actitud a lo largo del proceso, y en el juicio, empiezo a pensar que —cuanto menos— no es ajeno a la responsabilidad política. Por su parte, ha habido protección, ha habido un «mojarse», una voluntad expresa de ayudar a los imputados del caso Gal. ¿Se siente coaccionado? ¿Le han advertido «vamos a por ti, si no lo haces»? Da la impresión de que actúa obligado por una amenaza. Por desgracia, de amenazas sé más de lo que quisiera: cuando te amenazan, si tienes la conciencia en paz, lo que haces es crecerte, sacar pecho y decir: «aquí estoy, vengan a por mí, no tengo nada que temer». Pero González no lo ha hecho así. ¿Por qué?

Se ha acabado la página. Pero Garzón no ha terminado de decir. Pasa a la hoja en blanco de la fecha siguiente. Con gran conciencia histórica del momento que está viviendo, escribe:

23 de junio de 1998: el día que Felipe González mintió ante el Supremo. (Continúo.) Entre Felipe y yo no hubo ningún pacto de silencio; pero yo me sentí obligado, por pundonor de caballero, a no contar nada de lo que había visto, oído y conocido durante mi paso por la política.

De Felipe lo menos que yo esperaba era que, puesto a hablar, no mintiera. Esta mentira suya de hoy cancela todo compromiso moral de silencio. Desde ahora, me siento dueño de sacar a la luz mis vivencias políticas cuando yo quiera. Algún día lo haré; pero a mi manera: yo no sé mentir. Y daré datos a la Historia, para que la Historia ponga a cada uno en su sitio.

Mira el reloj. Los días son ya más largos, y se ha hecho muy tarde. Cierra la agenda. Lleva a la cocina los botes vacíos de coca-cola. Con las zapatillas chanclas en la mano, sube descalzo las escaleras para no hacer ruido. En toda la casa hay silencio. Por la ranura de la puerta del dormitorio se filtra una tenue raya de luz.

Dos días después, el 25 de junio, Baltasar Garzón está en la cafetería Riofrío con algunos compañeros de la Audiencia. Sentados alrededor de una mesa rinconera, cerca del ventanal corrido que da a la calle Génova, la juez Teresa Palacios, el fiscal Enrique Molina y los secretarios judiciales Natalia Reus, Margarita Torres y Julio Gómez Alonso. Comentan las incidencias del juicio que se celebra enfrente, en el Supremo. La víspera, Juan Carlos Rodríguez Ibarra y José Luis Corcuera declararon como testigos, en la misma línea que González: esculpir una estela de duda sobre la imparcialidad de Garzón, y si tuvo o no tuvo un interés especial en los indultos de los dos ex policías.

Cuando están casi a punto de levantarse de la mesa, Julio Gómez Alonso cuenta, «aunque ahora mismo no puedo precisaros la fecha exacta», de «una reunión en el despacho de Eligio Hernández, en la Fiscalía General, siendo Eligio fiscal del Estado. Estaban allí José Luis Corcuera y Rafael Vera. Hablaban de agilizar los trámites para darles ya el indulto a Amedo y a Domínguez. Y en cierto momento, Eligio llamó por teléfono a Moncloa, habló con Felipe González y, por la directa y sin rodeos, le pidió el indulto. Felipe le contestó: "En este momento, no lo veo oportuno."»

—Y eso ¿quién te lo ha contado? —pregunta Garzón.

—Eso no me lo ha contado nadie —responde Gómez Alonso.

—Entonces, ¿tú cómo lo sabes?

—Porque lo presencié: yo estaba allí.[32]

El secuestro de Segundo Marey era apenas el prólogo de una larga secuencia criminal... pendiente de proceso. Cuando en julio de 1995 Garzón eleva al Tribunal Supremo el sumario 1/88 —porque afecta penalmente a personas con fuero—, pierde la competencia sobre toda la causa. Durante más de tres años, no puede seguir su investigación ni tomar decisión alguna.

En septiembre de 1998, el Supremo le devuelve la jurisdicción sobre la parte del sumario que se refiere a los atentados cometidos en los bares Batzoki y Consolation y al pago de doscientos millones de pesetas, de fondos reservados, depositados en un banco de Sui-

32. Julio Gómez Alonso, persona de toda confianza de Eligio Hernández, confirmó a la autora esa reunión y su contenido.

za a nombre de las esposas de Amedo y Domínguez. En todo ese tiempo, el dinero permanece bloqueado en la UBS de Ginebra, por orden de Garzón. Su primera diligencia es reclamarlo. Habla con el juez Perraudin, que viene a Madrid a un asunto del caso Roldán: «Baltasar, apórteme usted los indicios que tenga de que esos fondos están vinculados al caso de los Gal, y yo le envío el dinero inmediatamente.»

El 22 de octubre de 1998 Garzón escribe en su agenda:

Llegan los 200 millones de Amedo y de Domínguez que, con los intereses acumulados, suman más de 300. Los remite Paul Perraudin. Nos hemos puesto en contacto enseguida con el Ministerio de Hacienda. Es curioso: no aceptan hacerse cargo del dinero. No quieren darlo como un ingreso, hasta que la sentencia no esté firme. Lo hemos depositado en la cuenta bancaria del juzgado.

He tenido noticia de que a Amedo y a Domínguez les han ofrecido «pasta» por cambiar de nuevo sus declaraciones. ¡Estaría bueno que en el juicio salieran diciendo que no eran fondos reservados, o que fueron pagos lícitos por indemnizaciones o por pluses de peligrosidad, y tengan que devolver a esos dos un dinero que todos sabemos de dónde salió... y por qué se les dio!

En todo caso, por primera vez en la Historia, España recupera unos dineros evadidos a Suiza. ¡Bingo!

V

DE RATONES Y DE HOMBRES

«En la tarde del 23-F, me dije: Baltasar, despídete de la toga; tú no vas a prestarte a ser juez en una dictadura militar.»

La mesa está puesta para la cena, cuando suena el teléfono. Baltasar Garzón va a cogerlo al piso de arriba, en el descansillo de la entrada. Su mujer le oye hablar. Luego, silencio. Como tarda en bajar, se asoma por el hueco de la escalera y le ve sentado en uno de los peldaños. Escucha, pero no oye conversación. Sube. Baltasar está quieto, callado, sosteniendo el auricular entre las manos como si se hubiese olvidado de colgarlo, y mirando a ninguna parte.

—¿Pasa algo?, ¿quién era...?

—¡No te lo puedes ni imaginar...!

—¿Qué ha ocurrido?, ¿quién llamaba...?

—Javier Álvarez, de la SER, para avisarme de una patraña borde que me han montado, y que sale mañana en el ABC, ¡vamos, que está ya en los *vip's*[1]!... Yo no entiendo cómo puede haber gente tan mala, con tantas ganas de dañar, gente tan... tan capaz de retorcer lo más sencillo... y de... ensuciar lo más limpio.

—Pero ¿qué te han dicho?, ¿qué es lo que va a salir?

—Un infundio asqueroso. ¡Otro! Ahora, sobre nuestro viaje al Caribe. ¡No saben ya dónde rebuscar para encontrarme porquería, hez, y se remontan a nuestras vacaciones de hace tres años...!

—Y en ese viaje... ¿qué pueden buscar?

—Publican no sé qué historia de facturas... no lo sé bien, Yayo, no lo he visto. Este de la SER me ha contado un poco por encima: es como si aquel viaje me lo hubiesen costeado los del Ministerio del Interior con fondos reservados... Meten ahí la avioneta que alquilamos, los gastos de los escoltas, ¡yo qué sé!, todo mezclado... No hace falta ser Einstein para ver quién está detrás. ¡Otra vez lo mismo, me cago en la leche que...!

1. Cadena de almacenes de horario continuo donde, entre otros artículos, se vende por la noche la prensa del día siguiente.

A los pocos minutos, por la línea del fax, Javier Álvarez pasa una copia del ABC en su edición del día siguiente. A toda página, de margen a margen, varias líneas de títulos afirman que *Interior pagó con cargo a los fondos reservados parte de las vacaciones en el Caribe de Garzón, su mujer y una cuñada. Las autoridades dominicanas remitieron a España una factura de 700.000 pesetas. Los gastos, abonados por el Ministerio en dólares, incluyen tres viajes en avioneta*. Como apoyo documental, un listado con claves y siglas que, según el reportaje, fueron gastos de los escoltas. Ese albarán lo emitió en su día el Departamento Nacional de Investigaciones de la República Dominicana. Lleva membrete, escudo, firma y sello de tampón. Todo el conjunto ofrece la contundencia gráfica y terminante de un documento oficial indubitable.

Ocurre esto en la noche del 7 al 8 de febrero de 1995, en plena reapertura del caso Gal. En ese momento de forzoso *impasse* en que el juez, recusado por Rafael Vera, no debe querellarse ni señalar a los supuestos autores de la jugada, por muy seguro que esté de quién mueve los hilos.

Es evidente que se trata de un servicio oficioso que le prestan a Vera los devotos epígonos que dejó en Interior, gente hábil para fabricar ese tipo de montajes y cuyos resortes son tantos y tan enrevesados como los laberintos del ministerio.

—Yo te diría: «Baltasar, no te preocupes, desprécialos, son ratas.» Pero aquí detrás hay más que ratas: hay hombres con poder, dispuestos a hacerte daño. Así que, ¡muévete, páralos! Esto es dañino, la gente puede creérselo, y es tu honra la que está en juego.

—Pero, Yayo, para hacer un desmentido tajante, yo tendría que presentar las facturas de nuestros gastos, pagados por mí.

—Pues, venga, vamos a buscarlas... ¿las guardaste?

—Me temo que no... Ese viaje fue en el 92, y yo entonces no tenía la obsesión que me entró después de pedir tickets y recibos de todo... Lo único que se me ocurre es llamar a Cuca.

Cuca García de Vinuesa, encargada de las relaciones públicas de Occidental Hoteles, les organizó a los Garzón ese viaje al Caribe. En realidad, fue su viaje de novios, que tenían pendiente desde hacía doce años. Como el presupuesto era bastante asequible, Pepa, una hermana de Yayo, se incorporó «de carabina».

Baltasar localiza a Cuca García de Vinuesa. Le explica lo que ocurre, y se reparten el trabajo. Ella hablará con los de Travel Plan, que gestionaron los billetes aéreos, y con el hotel Flamenco Beach de Puerto Plata. Garzón llamará al director del hotel Embajador, donde se alojaron en Santo Domingo...

—Cuca, ¿tú crees que, después de tres años, habrán guardado las facturas y los resguardos de los pasajes...?

—¡Por supuesto que sí! Va a ser una noche movidita, pero tú tranquilo, Baltasar: yo hoy no me acuesto hasta que este embuste se aclare. Sólo me preocupa el horario de oficinas. Si allí no trabajan por la tarde, vamos a ir muy pillados de tiempo para que entren en los archivos, encuentren los recibos, los envíen, y tú los tengas aquí al punto de la mañana, cuando empiecen a llamarte de las emisoras de radio...

Y así transcurre la noche. Yayo busca con afán entre cajas y carpetas. Sólo encuentra fotografías, una guía turística, postales, posavasos de cartulina con nombres de *pubs* tropicales, paipáis de colores estridentes, las entradas de una sala de fiesta, una receta de asados de ave y otra de cócteles de ron, guayaba y flor del paraíso, sobres de Kodak con los negativos de las fotos... Recuerdos sentimentales, a barullo; y ni un solo comprobante. De vez en cuando suena el teléfono, y es Cuca, o es el director del hotel Embajador de Santo Domingo, o entra un fax con la copia de una factura. Hablando con alguien, Garzón confirma desplazamientos del viaje: «De Puerto Plata a Santo Domingo, por carretera... En el hotel lo sabrán, porque ellos mismos nos organizaron el alquiler de la avioneta... dos trayectos, en días diferentes: uno, de Herrera a La Romana y vuelta a Puerto Plata; y otro, de Puerto Plata a Samaná y regreso a Puerto Plata... Sí, sí, lo de Arroyo Barril me suena. Ah, en Samaná alquilamos una lancha, ida y vuelta, a los Haltises... eso fue el mismo día, la misma excursión. Sí, claro, los escoltas venían también, no se nos despegaron en todo el tiempo... Muy correctos, muy amables, pero que miren bien en las facturas, porque todos sus gastos de comidas, refrescos y consumiciones los aboné yo de mi bolsillo... ¡a ver si se han pagado dos veces!»

Yayo retira la cena, saca unas chocolatinas y hace café bien cargado. Baltasar ya se ha metido en faena: aprovecha la vigilia y la búsqueda de justificantes para trajinar en lo que le gusta: ordenar, releer papeles viejos, curiosear álbumes de fotos...

No se le va de la cabeza el «detalle casual» de que, cuando estaba proyectando aquel viaje, Vera le dijo: «¡Hombre, has elegido muy bien! Paisajes preciosos, playas vírgenes... Voy a decirle al comandante Félix Hernando que vaya a tu despacho y te haga un itinerario de excursiones y lugares que vale la pena visitar, porque él se conoce al dedillo todo aquello.»

A ese comandante Hernando, ascendido ya a teniente coronel, Garzón lo tiene ahora encausado en el sumario Gal: era uno de los hombres de «toda confianza» de Vera, que viajaban a Suiza para entregar el dinero a las mujeres de Amedo y de Domínguez.

Los escoltas. Garzón vuelve a leer la página de ABC: según dicen ahí, el problema está en las dietas y gastos de los escoltas, que eran dominicanos. «¿Y yo qué coños voy a saber de las dietas que cobraron esos tíos? —piensa—. ¡A mí qué me cuentan! ¿Acaso yo pedí llevar escolta?» Rebobina de memoria cómo fue Vera quien se empeñó en «hacerle un favor», incrustándole policías de escolta. Un día, a vueltas con ese viaje, Vera le dijo:

—Baltasar, he pensado que debes llevar protección, porque en Santo Domingo están los etarras deportados.[2]

—¡No fastidies! Voy en plan informal y... de «viaje de novios». ¿Quién me va a conocer a mí en el Caribe?

—Sí, sí, puedes coincidir con familiares y con amigos de estos de ETA, que van mucho a verles. Y tú tienes una cara conocida. Mira, como allí están los de la DNI,[3] que nos prestan el servicio de vigilancia de Antxon, Makario, Belén y toda esa gente —y les pagamos una pasta gansa, por cierto—, voy a darles instrucciones para que cubran tu seguridad y la de tu familia... Lo mismo que si, por tu trabajo judicial, necesitas alguna información de esos etarras, les puedo decir que te la faciliten.

—Hombre, eso sí que me interesa: reseñas fotográficas actuales y la serie de huellas decadactilares de todos ellos, porque en la Audiencia no tenemos ese material.

«Claro, no se atreven a decir que Interior me haya dado a mí un dinero para ese viaje —Garzón está releyendo el texto de ABC—. Sería muy fuerte y tendrían que demostrarlo. En cambio, dicen que la policía dominicana, con fondos del ministerio español de Interior,

2. Los miembros de ETA deportados a Santo Domingo eran Ignacio Aracama Mendía, José María Gautxegi Arruti, Juan Manuel Soares Gamboa, Eugenio Etxebeste Arizkuren, Belén González Peñalba y Ángel Iturbe Abasolo.

3. Departamento Nacional de Investigaciones de la República Dominicana, híbrida especie entre policía y servicios secretos.

cubrió gastos míos y de mi familia. La jugada es sibilina: a los de la DNI de allí, que los tienen asalariados por la vigilancia de los etarras, los utilizan para que reclamen unos gastos. Y ellos, encantados de cobrar. ¡Ésos sí que están pagados por el Ministerio del Interior...!»

Entran dos llamadas de teléfono muy seguidas: un empleado de Travel Plan y una señorita de Air Europa. Comprueban datos.

Sentados junto a la chimenea, rodeados de álbumes, cajas y carpetas, Garzón y su mujer se entretienen viendo fotos: «¡qué flaquillo estabas tú aquí!», «¡anda, ya no me acordaba yo de esta foto...!», «¡mira, Yayo, mira quién aparece aquí!», «¿éste era el que iba contigo de cacería en Villacarrillo?», «a ver... no, eso es ya en Almería», «esta foto voy a romperla, Baltasar, no estamos bien ninguno», «¡pues no te pierdas esta otra: yo con las maracas y las pantorrillas peludas, en plena salsa caribeña!».

Maniático del orden y de las fechas, Garzón se aplica a colocar las fotos en su debido lugar: «ésta no tendría que estar aquí, porque es en Vitoria, en 1983, que tú estás embarazada de Balti...», «pon estas dos en el álbum de la boda...». En esos álbumes está toda su vida juntos.

Cuando Baltasar aprobó el último ejercicio de las oposiciones, Yayo habló con su padre:

—Llevamos siete años de novios... y separados. Encima, él ahora tiene que irse a Madrid a la Escuela Judicial. Papá, yo no espero más: preparo una boda sencillita, y nos casamos ya.

—Pero, hija, yo soy un maestro de pueblo y no tengo de dónde sacar dinero, así, de repente, para una boda...

—Papá, para casarse no hace falta dinero: hace falta quererse. Y un cura. Yo le pido al cura que traslade los papeles, y nos casamos en la capilla de la catedral de Jaén, que a los dos nos gusta mucho.

«El 10 de noviembre de 1980 —rememora Garzón, mirando fotos— ya soy juez. Y el 29 de ese mismo mes, la boda. Fue acabar yo las oposiciones, y la parienta me dice: "Tú te vas a Madrid a la Escuela Judicial, pero no te vas solo: me llevas contigo." En cuanto quise darme cuenta, ya estábamos saliendo de la iglesia casados. Sonó la Misa de la Coronación, de Mozart. Bueno... al principio sonaron maullidos de gatos: era un disco y se bamboleaba porque al *pickup* le faltaba el chirimbolito del centro. Después, le pusieron no sé qué, y ya se oyó bien. Hubo dos curas, amigos míos. Pero el que nos casó fue Manolo Morales. Yo llevaba el traje gris oscuro con rayita diplomática que me compré para las oposiciones, y que me había dado suerte. Yayo estaba guapísima... en ninguna de estas fotos ha salido como estaba aquella tarde. En lugar de velo, se puso un turbante que le realzaba la tez morena, los ojos negros... Cuando la vi llegar a la puerta de la catedral, me quedé *alelao*: "Con ese turbante, pareces una mora... una mora guapa. Hoy estás más preciosa que nunca... ¡Qué suerte tengo!" En la ceremonia participamos los dos, leímos las lecturas, comulgamos. La noche de bodas, en el mismo Jaén, en el hotel Condestable. Y al día siguiente, 30, a Madrid en el Talgo, porque el 1 de diciembre empezaba yo la Escuela Judicial. Cargados con las maletas, los libros, un jamón que nos dio mi padre y cuarenta mil pesetas que habíamos reunido de los regalos de la familia. Ésa fue nuestra luna de miel y ésa nuestra dote. El viaje de novios quedó pendiente... En Madrid, nos metimos en un pisito de la calle Guzmán el Bueno con Freixanes, su mujer y otros amigos. No teníamos de nada, pero éramos felices.»

Un pueblecito de Huelva, Valverde del Camino, es su primer destino judicial. Garzón, por sus notas, podía elegir mejor plaza; pero quiso ir a Valverde porque allí había estado de juez José Muñiz San Román. «Ese hombre me dejó una huella muy buena, siendo yo opositor. Sus resoluciones y sus sentencias me orientaron mucho en mis inicios. Hice prácticas en su juzgado. Y fue para mí un modelo de juez a imitar. No en lo político, que era muy conservador; pero sí como persona honesta, como juez íntegro. Tengo mucho que agradecerle, y nunca se lo he dicho... Me daba consejos de oro: "Baltasar, elige un juzgado donde al llegar no conozcas a nadie ni tengas lazos impuestos. Trata con respeto al ciudadano y nunca olvides que eres juez. Quédate a distancia de los asuntos personales, pero participa en la vida y en las costumbres del pueblo. Y jamás te doblegues ante el poder." Me lo decía con la autoridad del hombre que no se ha dejado llevar la mano por nadie. Una vez, el gobernador civil pretendió imponerle una resolución, y él dijo que no, que en su juzgado sólo mandaba él. Se la jugó, pero no claudicó.»

Se acuerda de aquel juzgado de Valverde del Camino, viejo y con manchas de humedad. Y él, un juez bisoño con 25 años. Su primer alarde: la lista de causas pendientes que un juez se encuentra al llegar. La primera vez que le llamaron «señoría»:

«Era por la tarde. Yo iba a tomar posesión y estaba en el despacho del juzgado. Llegó uno por allí silbando *la internacional*, pasó por delante de la puerta, miró, bajó un poquito el tono del silbido, y siguió por el pasillo silbando. El juez del distrito le llamó: "Arturo, ven: te presento al nuevo juez." Entró, me saludó "Buenas tardes, señoría, soy Arturo Carrasco, el auxiliar", y se fue silbando su *internacional*.

»Había dos viviendas nuevas; pero este Arturo, que además de auxiliar del juzgado era militante del Sindicato Unitario y concejal de un partido de la izquierda radical, se opuso a que yo utilizase una. "Yo a usted le estimo mucho —me decía—, pero es una cuestión de principios: no puedo consentir que le demos vivienda al juez, habiendo tanta gente necesitada." Y tuvimos que alquilar un piso, un ático destartalado y feote, que nos costaba 25.000 pesetas al mes. Y yo ganaba 130.000 por todos los conceptos. Ésa fue nuestra primera casa como matrimonio.

»Bueno, cuando se es primerizo, casi todo ocurre por primera vez... Allí, también, mi primer levantamiento de cadáver: un hombre electrocutado por una descarga de alta tensión. Allí, la primera vez que tuve a un detenido durmiendo en el calabozo. Era un muchacho. Todos los del pueblo se habían ido a un entierro, y éste aprovechó para entrar en un cortijo y robar. Se ve que, después, bebió y se quedó dormido debajo de un árbol. La Guardia Civil le trincó con el dinero encima, y me lo trajeron esposado. Yo esa noche no podía conciliar el sueño. Miraba al techo de la alcoba y pensaba: "¡Es duro, tú, esto de meter a alguien en la cárcel! El dinero que ese chico ha robado será muy importante, pero la libertad vale más que el dinero... Y ¿quién carajos soy yo para encerrar a nadie?... No, yo por mí no soy nadie, pero la ley me manda hacerlo: yo soy un *mandado* de la ley..." Ahí empezaba a darme cuenta de que el poder judicial, y todo poder recibido, o se usa rectamente, o es un abuso abyecto.

»Recién llegados a Valverde, aún no habíamos amueblado la casa, cuando el coronel Tejero y sus guardias asaltaron el Congreso. Aquel lunes, 23 de febrero, estaba yo por la tarde en mi juzgado estudiando una sentencia de interdicto de obra nueva. A eso de las seis menos cuarto sonó el teléfono. Era Fernando Tesón, el juez de Aracena: "Baltasar, ¿te has enterado ya...? Acaban de dar un golpe de Estado. No está claro quién lo manda, pero la Guardia

Civil ha entrado en el Congreso." Le dije: "Bueno, yo voy a quedarme un rato en el juzgado... entre otras cosas, aquí tengo teléfono y en mi casa no." Busqué una radio. Todas las noticias eran confusas, compulsivas. Los locutores tartamudeaban, vacilaban, tenían susto. Nadie sabía nada. El alcalde, que era del PSOE, se puso en contacto conmigo, y el juez de distrito también.

»En esos instantes, pensé con vértigo: los temores que yo tenía siendo estudiante, aquellos recelos de que con una reforma tan tímida no íbamos por buen camino, tomaban cuerpo: "¡Esto era lo que yo me temía, sin saber formularlo!" Reaccioné con sangre fría: "Bueno, ya no soy aquel estudiante de '¡Arriba, abajo, Suárez al carajo!' Soy juez de instrucción. Eso significa que, si el golpe de Estado triunfa, no va a venir un *gris* a decirme '¡Circule!', sino que voy a tener que aplicar sumariamente unas normas que me van a ser impuestas. Me va a tocar instruir procesos por delitos políticos, por delitos de opinión, de reunión, de asociación... Sumarios que pueden dar lugar a consejos de guerra... quizá a penas de muerte. Me van a exigir que cohoneste una dictadura militar, que dé legalidad a unas depuraciones..." Y me dije: "Baltasar, despídete ahora mismo de la toga. Tú no vas a prestarte a ser juez en una dictadura militar. Tu carrerita judicial, con tantos sudores, te ha durado diez días."

»Cuando llegué a casa, pedí unos prismáticos al vecino, Ramón Membrillo. Desde la azotea, observé los movimientos del cuartel de la Guardia Civil. Lo teníamos a cierta distancia pero enfrente. La actividad en el cuartel era normal, no vi nada raro. Esa tarde y esa noche, esperé que viniese alguno a cuadrárseme y a decir "estoy a sus órdenes, señor juez" o "el golpe ha triunfado y las órdenes son que usted haga tal y cual" o qué sé yo, algo... Pero la Guardia Civil no dijo nada. ¡Y era mi policía judicial! A la mañana siguiente, ya con todo encarrilado, el teniente de la línea se puso a mi disposición: "La Guardia Civil está con la legalidad —dijo— y a las órdenes del señor juez."

»Como todo el mundo, pasé la noche pegado al televisor y a la radio. Intranquilo porque el Rey, no estando secuestrado, no salía a decir nada al país. Yo echaba en falta esa presencia del Rey. No salió, ni en una hora, ni en tres, ni en cinco... Casi ocho horas tardó: hasta la 1 y 23 minutos. En esa espera, me malicié que la cosa podía estar peor de lo que sabíamos. Aun siendo yo muy republicano, cuando salió el Rey en televisión y, con su autoridad de jefe del Estado, condenó el golpe y afirmó que la Constitución seguía en vigor, respiré hondo.

»Vi las imágenes del asalto al Congreso, en diferido. Sentí bochorno, náusea moral: "¿Cómo es posible que esto suceda en mi país, con todo lo que llevamos aguantado? ¿De dónde habrán salido esos cavernícolas?" Y, a la vez, admiraba las actitudes dignas y gallardas de Suárez, de Gutiérrez Mellado y de Carrillo. "¡Bien!, ¡han aguantado el tipo quienes lo tenían que aguantar!" Hubiese sido vergonzoso que Santiago Carrillo se tirase al suelo, o que el presidente del Gobierno se escondiera debajo del escaño... como los demás se escondieron. Porque fue oír unos disparos, y se impuso el miedo. Me sublevaba por dentro: "Señores diputados, la democracia no puede arrugarse por miedo. Ustedes tienen el deber de ser heroicos. Los representantes del pueblo no pueden ser unos cobardes." Era esperpéntico. Tejero, con el tricornio y la pistola, deshonrando el uniforme y el arma. ¿Quién es un militar, para creerse por encima de la ley? ¿Qué argumentos tiene, aparte la fuerza de las armas? Nada más cobarde y espurio que quien ha recibido del pueblo una autoridad y unas armas, las vuelva contra el ciudadano que está confiadamente desarmado. ¿Olvidan que, en definitiva, el pueblo libre es el único soberano? Ese abuso de la autoridad y de la fuerza del Estado, que entonces se llamó 23-F, en otro momento infame de nuestra historia se llamó Gal...

»Ah, Arturo, el auxiliar del juzgado, muy radical y de izquierdas él, mucha pegatina con la hoz y el martillo, y mucha *internacional*; pero el 23-F, cuando venían mal dadas, lió su petate y no le vi el pelo hasta el 24 por la tarde, y eso que era un hombre valiente...

»—¿Dónde te habías metido? —le dije.

»—No estaban las cosas claras, y me largué a Portugal.

»—Pues, chico, hay que ser activista antes, después, ¡y durante! Ayer, cuando había peligro, era el momento de estar aquí en el juzgado y no salir escopeteado huyendo a Portugal.

»En julio del 81 dejábamos Valverde. Nos íbamos con pena. Fue un pueblo cariñoso que nos cogió el corazón. Yo le canturreaba a Yayo un fandango de Huelva:

»*¡Valverde de mi Valverde, / Valverde de mi consuelo, / quién estu-*
[viera en Valverde,
aunque durmiera en el suelo / debajo de un pino verde...!

»Ella me salía... por peteneras:

»—Y del viajito de novios, ¿qué?

»De allí, a nuestra tierra, como juez de Villacarrillo, que está cerca de Sorihuela de Guadalimar, el pueblo de Yayo. Dos años muy intensos: del verano del 81 al verano del 83.

»Villacarrillo era señorial, con diferencias de clase muy acusadas. Se suponía que el puesto del juez estaba en la clase alta, con los señorones del pueblo y la gente de orden. Yo, al llegar, saludé a las autoridades, porque era de rigor y de buena educación; pero, a partir de ahí, todos iguales para mí.

»Estando un día con uno de los ricachos del pueblo, me dice:

»—Se comenta mucho que no has ofrecido tu casa a las fuerzas vivas, a las familias de solera de aquí...

»—¿Cuántos habitantes tiene Villacarrillo?

»—Catorce mil y pico...

»—Catorce mil y pico vienen a ser unas tres mil familias, ¿no? Pues mi sueldo de juez no da para hacer tres mil tarjetones y un *open house* con copetín de agasajo, no sólo para las fuerzas vivas, sino para todo el que quiera venir. Pero, mira, dentro de un rato vendrá Blas Mora, el de la tienda de electrodomésticos. Hemos jugado al fútbol esta mañana y me ha dicho que quería ver mi casa. Yo me encuentro con la gente del pueblo por la calle, en el bar, en la barbería, en el estanco... Mis amigos son todos: el sastre, Juan Sánchez Cortés; el de la tienda que te digo; Pedro Nieto, el del taller mecánico; Tomás Montoro, empleado del banco; los carboneros, el notario, tú...

»—Es que no sé si me has entendido, Baltasar...

»—Creo que sí, y desearía que me entendieras tú: yo no soy elite de nada. Yo tengo que servir justicia al pueblo; pero soy del pueblo y debo vivir mezclado con el pueblo, como uno más.»

Villacarrillo dejó más de una muesca en la conciencia de Baltasar Garzón. Ahora, sentado junto a Yayo, ordenando fotos mientras esperan noticias de Santo Domingo, se acuerda de que ya entonces tenía que estar siempre «a tiro de teléfono», siempre de guardia, siempre disponible, de lunes a domingo, día, noche y madrugada, sin hacer planes privados, porque se le changaban. «¿Navidad? Un 25 de diciembre tuve que ocuparme de un homicidio muy escabroso. El forense no sabía qué hacer. Aquello no parecía un cadáver sino un amasijo de carnes, huesos y trapos quemados. Pero era... lo que quedaba del cuerpo de un mendigo. El hombre se había metido para calentarse dentro de un coche abandonado. Debió de encender algo, y se abrasó vivo... ¿Nochevieja? Teníamos denuncia de la desaparición, o del extravío, de un chico alemán que venía a visitar a su hermana a una comuna, pero pasaban los días, y no llegaba. Rastreamos el 31 de diciembre y el 1 de enero, de noche y de madrugada, buscándole por la sierra de Segura. Todo estaba nevado. Yo fui con la expedición de guardias civiles y socorristas. Llevábamos perros y linternas potentes. Echamos muchas horas de búsqueda. Y lo encontré yo mismo: caminando a tientas en la oscuridad, por la sierra de las Cuatro Villas, tropecé con algo duro; pensé que sería un tronco de árbol caído, pero era el cuerpo del joven alemán que buscábamos. Había muerto congelado...

»También en Villacarrillo se me suicidó un hombre. Uno del pueblo, que estaba en trámites de separación matrimonial. Había sorprendido a su mujer con otro en la cama, y amenazó con matarla. Hice que le requisaran una escopeta que tenía. Le amonesté y le dije: "Cuando el proceso de separación esté resuelto y usted se vaya del pueblo, le devolveré su arma." Se tramitó el asunto, y él encontró un trabajo en la tala de pinos, en Lérida. Un día vinieron los dos a firmar el convenio para separarse. La mujer se quedaba con la casa que tenían allí, en el poblado de Magón. La Guardia Civil me confirmó que el hombre ya lo había preparado todo para irse del pueblo. Entonces, le entregué su escopeta. Se fueron los dos juntos del juzgado. Iban al bufete del abogado. Yo salí un poco después, para tomarme un café en el bar de Chico Pegote, y les vi caminar delante de mí, a unos quince metros, hasta que doblaron la esquina de la calle. Todavía me acuerdo que pensé: "¡Dios mío, no quisiera yo que mi matrimonio acabara así!" Me tomé el café y volví al despacho. Al poco, entró el funcionario muy excitado: "¡Don Baltasar, en el poblado de Magón se ha suicidado un hombre!" El corazón me dio un vuelco: "¡Dios mío, a ver si ha sido éste...!" Acudí enseguida a levantar el cadáver. Era él. Se había escondido en un garaje. Una vez allí, cargó la escopeta. Se descalzó un zapato. Se sentó en el suelo. Apoyó la culata en el suelo también, sujetándola entre las rodillas. Se metió la embocadura del cañón en la boca y, con los dedos del pie que se había descalzado, apretó los dos gatillos. Se reventó el cráneo, se destrozó la masa cerebral... La escena era espantosa.

»Hice mi trabajo, pero me quedé aplastado, hundido. Yo le había quitado el arma para que no matase a la mujer; y cuando se la devuelvo, va y se mata él... Lo pasé mal. Aquel hombre había sufrido, había sido la víctima hasta el final. Su mujer le engañó, y él lo perdió todo: el matrimonio, la casa, la vecindad del pueblo, y... la vida.

»Fue un trallazo moral en mi conciencia. Ni de día ni de noche dejaba de pensar que yo mismo le había entregado el arma. Me acuciaba la impresión insoportable de que, de alguna manera, también yo era culpable. Incluso me parecía que, aplicando fríamente la ley, la Justicia no había sido justa con ese hombre. Por demás, el suicidio me impresiona y me desconcierta siempre. No entiendo cómo alguien puede despreciar su vida así...»

Garzón pasa páginas del álbum de Villacarrillo. Se detiene ante una foto donde se ve a Yayo en la cama con un bebé recién nacido. A su lado, joven y barbudo, él. Está tomada en la clínica del Sagrado Corazón de Sevilla, el 14 de noviembre de 1982.

«Mi hija María me libró de hacer la mili. En cuanto nació, salí zumbando a inscribirla. El funcionario del Registro Civil me pedía los datos y apuntaba. Al llegar a "¿día y hora de nacimiento?" le contesto:

»—¿Día? Hoy. ¿Hora? Pues... hace cuatro horas y media...

»—Pero oiga, ¿usted no sabe que han de transcurrir veinticuatro horas desde el nacimiento, para que civilmente sea "persona física"?

»¡Jo, qué corte! Menos mal que entre los datos no me había preguntado mi profesión, porque... *en casa del herrero, cuchara de palo*. Fui al cuartel y eché la solicitud de la prórroga del servicio militar. Y compré unas flores, pensando: mi mujer me ha dado ya una hija, y yo todavía le debo el viaje de novios...»

Vuelve a las fotos:

—¿Te acuerdas, Yayo, cuando estaba a punto de nacer María, que yo iba por la casa con el magnetófono y música clásica para serenarte?

—¡Anda, anda, si el que necesitaba serenarse eras tú!

—Y en el momento del parto, no querías verme el *careto*. No me querías ver, ¡eh! Decías: «¡Salte de la habitación!, ¡déjame tranquila!, ¡vete ya, que no quiero verte!» ¿Por qué me echabas? Aquello me dolía mucho...

—¡Más me dolía a mí! No quería verte, porque yo lo estaba pasando muy mal, y tú eras el causante. Sentía como si se me quebraran todos los huesos. Y, al no saber cuánto duraría aquello, me asustaba no poder soportarlo, y que se me muriese la criatura. Tenía miedo al dolor...

—¿Tú, miedo al dolor? ¡Si te pasas la vida aguantando dolor!

—Pero es dolor de otro tipo, es sufrimiento moral. Y, no sé, pero parece que el alma es más fuerte que el cuerpo para sufrir.

—No te he dado una vida de rositas. Lo sé. Por mi causa te has visto en un montón de sobresaltos, de situaciones duras. Y has demostrado que eres fuerte. La misma tensión de esta noche... Sé que te he hecho sufrir, sin yo quererlo.

—También me has hecho muy feliz... queriéndolo. Y eso es lo que queda. Lo otro se lo echa una a la espalda.

—Dime la verdad, Yayo, ¿tú cuándo te lo has pasado peor?

—Cuando el asesinato de Carmen Tagle. Sentí miedo físico. Y no es que temiera por ti en ese momento: es que supe que iba a ser siempre así. Me di cuenta de que tú vivías... la muerte.

Garzón se levanta, va a la chimenea y con el badil amontona la lumbre. Así, en cuclillas, mirando el fuego, oyendo el crepitar de los leños resineros, se ensimisma con la evocación de Carmen Tagle, su compañera valiente y echada p'alante, su amiga vitalista y alegre, la joven fiscal asesinada por ETA el 12 de septiembre de 1989. Ese mismo año, en mayo, Garzón y ella se habían desplazado a Francia, a la cárcel de Rhênes, para interrogar a varios etarras, miembros de la dirección de ETA y, por tanto, responsables del atentado contra la Dirección de la Guardia Civil de Madrid, ocurrido un año antes. Garzón empezaba a aplicar su teoría de las culpabilidades jerárquicas en el entramado criminal: ningún comando actuaba a su antojo, sino que obedecía órdenes de la cúpula. «Hay que exigir cuentas —decía— al que pone la bomba, al que la facilita, al que presta el coche, y... al que da la orden.»

«Hicimos la comisión rogatoria con el juez Michel Legrand. Interrogamos a Elena Beloki, a Santiago Arrospide, Santipotros, y a José Antonio Urrutikoetxea, Josu Ternera. Venía también el comisario Pedro Díaz-Pintado. De aquel viaje lo recuerdo todo, hasta las bobadas. Carmen necesitaba comprarse panties: se le había hecho un enganche en las medias. Y nos reíamos por no saber cómo se decía mercería en francés. Luego, el trayecto alucinante desde el Palacio de Justicia hasta la prisión de Rhênes. En el vehículo policial iban dos tíos, dos agentes, sentados en la ventanilla, con el cuerpo fuera, abriendo paso, y el coche a toda pastilla, casi volcado en las curvas, las sirenas ululando desenfrenadas, mientras cruzábamos París. Carmen y yo, en el asiento de atrás, "¡estos franceses son la leche!", pensando que nos estrellaban en cualquier revuelta. Al llegar, Carmen le dice muy digna al policía: "Le agradezco muchíííísimo que nos haya traído... con vida."

»Josu Ternera habló en francés. Nos largó un discurso sobre la independencia de Euskadi y las libertades. En cierto momento le preguntamos que si "matar a un niño de dos años en el atentado contra la Dirección de la Guardia Civil era su forma de luchar por la independencia y las libertades". Josu Ternera nos miró. Señalando a Carmen con el mentón, dijo en español:

»—Cuando hablemos de las torturas que practican contra nosotros en las cárceles españolas, entonces hablaremos de eso.

»Después, ya en francés, preguntó al juez Legrand: "¿Y éstos quiénes son?"

»—Yo soy Baltasar Garzón, el juez del central número 5. Carmen Tagle es fiscal de la Audiencia Nacional. Y este señor es un funcionario de la policía española.

»—Yo no reconozco la jurisdicción española. No tengo nada que decirles. No voy a contestar.

»Carmen comentó en voz baja a Pedro Díaz-Pintado: "¡Valiente hijo de puta!" Ternera debió de oírlo, porque se volvió y le clavó una mirada... que no se me ha olvidado nunca. Yo le dije: "Carmen, no te alteres, no merece la pena enfrentarse con esta gente: ya ves el nivel moral que tienen."

»Al regreso, Díaz-Pintado dijo en la Audiencia Nacional: "Esta mujer trae firmada su sentencia de muerte." ¿Se señaló ahí su muerte? He pensado mucho en eso. ¿Tenía ETA decidido ya golpear a la Audiencia Nacional, porque nos encargábamos del terrorismo? Josu Ternera, ya caído, no dirigía entonces la banda; pero sí podía sugerir un objetivo interesante. Él, igual que Santipotros y Elena Beloki, tuvieron que dar cuenta escrita a la nueva cúpula de ETA de cómo había sido la actuación judicial española en París esos días. En ese informe obligatorio, dirían quiénes habíamos ido, nuestros nombres y cargos, qué opinión les merecíamos, qué habíamos preguntado, qué habían respondido ellos... A partir de ahí, "eliminad a Carmen Tagle" no creo que lo dijese: ni siquiera verbalmente a alguna visita, porque sabía que sus comunicaciones orales y escritas podían estar intervenidas. Pero si ETA ya había decidido atacarnos, aquel episodio de Carmen Tagle les dio una pista.[4] Carmen era una fiscal arriesgada, sin pelos en la lengua: ni como acusadora de ETA, ni como acusadora de los Gal. La vi interrogar a Amedo y a Domínguez, y estuvo durísima. Me gustaba su arrojo, su temple. Y su maravilloso corazón, porque era buena, muy buena: una creyente que vivía de veras su fe. Pero lo que yo más admiraba de ella era su rectitud inflexible: jamás discriminó de qué lado venía el delito.

»Para ETA, estaba tirado matarla: iba sin escolta.

»Dos días antes de su muerte, bajó a mi despacho: "Estoy preocupada por tu seguridad —me dijo—. Voy a hablar con los de Interior: no hay más que ver qué asuntos llevamos para darse cuenta de que corres peligro." Me chocó que dijera eso y le pregunté: "¿Tienes sensación de peligro, por mí o... por ti?" Muy de pasada, me comentó que habían recibido en casa de su hermana una llamada extraña preguntando por ella. El 12 de septiembre, el día que la mataron, yo quería verla porque me había quedado con el remusguillo de esa llamada. Iba a decirle que tuviese prudencia: de un tiempo acá estaba más vehemente. Subí a su despacho, pero en ese momento estaba en juicios. Y ya no la vi.

»Regresaba del trabajo a su casa, en un R-12 blanco. Conducía ella. No quería protección: "Si me matan, que me maten a mí sola." Cuando estaba abriendo el garaje con el mando a distancia, los del comando de Henri Parot la acribillaron a tiros.[5] Tiempo después, supe que usaron una de aquellas pistolas Sig Sauer que los de Interior habían "regalado" a ETA, a Josu Ternera, pretendiendo tenderles una trampa... ¡Maldita historia esa!

»A las tres y media de la tarde, me llamaron a casa. Al otro lado de la línea, una voz alterada, jadeante. Era un funcionario del juzgado, muy nervioso, no acababa las frases: "Don Baltasar, don Baltasar... a doña Carmen Tagle... un atentado... ha habido un atentado... creo que han matado a doña Carmen Tagle."

4. El 27 de febrero de 1990, atentaron con carta-bomba contra Fernando de Mateo Lage, presidente entonces de la Audiencia Nacional. El explosivo le amputó las dos manos. Con más fortuna, el fiscal Eduardo Fungairiño pudo eludir un envío similar contra él.

5. Los autores, integrados en el «comando itinerante», fueron Henri Parot, Frédéric Arambure y Jacques Esnal.

»Como si se me colapsara la sangre en las venas, sentí un vacío frío en todo mi cuerpo. No sé qué hice con el auricular, ni si le contesté al funcionario. Tardé en reaccionar. Yayo acudió sobresaltada cuando me oyó gritar, bramar: "¡No, nooooo!, ¡no es verdad!, ¡no quierooooo!, ¡no quierooooo...!"

»Llamé a Carlos Bueren. Empezó la cadena de avisos. Un coche *zeta* policial nos llevó al lugar del atentado. Pedro Díaz-Pintado ya estaba allí. Vi el R-12 blanco, los impactos de las balas, el cuerpo de Carmen tapado con una manta. El terrorismo aterra más cuando más cerca te dan el zarpazo. Nadie quería identificar el cadáver. Tuve que hacerlo yo en el Instituto Anatómico Forense. Me quedé como sonado. Al día siguiente, en el entierro, los jueces y fiscales de la Audiencia Nacional, de un modo espontáneo, sin darnos cuenta, entrelazamos los brazos formando una piña. Así, hombro con hombro, avanzábamos como una muralla prieta tras el féretro de Carmen. Todos, cada uno, éramos Carmen Tagle...»[6]

Hace rato que Garzón volvió de la chimenea al sofá. Rebusca hasta dar con una fotografía que le esponja: Carmen Tagle y él, bailando sevillanas al aire libre en un día campero de sol. Deshilvanadas, le vienen a la mente las palabras de un filósofo francés: *nunca te me morirás, porque nunca dejaré de quererte.*

Son las tres de la madrugada. Yayo, a pesar de dos tazas de café fuerte, se ha adormilado. El intempestivo rrriiinnnggg del teléfono la despierta. Es Cuca: avisa que van a entrar por fax las facturas de los billetes en vuelo chárter con Travel Plan y Air Europa; y que sigue a la espera de los recibos de la avioneta de alquiler. En efecto, cerca de las cuatro llegará ese justificante, con las rutas detalladas en cada fecha, 16 y 17 de abril de 1992; firmado, sellado y con la estampilla «abonado por el cliente». Entretanto, Baltasar se sirve otra taza de café y sigue su minuciosa tarea de pegar en los álbumes las fotos que se habían desprendido. Es un filón de imágenes que provocan su vena evocadora y sentimental...

6. En octubre de 2000 Francisco Mugika Garmendia, Pakito, fue acusado de haber dado la orden, un coche y los datos de domicilio, vehículo y horarios de Carmen Tagle. Once años después del asesinato de la fiscal, el ex número uno de ETA, Pakito, se encaraba a los magistrados de la Audiencia Nacional y les espetaba: «Para nosotros, todos vosotros sois Tagle.»

Vitoria, 1983. Garzón tiene 27 años y acaba de ascender a magistrado. Vitoria será una estancia breve, pero interesante. Más: subyugante. «Me enamoré del País Vasco ya en el avión, antes de aterrizar. Y después: sus colores, su aire, sus sonidos, sus casas, su gente... Fue como un flechazo. Me atrajo aquella tierra.» Yayo, en cambio, tenía sus temores, y por las noches echaba cerrojos en las puertas de la vivienda oficial. Eran tiempos de terrorismo rampante. Los periódicos hablaban de «la escalada», de «la espiral»... ETA se cebaba de sangre.

«Me fui yo solo, en julio. Yayo subió después. Teníamos a María, y Balti venía de camino. También Margarita Robles ascendió en esa tacada. Era la número uno de mis oposiciones y la destinaron a Bilbao. Por allí andaba ya Juan Alberto Belloch. Aquellos días que pasé de *rodríguez*, en el hotel Guridi, me sirvieron para integrarme con los vascos y sus costumbres: pillé las fiestas de la Virgen Blanca, que se vivían en la calle, y no hacía falta conocer a nadie ni que te invitaran para pasártelo en grande. Las cuadrillas de chicos y las charangas iban tocando y bailando, ¡y allá que me enrolé en una! Llevaban blusa azul y pañuelo blanco. Empecé a saltar y a cantar con ellos, les dije "soy andaluz, funcionario, y estoy recién llegado". Me aceptaron enseguida. Callejeábamos muy contentos por la plaza del Machete, la calle Postas, la plaza de los Fueros... Había concursos de corte de troncos, frontón, arrastre de piedras. Todo era nuevo para mí y tenía el encanto de lo genuino popular. Con esa cuadrilla me fui de cuchipanda, a comer, a tomar txikitos de tintorro, a los toros...

»Para meterme cuanto antes en los intereses ciudadanos de allí, compraba y leía todos los periódicos: El Correo Español, Deia, Egin... Yo notaba que, a veces, al entrar en el Palacio de Justicia,[7] los guardias civiles o los policías me miraban con extrañeza. Un día, uno de ellos, señalando el periódico que yo llevaba bajo el brazo, me dijo:

»—Perdóneme, señor juez, pero a lo mejor usted no sabe que ese periódico no es una lectura muy adecuada...

»—Ah, ¿no? Es el Egin... ¿qué tiene?, ¿qué le pasa?

»—Le pasa que... es el periódico de ETA.

7. A Garzón le designaron el juzgado de primera instancia e instrucción número 3 de Vitoria.

»—Si es así, no está de más saber lo que piensa ETA.

»Me quedé perplejo. "¿Cómo va a tener ETA un periódico?" Yo entonces ni barruntaba que el Egin podía ser un instrumento —¡y utilísimo!— en manos de ETA.»

El 13 de agosto de ese año 83, a dos terroristas les estalla un artefacto explosivo cuando están preparando un atentado.[8] Mueren en el acto. Sus cuerpos quedan totalmente destrozados. Pocos días después, durante el funeral de uno de ellos, Javier Sanmartín, en Vitoria, el párroco, Ángel Albaina, pronuncia una homilía con un sesgo elogioso, que se puede valorar como apología del terrorismo. Entre otras cosas, ese sacerdote dice: «Javier ha buscado asumir los ideales de liberación de nuestro pueblo y caminar hacia las metas que sus raíces potencian. Esto es un signo de honradez y de esperanza, dentro de las contradicciones e interrogantes que su vida y su muerte nos plantean (...). Para los creyentes, ese esfuerzo de liberación está animado por el espíritu de Jesús: Jesús asumió la realidad de su pueblo, que venía luchando por su liberación desde muchos años atrás. Y respondió con su vida a esta realidad (...). Nuestra historia cristiana empezó con una gran injusticia: la tortura y la muerte de Jesús. Y éste es el vértice de una pirámide de base inmensa formada por hombres de El Salvador, Palestina, Chile, Euskal Herria (...). Sólo la esperanza en el Reino de Justicia, de Paz y de Amor puede dar sentido a la muerte de Javier, y a la vida de los que buscan la libertad y la paz de nuestros pueblos.»

Junto a la glorificación heroica de un terrorista, muerto con las manos en la masa de amonal en el momento mismo en que se disponía a matar, en las palabras del párroco Albaina hay una retórica de teología de la liberación, aún en boga por entonces, que equipara la figura de Jesús con la de cualquier liberador político; y una justificación de la violencia en aras de un fin quizá legítimamente deseable. En todo caso, el tema es de confusión en la doctrina moral y de politización del púlpito: cuestiones sobre las que debe pronunciarse el obispo, pero no el juez.

Al día siguiente, en cuanto se publican los fragmentos con más aristas del sermón, se arma el revuelo político. Desde Madrid, or-

8. Eran miembros de los Comandos Anticapitalistas: José Luis Segurola Mayor, Naskas, y Javier Sanmartín Goikoetxea.

denan a la Jefatura de Policía de Vitoria que detengan al cura por apología del terrorismo.

«Me llama el comisario jefe, muy abrumado —recuerda Garzón— porque él no es partidario de esa detención, pero la orden le viene de Vicepresidencia del Gobierno. Esto es mediado agosto, y Alfonso Guerra está de presidente en funciones.

»—Usted verá —le contesto—, pero lo hemos estudiado el fiscal Alfonso Arroyo y yo, y ahí no hay materia delictiva.

»—Sí, pero he recibido la orden y tengo que detenerle.

»—Pues, mire, yo creo que no voy a decretar su prisión. Se lo advierto, para que no peguen ustedes un patinazo deteniéndole.

»—Ya me gustaría, pero es que ¡joder! nos obligan de Madrid.

»Total, que le detienen. Viene el cura a mi despacho con Javier Sainz Calderón, su abogado, y Juan María Bandrés, que traduce sus respuestas al castellano, porque el detenido declara en euskara. Explica el sentido de los pasajes más espinosos de su homilía. Es un texto exaltado, abertzale, fuerte. Pero yo no puedo mandar a la cárcel a un hombre por expresar pacíficamente sus ideas. Le pongo en libertad sin cargos... y preguntándome para mis adentros "y la libertad de expresión, ¿dónde la deja Alfonso Guerra?" El PSOE tiene en esos tiempos una postura muy beligerante y muy radical contra ETA. Entonces no lo sabemos, pero están naciendo los Gal. Y Barrionuevo dice a toda hora que "el PSOE ha descubierto a la Guardia Civil". Días después, Alfonso Guerra, en un acto público en La Coruña, ataca "al juez que ha puesto en libertad al *cura trabucaire* de Vitoria". Como los extremos se tocan, ABC saca una de sus tremebundas portadas, con una viñeta de Mingote en la que se ve a monseñor Setién y a un cura predicando ante una feligresía de etarras encapuchados y con metralletas. Título: El cura felón y el obispo mudo.

»Yo remito el caso a la Audiencia Nacional, por si hubiera delito de apología del terrorismo. El juez que lo recibe, Carlos Dívar, lo estudia y lo archiva. No ve sustancia penal.»

Empalmando recuerdos, por esa senda lineal y a mano que le abre cada álbum —¡y tiene más de treinta!—, Garzón pasa ahora de Vitoria a Almería:

«De Almería, dicen que llorando se entra y llorando se sale. Eso me ocurrió a mí. Como destino judicial, no me atraía. Pero aprendí mucho: me encontré con una delincuencia muy diversa, y afronté por primera vez la criminalidad organizada: las mafias del coral y de la droga... En el jalón humano, dejé amigos de los de verdad. Y me entrené a fondo como padre y como hijo.

»Como padre y niñero, porque Yayo daba clases en el instituto de Cuevas de Almanzora, a setenta y tantos kilómetros de Almería. Se iba el lunes temprano y no regresaba hasta el viernes al anochecer. Yo atendía el juzgado y me quedaba en casa con María y Baltasar. O sea, que la *rodríguez* era ella.

»Y me entrené como hijo. A mi padre le sobrevino una trombosis y estaba en cama impedido: ni andaba, ni hablaba, ni podía valerse. Había que lavarle, darle de comer, interpretar su mirada y saber qué quería... Fueron dos años y medio de enfermedad muy penosa. Cada vez que teníamos vacaciones, nos íbamos a Sevilla, a casa de mi familia, para echar una mano a mi madre en el cuidado de mi padre. Yo lo cogía en brazos y lo llevaba a una barca de lona que le compré, y ahí le bañaba. Entonces le quería más, todavía más, porque veía que se me iba... Se me iba alguien que era mi raíz, mi referente, mi maestro primordial; alguien en quien estaban las razones de muchas cosas de mi vida; alguien a quien yo se lo debía casi todo...

»Para que participase más de la vida de familia, le poníamos en un sofá, en la sala. Mi madre no salía para nada de casa: vivía pegada al sofá donde estaba él, pendiente de él.

»Estando allí de vacaciones, un día a la hora de comer anuncié que teníamos una novedad: "Esta noche mamá se va a ir al cine." Se extrañaron. Mi madre, la primera: "¿Cómo que al cine?" En la televisión ponían *El Cardenal*, y yo sabía que a ella le iba a gustar. La metí en la salita donde teníamos la tele y, haciendo valer mi autoridad de hijo mayor, dije muy serio: "Desde este momento, esta habitación es un cine. O sea, luz apagada, puerta cerrada, quien quiera quedarse que se quede, pero en silencio. Y nadie puede interrumpir: ni mamá esto, ni mamá lo otro, ni papá te llama... Mamá está en el cine."

»Cuando terminó la película, en voz baja le pregunté una cosa que yo quería saber desde hacía años:

»—Mamá, ¿te disgustaste mucho cuando dije que no iba a ser sacerdote? Nunca me has dicho qué pensaste...

»—Hijo, yo soy creyente... me hubiera hecho feliz ser madre de un sacerdote. Pero a veces pensaba: tiene que estar enamorado de Dios; si no, yo no quiero para él la soledad del sacerdote.

»—¿Y tú crees, mamá, que como juez tengo menos soledad?»

Se acuerda, de pronto, de un enigmático suceso, durante su destino en Almería:

«Tuve un caso muy raro, muy truculento. En Canjáyar, un pueblecito que ni aparece en los mapas, hubo un doble asesinato: a un matrimonio de ancianos se les encontró muertos en su casa. Estaban en habitaciones distintas, empapados de sangre y destrozados. Los habían matado a golpes fuertes y contundentes, con violencia. No podían haberse dado muerte el uno al otro. El hombre había caído tumbado junto a la chimenea en un cuartito de estar. Tenía heridas y desgarros de piqueta en la nuca, en el cuello, en la cabeza... y todo ensangrentado. La piqueta apareció después en una cuba, envuelta en un trapo. La mujer estaba en el suelo del zaguán, boca arriba y sobre un charco de sangre ya casi cuajada. De hombro a hombro, y formando un semicírculo alrededor de la cabeza, le habían puesto una especie de corona de habas secas, encima de la sangre. Era algo intencionado: o un ritual, o un escarnio. No habían robado nada, el escaso dinero que tenían estaba allí. Como Canjáyar es un pueblo pequeño, hicimos una investigación concienzuda buscando posibles relaciones con alguna otra persona mayor de allí o de otro lugar. No se encontró nada. Interrogué a todos los vecinos. Nadie daba una pista. Silencio. Pero no era un silencio sospechoso o amedrentado. Es que estaban perplejos. Nunca supimos quién los mató. O había pasado un loco por allí, o era un crimen perfecto. Yo le di vueltas y vueltas. Es una espina en mi historia de juez. Y lo tengo como un caso pendiente, porque no he sido capaz de averiguar aquel enigma...»

El pensamiento de Garzón vuelve a la dársena de una vivencia suya íntima, remansada pero no difuminada por el paso del tiempo: en la madrugada del día de Reyes de 1988 muere Ildefonso Garzón, su padre. Aunque es un desenlace que se iba viendo llegar día a día durante treinta meses, Baltasar no lo encaja. Se rebela. Y da de bruces en una crisis espiritual muy desoladora:

«Cuando murió mi padre, lloré todo el día hasta que lo enterramos. Me decían: "¡No llores más, Baltasar, que esto es de Dios!" Y yo contestaba: "¡Dejadme!, ¡si lo que quiero es llorar y llorar!" No deseaba consuelos. Sólo, lágrimas sobre lágrimas. Me enfadé con Dios. Muy en serio. Yo no podía entender que, después de toda una vida de sacrificio, de escasez, de no consentirse un capricho, ganando setenta mil pesetas y con cinco hijos, Dios le hubiese dispuesto un final tan lastimoso y tan padecedor.

»Recordaba yo, de cuando éramos chavales, aquella botella de Anís del Mono en la que él iba guardando con ilusión las propinas de la gasolinera, para darnos el aguinaldo. No fue más que marido, padre, y hombre del campo. Su amor era la tierra, ¡cómo le tiraba! Pero, el hombre, tuvo que renunciar a ser labrador, por emigrar a la ciudad a ganarse un sueldo en metálico y darnos estudios. Estaba deseando jubilarse, comprar un Nissan Patrol y dedicarse al campo. Y, cuando acariciaba ya de cerca la gran pasión de su vida, ¡zas, la trombosis, el hachazo cruel que lo derriba! ¿Por qué...?

»Yo ahí no entendía a Dios. Las razones que me daban sobre el valor redentor del dolor y de la cruz, no me servían. Caí en una crisis religiosa muy honda. No indiferente, y no insensible. Yo no negaba a Dios, pero... no quería hablar con Él. Me quedé desconcertado y dolido. Sin embargo, por cierto instinto de trascendencia, yo sentía que aquí no acaba todo, que hay un más allá... Y, como necesitaba elevar la mente y el corazón y buscar agarraderos y seguridades más arriba, empecé a dirigirme espiritualmente a mi padre: le contaba mis cosas —las importantes y las triviales—, le pedía ayuda, le daba las gracias después... Sigo hablando mucho con mi padre. Yayo piensa que si mi padre me acompaña y me ayuda es porque está cerca de Dios. Y que yo lo sé. "Ésa es tu forma de hacer oración —me dice—. Sólo que, en vez de hablar con Dios en directo, das un rodeo. Lo tuyo no es falta de fe. Lo tuyo es... que aún te dura el enfado." Tal vez.

»A todo esto, vivíamos ya en Madrid desde 1987. Yo había sido inspector en el Consejo General del Poder Judicial. Fue una etapa de mi vida que no me gustó. Hice amistades estupendas, como la de Tomás Sanz, pero no me agradó ni inspeccionar a mis compañeros, ni ver lo que vi... Vi una indecorosa politización de la Justicia. Vi sectarismos, filias, fobias, directrices tendenciosas, amiguismos. Vi que no sólo no había voluntad de combatir ciertas delincuencias, sino que había... voluntad de no combatirlas. La Justicia era demasiadas veces lenta y estéril, porque algunos así lo habían decidido. Y eso fue lo que más me hartó. No iba conmigo el estar de mirón, viendo el problema y sin poder hacer nada. En febrero de 1988 me incorporé a la Audiencia Nacional. Sustituí a Castro Meije en el juzgado central número 5. Ah... ¡y sin viaje de novios todavía!»

Aunque son ya las cinco, es febrero y tardará en amanecer. Baltasar va a la chimenea para avivar la lumbre que se ha ido quedando mortecina, pero en ese mismo instante repiquetean al tiempo el teléfono y el fax. Yayo y él corren escaleras arriba. Empiezan a entrar las facturas abonadas por Garzón en el hotel Embajador de Santo Domingo y un recibo del varadero donde alquilaron la lancha. Los del Flamenco Beach Resort de Puerto Plata comunican que, ante la dificultad horaria de acceder al archivo contable, el hotel emite un certificado indicando que «el magistrado Baltasar Garzón Real satisfizo todos los gastos de estancia suya y de dos miembros de su familia en este establecimiento los días 13 a 20 de abril de 1992, así como el alquiler de una avioneta, que este mismo hotel gestionó, para dos rutas turísticas los días 16 y 17». Anuncian el envío de las facturas originales en las próximas horas.

Garzón lee el último folio del fax y silba con fuerza.

—¡Yayo, no te pierdas esto! Decías: «Aquí detrás hay más que ratas: hay hombres con poder...» Pues sí, hombres hay. Pero las ratas no son ratas: son... pequeños ratones, incapaces y sin talento. Los comparsas de allí ni siquiera han sabido cubrirse las espaldas a la hora de mentir. Mira, mira lo que envía el Flamenco Beach: «A los dos policías de la escolta dominicana, por deferencia con el magistrado señor Garzón Real, este hotel no les cobró el alojamiento.» ¡Tela marinera!

Un rato de gimnasia en el patio. Una ducha caliente. Un buen afeitado. «Valverdéééé, Valverde de mi consuelooooo...» Huevos fritos con pimiento rojo y aceite de Sierra Mágina. Coca-cola. Y, con el fajo de papeles, a esperar que suene el teléfono. A las 07.55, Antonio Herrero, de la Cope: «Te dejo ya en línea, Baltasar, abrimos contigo.» A partir de ahí, Luis del Olmo, Carlos Herrera, Iñaki Gabilondo... Y las agencias, y los periódicos.

Como último envite, Garzón insta a la secretaria de Estado de Interior a que investigue si algún gasto de ese viaje suyo al Caribe se satisfizo con fondos reservados. De ser así, se hizo a sus espaldas, y lo denunciará ante el fiscal general.

La respuesta de Margarita Robles no se demora: «En el Ministerio del Interior no consta ningún pago por ese concepto, ni documento alguno de reclamación económica de las autoridades de la República Dominicana.» En las horas de una noche, se descalabra el embuste. Era babilla viscosa, moho ruin que se cría en los desagües y en las cloacas, esos clubs promiscuos *de ratones y de hombres.*[9]

Sólo un elemento sigue desconcertando a Garzón: la tenaz malquerencia que le muestra Rafael Vera.

Pasados unos años, en 1998, no un sicólogo sino un fiscal del Supremo, José María Luzón, descorrerá el velo de esa misteriosa gruta que es el alma humana para explicar que entre Rafael Vera y Baltasar Garzón había lo que entre Antonio Salieri y Wolfgang Amadeus Mozart: celos y envidia.

«Pero el rechazo y la enemistad de Vera hacia Garzón, no son recíprocos. Como, en el filme de Milos Forman —dirá el fiscal Luzón—, la animadversión obsesiva de Salieri hacia Mozart no es correspondida por Mozart, ni siquiera percibida; así tampoco parece que Garzón tuviese respecto a Vera los celos políticos y el resentimiento que Vera mostraba hacia él.»[10]

9. Este capítulo toma su título del filme homónimo de Gary Sinise.

10. Del informe del fiscal José María Luzón a la Sala Segunda del Supremo, en febrero de 1998, en el caso Marey. Ese mismo escrito considera «inverosímiles» las nuevas declaraciones de Amedo y de Domínguez, que por enésima vez cambian de postura, y se refiere a ellos con ironía como a «los arrepentidos; al parecer, arrepentidos ahora de su arrepentimiento de antes».

VI

COMO AGUA PARA CHOCOLATE

«Baltasar, soy el Rey. Sé que estás enfadado. Quiero decirte que han puesto en mi boca unas palabras que yo nunca diría de ti...»

Uno, dos, tres, cuatro, cinco, seis, siete de julio de 1999. Ningún periódico, ninguna radio, ninguna televisión dice nada, ni una palabra, de lo que está ocurriendo. Ningún periodista sabe nada, ni una palabra, de lo que está ocurriendo. Sin embargo, en esos días, uno, dos, tres... siete de julio, se vive una intensa y silenciosa conmoción. El juzgado n.º 5 de la Audiencia Nacional, la Fiscalía Antidroga, la Comisaría General de Información, la Brigada Central de Estupefacientes, el Servicio de Vigilancia Aduanera, la Interpol, la Europol, incluso el MI6 de los servicios secretos británicos, todos han pasado de la alerta a la alarma y de la alarma a la acción, desarrollando en el máximo secreto el *thriller* de persecución criminal más compulsivo y azaroso de su historia.

Con ajustada sincronía de relojes, se está desactivando pieza a pieza la red de narcos de Colombia más inteligentemente establecida en España. La más potente. En Colombia, y sólo para las maniobras de saca y carga de droga en alta mar, disponen de una flota de setecientas trece avionetas. Cada nueva remesa de «sustancia» supera la marca anterior: 3.000 kilos, 5.000, 6.400... Parece imparable. Es una organización mafiosa muy ágil y gasta mucho dinero en tecnología punta, hombres y mujeres de recambio, líneas de comunicación cambiantes, escenarios y vehículos distintos. Al menor descuido se les pierde la pista.

El comisario Pedro Díaz-Pintado[1] localiza a Baltasar Garzón en El Hueco, la finca de su familia en Torres. Por el móvil le da novedades:

—De un momento a otro, te pedirán las órdenes para lo del

1. En ese momento, es subdirector general y máximo jefe operativo del Cuerpo Nacional de Policía.

Tammsaare: interceptarlo, entrada y registro. Se hará el abordaje en alta mar, en cuanto estemos en posición... Esta vez no podemos pifiarla.

—No, todos muy despiertos: ¡esta vez no podemos fallar!

Con estos narcos colombianos, la policía española falló dos veces, en abril y en mayo, y les queda el sabor amargo.

El *Tammsaare* es un buque antillano, de las islas San Vicente y Granadinas. Lleva tripulación rusa y estona. Zarpó de Panamá el 18 de junio de 1999. Hace once días que navega por el Atlántico. Tiene que haber alguna razón muy poderosa para que un juez español ordene detenerlo en ruta y abordarlo en aguas internacionales. Y la hay. Ese barco transporta un imponente cargamento de droga y va a introducirlo en España.

El viernes 2 de julio, Garzón vuelve a recibir noticias: «Los del *Petrel* han avistado al *Tammsaare* en el Atlántico», le informa García Losada, jefe de la Brigada Central de Estupefacientes: *los estupas*. El *Petrel* es el buque insignia de Vigilancia Aduanera. «Se han retirado para no alertarles, no vaya a ser que suelten la mercancía al agua. El *Tammsaare* ese es un cacho bestia, un barco descomunal, y debe de ir muy cargado porque navega pisando huevos, a menos de 9 nudos. Esperan abordarlo mañana: en la noche del sábado al domingo.»

El juez pide detalles de cómo han planeado el operativo. García Losada le dice que lo hará el *Petrel*, escoltado por un navío de la Armada; intervendrán los *geos,*[2] y otros doscientos cincuenta policías están ya listos para actuar simultáneamente en mar y en tierra.

Culminarán así, de un golpe, varias operaciones de narcotráfico que vienen de tiempo atrás: *Salamar*, *Madera* y *Temple*. Es una cuestión de pundonor. Todos quieren sacarse la espina: dos enormes alijos de cocaína, estúpidamente perdidos en ese mismo año 1999. Después de veinte meses de una investigación policial exhaustiva y muy pegada al terreno, en plan sabuesos oliscones, cuando ya iban a hacer el abordaje, en ese preciso instante se les esfumaron los dos «barcos nodriza», el *Salamar* y el *Koei Maru 7*, con sus panzas llenas de droga, que traían de América. Por arte de magia, o de meiga, desaparecieron en las costas gallegas sin dejar rastro en la

2. Grupo Especial de Operaciones: unidad del Cuerpo Nacional de Policía adiestrada para intervenciones inmediatas y de riesgo.

mar. En tierra sí lo dejaron. En tierra, *coronaron*[3] sus cargas de 3.000 y 6.400 kilos de cocaína. Los *estupas* ni lo dudaron: un cartel colombiano había servido a sus socios gallegos los dos alijos de sustancia. Y una y otra vez, se quedaron con la moral por los suelos, como si alguien hubiese echado un jarro de agua fría sobre el agua para chocolate...[4] justo cuando estaba a punto de romper a hervir.

Garzón no se arredró: «Esa droga está aquí —les dijo—. Nos la han colado en nuestras narices, y no hay más cáscaras que dar con ella y con los narcos. No podemos parar.» En ese momento empezó la *Operación Temple*.

Temple es un hotel de Ponferrada donde la policía capta encuentros rápidos entre narcotraficantes colombianos y gallegos. Dirigidos por el juez, los *estupas* están siguiendo a un pez gordo: Alfonso León, alias El Embajador, el gran apoderado del cartel colombiano en España; y a su manager, Ana Garrido, La Rubia, una asturiana con remango. Los dos viven en Madrid y viajan mucho.

Por otra parte, pero al mismo tiempo, entre mayo y junio del 99, los *estupas* observan a dos vecinos de Boiro, un pueblo coruñés: José Manuel Vila Sieira y José Manuel Rodríguez Sanisidro. Sospechan que son los *caleteros*, los guardadores de buena parte de esos alijos que se les esfumaron entre las brumas marinas. Pinchan sus teléfonos, siguen sus desplazamientos y sus contactos con otras personas en hoteles y bares. Detectan que los dos de Boiro reciben varias visitas de Ana Garrido, La Rubia, y hablan por teléfono con ella y con Alfonso León, El Embajador. Por las escuchas deducen que los colombianos están a la espera de que éstos de Boiro les bajen a Madrid 5.100 kilos de coca que custodian. A los colombianos se les nota impacientes y recelosos, dejando mensajes de apremio en el contestador de Vila Sieira y de Sanisidro. Los *caleteros* les dan largas, dicen que se sienten seguidos... y no entregan la mercancía.

Ése es uno de los ejes de la operación. Los policías vigilan día y noche, como sombras: la droga no puede perderse otra vez.

Sin embargo, el objetivo de la *Temple* es más ambicioso que aprehender varias toneladas de cocaína: Garzón quiere destruir la

3. Los narcos usan esta expresión del parto para indicar que un «buque nodriza» ya ha soltado en la playa su carga de droga.

4. Este capítulo debe su nombre al filme *Como agua para chocolate* de Alfonso Arau, basado en la novela de Laura Esquivel.

plataforma del cartel de Bogotá en España. Sabe que los narcos españoles que se mueven alrededor no son sino subalternos, empleados de ocasión. Y los *estupas* dirigen su antena principal hacia El Embajador, que despliega una incesante actividad en múltiples direcciones. Tiene sus propios «cónsules», sucursales del negocio, en Buenos Aires, en Londres, en París, en Palermo... Él fue quien dirigió los fletes del *Salamar* y del *Koei Maru 7*. Y él, quien controla las entradas más voluminosas de droga en España. No sólo cocaína. Heroína de Turquía y de Irán, también.

A distancia, viendo sin ser vistos y descifrando medias frases y palabras en clave, que es como esta gente habla por teléfono, los policías se enteran de que, mientras aguardan que los *caleteros* de Boiro bajen los fardos a Madrid, Alfonso León y sus esbirros preparan otra remesa de cocaína, de mayor envergadura que las anteriores: siete mil kilos. En su jerga, «siete mil piedras», «setentacién». Esa droga vendrá de América en un «buque nodriza». Los colombianos andan buscando en España barcos «de confianza» que enlacen con aquel navío en alta mar, transborden la sustancia y la lleven a tierra. Planean repartir la mercancía y hacer dos entradas, una por Alicante y otra por Galicia. Alfonso León mantiene encuentros personales con dos narcos gallegos.[5]

En pocos días se producen acelerados movimientos y cruces de llamadas entre colombianos, gallegos, madrileños, extremeños, algún argentino, algún británico... Los *estupas* toman buena nota de que Alfonso León y su «cónsul» de Londres gestionan una desviación de droga hacia Inglaterra. Es sólo la punta de la punta de un arrecife; pero tiene entidad suficiente como para espabilar el interés de los servicios secretos ingleses. Cuando llegue el momento de usar el goniómetro y la triangulación de frecuencias, el MI6 británico ayudará a localizar al *Tammsaare* en el Atlántico. También la Europol, en cierto momento de la *Temple*, echará una mano a la policía judicial española.

Se juegan mucho El Embajador y sus socios, y toman cautelas: sus contactos son rápidos, en cafeterías donde hay bullicio de gente que entra y sale: Vip's, Pans & Company, Hipercor, Continente,

5. Juan Manuel Lafuente y Emilio Raúl Núñez Mosquera, del clan de *Los madereros*. Estaban fichados ya por la policía: en abril, ellos mismos transportaron los 6.400 kilos de cocaína que entró por la costa de Portugal.

Corte Inglés, *Pub* Máximus, *Pub* Lovely, paradores y bares de carreteras generales. Hablan caminando por lugares de tránsito populoso —Gran Vía, calle Alcalá, Puerta del Sol—, donde sería fácil escaquearse de una persecución policial. Si Alfonso León se ha de alojar en una localidad pequeña, como Ponferrada, utiliza distintos hoteles: el Novo y el Temple. Su manager, Ana Garrido, tiene que desplazarse en tres ocasiones de Madrid a La Coruña para negociar con los de Boiro; y se mueve por varios hoteles a un tiempo: el Castro, el Santiago de Compostela, Los Abetos, el Capital-Galicia. En uno pernocta, y en otros tiene sus reuniones. No se aloja dos veces en el mismo lugar. Sensitivos y al acecho, como delincuentes que son, si perciben algo extraño, rápidamente cambian de vehículo, o arrancan de estampía.[6]

El 3 de junio de 1999 llega a Madrid desde Colombia un tal Mario Espinoza, a quien llaman El señor. Se aloja en el hotel Barajas. Está apenas veinticuatro horas, pero muy ajetreadas. Viene a instruir a los tripulantes elegidos y contratados: indicarles dónde y cuándo han de establecer el contacto marítimo con el buque que él envíe de América, y cómo deben trasvasar la carga.

Los *estupas* oyen por teléfono frases como: «¿has traído las cartas de mi madre?», «no, no he conseguido aún esa carta de tu madre», «creo que no te entiendo; tú ¿de dónde quieres la carta?», «de donde son los pajaritos que cantan». La policía interpreta que hablan de cartas de navegación, de mapas cartográficos. El lugar de «los pajaritos que cantan» pueden ser las islas Canarias. Tendrán la certeza cuando, siguiendo a dos de ellos por la Gran Vía de Madrid, les vean entrar en La Casa del Libro, buscar entre los anaqueles, examinar un mapa de Baleares y pedir otro de Canarias.

Después de concretar un sinfín de detalles en Madrid, Mario Espinoza, El señor, emprende vuelo a Panamá el 4 de junio. Como en este tipo de partidas no cabe perder de vista ningún naipe, la policía sigue sus pasos. En Panamá, sube a varias embarcaciones y conversa con algunos marineros. Uno de los barcos que ve, atracado en el puerto de Colón, es el arrastrero *Tammsaare*, que sobre

6. En pocas líneas, se resumen aquí varios cientos de folios donde constan con detallado pormenor las diligencias policiales de observación estática, escucha telefónica y seguimiento ambulatorio de esas personas en los meses que dura la *Operación Temple*.

el casco negro lleva en letras blancas el subrótulo *Kingstown*, capital de las islas antillanas San Vicente y Granadinas. Espinoza pasa un par de veces a bordo de ese buque, acompañado del capitán, el ruso Serguei Kravchenko.

El *Tammsaare* zarpa del puerto de Colón el 18 de junio. Ese mismo día, a las 7 de la mañana, Espinoza deja su hotel en Panamá y embarca en el arrastrero. Ya en alta mar, controla una maniobra arriesgada y precisa: desde otro buque, de pabellón colombiano, unas lanchas planeadoras van descargando, van lanzando, sobre el *Tammsaare* los paquetes de cocaína que ha de llevar hasta Canarias. Luego, en ese barco «nodriza», Espinoza, El señor, regresa a Colombia.

Entretanto, se ha ido cerrando el cerco policial sobre Alfonso León y los diferentes grupos de narcos que él controla en Madrid, en Galicia y en Londres. A la hora de las detenciones, esas vigilancias tan ceñidas permitirán ir a tiro hecho.

La policía consigue la clave del teléfono por el que Alfonso León, el *Tammsaare* y el barco español contratado estarán en contacto, vía satélite, en el momento de transbordar la droga. A partir de una combinación de doce letras —*alcermucurmo*— se forma el número 874631242310. Y resulta ser la misma línea que estos colombianos instalaron ya en el *Koei Maru 7* para la operación anterior de cocaína, la que se les escapó a los *estupas*. Y Garzón va juntando pruebas contundentes.

En una de las escuchas oyen decir a Alfonso León: «Lo celebraremos con champán y marisco, porque... ésos van a ir a cenar ahora.» Se dispara la alerta policial: están indicando que «ésos», los barcos, van a encontrarse «ahora»...

El comisario Pedro Díaz-Pintado informa por teléfono a Garzón: el 2 de julio, en cuanto el *Petrel* divisó al *Tammsaare*, embarcaron las unidades de intervención rápida, navegaron a toda máquina y ya están por la zona. El abordaje será mañana por la noche. Quieren detener al *Tammsaare* en marcha y confiscarle la mercancía antes de que llegue al punto de encuentro con el barco o los barcos contratados para trasladar la droga a tierra. «Pedro —le dice el juez—, en cuanto estén situados, avísame sea la hora que sea.» Y enseguida, «Yayo, vámonos rápido a Madrid: va a haber zafarrancho, y quiero estar allí».

Día D, hora H del abordaje: 4 de julio de 1999 a las 4.30 horas.

Madrugada del domingo, en medio del Atlántico, a 960 millas náuticas de las Canarias.[7] Sorprenden al *Tammsaare*, mediada su singladura hacia España. No le hacen señales de luz ni de sirena. El *Petrel*, con sus 72 metros de elegante eslora y su línea de escualo temible, avanza escoltado por el *Centinela*, un patrullero de la Armada a modo de serviola. Una dotación de trescientos cincuenta hombres, entre policías, *geos* y marinería. Los agentes de vigilancia aduanera y los *geos* que han de hacer el abordaje navegan una hora y cuarto en lanchas de goma, a oscuras y afrontando la marejada. Arrojan al aire unas escalas metálicas y de cuerda, las enganchan en las barandas de popa y, desde las lanchas, trepan por ahí y abordan el *Tammsaare*. Es una maniobra diestra, veloz y sigilosa: en el arrastrero antillano todos duermen, excepto los dos que están de guardia. Una vez en cubierta, los agentes encienden sus linternas, dan el alto con sus armas en «prevengan», y detienen a los dieciséis tripulantes. Nadie opone resistencia. Al segundo de a bordo, Verlentin Sarantsin, un ruso de 65 años, le sobreviene un infarto poco después del asalto y muere casi en el acto.

En su diario, Garzón escribe ese domingo, 4 de julio:

Hemos vuelto de Torres. Hemos estado unos días con la familia, con mi madre, con los titos... Quizá nos queden ya pocas ocasiones de estar así, juntos, charlando de cosas familiares, recordando... Regreso con cierta nostalgia. Para sacudírmela, me voy con los niños a Kineapolis a ver La momia.

Pienso que resolví lo de José Luis Barrios (HB) con una respuesta ágil.[8] *Es lo mejor, cuando hay escollos delicados entre los intereses de la Justicia y los de la Política.*

Nuevas amenazas. Joseph X canaliza la noticia: el clan colombiano prepara ajustarnos las cuentas a Fungairiño y a mí.

Esta madrugada, a las 4.30, han interceptado el barco que ve-

7. A 1.747 kilómetros al sudoeste del archipiélago canario, en posición 28º 11' Norte, 33º 31' Oeste.

8. Por sus actividades terroristas, Barrios estaba en la cárcel cuando fue elegido diputado del parlamento de Navarra por HB. Se generó un debate público muy correoso: unos exigían que fuese excarcelado, para ejercer sus tareas parlamentarias; y otros se escandalizaban de que un sujeto así pudiera ser elegible. En ese clima, Garzón adoptó una decisión salomónica: «que se le conduzca al parlamento, escoltado por la policía, para que ejerza su derecho de adquirir el acta de diputado; y que inmediatamente sea devuelto a la prisión, sin asistir a la sesión de investidura».

nían siguiendo. Ha fallecido el segundo de la tripulación: un ataque epiléptico o un infarto fulminante; aún no lo sé...

Vuelve a tomar notas el lunes, 5, al hilo de los hechos:

Me informan que quizá sean más de 7.000 kilos los confiscados en el Tammsaare. *Mantengo secreto el abordaje del buque. Como todavía han de tardar varios días en llegar a tierra, encarezco a los de Estupefacientes que aguanten lo más que puedan sin airear la noticia: necesito ese tiempo para trabajar bien en las detenciones, y ver si los gallegos bajan a Madrid la mercancía que el colombiano está esperando...*

La redada de detenciones es rápida y simultánea para evitar avisos y fugas: entre Alicante, Madrid y Galicia, treinta y nueve detenidos.

El objetivo principal, Alfonso León, El Embajador, es apresado en el hotel alicantino El Almirante, junto con su novia que le ayuda en el tinglado, Ana Rosa Caneiro. Desde la suite 508 controlaba la operación con varios teléfonos celulares.[9]

En un chalet de Arroyomolino, cerca de Madrid, los *estupas* detienen a otros colaboradores del colombiano, y confiscan 100 kilos de cocaína, medio millón de dólares en billetes y 208 kilos de heroína, cuyo embalaje, logotipo y calidad delatan que es de la que vende Urfy Çetinkaya, el turco tetrapléjico que amenaza a Garzón desde hace años.[10]

Los *geos*, que cumpliendo órdenes del juez vigilan en alta mar por si avistan el barco que debía encontrarse con el *Tammsaare*, envían un telefonema el 6 de julio: «En una posición próxima a la prevista para el encuentro se ha identificado la embarcación pesquera *Almuiña II*, matrícula de Vigo, VI-5/8729, y a sus ocupantes, que figuran en el listado como tripulación. Estaban faenando con las bodegas llenas de pescado y la documentación en regla. Se inspeccionó el barco y se les dejó continuar.» No hay causa legal para interceptarlo.

Otra cosa es que, bajo la apariencia de una actividad normal, el *Almuiña II* pueda ser el barco contratado para transbordar la co-

9. Meses después, en prisión los dos, Alfonso León y Ana Rosa Caneiro contrajeron matrimonio en la cárcel de Topas, en Zamora.

10. Çetinkaya estaba fugado y muy activo en ese momento. Fue detenido en Turquía el 14 de agosto de 2000 (*cfr.* en esta misma obra, la nota 20 del capítulo «El salario del miedo»).

caína hasta puerto. En tal caso, los aperos y las bodegas llenas de pesca serían su cobertura. En el archivo policial se registra ese buque por tres datos sospechosamente casuales: ser de Vigo; estar justo allí, en la posición marítima que Mario Espinoza indicó para el encuentro; y en la fecha y hora previstas.

A los *caleteros* de Boiro, Vila Sieira y Rodríguez Sanisidro, los detienen el 6 de julio, y se les traslada a Madrid. Quedan a disposición del juez. Aunque la droga de los colombianos la tienen en depósito los dos, un clic de instinto advierte a Garzón que de Sanisidro no va a sacar nada. Y se orienta hacia Vila Sieira. De él sólo conoce su voz grabada en casetes y su habilidad para marear la perdiz y «galleguear» con los narcos de Colombia. Tiene, sí, los datos de su carnet de identidad: 44 años, casado, hijo de Manuel y de Manuela... Y algún otro apunte: albañil, desbrozador de monte, obrero eventual de lo que se tercie, aficionado al fútbol, con un antecedente de narcotráfico. Garzón se estudia a fondo el mamotreto de las diligencias policiales: idas y venidas, conversaciones, marcas de coches empleados, lugares de encuentro, fechas... «Estos dos han ido de listos y le han birlado la "sustancia" a Alfonso León —piensa el juez, releyendo las transcripciones de los diálogos telefónicos—. Sin embargo, están en un mal paso. Los colombianos tienen mil tentáculos. Y por ahí es por donde tengo que entrarles yo. En definitiva, nosotros no buscábamos el *Tammsaare*. Eso ha sido... un premio de la lotería, ¡una pasada! Pero yo no puedo conformarme, sabiendo que estos tíos guardan en algún lugar de Galicia miles de kilos de droga. El alijo que esconden tiene que ser gordo, si no, ¿a qué tantos viajes y tantas llamadas de los colombianos?»

Mientras espera a que remolquen el *Tammsaare* hasta Las Palmas de Gran Canaria, Garzón se prepara las comparecencias que ha señalado para el día 9. Desea provocar una confesión, pero voluntaria: «Colaboradores a la fuerza no me interesan: tratan de nadar y guardar la ropa, diciéndote medias verdades y engañándote en cuanto te descuidas.»

Vila Sieira entra en el despacho de Garzón a las doce de la noche. Hasta ese momento ha ido desfilando una larga cuerda de presos. Al de Boiro le acompaña su abogado, Carlos Enrique Peleteiro. Además del juez, esta noche hay tres mujeres: la fiscal antidroga Lola Delgado, la secretaria judicial Natalia Reus, y la funcionaria María de la O García.

Garzón observa al detenido que tiene delante: mes arriba mes abajo, son de la misma edad; es un hombre rudo de campo, de aldea, curtido también en faenas de mar, tosco en las maneras y lijoso en las palabras. Acusa el mal estado de ánimo de quien lleva tres días enchironado en los calabozos policiales. Está nervioso, suda, manotea mucho al hablar. El juez busca sus ojos y los encara. Ve los cercos de las ojeras y una mirada oscura, extraviada: la mirada del hombre desasosegado por el miedo. Le lee sus derechos y le dice que está imputado por presuntos delitos de narcotráfico. Con un gesto expresivo detiene en brote la protesta que Vila Sieira ya amagaba: le muestra, sosteniéndolo en el aire con las dos manos, el mazo de atestados policiales, encuadernado con una espiral de plástico negro:

—Señor Vila, desde hace tres meses, y por orden judicial mía, a usted le han seguido, le han observado, han intervenido sus teléfonos números 613/ 361 529 y 630/ 368 031. Nos constan sus conversaciones —Garzón abre el tomo, va pasando páginas, señala una línea con la yema del dedo índice, lee, sigue a otra, luego a otra...— con Jesús Piñeiro García, con su paisano Rodríguez Sanisidro, con un colombiano a quien usted llamaba «Antonio» y que en realidad es Alfonso León, El Embajador... lo que usted hablaba con la segunda del clan, Ana Garrido... Sí, sí la conoce usted, aunque ella usaba la identidad falsa de «Mónica». Mire, Vila, aquí aparecen señales ciertas, reiteradas y muy graves contra usted. No quiero dramatizar: pero sí que conozca su verdadera situación.

»Para no perder tiempo negando evidencias... por ejemplo, leo, conversación suya por teléfono, abril de este año: Piñeiro le va a entregar a usted cierta cantidad de "sustancia"... El 30 de abril, conduciendo usted un Peugeot 406 matrícula C-5485-CB, sale de Boiro, donde se ha reunido con Piñeiro, a las 12.30 del mediodía. Una hora después, por la autopista A-9 en dirección Pontevedra a Vigo, toma la autovía hacia Porriño... 3 de mayo, en el mismo vehículo viaja usted con un hombre joven, moreno y con perilla. Van a Ponferrada. En la cafetería del hotel Temple se reúnen con Alfonso León y Ana Garrido. Hablan, toman notas, escriben, están cosa de hora y media... Luego, Alfonso León, el de la perilla y usted van a la cabina 29, fuera del hotel, y hacen varias llamadas. Tengo aquí el listado de esas llamadas... Su acompañante de la perilla es visto más tarde en un Audi A6 gris metalizado con el colombiano Alfonso León, Ana Garrido y otra mujer joven, Rosa Caneiro, que vive con Alfonso y trabaja para él... Al día siguiente, 4 de mayo, usted vuelve a encontrarse con Alfonso y Ana en el hotel Los Abetos. De ahí, a las 12 horas marcha usted en el Peugeot 406 por Padrón a Boiro y recoge a otra persona. Juntos van hasta A Pobra do Caramiñal, entran en el bar Compostela... Sigo leyendo: el 5 de mayo, en el bar Galeones de la playa de Boiro, usted y otro suben a un Mitsubishi verde... se encuentran con Ana Garrido en Los Abetos y la llevan al hotel Santiago Apóstol. 6 de mayo, nuevo contacto suyo con Ana Garrido en un parking cerca del aeropuerto de Santiago. Después, cada uno en su coche, van hacia el hotel Santiago Apóstol. En la calle anterior al hotel, bajan de los coches y hablan un momento...

—¡Pero bueno...! —Vila Sieira, que escuchaba abrumado, ahora reacciona—. ¿Qué delito hay en que yo me reúna a tomar un café o una copa en el hotel tal o en el bar cual con una chica o con unos amigos que vinieron a pasar unos días a mi tierra?

—Aunque en las conversaciones telefónicas a usted le llaman «Miguel», su voz está perfectamente identificada —continúa Garzón, impertérrito—. Tenemos las cintas originales y las transcripciones íntegras. Y es ahí donde están las pruebas, señor Vila. No en los cafés ni en las copas, sino en lo que usted habla con ellos por teléfono, y ellos con usted, y ellos entre sí respecto a usted. Ahí están las evidencias de sus negocios de narcotráfico con los de la banda de Colombia. Y esas evidencias, en mi opinión, son condenatorias.

—¿Condenatorias de qué? ¿Qué he hecho yo? ¿Qué...?

—Usted se ha hecho cargo desde mayo de un fortísimo alijo de cocaína, ¡y a saber de cuántos más antes!, porque la relación ya venía de atrás, como queda claro en algún que otro recado que usted manda a Alfonso a través de Ana: «Dile que esté tranquilo, que a ver cuándo le hemos quitado nada.» Pero lo cierto es que ni usted ni su socio Sanisidro entregaron la droga a sus dueños, los colombianos, de modo que los tenían muy mosqueados. Se nota en las grabaciones. Además de subir tres veces a Galicia Ana Garrido, para ver sobre el terreno qué pasaba, ella y Alfonso León les dejaban mensajes de apremio en el contestador: «¡Venga ya! ¡Ya está bien, ¿no?, llamad!» Y al referirse a ustedes, los narcos colombianos acusaban desconfianza y enfado. Leo, literal: «esos perros», «ese maricón de Miguel», «Ana, tú quédate ahí, que no me fío de esos hijos de puta», «diles que si me van a hacer cortar el cuello, que lo digan y yo mismo me lo corto». Etcétera.

Con un golpe seco, Garzón cierra el mamotreto policial[11] del que ha ido extrayendo esos datos. Vila Sieira está demudado, la cabeza gacha, el sudor lustrando su calva incipiente, y los ojos fijos en el trozo de suelo que ve entre sus muslos, sus piernas abiertas y sus zapatones. La fiscal Lola Delgado y Natalia Reus cruzan una mirada aguda. Sin palabras, dicen: «Lo ha desmontado.»

—Ese alijo de cocaína que no ha bajado a Madrid, usted sabe dónde está. Su situación, señor Vila, es penalmente grave. Pienso que le van a caer muchos años de cárcel. No quiero preocuparle. Lo que usted ha hecho mal hasta ahora, ya no tiene remedio. Pero lo que sí puede hacer usted es evitar el mal que aún no se ha cometido. Y en eso yo puedo ayudarle... sin perjudicarle.

El gallego alza la cabeza. Tiene los párpados entornados, pero por primera vez parece que aquello va con él. El juez percibe que hay una rendija por donde hacer la conexión. Se quita las gafas. Es un acercamiento, como si se aflojara la corbata o retirase una mampara de distancia entre Vila Sieira y él.

—Escúcheme, José Manuel, yo persigo el delito con toda la fuerza de la ley. Es mi deber, como lo es de la señora fiscal —señala a Lola Delgado—. Sin embargo, no aborrezco al delincuente. Como ser humano, merece toda mi consideración. A mí no me gusta que las cárceles estén llenas. Yo pienso que nadie está condenado a ser un malhechor de por vida. Creo, en serio, que si un hombre quiere, puede regenerarse, recuperar su dignidad, ponerse a bien con su conciencia, perder el miedo, pagar sus deudas con la Justicia y con la sociedad, y encarar el resto de su vida sin vergüenza... Sinceramente, Vila, usted lo tiene difícil; pero podría tenerlo mejor. O no peor. Hay una salida: cambiar de trinchera, pasar a colaborar con la Justicia. Ésa es mi oferta, José Manuel. No es un chalaneo. Está en la ley. La ley prevé una drástica reducción de penas cuando se ayuda a la Justicia. El artículo 376 del Código Penal establece que se puede imponer la pena inferior en uno

11. Julio Álvarez, del Grupo IV de la BCE, instruyó la investigación policial de la *Operación Temple*.

o en dos grados, si hay una colaboración activa con las autoridades judiciales, y cito de memoria lo que sería su caso: «para impedir la actuación o el desarrollo de las organizaciones con las que haya colaborado».

—O sea, ¿que yo me convierta en un chivato de mierda...?

—No, no. Usted no tendría por qué delatar a nadie. Es más, no creo que nos descubriera a nadie, porque hemos hecho una redada muy amplia, muy extensa, y los importantes han caído todos. Las personas que se han relacionado con usted están todas detenidas: los colombianos, los dueños de la cocaína, los que iban en el *Tammsaare*, los narcos gallegos que usted conoce mejor que yo... están todos en la cárcel. Lo malo es que, hable usted o se calle, ellos pensarán que Sanisidro y usted son quienes les han entregado. Y les achacarán también el chivatazo del buque *Tammsaare*. Por eso digo que su situación es peliaguda. Y que usted mismo podría hacer algo para no tenerla peor.

»Bastaría que nos dijera dónde esconde la cocaína. Esa cooperación suya evitaría muchas muertes...

Vila Sieira duda, está confuso, se retuerce las manos, pide agua, mira hacia su abogado en espera de una señal. Cuando ya va a decir que no y a cerrarse en banda, Garzón le entra por otro flanco y con otro argumento:

—Está usted en un callejón angosto y peligroso. Los colombianos saben que guarda la cocaína y, si no les manda recado de dónde la tiene, los de aquí o los de allá enviarán a alguien a buscar la droga y probablemente a tomar represalias físicas contra usted o contra su familia. No hace falta que le diga que es gente con corazón de pedernal y no se andan con chiquitas.

—Hombre, claro, éstos matan. Me pueden linchar. O hacerle algo a mi familia. Ésa es mi preocupación: la mujer, los hijos... Y la verdad es que tengo miedo. Tengo miedo porque conozco cómo las gastan...

A partir de ahí, Vila Sieira se rompe, jadea, llora, busca una salida. Teme más a los narcos que a la Justicia. Así lo dice. Empieza a responder a las preguntas del juez: Son 5.100 kilos de coca. La fiscal Delgado se lo hace repetir: «Cinco mil cien kilos de coca.» A Sanisidro y a él les prometieron cien kilos. Sí, esperaban un barco de Colombia «con una carga bestial».

—Mi interrogatorio es escuetísimo, Vila. Sólo una pregunta:

¿dónde está la droga? Sabemos que no la guarda en Boiro. Mire, usted se ha movido por aquí: A Pobra do Caramiñal, Santa Uxía de Ribeira, Aguiño... —Garzón ha tomado un folio en blanco y, aunque dibuja mal, se afana en bosquejar un croquis—. Por aquí discurre una carretera, una vía que desemboca en la general... aquí hay una iglesia... aquí un lavadero... de este nudo salen cuatro caminos... esto es un campo de cultivo...

—No, no, eso no es cultivo, ése es el futbito. Hay que seguir un kilómetro más o menos, por esta vía. En dirección Boiro-A Pobra, antes del futbito hay varias curvas, la carretera sube y baja —al fin, Vila Sieira se arranca a colaborar, aunque Garzón va tirando de él— ... un puente, la iglesia Pos Marcos, que es la de Sanisidro... todo esto queda a la derecha según se va... No, el lavadero no es aquí: el lavadero queda en la esquina...

Poco a poco, Vila Sieira concreta el escondite:

—En A Pobra do Caramiñal, del nudo de cuatro caminos, la segunda salida a la derecha que va a la aldea de Sanisidro... Por aquí —con su tosco dedo índice, señala en el croquis del juez— hay una casa grandota en obras, que tiene ya las puertas de madera puestas: ahí la metimos, en el primer piso... también en el segundo piso.

—¿De quién es la casa?

—¡Ah, no, no, eso sí que no! A esa gente no la puedo yo meter en líos. Ellos no están en el ajo. Ellos no saben qué metíamos ahí. Tienen una tienda de ropa y son amigos míos. Siempre se fiaron de mí. Me dejaban guardar aperos, herramientas, lo que yo necesitara... No, no se les puede mezclar en esto.

Vila precisa más detalles. Luego, lee con su abogado la declaración, y la firma.

—Yo sólo le pido, señor juez, protección para mi familia y que no les ocurra nada a los guardadores de esa casa...

—Tranquilo, José Manuel: su familia tendrá la protección del Estado que ellos pidan y que puedan necesitar. Le doy mi palabra de honor. Y la cumpliré.

Cuando va a salir del despacho, para ser conducido a la cárcel, Garzón le tiende la mano:

—Hoy ha hecho usted una buena obra: hoy ha evitado muchas muertes y muchos desgarros. De hombre a hombre... gracias. Duerma bien, duerma con paz.

Solos ya, el juez mira a las tres mujeres. Están agotados por la tensión, pero radiantes. Son las dos de la madrugada.

Antes de irse del juzgado, Garzón dicta una orden «urgente, de cumplimiento inmediato», para que desplacen un grueso de policías a custodiar ese inmueble en A Pobra do Caramiñal, y libra los mandamientos de entrada y registro.

—¡Ojalá que no se la hayan llevado y lleguemos a tiempo!

Ya en casa, se echa en la cama. Tiene tres horas y media para descansar, pero no concilia el sueño: está demasiado pletórico de impresiones y sensaciones, demasiado consciente, demasiado vivo. Se agarra a la almohada y desparrama el pensamiento. Además, no quiere dormirse como un tronco: a las siete de la mañana despega de la base aérea de Torrejón un Mystère oficial del Ministerio del Interior para llevarle a Las Palmas. El *Tammsaare* atracará junto al dique del Arsenal de la Marina.

Ahí, en la cama, Garzón rastrea de memoria su palmarés en ese tajo contra los mercaderes de narcotráfico. Como otros cuentan ovejas para dormirse, él cuenta operaciones: *Bajamar*, *Valencia*, *Pitón*, *Nécora*, *Galicia*, *Rand*, *Santo*, *Hielo Verde*, *Mezquita*, *Manzanal*, *Nirvana*...

«Cuando me incorporé a la Audiencia Nacional —piensa, con los ojos cerrados—, en 1988, en España no se afrontaba la delincuencia organizada. Ni siquiera tenía cuño esa expresión. A la prensa no le atraía el submundo de la droga. Los políticos negaban que existiera en España otra criminalidad organizada que no fuese la de ETA. Nadie veía, nadie oía, nadie vigilaba. Para algunos eran sólo "fábulas de un juez y de un fiscal que buscaban ser famosos y salir en los periódicos y en la tele". Los jueces se limitaban a ratificar lo que trajese la policía o la Guardia Civil. No ordenaban diligencias de investigación. Sin embargo, en la Audiencia Nacional se podía hacer algo serio: teníamos una jurisdicción única que abarcaba todo el territorio nacional y nos permitía coordinar esfuerzos de policías y de jueces, y recabar ayudas internacionales. Era la plataforma idónea para plantarle cara al crimen organizado. Pero no había impulso investigador. Yo me rebelé: "No estoy aquí para ratificar atestados." En 1989 arrancaron la Fiscalía Antidroga y la Brigada de Estupefacientes; y las investigaciones que hicimos con ellos, Carlos Bueren desde el juzgado n.º 1 y yo desde el n.º 5, cambiaron de la cruz a la raya el panorama frente a las mafias criminales.

»La delincuencia organizada no mete ruido. Se mueve en el anonimato social, sin notoriedad. Y con el silencio de muchas bocas cerradas, compradas. Esta gente unta de dinero a la población del lugar donde se establece. A los de abajo y a los de arriba y a los funcionarios de nivel medio. Así operan con impunidad: entre peones, deudos y cómplices.

»El negocio de la droga es un complejo multinacional: unos países las producen, otros las reciclan, otros las distribuyen. A los *estupas* les dije que cambiaran el enfoque: "No podemos conformarnos con enganchar al pequeño *camello* callejero y las papelinas que lleve encima. No me traigan ustedes resultados pequeñitos, o grandecitos, pero aislados. No me digan: 'Hemos pillado a éstos con tantas dosis de coca o de corte o de tal.' Obviamente, eso se tiene que hacer, pero lo que interesa es abrir líneas indagatorias que apunten al corazón de las mafias para desmantelar sus estructuras económicas."

»Empezamos a movernos el fiscal Javier Zaragoza, Carlos Bueren y yo como "los locos del peine". Ir al armazón de soporte de una mafia es arriesgado: un juez no puede dar palos de ciego. Hay que echarle paciencia: localizar a esa gente, que no está fichada, controlar todos sus movimientos, ir acumulando pruebas, días, semanas y meses, hasta tener cercado al grupo, al clan.

»Eso entrañaba, primero, poner en juego todo el panel de resortes jurídicos; segundo, sin forzar la ley, llevarla hasta donde fuera posible para hacer la guerra al crimen, y ganarla; tercero, cambiar la mentalidad de los policías y de los jueces, porque iban a ser investigaciones múltiples, entrecruzadas y simultáneas sobre delincuentes con una estructura y asociados entre sí; cuarto, como habría muchos imputados, tendríamos que ir a macrojuicios.

»Ah, el macrojuicio —Garzón, que ya se estaba adormilando, al llegar a este punto se espabila—. Ésa fue la puñetera piedra de escándalo. Me pasmaba que todo un presidente del Supremo y todo un ministro de Justicia pudieran decir las estupideces que Pascual Sala y Juan Alberto Belloch decían al alimón: "Estoy en contra de los macrojuicios." Ganas me daban de replicarles: "Pero, para ustedes, ¿qué coño es la criminalidad organizada?, ¿quieren que juzguemos a uno solo? Si un clan mafioso tiene veinte, habrá que juzgar a veinte; y si tiene cien, a cien. ¿Que no hay suficientes magistrados? Búsquense más. ¿Que el mecanismo procesal no es el adecuado? Cámbiese. Pero no me digan que no les gustan los banquillos numerosos." En la *Nécora* había que procesar a setenta personas, y no me asusté ante la cordada: las procesé.

»En este tipo de delincuencia, conforme te acercas a la cúpula de la organización las pruebas van siendo más escasas y más difíciles de obtener. Una mafia criminal, como una banda armada, son mundos opacos, sociedades herméticas. No hay manera de saber qué hacen. Para quebrar ese blindaje, o metes a alguien tuyo en su estructura, o logras que uno de ellos venga y te hable. Y ya estás echando mano del "topo" y del "arrepentido". Si quieres verle las tripas a la red de delincuentes, necesitas validar señuelos, citas-trampa, agentes encubiertos que se infiltren en los circuitos del narcotráfico, incluso cierto flujo controlado de droga y de dinero... sabiendo que es un juego de riesgo.

»Pero hasta 1999 no recoge la ley esos mecanismos. Durante diez años, me han tildado de infractor de derechos y han puesto en solfa o han echado por tierra, erre que erre, a los testigos arrepentidos que yo aportaba. Mis colegas magistrados. Sé lo que es aguantar mecha...»

Sí, sabe lo exasperante que es ir, con los hechos, por delante de la norma. ¡Esperando a la norma! Ricardo Portabales, en 1989, es el primer delincuente arrepentido que se ofrece a colaborar con Garzón. Estará en el origen de tres importantes operaciones de narcotráfico: *Nécora*, *Rand* y *Galicia*. En el derecho español no existe entonces la figura del «arrepentido». Y los magistrados desconfían: ¿autoinculparse de un crimen?, eso tiene que esconder algún fin espurio, algún ánimo de venganza...

El «arrepentido» es una especie rara. Diferente del «testigo protegido», cuya identidad permanece velada durante cierto tiempo. Distinto también del «confidente», que no pasa de ser un delator, un chivato que informa en secreto y sin que conste en los autos. Los confidentes dan —o venden— pistas y datos a los policías o a los agentes de los servicios de inteligencia; pero a un juez no le sirven de nada. El confidente, o cobra o necesita saldar sus deudas por un pasado escabroso. John Le Carré plasma ese cínico negocio en un pasaje de *Single & Single*: «Dile a Tiger que poseo amplias facultades, entre ellas el olvido. Es un juego de memoria, dile. Yo olvido, él recuerda. Sin investigación pública, sin juicio, sin cárcel, sin confiscación de activos... siempre que él recuerde correctamente. Todo quedará entre nosotros. Máxima reserva. Y después, una garantía de inmunidad.» Pero un juez delinquiría gravemente si jugase a eso. En cambio, la declaración de un arrepentido se hace en el juzgado, se rubrica, consta, tiene vocación de cosa pública. Al final, si ese testimonio es creíble, se ventilará en la sala del juicio con publicidad. El arrepentido se compromete, se arriesga, ayuda a la Justicia.

Ricardo Portabales, declarando ante Luciano Varela, un juez de Pontevedra, narra operaciones de tráfico de drogas en las que él mismo ha participado e involucra a otras personas que residen en distintas provincias. Ante tal circunstancia, Luciano Varela eleva el caso a la Audiencia Nacional. En turno de reparto, le corresponde a Garzón. Pero, estando Portabales todavía en la cárcel de A Parda, una mañana entran en su celda tres o cuatro reclusos, le tapan la cara con una toalla, le dan una somanta de golpes y patadas, le amenazan de muerte y lo dejan en el suelo desriñonado, con la nariz rota, un par de vértebras lastimadas, y mucho miedo en el cuerpo. Entre sus agresores, ha reconocido la voz de uno de *Los charlines*, Manolito, y los botines blancos con cordones negros que usa el narco gallego Laureano Oubiña.

«Asustado, me escribe —Garzón empieza a recordar ahora cómo nació la famosa *Operación Nécora*—: quiere contar lo que sabe, colaborar y beneficiarse por esa ayuda a la Justicia. Comienzo a tomarle declaración. Siempre está delante el fiscal, Javier Zaragoza. Yo tengo todas las dudas del mundo. Me da pavor la fragilidad de una investigación basada en el testimonio de un coimputado, por muy arrepentido que se muestre. Así que, a medida que Portabales acarrea datos, la policía los va comprobando: una casa, un sótano, un zulo, una cabaña donde esconden documentos, armas, dinero y bolsas de cocaína; una mejillonera, una lancha que hace maniobras extrañas, un bar desde cuyo teléfono público tal *capo* habla de "negocios"... La policía chequea lo que puede; aunque, por no alertar a los del lugar donde investigan, dejan sin comprobar algunos elementos. No obstante, se aquilata la veracidad de muchos de esos datos, y se incorporan a las diligencias previas. Lo que Portabales me va diciendo coincide con indagaciones que se han hecho antes y con las escuchas telefónicas que los *estupas* continúan. Es creíble.[12]

12. Posteriormente, el narco Manuel Fernández Padín se arrepiente en la cárcel y llega a ser un confidente valioso, que corrobora muchos datos de Portabales, sin ponerse de acuerdo.

»Aquello va tomando cuerpo. En mayo de 1990, después de ocho meses de declaraciones, considero que esa fase ya se ha agotado. Me reúno a comer con el fiscal Zaragoza y los mandos policiales: les planteamos que ha llegado la hora de detener a esas personas contra las que hay imputaciones claras, para interrogarlas. El fiscal y yo les decimos que los objetivos son veintidós personas como mínimo. A partir de ahí, ellos elaboran un plan operativo y ajustan el contingente policial y los vehículos a emplear. Como estos narcos son casi todos familia, socios o vecinos, si las detenciones no se hacen simultáneamente, corremos el riesgo de que se pasen el aviso y peguen la espantada. Se decide actuar por sorpresa, al amanecer, antes que salgan de sus casas: pillarles en pijama. Fijamos una fecha: 13 de junio de 1990.

»Hay dos individuos importantes que no van a caer en esa operación: Vicente Otero, Terito, que sale de viaje ese día, pero no se va a demorar todo por él; y Manuel Charlín Gama, el patriarca del clan de *Los charlines*, porque los policías me piden que no lo toque por el momento: "Venimos observándole. Prepara una entrada muy gorda de 2.000 kilos de cocaína. Sus socios, la familia Báulo, van a traerla en barco desde Colombia. Si tenemos paciencia, haremos más alijo y más redada de narcos."

»Dos mil kilos de cocaína, un barco de Colombia... son por entonces palabras mayores, y entiendo que vale la pena esperar.

»La *Nécora* es la primera operación antidroga con un despliegue policial de esa envergadura: trescientos veintiséis agentes. "Estoy preocupado, siento agobio —le digo a Yayo—. Hemos montado un movidón de policías, vehículos, perros... ¡la berza! Y todo en secreto. Nos enfrentamos a los narcos gallegos. Hasta ahora han sido intocables, y trabajan en comandita con los colombianos y los italianos. Hay que hacer bien el despliegue y detenerlos a todos, porque sería un fiasco si agarrásemos a diez *camellos* desgraciados y no atrapáramos a los gordos de arriba..."

»No sé cómo acabará, pero me voy con ellos a Galicia: salgan duras o salgan maduras, soy el responsable...»

El fiscal antidroga se desplaza también. Garzón lleva consigo un buen equipo del juzgado n.º 5: el secretario José Antonio Pérez Fernández-Viñas y varios funcionarios: Juan, Rosa, Aurora, Adela, Teresa... En vuelo regular, clase turista, sin dar apariencia de grupo, como si no se conocieran. Llegan a Santiago de noche. En su momento, pedirán ayuda técnica a los del juzgado de Vilagarcia, pero no contactan con ellos ni les avisan hasta que ha comenzado la operación. Lo mismo, con el delegado del gobierno en Pontevedra y con la Guardia Civil de la zona. Quieren evitar filtraciones. Incluso a los policías que van a intervenir, y que se desplazan desde Madrid, no les dicen sus jefes ni a qué ni adónde van. Aparte de varias unidades de guías caninos, dos helicópteros con sus dotaciones de personal, una unidad de intervención rápida de cien policías, otro grupo de reserva de doce agentes más, y un refuerzo de cincuenta guardias civiles distribuidos en los controles de la comarca donde se va a actuar y en los pasos fronterizos con Portugal, los *estupas* del grupo IV se organizan en diecinueve equipos de siete hombres cada uno, para las detenciones y los registros. Al amanecer, a cada equipo se le entregará un sobre cerrado con sus propios objetivos.

No desconfían de nadie; pero, con tanta gente en danza, es mejor evitar que alguien sucumba a la tentación de decirlo. Hasta el momento en que arranca la caravana de vehículos y de hombres, los objetivos son secretos.

Una cena ligera, en el piso de arriba de un restaurante con manteles a cuadros, por la zona del Franco. Y ni ribeiros ni albariños: coca-colas, agua mineral y café. «La noche va a ser larga y desconcertante —les dice Garzón—. No sabemos qué resistencia pueden oponer, ni si están armados. Nos podemos encontrar sorpresas. Nunca se ha hecho una batida así... Necesitamos instinto, reflejos y estar espabilados.»

«Yo siento un nudo duro en el estómago. Es una movilización muy fuerte. Todo ese dispositivo de funcionarios y de policías, allí, a lo que Javier y yo ordenemos, me impone respeto. Hasta ese momento, jamás me he visto en un *fregao* de tal magnitud. Voy al hotel Compostela y me doy una ducha. A las seis de la mañana montamos todos en los coches y comienza la operación. Al principio se llamó *Mago*, por el rey mago Baltasar; pero, en cuanto me enteré, le pusimos *Nécora*.

»En Galicia amanece más tarde, y a las seis todavía es noche cerrada. Me impresiona aquella marcha motorizada, en orden, en silencio, con luces de situación y a velocidad rápida. Asomo la cabeza por una ventanilla de mi coche y veo la ristra de vehículos como una larguísima luciérnaga, todos alineados, zumbando pero guardando la distancia. Ya en sí misma, esa caravana de acercamiento puede dar un "cante" espectacular. Nos conviene avanzar deprisa. Conforme vamos llegando a los puntos de enlace con Cambados, San Miguel de Deiro, Vilanova, Vilaxoan, Vilagarcia de Arousa, Carril... cada equipo se desengancha de la cadena y toma su ruta hacia donde tiene que ir.

»Establezco el centro de control judicial en la comisaría de Vilagarcia de Arousa. Uno por uno se han controlado los domicilios y las personas, con escuchas telefónicas y vigilancias muy estrechas desde los días anteriores. A las 7.30 de la mañana, el comisario Alberto García Parras me hace un gesto con los pulgares hacia arriba: todos los objetivos están "centrados". Doy la orden: "¡Adelante!" La fórmula de éxito de la *Nécora* será la sorpresa y la simultaneidad en las detenciones, sin resquicio al chivatazo. Ahí aprendemos ya para otras batidas de ese calibre.

»A medida que avanza la mañana, las emisoras locales de radio van dando noticia de la redada y de los capos detenidos. Es un goteo de nombres muy conocidos, muy temidos y muy aborrecidos por la gente de la comarca. Los arosanos están conmocionados... Poco a poco se va concentrando el gentío frente a la comisaría. Se les ve exultantes. No se lo creen...

»Es un día de junio límpido y con sol, hace calor y trabajamos en mangas de camisa. A Ricardo Portabales lo han conducido desde Madrid, y permanece allí, en la comisaría de Vilagarcia, custodiado por los policías. En sus declaraciones, había mencionado escondrijos de armas, de dinero y de droga en covachas de monte, en el sótano del pazo Baión, de Laureano Oubiña, y en otros lugares. Nos interesa que él los señale sobre el terreno; no es ya por encontrar esas armas y esa droga, sino por confirmar que nuestra fuente principal no nos miente. Como instructor, mi preocupación es reunir pruebas y testimonios aceptables por el tribunal que va a juzgar...»

La incomunicación es clave: que nadie sepa si le han cogido sólo a él, o si han caído otros de su clan. Se sincroniza bien, de modo que nunca coincidan dos detenidos a la vez en la comisaría. En algunos tramos de los arcenes de aquellas *corredoiras*, se ven coches policiales estacionados. Dentro hay algún detenido. Y están dando tiempo a que otro comparezca ante el juez, sea identificado, le comuniquen las causas de su detención y lo trasladen en coche hacia Madrid. Cada preso viaja en un vehículo, con otro coche policial de escolta: de ahí tanto parque móvil motorizado. Y de ahí, también, el enfado mayúsculo del juez cuando Antonio Asunción —director de Instituciones Penitenciarias en esa época— se pasa por el forro tales cautelas y permite que, una vez en Madrid los detenidos, se rompa la incomunicación, y los mismos presos voceen sus nombres desde las celdas y se pasen notas dentro de un libro...

Pero no va a ser ése el único contratiempo provocado por la insensatez de la autoridad política. En Madrid, y dentro de la *Nécora*, detienen a dos personajes de la jet, Carlos Goyanes y el empresario Celso Barreiro. El director de la Policía, Rodríguez Colorado, se apresura a dar el soplo al periodista José María García, desde la Motorola de su coche oficial: «Soy *Colo*. Te adelanto que hay un íntimo tuyo que lo tiene mal por lo del narcotráfico. Ahora no puedo extenderme. Te llamo más tarde.» Enseguida, le telefonea de nuevo: «Carlos Goyanes va a tener problemas. Creo que lo han trincado.» Vulnera el secreto de las diligencias, utilizando para sus amigos una información privilegiada que conoce por su cargo oficial. Garzón protesta con energía. El ministro Corcuera acude al juzgado para oír la cinta de la conversación, en llamada al teléfono de Goyanes, que está intervenido. Pese a la evidencia, Corcuera no toma medida alguna contra Rodríguez Colorado, que es subordinado suyo.

«Ese mismo día de la *Operación Nécora* —sigue pensando Garzón—, sin que nadie me lo cuente, desde un ventanal de la comisaría de Vilagarcia, veo cómo las madres y los padres de chicos enganchados en la droga pierden de pronto el miedo agarrotante que tenían a las mafias y a sus capos, conocidos de todos, dueños de suntuosas casas y magníficos coches, que se paseaban por las calles sin que nadie se atreviera a denunciarles. En un momento, la situación se invierte: perciben una acción contundente de la Justicia contra esos criminales que llevan años esquilmando a millares de jóvenes. Se sienten respaldados. Se enardecen. Se echan a la calle a plantar cara y a gritar: ¡asesinos!, ¡cárcel!, ¡justicia!, ¡sabíamos quiénes erais...! Y en ese preciso instante, "toco" yo por primera vez el drama social de la droga, siento el tirón de unos seres humanos que me afectan y a los que no puedo abandonar. Allí, tras el ventanal, en un mediodía muy luminoso, tomo la decisión íntima de perseguir a los narcotraficantes con ahínco y de atender también a sus víctimas. Empiezo a interesarme por el destrozo humano y por el desgarro familiar que genera ese polvo lancinante. Me preocupo por la prevención y por la cura. Contacto con Tomeu Catalá y Lino

Salas, del Proyecto Hombre. Y, libremente, pero muy en serio, me comprometo a que mi vida sea solidaria con la de esos mundos marginales. Después, en 1992, creamos lo del partido de fútbol para recaudar fondos y ayudar a combatir la droga. Arrancamos unos pocos: Ramón García y yo; luego Johan Cruyff y Luis del Olmo. Estamos acometiendo algo muy bonito: nace el *Partido Drogas No*. En mayo de 1993 jugamos el primero, en el Camp Nou. La Reina acepta la presidencia, nos anima; aunque no es muy futbolera, va a vernos jugar y nos recibe infinidad de veces. No llevo la cuenta, pero hemos recaudado ya más de mil millones de pesetas...

»A las 4 de la tarde de ese mismo día 13, sin dormir desde la noche del 11, regresamos a Madrid para los interrogatorios. No se me olvida que, en el tramo de vuelo que hacemos en helicóptero, me mareo, y tenemos que aterrizar en un pastizal. En ese momento, yo tengo el cuerpo más p'allá que p'acá; no tanto por la vigilia como por la tensión: se dice pronto, pero ley en mano, hemos "tomado" policialmente y sin violencia toda una comarca. La batida ha salido bien. Por primera vez, los narcos ven que de verdad tienen enfrente el Estado de derecho, con toda la fuerza de la ley. Y es sólo el principio. Enseguida empezarán a caer los clanes gallegos como las fichas de un dominó: los González Padín, los Paz Carballo, los Oubiña, los *Charlines*, los *Caneos*, los Rey Vila, los Outon Caamaño, los Vargas Vera, los Otero, los Caballero, los Cordero, los Falcón, los Santórum, los *Sito Miñanco*, los Bea Gondar, los Juegen, los Vioque...[13]

»Al día siguiente, empiezo a oír declaraciones. Nos tiramos una semana, mañanas, tardes y noches, sin más pausa que para un sándwich de pie. Yo llegaba a casa a las 6.30, amaneciendo. Me duchaba para relajar los músculos. Dormía una hora. Un café fuerte. Y, a las 9 de la mañana, ya estaba en el juzgado interrogando a otro. Había que ir rápido, porque teníamos a los detenidos incomunicados, y esa situación no se debía prolongar.

»Se dijo hasta la saciedad que el sumario de la *Nécora* estuvo mal instruido. No sé... Quizá, como todo lo que rompe fuego en la historia, tuviera errores; pero tuvo muchos aciertos. Con el paso del tiempo y la reincidencia criminal, ha habido pruebas irrefutables

13. Galicia era una pequeña Sicilia. Más adelante, los narcos gallegos se convertirán en peones de los traficantes colombianos. De ahí que el objetivo de la *Operación Temple* fuese destruir las sucursales de los carteles de Colombia en España.

para demostrar que aquéllos, y un montón más detenidos después, eran narcotraficantes de alto bordo.

»En este caso, uan de las principales pruebas eran las conversaciones telefónicas entre los narcos. Al ser muchísimas horas de grabación y de escucha, los policías eligieron los fragmentos más interesantes. Pero la Sala estimó que con esa selección las cintas quedaban manipuladas, y no las aceptó como pruebas. Ahí ya, escarmenté y apliqué un control riguroso, en vivo, en directo: exigí a los policías que me informasen de cualquier incidencia de interés que se produjera en una intervención de teléfono o en un seguimiento personal: "Sea la hora que sea. No me digan después: 'señoría, fue por no molestarle...' No, miren, como se me molesta es no avisándome. Yo duermo poco. Llámenme, esté o no esté de guardia, a las tres, a las cinco de la mañana: ¡quiero saber qué está pasando!" Más de una vez hemos estado el fiscal y yo a las tantas de la madrugada oyendo una cinta recién grabada, sin rebobinar aún, donde dos sujetos hablaban de una entrega de droga al día siguiente, y hemos podido reaccionar con rapidez y adelantarnos al delito.

»La *Nécora* innovó el modo de investigar la criminalidad organizada. No sólo por la utilización de arrepentidos, sino porque afrontábamos de forma organizada a los que de forma organizada delinquían.

»En julio y septiembre del 90, acometimos otras dos tundas de la *Nécora*, con más detenciones, más información interna de la mafia y más alijo de droga: 500 y 1.200 kilos de cocaína que tenían escondidos en Galicia. Y en enero del 91 rematamos la operación, deteniendo a José Ramón Prado Bugallo, el escurridizo capo del grupo *Sito Miñanco*, y a los catorce miembros de esa organización criminal. Les intervinimos 1,800 kilos de cocaína en Madrid. Fueron procesados y condenados todos ellos.

»Carlos Goyanes... ¡A quien se le diga que, cuando ordené su detención, yo no sabía ni que ese hombre era de la jet, ni que había estado casado con Marisol, ni había oído hablar siquiera de Cari Lapique! Goyanes no pertenecía a ningún clan de narcos. Según declaró Portabales, tenía contactos esporádicos con ellos y les compraba droga para venderla o regalarla entre sus amigos de la jet. A Celso Barreiro se le denunció por utilizar sus barcos para llevar droga. Pero fue condenado sólo por tenencia de armas y fraude fiscal.

»Contra Goyanes estaba el testimonio de Portabales. Si Portabales no hubiera tenido relación con Goyanes, era imposible que supiera que tal año, tal mes, tal día, él y su mujer habían estado en tal lugar de Valencia y en tal otro de Palma de Mallorca. No se encontró ningún motivo insidioso en Portabales para implicar a Goyanes. Me resultaba tan fiable en ese punto como en los demás pormenores que había ido dando durante ocho meses. Yo no podía, moralmente, trocear ese testimonio y decir: "aquí me lo creo", "aquí no me lo creo". O lo aceptaba en todo, o prescindía de él. Y lo cierto es que se comprobó —con muchos elementos— que Portabales y Goyanes se conocían y habían estado juntos en los sitios concretos que Portabales mencionó. Sin embargo, la Sala de la Audiencia Nacional rechazó el testimonio de Portabales, cuando no le avalaba otra prueba y él era la única fuente de conocimiento. Por eso resultó absuelto Goyanes. Ha pasado mucho tiempo, y no me costaría decir "me equivoqué con Goyanes". No es empecinamiento mío: es que el delito existió. Pero, en Justicia, la verdad no basta: hay que probarla, y que quien juzga acepte la prueba. Yo instruyo, yo no juzgo, y la Sala juzgadora no estimó suficiente esa prueba. Por tanto, se impuso la presunción de inocencia.»

La magistrada Ángela Murillo estableció en la sentencia de la *Nécora* un enfoque sobre el crimen organizado muy diferente del de Baltasar Garzón. Claro que, años después, en 1999, ella misma reconoció que ya no pondría esa sentencia: se había percatado de que no cabe analizar fragmentariamente tramos diversos de un mismo delito, continuado en el tiempo y cometido por una misma organización de personas, que tienen sus claves, sus señas convenidas y sus modos de sustraerse a la observación policial.

Tocarse una oreja tres veces seguidas, o encender y apagar una linterna de noche en la playa, no es delito; pero puede ser una señal... En ese correlato es donde cobran sentido frases como: «yo tengo aquí ahora el atún blanco para vender... estamos hablando de la misma cosa, ¿no?... lo tengo aquí en mi fábrica: diez toneladas para Italia, que el atún blanco en Italia lo pagan bien, el atún negro no lo pagan bien»;[14] o «han salido ya las doscientas camisetas

14. De una conversación entre Manuel Charlín y Antonio Cebollero desde el teléfono de la taberna Lores, de Meaño, que la policía interceptó. La Sala de la Audiencia Nacional no la estimó como prueba, al no interpretar que *atún blanco* y *atún negro* se referían a cocaína pura o impura (*cfr.* en esta misma obra el capítulo «Regreso a Howard's End»).

blancas»; o «entregué a Generoso quinientos pantalones». Leídas las transcripciones, no se precisa gran agudeza para entender que no hablan de pesca ni de ropa, cuando quienes dialogan son narcos que toman sus cautelas de disimulo.

«En España —reflexiona Garzón—, nunca se había planteado la lucha a gran escala contra las organizaciones criminales: ¿ustedes tienen barcos?, nosotros vamos a interceptar barcos; ¿ustedes traen 2.000 kilos de cocaína y mueven a treinta o cincuenta peones de su mafia?, nosotros vamos a movilizar a doscientos o trescientos agentes policiales, para seguirles a pespunte y desarticularlos; ¿ustedes utilizan unos códigos secretos convenidos para comunicarse?, nosotros vamos a interceptar sus conversaciones; ¿ustedes se sirven de cuentas bancarias y de empresas tapaderas para reciclar el dinero ilícito?, nosotros vamos a penetrar en esas empresas, para averiguar el circuito económico y neutralizarlo. Parece de cajón. Era lo que había que hacer. Sí, pero...»

Sí, pero... eso no estaba explícitamente autorizado en las leyes españolas. Aunque España había ratificado la Declaración de Basilea y la Convención de Viena, ambas de 1988, todavía no se habían incorporado al derecho como normas concretas. Garzón preguntaba a sus colegas: «¿La legislación española prevé que, investigando un asunto de tráfico de drogas, un juez ordene el abordaje de un barco en aguas internacionales?» Y la mayoría de los jueces y fiscales le respondía: «No, eso es muy raro.»

«Había un vacío legal, pero bastaba leer en profundidad y con cierta dosis de audacia: ¿lo permiten las convenciones que hemos suscrito?, ¿no hay ninguna ley española que lo prohíba?, ¿tenemos acuñado en la Ley Orgánica del Poder Judicial el principio de "persecución universal" para tráfico de drogas, terrorismo, piratería, falsificación de moneda, genocidio, prostitución...?[15] Si no se impi-

15. El artículo 23.4 de la Ley Orgánica del Poder Judicial de 1985 reconoce que la jurisdicción española es competente para perseguir determinados delitos —cometidos por españoles o por extranjeros— fuera del territorio nacional. Será uno de los respaldos legales de importantes actuaciones del juez Garzón: contra Al Kassar por el secuestro del buque *Achille Lauro* en Alejandría; *Operación Hielo Verde* contra redes internacionales de blanqueo de dinero; *Operación Dólar* de falsificación de moneda extranjera; persecución de narcotraficantes de y en otros países; interceptación de barcos extranjeros portadores de droga, en aguas internacionales; orden de detención de Augusto Pinochet en Londres por delitos de tortura, terrorismo y genocidio; procesamiento de militares y civiles argentinos por esas mismas actividades y robo de niños...

de, está permitido. Luego, Ley de Enjuiciamiento Criminal en una mano, Convención de Viena en la otra, y... ¡un par de bemoles!»

En el Mystère de Interior que ha despegado de Torrejón de Ardoz viajan también a Canarias tres altos cargos de la policía —Javier Espigares, Gabriel Fuentes y José García Losada—, el forense Ángel Canelada y la funcionaria judicial María de la O García. Charlan un poco del éxito de la *Temple*, y después cada cual se abstrae en su libro, sus periódicos, su sueño o sus pensamientos. Baltasar Garzón sigue devanando la bobina del recuerdo: operaciones difíciles, primiciales, en las que el riesgo era cierto y exigían arrojo.

La *Operación Rand*, en octubre de 1991. Era la primera vez que un juez en España ordenaba interceptar un barco en marcha, abordarlo en aguas internacionales, saltar físicamente adentro e incautar la cocaína que iba a bordo. Se trataba de un pesquero contratado por *Los charlines*, José Luis Charlín Gama y su gente. Lo tripulaban Daniel Báulo Carballo y Manuel Báulo Trigo, conocidos como *Os Caneos*. Fue una acción audaz, rompedora y bonita, aunque tenga ya color sepia, por el paso del tiempo, y se vea rudimentaria junto a las sofisticadas técnicas del abordaje al *Tammsaare*.

Aquel barco zarpó de Venezuela llamándose *Strande*, con bandera panameña, y limpio, sin droga. En alta mar, una avioneta lo «bombardeó» con las bolsas de cocaína. La avioneta nodriza despegó de tierra volando bajo para que no la detectaran los radares. En varias pasadas de vuelo rasante iba soltando la mercancía desde el aire. Si algún paquete caía fuera del barco, los marineros lo repescaban y en lanchas rápidas lo trasladaban al *Strande* que, una vez cargado, emprendió la travesía rumbo a las costas del norte de Portugal. En ruta, arriaron la bandera de Panamá e izaron una de Honduras. En el rótulo del casco, dieron unas pinceladas de pintura tapando las letras «st» de delante y la «e» del final, convirtiéndolo en *Rand*.

«Durante más de un año, desde septiembre del 90 hasta octubre del 91, los *estupas* habían hecho una investigación exhaustiva. Antes de la *Nécora*, ya sabíamos que preparaban ese envío de cocaína. El comisario García Parras y el inspector Rodríguez Simons me informaban con pormenor. A pesar del cambio de pabellón y de nombre, se localizó el barco. Los del Servicio de Vigilancia Aduanera comunicaron que iban a intentar abordarlo entre el 16 y el 17 de octubre. Esperarían al anochecer para que los del *Rand* no les descubrieran y arrojasen la mercancía al mar. Esta gente suele llevar las cargas preparadas con unos mecanismos de poleas y cuerdas, para dejarlas caer al agua si se produce un incidente policial en plena travesía. Así evitan que les detengan y que les decomisen la droga. Después, pasado el peligro, se echan al mar, bucean y la rescatan.

»Tuvieron que intentar tres veces el abordaje, tres noches seguidas. Los *aduaneros* no lo habían hecho nunca y surgían dificultades. Cuando ya estaban a punto de saltar, algo ocurría, algo se torcía, un mar demasiado batido, un ventarrón inesperado... Fue entonces cuando asocié el compás de espera de estas operaciones, y toda su tensión contenida, a lo del agua para chocolate. Se lo había oído yo a mi madre o a Yayo: "Si quieres que el chocolate salga bien, hay que retirar el agua del fuego cuando está a punto de romper a hervir, y aguantar una vez y otra y otra, hasta el tercer hervor." Pues así estuve yo, en un hervor, aguantando el tirón, en vela, a la espera, sin dormir ninguna de las tres noches. Pensaba: "Dioooossss, ¿qué estoy ordenando yo?" Parecía de película: que un barco se pegase al otro en alta mar y, aprovechando el vaivén de marejada provocada, saltaran con las lanchas zodiac por encima de la ola, hasta meterse por la borda dentro del *Rand*. No era dar una orden a distancia, desde otro barco, con bocinas y altavoces: "¡Alto a la policía!, ¡deténganse!" Sino: "¡Vamos allá, al asalto!" Y tomar el barco. Los Báulo iban con armas, dispuestos a repeler a tiros la ocupación.

»En mar abierta y de noche, todo es negro como la boca de un lobo. Y las olas llegaban hasta seis metros de altura. Queríamos que actuasen al cien por cien de garantías de seguridad y de acierto. Había mucho peligro. Javier Zaragoza y yo estábamos en contacto permanente con ellos por radio y por teléfono.

»A la tercera noche, tienen mejores condiciones meteorológicas y de ubicación física para intervenir con éxito, sin arriesgar vidas. A las dos de la madrugada el barco policial aduanero detecta al *Rand*. Afloja su marcha, se sitúa a una distancia determinada. Desde ahí, se lanzan a un tiempo dos lanchas zodiac, describiendo cada una de ellas una curva muy amplia: van flechadas las dos a la vez hacia los costados de babor y de estribor del pesquero, y saltan adentro por la borda con lancha y todo. Los del *Rand* alucinan, pasmados, sin reaccionar. Mientras, un puñado de policías armados escalan y entran en el barco para detener a los tripulantes antes que arrojen la droga al mar. La llevaban en redes, sujeta con cuerdas en la proa, y estaban ya con las navajas metiéndole tajos a las sogas.

»Cuando atracaron en Vigo, al subir para el registro y comunicarles que estaban detenidos, vimos las cuerdas acuchilladas. Nunca habíamos interceptado un barco en aguas internacionales. Se alijaron 1.200 kilos de cocaína y hubo veintisiete detenciones: los tripulantes —dos Báulo entre ellos— y varios narcos del clan de *Los charlines* en tierra. La cocaína era para ellos.

»Tuvo el suspense tenso de una aventura que se vive por primera vez, sin saber qué ocurrirá ni cuál será el final...»

Entre el *Rand* y el *Tammsaare*, Garzón ordenó otros abordajes: el del *Acceler*, en 1995, con la detención en tierra de once jefes de otros tantos grupos de una red de hachís; y dos años antes, el del buque *Anita*, en la *Operación Santo*, que se llamó así por José Santórum, cabecilla de un grupo de traficantes gallegos, en alianza con los carteles de Colombia. Decomisaron 1.000 kilos de cocaína a bordo del *Anita* y se encarceló a veintitrés personas de la red. Pero lo importante fue que, al registrar sus domicilios y sus empresas, se confirmó con datos que el emporio mercantil de Santórum era ficticio, una fachada sin apenas actividad empresarial. Los movimientos contables tenían un volumen tremendo; sin embargo, sus negocios de repuestos de neumáticos, de contratación de seguros o de venta de pollos eran muy modestitos: mera pantalla para ocultar ganancias ilícitas. Era lo que Garzón llevaba tiempo queriendo demostrar con pruebas: el nexo entre el blanqueo de capitales y el tráfico de droga. A partir de esta *Operación Santo*, en 1994, pudo hacerlo.

Las tramas de la droga movían mucho dinero y se auxiliaban mutuamente. Usaban infraestructuras comunes para transportar y comercializar los estupefacientes y para el blanqueo de los beneficios. Detrás tenían el potente consorcio de los carteles colombianos y las mafias italianas. Pero el enriquecimiento se producía con tal rapidez, que necesitaban revestir esas súbitas fortunas bajo la escafandra de empresas huecas.

Meses más tarde, en noviembre del 95, Garzón adopta una

medida de temple y sangre fría: interviene una docena de empresas mejilloneras y marisqueras de *Los charlines*, y les incauta un patrimonio de 25.000 millones de pesetas. Tiene indicios más que sospechosos de que no es un dinero limpio. Cuando esas empresas quedan bajo administración judicial se ve que son tapaderas para reciclar las ganancias de la droga, sin actividad mercantil que justifique esos veinticinco mil millones de patrimonio.

Otra investigación novedosa y trepidante contra el comercio de estupefacientes y el blanqueo de capitales es la *Operación Caviar*. Participan jueces y policías de Canadá y de España, y dura desde 1994 hasta 1996. Quedan al descubierto las conexiones entre narcos iraníes, portugueses, australianos, marroquíes, británicos... Y se averigua la autoría de diez remesas de cocaína que habían logrado burlar las aduanas de otros tantos aeropuertos internacionales: Pearson, Toronto, Montreal, Panamá, Nueva York, Río de Janeiro, Tánger, Vaduz, Gibraltar y Marbella.

A *Caviar* le sucede *Victoria*. Esta operación es difícil, porque hay que mantener en secreto unas diligencias que afectan a seis Comunidades Autónomas y se desparraman por media España: Sevilla, Cádiz, Algeciras, La Línea, Marbella, Málaga, Palma de Mallorca, Murcia, Vigo y Alicante. Tampoco es sencillo coordinar juzgados y servicios policiales con tal dispersión de escenarios y de objetivos a vigilar. Intervienen cuatrocientos treinta y siete *estupas*, aparte los agentes de Vigilancia Aduanera y los juzgados de instrucción de las diversas demarcaciones, que canalizarán sus atestados hacia el juzgado central n.º 5 de Garzón. Son casi dos años de trabajo, entre 1997 y 1998, pero se consigue descalabrar la más potente organización del comercio internacional de hachís que actuaba en España. Mientras dura la *Operación Victoria*, los *estupas* intervienen las líneas de ciento sesenta teléfonos móviles y diez fijos; realizan más de mil cien escuchas telefónicas directas, sin grabación, y seiscientas cincuenta vigilancias personales estáticas y dinámicas; registran setenta y nueve domicilios, locales y naves comerciales; confiscan 11.500 kilos de hachís, 1.234 kilos de cocaína y 12.050 dosis de éxtasis —mdma—,[16] y desmantelan un laboratorio clandestino de drogas de síntesis con sustancias químicas en abundancia. A los

16. La MDMA —3,4 metilendioximetanfetamina— es un alucinógeno que actúa sobre el sistema nervioso central.

narcos se les intervienen numerosas pistolas, metralletas y ametralladoras, sesenta teléfonos celulares, joyas, dinero, y un «parque móvil» de tres yates, veintiocho coches, cuarenta y cinco motos... No eran cuatro chisgarabís, sino un grupo fuerte. Y, sin duda, lo más interesante: son detenidas ciento veintisiete personas. Con ellas cae la red.

Solapándose con la *Victoria*, Garzón acomete la *Operación Mezquita*, que abre un camino nuevo, adelantándose incluso al proceso industrial clandestino de la droga: aprehenden 11.700 kilos de permanganato potásico, un producto químico necesario para elaborar la cocaína, fiscalizado como «precursor» entre los veintidós que cita la Convención de Viena. Será el más voluminoso desvío ilícito de precursores interceptado en el mundo hasta esa fecha. La operación comienza en noviembre del 98 y concluye en marzo del 99. En ese tiempo, las casi doce toneladas de permanganato están escondidas por los traficantes en una nave industrial de la provincia de Córdoba, razón de que el operativo se llame *Mezquita*. Y ahí las mantiene la policía, vigilando y aguantando, como los tres hervores del agua para chocolate, porque se trata no sólo de incautar el material «precursor», sino de detener a los catorce que forman el núcleo delincuente, y registrar sus locales y domicilios. La documentación hallada permite establecer cuál era el circuito: una empresa instrumental española adquiría el permanganato potásico en Bélgica, lo traía a España y después lo desviaba a Colombia. Fijados esos dos polos del negocio, Garzón autoriza que la mercancía se entregue a sus destinatarios, bajo un ceñidísimo control policial y como ardid para pillarles en flagrante delito y capturarles.

En este tramo de la operación, el juez ha de jugar una vez más contra el almanaque: el flujo controlado de armas, dinero, drogas y precursores no estará autorizado en España hasta un par de meses antes de finalizar la *Mezquita*. Y en Colombia tampoco es legal ese tráfico bajo control.

Garzón ha tenido siempre una actitud inconformista, de punta de diamante, reclamando mecanismos legales puestos al día, para enfrentar con eficacia una criminalidad cada vez más agresiva y sofisticada. Por eso, el 14 de enero de 1999 saluda con un socarrón «¡hombre, al fin!, ¡no se habrán herniado sus señorías!», el artículo 282 bis, de nuevo cuño, incrustado en la Ley de Enjuiciamiento

Criminal. Ese texto es una buena herramienta legal: regula el empleo de agentes encubiertos y de identidades supuestas, y la circulación de dinero y sustancias precursoras, bajo control judicial, para detectar redes de blanqueo de capitales, falsificación de moneda, tráfico de drogas, armas...

«La verdad, yo llevaba nueve años aplicando esos recursos. Las leyes españolas ni los permitían ni los prohibían de modo expreso: simplemente, no los contemplaban. Y había que actuar con tiento, con justicia y con "justeza", para no lesionar los derechos legítimos de nadie, ni caer en el delito provocado.[17] Bien, ya está en la ley. Pero hubiésemos podido ganar nueve años. Nueve años, en droga, son muchas muertes, mucha juventud machacada, mucha riqueza sucia...»

Garzón mantiene en posición vertical el respaldo de su butaca del Mystère, bebe sorbos cortos de un minibote de coca-cola light, y deja que le venga a la mente la *Hielo Verde*, aquella asombrosa operación multinacional... El nombre *Green Ice* se lo pusieron los yanquis. La coordinación operativa fue de la DEA,[18] respetando por supuesto la autonomía judicial y policial de cada Estado interviniente: Italia, España, Reino Unido, Colombia, Costa Rica, Islas Caimán, Canadá, Suiza y los propios Estados Unidos. Se partía de un dato pavoroso: sólo de los beneficios comerciales de la cocaína colombiana se blanqueaban cada año más de sesenta billones de pesetas.[19] El objetivo de la *Hielo Verde* era desarticular una vasta red internacional dedicada a ese lavado de dinero «sucio» cuyo origen era la cocaína sacada de Colombia; dinero que volvía a Colombia convertido en dólares «limpios», tras ser blanqueado en distintos países.

Una espabilada picaresca se había desarrollado por todas par-

17. La tentación policial podía ser la del atajo rápido: provocar ellos mismos el delito, ofreciéndose como posibles compradores de una partida de droga, para descubrir así a los narcos proveedores y detenerlos en plena acción. Pero, al no confiscar una partida que ya estuviese en ruta, sino otra nueva encargada por ellos mismos, convertían al «agente encubierto» en «agente provocador». Ésa fue la técnica torticera en que incurrieron algunos mandos de la Ucifa.

18. El director de la *Drug Enforcement Administration* (Agencia Antinarcóticos de Estados Unidos) era Richard Boone.

19. Según datos de la DEA, los carteles de Colombia exportan cada año más de 650 toneladas de cocaína, con unos beneficios de 10 billones de pesetas por «ejercicio». El precio de la droga se dispara después en cada pase de manos por los intermediarios. Indicio expresivo de esa «economía negra» son las cifras de blanqueo: en 1999 se reciclaron en España más de 2 billones de pesetas del narcotráfico. A nivel mundial, 62,5 billones.

tes al servicio de la causa «lavandera». En Italia, por ejemplo, Vera Romagnoli, jubilada y pensionista, conocida como la abuelita de Mantua y que en todo su vecindario pasaba por una inofensiva anciana, resultó ser una activísima recicladora de dinero negro. Sociedades pertenecientes al clan napolitano de La Camorra ingresaban milmillonarias cantidades de liras en las cuentas bancarias de la abuelita. Cada tres o cuatro días, ella las transfería convertidas en dólares a las cuentas de sus nietos, propietarios —no por casualidad— de la Rotary Corporation de Nueva York. Naturalmente, esos continuos movimientos necesitaban cierta capa protectora; y la abuelita de Mantua la tenía en Tatiana Brandolese, empleada en un puesto gris pero muy estratégico de la Banca Nazionale del Lavoro. En ese tipo de ayudas oscuras e inadvertibles se apoyaba el alambique blanqueador. Fue importante también descubrir el papel que jugaba Rodrigo Polanía Camargo, alto cargo en la Superintendencia Bancaria de Colombia y miembro de los servicios secretos de su país: con la vista gorda de dos agentes aduaneros de aeropuertos y la complicidad de otro par de funcionarios de la banca estatal, generosamente sobornados, Polanía Camargo daba entrada oficial en Colombia al dinero, una vez reciclado en el exterior.

En España, la *Green Ice* arrancó en noviembre de 1991. Garzón autorizó una circulación de dinero, controlado por él y su policía judicial, y el empleo de un «agente encubierto», un miembro de la DEA que se infiltró en el circuito de la «lavandería» dineraria. En realidad, el circuito era una cadena de personas que, con instrucciones del jefe colombiano,[20] entregaban a otros los billetes, en pesetas, procedentes de la venta de cocaína; estos segundos pasaban el dinero a dos marroquíes, quienes a su vez se lo daban al blanqueador final, Arjandas Bhagwandas Lalwani. Este individuo, paquistaní y dueño de los Almacenes Tokio en Ceuta, era el comisionado para convertir las pesetas en dólares USA o en cheques al portador cifrados en dólares, y hacerlos llegar a sus destinatarios colombianos. Siempre a través de terceros, no en directo, y transfiriendo las cantidades a una serie de cuentas abiertas en bancos y países diferentes. Todo diversificado y compartimentado, porque cuanto más se fragmentaba la información, más difícil se hacía fiscalizar el laberinto y menos se concentraban los riesgos.

20. Carlos Urquijo Yllera.

Bajo la identidad falsa de Frank Fernández, el agente de la DEA logró incrustarse en ese tren de segundos y terceros intermediarios. Fue conociendo a los que le entregaban «dinero negro» y a quienes él había de entregarlo para que el papel moneda continuara el trayecto previsto. El «agente encubierto» iba informando a la policía española de esos pasos del circuito. Al anotar los números de los billetes y los cheques que tomaba y daba, facilitó que les siguieran la pista dentro de ese ingenio blanqueador. El cambista de pesetas a talones en dólares era Amor Mizziam Amar, que actuaba como comisionado de los narcos.

Así, durante 1991 y 1992, y bajo la carpa de esta operación, se rastrearon los distintos itinerarios de cientos de millones de pesetas que, mes tras mes, con automatismo inexorable, se convertían en dólares USA y aparecían reflotados en las cuentas que los narcos colombianos tenían en bancos de toda «su» confianza en Miami, Nueva York, Barquisimeto, San Francisco, Barranquilla, Gibraltar, Zúrich, Londres...[21]

Los cronómetros de los nueve países que participaban en la *Hielo Verde* pusieron a la par sus manecillas el 28 de septiembre de 1992. Con exacta simultaneidad, a la misma hora se hizo una formidable redada internacional en la que se detuvo a doscientos catorce blanqueadores. Más de quinientas cuentas bancarias fueron bloqueadas. Se alijaron varios miles de kilos de cocaína. En un búnker fabricado en el subsuelo de un garaje de Berdmonsey, al sudeste de Londres, la policía británica halló veinte metros cúbicos de billetes «grandes» de dólares y de libras esterlinas. En Roma le pusieron las esposas al más escurridizo y hábil de los narcos colombianos: José Durán. Con 38 años y diecisiete identidades distintas, era el apoderado plenipotenciario del cartel de Pereira —el más pujante entonces— para comercializar la cocaína. De los 650.000 kilos que Colombia suele producir cada año, este Durán por sí solo distribuía 500.000, también al año. Estaba en Roma, negociando precisamente la exclusiva de la coca para el clan de los Corleonessi. Pero se descuidó: quiso tomar el té con una bella «colega» en piazza Navona, y dio la tarde libre a sus guardaespaldas. Los *ca-*

21. Ocean Bank of Miami y Banco Unión de Miami (Florida), Transorient Bank y Republic National Bank (Nueva York), Lloyd's Bank (Londres), Jyske Bank (Gibraltar), BBV Internacional (Zúrich), Banco Provincial del Estado (Barquisimeto) y Banco Unión Colombiana (Barranquilla), entre otros.

rabinieri, al acecho, no perdieron la ocasión. También le echaron el guante a la guapa «colega», Betty Martens, una holandesa experta recicladora de dinero ilegal.

En España, el juez Garzón procesó a quince personas, piezas del engranaje. Entre ellos, a un policía de la Brigada de Estupefacientes, que advertía al paquistaní Arjandas Bhagwandas, el blanqueador final, cada vez que sus líneas de teléfono o de fax eran intervenidas.[22]

Aunque el monótono zumbido de los motores del Mystère le adormece, otro zumbido discontinuo pero pugnaz, un runrún inquietante de conciencia, le sobresalta cada dos por tres: Garzón está preocupado por la seguridad física de Vila Sieira y la de su familia. Ha dado instrucciones a la policía; pero sabe el precio que puede costarle a ese hombre su confesión. No se le van de la mente las represalias que se gasta la gentuza del submundo de la droga. Las ha vivido de cerca. El chivatazo, la delación, el *cante*, se lo cobran con sangre...

En 1989, investigó una embrollada red de mafias turcas, curdas e iraníes que desde España enviaban heroína a Alemania y Holanda. Se procesó y condenó a más de cincuenta personas. El broche fue la detención del jefe de jefes: Urfy Çetinkaya.

«Cuando este hombre estaba aún bajo observación —recuerda—, evitamos un asesinato. Yo había autorizado que pusieran micrófonos en la habitación del hotel que ocupaba Çetinkaya. Y oímos cómo encargaba a uno de sus esbirros que eliminase a otro turco residente en Alemania. Se le localizó, le avisamos y le salvamos la vida. En cambio, no pudimos evitar una represalia a muerte entre ellos. La organización estimó que uno del propio clan, Ekrem Turumus, había hablado de más con la policía y conmigo. Dieron la orden, y lo mataron en Madrid.

»Yo sé de catorce venganzas violentas, ajustes de cuentas contra personas que habían colaborado en investigaciones de mi juzgado: acribillándoles las piernas, o dejándolos baldados con huesos

22. Hamido Sedik Rivera, policía español, fue condenado por revelación de secretos. El 25 de febrero de 2000 se emitió la sentencia sobre el sumario 20/93, *Hielo Verde*: diez condenados y cinco absueltos. Estos últimos habían participado en la trama del blanqueo; pero, ante la duda de si conocían o no el origen del dinero que manejaban, el tribunal aplicó el aforismo clemente «en la duda, a favor del reo»: *in dubio pro reo*.

rotos, o matándolos. Eso, en España. Y a tres colombianos, que me contaron algunas cosas y cumplieron aquí sus condenas, nada más regresar a su país, se los cargaron. Son muertes que te duelen y te cargan la conciencia. De alguna manera, te sientes en el vértice de la causa.

»Los narcos llevan un sistema muy riguroso de vigilancia en las cárceles y apostan gente cerca de la Audiencia Nacional para observar quién entra y quién sale. Incluso pululan por allí algunos abogados que ellos contratan, sin otra tarea que ir a diario al juzgado, enterarse de si ha acudido el "confidente", y pasar la información a la mafia para que tomen medidas. Las medidas, si se consuman, son despiadadas. Por eso, me subleva que menosprecien el testimonio de un arrepentido. No es una broma: muchas, muchas veces, el confidente se la juega.»

«Los Báulo.[23] Manuel, Daniel...» Desde que hace un rato Díaz-Pintado o Fuentes o alguien, hablando del *Tammsaare*, en otra conversación a bordo del Mystère, mencionaron la historia del abordaje al *Rand*, Garzón está queriendo y no queriendo espabilar la historia de los Báulo:

«Después de lo del *Rand*, Daniel Báulo, uno de los hijos que estaba en la cárcel, quiso saber qué ventajas tendría si hablaba. Así me lo planteó:

»—¿Qué saco yo, si vengo aquí y rajo? ¿Me manda a mi casa?

»—Oiga, que esto no es un zoco de trapicheos —le dije—. Aquí no cambiamos cromos: "tanto de declaraciones, tanto de libertad". Las cosas en su sitio desde el principio: si usted me quiere contar lo que sabe, esa decisión es suya.

»A algunos, esto les puede parecer una frase retórica de juez que se pone solemne: un buñuelo de viento. Para mí no es una frase hueca. Para mí, cada vez que se lo digo a alguien, es una clave de conciencia: honradamente, debo advertirle que se sitúa él solo en un callejón oscuro y peligroso; que puede acabar con dos puñaladas en el vientre, o cosido a tiros: ¡joder, que le pueden matar! Y se lo digo así, a secas: que nadie le empuja, que el protagonista libre de ese riesgo es él.

23. Manuel Báulo Trigo y sus hijos, Daniel, Anselmo y Ramón, conocidos entre los narcos como *Os Caneos*, tripulaban los barcos de *Los charlines* transportando droga.

»—¿Me explico, Daniel? La decisión es suya. Hombre, claro, si su colaboración con la Justicia es valiosa y veraz, y no se aprecia un ánimo de venganza que inutilice su testimonio, el fiscal puede hacerlo constar ante la Sala en su momento, y su pena podría reducirse. Está previsto en el Código Penal. Pero usted tiene que estar bien seguro, para tomar esa decisión...

»Entonces, me dijo que también su padre quería hablar.

»—Ah, ¿también? Pues deben ser conscientes los dos de que, una vez dado ese paso, les negarán el pan y la sal. Les van a hostigar sus propios socios, que les conocen más de cerca y saben dónde viven ustedes y cuáles son sus costumbres.

»—Cuento con eso, pero ya estoy más que harto de los jodidos *charlines*: no me han pagado, no han cumplido.

»*Los charlines* le enviaban a él a Colombia a comprar la droga. Manuel, el padre, iba también y regresaba pilotando el barco. Lo piensan, y deciden venir a declarar abiertamente lo que hicieron ellos y los otros.

»Era importante lo que aportaron. ¡Ya lo creo! Los Báulo comparecieron en julio de 1994 y contaron en mi juzgado que la adquisición y el flete de los 600 kilos de cocaína que llevaban en el Halcón II —600 los desembarcaron en Muxià— fue por encargo de Manuel Charlín Gama y de sus hijos Melchor, Manolito, Josefa y todo ese clan. Declararon también sobre otros "trabajos" como la compra misma del barco. Y yo reabrí el sumario, desglosé de la *Nécora* esa parte, como pieza separada, y declaré secretas las actuaciones.

»Desde luego, no fue pequeña la factura que se cobraron en sus carnes. Nunca olvidaré la fecha del atentado contra el matrimonio Báulo: el 11 de septiembre de 1994 se me ha quedado ya con una sombra de luto. Era lunes...»

A las diez y cuarto de la mañana llegaron dos sudamericanos[24] a casa de los Báulo. Otro, fuera, les «guardaba la calle». Entraron con desfachatez y pistola en mano. Se dirigieron a la mujer de Báulo: «Queremos ver a tu marido.» Uno de ellos llevaba una estridente camisa de flores con la que se había paseado por el pueblo la tarde an-

24. Los jóvenes colombianos John Jairo Salcedo y Abel de Jesús Vázquez. Un tercero, Luis Aldemir Pulido, les «guardó la calle». Eran sicarios de Hernando Gómez de Ayala, del cartel de Bogotá.

terior, y blandía una Parabellum del calibre 9. Manuel Báulo, el padre, estaba desayunando. Al verlos, dejó sobre el plato la taza de café y se abalanzó hacia el teléfono: «¡Voy a llamar a la Guardia Civil!» Una descarga de cinco balazos a bocajarro lo paró en seco. Cayó muerto ya sobre la mesa del comedor. El otro colombiano tenía agarrada a la mujer, Carmen Carballo. Con el antebrazo y la mano izquierda la amordazaba, mientras le hendía en la mejilla derecha la embocadura del cañón de su pistola 6.35. Se ve que los tiros y la sangre le excitaron, y como la mujer forcejeaba, así como la tenía le disparó, a cañón tocante. El proyectil le entró a Carmen por la mandíbula y le atravesó en diagonal el cuello y el tórax. Quedó tetrapléjica.

El otro colombiano, el que vigilaba la calle, se alejó despacito, pedaleando en su bicicleta... como si nada.

Garzón nunca olvidará esa fecha. Hace bien. Conviene no olvidar que hubo un día en un país en que alguien pudo ir a matar vistiendo una estridente camisa de flores; un día en un país en que alguien pudo ir a matar por la mañana, cuando un viejo lobo de mar varado en tierra desayunaba su taza de café; un día en un país en que alguien pudo ir a matar en bicicleta; un día en un pequeño pueblo de un país en que alguien pudo ir a matar con la seguridad de que no habría policías custodiando la casa... la casa de un narco arrepentido, que cambió de trinchera y se metió a confidente.[25]

A partir de ese desenlace trágico, los testimonios de Manuel y Daniel Báulo cobran mayor credibilidad —ambos se habían autoinculpado por los mismos hechos que narraban— y resultan definitivos para enjuiciar a varios jefes mafiosos. Entre otros, Manuel Charlín Gama, el Patriarca, que había salido libre en el primer juicio de la *Nécora* porque no se estimaron suficientes las pruebas. En febrero de 1999, cuando le condenen a veinte años de cárcel, será por esa pieza que Garzón desglosó de la *Nécora* tras escuchar a los Báulo.[26]

«Suspendo mi juicio y me callo; pero no puedo evitar mi extra-

25. Con todo, esa inseguridad puede no ser imputable a la policía: la viuda de Báulo, Carmen Carballo, declaró: «Mi marido había recibido amenazas de Manuel Charlín y de su hija Josefa. El juez Garzón temía que le pasara algo y trató de convencerlo para que aceptara llevar protección, pero él nunca quiso.» *Cfr.* Felipe Suárez, *La Operación Nécora*, 1997, p. 302.

26. Presidía el tribunal Francisco José Castro Meije. La ponente, Ángela Murillo, era la misma de la vez anterior.

ñeza porque hayan tenido que pasar nueve años para que al ciudadano Charlín Gama se le condene... por los mismos hechos que instruí ya en 1990. Es que ¡son los mismos delitos, la misma época, la misma base declarativa de arrepentidos, las mismas actitudes, las mismas personas! Me afearon mucho la instrucción de la *Nécora*, y el tiempo se ha encargado de darme la razón... Ahora se ve claro lo que antes se veía oscuro. Han sido necesarias muchas reincidencias para que algunos magistrados cayeran en la cuenta de que el enfoque investigador del crimen organizado ha de ser diferente del que se aplica al crimen aislado.

»Detrás de una trama criminal hay siempre una conexión. El juez, a partir de datos sueltos de la policía, de los confidentes, de los testigos, ha de montar el rompecabezas hasta dar con esa conexión, que está oculta y no a la vista. El juez se enfrenta a una empresa clandestina, organizada y secreta, respaldada por un potencial económico potentísimo de miles de millones de pesetas, y cuyas operaciones delictivas se deciden en ámbitos encriptados, inexpugnables.

»Es surrealista pretender un garantismo de luz y taquigrafía a ultranza, porque es imposible que un juez escuche todas las conversaciones intervenidas: físicamente y reloj en mano, es imposible. Esos tíos llaman a veces desde un bar, y el juez no va a escuchar lo que hablen todos los parroquianos por ese teléfono público; o dan de alta veinte líneas nuevas de móviles cada semana, que son cientos en un año: usan unas y dejan de usar otras, pero las tienen todas abiertas a la vez, para que se pierda uno en el laberinto y no les pueda controlar. Emplean teléfonos fijos y móviles, radio, fax, módemfax, documentos informáticos, email, mensajes en internet... Es el crimen real con la técnica virtual, que se te escapa y la pierdes en cuanto alguien le dé a una tecla. Necesitas ayudas técnicas de software. Y yo, que no tengo ni idea de la cosa net, ni de la internet ni de la extranet, debo fiarme de lo que me digan los técnicos, creerme que eso es así y controlar sólo de modo selectivo. Igual que, para investigar el delito económico de Telecinco, de Telemundi y la Expo'92, o el nexo entre KAS y ETA y Egin, yo he traído al retortero a peritos informáticos, agentes tributarios y analistas financieros; por supuesto, fiándome de sus informes, como me fío de un dictamen forense y de un informe pericial balístico.

»No sé por qué regla de tres puedo fiarme de los policías cuando me traen datos de matrículas de coche, trayectos, entradas y salidas de un sospechoso a quien yo no he visto; y no puedo fiarme de esos mismos policías cuando me traen una conversación telefónica grabada con mi autorización y seleccionada entre miles de horas de cháchara sin interés. Ahora bien, si el juez se fía y da su visto bueno al trabajo del equipo que dirige, ¡fíese también la Sala juzgadora! ¿Que no? Entonces, atrévanse a decir: "Las grabaciones telefónicas no se admiten como prueba." Y punto.»

«El crimen real, con la técnica virtual...» Y nada hay más virtual que el pensamiento. No precisa soporte, ni fibra óptica, ni red, ni pantalla de cuarzo, ni disquete... Sin ratón, sin mando a distancia, sin pulsar tecla alguna, súbitamente se pasa a otra idea, a otra imagen, a otra evocación. Pero, aunque uno se distraiga o se adormile, hay un impulso que domina, una línea argumental que permanece, como permanece la nota sostenida, larguísima, vibrando desde el violonchelo solitario en la escena final de *El Quijote* de Cristóbal Halfter. Ahora mismo, Garzón ha dado un «salto virtual». Su idea de fondo —«la ley en la mano y ¡un par de bemoles!»— sigue ahí, como bordón pulsado con yema vigorosa; pero sin que él sepa por qué, ha hecho un fuelle de memoria, un zapping vida atrás: y se está acordando de... Chasquea la lengua y sonríe con sorna. Abajo, el Atlántico enigmático y verde, y el terroso festón de las costas de África. Se está acordando de... cuando pensó en detener a unos etarras que iban en un avión. Habían zarpado de Argelia. Volarían sobre el océano, por la misma pista de aire por donde él vuela en este instante. Se ríe de aquella escena, de aquel ministro Corcuera rojo de cólera, de aquel juez Garzón con diez años menos, gafas Rayban, trajes de gusto provinciano, aquel Garzón iconoclasta, vehemente y más de izquierdas que la cazalla...

Abril y 1989. Las conversaciones de Argel habían terminado como el rosario de la aurora. Ahora se sabe, entonces no, que a un lado de la mesa estuvo ETA y al otro lado estuvo Gal: Vera, de parte de Corcuera, Argote, Elgorriaga; y antes, Sancristóbal, el general Cassinello, el comisario Ballesteros... y por ahí. Ahora se sabe, entonces no, que en el paquete que negociaban metieron el borrón y cuenta nueva, el aquí paz y después gloria de los muertos hechos por ETA y de los muertos hechos por los Gal.[27] Aquel día, Garzón

27. La abogada Christianne Fando, que colaboró como asesora de ETA en las negociaciones de Argel, declaró a El Mundo el 9 de noviembre de 1998: «La mayo-

iba por la calle con Carmen Tagle, pisando asfalto con brío y muy enfadado, hacia el Ministerio del Interior a ver a Corcuera.

El director de la Guardia Civil había filtrado a la prensa unos documentos recién incautados al Comando Eibar, estando el sumario aún en fase secreta. Garzón, al verlo publicado, envió un oficio admonitorio a Roldán. Sin pensárselo dos veces, el ministro Corcuera descolgó el teléfono y llamó al juez, con ánimos de abroncarle:

—¿Señor Garzón...? Oiga, usted, ¿qué es eso de enviar un oficio...? ¿Cómo se atreve a exigir explicaciones al director general de la Guardia Civil? ¡Inaudito! Yo creo que usted se ha sobrepasado y se ha salido de su sitio... ¡Haga usted su trabajo de juez, y déjenos a nosotros hacer el nuestro!

—Señor Corcuera, por cortesía, ya que es usted un ministro del gobierno, no le cuelgo el teléfono; pero estimo, y muy fundadamente, que en este asunto yo estoy en mi sitio; y quien no lo está es usted.

—¡Eso es lo que usted piensa...!

—No es que yo lo piense: es que es así. Y no tengo ningún inconveniente en explicárselo, aunque no por teléfono.

—Ah, pues yo voy ahí, y me lo explica usted cara a cara.

—¡No, no, no venga! En estos momentos sería muy llamativo que el ministro del Interior apareciera en mi juzgado. Es más discreto que yo vaya a verle a usted.

«Fui con Carmen Tagle a su despacho de Castellana 3 —recuerda Garzón—. Una vez allí, le dije:

»—Señor ministro, hay que ser más respetuosos con las parcelas que incumben a cada poder del Estado. Yo no digo que esos documentos no se den a conocer; pero no ahora. Ahora pueden perjudicar una investigación delicada, que de momento es secreta. ¿Que a los periodistas hay que darles noticias? Bien, consúlteseme. Y yo decidiré si se dan o no se dan, cuáles y cuándo. Todo lo de ese Comando Eibar está bajo la competencia judicial. El gobierno ahí no

ría de los representantes del gobierno español con quienes me encontré en Argel están en la cárcel o han sido procesados por los hechos de los Gal. En Argel, en las primeras reuniones, se pactó amnistiar a los presos de ETA y de los Gal. Se discutió en cinco minutos y lo aceptaron inmediatamente. No hubo ninguna oposición por parte del gobierno español. Dijimos que todos teníamos algo que ganar. Lo que no sabíamos era que aquellos mismos interlocutores iban a estar hoy en la cárcel, y que se podrían aprovechar de esa hipotética amnistía.»

puede mover ni un papel, si no es con la venia del juez. Por eso le he dicho que sé que yo estoy en mi sitio.

»Imagine, ministro —aún no nos tuteábamos—, que yo cursara ahora mismo una orden de detener a los etarras expulsados de Argel, que van en cierto avión de las Fuerzas Aéreas Españolas deportados hacia Santo Domingo... Si doy esa orden, esa orden va a misa. No sé si me explico...

»Corcuera me miró como si alucinase. Enrojeció. Se congestionó. Resopló. Yo no sabía si iba a echarse a llorar o si iba a ponerse a gritar. Tardó en responder, y cuando lo hizo fue a borbotones:

»—¡Pero, pero, hombre... pero qué barbaridad me dice usted! ¡Eso no puede ser! Eso sería invadir... sería interferir en la acción de gobierno... Esos etarras regresan de unas conversaciones con el gobierno, han sido interlocutores nuestros. Es un tema político muy serio, muy grave...

»—Lo siento, ministro: de tema político, nada. Esos etarras deportados son terroristas, delincuentes con cuentas que saldar ante la Justicia —Carmen Tagle, a mi lado, asentía; lo habíamos hablado en el camino—. No pretendemos invadir ningún área que no sea nuestra; pero, ley en mano, yo podría cursar esa orden...

»—¡¡Me changarían todo el esquema!! ETA pensaría que les hemos tendido una trampa. ¡La reacción sería brutal, salvaje...!

»De pronto, como si hubiese encontrado la llave mágica:

»—Además, llegaría usted tarde: ¡el avión ya ha despegado!

»Corcuera ignoraba, y quedó patente, que una nave es espacio judicial de la nación de bandera, se halle donde se halle. Y el avión que conducía a los etarras[28] era "territorio español". Habría que cursar la orden de detención a través del Ministerio de Defensa, y que éste la comunicase al piloto del avión. Si el ministro Narcís Serra se negara, el juez podría imputarle un delito de obstrucción a la Justicia y elevar el caso al Supremo. Pero yo sabía que, aun siendo legalmente posible, podía no ser "realizable": desconocía en qué avión volaban, o si ya habían aterrizado en Santo Domingo. Como ese dato cambiaba el alcance de mi jurisdicción, Corcuera y Serra podían jugar conmigo a la gallinita ciega. No insistí. Fue sólo

28. Esos etarras eran Eugenio Etxebeste (Antxon), Ignacio Aracama Mendia (Makario), Belén González Peñalba (Carmen), Juan Manuel Soares Gamboa, Ángel Iturbe Abasolo y José María Gautxegi.

el amago de enseñar las uñas. Pero atreverme, ¡ya lo creo que me atrevía! Corcuera se dio cuenta. Y desde ese momento tomó mi medida y me hizo la ficha.»

Un nuevo «salto virtual», y el juez se acuerda de otro episodio al que, sin miedos reverentes, tuvo que echarle arrestos. Ahí, además, no valían amagos. Si lo iniciaba, tenía que llevarlo hasta el final...

Eso fue en diciembre de 1992. En nombre de la ley, ordenó una entrada en el *sanctasanctórum* de los guardadores de la ley, en la sede de la Dirección General de la Guardia Civil, para intervenir material y documentos, con detención de varios guardias, oficiales y jefes imputados. Garzón sabe con qué pulso, con qué paciente muñeca aguantó, una, dos y más de tres veces, el barbotar de lo que iba averiguando, en rompiente de ebullición como agua para chocolate: «Dejar enfriar los informes; aparentar que no instruía; amarrar los datos lentamente para no dar pistas a los propios guardias civiles cuyas conductas investigaba; tomar mil cautelas y proteger a testigos que se la jugaban cada vez que comparecían ante mi juzgado; mirarle las costuras a esas declaraciones antes de creérmelas, porque me bandeaba entre gente que había delinquido y estaban chasqueados, defraudados por algunos mandos de la Benemérita. Así dos años, hasta tener bien trabado el andamiaje de indicios y testimonios. No era un juego de niños acusar de delitos de narcotráfico a los responsables de la unidad de elite de la Guardia Civil creada precisamente para fiscalizar el narcotráfico.» Y es lo que él tenía entre manos: la Ucifa.[29]

—A un juez no hay que premiarle por cumplir con su deber. Además, quizá algún día podrían arrepentirse ustedes de haberme condecorado.

Con esas palabras declinó Garzón una medalla que le ofrecía la Guardia Civil. Él había liquidado judicialmente Terra Lliure, y querían agradecer su contribución a que los Juegos Olímpicos de Barcelona transcurriesen sin terrorismo.

«No entendieron lo de que "quizá podrían arrepentirse", pero no añadí más. Para entonces, otoño del 92, yo había instruido el caso Coterillo:[30] un talón de 120 millones de pesetas entregado en Co-

29. Unidad Central de Investigación Fiscal y Antidroga, de la Guardia Civil.

30. José María Coterillo, jefe de la división internacional del Banco de Santander en la oficina de Paseo de la Castellana n.º 75, de Madrid, abonó un talón de 120 millones de pesetas que un individuo le presentó. «Era un cheque en regla. Nadie me había avisado para que no lo aceptase», explicó después al juez.

lombia como pago de droga, librado por orden de la Guardia Civil y con cargo al Estado; llevaba tiempo oyendo confidencias de un miembro de la Ucifa, Vicente Domínguez; recibía declaración del agente encubierto Ramón de Temple Llopis... Y no me gustaba un pelo lo que iba conociendo. Todo convergía: en la Ucifa se trapicheaba con la droga. Remuneraban a los confidentes con bolsas de cocaína o de heroína: un 10 por ciento de la "sustancia" intervenida, si había detenidos; y un 5 por ciento, si no los había.»

Esta última fórmula les llevó enseguida de la corruptela a la corrupción. Sin necesidad de detener a nadie, podían alijar partidas de droga, que ellos mismos previamente habían encargado. Así fabricaban sus propios éxitos. Y sin trabas, dada la omnímoda libertad de movimientos con que operaban: ellos traían las maletas con la «mercancía»; y ellos eran la aduana. La tentación estaba servida. A través de enlaces —los llamados hermanos Dalton,[31] por ejemplo—, se ponían de acuerdo con los narcos colombianos: «Envíenme treinta kilos de coca; yo los pago del modo que ustedes indiquen.» Las partidas se abonaban con talones librados desde España, en pesetas o en dólares, a las sucursales del Banco de Santander en Ginebra o en Santa Fe de Bogotá, compensados por la Caja Postal de Ahorros y a cargo del erario. ¿Qué conseguían con eso? Simular una incautación de estupefacientes y colgarse la medalla. No era un tráfico de droga bajo control fiscal, como celada para atrapar a un grupo de narcos. En los casos que Garzón estudió, ningún grupo de narcos esperaba recibir aquí esas partidas. Era, simple y llanamente, un delito provocado, y una mayor facilidad para distraer de modo fraudulento ciertas cantidades de esas drogas en provecho propio. Tenían manos libres para hacerlo, y lo hicieron.

«Me dio mala espina desde el primer momento —recuerda Garzón— que quisieran cargarle el mochuelo a Coterillo. Luego, fueron contra el guardia Domínguez. Y amenazaron también a Ramón de Temple, que andaba fugado por Ecuador. Fue tal la presión sobre este hombre que, por miedo a que le matasen, regresó a España y se entregó al juez. Carlos Bueren se inhibió en favor mío, porque yo llevaba el caso desde antes.

»En octubre del 92, comencé a oír las declaraciones de Ramón

31. José Manuel García Gutiérrez y José Luis Recuero del Pino, condenados por narcotráfico en enero de 1999.

de Temple y a investigar las actividades ilícitas de la Ucifa, que salpicaban y manchaban a guardias y a jefes de la Guardia Civil. Paso a paso, iba entendiendo por qué me olió raro el tema de Coterillo: yo había percibido en algunos mandos de la Guardia Civil demasiado interés en incriminar a ese hombre.

»Decidí mantener secreta la instrucción y trabajar con discreción máxima. No quise utilizar a nadie de la Guardia Civil. Y por deferencia, conociendo las rivalidades corporativas que hay entre ellos, tampoco se lo encargué a la policía. Mis indagaciones eran estrictamente judiciales. Claro, avanzaban muy despacio. Encomendé la ayuda burocrática a una sola persona: a Paloma, una funcionaria muy prudente. Le encarecí sigilo total, y que tuviera cuidado: el tema era tan sensible y arriesgado como hacer acrobacias sobre la punta de un pararrayos y en plena tormenta. "Ésa es mi sensación —le dije—. Noto electricidad a mi alrededor."

»No era fácil investigar a una unidad fiscal de elite, y menos como francotirador, en secreto, sin logística de apoyos. Pero yo no quería dar el cante en el Ministerio del Interior, para que no me destruyesen pruebas ni me cegaran fuentes de conocimiento. Tenía que disimular la búsqueda de datos y medir mucho mis pesquisas, o la instrucción podía írseme al traste. Como por la Audiencia pululaban guardias civiles todos los días, yo dejaba tiempos muertos sin ordenar diligencias, para que creyeran que no hacía nada.

»En algunas operaciones, como la *Pitón*, la *Pelícano* y otras, donde se sospechaba que podía haber funcionarios "pringados", habían trabajado conmigo dos oficiales de la Guardia Civil muy valiosos: el coronel Ángel López González y el capitán Julián Hernández del Barco. Eran gente "legal" y profesionales capaces de obedecer a la ley antes que a la jerarquía. Yo me fiaba de ellos. En el tramo final de esta indagación, cuando faltaban diez o doce días para hacer las detenciones, les pedí una ayuda más directa. Ellos pertenecían a la contrainteligencia de la Guardia Civil y tenían la delicada misión de investigar las "agresiones" que recibieran o hicieran sus propios compañeros de Cuerpo. Eran una especie de vigías previsores de la corrupción interna. Desde esa clave, pensé que serían menos gremialistas, más ecuánimes y también más herméticos. Hablé con Ángel López: "Tengo en marcha una instrucción sobre tráfico de drogas en la que aparecen implicados varios miembros de la Ucifa, de abajo y de arriba. Pueden saltar chispas. Hasta ahora, hemos trabajado solos el fiscal y yo. ¿Puedo contar con vosotros, pero... con labios lacrados? ¿O necesito dar órdenes para que os respeten el sigilo?" Ángel me aseguró que no sería necesario ordenar nada.

»Como juez, no habría entrado yo en la Dirección General de la Guardia Civil de no precisar elementos de prueba. Por respeto a un Instituto con tan buenos servicios en su historial, en lugar de ordenar una entrada por las bravas, la víspera hablé con Luis Roldán y le anuncié que me iba a personar con el fiscal Pablo Contreras.[32] Mi trato con Roldán por entonces era sólo correcto, oficial, sin tuteos.

»El 12 de diciembre de 1992, por la mañana, mandé detener a varios implicados. El teniente coronel Francisco Quintero y el comandante José Ramón Pindado, entre otros. Ya entrada la tarde, fuimos al despacho de Roldán. Yo nunca había estado allí.»

Garzón no se distrajo contemplando aquella amplia estancia con paredes enmaderadas del suelo al techo, en la que había tantos teléfonos como mapas y banderas. Quizá se fijó en un imponente retrato al óleo del duque de Ahumada, el fundador de la Guardia Civil, de cuerpo entero, con su emperillada barba blanca y sus lustrosas botas negras hasta el muslo: entre mariscal napoleónico y Búfalo Bill... En todo caso, pudo percibir cierto halo de santuario histórico, cierta pretensión de fortín religioso en aquel despacho.

«Expuse a Roldán que había serios indicios de actividades ilícitas en la Ucifa: desvío de droga para beneficio propio; pago con "sustancia" a confidentes; y delitos provocados, que no eran para atrapar narcos sino para apuntarse nuevos alijos de droga.

»Roldán, expresando bochorno, se sujetó la cabeza entre las manos. Me pareció más contrariado que sorprendido:

»—¡Ya me temía yo que algo así tenía que pasar! ¡Estos tíos vienen del norte, y se sienten dueños de hacer cualquier cosa!

»—Yo necesito acceder a documentos, facturas o albaranes, libros contables, ordenadores, sustancias estupefacientes y sus envoltorios, bobinas de grabaciones... Y, si resulta de interés probatorio, intervenirlo. Por tanto, hay que entrar en dependencias y despachos, abrir armarios, cajas fuertes o lugares seguros. Si usted está

32. También acudió el juez Bueren, que instruía una parte de ese mismo tema, aunque enseguida se inhibió en favor de Garzón.

por colaborar, yo le requiero ahora, aquí, en su despacho, como autoridad superior de esa unidad Ucifa, y es usted mismo quien ordena a sus agentes que vayan entregando toda la documentación y demás objetos que encuentren. Incluso puede estar usted delante. Tanto la entrega como la recepción del material se haría en presencia de la secretaria del juzgado. La otra posibilidad es una entrada y registro normal. Pero no tiene mucho sentido, si por parte suya hay colaboración.

»—Señores, entiéndanme, esto no es plato de gusto para mí. Sean dos o sean catorce los que la hayan pifiado, se trata de la Guardia Civil y es muy lamentable. Ahora bien, yo no voy a meter palos en las ruedas, no voy a obstaculizar la acción de la Justicia. Estoy a lo que diga el juez. Pero prefiero que se me requiera, y que no sea una entrada y registro a saco.

»Yo llevaba los autos para el registro y para el requerimiento y la intervención de documentos. Sin más protocolos, en el despacho de Roldán quedó constituida la comisión judicial, y Natalia Reus empezó a recibir el material que los guardias de la unidad de Ángel López iban extrayendo de los despachos de la Ucifa.»

Por aquellas fechas, diciembre de 1992, Roldán estaba políticamente muy bien considerado. Se perfilaba como el candidato de Felipe González para sustituir a Corcuera al frente de Interior. No se conocían sus cohechos ni sus malversaciones de fondos reservados en provecho propio. Serán precisamente los imputados de la Ucifa quienes, un año más tarde, destapen toda la trapería sucia de su enriquecimiento ilícito y su patrimonio inconfesado. No le perdonaron que facilitase a Garzón la entrada en los despachos y archivos. Y como la venganza es criadilla que se degusta fría, supieron esperar al momento en que esa información fuese políticamente abrasiva.

Los procesados de la Ucifa arrojaron todo el vitriolo que tenían en la hostigación contra Roldán. ¿Debían hacerlo? Sin duda. Pero les faltó estatura cívica para interponer sus denuncias ante un juzgado, respondiendo de ellas. Prefirieron el recurso cómodo de filtrarlo a un periódico, bajo la capa anónima del *off the record*. De otra parte, la indignación les impedía ver que estaban siendo espuriamente utilizados. Alentando esos ánimos de revancha y modulando el caudal de datos que en cada momento debían soltar, había dos ambiciosos inteligentes que veían pasar su último tren: Rafael Vera y Eligio Hernández. Ambos querían el sillón de ministro que Corcuera desalojaba. Iban a lo mismo, y estaban tan bien avenidos como para después repartirse las parcelas y prebendas.

Detrás, y al servicio de uno y otro, se movía el penalista de las minutas de oro: Manuel Cobo del Rosal. La gran paradoja de ese letrado era que cobraba los pleitos tanto más caros cuanto más clamorosamente sabía que los iba a perder. Acaso, con esas elevadas facturas, se resarcía del revolcón de imagen. En esta historia de la Ucifa, por defender a Pindado —que resultaría condenado a ocho años de prisión con pérdida de la condición militar— cobró diez millones de pesetas, abonadas del talego de los fondos reservados. No era la primera ni sería la última vez que a Cobo del Rosal le estipendiaran, sin facturas ni ivas, de ese prodigioso saco. Hay noticia cabal[33] de los trescientos millones de pesetas que Belloch le entregó, a repartir con Paesa, en pago por la extradición trucada de Roldán, incluidos los documentos falsos de los ministros de España y de Laos.

«Aquella noche —sigue recordando Garzón—, en cierto momento de la entrada judicial en la Ucifa le dijeron a Natalia Reus que la caja fuerte del despacho del comandante Pindado no se podía abrir: no tenían la clave y había que pedírsela al propio comandante detenido. Natalia me informó por teléfono que suspendía la diligencia, en cuanto a la caja fuerte; pero como había tropecientas cosas que ver e intervenir, continuó registrando otra estancia. "Precinta esa caja fuerte con el sello del juzgado, y mañana temprano empiezas por ahí", le dije. Así lo hizo. A la mañana siguiente ya tenían la clave. Alzó el precinto y requisó unas casetes y unos papeles que había dentro y que eran de escaso valor. No le dimos mayor importancia al percance...

»Yo me apliqué al proceso. Los coimputados Ramón de Temple y Vicente Domínguez se corroboraban entre sí. Eso me permitía avanzar algo, pero entre los de la Guardia Civil me topaba con un espíritu de cuerpo amurallado a la defensiva. Me parecía comprensible entre personas de un mismo instituto.

»En cambio, un día tuve que hacer esfuerzos para no estallar

33. *Cfr.* El Mundo, 10-13 de noviembre de 1998, informaciones de Cerdán y Rubio. Cobo del Rosal admitió que el gobierno pagó a Paesa, a través de Belloch, trescientos millones «en billetes azules de diez mil», y él percibió una minuta del 10 por ciento.

ante la altivez insolidaria del comandante José Ramón Pindado, el jefe de la Ucifa. Desde el derecho a no declarar en su contra, lo negaba todo. Yo contaba con eso. Lo malo fue cuando tomó la mala vereda de inculpar a sus guardias civiles para exculparse él, diciendo que todos los chanchullos los habían hecho los de abajo y a sus espaldas. A mis preguntas: "¿Encargó usted tal asunto al sargento Gonzalo Méndez? ¿Ordenó usted al guardia Doroteo Gómez Porras que llevase unas maletas a...?", respondía:

»—Yo nunca mando ni encomiendo nada a los guardias: yo sólo doy órdenes y encargos a los oficiales.

»Así una vez y otra, hasta que ya le mostré mi extrañeza:

»—Pero ¿es que usted no se fía de sus guardias, y todo se lo ordena a los oficiales? Explíqueme...

»—Es muy simple: el cerebro de un guardia no vale lo mismo que el cerebro de un oficial. Por eso yo pedía para la Ucifa otra plantilla: me sobraban guardias y me faltaban oficiales. Un guardia, un número, es... escoria.

»—No sé si he entendido bien...

»—Sí. Intelectualmente, el cerebro de un solo oficial vale más que el de diez guardias juntos.

»Yo no daba crédito a lo que oía. Me eché hacia atrás, desplazando conmigo el sillón giratorio de despacho. Marta, la auxiliar, levantó la cabeza y me miró asombrada, porque mi costumbre es que no se trasluzca ni lo que pienso ni lo que siento mientras escucho una declaración. Suelo estar como una figura de mármol. Pero aquello me agredió las entrañas. Me volví hacia la mecanógrafa:

»—Marta, ponga eso entre comillas y en negritas.

»Luego, mirando a Pindado de frente, le dije:

»—Al hablar así de sus subordinados, demuestra que no tiene usted el alma de un oficial de la Guardia Civil.»

Aunque el coronel Ángel López había asegurado a Garzón que no tendría que informar de nada a sus mandos, durante el registro en la Ucifa ocurrió algo importante, y el coronel se vio obligado a consultar a su superior inmediato, que era Luis Roldán.

El comandante Pindado estaba detenido e incomunicado, allí en la Ucifa, desde por la mañana. Cuando ya de noche supo que los del juzgado andaban abriendo cajas y armarios y sacando cuanto había, a través de los mismos guardias que le custodiaban hizo llegar «al director general, o al ministro si fuera preciso» un mensaje urgente en el que venía a decir: «¡¿Están locos?! ¿Saben lo que van a encontrar éstos, si abren la caja fuerte de mi despacho, y si a partir de ahí husmean por...? Pues, entre otras cosas, darán con el atestado original de la muerte de Lucía Urigoitia, y mis correcciones al margen y entre líneas indicando cómo se debía redactar el nuevo atestado oficial. O sea, todo lo que hubo que hacer para limpiar lo sucedido con aquella etarra.»

Tres años más tarde, almorzando a solas Ángel López y Baltasar Garzón, recordaron incidentes de aquella intervención en la Ucifa. En cierto momento, y en un decir sin decir, como si hablara de brujas, meigas y xianas, el coronel dejó caer:

—Aquella noche del registro se encendieron de repente muchas luces rojas de alarma, sonaron los teléfonos directos de ciertos excelentísimos señores, y Roldán tuvo que hacer de cortafuegos una vez más... ¿Te acuerdas de la caja fuerte de Pindado, que no se podía abrir y se precintó? Pues sí se podía abrir. De madrugada, cuando tu gente se marchó, fue desprecintada y abierta. Luego de cerciorarse de que no estaba allí cierto documento altamente comprometedor, se volvió a colocar el precinto como estaba. Se buscó en otro lugar, la Dirección General es muy grande, hasta dar con el papel peligroso. Y esa misma noche se destruyó. Había orden de hacerlo. Orden de muy arriba.

Garzón preguntó y repreguntó a López, buscándole las vueltas capciosamente. Sólo obtuvo una imputación velada, enigmática:

—Ese documento era la versión original, *la vérité*, de cierta chapuza criminal que estos tíos hicieron en el norte.

—Ángel, si estás hablando en serio, tú dirás qué día te pasas por mi juzgado y te tomo declaración...

—No te digo que sí, pero tampoco te digo que no.

Poco después de esa confidencia, el coronel Ángel López falleció de repente: sufrió un infarto estando en la ducha. Ese mismo día, miembros de la Guardia Civil se personaron presurosos en su domicilio «con orden de retirar los documentos oficiales que tuviera en su poder». Al ser un jefe de los servicios de información y de contrainteligencia de la Guardia Civil, se puede entender ese veloz protocolo arramblador.

Enseguida, con una curiosa coincidencia en el tiempo, a lo largo de 1995 a Garzón empezaron a llegarle noticias sobre un hecho que él no investigaba, porque se había instruido en el juzgado n.º 2 de San Sebastián: la extraña muerte de la etarra Lucía Urigoitia, ocurrida varios años antes, el 22 de julio de 1987, «por disparo de arma de fuego de la Guardia Civil», y que se popularizó como *el caso del tiro en la nuca*. Los periodistas Cerdán y Rubio publicaron en El Mundo una nota interna del Cesid donde se aseguraba que agentes del gobierno habían fabricado pruebas falsas para desfigurar la verdad de la muerte de la etarra y librarse de una investigación judicial por homicidio:[34] al oficial de la Guardia Civil José Ramón Pindado se le encomendó entrar en la vivienda del juez del n.º 2 de San Sebastián, en el Palacio de Justicia, y sustituir unos proyectiles por otros; y, en el laboratorio de balística, cambiar un cañón de pistola y un chaleco antibalas previamente perforado por un balazo, para crear la impresión de que Lucía opuso resistencia y disparó también.

Juan Alberto Perote reconoció como auténtica la nota: él mismo la redactó y elevó al director del Cesid ocho años atrás. En consecuencia, Luis Navajas, fiscal en San Sebastián, pidió la reapertura del sumario de Lucía Urigoitia, que dormía sobreseído.

A mayor abundancia, Luis Roldán, que por esas fechas de 1995 había sido «capturado» en Laos y afrontaba un abultado número de causas criminales, declaró ante Baltasar Garzón y le contó muchas turbiedades que él había conocido de primera mano, estando en Interior. Era el Roldán que, al ver a sus compañeros políticos acosándole como una jauría carnicera, «tiraba de la manta»: «Hicieron lo que yo y peor que yo. Se llevaron más dinero que yo. ¡Pero quieren que la mierda me la coma sólo yo!» Entre otras cosas, a propósito de la muerte de Urigoitia, relató al juez que en su día hubo un

34. La nota, KA/5104/03-11-87, del Cesid decía textualmente: *En relación con la muerte de Lucía Urigoitia del Comando «Donostia», se suscitó la célebre polémica del tiro en la nuca. Quedaba en entredicho la legalidad de la actuación de la Guardia Civil. Para evitar la actuación de los Jueces, se hicieron una serie de actividades que en esencia consistieron en un CIR en casa del Juez, sustituyendo el proyectil por otro; cambio de un cañón en el laboratorio de balística y manipulación de un chaleco antibalas. Estas actividades las hizo el capitán de la Guardia Civil José Ramón Pindado, destinado en los Grupos Especiales. Esta información parece ser que es conocida por el Presidente del Gobierno, Ministro del Interior, Rafael Vera y alguna persona más.* Firma y rubrica, *El Jefe de KA*.

En el argot de siglas de los servicios secretos españoles, un CIR, Control Integral de Relaciones, equivale a una entrada clandestina con registro, microfilmación de documentos, colocación de micrófonos, etc. Aquí, se alteraron pruebas penales en el domicilio de un juez y en un laboratorio balístico policial.

toque de advertencia al ministro Barrionuevo: que podía haber una implicación judicial, «porque a esa chica se la han cargado los guardias por la espalda: ¡Toma, cerda, lo mismo que haces tú!». Entonces se decidió alterar las pruebas y simular que la etarra murió en un fuego cruzado, y no porque le descerrajaron en frío un par de tiros en la nuca.

En Intxaurrondo se construyó, a modo de plató, una réplica de dos habitaciones del piso donde vivía Lucía en el barrio donostiarra de Trintxerpe. Sobre ese escenario grabaron en vídeo —blanco y negro— una reproducción figurada de los hechos. Se veía a un grupo de agentes de la UEI armados, con máscaras, uniformes pardos oscuros y chalecos antibalas, entrando en el apartamento. Una mujer en el suelo, pistola en mano, repelía a los guardias y disparaba contra uno de ellos... Era un simulacro a posteriori, pero debía servir como si se hubiese grabado en vivo durante la acción real. Lo visionaron en sesión privada José Barrionuevo, Javier Solana, Luis Roldán, Rafael Vera y Jorge Argote en un local del Cesid, en la avenida de Herrera Oria. El fin de ese montaje era exhibirlo ante la autoridad judicial de San Sebastián y, si llegaba el caso, en el Congreso de los Diputados. Con la venia de dos ministros y la complicidad de la Guardia Civil y el Cesid, urdían mentir a la Justicia y al parlamento.

En cuanto al documento que inquietaba a Pindado la noche del registro en la Ucifa, Garzón tuvo informaciones diferentes: uno le aseguró que ese documento fue destruido; otro le dijo que «el papel se quitó de en medio, pero no se destruyó: lo cambiaron de escondite». Sin embargo, sus informantes coincidían en que «era un escrito muy comprometedor: el atestado primero y original donde los agentes que entraron en el piso de Urigoitia narraban el asalto y la muerte de la etarra tal cual ocurrió». Al parecer, en los márgenes y sobre las líneas mecanográficas podían leerse de puño y letra de Pindado indicaciones precisas para que se modificaran detalles esenciales al redactar el nuevo atestado.

En su momento, mientras oía sucesivamente a Roldán, a Perote y a ciertos informadores policiales, Garzón no dudaba de que el coronel Ángel López, en aquella enigmática y última sobremesa, se refería a ese mismo asunto. Pero ahora, volando hacia Canarias, hace masa en su memoria con un montón de cosas que ha sabido después, y se pregunta, de nuevas, si su fallecido amigo Ángel, diciendo sin decir, aludía sólo al documento de Lucía Urigoitia o apuntaba a algo más... «Igual que guardaban ese papel, ¿no podía haber allí otros documentos "sensibles", y aquella misma noche los hicieron desaparecer de nuestro alcance?»

No es una conjetura sin sentido. En 1992, Garzón sólo sabía de Pindado su imbricación en la trama viciada de unos alijos de droga con tongo y con desviaciones fraudulentas; pero a estas alturas del verano de 1999, conoce más capítulos oscuros y más actividades escabrosas relacionadas con ese oficial. Sin duda, Garzón tiene ya en su poder el descarnado relato que el sargento Pedro Gómez Nieto, del Cesid, hizo a su jefe Perote sobre las prácticas de tortura que él mismo presenció, y aplicó, en el cuartel de Intxaurrondo en 1983. Entre otras, la del «interrogatorio con capucha»: al detenido le metían la cabeza en una bolsa de plástico, de esas oscuras de basura, privándole de aire, para forzarle a hablar. En cierta ocasión, Gómez Nieto y Pindado se encargaron del «hábil interrogatorio» a Reandaburu, un militante de ETA-VIII Asamblea, que casi se les asfixia: «Estuvo a punto de quedársenos, a Pindado y a mí —contó Gómez Nieto—. Respiraba monóxido de carbono. Se iba, se nos iba... y nos miraba: hasta se le abrieron los esfínteres. Ah, pero al final, habló. Nos llevó a la casa del comando (...). Lo que no vale es dejarlo muerto con capucha, como si hubiera muerto en un tiroteo.» Y, tras esa macabra experiencia, aconsejó: «En adelante, que la capucha sea transparente, para que uno se dé cuenta de que el otro se le está yendo.»[35]

Garzón puede haber establecido también una relación de mando operativo entre el entonces capitán Pindado y otros guardias civiles: los que en la noche del 15 de junio de 1984 «bombardearon» y quemaron varias viviendas en la calle Navarra de Hernani. Para hacer salir a los etarras del Comando Donosti del piso en que se alojaban allí, sostuvieron un violento tiroteo desde las cuatro hasta las seis de la madrugada. Como los de ETA respondían disparan-

35. Del transcripto de una conversación informativa de Gómez Nieto con Perote en el Cesid, en 1983. Este documento se le incautó a Perote, en su celda de la cárcel de Alcalá de Henares, por orden de Garzón en febrero de 1996, y fue incorporado al sumario del caso Oñaederra. El comando de ETA que aquí se menciona secuestró y asesinó al capitán de Farmacia, y agente del Cesid, Alberto Martín Barrios. Era el inicio de los Gal (*cfr.* en esta misma obra, capítulo 7, «El huevo de la serpiente»).

do, los guardias lanzaron granadas de guerra al interior del piso, provocando explosiones e incendios en todo el inmueble, porque dentro había un arsenal de goma-dos y pólvora. Dos militantes de ETA murieron abrasados, carbonizados.[36] Un guardia civil resultó herido en el abdomen. Y también herido en una pierna, el jefe del comando etarra, Jesús Zabarte Arregi.

¿Qué orden tenían aquellos guardias?, ¿detener a los etarras, o eliminarlos después de dos horas de guerra artillera, ejecutándolos allí mismo, sumariamente y sin juicio? Días después, respondiendo al diputado Bandrés en el parlamento, el ministro Barrionuevo calificó ese uso desmesurado y brutal de fuerza como «una acción perfectamente legítima».

Reandaburu, 1983; Comando Donosti, 1984; Urigoitia, 1987: tres manchas criminales para quienes lo hicieron, lo ordenaron o lo encubrieron... aunque nadie haya pagado por ello.

En 1985 Pindado ya está destinado en Madrid, aunque, al decir de sus compañeros, «le tiraba tanto la lucha del norte, que transcurría casi más tiempo en San Sebastián que en Madrid». En la 513.ª Comandancia de la Guardia Civil, Intxaurrondo, ha muerto Mikel Zabalza. Presuntamente, «se les ha ido» también mientras le sometían a «la prueba de la bañera», otro tipo de interrogatorio practicado en el cuartel de Zumalacarregi. Por sorteo a puerta cerrada, les toca dar la cara ante la Justicia y *comerse el marrón* de esa muerte a tres de los involucrados.[37] Con el visto bueno del entonces director general de la Guardia Civil, Sáenz de Santamaría, y la connivencia del jefe de Intxaurrondo, Rodríguez Galindo, esos tres paganos vienen a Madrid, y es el oficial Pindado quien los recibe y, de acuerdo con el abogado Argote, les dice ce por be qué historia deben contar al juez.

Informes diversos señalan que también en este lóbrego caso Zabalza se alteraron las pruebas. Al parecer, en el Instituto Nacional de Toxicología, en Madrid, se agregó agua contaminada del Bidasoa a las probetas que contenían muestras de líquidos extraídos del estómago y del ventrículo derecho del cadáver. Se trataba de reforzar la versión oficial de que «Zabalza murió ahogado en el

36. Los de ETA que murieron en el incendio eran Agustín Arregi Perurena y Juan Luis Elorriaga. Antonio Aguayo, el guardia civil herido.

37. Los entonces tenientes Arturo Espejo y Gonzalo Pérez García, y el guardia Fernando Castañeda.

Bidasoa[38] cuando intentaba huir». ¿Huir de un juicio y unos años de cárcel, en el peor de los casos, arrojándose al río desde un túnel alto, esposado y... sin saber nadar? No es una tesis muy verosímil.

A pesar de tan procelosa cercanía con la épica más sucia y criminal de la Guardia Civil —o acaso precisamente por esa proximidad y ese poderoso conocimiento del mal y de sus autores, cómplices y encubridores—, el ex comandante Pindado hizo un alarde final de su «poder cínico»: pocos meses antes de que el Tribunal Supremo ratificase la sentencia condenatoria sobre el caso Ucifa,[39] solicitó del Ministerio de Defensa una pensión mensual vitalicia equivalente al doscientos por cien de su paga. Y se le concedió.

Pensando en esos repliegues torvos de la historia, en los hombres que llevan sobre su conciencia una caja fuerte de secretos fétidos, y en los blindajes que les proporcionan los gobernantes trabados por el miedo a la excesiva luz, Garzón vuelve a acordarse de Vila Sieira, el narco de la *Operación Temple*. En realidad, no se le va de la mente. Es la nota sostenida que permanece vibrando en el violonchelo. Intuye el pánico que estará pasando en estos momentos, y reafirma su compromiso «como juez y como hombre» de darles protección física a él y a su familia.

Se regocija una vez más por el alijo que esta madrugada habrán hecho en tierra, en A Pobra do Caramiñal, un bello lugar junto a la ría de Arousa que se ufana de haber sido cuna de Ramón María del Valle-Inclán. Para que lo oiga sólo el cuello de su camisa, dice por lo bajinis: «Que se los apunte quien quiera, ¡me da igual, joder!, yo no busco medallas; pero sé que esos cinco mil kilos, o cuatro mil quinientos, o los que exactamente haya, ésos me los he *currado* yo solito...»

38. El agua supuestamente añadida contendría taladrina, un elemento químico de los vertidos que se depositan en la zona del río donde dijeron que había muerto Zabalza. Algunos forenses estimaron «excesiva tal concentración de taladrina en sangre».

39. El 20 de enero de 1999, el Supremo confirmó la sentencia emitida por la Audiencia Nacional respecto al caso Ucifa, modificándola sólo en un punto de falsedad documental. Resultaron condenados siete miembros de la Guardia Civil —el teniente coronel Quintero Sanjuán y el comandante Pindado entre ellos— y otros siete colaboradores y compradores de droga.

Sólo el resplandor de los recuerdos brillantes vence al tedio opaco de volar entre nubes masivamente blancas y con el ronroneo monótono de los motores. Baltasar Garzón, testarudo como un jugador de solitarios, recupera el hilo argumental que le entretenía. Hace zap de memoria hacia otro suceso importante de esos de ley y audacia, ley y redaños, en su vida de juez... Agosto de 1995. Palma de Mallorca. Entrada y registro, a todo riesgo, para evitar una *Operación Chacal* contra el Rey: «Pero una entrada limpia, eh, sin prepotencias arrasantes, sin abusos de poder —piensa vivaz, como si tuviera enfrente un interlocutor—. Con toda la eficacia policial y con todo el respeto a la ley, ¡que se puede hacer, hombre, que se puede...!»

En noviembre de 1994, el comisario José María García ha obtenido datos suficientes de la VI División de la policía francesa como para marcarse un objetivo: no perder de vista a Juan José Rego Vidal, miembro de ETA desde 1962, residente en Hendaya. Tiempo atrás, Rego Vidal había intentado secuestrar a don Juan de Borbón, cuando su yate *Giralda* fondeaba en Mónaco. Y antes, al marqués de Villaverde, yerno de Franco. Posteriormente, fue detenido en Ibiza después de hablar por teléfono con Txomin Iturbe Abasolo sobre sus planes de atentar contra el presidente Suárez o contra el Rey. Estaba obsesionado con «golpear en lo más alto». El comisario García sabe que este Rego, un cincuentón «quemado» para la militancia activa, está teniendo contactos de nuevo con gente de la dirección de ETA. Desde el otoño de 1993 le han detectado demasiados viajes: a Burdeos, a Bayona, a Zibour, a Fuenterrabía, a Barcelona, a Palma de Mallorca, a Niza... El policía español establece una vigilancia sobre el 41 de la rue de Fermes de Hendaya, la casa de Rego. Notan que toma precauciones: inspecciona su coche antes de usarlo, mira en las aletas y en el retrovisor, alza el capó, se asoma al motor. No parece buscar una lapa o una fiambrera explosiva; más bien, si le han puesto un chip de radio en el faro, un localizador de vehículos. Antes de salir, observa la calle desde el portal. Al regresar, da una vuelta a la manzana antes de entrar en su casa. Si ve a alguien, deambula y espera a que se retire. Usa teléfonos de cabinas. Es un hombre que está en guardia: prepara algo o teme algo. Le vigilan con cámaras, desde un piso que tiene visión directa sobre su vivienda. Se enteran así de que aloja a ciertas personas, entre ellos a dos individuos que resultan ser de ETA, y más adelante se les detiene. En Bayona, Rego visita a Luz Bella

Bringas, una colaboradora de ETA. La casa de esta mujer es una especie de «buzón vivo» donde se celebran encuentros, se intercambia correo, se reciben mensajes, se entregan paquetes... Dos policías españoles, hombre y mujer, hospedados en un hotel bayonés con vistas al domicilio de Bella Bringas, anotan y filman interesantes entradas y salidas de personas.

En ese mismo tiempo, Rego se desplaza a París, a Toulouse, a Marsella, a Bayona y a Palma de nuevo. Mantiene contactos directos con Bella Bringas, Aldasoro, Elcano, Arambarri... y con dos miembros de la cúpula de ETA: Arizkuren Ruiz, Kantauri, e Ignacio Gracia Arregi, Iñaki de Renteria. En uno de sus viajes, Rego Vidal adquiere un barco de segunda mano, *La belle poule*. Paga por él cinco millones de pesetas, que le ha dado ETA; y se dedica a repararlo en la dársena de Antibes.

El 15 de julio de 1995, la policía francesa informa a la española: «A las 13 horas de hoy, *La belle poule* ha zarpado de Antibes. Van al menos tres. Ayer tarde, compraron víveres en un supermercado y buena provisión de botellas de agua mineral. Embarcaron bultos de peso y una moto Yamaha. La estimación de rumbo es Alcúdia, en Mallorca.» En efecto, el 16 de julio atracan en el club Alcudiamar de ese puerto, al nordeste de Palma.

Ya en el verano del 92 el etarra Urrusolo Sistiaga puso una bomba en un garaje de Palma, sólo por atraer la atención de la prensa. La policía española piensa que quizá Rego intente ahora lo mismo: la resonancia mediática de cualquier acción de ETA en la isla, mientras esté veraneando la Familia Real, con la ingente concentración de políticos, banqueros, aristócratas, famosos, gente de la jet y legiones de periodistas que brujulean por allí. Sin embargo, por si se tratase de algo de más envergadura, el comisario general de Información, Gabriel Fuentes, destaca a dos grupos de policías. Uno, integrado por tres hombres y una mujer agentes de operaciones especiales, que van al norte de Palma, al puerto de Alcúdia, para controlar el barco. El otro grupo se moverá por la ciudad, vigilando a los etarras que desembarquen: son doce policías mandados por el inspector Cruz. Estos equipos no se conocen entre sí. De ese modo, no se comunican la información, y lo que se reciba en Madrid será «original».

El equipo del norte informa que, una vez desembarcados los viajeros de *La belle poule* —«uno ya talludito, que patronea el barco y debe de ser Rego Vidal, y dos jóvenes»—, les han seguido hasta el piso donde se alojan, junto al puerto, al sur de la isla, en la calle Rafaeletas. Traían a bordo una moto Yamaha, y la han llevado consigo al apartamento.

Todo esto lo confirma el inspector Cruz. Muy preocupado, llama a su superior:

—Gabriel, éstos se han instalado en un piso de la calle Rafaeletas 14, escalera B, 2.º E, en Porto Pi, o sea, justo donde amarra el yate *Fortuna*... ¿A ver si el objetivo va a ser el Rey?

Corre la segunda mitad de julio. Rego Vidal vive en el barco, fondeado en Alcudiamar, y los dos individuos jóvenes en el piso. La policía averigua que lo tienen alquilado y abonado desde abril: «O sea, que no están improvisando...» Les hacen fotos furtivas para identificarlos. Siguen sus movimientos. Rego Vidal va al piso, o ellos se desplazan al barco y alguna vez se ven en un bar cerca de la estación de autobuses. Detectan también una reunión con una mujer joven. Los policías fotografían ese encuentro, pero todavía no han identificado a los dos chicos ni saben que la mujer es Conchita Iglesias,[40] enlace de ETA y compañera sentimental de Kantauri, que les trae dos millones de pesetas, porque les ha surgido una avería en *La belle poule*.

Gabriel Fuentes informa a Margarita Robles y al director de la Policía, Ángel Olivares, sus mandos de Interior:

—Necesitamos pincharles el teléfono del piso, pero ¿a qué juez se lo pido, sin certeza de que sean de ETA, ni que el objetivo sea el Rey? Todavía no hay siquiera número de teléfono que intervenir, ni línea dada de alta. Yo sólo conozco a un juez capaz de tirar pa'lante en situaciones como ésta... Confío en él y se lo puedo explicar. Le diré, de palabra, sin que conste en ningún papel, que en la diana puede estar el Rey. Y en la solicitud pondré sólo que «el objetivo podría ser de entidad suficiente para justificar tal medida».

—¿En quién estás pensando? ¿En Garzón...? —Olivares pone cara de duda. Y Fuentes se embala en un elogio, muy policial, hacia el juez:

—Mira, Ángel, yo no entro ni salgo en la tirria política que le

40. En Palma, sólo contactan con Concepción Iglesias Álvarez, militante de ETA. Detenida años más tarde en Francia, y entregada a la autoridad judicial española el 2 de febrero de 2000.

podáis tener. Pero he trabajado mucho con Baltasar, y sé que es un tío que no instruye de trámite ni con rutina. Se enamora de los casos. Además, como es cabezota y tesonero, cuando muerde el bocado no lo suelta: está todo el día pensando en esa investigación. Te llama, «¿has encontrado aquello?». Te vuelve a llamar, «¿habéis buscado en tal sitio?», «traedme más elementos para que yo pueda ordenar el registro...». Donde otros se acojonarían antes que dar un patinazo y jugarse el prestigio, él saca pecho y se mete en el peligro hasta los corvejones. Mil veces le he oído decir: «¿Audacia?, ¡la que me pidáis y más! ¿Riesgo personal?, sabéis que no me ando con remilgos. Pero tampoco doy un paso si no es con la ley por arriba, por abajo, por delante y por detrás.» Es como esos albañiles que les ves en un andamio del piso veintitantos, afanados en su tarea, con el cuerpo en el vacío, pero tranquilos, porque llevan el cinto de cuero bien enganchado a un punto de seguridad. Pues así trabaja Garzón: puede hacer funambulismos en el alambre, pero, ¡ojo!, teniendo el amarre de la legalidad.

La policía judicial sabe que unos juzgados son más diligentes y resueltos que otros. Y en ocasiones, antes de denunciar un tema, esperan a que el juez que le puede dar buena marcha esté de guardia. Entonces, van al juzgado y denuncian lo que llevaban entre manos. Sin embargo, este asunto de Rego podía corresponder a Garzón sin necesidad de hacer juegos de manos: por conexidad. Un mes antes, el juez del n.º 5 había autorizado[41] la intervención de un teléfono en Fuenterrabía y que se observara a dos sujetos, Juan Carlos Aldasoro y Félix Elcano, precisamente por sus contactos con Rego Vidal, Luz Bella Bringas y otras personas del mundo de ETA. Ni la policía ni Garzón sospechaban entonces que Rego tramase algo contra el Rey de España.

A finales de julio, cuando los etarras llevan unos diez días en Palma como en compás de espera y sin que se les agregue nadie más al piso, Fuentes localiza a Garzón en El Escorial: «Baltasar, tenemos en Palma un tema relacionado con Rego, que lo llevas tú... Tiene pinta de que el objetivo podría ser el Rey.» Garzón hace un comentario incrédulo. El comisario sigue: «Pero eso no te lo puedo oficializar por escrito... Tenemos localizados a tres, y un barco y un

41. Diligencias 194/95, incoadas el 16 de junio de 1995, sobre Aldasoro Torrecilla por presunta colaboración con banda armada.

piso. Pero la única forma de saber quién hay dentro de ese piso y qué traman es pincharles. Lo malo es que no sé ni la identidad de los que viven ahí, ni siquiera si hay teléfono que pinchar. Tendría que dar a Telefónica los datos del inmueble, como para intervenir la línea...» Garzón se arranca: «Bueno, pues yo ordeno la intervención del teléfono del piso... "2.º E del número 14 de la calle Rafaeletas, del que pudiera ser titular el dueño del referido piso, o sus actuales inquilinos". Y de ese modo, averiguamos a nombre de quién está...»

A partir de ahí, las cosas empiezan a ocurrir con rapidez. En cuestión de horas, Fuentes recibe una nota del comisario Fernández Chico: el chófer de Francisco Álvarez Cascos, del Partido Popular, le ha contado a un policía de la escolta que «en un puerto de Mallorca hay un barco de ETA, y se proponen atentar contra el Rey». Si en el PP tienen ya esa noticia y Cascos lo ha hablado desde el coche con alguien, es que el tema empieza a estar en la calle. El 9 de agosto por la mañana le llama desde Palma el inspector Cruz:

—Gabriel, este *impasse* no deberíamos aguantarlo más tiempo. Estamos demasiado encima de ellos, les seguimos todo movimiento que hacen. Se van a dar cuenta, y se nos puede ir todo al carajo. Habría que tirar ya, habría que intervenir...

—Pero, a ver, Cruz, ¿hay algo nuevo?

—No, si yo tengo este mosqueo porque no hay nada nuevo... En ese piso no entra más gente, sólo estos dos y el del barco. Se han establecido aquí: van, vienen, toman una cerveza, compran alimentos en el Pryca que está en los bajos del mismo edificio, y no contactan con nadie. Comieron con aquella chica en el McDonald's, pero ella se largó de Palma el mismo día. Estos tíos están ahí para hacer algo. No sé si esperan una señal, una fecha, o qué, pero tienen todo el día libre, coño, ¡tienen todas las horas del mundo, y pueden hacer lo que quieran cuando les salga de, de, de...!

Gabriel Fuentes percibe en ese desasosiego del inspector Cruz un pálpito de instinto muy policiaco. Habla inmediatamente con Ángel Olivares. Después va a la Audiencia e informa a Garzón de la conveniencia de «entrar en ese piso y, si hubiera un atentado en marcha, abortarlo a tiempo»:

—Baltasar, mi gente de allí me dice que o tiramos del tema ya o nos puede estallar en las manos.

—¿Qué seguridad tenéis de cuántos y quiénes están dentro?

—Seguridad, en este momento, ninguna. Llevan ahí más de tres semanas; y en los últimos cuatro o cinco días no han salido. Nos huele muy raro...

Fuentes se está despidiendo de Garzón, en el juzgado, cuando recibe una llamada por su móvil: los policías, a partir de las fotos que les sacaron andando por la calle, han averiguado las identidades de los chicos. Uno es hijo de Rego Vidal: Iñaki Rego Sebastián. No está fichado como miembro de ETA. Sí lo está, en cambio, su compañero de piso: Jorge García Sertutxa. Fuentes cierra el móvil y mira de frente al juez:

—Baltasar, son ellos. No esperemos a que les pongan el teléfono. Hay que actuar ya. Y no en la línea: en el piso. Son demasiadas casualidades: Rego Vidal, con sus antecedentes maníacos de querer atentar hacia arriba, que se viene al Club Alcudiamar de Palma ¿a qué?, ¿a estarse encerradito en el barco? Y, mientras, su hijo y un etarra acuartelados en un apartamento que domina el campo de visión del muelle donde atraca el yate del Rey... ¡Blanco y en botella, macho!

Enseguida, un nuevo dato: el piso lo alquiló alguien que usaba una documentación falsa, bajo la identidad de Andrés Sáenz de Buruaga Sainz, que coincide con la que está utilizando Rego Vidal como «patrón de pesca de altura» en el registro de entrada de barcos de la Comandancia Militar de Marina de Mallorca.

Fuentes vuelve a llamar a Garzón:

—Esto se precipita, y te vamos a pedir formalmente los mandamientos de entrada y registro.

—¿Para cuándo?

—Para esta misma noche. Aquí hay una cuenta atrás. Y, por tener más datos, no podemos arriesgarnos a que ocurra algo gordo.

—¿Tenéis más elementos de que el hijo de Rego y Sertutxa estén ahí dentro preparando algo?

—El único elemento que tengo, y dicho sólo verbalmente por Telefónica, es el que te acabo de dar sobre Rego padre usando identidad falsa y alquilando el piso. ¿Quién hay dentro? ¿Qué hacen? ¡No lo sé! Podemos encontrarnos con dos terroristas o... con dos maricones *encalomaos*.

—Bueno, voy a hablarlo con el fiscal.

—Pueden estar ahí de turistas en Mallorca. O pueden estar esperando el momento, o la señal, para cargarse al Rey. En tal caso, desde ese emplazamiento podrían hacerlo —así concluye Garzón su razonamiento con el fiscal Jesús Santos.

—¿Qué garantías hay de que se está cociendo algo...?

—No hay garantías, Jesús. Hay un tufo de sospecha. Pero, por si te sirve de algo, lo que puedo decirte es que yo estoy dispuesto a asumir toda la responsabilidad. Más vale tirar una puerta abajo y, si no hay nada delictivo, «ustedes perdonen, me equivoqué de piso», a que nos maten al Rey.

—Tú entonces... ¿te arriesgas?

—Joder, mira si me arriesgo que lío el petate y me voy a Palma. Los policías necesitan un respaldo judicial. Y no sólo un papel con la orden: pienso que debo estar con ellos. A mí la operación me la han puesto en la mano y echando humo... Si hay éxito, que se cuelguen ellos la chapa: llevan mucho tiempo detrás y se lo han trabajado duro. Y si es un fiasco, o si algo se tuerce y sale mal, chico, yo me voy p'allá a poner la cara.

—Hombre, si el asunto es lo que parece, no podemos quedarnos colgados por remolones o por timoratos. Informaré a favor. Y... me voy contigo.

—Me alegro. Ante una hipótesis grave, y con el jefe del Estado por medio, mejor carta de más que carta de menos.

Ese mismo día, 9 de agosto de 1995, por la tarde, Olivares y Fuentes llegan a Palma con dieciocho *geos* en vuelo de Iberia. Garzón y Santos, a las diez y media de la noche. Montan el *cuartel general* de operaciones en la Jefatura de Policía.

Hay que detener simultáneamente a Iñaki Rego y a Jorge G. Sertutxa en el piso de Porto Pi, y a Juan José Rego en el puerto de Alcúdia.

De paisano, de dos en dos, poco a poco para no alarmar a nadie, los *geos* empiezan a aproximarse a la calle Rafaeletas. Van tomando la zona, la calle, el portal, el ramal de la escalera. Es una operación lenta, disimulada, casi furtiva, hasta tener bajo control las azoteas, los ascensores y el piso 2.º.

Desde Interior presionan metiendo prisas. El propio Olivares llama cada dos por tres: «¿Cómo va eso?, ¿los habéis trincado ya?» Hay un afán descarado en que la policía actúe antes que llegue Garzón. Gabriel Fuentes, molesto ya por la insistencia, responde a su director general:

—Lo siento, Ángel, pero tal como está ahora el campo de acción, sin tener todavía a los *geos* situados allí, puedo exponer vidas de policías... Eso sería criminal, y no lo voy a hacer. Además, prefiero entrar teniendo al juez y al fiscal aquí, y nos cubrimos las espaldas. ¿Que ocurre un percance?, ¿que vienen mal dadas?, ¡ya resolverá el juez sobre el terreno!

Rego Vidal está cenando en un bar de Alcúdia, cerca del barco. No quieren detenerle dentro del local: si alguien de ETA estuviera de contravigilancia, podría dar la alerta. Pero, en cuanto sale del bar, se le acercan unos policías de paisano fingiendo que van a preguntarle algo, y «Juan José Rego... está usted detenido. No intente huir. No monte ningún follón. Siga andando tranquilo, a nuestro paso». Luego, ya en presencia de la secretaria judicial de Alcúdia, registran *La belle poule* y requisan las armas y documentos que lleva a bordo.

Avisan a la policía francesa para que hagan una redada en varios domicilios de Hendaya y Bayona. Los franceses les dicen que van a rodear esas casas y a montar vigilancia durante toda la noche; pero hasta que amanezca no podrán entrar, porque en Francia están prohibidos los registros domiciliarios nocturnos.

«Serían las once y media de la noche, o por ahí —Garzón estira las piernas y se pellizca las pantorrillas como un masaje reactivador: el Mystère es rápido, pero angosto—. Jesús Santos y yo, con la secretaria del juzgado de guardia de Palma, nos acercamos a la calle Rafaeletas. Había un dispositivo fuerte de policías y *geos* muy estratégicamente situados. La zona, tomada al copo, sin que se viera un uniforme, ni un subfusil, ni una tanqueta. Entramos al portal del 14. Subimos al primer piso. Rego y Sertutxa se alojaban en el segundo. Nos dijeron: «Esperen aquí un momento, porque ya van a actuar los *geos*.» Apagaron las luces de la escalera para operar a oscuras. Iban a asaltar el apartamento. Llevaban máscaras y visores nocturnos. Yo había estado desde 1988 en lucha abierta contra el terrorismo y en situaciones azarosas; pero era la primera vez que presenciaba una actuación policial antiterrorista en vivo. No sabía qué se podría liar allí, si una ensalada de tiros o qué, porque ignorábamos cuántos habría dentro. Fue una espera tensa, en silencio, todo apagado, y aguantando la respiración. Yo tenía un nudo en el estómago. Los segundos se me hacían eternos. Estaba deseando que entraran en acción. A mi lado, callado como yo, Jesús Santos. A lo mejor rezaba por dentro. Yo lo hice a mi manera: "¡Ni un rasguño, papá: que no se lastime nadie...!"

»Todo ocurrió en un abrir y cerrar de ojos. De pronto, ¡bommmp!, un estampido seco, instantáneo. Ruido de cristales. Una voz imperativa, metálica: "¡Todos quietos!" Y un silencio hueco que me desconcertó.

»Los *geos* habían puesto un explosivo en el pomo de la puerta para que saltase de un golpe la cerradura. Sólo se rompió un cristal. Entraron en tromba y a oscuras, con sus visores activados. Al principio no vieron a nadie sobre las camas y pensaron que el piso podía estar vacío. En poquísimos segundos fue, de no ver a nadie, a "¡ahí están!, ¡ahí, ahí!".

»Los etarras, al oír la explosión en la puerta, rápidos de reflejos, habían basculado sobre el borde de la cama, dejándose caer al suelo. Estaban escondidos, uno bajo la cama y otro bajo el sofá de la sala de estar. En dos minutos los *geos* controlaron la situación. Y se encendieron las luces.

»Cuando nos dijeron: "Pueden pasar", recuerdo que entré pisando cristales. Vi a los dos etarras tendidos de bruces en el suelo, con las manos en la nuca. Unos *geos* les apuntaban con las metralletas. Otros revisaban el piso por si hubiera alguien más. Dije a los etarras que se levantaran. Me identifiqué ante ellos como el juez que instruía el caso. Les informé de sus derechos y de que íbamos a registrar el domicilio. Callados, muy serios, lívidos por la sorpresa y el miedo, no dijeron nada, ni siquiera "¡Esto es un error... nosotros no hemos hecho nada!"

»La sala de estar daba a una terraza con amplio ventanal. Allí tenían el punto de mira hacia donde atracaba el *Fortuna*: y el yate a 250 metros, 300 todo lo más, si lo amarraban lejos. Los policías encontraron el rifle con mira telescópica Dekaise de cerrojo, repetidor, recamarado para cartuchos metálicos de 7 mm, 0.8 Remington, el bípode y el distorsionador de sonido, la munición y dos pistolas Browning FN modelo HP-35. Las armas tenían el número de serie borrado. Sobre una mesilla baja, unos prismáticos, un escáner, planos del piso hechos a mano con las medidas marcadas del pretil de la terraza. También, varios papeles con anotaciones diarias de observación de movimientos policiales y de buques de guerra fondeados allí, salidas y entradas del *Fortuna* y de los miembros de la Familia Real... Todo con pormenor, y de puño y letra de García Sertutxa.

»Participé en el registro, miré, busqué, abrí cajones, golpeé con los nudillos muebles y paredes por si tuviesen un doble fondo. En éstas, vi una gran caja de Colacao arriba de un armario. La alcancé y, teniéndola en alto por encima de mi cabeza, noté que pesaba mucho y dije:

»—¿Esto qué puede ser...?

»—¡Cuidado, don Baltasar! —el inspector que me advirtió se acercó rápido y echó una ojeada al contenido de la caja de Colacao: dentro había una marmita especial—. Tiene usted en las manos una bomba...

»Era un artefacto explosivo de mucha potencia.[42] Lo tenían allí para dinamitar el piso una vez cometido el atentado. De ese modo destruirían las ropas, el rifle y los efectos personales, borrando todo rastro. Al mismo tiempo, con el ruido y el humo pensaban atraer la atención hacia el piso que ellos ya habrían abandonado, despistando así a la policía.

»Yo le había dicho a Gabriel Fuentes: "Por favor, bocas calladas y ni una palabra a la prensa, mientras no esté cerrada la operación." Lo dije en la Jefatura de Policía de Palma y en tono alto para que me oyera Ángel Olivares, que andaba por allí.

»Mis relaciones con Olivares no eran tensas. Ahora bien, ni a él se le había olvidado que yo le interrogué cuando lo de los papeles de Laos,[43] ni a mí que él se empeñó en declarar en su despacho y tuvimos que desplazarnos la fiscal y yo. Eso no era afrentante para mí: él hacía un uso legítimo de su fuero. Lo peyorativo fue su comentario: "Esta vez tendrá que hacer Garzón el paseíllo. ¡Ya está bien que siempre lo hagamos nosotros!" Buscaba revancha.

»Todavía en pleno registro del piso, me llamó Fuentes:

»—Baltasar, el delegado del gobierno y el director de la Policía están dando una rueda de prensa y comunicando que se ha procedido a la detención de...

»—¡Pero qué coño es eso! —me enfurecí—. ¿No pueden esperarse

42. La marmita contenía 660 gramos de irumite, temporizador, pila alcalina, lámpara de seguridad, detonador eléctrico y 75 centímetros de cordón detonante pentrita.

43. Los documentos falsos de una extradición ilegal para capturar con engaño a Roldán, que ni siquiera pisó Laos. Hubo una tenaz resistencia a que los jueces aclarasen el acuerdo entre las autoridades políticas y policiales de Tailandia y de España.

calladitos a que la operación esté concluida? ¿Olivares no sabe que hasta el amanecer está todavía pendiente una redada en el sur de Francia, y se nos puede changar todo el tinglado por sus prisas en largar la noticia?

»—Han convocado a televisiones, prensa, radios... ¡la berza!

»—Pues dile, dile a Olivares que... si no fuera por los que están aquí, ¡ojalá estallara ahora mismo la bomba que tenemos en el piso sin desactivar aún, y me reventara como al lagarto de Jaén! Así tendría más cosas que contar...

»—¿Qué dices... del lagarto de Jaén?

»—Nada... Es un cuento viejo de mi pueblo. Había un lagarto que se comía a la gente. Un día, le pusieron carnaza con explosivos y una mecha al final. Se lo tragó. Y, cuando ya lo tenía en el vientre, prendieron fuego a la mecha y el lagarto reventó... A algunos que yo me sé les puede pasar lo mismo. Dile, por si le interesa, que había una bomba. Dile que están aquí los dos detenidos. Dile que se han intervenido varias armas. Dile que sus subordinados han hecho muy bien el trabajo. Dile que siguen trabajando... Supongo que le interesará, porque no lo sabe. Y no sé qué coños va a contar, sin datos, en esa rueda de prensa. Dile de mi parte que esas declaraciones son precipitadas e inoportunas, porque aún ignoramos si hay más miembros de ETA en la isla, si tienen otro comando de apoyo... Dile que falta por detener a uno de San Sebastián. ¡Joder, qué ganas de colgarse la puta medalla y de acaparar protagonismo! ¿No ve ese hombre que, saliendo esta noche por la televisión, pone en peligro las detenciones que tiene que hacer mañana la policía francesa?

»—Pues lo van a repicar en todas las televisiones de Europa, porque está contándolo como que "se preparaba un magnicidio contra el Rey", y eso tiene un morbo que no veas...

»La rueda de prensa a través de televisión y radio a las 12.30 de la noche tuvo una difusión bárbara. Con el operativo todavía abierto, ese comunicado daba a ETA más de cinco horas de margen para mover a su gente y perjudicarnos las detenciones restantes. Estábamos, no ante un proyecto, sino ante un plan de asesinar al jefe del Estado. Una *Operación Chacal*, pero de verdad. Parece lógico que ETA, esa noche y todos los días anteriores, tuviera a alguien al tanto de la noticia de que ya se había perpetrado. Al oír lo de la detención del comando en Palma, lo normal es que ese vigía avisara: "¡Eh, que han trincado a éstos!" Pero Olivares no pensó en eso, y dio su notición. Después, desde la comisaría, se enganchó al teléfono y se puso a hacer declaraciones. Terminaba en una emisora y empalmaba con otra y con otra...

»Pasamos la noche y la madrugada en esa misma comisaría, a la espera de que trajeran a Rego Vidal, dictando resoluciones: la orden de registro del barco; legalizar la situación de los detenidos y los traslados hacia Madrid; examinar los objetos incautados y los documentos, con la urgencia de neutralizar o de utilizar algo de esos papeles que aún pudiera ser operativo: una nota, una cita, un enlace, un nombre, una dirección, un número de teléfono... Pero, desde Madrid, por el afán de una explotación política del asunto, atosigaban a la policía judicial pidiéndoles un informe exacto de lo sucedido para que el ministro Belloch diese su *speech* a primera hora de la mañana. Me puse serio y dije que no se daría más que los nombres de los detenidos, que ni ministro ni gaitas, que mientras el sumario fuese secreto en ese asunto mandaba yo. Y ¡a correr...!

»Por la mañana, fui a los juzgados a agradecer la ayuda que me habían prestado. Desde el hotel, hablé por teléfono con Adolfo Suárez, que estaba en Palma:

»—Adolfo, supongo que el Rey ya lo sabrá, pero puedes decirle que aquí en la isla se ha desarticulado esta noche un comando de ETA que planeaba atentar contra su vida. Entre los papeles hemos encontrado tu nombre y el de tu barco... Ha sido una actuación policial formidable. ¡De sentir orgullo! Yo llevo la investigación. Ah, y... todo limpio: ni un rasguño de nadie.»

Ciertamente, Olivares a esas horas ya ha puesto al corriente a Guillermo Quintana-Lacaci, ayudante de campo del Rey, cargando el acento en que «se han seguido las instrucciones del gobierno».

La policía francesa detiene a siete personas, Bella Bringas entre ellas, dos miembros de ETA y cuatro sospechosos más.

Ya en Madrid, declaran García Sertutxa y Rego Vidal. Éste, por proteger a su hijo, asume la plena responsabilidad y se mete en la fronda de una prolija declaración de cuatro horas, que concluye a las dos y media de la madrugada.

Oyendo a Rego Vidal es cuando Garzón se entera del minucioso adelanto con que se preparó el atentado. Casi dos años antes, en el otoño de 1993, el responsable del aparato militar de ETA, Arizkuren Ruiz, Kantauri, propone ya al veterano Rego actuar otra vez con la organización, sin precisarle en qué. Tienen varios encuentros para concretar esa *ekintza.*[44] En uno de ellos —Burdeos, febrero de 1994— Kantauri, en nombre de la dirección de ETA, encarga a Rego «ejecutar a Juan Carlos: darle matarile al Rey durante sus vacaciones en Mallorca, que es cuando está más a la vista».

En junio de 1994 Kantauri entrega a Rego 600.000 pesetas, y la orden de trasladarse a Palma «a estudiar el escenario y evaluar las posibilidades».

Rego Vidal permanece en Palma nueve días. Escoge que sean de julio y agosto, en plena temporada vacacional del Rey, pensando que cuando actúe, un año después, será por esas mismas fechas. Se aloja en el hotel Born y explora el terreno: observa los movimientos y costumbres de la Familia Real, los horarios de partida y regreso del yate *Fortuna*, qué medidas de seguridad se despliegan, dónde atraca, desplazamientos de otros barcos; mide distancias, anota la presencia policial y militar en diversas zonas de interés, patea calles y puertos, pregunta por apartamentos de alquiler, estudia perspectivas de ventanas y terrazas en pisos y hoteles ubicados en Porto Pi, localiza salidas por carretera desde Palma a otros puntos portuarios, condiciones de amarre en diversos clubes náuticos... A su vuelta, entrega ese dossier informativo a Kantauri. El dirigente de ETA le dice ya en esta cuarta entrevista que «se hará desde lejos, con un rifle de precisión y mira telescópica, como lo de Kennedy».

Aunque falta todavía un año, Kantauri le da cinco millones de pesetas para que alquile o compre un barco. Y le ordena que ya desde ese momento haga vida sin riesgos y corte toda relación con personas de su entorno, vecinos y amigos.

Rego Vidal mantiene sus contactos con la dirección de ETA, no sólo con Kantauri, también con Iñaki de Renteria,[45] en París, en Toulouse, en Antibes, a bordo del barco *La belle poule* que adquirió con el dinero de ETA, así como una moto Yamaha para facilitar la huida hasta el barco una vez cometido el atentado. También recibe de ETA la dotación de armas: fusil, pistolas, metralletas para

44. En la jerga de ETA: atentado, acción armada.

45. Arizkuren Ruiz, Kantauri, fue detenido en París el 3 de marzo de 1999. Ignacio Gracia Arregi, Iñaki de Renteria, en Bidart el 15 de septiembre de 2000. Ambos están presos en Francia, y reclamados en extradición por la autoridad judicial española.

cubrirse la retirada desde el barco, munición, granadas, un artefacto explosivo y los fondos necesarios para viajar de nuevo a Palma y alquilar el piso que él mismo ha elegido como «punto operativo» en la calle Rafaeletas.

En su momento, ETA determina quiénes van a integrar el comando: Inaki, el hijo de Rego, y Jorge García Sertutxa, que será quien dispare. Les proporciona nuevas identidades y documentos públicos falsificados. Y les fija tres posibles objetivos del atentado, de la *ekintza*: Con prioridad, dar muerte al Rey de España. En su defecto, al príncipe de Asturias. Y si los dos resultaran inviables, a José María Aznar, líder de la oposición.[46]

Una vez en Palma, el hijo de Rego y Sertutxa se reúnen, en citas preacordadas, con Rego Vidal para intercambiar información y perfilar detalles de la *ekintza*. Comentan que ya han tenido al Rey en la diana del visor, a tiro, en tres ocasiones. Pero hay una dificultad con la que no contaban: Pryca.

Han hecho pruebas, cronometrando lo que tardarían en abandonar el edificio después del atentado. No les resulta fácil escabullirse rápidamente entre ese marasmo de clientes que pululan por el supermercado, personas que van despacio y se detienen a ver los productos, sin prisa, atascando el paso con los carros de la compra. Los terroristas —una vez activado el temporizador del explosivo con el que han de volar el piso— disponen sólo de tres minutos para bajar, atravesar el área comercial, salir a la calle trasera, coger la moto y huir hacia el nordeste de la isla, al puerto de Alcúdia.

«Esa fase de la salida —declaró Rego Vidal ante el juez— era la llave que cerraba la operación. Y en el último encuentro que tuvimos los tres, el 8 de agosto, fijamos como fecha definitiva para el atentado el día 13, que era domingo y Pryca cerraba. Así se eliminaba el problema de la gente en el supermercado.»

Garzón recuerda exactamente que, aquella noche de agosto de 1995, en su juzgado, cuando Rego llegó a ese punto de la declaración, él necesitó agarrarse a la mesa y apretar con fuerza los bordes de madera. Cruzó una mirada con el fiscal Jesús Santos y detectó en él su mismo estremecimiento. Más que decisivo, había sido vital el pálpito aquel que impelió a la policía a intervenir por ins-

46. ETA ya había intentado asesinar a Aznar con un coche-bomba, en Madrid, el 19 de abril de ese mismo año 1995.

tinto, por olfato, el 9 de agosto por la noche. En aquel momento Garzón respiró hondo, con la sensación feliz de peligro vadeado que tantas veces había sentido en el rafting: empujados, cascada abajo, por la tremenda avalancha de la corriente del río, llegar al remanso sin que la lancha vuelque.

Reviviendo ahora el episodio, vuelve a alegrarse por aquella audacia de ordenar una entrada y registro a todo evento. Una demora por apilar más datos o por tomar más cautelas, hubiese podido costarle la vida al Rey. No es una conjetura. Él, Garzón, se lo oyó al propio Rego: el magnicidio estaba fechado.

Con esta operación, que los periodistas titularon «el Rey en la diana de ETA», ocurrió un curioso fenómeno político y mediático. En un principio se publicitó a toda pastilla en los periódicos y en las televisiones, por su importante entidad: un regicidio frustrado gracias a una actuación relámpago policial y judicial. Pero enseguida se desvaneció la noticia, se quedó en brumas, como si hubiese alguien muy interesado en quitarle gas y cuota de atención. Incluso llegó a ponerse en duda si los Rego y Sertutxa intentaban realmente matar al Rey.

En efecto, había un serio empeño político de diluir el asunto y no dar pábulo a la desprotección en que ha estado el Rey durante veinticuatro días: del 16 de julio al 9 de agosto. En esa maniobra de aguachinado se afanó Belloch en primera persona.

La primera información fue que sí, que «el comando iba a atentar contra el Rey, aunque en todo momento estuvo bajo control policial». Pero después trascendió a la prensa la declaración de los etarras afirmando que «en tres ocasiones habían tenido al Rey a tiro de rifle», y que si no dispararon fue porque «justo en esos momentos lo que no tenían expedita era su propia salida». Se produjo entonces una reacción de estupor entre los ciudadanos: no era de recibo la temeridad o la negligencia o la pachorra de un gobierno que había consentido en tener más de tres semanas al jefe del Estado bajo la cruz filar telescópica del rifle de los etarras. ¿Y qué hizo el gobierno? A falta de una explicación solvente, recurrió a la mentira: al socorro de una operación de maquillaje. Fue cuando Belloch apareció en público diciendo, unas veces, que la munición no era adecuada; y otras, que el rifle no tenía alcance o que el punto de tiro no era el idóneo. En definitiva, que los etarras no hubiesen podido matar al Rey.

«Les envié aviso —sigue recordando Garzón—: "Cuidado con las excusas que buscáis. Si seguís diciendo que el arma o el emplazamiento no permitían el asesinato, abonáis la teoría del *delito imposible*. En ese supuesto, a estos etarras habría que dejarlos automáticamente en libertad."

»Requerí a los expertos balísticos que estudiaran desde todos los puntos de vista si la vida del Rey había corrido riesgo o no. Peritos profesionales de la policía hicieron un informe exhaustivo, concluyendo que la munición hallada —veintidós cartuchos de la clase RP 7 mm, 0.8 Remington— era "la idónea"; el ángulo de tiro, "perfecto"; iban a utilizar un distorsionador para que no se localizara la procedencia de los disparos; en cuanto al alcance del rifle Dekaise de repetición y alargador con mira telescópica, era "el arma adecuada, capaz de hacer blanco con total precisión y efectividad a 500 metros", y el yate del Rey estaba sólo a unos 250 metros del punto de tiro.[47] ¿Que podían haber fallado? Sí, pero sobre todo podían haber acertado. Así lo dije en el auto de procesamiento. Y así constó en la sentencia.

»Belloch siguió dale que te dale con que no hubo riesgo alguno. No era verdad. El Rey estuvo en peligro. Lo declaró el mismo Rego Vidal, sabiendo que les perjudicaba a los tres. Como dijo que tuvieron en diana al príncipe Felipe, pero ellos seguían disciplinados tras el objetivo primordial: matar al Rey.

»Y nada de eso me lo puede negar Belloch, porque lo oí yo con estos oídos que Dios me dio. Cuando tienes delante más de cuatro horas a una persona que te cuenta unos sucesos mirándote a los ojos, notas si es verdad o si está fabulando. Además, yo hice la inspección ocular: vi la posición de la ventana desde donde los de ETA apuntaban y vi el yate en perfecta línea de disparo. Entiendo la necesidad política del gobierno de decir que todo estaba controlado; pero no era cierto. Y Belloch lo sabe.

47. Del informe pericial sobre el rifle que tenían los terroristas: *Fabricado a partir de un fusil militar Mauser modelo Kar 98 repetidor de cerrojo, al que se le había sustituido el cañón por uno de acero al carbono de 66 centímetros de longitud sujeto a una carcasa sintética negra Ram Line modelo Mauser STM 2198. Lo comercializa en Francia la empresa Samson. Se utiliza para recorridos de tiro deportivo que requieren disparos de gran precisión y potencia a larga distancia.*

Informe sobre la munición elegida: *Era la idónea: trayectoria tensa; se emplea para tiros de precisión en caza, deporte y recorridos de arma larga; calibre derivado del 308 Winchester: concentra mucho y tiene poca tendencia a la dispersión.*

»Con los resultados policiales en la mano, el ministro podía haber construido una "explicación tranquilizadora": "Sí, el Rey ha estado a tiro; pero en ningún momento ha habido riesgo porque a Su Majestad se le advirtió, se redoblaron las medidas de seguridad, la policía funcionó muy bien..." ¡Qué sé yo! Podía esgrimir cualquier recurso, menos la memez de hacer creer que los de ETA son unos imbéciles que se pasan dos años, ¡dos años!, preparando un atentado de semejante envergadura y gastándose un pastón para luego enviar a un comando con un arma inútil.»

En flash rápido, Garzón hace memoria de las ocasiones en que ha estado con el Rey. Y se detiene en una audiencia de febrero de 1994, en Zarzuela, estando él en la política. En realidad, acudía como delegado del Plan sobre la Droga, y el monarca no parecía especialmente entusiasmado con ese tema «que me preocupa, cómo no, pero a quien motiva mucho, muchísimo, es a la Reina». Podía haber sido, pues, una conversación de protocolo oficial. Sin embargo, el Rey tenía ganas de hablar de política con el ex juez fichado por Felipe González...

Dejando muy abierto el campo para que Garzón echase por donde quisiera, hizo una pregunta de esas de avenida ancha:

—Bueno, Baltasar, ¿cómo ves la situación política?, ¿crees que hay riesgo de que las cosas evolucionen a peor?

Se refería el Rey a los escándalos de corrupción que saltaban a la prensa día tras día: Renfe, BOE, AVE, Ibercorp, Mariano Rubio, Elosúa, Filesa, Roldán, fondos reservados...

—Yo percibo —respondió Garzón— que el ambiente está muy enrarecido. Lo malo es que el gobierno apenas hace nada: no hay reacción. Mi temor es que la gente se harte, dé la espalda a los políticos y se llegue a una ruptura...

El Rey frunció las cejas con expresión preocupada. Después, se inclinó hacia adelante, como creando un ámbito de confianza, y de la escucha genérica pasó a la solicitud personal:

—Y tú, ¿cómo estás? ¡Venga, ten ánimo! Estamos en un momento delicado, ¡aguanta el tirón y sigue adelante! España necesita gente luchadora como tú. Me consta que eres un hombre fuerte y que has hecho cosas muy interesantes... y seguirás haciéndolas.

«Ni aquella tarde de febrero del 94, ni cuando estuve también a solas con él en diciembre del 91, siendo yo juez, ni otras veces que le he saludado a propósito del *Partido Drogas No*, jamás el Rey me ha preguntado por el tema de los Gal. Es curioso: conmigo nunca habló del caso Gal. Como tampoco me hizo ninguna pregunta sobre el atentado que frustramos en Palma. Y siempre me pareció que era el instinto inteligente de un Rey que sabe cuál es su sitio. Por eso me extrañó muchísimo aquello que me contó Joaquín Navarro Estevan...

»En abril de 1996, cuando los líderes políticos acudían a Zarzuela para las consultas preceptivas entre las elecciones y la formación del nuevo gobierno, que esa vez era el de Aznar, por lo visto don Juan Carlos le había dicho a Julio Anguita:

»—Hombre, Julio, a ver si le dices a tu gente que bajen un poco el pistón en lo de los Gal. Ese tema exaspera muchos ánimos, divide y enfrenta a los españoles, le da alas a ETA y perjudica, encima, nuestra imagen fuera del país: la imagen democrática del gobierno y de nuestras instituciones.

»—Señor, en el asunto de los Gal, Izquierda Unida ha tenido siempre una posición muy clara. Y los hechos demuestran que no tenemos nada que modificar: el caso está ya en el Supremo. Lo he dicho muchas veces en público, y se lo repito aquí ahora: en el tema Gal, Izquierda Unida, y yo personalmente, llegaremos hasta donde haya que llegar, y... hasta *quien* haya que llegar.

»Según la versión que tres o cuatro meses más tarde me transmitió Navarro Estevan, al llegar a ese punto el Rey comentó: "¡Ésas son cosas de un juez que es un cazafamas y un hijoputa!"

»En julio de ese mismo 1996, Joaquín Navarro Estevan, Jesús Neira y Antonio García-Trevijano quisieron que Luis María Anson y yo nos tratásemos más,[48] para que Anson viera que yo no era un demonio con cuernos y rabo y dejase de atacarme en ABC con tal visceralidad. La noche del 10 de julio, estando en plena cena, García-Trevijano va y suelta de pronto:

»—Baltasar está muy ofendido por un comentario del Rey...

»Me quedé de piedra. Yo a él no le había dicho nada, entre otras razones porque aún no lo había verificado con Anguita. Pero se ve que Navarro Estevan se lo contó también a él, y lo sacaron a la mesa...

48. *Cfr.* en esta misma obra, capítulo 8, «Un abrazo de humo».

»—Bueno, ésa es una expresión muy coloquial y patalallana, que hoy día la dice cualquiera... —comentó Anson.

»—Como a todos los Borbones, a don Juan Carlos le pierde la incontinencia verbal —insistió García-Trevijano.

»—El Rey es un hombre espontáneo; pero estoy seguro de que no lo ha dicho como un insulto, ni con ánimo de ofender. No te disgustes, Baltasar: despreocúpate, que eso lo arreglo yo —Anson deseaba quitar hierro y tener un gesto conmigo.

»En efecto, a la mañana siguiente, Luis María telefoneó a Fernando Almansa,[49] el jefe de la Casa del Rey, y le contó la habladuría. Almansa debió de llevarse las manos a la cabeza:

»—¡Pero qué cosas inventan!, ¡qué barbaridad! Luis María, yo creo que no es verdad eso que le han contado a Garzón. El Rey es llano y espontáneo, pero no es irreflexivo y no es insultante. Me extraña mucho... No me lo creo. Que el Rey pueda decir "ese hijo de puta", como cualquier otro español, desenfadadamente y en un ambiente de mucha confianza, vale; pero no me imagino a Su Majestad diciéndolo de un juez, ni hablando en ese tono de campechanía con Anguita... De verdad, Luis María, no me cuadra.

»Esa conversación debió de ser el 11 de julio. El 12, al mediodía, yo estaba en mi despacho con el fiscal Pedro Rubira y con Juan María Bandrés, que se había personado representando a la familia en el sumario del cartero de Renteria: aquel joven cartero que murió en 1988 al estallarle una carta-bomba en las manos. Siete años después, declarando Roldán ante mí, denunció como autores a varios guardias civiles de Intxaurrondo que obedecían órdenes de Rodríguez Galindo, Vera y Corcuera. Al parecer, querían escarmentar a algunos de HB dándoles un susto; pero, ante la muerte indeseada del cartero de Renteria, quien se asustó fue el ministro Corcuera, y mandó desactivar otras dos cartas explosivas que ya estaban enviadas y en correos. Una de ellas, para el abogado Íñigo Iruin. De esa faena, según el relato de Luis Roldán, se encargaron los hombres de Galindo.[50]

»Estábamos hablando de esta cuestión, cuando sonó el teléfono de centralilla de la Audiencia:

49. Vizconde del Castillo de Almansa.

50. Bandrés declaró que, a través del abogado Jorge Argote, el Ministerio del Interior le entregó una indemnización de siete millones de pesetas para la familia del cartero de Renteria.

»—Don Baltasar, le llaman de la Casa de Su Majestad.

»Pensé que sería el jefe de la Casa, Fernando Almansa. Miré el reloj de mi muñeca: eran las 13.27. Permanecí a la espera un par de segundos. Oí un clic, de paso de comunicación. Dije: "Sí", y escuché al otro lado de la línea:

»—Soy el Rey.

»Yo tenía que decir "Majestad", pero vacilé: habiendo otras personas en mi despacho no me pareció prudente. Me quedé sin decir nada, pegado al auricular. Hice un gesto a Rubira y a Bandrés, y entendieron que debían irse. Yo estaba sorprendido, anonadado.

»—Majestad...

»—Baltasar, te llamo porque me han hecho llegar que estás enfadado por unas palabras que dicen que yo he dicho. Quiero que sepas que es falso. La Reina y yo te respetamos, te queremos y te admiramos. Y a ti te consta que eso es así. Mira, al margen de lo que yo pueda opinar sobre algunas actuaciones tuyas, sé que siempre has trabajado en beneficio del Estado. Tu labor prestigia al poder judicial, y en los años venideros servirá de ejemplo para la justicia española. Eso es lo que pienso de ti.

»—Gracias, Majestad. La verdad es que me he sentido incómodo, mal, realmente mal, desde que me llegó el comentario...

»—Te lo repito: no es cierto. Alguien ha puesto en mi boca palabras que no he dicho y que yo nunca diría de ti. Y te voy a pedir que, si otra vez sucede una cosa similar, me llames y me digas: "Señor, pasa esto..." Bueno, Baltasar, un abrazo y ¡adiós!»

Desde la ventanilla, Garzón ve allá abajo la sombra diminuta del Mystère en que viaja, como un pez volador sobre el mar azulón intenso. Intenta descabezar un sueño, pero le tienta más el solitario de las evocaciones, porque se acaba de acordar de aquella *Operación Pulpo*, la de Ortega Lara...

«Me vino dada: o la tomas o la dejas, como las lentejas, y "tiene que ser ya mismo". Esa vez era la Guardia Civil. Venían a mí porque sabían que estaba de guardia y... bueno, que yo tendría agallas para jugármela. Parecía sencillo: "Señoría, autorícenos a entrar en cierta nave de Mondragón." Si Ortega Lara estaba allí, dar la orden podía significar su libertad... suponiendo que los secuestradores no ofrecieran resistencia y salieran con las manitas en alto. Pero ¿y si hacíamos unas detenciones y unos registros en puntos sensibles de ETA y, después de haberles tocado las narices, resultaba que

Ortega Lara no estaba allí? En tal caso, con ese mandamiento de entrada, podía provocar que ETA matara al secuestrado. Sin embargo, pese al riesgo, en la duda razonable de que ese hombre estuviera allí, yo no podía negarme a dar la orden...»

En mayo de 1997, cuando ETA tiene secuestrados a José Antonio Ortega Lara y a Cosme Delclaux, la policía expone al juez Ismael Moreno, encargado del caso Delclaux, unas sospechas y unos indicios para que les autorice a registrar ciertos caseríos de Guipúzcoa y de Vizcaya. Moreno les dice que no. Poco después, se lo plantean a Garzón aprovechando que está de guardia. Él valora esas posibles pistas con el fiscal Pedro Rubira y decide que «adelante». Se trata de una inspección nocturna desde un helicóptero con aparataje electrónico de ultrasonido y rayos X del Instituto Geodésico Nacional para detectar oquedades y volúmenes, y ver si tienen a Delclaux en ese caserío. La hacen, pero es un fiasco: allí no está Delclaux. Como responsable de un registro en vano, da la cara Garzón. Los de la Guardia Civil se enteran y toman nota: «¡Hombre, este tío se atreve!»

Sin embargo, Garzón no instruía ninguno de los dos secuestros. Él andaba con los crímenes de las Juntas Militares de Argentina y con el caso *Mengele*: los mendigos supuestamente utilizados por el Cesid para probar un suero pentotal.

El 30 de junio de 1997, a las nueve de la mañana, Santiago López Valdivielso, director de la Guardia Civil, y el general jefe de Información, Pedro Muñoz, piden ver a Ricardo Martí Fluxá, secretario de Estado del Ministerio del Interior:

—Es por la historia de Bol... —dice el general Muñoz.

—¿Todavía seguís con eso? ¡Lleváis un montón de meses...!

—Más de siete. Pero ahora empezamos a atar cabos. Hay coincidencias que no parecen casuales. Ortega Lara podría estar ahí. Y los de Intxaurrondo dicen que conviene entrar cuanto antes en esa nave de Mondragón y salir de dudas.

—¿Qué posibilidades hay de acertar? —pregunta Martí Fluxá.

—Así, así... Al cincuenta por ciento. Tan posible es acertar como marrar. Pero si seguimos observándoles se van a dar cuenta. Estamos jugándonos el bigote porque les vigilamos a pelo, sin un mal pinchazo telefónico, y son muchos días ya. Pueden ponerse nerviosos y hacer una barbaridad. ¿Qué ganamos esperando?, ¿por qué no pedimos un mandamiento judicial y entramos de una vez?

—Bien, «luz verde»: que vayan al juez.

Esa misma mañana, el capitán Juan Isaac Salón se persona en el juzgado n.º 5, acompañado del sargento Félix Velando y el guardia civil Gabino Lapuente.[51] Es lunes, y Garzón estrena su semana de guardia. Nada más tomar asiento, el oficial comunica al juez que «en la 513.ª Comandancia se dispone de datos operativos fiables, observaciones coincidentes, hipótesis que han ido tomando cuerpo: creemos saber dónde está Ortega Lara».

—Arriba —concluye— quieren tirar ya del tema.

—¿Arriba?

—Arriba es la Comandancia de Intxaurrondo. Y arriba es también Madrid, los mandos políticos de Interior.

Juntando mucho los ojos, bizqueando casi, Garzón condensa su mirada en el rostro de ese oficial que tiene sentado enfrente. Piensa rápido y en varias bandas a la vez. El caso Ortega Lara lo lleva Gómez de Liaño, y hay una verbena de cuerpos y fuerzas policiales rastreando, investigando cada cual a su aire y en abierta competencia. Si ahora vienen a él es porque está de guardia y porque las órdenes que le van a pedir entrañan riesgo. ¿Las otorgaría Gómez de Liaño? ¿Subiría con ellos? De otra parte, aunque la Guardia Civil conserva la espina de que Garzón fue quien desmanteló la Ucifa y empapeló a sus jefes, aquello ocurrió hace años ya; en cambio, a los de Intxaurrondo les hierve la sangre, justamente ahora, contra Gómez de Liaño, que es quien anda metiendo el bisturí en los esqueletos calcinados de Lasa y Zabala. Si tienen alguna pista golosa, los *intxaurrondos* no le darán a Liaño esa pera en dulce. Sin embargo, está muy reciente el patinazo del caserío de Vizcaya, y Garzón, caso de intervenir, se ajustará bien los machos. Pero aún hay más: las relaciones entre Liaño y él se han deteriorado últimamente, a vueltas con el tema de Sogecable que les enfrenta. Evitan los encuentros. Casi no se hablan. La situación es tan frágil que Garzón preferiría no provocar un nuevo motivo de encono.

El juez lanza al oficial una ráfaga de preguntas: «¿Qué tienen ustedes?, ¿qué vía han investigado?, ¿cuáles son esas coincidencias que les empiezan a casar?, ¿a qué nave de Mondragón se refiere?, ¿qué hay ahí?, ¿qué sucede ahí?»

51. Son enlaces permanentes que la Guardia Civil, en tanto que policía judicial, tiene en la Audiencia Nacional.

En ese mismo momento, el teniente Salón judicializa «la historia de Bol», una línea que la Guardia Civil sigue ya hace siete meses. Sin andarse por las ramas, con sobriedad de atestado, expone los datos ante Garzón: La Guardia Civil tenía, de unas detenciones anteriores, las agendas y una autocrítica incautadas a Daniel Derguy y Agirre Lete, dos de ETA. En una de esas agendas había un par de apuntes escuetos sobre entregas de dinero: *Bol, 5 kilos (Ortega).* Dos veces, en distintas fechas, cinco millones a un tal Bol. Y, algo más detallada, otra anotación en la autocrítica: *Cita a las 12 horas en la playa de Tarnos con Bol (Ortega). Le entrego instrucciones y más dinero.*[52] Esas menciones directas a Ortega les orientan a averiguar quién es Bol. No resulta fácil. Bol no es nadie. Pero pueden ser muchos cuyos nombres o apellidos empiecen por Bol. Y entre esos muchos, hay un individuo que vive en Mondragón y que carece de antecedentes penales: Jesús María Uribetxeberria Bolinaga. Tal vez sea un miembro de ETA no fichado: un «legal». Esto es en noviembre de 1996. Ortega Lara está secuestrado desde enero de ese mismo año.

Los de Intxaurrondo se aplican a observar a Bolinaga día y noche. Ven que se entrevista con José Miguel Gaztelu Otxandorena, también del entorno abertzale. Siguen a uno y a otro. Se relacionan poco entre sí. Sin embargo, juntos o separados, los dos acceden a una nave industrial sin actividad situada a las afueras de Mondragón, donde las últimas casas, frente a unas canteras de arena. Los guardias civiles deambulan por allí, trajeados como la gente común de la calle, con jerséis, vaqueros, pellizas, con barba y pelambrera, o con aspecto punki. Se turnan y rotan para no perder de vista esa nave. Una tarde ven entrar a un tercero. Le hacen fotos furtivas y buscan su identidad en los ficheros del DNI: es José Luis Erostegi Bidaguren. Tampoco tiene antecedentes policiales. Días después acude a la nave un cuarto individuo: Xabier Ugarte Villar.

Aunque en alguna ocasión coinciden, no van los cuatro al mismo tiempo. Suelen estar dos, o uno solo. Permanecen un par de horas dentro, sin horario fijo. Uno de ellos ha pasado alguna noche en la nave. Hay un perro perdiguero que está siempre allí. Compran alimentos en abundancia en el supermercado Eroski: verduras,

52. Tarnos es una pequeña playa al norte de Bayona.

huevos, yogures, leche, carne, pescado congelado, fruta, barras de pan, los periódicos Egin, El País y El Mundo. Entran con todo eso en la nave; sin embargo, ellos hacen sus comidas fuera. Esos víveres, ¿para quién son, pues?

La empresa del taller se llama Jalgui y no tiene licencia industrial desde 1993. Por otra parte, esos cuatro hombres no llevan indumentaria de trabajo ni mono ni herramientas. De los cuatro que entran y salen, sólo uno vive en Mondragón. Los otros tres residen en Antzuola, en Bergara y en Oñate. No son trabajadores de allí. En la puerta hay un camión aparcado. Apenas lo mueven. Es un recurso que usa ETA: apostar un vehículo ante la puerta de un garaje o de una bajera para bloquear la rampa de acceso. Dominan así la vigilancia, facilitan su propia salida y dificultan la entrada a los ajenos. Ese camión tiene matrícula de Madrid y licencia de transporte expedida en Burgos. Lo compraron de segunda mano a finales del 95. Al poco tiempo, en enero del 96, se produjo el secuestro de Ortega Lara.[53]

El capitán Salón analiza pros y contras de los datos que acaba de exponer. El juez toma un folio en blanco, traza una línea vertical de arriba abajo dividiéndolo por el centro en dos mitades: en una columna va anotando los elementos positivos y en otra los negativos.

Entre los pros, los apuntes de las agendas; las reuniones de Bolinaga con los otros tres hombres; la ubicación de la nave, estratégicamente muy buena porque está en un núcleo urbano pero a las afueras, lejos del control ciudadano; su emplazamiento a ras de suelo permite haber perforado un hoyo para construir un zulo; aparte de los cuatro habituales, en ese taller no hay ningún otro operario; el perro, como avisador y dando impresión de normalidad, porque lo sacan a pasear; la entrada de alimentos; la presencia de esos hombres a las horas de las comidas y que acudan al taller también los domingos, incluso durante las fiestas de Mondragón, cuando nadie trabaja y todo está cerrado: luego, algo importante e insoslayable tienen que hacer allí.

Contra la hipótesis de que haya un hombre secuestrado, el ofi-

53. En el momento de judicializar el caso ante Garzón, la Guardia Civil desconocía que en ese camión transportaron los etarras a Ortega Lara el día del secuestro: le metieron en una gran carcasa vacía de doble fondo que simulaba ser una sofisticada máquina de manufacturas metálicas.

cial indica que a veces dejan abierta la puerta de la nave, y no les importa hacer ruido o que se les vea: no se esconden, actúan con soltura. En ocasiones no aparece nadie a la hora de la comida. Eso no casa con tener alguien a quien alimentar.[54]

—Pero, sopesados pros y contras —remata el capitán—, el general Muñoz Gil, el teniente coronel Laguna, el comandante Villaseñor, los capitanes Corbí y García Malo... bueno, hasta los guardias de Intxaurrondo que siguen el caso y se han peinado Burgos, Logroño y el País Vasco, todos estiman que hay que entrar en ese recinto cuanto antes. Si usted nos libra los mandamientos, intervendríamos esta misma noche. Ahí puede estar Ortega Lara. Bueno... o Delclaux.

—O el perro...

Ante lo que parece una socarronería del juez, el oficial de la Guardia Civil tensa los músculos de su anguloso rostro, y un relampagueo le oscurece el verde intenso de los ojos. Garzón se da cuenta y le habla en un tono menos irónico:

—Entiéndame, ustedes no traen pruebas ni evidencias. Traen conjeturas, hipótesis interesantes, pero con un margen de error enorme. El patinazo puede ser morrocotudo. Y, casualmente, ponen la patata caliente sobre mi mesa estando yo de guardia. Su gente, capitán Salón, pasa a ser mi policía judicial; y yo tengo que pensarme muy bien si les doy una orden de entrada... para que los frían a tiros, o para que sólo detengan a un perro perdiguero.

«Pero, después de siete meses de observaciones, cuerdamente uno se debe preguntar: ¿y si tienen ahí a Ortega o a Delclaux, y se nos van de las manos por no habernos atrevido?

»Por otra parte, ninguno de los supuestos secuestradores tiene antecedentes conocidos. Quizá sea un comando de "legales". Yo no puedo detenerles porque vayan a una nave industrial, o compren alimentos y periódicos, o paseen al perro. Nada de eso es delito. Lo que pasa es que, claro, puesto todo junto da un cuadro sospechoso. Y en este país hay dos hombres en secuestro.»

El capitán y el juez siguen hablando. Al final, la solicitud se concreta en cinco órdenes de registro: los domicilios particulares de los presuntos «guardadores» y la nave Jalgui. Se aduce que «podría

54. Después se supo que en la fase final Ortega Lara no comía, lo rechazaba todo y estaba en una profunda depresión.

estar en relación con el secuestro de Ortega Lara o de Cosme Delclaux, y/o que en ese taller se tengan armas o se fabriquen explosivos». Estas alternativas son las que autorizan que intervenga el juzgado de guardia.

Para esa *Operación Pulpo*, la Guardia Civil prepara un despliegue de quinientos hombres, con unidades de elite y grupos de intervención inmediata.[55] Garzón está decidido a subir a Guipúzcoa y llevar consigo un equipo judicial por dar garantía legal a las fuerzas que actúen. Antes, cambia impresiones con el fiscal Pedro Rubira; y éste con su jefe, Eduardo Fungairiño. A los pocos minutos, Ignacio Gordillo, fiscal adscrito al juzgado n.º 1, se entera e informa enseguida a Javier Gómez de Liaño. A Liaño, como juez competente en el secuestro de Ortega, lógicamente le contraría que «por la razón que sea, estos tíos hayan esperado a que Baltasar esté de guardia para denunciar lo que saben»; pero la acepta.

Los mandos de la Guardia Civil querían asegurarse unos mandamientos de entrada y registro que, según comentaron en la larga noche de la *Operación Pulpo*, dudaban mucho de que Gómez de Liaño los concediera. De hecho, en toda esa mañana Liaño pudo haber tomado la iniciativa. Hubiese bastado un «subo yo, quiero hacerlo yo» para que Garzón le dejara la vía libre. Él era el juez natural del caso. Nadie podía impedirle que ejerciera su responsabilidad, sin jueces vicarios. Pero no lo hizo.

«Fui a casa antes a coger algo de ropa. Por no alarmar a Yayo, no le dije de qué se trataba:

»—Me subo al País Vasco. No vamos sobre seguro. Hay que moverse con sigilo y, como mi careto lo conoce todo bicho viviente, Martí Fluxá nos pone el Mystère de Interior —al recordarlo, Garzón piensa que quizá hizo aquel viaje en el mismo Mystère en el que vuela ahora.

»—¿Quién va contigo? —quiso saber Yayo.

»—Se vienen Pedro Rubira, el forense Ángel Canelada, Natalia Reus y José Carlos Julián. Mané y Carlos irán con el coche por carretera. Una vez allí, me echarán una mano los secretarios de otros juzgados...

»En ese instante vi en los ojos de Yayo un punto de alarma. Me

55. Participaron cuatro equipos de los Grupos Antiterroristas Rurales (GAR) y uno de la Unidad Especial de Intervención (UEI).

miró con un poquito de ansiedad, como si me preguntara: "¿Qué ocurre?, ¿es que vais a actuar en más de un sitio?"

»—Tendré que coordinar cinco lugares por lo menos.

»—¡Pues... ya me imagino qué es! ¡Por favor, Baltasar, ten cuidado! ¡Ojalá tengáis suerte! ¡Sería una alegría para todos!

»Nos besamos en silencio y mirándonos. Siempre es así en las despedidas inciertas. Y me marché. Sé que ella estuvo pendiente del teléfono y de la radio toda la noche y la madrugada.

»Aterrizamos en Bilbao. En turismos policiales camuflados, nos llevaron al palacete de La Cumbre. Yo no podía dejar de unir ese lugar a los atroces sucesos de Lasa y Zabala.

»Allí, en La Cumbre, se habían concentrado los mandos de Intxaurrondo. Sobre mapas y croquis del escenario a actuar, unos oficiales me explicaron el plan: los controles que ya habían montado en puntos estratégicos, las vigilancias apostadas para hacer el cierre en el momento preciso, el cerco en torno al domicilio de cada uno de los sospechosos, el cálculo de la secuencia temporal... A las diez de la noche se puso en marcha todo el dispositivo. Decidí que el teniente coronel Laguna y yo nos fuéramos a la nave donde se presumía que tenían a Ortega Lara, y que sería lo último en registrar. Ahí se entraría cuando se hubiese detenido a los cuatro "objetivos".

»La señal para iniciar la entrada y registro en cada uno de los domicilios era "una hora después de que se apague la última luz en esa casa". Entre los guardias de cada equipo la consigna era "mi angelito duerme". Y le pusieron un mote a cada etarra para señalarlos: Cachalote, Calamar, Cangrejo y Pulpo.

»Nos desplazamos a Mondragón. Desde las once, esperábamos en medio de la cantera, justo encima de la nave y de las casas. Pedro Rubira y yo, en el asiento trasero de mi coche. De vez en cuando, salíamos a estirar las piernas. Los guardias civiles aguardaban también allí, moviéndose o en sus vehículos. La comunicación era por radio: con Antzuola, Bergara, Oñate, Arrasate, Eibar e Intxaurrondo. Los del cuartel de Intxaurrondo tenían «línea caliente» con Mayor Oreja y Martí Fluxá, que también pasaron la noche en vela.

»A eso de las dos y media de la madrugada me llamó al móvil Manolo R. Simons de la policía:

»—Acaban de liberar a Cosme Delclaux.

»—Repite... ¡¿qué has dicho?!

»—Que han soltado a Delclaux... pero no nosotros, sino ETA, porque la familia ha pagado...

»—Pues, entonces, ya sé a quién no me voy a encontrar...

»—¿Qué quiere decir?, ¿que está usted por aquí?

»—Hummm... no por ahí, pero sí por esta zona...

»—¿Con quién...?, ¿con *los picos*?

»—No puedo hablar ahora: estamos en plena movida...

»Yo estaba como un arco tensado. Repasaba la panoplia de riesgos: que dentro de la nave hubiera un etarra armado vigilando a Ortega Lara, y se produjera un tiroteo; que tuviesen una señal de alarma, se encendiera una luz roja al traspasar alguien la puerta de la nave, y en ese instante le pegaran un tiro en la cabeza a Ortega Lara o a Delclaux o a quien hubiera allí; que, si en esa nave no estaba ninguno de los secuestrados y en cambio nosotros deteníamos a varios etarras esa noche, la reacción inmediata de ETA fuese matar a Ortega o a Delclaux, dejándonos el cadáver en un bosque... Quizá por eso, para mí, en aquel momento, la noticia de la suelta de Cosme no era sólo el respiro por su libertad, sino... una incógnita menos.

»A las 4.12 de la madrugada empezó el baile. Las cuatro detenciones fueron casi al mismo tiempo. Lo oíamos por radio, en la frecuencia que ellos habían ajustado: "Hora: 4.14. Capturado Calamar." "Hora: 4.15. Capturado Cachalote." "Ídem Cangrejo." "Hora: 4.19. Pulpo capturado." Es decir, detenidos Uribetxeberria Bolinaga, Ugarte, Erostegi y Gaztelu. A Bolinaga tenían que traerle zumbando desde su casa a la nave para iniciar el registro, porque ese local estaba alquilado a su nombre.

»Llegó a las 4.38. Venía cabizbajo. Le hicieron subir al autobús de comunicaciones que tenían allí los de la Guardia Civil. Yo salí de mi coche y fui también al bus. "Quítenle las esposas", dije. Él entonces alzó los ojos y me miró:

»—¡Anda, el Garzón!

»—Sí, soy el juez Baltasar Garzón, que estoy de guardia. Está usted detenido. Tiene derecho a guardar silencio, a no declarar contra sí mismo, a no confesarse culpable, a no contestar a las preguntas, aunque no se le van a hacer ahora mismo. Ésos son sus derechos. Y está usted aquí porque aparece vinculado a la empresa Jalgui que ocupa esa nave.

»—Yo no tengo nada que ver con esa nave.

»—Vamos a entrar y registrarla. Ya se imaginará usted por qué...

»—¿Yo? Yo qué sé a qué van a entrar ahí...

»—Bien, en todo caso, usted está aquí para presenciar el registro. Ahora va a reconocerle el médico forense.

»—No, no, déjenme en paz, yo no quiero médico forense...

»—Sí, que le vea y levante acta de su estado físico.

»Nos bajamos todos del autobús mientras le reconocía el doctor Canelada.

»El local era taller y almacén, de tres cuerpos, amplio, destartalado. Había máquinas pesadas, una grúa, herramientas, tubos de metal y muchísima chatarra. Fabricaban artesanalmente lanzagranadas y paquetes explosivos, y troquelaban placas de matrículas falsas para vehículos. Ya dentro, pregunté a Bolinaga: "¿Hay alguien en la nave?" Me contestó: "Sólo un perro." Se hizo el registro mirando palmo a palmo. No veíamos más que hierros. Dije que se grabara en vídeo, para que después el tribunal tuviera una idea exacta de lo que allí había sucedido. El detenido, a mi lado, asistía a todas las fases de la búsqueda. Allí habría unos cincuenta guardias, muy afanados. Así, buscando, estuvimos hora y media. A las seis de la mañana ya se había registrado toda la nave, golpeando las paredes y los suelos en busca de un hueco, de una portezuela o de una trampilla camuflada que diera a una "cárcel del pueblo". Comenzó a cundir el desfonde por habernos ilusionado en vano.

»—¿Están ustedes seguros de que Ortega está aquí?

»—Sí, señoría —me respondió el capitán Corbí—, la información que tenemos es muy buena.

»—¿Y qué hay de la máquina de volúmenes?

»—Viene de camino, la están trayendo de Vitoria.

»—Bueno, vamos a esperar a que llegue, y se hace la prueba. Si da negativo, terminamos este registro... de momento. Que los guardias descansen unas horas, porque llevan demasiado tiempo sin dormir. Yo tengo que regresar a Madrid a recibir a los detenidos y tomarles declaración. Además, estoy de guardia y mi puesto es allí. Voy a extenderles una nueva orden de registro, para que ustedes lo reinicien después. Y, si es preciso, desmontan toda la nave piedra a piedra.

»Algunos guardias iban golpeando el pavimento y las paredes

con un martillito. De pronto, detectaron sonoridad de hueco en una zona del suelo. Pero encima había una máquina troqueladora grande y pesada.

»—¿Qué hay aquí debajo? —pregunté a Bolinaga.

»—Nada.

»Bolinaga seguía impávido, aparentando tranquilidad. Los de la Guardia Civil:

»—¡Aquí hay cuatro tuercas... esta parte del suelo está limpia, o sea, que se ha usado recientemente!

»Corrieron la máquina entre varios. Al desplazarla, apareció en el pavimento una tapa circular de cemento con reborde metálico. Se montó una algarabía entre los guardias, todos ya concentrados y frenéticos alrededor del armatoste aquel. Metieron una palanca para mover esa pieza circular. Era una prensa hidráulica con un émbolo que se podía desplazar hacia arriba o hacia abajo. Los guardias forzaron y se les dobló el enganche del émbolo. Empezaron a ponerse nerviosos y a jurar en arameo.

»—¡Tranquilos, por favor! —dije—. Traigan aquí al detenido.

»Bolinaga, sin inmutarse:

»—No sé qué coño buscan... Aquí no hay más que lo que ven...

»—Váyase usted a Madrid, señor juez —me dijo un suboficial—, que nosotros nos encargamos de que este tío nos diga cómo se mueve este puto chisme y a quién tienen encerrao ahí abajo.

»Había una tensión muy fuerte. Los guardias estaban encorajinados y empezaron a urgirle:

»—¿No decías que no había nadie aquí? ¿Cómo se abre esto, eh? ¡Venga, hijoputa, dilo de una vez!

»—¡Calma! ¡Silencio! —alcé la voz—. ¡Silencio absoluto! Aquí el que pregunta es el juez. El que manda en esta situación es el juez. Y si no, suspendo inmediatamente este registro, y se va todo el mundo afuera.

»El orificio era el acceso a un tubo cilíndrico de medio metro de ancho, por donde cabía escasamente el cuerpo de una persona. Al torcerse el enganche, no funcionaba el émbolo. Y la pieza pesaba una barbaridad. En otra parte de la nave había una grúa. La trajeron y se consiguió remover el émbolo un poco. Los guardias gritaban: "¡Es aquí!, ¡lo tenemos!, ¡es aquí!" Miré por el rabillo del ojo a Bolinaga. Le vi pálido y asustado. Había mantenido el tipo, pero en ese momento se venía abajo.

»Todos querían entrar ya en el zulo. Volví a advertirles:

»—¡Tranquilo todo el mundo! Si llevamos horas esperando, no va a pasar nada porque esperemos dos minutos más. Vamos a hacer lo que haga falta, pero con serenidad, guardando las formas...

»Bolinaga nos indicó la combinación para que el cilindro del émbolo subiera y se abriese el acceso:

»—Hay que meter la clavija en aquel enchufe de la pared, y luego darle a estos dos interruptores.

»Era simple y artesanal, pero había que sabérselo. Ya iban a descender dos guardias de la UEI. Me puse frente a Bolinaga, mirándole fijo a los ojos:

»—Vamos a bajar: ¿hay alguien ahí abajo?

»—Sí, hay alguien.

»—¿Quién?

»—Él.

»—¿Quién es él?

»—Ortega Lara.

»—¿Hay alguien más con él...? ¿Algún compañero de usted?

»—No. Está él solo.

»—¿Hay armas?, ¿explosivos?, ¿algo que suponga riesgo para los que estamos aquí, incluido usted?

»—Hay armas...

»Natalia Reus dijo en voz alta:

»—¡Por favor, que avisen a su mujer!

»El teniente coronel Laguna le sacudió una de esas preguntas que desnudan la realidad:

»—¿Y te pondrías tú al teléfono para asegurarle que... está vivo?

»En ese momento pensé: "No puede permanecer ya aquí el detenido; si Ortega Lara está vivo y al salir ve a su carcelero, el impacto puede ser terrible: puede creer que le hacen salir para matarlo fuera." No sabíamos en qué estado nos lo íbamos a encontrar. Después de quinientos treinta y dos días encerrado bajo tierra, ¿cómo estaría de deteriorada esa mente?

»Quité de en medio a Bolinaga. Me lo llevé a una oficinilla que había a la entrada. Le dejé allí, bajo la vigilancia de dos guardias. Para evitar cualquier incidente de desahogo de nervios o de indignación por parte de alguno que quisiera cobrarse la revancha, les advertí:

»—Cuiden del detenido en la debida forma. No estén junto a él:

vigílenle desde la puerta de esta oficina. Y que no entre nadie, si no es con mi autorización.

»Volví al centro de la nave. El cabo Paco y otro guardia descendieron al zulo. Desde abajo voceaban lo que iban encontrando: "Hay documentación, papeles, una pistola... Hay dinero, muchos billetes." Había 25 millones de pesetas. Es difícil entender para qué necesitaban ese dinero: el secuestrado no comía, se les estaba muriendo, no les iba a durar...

»Hubo un momento de escalofrío: cuando Paco y el otro guardia gritaron desde dentro del escondrijo:

»—¡Está aquí! ¡Ortega está aquí...! ¡Está vivo!

»—¿Necesita que baje el médico forense? Pregúntenle si quiere asistencia o si puede salir solo...

»—¡Apaguen las luces! —ordené a los que filmaban—. ¡Apaguen, porque le pueden deslumbrar y cegar! Y, por respeto a su imagen, no graben el momento en que salga del zulo ese hombre... esté como esté.

»El cabo Paco fue quien sacó a Ortega Lara. A la vez que él asomaba la cabeza, todos se echaron hacia adelante para verle. Debió de sentir la avalancha de medio centenar de hombres, pero sin ver nada, porque la nave se había quedado casi a oscuras. Se asustó y otra vez se metió adentro, se escondió. Entonces dijo con una voz muy tenue, con un hilo de voz:

»—¡Matadme de una puta vez! ¡No quiero salir!

»Y yo, al cabo Paco:

»—Dígale que está aquí el juez del número 5 de la Audiencia Nacional, que no hay ningún problema, y que está todo apagado.

»Salió muy despacio, con mucha cautela, como un caracol cansino subiendo por una pared. Entre otro guardia y yo le cogimos de las manos y le ayudamos a dar el último paso hacia fuera. Noté que no pesaba nada, como si fuera un cuerpo de trapo. Me conmoví. Era la cara de la muerte. La barba larga, la piel ajada, el rostro demacrado, esquelético, la mirada extraviada, ida. Parecía un espectro de ultratumba. Me espantó y me dio un trallazo en la conciencia el que unos hombres hubiesen sido capaces de minar así la vida de otro hombre.

»En la rampa de la nave estaba ya lista la ambulancia. Fui donde él. Me vio, me miró.

»—Señor Ortega Lara, soy el juez de guardia Baltasar Garzón.

»—Sí, le conozco... Ahora sí, ahora ya sé que estoy libre... Cuídese... éstos irán por usted.

»—Su caso lo lleva el juez Gómez de Liaño, que enseguida se hará cargo. Es un honor para mí haber contribuido de alguna forma a que regrese usted... al mundo de los vivos.

»A las siete menos cuarto, nada más sacar del zulo a Ortega Lara, lo primero que hice fue llamar a Gómez de Liaño por su móvil: "Javier, ha aparecido Ortega Lara. Como juez de guardia, me limitaré a las diligencias previas. Nada más." El caso era suyo. Yo lo tenía muy claro.

»Después de hablar con Javier, llamé a mi mujer. Estaba confusa con las noticias que había oído de madrugada por la radio sobre la "liberación" de Delclaux. Le aclaré en qué había estado yo: "Tenemos a Ortega Lara. Está vivo y está bien. Yayo, con esto que acabo de vivir, doy ya por bien empleada mi carrera de juez."

»A esos cuatro etarras y a otros dos más les procesé por un montón de delitos y atentados cometidos entre 1981 y 1987, que costaron la vida a cinco personas.[56] Me reconocieron que a Julio Iglesias Zamora lo tuvieron encerrado ellos también y en el mismo zulo: sólo cambiaron el revestimiento interior. Por respeto a la competencia judicial de Gómez de Liaño, no les pregunté siquiera cómo secuestraron a Ortega Lara. Ahí me tracé la raya.»

Javier Espigares se ha levantado para ponerse la chaqueta. García Losada se ajusta el nudo de la corbata. El Mystère va a iniciar el descenso. Garzón mira por la ventanilla: como un mapa brillante y a realce se avistan los siete islotes canarios.

—Vamos del aeropuerto al muelle militar del Arsenal, en directo —informa Gabriel Fuentes, que ha regresado del lavabo oliendo a *Atkinsons* y ahora se afana en sacar brillo a los cristales de sus gafas sin montura—. Si no han atracado ya, deben estar a punto, los dos, el *Petrel* y el *Tammsaare*. Supongo que el pesaje de los fardos lo harán en las aduanas...

Una vez en el dique del Arsenal, Garzón embarca en el *Tammsaare de Kingstown*. Es un arrastrero enorme de casco negro. La tripulación, contratada en Rusia y en Estonia, se niega a declarar y a facilitar el registro. Ya les habían notificado por fax —a través del *Petrel*— su situación de detenidos, en castellano y en inglés; pero

56. Auto de procesamiento de 25 de enero de 1999.

el capitán del barco, Serguei Kravchenko —43 años y carácter hosco de lobo de mar—, no quiso traducírsela a sus hombres. Antes que otra cosa, Garzón procede a levantar el cadáver de Verlentin Sarantsin, el marinero ruso que murió de repente minutos después del abordaje en alta mar. Lleva siete días sin que lo hayan movido del lugar donde le sobrevino la muerte. Dos médicos forenses —Ángel Canelada de la Audiencia Nacional y Rosario Casas Suárez del juzgado de guardia de Las Palmas— le hacen la autopsia y certifican que falleció «de parada cardíaca, por causas naturales».

Los tripulantes del *Tammsaare* declaran en el juzgaso de guardia de Las Palmas e ingresan en prisión: sabían bien lo que transportaban. La droga iba en un escondite construido en la zona de popa, bajo el suelo de los retretes y junto a los depósitos de petróleo. El habitáculo estaba cubierto con una losa de cemento.

—¡Esto es como una tumba! —comenta Garzón, haciendo esfuerzos para meterse por el hueco. Dentro, el olor a petróleo y a cloaca es irrespirable.

Pesan los fardos. Ciertamente, es el mayor alijo de estupefacientes conseguido en Europa y el segundo en el ranking mundial de la lucha contra el narcotráfico.

Cuando Garzón ve apilados sobre el dique del Arsenal los trescientos veintinueve fardos de la andanada de cocaína —un peso bruto de 7.620 kilos—, no se reprime y exclama:

—*Mamma mia!* ¿Todo esto... todo esto venía ahí dentro?

—Sí, todo esto. Tal como está ahora, vale ya miles y miles de millones de pesetas —responde el comisario García Losada, abombando el pecho—. Y después, toda esa sustancia, racionada, adulterada y pasando de mano en mano, dispara el precio diez veces más. ¡No ha estado mal, eh, nada mal...!

—Habíamos quedado en que esta vez no podíamos fallar, ¿no? Pero, más que las pesetas, lo que me gustaría calcular es cuántas papelinas saldrían de todas esas toneladas de polvo...

—Un alijo como éste evita millones de «enganches», decenas de miles de adicciones, y... muchas, muchas, muchas muertes.

En ese momento no se ha hecho todavía el balance material de la *Operación Temple*. A los 7.620 kilos de cocaína que iban en el *Tammsaare* se sumarán 208 kilos de heroína y otros 100 kilos de cocaína encontrados en un chalet de Arroyomolino, más los 5.100 confiscados en A Pobra do Caramiñal. Un peso bruto total de 13.028 kilos.

Los periodistas informan con gran despliegue gráfico y de texto. Las impresionantes montañas de paquetes de droga con sus envoltorios de plástico y el *thriller* policial del abordaje en alta mar tienen mordiente de sobra para atrapar la atención de los lectores en la canícula de julio. Algún locutor de radio comenta en tono de elogio: «Una operación brillante y limpia, sin violencias, sin saltarse la legalidad; y que ahorra mucho más quebranto y mucho más duelo que desmantelar, si posible fuera, cien comandos de ETA... La capacidad de matar de un comando de ETA puede ser muy rápida, pero es muy limitada. La droga no hace sangre, pero mata más, miles de veces más...»

El procesamiento es intenso y rápido. En siete meses queda listo para ser juzgado. Cuarenta personas aparecen imputadas como miembros de «una organización criminal con distintos niveles jerárquicos dedicada a la fabricación, transporte, elaboración, corte, almacenamiento y distribución de estupefacientes a gran escala». Garzón dicta orden de búsqueda y captura internacional contra cinco miembros de la red en paradero desconocido, Mario Espinoza entre ellos. En su auto,[57] el juez del n.º 5 llama la atención de la Sala sobre un punto que le preocupa: «gran parte de la estructura delictiva, en personas y medios, sigue intacta». Es decir: no cantemos victoria, no están todos aquí. La fianza que les impone como «responsabilidad pecuniaria» en razón del valor de la mercancía es astronómica: más de doscientos trece mil millones de pesetas. Exactamente: 213.150.176.750 pesetas...

«Podía moverme entre el tanto y el décuplo —comentaba con alguien de su juzgado—. Me he quedado en el tanto, porque las fianzas se ponen para que puedan constituirse. Y aun así, es la más alta que he puesto en mi vida.»

Doscientos trece mil ciento cincuenta millones... Exactamente: 213.150.176.750 pesetas. Esta vez no era una operación secreta, sino un auto público. Sin embargo... uno, dos, tres, cuatro, cinco, seis, siete... treinta y uno de marzo, abril, mayo, etc., de 2000: Ningún periódico, agencia, radio, televisión o confidencial de internet dice nada, ni una palabra, de lo que ha ocurrido. Ningún periodista dice nada de lo que ha ocurrido. ¿Ningún periodista sabe nada de lo que ha ocurrido?

57. Auto de procesamiento de 29 de febrero de 2000, hecho público el 1 de marzo.

VII

EL HUEVO DE LA SERPIENTE

> «Felipe, ¿hasta dónde puede alguien seguir tirando del hilo de los Gal? ¿Hasta dónde... y hasta quién? ¿Dónde se para esto? ¿Desde alguna instancia se quiso, se intentó, se consiguió que el Rey lo supiera?»
>
> (La Moncloa, mayo de 1995.
> Adolfo Suárez habla con Felipe González)

En noviembre de 1991 el coronel Juan Alberto Perote Pellón era invitado a dejar *La Casa*, el Cesid.[1] Desembarazarse de un espía es, en todos los servicios de inteligencia del mundo, una operación de riesgo. Poner en la calle al hombre que durante trece años había coordinado un sinfín de misiones transgresoras de la legalidad, primero como oficial de contrainteligencia y luego como jefe de los *jamesbonds* del Cesid, podía ser una decisión peligrosa. Sin embargo, inexplicablemente, el director Emilio Alonso Manglano no tomó precauciones. Ni antes, ni después, cuando advirtieron que Perote había sustraído 1.245 microfichas de documentos clasificados como secretos y varias casetes con grabaciones comprometedoras. Esa confiada negligencia podría entenderse desde el síndrome de la acumulación de poder, que genera una sensación pletórica de impunidad, cuyo segundo síntoma es bajar la guardia y dormirse en los laureles. El primero, pensar que uno lo puede todo, y que todo es válido.

Acerbas le supieron a Mario Conde las uvas de la nochevieja de 1993. Tres días habían pasado desde la intervención de Banesto, ordenada a quemarropa por el Banco de España, y comenzaba —no sólo para él— un dislocado y sobresaltante año 1994 del que, si Ci-

1. Centro Superior de Información para la Defensa: servicios de inteligencia del Estado español. Una indiscreta actuación de Perote —estando en Rumanía para «doblar» a un agente de la Securitate de Ceaucescu— trascendió con escándalo a la prensa. Ésa fue la razón que Manglano arguyó para cesarle.

cerón hubiese tenido que hacer la crónica, no habría vacilado en escribir *nulla dies sine scandalo*. Como si una aviesa voluntad se afanara en dejar en cueros a los poderosos, raro era el día que no estallaba un nuevo escándalo de corrupción en las alturas.

Decepcionado por las tragaderas insensibles de Felipe González, Baltasar Garzón dimitió de su cargo político. Su retorno al juzgado central n.º 5 dejó sin puesto al juez Manuel García-Castellón, que estaba haciéndole la suplencia. Pero hubo un diligente interés en buscar hueco en la Audiencia Nacional para García-Castellón, que quedó adscrito al juzgado n.º 3 de delitos económicos, «para entender de nuevos casos que entren». No era mal acomodo, ya que el juez titular, Miguel Moreiras, solicitaba «un refuerzo por sobrecarga de trabajo». Eso era en mayo de 1994.

Coincidiendo en el tiempo, Luis Roldán, prófugo y en paradero desconocido, le hacía un corte de mangas a las fuerzas policiacas de Belloch, acudiendo a una cita en el hotel Marignan de París con dos periodistas de El Mundo —Cerdán y Rubio— para «tirar de dossier, y... a ver aquí quién se ríe el último». Entre minuciosos relatos sobre cómo los altos cargos de Interior y él se repartían crudo el dinero público, el fugitivo les reveló la historia del *Informe Crillón*: cuatro estudios sobre la fortuna de Mario Conde en el extranjero, realizados por la agencia de detectives Kroll a instancias del vicepresidente Narcís Serra y abonados con fondos reservados del Cesid.

Aunque desde las vísperas tenía un adelanto primicial, cuando se publicó el «largue» de Roldán, Mario Conde leyó el periódico de pe a pa mientras desayunaba. «¡Esto puede ser una bomba! —comentó exultante a su colaborador Fernando Garro—. Si demostramos que el móvil fue persecución política y que hubo una obtención ilícita de pruebas, les echamos por tierra la intervención de Banesto.»

Había estallado la guerra, y cada quien disparaba con la artillería que encontraba más a mano.

Por esas mismas fechas —¿el azar, una mujer despechada o un hombre vengativo?—, se destapó el escándalo financiero de Ibercorp: un banquito de negocios ilícitos y de cuentas secretas para amigos de la *gente guapa* creado por el síndico de la Bolsa Manuel de la Concha, a partir de una información temprana y privilegiada, una fachada de influencia política y una cobertura legal que le facilitaba su íntimo amigo Mariano Rubio, gobernador del Banco de España, que también tenía en Ibercorp su cuenta B, informáticamente encriptada. Este asunto provocó la «Comisión Rubio» en el Congreso y dejó averiados a no pocos figurantes de postín: Mariano Rubio, Manuel de la Concha, Jaime Soto, Juan Antonio Ruiz de Alda, José María López de Letona, Carlos Solchaga, Vicente Albero...

Barbotando esos eventos, Felipe González y Mario Conde se vieron a solas en La Moncloa el 30 de mayo de 1994. González le juró y perjuró que ni él ni Narcís Serra «tuvieron que ver con el encargo del *Informe Crillón*». También Conde le negó que él hubiese dado a Pedrojota Ramírez «ni un papel ni un dato sobre Ibercorp». Ninguno de los dos creyó lo que el otro le decía.

Con las nieblas de noviembre, tres comensales almorzaban casi a escondidas en una suite del hotel Tryp de Madrid. No querían que les vieran juntos. Los tres tenían mucho que decir y mucho que callar sobre la *guerra sucia* contra ETA: Julián Sancristóbal, ex gobernador civil de Bilbao y ex director de la Seguridad del Estado; Francisco Álvarez, ex jefe del gabinete de Operaciones Especiales en Interior; y Juan Alberto Perote, ex jefe de la Agrupación Operativa de Misiones Especiales del Cesid.

Sancristóbal y Álvarez estaban preocupados: «Ese capullazo de Belloch les ha hinchado las narices a Amedo y a Domínguez, y los tíos están decididos a ir donde Garzón y soltar todo lo que no les perjudique a ellos.» Sancristóbal expuso sus temores: «Sé por Rafa Vera que Felipe no piensa mover un dedo en favor de nadie. Le ha dicho a Serra: "Narcís, esto de los Gal debe quedar como un asunto de policías; todo lo turbio que se quiera, pero de policías." Sólo haría algo por Pepe Barrionuevo, que le toca más de cerca. Pero a los demás, incluido Vera, que nos den morcilla.» En la sobremesa, aventuraron posibles fórmulas: «disuadir a Amedo y a Domínguez», «neutralizar a Garzón: buscarle algún trapo sucio o tentarle con otro tema fuerte que le absorba», «enviar un mensajito a Manglano: que hable en Zarzuela, porque esto sólo podría pararlo el Rey».

Un mes después de ese almuerzo en el Tryp, Amedo, Domínguez y sus esposas comparecían ante Garzón. Era la reapertura del caso Gal. Era la gran redada de ex jefes políticos y policiales. Era el dedo del juez señalando el inquietante punto de las cuentas secretas en Suiza. Y era el gobierno en ascuas.

En otra planta de la Audiencia Nacional, en el juzgado n.º 3, el gobierno había presentado una querella criminal contra Mario Conde. Se hizo cargo el juez de apoyo García-Castellón. Causó asombro la celeridad con que, en un solo día, leyó, estudió y admitió a trámite una denuncia de tal envergadura y cuyo escrito ocupaba varios miles de folios.

El 23 de diciembre —un escueto equipaje de mano y mirada de hiel— Conde durmió ya en Alcalá Meco.

A la mañana siguiente, daba su primer paseo en el patio de presos con Julián Sancristóbal, que había ingresado tres días antes por el caso Gal. «Sancristóbal se sentía azarado al encontrarse cara a cara conmigo —recordaba Mario Conde tiempo después—.[2] Ya se había publicado lo del *Informe Crillón*, y él fue quien en su día buscó a los detectives de Kroll. Quizá por eso, en nuestra primera conversación ya me habló del Crillón y de los Gal. De vuelta a mi celda, como yo aún no tenía papel ni ordenador ni nada, en el reverso de mi propio auto de prisión y con letrilla muy menuda escribí todo lo que Sancristóbal me acababa de decir. Y lo mismo hice al día siguiente. Después, con más medios, fui tomando nota de cuanto Julián me iba contando. Hablamos mucho aquellos treinta y nueve días que estuve en la cárcel. Yo le preguntaba sobre Crillón. Era lo que me interesaba. Me dijo que ese informe sobre mi patrimonio se encargó a la delegación de Kroll[3] en Londres. Se llamó Crillón por el nombre del hotel donde formalizaron el encargo, en París. Había un presupuesto abierto de hasta cien millones de pesetas. Llegaron a pagar sesenta y siete millones. El dinero procedía de los fondos reservados del Cesid. Manglano en persona se lo llevaba al ministro de Defensa, García Vargas, y éste a Narcís Serra. Cada equis tiempo, el jefe del gabinete de Vicepresidencia del Gobierno, José Enrique Serrano, entregaba a Roldán una remesa de siete o de diez millones en metálico. Roldán, a su vez, se lo daba a Sancristóbal, que era quien se entendía con los de Kroll. El dinero pasaba, pues, por seis manos antes de cada pago.»

Con la fuga de Roldán, a Sancristóbal le bloquearon sus cuentas de Suiza. Entre otros dineros, tenía al alimón con Roldán un pellizco de treinta y tres millones, el remanente de los cien que el

2. Mario Conde habló de esto con la autora en 1995 y en 1999.
3. Agencia de Investigación Americana Kroll Associated, dirigida por el detective Jules Kroll.

Cesid cedió a Narcís Serra para investigar a Conde, a Jacques Hachuel y a Javier de la Rosa. Al final, Kroll no hizo informe sobre estos dos. Nadie reclamó el dinero, y los billetes encontraron un fondeadero seguro en la UBS de Ginebra, que para los de Interior era una especie de *casa de tócame Roque*.

Durante su estancia carcelaria, Mario Conde observó las atenciones dispensadas a Sancristóbal, las asiduas visitas, el esmero y los detalles con que el gobierno procuraba hacerle más confortable el chabolo. Aparte el correo, los regalitos navideños y las llamadas por teléfono, le visitó Barrionuevo. Poco a poco, el ex banquero fue entendiendo el quid de tal interés: Sancristóbal era la pista certera que llevaba a la caída de Barrionuevo y, desde ahí, a la implicación penal de González. La amurallada fortaleza en que González se encastillaba podría derrumbarse si Barrionuevo se sintiera atrapado, sin salida.

La percepción de que Barrionuevo era el punto débil de González ponía a Conde en la antesala de un filón: lo que Sancristóbal sabía era peligroso para el gobierno; tanto, como valioso para Conde. Y el ex banquero estaba dispuesto a pagar cualquier precio por esa información. Antes de hacer una oferta, Conde le tanteó, le tiró de la lengua... Un buen día, saltó la pieza errática, la pieza suelta que iba a ser comodín de varias jugadas: Sancristóbal le dio el nombre de «un coronel del Cesid, que hasta finales de 1991 fue el mandamás de todos los secretos importantes, limpios y sucios, de este país: Juan Alberto Perote. Por cierto, vino el otro día a verme y me trajo un móvil. No me lo quedé porque... ya no me fío ni de mi sombra. Yo quería montar en España una sucursal de Kroll. Y pensé en encomendar a Perote lo operativo. Hablando en mi despacho de cómo funcionaba Kroll, para que viera un trabajo de esta gente le enseñé los cuatro dossieres que habían elaborado sobre tus negocios en el exterior. Recuerdo que le dije: "Juan, ¿tú sabías que este dossier se pagó con dinero del Cesid?"».

«Allí, en Alcalá Meco, y por boca de Sancristóbal —explicaba Conde después—, supe que Perote tenía información sensible del Cesid. ¿Que me interesaba adquirirla? ¡Naturalmente! Yo había sido expoliado y encarcelado por hostilidad del gobierno. En defensa propia, necesitaba municionarme.»

Bien porque careciera de argumentos para refutar las acusaciones que le hacían, bien porque no se sintiera obligado a demostrar su inocencia, lo cierto es que Mario Conde en sus procesos penales utilizó la estrategia de atacar al atacante, sin hacerle ascos ni a oblicuas gestiones de presión con visos de chantaje ni a componendas con apariencia de negociación. Nada más salir de la cárcel, el 31 de enero de 1995, puso en movimiento a sus peones.

El abogado Jesús Santaella, a través de su colega Gerardo Viada y de Ana Tutor, hizo saber a Barrionuevo que «Mario Conde ha conseguido información confidencial comprometedora para un montón de gente, incluido el presidente del Gobierno». De modo difuso, mencionó un par de fuentes: Sancristóbal y un tal Perote. Barrionuevo se alarmó. Quiso saber. Sin perder minuto, organizó en su casa de Los Negrales, en Alpedrete, un almuerzo para tres: Santaella, Conde y él mismo.

«Fue una conversación gaseosa, de sobreentendidos —recordaba Conde—. Barrionuevo habló de la crispación política y social, de la necesidad de sosegar al país. Yo, del modo más elegante posible, le di a entender que los tenía enganchados:

»—Mira, Pepe, la cárcel es como un confesionario: los presos abren su conciencia y cuentan todo lo que saben, lo suyo y lo de los demás. A mí, Julián Sancristóbal me ha hablado de muchas cosas. Prácticamente, ¡de todo...! Sí, has oído bien: ¡¡de todo!! Y ahora, Pepe, ponte en mi piel: yo me siento muy acosado, muy atacado desde el poder... y, paradójicamente, muy municionado. Mi situación es delicada —por usar una palabra suave— y... no sería un trago agradable que me llamasen a declarar como testigo, bajo juramento de decir la verdad sobre lo que he sabido.

»No le hablé de Perote; en aquel momento, aún no nos conocíamos. Pero Barrionuevo sabía que yo sabía, y a buen entendedor... Me ofreció cordialidad: "Lo de Banesto ha sido un disparate —dijo—; pero vamos a tratar de colaborar entre todos para enmendar yerros y entuertos... Precisamente, Felipe me ha encargado serenar, calmar, reconducir la situación." Tanto insistió en que él actuaba por encargo de González que, con sorna, llegué a llamarle "consejero delegado" en cierto momento.»

A Barrionuevo le quedó claro que en adelante el silencio cómplice, *l'omertà*, tenía un precio: el finiquito del proceso penal contra el ex banquero. Activado como «correo», por su propio impulso trasladó a Felipe González lo que había: «Hay que ser muy imbécil para hacer lo que ha hecho Belloch: meter juntos, en la misma cárcel y en el mismo módulo, a un hombre que tiene información valiosa y a otro hombre que tiene dinero para comprarla. Conde ha estado sonsacándole a Sancristóbal... Me lo ha dicho sin rodeos en mi casa de Alpedrete: que sabe mucho "de todo", y que podría ir a contárselo a un juez.»

Por esas mismas fechas —febrero de 1995— Perote visitaba a Francisco Álvarez en la cárcel de Quatre Camins. Aparte de la relación profesional, tenían negocios en común. Álvarez, al salir del Ministerio del Interior, creó en Barcelona una empresa de seguridad, Check-In. A través de Perote, Check-In subrogaba contratos de servicios para Repsol y Tabacalera. En el pequeño locutorio de la prisión, después de expresar su lóbrega convicción de que «ésos nos han dejado tirados, y aquí nadie tiene cojones para plantarle cara al presidente», Paco Álvarez pidió a Perote que echase mano de sus microfichas del Cesid:

—Juan, almorzando en el Tryp nos dijiste que había pruebas de todo, ¿no? Pues quizá éste sea el momento de moverlas.

—Hombre, hay notas, hay informes que pueden aclarar muchas cosas, aunque también pueden emputecerlas más. Paco, es que meter a los *picoletos* en el lío no sé si arreglaría las cosas o sería peor. Pero, vale, me quedo con la copla y veré qué puedo hacer.

A partir de ahí, Perote empezó a moverse, buscando alguna reacción, algún impacto. Estuvo en Génova 13 con un alto dirigente del Partido Popular y, a puerta cerrada en su despacho, le espetó el soplo que acababa de recibir. Precedido de un carraspeo y un enfático «voy a darte una noticia de carga fuerte, y en rigurosa primicia: Roldán sigue oficialmente *missing*, pero quizá han dado ya con su escondite. Belloch está negociando su regreso. Una especie de captura pactada... No entiendo de eso, no sé de qué va; sólo sé que ha metido en danza a Paesa y al abogado Cobo del Rosal. Y bolsas de dinero. Por otra parte, Manglano desde el Cesid y Narcís Serra desde el gobierno están que trinan, y metiéndole palos en las ruedas a Belloch, para impedir que Roldán vuelva. Roldán, con lo de "tirar de la manta", no amenaza de boquilla. Si viene en plan de repartir leña, algunos ya pueden temblar. Ahí hay flecos muy peligrosos, y él los conoce bien: Lasa y Zabala, Gurmindo y Perurena... El *gal verde* en estado puro. Si Roldán tirase de ese hilo, acabaría devanando todo el ovillo de las implicaciones de Intxaurrondo, de la Guardia Civil y... del propio Cesid».

Por la razón que fuese, el PP no utilizó esas noticias. Pero la información de Perote era tan cierta como fundados los miedos de Serra y de Manglano. Sin embargo aunque coincidió con su regreso, Roldán fue ajeno a la «aparición» de dos calaveras y unos huesos abrasados con cal viva, que llevaban diez años olvidados y anónimos en el depósito de un cementerio de Alicante: los cadáveres de Lasa y de Zabala.

Otro movimiento de Perote, aquel mismo febrero de 1995, fue buscar entre las casetes que se había llevado y repescar una que los del Cesid le grabaron a Adolfo Suárez subrepticiamente en 1978, durante su visita como presidente del Gobierno a la sede operativa *Jaca.*[4] En la cinta se oía a Suárez hablando de la necesidad de coordinar «al más alto nivel de gobierno» los diversos servicios de información: policía, Guardia Civil y Cesid. Luego expresaba la conveniencia de «conocer a ETA por dentro» y de «infiltrar agentes del Cesid en la cúpula de la organización: eso crearía a los terroristas el temor de tener infiltrados; incluso, provocaría enfrentamiento entre ellos».

En aquella visita oficial, algunos militares del Cesid plantearon la posibilidad de tirar por el atajo: «hacer nosotros con ETA lo que ETA hace con nosotros». Era una tentación magra y mollar. Suárez se negó en redondo. También Gutiérrez Mellado y el director de los servicios de inteligencia, que entonces era Bourgón López-Dóriga, rechazaron la idea.

La conversación se grabó en una bobina magnetofónica Uher, de las de tipo profesional. Como era larga y tenía tramos con barullo de voces, alguien eligió los fragmentos de más interés, cortó, empalmó y regrabó la selección en una casete estándar. Años después, Manglano la oyó y ordenó a Perote: «Guarda esta cinta como oro en paño: algún día puede ser de mucha utilidad.»

Junto a algunos diálogos genéricos sobre la lucha antiterrorista, se podían escuchar en voz de Adolfo Suárez frases susceptibles de un doble sentido. Así, refiriéndose al pago de confidentes en el sur de Francia, decía: «Medio millón de dólares en una cuenta corriente de un banco de Suiza, que se pueda utilizar desde allí»; o en respuesta a una pregunta sobre agentes infiltrados en ETA: «El montaje debe ser de artesanía pura.» En otro momento, hablando

4. *Cfr.* Pilar Urbano, *Yo entré en el Cesid*. Plaza & Janés.

de poner en común las informaciones y las estrategias: «Es evidente que lo estamos haciendo mal, y quizá sería mejor otro sistema.» Respecto al desmantelamiento de comandos y a los posibles enfrentamientos armados, le registraron comentarios como «... que se lleven a un par de tíos por delante, con lo cual se robustece la moral de nuestras fuerzas» o «... poder cogerlos y matarlos...» Extraída de su contexto, cualquiera de esas expresiones podía ser demoledora. Y Manglano se dispuso a usar la grabación en 1995 como un arma política: ilustraría la tesis que propalaba González: «También en tiempos de UCD hubo *guerra sucia*», y neutralizaría el impacto acusatorio del caso Gal contra el gobierno.

Perote, que desde 1994 conocía a los periodistas Cerdán y Rubio, consiguió interesar a Pedrojota Ramírez en esa casete. Y, de su mano, accedió a Adolfo Suárez. Acudieron a su despacho de la calle de Antonio Maura. Llevaron la cinta y la oyeron con él. Suárez reconoció su voz, recordó todo el contexto, y no necesitó mucha imaginación para calibrar la utilización que podían hacer de algunas de sus locuciones, aislándolas del resto. Se indignó.

—¡Es una cabronada! ¿Qué vais a hacer? —preguntó a Ramírez.

—Adelantarnos: contar lo que están preparando, dar nosotros esas frases de doble sesgo y reventarles la jugada.

El 27 de febrero, leyendo El Mundo, Manglano detectó por primera vez que Perote estaba actuando. Y, también por primera vez, lamentó no haber tomado medidas precautorias antes de dejarle en el dique seco.

Al día siguiente, el director de los servicios secretos encajaba otro revés: contra su criterio, el de Serra y el de unos cuantos más que preferían no volver a saber de Roldán, el fugitivo era detenido en el aeropuerto internacional de Bangkok.

Enseguida, a principios de marzo, Mariano Gómez de Liaño, abogado de Mario Conde, se puso en contacto con José Luis Rodríguez Pérez, cuñado y abogado de Roldán. Cotejaron lo que Roldán sabía del *Informe Crillón* y lo que Sancristóbal contó a Conde. Ambas versiones coincidían. Con un plus de fiabilidad: como Sancristóbal seguía en la cárcel de Alcalá Meco, y Roldán había estado fugado y luego en la prisión de Brieva, no se habían visto entre ellos ni se habían puesto de acuerdo.

El 8 de marzo, Roldán declaraba ante Garzón sobre su entrega en Laos. Habló también del uso irregular de los fondos reservados en Interior y confirmó que «por orden del vicepresidente Serra, yo encargué a Kroll un estudio sobre negocios de Mario Conde: el *Informe Crillón*; y a través de mí se pagó con dinero del Cesid». Al aparecer involucrado en ese asunto un español con fuero —el vicepresidente del Gobierno—, Garzón elevó la causa al Supremo.

«¡Esto marcha! —Conde se frotó las manos, cuando su abogado le dio la noticia—. Hasta ahora, teníamos unas declaraciones de Roldán en El Mundo, hechas supuestamente en un hotel de París. Hoy tenemos una denuncia firme de Roldán ante un juez de la Audiencia Nacional, admitida y elevada al Supremo. ¡Caramba, cómo ha cambiado la cosa! ¿Sabes qué te digo, Mariano?: que quiero personarme.» Y lo solicitó ante el Supremo, pero se le denegó.

Mario Conde y Adolfo Suárez tenían por entonces una relación muy amistosa. El 21 de marzo almorzaron juntos y a solas. Ambos se sabían hostigados por el gobierno y en el radar del Cesid.

Aunque Sancristóbal había puesto a Conde en la pista de Perote como «espía y jefe de espías, que sabe la intemerata», el ex banquero no se decidió a seguir la *línea Perote* hasta después de aquel almuerzo con Suárez.

En efecto, apenas transcurridos cinco días, el 26 de marzo, el chófer de Mario Conde, al volante de un BMW azul marino de cristales oscuros, trasladaba al coronel Perote hasta el chalet del financiero, en el 63 de la calle Triana. Aunque era domingo, estaba allí Paloma, la secretaria. Solos, saboreando un rioja y unas rodajas de chorizo, Conde y Perote hablaron del Cesid, del gobierno, de Crillón, de los Gal... Ambos hombres se observaron. Conde vio en Perote a un militar vejado porque le habían cerrado las puertas del Cesid y el paso al generalato, dándole la propina de un oscuro empleíllo en Repsol; con ganas de ajustarle las cuentas a Serra y a Manglano, «por haber puesto el Cesid al servicio de un partido, no de un Estado»; y deseoso también de ayudar a sus amigos Sancristóbal y Álvarez, «que están pagando por hacer lo que el gobierno les encargó».

Curiosamente, a Perote no le interesaba el dinero de Conde, sino su influencia mediática. Y así se lo dijo: «En este país hay que dar las batallas en los periódicos, si quieres que lleguen a los tribunales. Yo sé que tú te mueves en El Mundo como Pedro por su casa... ¡Chico, me ha salido el chiste sin pretenderlo!»

Por su parte, Conde buscaba en Perote sólo un testigo del asunto Crillón, ya que Sancristóbal no estaba por la labor. Sin embargo, en cierto punto, la conversación dio un giro inesperado. Conde había preguntado con afectada vaguedad:

—¿Tú cómo crees que terminará esto de los Gal...?

—La única solución —respondió Perote— es que Felipe reconozca públicamente sus responsabilidades.

—¡Qué poco le conoces! Llevará al cadalso a su gente, sin inmutarse. Es un maestro de la mentira y del cinismo. Un día antes de la intervención de Banesto, me dijo: «¡Tranquilo, Mario, no te preocupes!» Y luego... fue él quien la autorizó.

—Ya, pero ¿y si hubiera pruebas sobre los Gal?

—González dice que no las hay.

—¡Él qué sabe! Podrían aparecer...

—¿Quieres decir que tú las tienes?

—Hummmmm... Digamos que sé que las hay.

El 3 de abril de 1995, el Supremo adoptó tres decisiones: retuvo el caso Crillón, porque afectaba a los aforados García Vargas y Serra, encargando su instrucción a Eduardo Moner; remitió a los juzgados de Madrid lo relativo a Roldán y la malversación de fondos reservados del Ministerio del Interior; y devolvió a Garzón el sumario Gal para que siguiera instruyéndolo.[5]

El 21 de abril por la mañana, Fernando Garro conducía su todo terreno por la carretera de Madrid a Toledo. En el asiento del copiloto, el coronel Perote. Iban hacia La Salceda, mansión campera y coto de caza de Mario Conde, que les esperaba para almorzar. La víspera, al ponerse de acuerdo con Perote, Garro le había encarecido: «Ah, Mario está interesado en que te traigas algo de lo que hablasteis de las responsabilidades...»

En el suntuoso comedor de La Salceda, con techo en bóveda y recamado de estrellas de luz, almorzaron Conde, Perote, Garro y Paloma. Al coronel le extrañó que estuviera allí la secretaria, pero

5. A las dos semanas, el 18 de abril, Garzón procesaba por el tema Gal a catorce imputados: Rafael Vera, Julián Sancristóbal, Miguel Planchuelo, Francisco Álvarez, Ricardo García Damborenea, Julio Hierro Moset, Francisco Saiz Oceja, Luis Hens Serena, Juan Ramón Corujo, Aníbal Machín, Félix Hernando, Juan de Justo, José Amedo y Miguel Domínguez. (*Cfr.* En esta obra capítulo IV, «El Salario del miedo.»)

a lo largo de la tarde entendería la razón de su presencia. Tomaron café arriba, en la biblioteca. Allí se les incorporó Mariano Gómez de Liaño. Conde había invitado a Perote para concretar su testimonio en el Supremo por el caso Crillón:

—Basta con que digas lo que me contaste el otro día. Además, Manglano acudirá como testigo, obligado en juramento a decir la verdad. Como teniente general y hombre de honor, no mentirá...

—¡Que te crees tú eso, Mario! La de veces que, ante asuntos más que delicados, me decía: «Alberto, si es necesario jurar que el sol no sale todos los días, lo juramos.» En una de ésas, le pregunté: «¿Incluso ante un juez?» Y me contestó, rotundo: «Entonces, con más firmeza aún.» ¡No conocéis a Manglano...!

Con todo, lo que al coronel le interesaba era hablar de los Gal: ahí sí que era testigo directo y no de referencias. La noche anterior se había acostado a las tantas de la madrugada, revisando sus papeles y calibrando que tenía en su poder una historia brutal capaz de arramblar con el gobierno y con un montón de gerifaltes civiles y militares. En una carpetilla pobretona, más propia del cobrador del gas que de un espía que transporta secretos de Estado, había metido unos cuadernos manuscritos y varios documentos: copias en papel de los textos microfilmados que sacó del Cesid.

—La *guerra sucia*, lo de los Gal —Perote colocó la carpeta sobre sus rodillas—, ¿queréis o no queréis que hablemos de eso?

—Bueno, pero Garzón ya ha puesto el tope en Vera...

—No, no. Es el Supremo el que le marca ese tope a la Audiencia Nacional, por lo del fuero. Pero, en cuanto Garzón empiece a interrogar, irá subiendo el listón. La *guerra sucia* contra ETA se ideó y se planeó entre julio y septiembre de 1983... desde *La Casa*. Y no porque se nos antojara a nosotros: fue un encargo del gobierno al director del Cesid. El otro día, Mario, te solté un camelo sobre las pruebas. Existen pruebas. Y yo las tengo.

A grandes trazos, el coronel les puso al corriente:

—Esto que traigo está redactado por mí en el Cesid y para el Cesid. Son borradores, de mi puño y letra, de informes y notas que despaché con el director; y esos mismos textos, ya mecanografiados por mi ayudante, Fernández Jordán, o por la secretaria Olga Asenjo. De cada documento, se conservan en *La Casa* dos juegos de originales microfilmados más los negativos.

—¿Por qué microfilmados? —quiso saber Conde.

—Se empezó a hacer así por quitarnos papeles de encima y para evitar falsificaciones, indiscreciones...

—¿Y cuáles son las pruebas que tienes?

—Bueno, yo he traído aquí algo, no todo, por supuesto. Por ejemplo, un *Plan de actuaciones en el sur de Francia*, de fecha 6 de julio de 1983, hecho por orden de Manglano y a petición del gobierno: son fórmulas alternativas de *guerra sucia* contra ETA. Si no hubiese habido los veintinueve asesinatos y los asesinatos frustrados y los secuestros a manos de los Gal, estos folios no pasarían de ser una elucubración, un ejercicio teórico. Pero si este «plan previo» de acciones violentas ilegales lo lees ahora, conociendo los hechos que ocurrieron después, te quedas pegado: ¡ésas eran las directrices, y se siguieron al pie de la letra!

»Luego hay un conjunto de informaciones y notas de trámite interno que, sueltas, una a una, no dicen mucho; pero, juntas y en su propia secuencia de fechas, en el día a día de 1983, 1984, 1985 y 1986 en que se escribieron, dan escalofrío porque van revelando todo lo que ocurrió... Mirad, aquí mismo —Perote apuntó con el dedo índice la línea de uno de los folios, al azar— dice que actuarían "los cuerpos y fuerzas de seguridad del Estado junto con mercenarios". Y así fue: policías, guardias civiles y mafiosos contratados... En este otro párrafo, el Cesid recomienda como fórmula más idónea la "desaparición física por secuestro". Bueno, también dice "eliminación", "neutralización". Es como se hizo: las primeras acciones fueron con secuestro: Lasa, Zabala; Larretxea Goñi, que se les resistió, hubo forcejeo, acudieron los gendarmes franceses y arrestaron a los *geos* cuando intentaban secuestrar al etarra; Segundo Marey... ¡los muy tarados se equivocaron de persona! Por eso no lo mataron: tenían que secuestrar a Lujua y hacerlo desaparecer, como a Lasa y Zabala.

Con brochazos rápidos, Perote mencionó algunos episodios escabrosos de los que él tuvo noticia en su momento: el trucaje de pruebas para desfigurar la muerte de la etarra Lucía Urigoitia; detalles de una crueldad estremecedora sobre el asesinato de Lasa y de Zabala, que sólo pudo relatarle alguien que estuvo allí y vio cómo lo hacían, o quién lo hizo. Aludió al operativo *Tierra-Reta-SF* y a la *Red Hurón* de agentes del Cesid infiltrados en Pau, Burdeos, Llívia, Ceret y Oloron: «Era una infraestructura informativa para que las acciones violentas contra miembros de ETA fuesen certeras.»

El coronel no se detenía en el pormenor, porque su norte era llegar al tema de los Gal; pero dejó caer un dato sorprendente acerca de Mikel Zabalza, el conductor de autobuses que al parecer murió ahogado en un cuarto de baño de Intxaurrondo mientras le sometían a un interrogatorio con tortura: «Un elemento adicional de importancia no desechable es que el propio Manglano confesó a cierta persona que Zabalza era un topo, un confidente que el Estado español tenía en ETA.» Mario Conde, al oír esto, arqueó las cejas con expresión, más que de perplejidad, de rechazo. Hubo un tira y afloja gestual entre Conde y Perote, un «créetelo» y un «no me lo creo» mímico, sin palabras, hasta que Perote cedió:

—Acababa de saltar la versión oficial de la muerte de Zabalza: «ahogado en el Bidasoa al intentar huir». No se lo creía nadie. Yo estaba con Manglano, cerca de aquí precisamente, en unos ejercicios tácticos por los Montes de Toledo, y me soltó: «¡Joder, qué bestias son estos tíos de Intxaurrondo!» Le pregunté: «¿Por qué lo dices, mi general?» Entonces, bajó la voz: «A Zabalza se lo han cargado ellos y, encima, ni se han enterado de que era un hombre nuestro: sí, era un infiltrado nuestro.»

A partir de ese momento, se hubiese oído el vuelo de un mosquito en aquella biblioteca de La Salceda. Perote les habló de la visita a escondidas del sargento de la Guardia Civil y del Cesid, Pedro Gómez Nieto, el 27 de septiembre de 1983:

—Vino el hombre muy preocupado al chalet *París* —nuestra sede operativa—, para darme noticia de lo que preparaban en Intxaurrondo. Él estaba destinado allí por un tiempo. Me contó lo que a él y a otros les había propuesto su jefe, Rodríguez Galindo: «Formar unos comandos de guardias civiles para actuar igual que los de ETA: pasar a Francia a cargarnos etarras. Acciones fulminantes, a tiro hecho, con objetivos ya localizados: ir, golpear, y volver... Como comprenderá, don Alberto, no puedo negarme; pero claro, eso de pasar a Francia a matar etarras no te lo mandan con una orden por escrito: se dice, se hace, y punto. Y lo que yo quisiera saber es si este plan lo han decidido allí, o si viene de arriba, como el comandante Galindo me da a entender.» Gómez Nieto era consciente de que se metía en un berenjenal y, pensando en su futuro, quería cubrirse.

»Días más tarde, me trajo veinte hojas de bloc tamaño cuartilla escritas por él a mano con letras mayúsculas: era la transcripción íntegra de tres conversaciones suyas con Galindo, que le grabó sin aviso para proveerse de un salvoconducto: un testigo de que aquellas acciones violentas e ilegales las propiciaba y ordenaba Galindo. Esas hojas se guardan en el Cesid. Era lo que Gómez Nieto me pedía: que hubiese constancia oficial. Y yo las conservo también.

»Gómez Nieto me contó lo que hacían en Intxaurrondo: zulos de armas ilegales de los propios guardias en distintos puntos del sur de Francia; prácticas de tiro sin escatimar munición; etarras localizados y señalados como objetivos; las prisas que Galindo les metía... Yo eso lo uní a otra información reciente, del mismo sesgo: tres días antes, el 24 de septiembre, en el hotel Londres de San Sebastián hubo una reunión de altos mandos donde se acordó la puesta en marcha de los Gal de la policía, con mercenarios. Ésos tampoco escatimaban medios.

»Como al día siguiente, miércoles 28, yo debía despachar varios temas con Manglano, incluí éste. Redacté una nota de despacho con el epígrafe *Asunto: Sur de Francia*, informando al director de que por una "fuente totalmente segura" sabía que estaba previsto "realizar acciones violentas en el sur de Francia en fechas inmediatas (...) por miembros de la Guardia Civil, respaldados por la Comandancia de San Sebastián"; que "en paralelo" se producirían "otras acciones de individuos contratados en Francia", y que "la selección de objetivos" era también "inmediata". Le exponía el riesgo de que unos y otros operasen sin coordinación, dificultando "otras acciones ya planificadas y con una finalidad más decisiva". Ahí aludía yo al plan estratégico global que habíamos elaborado en *La Casa*.

»Lo hablé con Manglano. Me preguntó quién era la fuente, cuántos más podían saberlo y con qué hecho concreto empezaban. Yo le recordé quién era Gómez Nieto: "Aquí le llaman el Alemán por su aspecto físico: rubio, ojos azules, fuerte y musculoso." Y le transmití la preocupación de Gómez Nieto: "Quiere saber si eso es una iniciativa de algún loco de allí o si está bajo el control de las altas esferas; es natural que pida ciertas garantías, por si en el futuro las cosas se complican." "Sí, claro, esto es muy grave. Lo trataré con el presidente del Gobierno", me dijo. A la vez, cogió su lápiz y, sobre la hoja del índice de temas de despacho, en la casilla derecha, que era donde el director anotaba su decreto, su resolución, escribió: *Me lo quedo. Pte. para el Viernes.*

»No me quedó duda de que el viernes 30 Manglano iba a dar cuenta de ello al presidente. Si hubiese querido dejar el tema a la espera de algo, pendiente hasta el viernes por el motivo que fuera, habría escrito *pendiente* con todas sus letras, como acababa de hacerlo en la casilla de un asunto anterior sobre cierto viaje a Osaka. La cuestión le pareció tan importante que, al salir a la puerta a despedirme, me advirtió: "En cuanto sepas algo más de eso, dímelo inmediatamente. Si es necesario, me llamas a casa, sea la hora que sea."

Conde, Garro y Gómez de Liaño se pasaron de mano en mano la carátula con el índice de asuntos de despacho, observando muy atentos las anotaciones manuales de Manglano en cada casilla: *Me lo quedo. Completar*, *Conforme. Pendiente informe*, *Me lo quedo. Pte. para el Viernes*, *Me lo quedo para despacho con DCI*... Perote explicó: «DCI es División de Contrainteligencia.» Después les dejó ver otros escritos, mientras aclaraba su contenido: «Éste es interesante: el Cesid facilita a Interior datos personales sobre etarras que podían ser objetivos a eliminar. Entre ellos está Oñaederra, alias Kattu, al que enseguida se cepillaron... En este otro papel, el Cesid ofrece a los cuerpos y fuerzas líneas "seguras" para comprar armas ilegales de Líbano, Afganistán, Portugal y África del Sur. No debían usar sus armas reglamentarias; y menos, actuando en otro país... Estos dibujos sirvieron para los fotolitos de unos tampones de caucho con el logotipo y la leyenda de los Gal: para la policía, *Grupo Antiterrorista de Liberación*; y para la Guardia Civil, *Grupo Armado de Liberación*. Andrés Cassinello, jefe del Estado Mayor de la Guardia Civil, se lo pidió al Cesid, y Manglano me lo encargó a mí. Los hicimos en los talleres mecánicos de la AOME,[6] mi agrupación operativa. Incluso les mejoramos el diseño. Esos sellos, con el hacha ¿veis aquí?, cortando la cabeza de la serpiente, sirvieron para reivindicar atentados de los Gal.»

—¿De qué va esto: «revista de armas... instalaciones *París*... dos subfusiles ametralladores con silenciador HK 9 mm Parabellum»? —preguntó Mario Conde, después de leer otra nota.

—¡Menuda historia esa! Dos tíos del Cesid, Pedro Gómez Nieto y Felipe Bayo —teníamos entonces a doce *picoletos* destinados en

6. Agrupación Operativa de Misiones Especiales, del Cesid.

Intxaurrondo—, nos pidieron un par de metralletas con silenciador. Eran para matar a los etarras Gurmindo y Perurena. Y las enviamos. Pero no llegaron a usarlas: un buen día, yendo por Hendaya, los vieron a tiro y se los cargaron con sus propias armas reglamentarias.

—¡Joder, con el Pedrito Gómez Nieto!

—Y con el Cesid, que colaboró a tope: envió metralletas, recomendó fórmulas de «desaparición por secuestro», facilitó datos de las piezas a abatir, fabricó el sello y, según lo que nos ha expuesto Juan Alberto, prestó a varios de sus agentes *picoletos* para realizar las «ejecuciones» —Mariano Gómez de Liaño, en silencio hasta aquel momento, había tomado algún apunte. Con su formación de fiscal, iba al meollo de los delitos probables—... Es capital que esas notas consten en el Cesid, que no sean unos «papeles del coronel Perote», sino unos documentos oficiales que obran en la memoria de los servicios de inteligencia del Estado español. Sólo así servirían de prueba penal.

—Pero, aparte de los tribunales —interrumpió Perote—, hay otros ámbitos donde estos temas pueden dar mucho juego: los periódicos, el parlamento...

—¡Qué duda cabe! Esos papeles, en su secuencia, y tú no nos la has contado entera, lo que narran es una historia real con implicaciones fortísimas de instituciones del Estado, que no debe ser ignorada.

—Pues, ¡manos a la obra! —decidió con brío Mario Conde. Luego, mirando con un guiño de complicidad a Perote, sugirió:

—Seguro que te apetece dar un paseo y conocer la finca. ¿Se la enseñas tú, Fernando?

Conde y su abogado Gómez de Liaño se metieron en faena. Paloma, la secretaria, reapareció. Preguntó si tomarían más café y puso en marcha la fotocopiadora.

El ex banquero ponderó, de una parte, que el arma de la *guerra sucia* era mucho más potente que la del *Informe Crillón*. Y de otra, que un Gal concebido en la Inteligencia del Estado, es decir, en línea directa con Interior, con Defensa y con Presidencia, era algo intensamente más pernicioso para el gobierno que un Gal de policías achulapados, de guardias civiles vengativos y de matones a sueldo. Y, datos en mano, así era. Desde 1983 hasta 1986, el Cesid fue para el Gal exactamente *el huevo de la serpiente*.[7]

7. Este capítulo toma su título del afamado filme de Ingmar Bergman.

Perote había ido sólo a almorzar, pero se quedó a cenar y a dormir. Conde, Garro y Gómez de Liaño trabajaron hasta muy tarde, a vueltas con los papeles de la carpetilla.

En un par de días estaba listo un relato de cincuenta y cinco folios con un anexo documental, alguna casete y siete páginas de «conclusiones». Ahí se argumentaba con pelos y señales cómo el Gal se diseñó y se creó en el seno del Cesid. Y no sólo eso: además de un plan y una estrategia, que es lo que todo *Estado Mayor militar* aporta cuando se libra una guerra, limpia o sucia, el Cesid prestó una red de información, armas, radiotransmisores, logotipos, tampones... y hombres: agentes de *gatillo fácil*.

El 24 de abril de 1995, Santaella entregó a Barrionuevo, en su despacho del Congreso de los Diputados, un ejemplar de las siete páginas de «conclusiones». Barrionuevo iba palideciendo, a medida que avanzaba en la lectura. Se percató de que detrás de esos folios había fuentes conocedoras de todo lo ocurrido, a muy alto nivel. Y también, de que la redacción de esas «conclusiones», culta, precisa y aseada, era de jurista fino. En dos ocasiones, refiriéndose al sello de caucho del Gal y a una cinta en la que Gómez Nieto[8] relata cómo murieron Lasa y Zabala, el autor utilizaba la expresión «se adjunta en cuerda floja al presente informe», de neta jerga jurídica. Sin embargo, el texto no tenía una intención de denuncia penal, sino política. Y apuntaba por elevación al presidente González.

Fiel a la filosofía parda del *quien a buen árbol se arrima, buena sombra le cobija*, Barrionuevo no tardó ni dos días en llevar ese escrito a La Moncloa. Lo leyeron González, Serra y Manglano. El director del Cesid, con voz correosa y como a su pesar, reconoció: «Esto es *el evangelio*. Esto fue así. Y aquí estoy viendo otra vez al muy cabrón de Perote.» Sin perder un minuto, convocó una reunión de mandarines del Cesid: Santiago Bastos, Antonio Lago Palomeque, Miguel Hernández y Manuel López Fernández, cuyo nombre encubierto en el espionaje era Losada. En esa reunión, el general Santiago Bastos, que tenía cierto ascendiente moral sobre Perote, se comprometió a «hablar con Juan y encarrilarle, antes que las

8. «Pedro Gómez Nieto estaba presente en el momento de la ejecución», dice ese texto. Igual que Gómez Nieto había grabado a Galindo, Perote grabó a Gómez Nieto cuando éste le contaba cómo asesinaron a Lasa y a Zabala en un descampado de Alicante, obligándoles antes a cavar sus propios «agujeros».

cosas pasen a mayores», porque Manglano ya quería «empapelar a ese traidor de mierda».

Bastos y Lago Palomeque citaron a Perote en Seis Peniques, un *pub* de la calle Capitán Haya, para apretarle las clavijas. Perote informó a Conde enseguida: «Me han llamado a capítulo. Saben que tú estás detrás de esas "conclusiones". Manglano está que se sube por las paredes, y el gobierno con taquicardia. Temen que un juez meta las narices, y acabemos todos en la trena. Están adiestrando a Galindo sobre lo que tiene que decir o no decir.»

Las partidas múltiples no habían hecho más que comenzar. El gobierno y los servicios de inteligencia detectaban ya una doble empalizada hostil: el caso Crillón y el caso Gal. No les cabía duda de que, si hasta entonces el contrincante al otro lado del tablero era el juez Garzón, en los últimos meses había surgido un nuevo jugador, ansioso de venganza y determinado a emplear cuantos peones, alfiles, torres y caballos fuese menester: Mario Conde. Con astucia y sigilo, había logrado información de Sancristóbal, de Roldán y de Perote. Y tenía literalmente «El Mundo a sus pies», para hacer sonar la escandalera.

Dispuestos a actuar en todos los tableros de ese complejo ajedrez, los hombres de Conde enfilaron el escenario de los jueces. Lo hicieron desde dos altas cresterías: el ministro de Justicia y el Consejo General del Poder Judicial. Mariano Gómez de Liaño, pieza mayor del equipo jurídico de Conde, tenía un acceso directo: su hermano Javier, magistrado-juez, era entonces vocal de ese Consejo. En marzo se había empezado a discutir el tema de prorrogar o no seis meses más la comisión de servicio de García-Castellón en el juzgado n.º 3. Conde no quería a ese juez. Lo consideraba «un plegado al gobierno». Bajo su instrucción, el ex banquero se veía pudriéndose en la cárcel *ad calendas graecas* y pagando hasta el último céntimo de sus deudas. «En cambio, conociendo cómo trabaja Moreiras —decía—, el tema prescribirá entre telarañas.» Al parecer, a Javier Gómez de Liaño se le sugirió «dar un toquecito a Pascual Sala, para que le pegue serretazo a esa prórroga de García-Castellón».

Javier Gómez de Liaño estuvo muy activo aquella primavera. Incluso llegó a pedir que el asunto se votase en un pleno. Pero sus movimientos trascendieron, y El País habló de «maniobras judiciales para mangonear y despojar al juez García-Castellón de su competencia sobre el caso Banesto». Otro vocal, Andrés de la Oliva, le recordó que por su parentesco de consanguinidad con el abogado defensor —y socio— del imputado Mario Conde debía abstenerse cuando se votase la cuestión en el pleno.

En paralelo, una pugna sorda enfrentaba a Barrionuevo y a Belloch. Éste —al menos, en aquel momento— deseaba «hacer limpia», sacar a la luz el *gal verde* de Intxaurrondo: «¡Que explote de una vez, caiga quien caiga! —decía—. ¡Con tal que no salpique a Felipe, los demás me importan un higo!» Barrionuevo, en cambio, se desvivía por negar y esconder. Tejiendo uno y destejiendo el otro, se pasaban los días. González les dejaba tejer y destejer y despellejarse vivos. Le daba igual que el pagano fuese Cassinello o Rodríguez Galindo o Elgorriaga o Vera. Él quería acabar de una vez con la historia de los Gal. ¿Que no era posible? Pues que le buscasen culpables de los Gal. Y en esa tensión se mantenía el encono entre Belloch y Barrionuevo.

Por entonces, y en nombre de Mario Conde, Santaella visitaba a Barrionuevo y a Belloch, separadamente. Gerardo Viada, el mismo colega que ofició de abrepuertas con Barrionuevo, le preparó un primer encuentro con Belloch, el 11 de abril, en el palacete de Parcent. Por deseo de Belloch, Viada asistió como testigo. Trataron del problema de Banesto y del juez García-Castellón. Belloch no tuvo reparo en decir que «desde el gobierno, estamos dispuestos a trabajar para que el Consejo del Poder Judicial, y luego el Supremo, revoquen ese nombramiento de García-Castellón, porque no es ortodoxo». No se aludió para nada a los saberes de cloacas que Conde había adquirido. Fue una charla fluida y amable. Belloch se apuntó el tanto de la rápida excarcelación de Conde. Santaella anunció la disposición benignísima de su cliente: «A diferencia de Javier de la Rosa, que está loco y ataca al gobierno, Mario tiene muy claro que con el poder político es mejor ir de buenas, entenderse, negociar.»

Antes de despedirse, Belloch, como anfitrión, les enseñó el palacete de Parcent recién remodelado, con lisonjeras referencias del tipo: «Pero ¡qué te voy a contar, Jesús, si tú conoces esta casa mejor que yo y hace más tiempo que yo!», a cuando Santaella fue secretario general técnico de Justicia, con Pío Cabanillas como ministro de Adolfo Suárez.

Prematuramente optimista, Santaella telefoneó a Conde a Los

Carrizos: «¡Ha ido muy bien, Mario! Éste busca un acercamiento.»

El caso Crillón estaba en el Supremo. En una conversación posterior, Belloch le confió a Santaella:

—Estamos un poco en vilo, porque esto de Crillón podría implicar a Serra. No nos preocupa el instructor Moner; pero sí el fiscal Vereytez. Parece como si el hombre hubiese encontrado ahí el caso de su vida: no hace más que pedir diligencias y está empeñado en dar traslado de la denuncia a las partes... Mira, Jesús, dile a Mario que no siga por la vía Crillón. Es un camino equivocado y peligroso. Equivocado para él, y peligroso para el gobierno, para el Cesid... En cambio, en lo de remover a García-Castellón puede estar acertado. Díselo. De fondo, lo que Mario pide es su derecho al *juez natural*. Nos parece sensato, y le podríamos ayudar. Ahí contamos con Pascual Sala...

A la recíproca, Santaella anunció a Belloch que Conde no se querellaría contra Serra: «Le hemos aconsejado precisamente esa línea racional y cívica.» Y, a modo de *do ut des*, apuntó ya las peticiones de su cliente: «Que se le restituya el patrimonio con una compensación económica de 14.000 millones de pesetas y apartar a García-Castellón del caso Banesto.»

Santaella y Belloch hablaron con frecuencia en ese tiempo. El ministro le había dado sus teléfonos directos, «para que no tengas que pasar por el filtro del gabinete o de secretaría».

Muy perspicaz, Margarita Robles le comentó alguna vez:

—Juan Alberto, no me gusta tanta relación con Santaella y con Javier de la Rosa. No sé qué buscan; pero son gente liante, poco clara, y te llaman demasiado.

—Margarita, te he dado vara alta y toda la cancha del mundo para que hagas y deshagas. ¿Me meto en algo de lo que decides? En la práctica, eres la ministra del Interior. Pero, por favor, estos dos asuntos, De la Rosa y Conde, déjamelos: estamos cortocircuitando un complot, una conspiración contra el PSOE. Si lográsemos pararla, podríamos volver a ganar las elecciones.

Andando por medio los intereses económicos de Mariano Gómez de Liaño, su hermano Javier no podía votar la decisión en el pleno del Consejo del Poder Judicial. Pero como los votos eran habas contadas, la gente de Conde intentó que otro vocal se pronunciase contra la prórroga: José Dávila, de ideología afín al partido CDS fundado por Suárez. Santaella visitó a Adolfo Suárez. Se conocían desde los tiempos de la UCD. «Mario Conde —le informó— está siendo objeto de un procedimiento discriminatorio, de *justicia dirigida*. Es una jugada muy fea del gobierno: le han birlado su derecho al juez natural, Moreiras, que es el titular de ese juzgado; y le han puesto un juez especial, *ad casum*.» Después, invocó su papel «como autor moral y político de la Constitución», para que no consintiera «esa tropelía». Y acabó pidiéndole que «siquiera por una vez...», como líder del CDS, indicara a Dávila en qué sentido debía votar.

Al día siguiente, en el club de golf de Somosaguas, tras el primer *swing* y escrutando todavía el largo itinerario de la bola, Suárez comentó a su viejo amigo Antonio Navalón:

—Antonio, ¿a que no te imaginas qué me pidió ayer Mario Conde, bueno, Jesús Santaella, de parte de Mario Conde...?

A grandes trazos, le contó el qué de la embajada.

—Cuidado, Adolfo. No te mezcles ahí...

—No había pensado mover un dedo. ¿Decirle yo a Pepe Dávila lo que tiene que votar? ¡Él sabrá! Así se lo dije a Santaella: «Mira, Jesús, desde el punto de vista personal, le estoy muy agradecido a Mario porque en un momento muy difícil de mi vida, y para que yo pudiese afrontar los gastos clínicos de mi hija Marian, me proveyó de un crédito de 285 millones: me facilitó la hipoteca que, como sabrás, se ejecutó con mi casa de Ávila. Pero, en esa cuestión del cambio de juez, yo ni puedo ni debo hacer nada. Primero, no me parece que García-Castellón sea un juez especial y puesto ahí adrede. Y segundo, ¿quién soy yo para decir a Dávila ni a nadie qué deben votar?»

En efecto, a Dávila no se le indicó nada, y votó[9] libremente: contra el criterio de Conde y a favor de la continuidad de García-Castellón, que siguió con el caso Banesto.

Así las cosas, Conde buscó otras palestras para plantear su batalla. Concibió una estrategia de doble frente, con ritmos alternativos: de una parte, intentaría negociar con el gobierno; de otra, presionaría soltando metralla escandalosa en la prensa y ante los tribunales de Justicia. En sus cálculos de legítima defensa no en-

9. La prórroga de García-Castellón se debatió en el Consejo el 25 de abril y se votó en el pleno del 3 de mayo de 1995.

traba la esgrima de las razones que él creyera tener en el asunto Banesto. Su plan era más bien alancear con hierros de causas ajenas: el Crillón, los desmanes del Cesid, las escuchas telefónicas, los Gal...

El 8 de mayo, Mariano Gómez de Liaño recurría ante el Supremo, pidiendo la personación de Conde en el caso Crillón y con un nuevo ingrediente testifical: Perote. El País disparó la alarma: «Conde propone como testigo en el caso Crillón a un ex jefe del Cesid», titulaba a toda página. En los rótulos no se mencionaba a Perote porque su nombre en aquellas fechas apenas tenía notoriedad. Esto sucedía casi a la vez que Barrionuevo entregaba a González las siete páginas anónimas de «conclusiones», y coincidiendo en el almanaque con la alerta de Manglano: «Aquí estoy viendo otra vez al muy cabrón de Perote.» Aunque el tándem Conde & Perote estaba engrasado desde marzo, se había movido de forma tan secreta que hasta en La Moncloa se sorprendieron: «¡Ojo con Mario Conde! No sólo tiene las claves de Sancristóbal y las de Roldán: por lo que se ve, tiene las de Perote.»

Belloch se sintió ridículamente burlado ante Felipe González, después de garantizarle que Conde no iría por la derivada del *Informe Crillón*. Durante algún tiempo, rehusó ponerse al teléfono cuando Santaella le llamaba.

Mario Conde encargó entonces al abogado que negociara con la información obtenida de Sancristóbal y de Perote. Santaella volvió a visitar a Suárez en su casa de La Florida a las afueras de Madrid. Le mostró algunos de los documentos que Perote sacó del Cesid: un índice de fichas, informes y notas de despacho y algún texto relevante, para que se hiciera idea de lo que podría desencadenarse si ese catálogo se desplegaba ante el público.

Suárez se caló sus gruesas gafas de concha y se enfrascó en la lectura. Muy serio, el entrecejo fruncido, los labios prietos, con la yema del dedo recorría de margen a margen cada renglón, muy despacio. Sólo al final, miró de frente a Santaella y dijo:

—Si estos documentos son auténticos, y si lo que dicen es verdad, lo considero de una gravedad extrema. Esto no afectaría sólo al gobierno, sino al Estado.

Santaella le encareció que mediase ante el presidente González. «Dejadme pensarlo», respondió Suárez.

Pocos días después, el jueves 18 de mayo, Conde se presentó en casa de Suárez. Salieron a relucir los papeles del Cesid que Santaella le había llevado. Suárez sabía que el abastecedor de ese material era el mismo coronel del Cesid que tres meses antes le dio una copia de su comprometedora casete.

—Mario, ¿tú qué uso piensas hacer de esto?

—Imagínatelo. Aquí se ha desatado una cacería. Y la pieza que quieren abatir soy yo. Estoy decidido a no dejarme matar... o a morir matando.

Suárez tomó el teléfono y marcó un número de pocos dígitos.

—Soy Adolfo Suárez, quiero hablar con el presidente del Gobierno.

Del otro lado le dijeron que iban a localizar al presidente. A los diez minutos, le llamaba Felipe González desde La Moncloa.

—Presidente, ¿qué tal estás?, ¿qué tal todo?... Bien, aquí tirando... Te llamo porque tengo que verte cuanto antes para un asunto serio... Sí, sí, importante y urgente.

González le decía que tenía muy enredada la agenda y no podía en los próximos días...

—No, no, entiéndeme, Felipe: es importante y es urgente para ti, no para mí. Y me parece que deberíamos vernos enseguida.

—Es que mañana, viernes, hay consejo de ministros, y luego salgo de viaje. Buff, tengo un programa muy pillado. No voy a poder hasta el lunes 29 o el martes 30. Tú dirás...

Suárez y Conde salieron a estirar la piernas por el jardín.

—Mario, señala a alguien de tu confianza para que en adelante yo pueda informarle de lo que haya, sin que tengamos que hablar tú y yo. Las líneas telefónicas son un riesgo...

—Le diré a Santaella que esté disponible, que le llamarás.

—Y otra cosa: con independencia de que yo hable con Felipe, veo conveniente que tú tengas también una conversación con él.

—¿Yo? ¡Ni hablar! Felipe me ha engañado, y no me fío.

—No se trata de fiarse o no fiarse, sino de ser operativo.

Desde que escuchó la grabación manipulada de su visita al Cesid, Suárez estaba en ascuas por si a Felipe González, o incluso al Rey, les hubiesen fabricado un montaje similar a partir de unas frases de sentido ambiguo comentando algún atentado contra ETA; y que eso lo tuvieran en recámara para sacarlo en cualquier momento como ataque defensivo. Le horrorizaba la idea de que un mandatario al frente de una alta institución del Estado pudiese estar bajo ese *pressing*, paralizado por un miedo abstracto. Volvían a su mente unas lejanas palabras que, siendo él un bisoño presidente, en pleno tránsito de la dictadura a la democracia, tuvo que decir a todos los españoles: «Sólo debemos tenerle miedo al propio miedo.»

En La Moncloa, después de mostrar a González los documentos que Perote sacó del Cesid, Suárez expuso el discurso que llevaba mentalmente muy estructurado:

—Voy por partes. Primero: Felipe, lo de los Gal se montó durante tu mandato. ¡El tuyo! Y no vale liar ni extender las responsabilidades a otros, como oigo y leo que lo estáis haciendo. Segundo: si lo que dicen estos papeles es cierto y llega a conocerse, no ya tú y tu gobierno, sino la honorabilidad del Estado puede saltar por los aires. ¡Sería el acabose! Tercero: Felipe, yo quiero saber ¿hasta dónde se llegó, en la línea de conocimiento del tema Gal? Es decir, ¿hasta dónde puede alguien seguir tirando del hilo? ¿Hasta dónde... y hasta quién? ¿Dónde se para esto? ¿Desde alguna instancia se quiso, se intentó, se consiguió que el Rey lo supiera? ¿Se le llegó a informar? Hablando en plata, Felipe: ¿en qué grado está comprometido el Estado, el Estado permanente, la Jefatura del Estado? Cuarto y último: el Cesid ha cambiado de sede, pero siguen los mismos militares que estaban antes y durante la transición. Son ellos los que nos han estado grabando, cruzando conversaciones, manipulando cintas... Me lo han hecho a mí. Me consta. A ti también te lo habrán hecho. Y quizá al Rey. Felipe, tú debes pensar seriamente en si existe esa posibilidad, aunque sea muy remota, o si cabe descartar la incertidumbre. Felipe, como estadista, tienes que hacer examen de memoria y examen de conciencia en esa línea: ¿qué cosas comprometedoras, o de posible doble sesgo, hablaste tú con el Rey en aquel tiempo a propósito de los Gal, y que estos tíos os las hubieran podido grabar y tergiversar? Este país es buen fajador, y está soportando una larga chorreada de escándalos de corrupción y puede aguantar una crisis de gobierno; pero no aguantaría una crisis de Estado. Y eso es lo que me preocupa: que alguien sin escrúpulos pueda extorsionar, pueda chantajear... y poner en jaque al sistema. Y sólo estaré tranquilo cuando me digas que eso no es posible.

La respuesta de Felipe González fue negarlo todo:

—¡Por favor, Adolfo, no irás a creerte esas patrañas! ¡Son burdas mentiras...!

—Felipe, estos papeles dicen lo que dicen...

—Adolfo, yo te juro por mi honor que no tengo nada que ver con lo que digan esos papeles. ¡Te lo juro por mi honor! ¡No hay nada! Y no podrán aportar pruebas, porque ni las hay ni las habrá. Yo no sé qué pudieron hacer Barrionuevo y Vera y todo ese mundo de policías y de guardias civiles... Eso es incontrolable. Tampoco sé qué pudo hacer la gente del Cesid. A estas alturas, yo ya no vuelvo a poner la mano en el fuego por nadie. Ni por Narcís Serra. ¡Ya ves la que se ha *formao* con lo del *Informe Crillón*! Yo puedo hablar por mí. Y respecto a mí, nadie puede tener nada. Que te quede claro, Adolfo. ¡Nadie... nada!

»Y del Rey, que me preguntabas, tampoco.

»Lo que me extraña y me duele es que tú le des crédito a esa bazofia de papeles falsos, falsificados, que te han soltado.

—Un momento, Felipe: yo no tengo ni idea de si son papeles falsos o papeles auténticos. Y no he venido aquí a entrar en un debate contigo sobre si me lo creo o no me lo creo. Yo he venido a avisarte. Tienes que saber que esto anda por ahí. ¿Que son falsos? ¿Que no lo son? En cualquier caso, por la enorme repercusión que unos documentos de este tipo pueden tener, tú debes actuar sin demora en defensa del Estado.

En ese punto, González preguntó:

—¿Qué me propones que haga?

—Hombre, aprovechando que mañana tenéis sesión de control del gobierno, yo, en tu lugar, comparecería ante el pleno de la Cámara con esos papeles, los enseñaría, ordenaría una comisión de investigación parlamentaria con carácter urgente y, sin esperar resultados, en ese mismo instante anunciaría mi dimisión.

Como si no le hubiese oído, González preguntó de nuevo:

—¿Tú recibirías a Mario Conde?

A Suárez no se le escapó la rapidez con que González bajaba al terreno de un remedio más práctico y menos heroico, pidiéndole además que se comprometiera con un consejo concreto. Un golpe de instinto le advirtió que Felipe buscaba escudarse en él, en su autoridad moral. Con reflejos ágiles, se zafó de lo que no era su competencia:

—¡No, no, yo no voy a decirte haz tal cosa o haz tal otra! Lo que sí te digo es que, cuando circulan por ahí unos papeles que, sean o no sean ciertos, involucran a varias instituciones del Estado en la *guerra sucia*, tú, presidente del Gobierno, no puedes desentenderte:

tienes que ocuparte. ¿Cómo? ¡No lo sé! ¿Enviándolos al Cesid para que allí los cotejen con los originales?, ¿encargándoselo al ministro de Defensa o al de Justicia e Interior?, ¿hablando tú con Mario Conde?, ¿haciendo que le llame tu vicepresidente?, ¡No tengo ni idea! A mí, Felipe, el tema me parece muy serio, muy grave... por eso he venido.

—El que va por ahí con estos papeles es Santaella. ¿Tú en mi lugar recibirías a Santaella?

—Bueno, en esa línea de averiguar qué hay, sí, le recibiría.

Adolfo Suárez salió de La Moncloa sin saber qué haría Felipe. En cuanto a González, aunque en todo momento se hizo de nuevas, Suárez no le descubrió nada que no supiera ya por Barrionuevo. Sin embargo, llegada la hora de las explicaciones públicas, utilizó esa visita alertadora y ese consejo como frac *políticamente correcto* para vestir su decisión vergonzante de entrar en componendas con el abogado de Conde y de Perote. «Recibí a Santaella porque Suárez me lo aconsejó», fue la razón que dio. No podía decir: «Le recibí por no oír a Pepe Barrionuevo, que me perseguía a sol y a sombra: "Felipe, atiende a lo que te pida Conde, porque nos tiene agarrados."» En ocasiones, la verdad es patéticamente impresentable.

Después de hablar con Suárez, González llamó a Belloch:

—Tú que tratas con Santaella, entérate bien del valor y de la autenticidad de unos documentos del Cesid que *mangó* Perote, y que parece que sí, que los maneja Mario Conde... A ver qué tienen ellos y qué modo hay de neutralizar eso. Pregúntale también qué coño quiere Mario Conde...

Transcurrida apenas una semana, impaciente y sin noticias de La Moncloa, Conde decidió exhibir alguna pieza de su artillería. El 1 de junio, Manglano estaba citado en el Supremo para declarar ante el instructor Moner por el caso Crillón. La víspera, Conde se reunió con Perote en casa de Fernando Garro. Desde allí, el coronel Perote telefoneó al jefe de Inteligencia Interior del Cesid, Santiago Bastos:

—Mi general, tengo un mensaje que convendría le hicieras llegar a tu director y amigo, Emilio Alonso Manglano. Dile que mañana no mienta ante el Supremo. Por salvar al gobierno, puede comprometer a *La Casa*... ¿Me explico?

—Te explicas a medias. Exactamente, ¿cuál es el mensaje?

—Que si mañana no dice la verdad sobre Crillón, se le puede complicar mucho la vida. A él y a una punta de gente...

—Juan, eso suena a amenaza...

—No es una amenaza. Es una información.

Naturalmente, Bastos transmitió el aviso a Manglano. El director del Cesid, sentado tras su imponente mesa de despacho, le miró sin parpadear y dejó caer a plomo las palabras:

—Mañana juraré que yo no pagué el *Informe Crillón*.

Mientras Perote utilizaba al general Bastos como buzón, Conde, por otro teléfono, se valía de Luis María Anson, que era muy amigo de Manglano:

—Dile a Emilio que, si mañana ante Moner no reconoce que ese informe sobre mi patrimonio lo encargó el vicepresidente del Gobierno y se pagó con fondos reservados del Cesid, las cosas se van a poner muy feas... Tengo material explosivo contra el gobierno y contra el Cesid: delitos ejecutados bajo su mandato.

Manglano ignoró esas presiones y optó por jurar que el sol no salía todos los días. Ahí encalló el caso Crillón.[10] Y Conde pasó al ataque. En unos días, revisó y calibró con Perote y con Garro la información disponible:

—Se trata de soltar un pepinazo —les decía—, pero sin averiarles; sólo para que se aten los machos y sepan que tienen enfrente a un señor que no amenaza a humo de pajas.

El 10 de junio, Conde cenó con Pedrojota Ramírez. El 12 y el 13, el diario El Mundo destapaba a todo trapo lo que se convertiría en «el escándalo de las escuchas telefónicas». Un apabullante *watergate* perpetrado desde el Cesid, con una cintateca de grabaciones telefónicas ilegales que era como un museo de voces de ricos, famosos y poderosos. Las conversaciones fueron captadas quizá aleatoriamente; pero se registraron y conservaron con toda premeditación. Además del albarán de esas cintas, el periódico publicó retazos de algunos diálogos, para estupor e indignación de los personajes espiados. Eran charletas triviales de gente importante, sorprendida mientras hablaba en tono desenfadado. Quedaba patente que el Cesid invadía la intimidad sin *razón de Estado* que lo justificara.

Sobre la información campeaba un título poderoso, que golpeó con dureza a los servicios secretos: «El Cesid grabó al Rey.» No fue un enganche fortuito: le habían cogido la frecuencia —900— del mó-

10. El Tribunal Supremo, a instancias del ponente Martín Pallín, archivó el sumario Crillón el 24 de julio de 1995.

vil que usaba para conversaciones privadas con su padre o con sus amigos. Le escuchaban siempre que querían. Y, encima, le grababan. Se había rebasado el tope. El país entero miró hacia el gobierno, esperando no ya explicaciones sino dimisiones.

El mismo 13 de junio, crepitando el cisco de las escuchas, Conde y Perote se reunieron una vez más en casa de Garro. Pero el Cesid, a partir de que Perote habló desde allí con Santiago Bastos, estaba ya en onda. Sin duda, interceptaron la conversación telefónica en que acordaban esta nueva cita. Un equipo de espías estuvo en ese lugar a la hora convenida: les filmó cuando salían, para tomarlos de frente. Era la prueba gráfica que *La Casa* necesitaba de la relación no casual entre el ex agente y el ex banquero. Por la errática ley sin ley de que «en la guerra vale todo», las fotos de aquella filmación fueron entregadas al periódico El País, que las publicó el 16 junio. Eran tan espurias y tan del Cesid como la cintateca de escuchas que había levantado El Mundo.

La más irremediable pérdida de aquella contienda fue, sin duda, la independencia informativa. Los periódicos tomaron partido. Se hicieron beligerantes. Más aún: sin recato y sin inocencia, se convirtieron en trincheras de las facciones combatientes.

El 17 de junio, Manglano —recién dimitido—[11] interpuso una denuncia contra el coronel Perote ante el juez togado militar Jesús Palomino Yébenes. Esa misma noche, ya de madrugada, condujeron a Perote, detenido, desde su casa de El Escorial[12] al juzgado central militar. Allí, al alba y en un pasillo, se le acercó un hombre de aspecto joven que vestía de paisano y llevaba gafitas de niño repelente: «¿Coronel Perote? Soy Jesús Santaella. Me envía Mario Conde para que sea su abogado, si a usted le parece bien.» Curiosamente, aunque Santaella había hecho de correo del zar, llevando y trayendo documentos de Perote, hasta ese momento nunca habían coincidido, no se conocían.

En aquella primera sesión *por lo militar* ocurrió un incidente

11. Con Manglano sí se tomaron cautelas: su cese se relató como una dimisión voluntaria; y, lejos de dejarle en la calle, se le blindó —con sueldo, despacho, escolta y coche oficial— como asesor del ministro de Defensa. No se le humilló. En cambio, se le tuvo bajo control. Sabía demasiado.

12. Perote tenía una casa en la urbanización Los Arroyos, de El Escorial, cuyo promotor era Alejandro Arroyo, suegro de Mario Conde. Esa casualidad propició que el coronel y el banquero se conociesen.

que, si hubiese trascendido en su día, habría puesto en entredicho no ya a tales togados castrenses, sino al propio sistema judicial interno de los militares. Con el deseo de cargar la mano contra Perote, uno de los jefes del Cesid, el coronel López Fernández, Losada, declaró ante el juez Palomino que las microfichas que el ex agente se llevó de *La Casa* «¡ya lo creo que eran importantes: entre otras cosas, contenían información sobre acciones ilegales contra ETA!». Por aliviar a su defendido, Santaella pidió sobre la marcha que eso no constase en acta. El fiscal —general Jáudenes Lameiro— abroncó al letrado por esa petición. Pero después, en un receso, el juez Palomino llamó aparte al abogado:

—Santaella, tú no querías que constasen ciertos asertos de López Fernández, ¿no es así? Bien, pues no hay problema: se quita la declaración entera, se elimina esa diligencia.

—Pero ¿qué me estás diciendo?, ¿cómo se va a quitar, estando ya firmada por las partes y con la fe pública del secretario judicial?

—No pasa nada. Están todos conformes. Es que he hablado con el ministro, le he dicho lo que ha soltado López Fernández sobre la *guerra sucia*, y me ha ordenado que rompa esa declaración.

—¡Un momento! Yo ni debo, ni puedo, ni quiero enterarme de que un juez togado informa al ministro sobre un sumario que está en fase secreta. Y aún menos quiero saber que ese juez recibe órdenes del ministro. Me pones en el brete de denunciaros a los dos, a García Vargas y a ti. Pero es que, encima, lo que me estás proponiendo es un delito: ¡falsear una diligencia del proceso!

—¡Hombre, Santaella, no extremes las cosas! Tienes razón... Mira, lo que se me ocurre es dejarla como está y, si tú me autorizas, le digo al ministro que la he quitado, ¡y en paz!

En las palabras del juez Palomino asomaba ya la intención de tener por no emitido ese testimonio comprometedor, a la hora de valorar las pruebas.

Tal actitud encajaba con otro hecho anómalo que se produjo al día siguiente: el mismo juez militar ordenó una vigilancia policial en el exterior de la casa de Perote, en Madrid, pero sin entrada ni registro. Al parecer, la consigna imperada por el todavía ministro de Defensa, García Vargas, era «tener bajo control al coronel chivato, y ceñirse al tema de las escuchas sin meterse en otras honduras». Pasado un tiempo, Perote entendió que «no registraron entonces, porque no querían encontrar y requisar un material que demostraría la implicación del gobierno y del Cesid en la *guerra sucia* de los Gal».[13]

El gobierno estaba en plena conmoción: acuciado desde la opinión pública y urgido a dar explicaciones que no satisfacían a la Cámara. El *banco azul* tuvo que soportar dos plenos de bochornosos pateos y abucheos. La dimisión de Manglano no bastaba. Jordi Pujol, de cuyo apoyo en el parlamento dependía el ser o no ser del gobierno socialista, aprovechó la coyuntura y barrenó cuanto pudo hasta descabalgar a Narcís Serra. González decidió dejar caer al vicepresidente y al ministro de Defensa. Y ya, sin más dilación, encaró el problema de Conde y de Perote.

Desde el hotel Blanca de Navarra, en Pamplona, el 20 de junio por la mañana, Adolfo Suárez intentaba en vano localizar a Santaella. Al final, tuvo que hacer lo que no quería: hablar con Mario Conde por teléfono sobre un asunto tan delicado:

—El presidente os recibirá el 23 a las siete de la tarde. No soltéis nada en la prensa, ni hagáis nada hasta que habléis con él. Estaréis González, Belloch, Santaella y tú, por supuesto.

—¡Nada de por supuesto, Adolfo! Ya te lo dije: yo no voy a esa reunión porque no me fío de González. Me repugna sentarme con alguien que me ha engañado brutalmente.

—Pues no habrá reunión. Como comprenderás, el presidente del Gobierno no va a reunirse con un abogado tuyo. Eso no tiene ni medio pase político. Debes ir tú, Mario.

—Yo no voy a ir. Díselo a González. Y que él decida si le interesa tener o no ese encuentro con quien va de mi parte.

González, al saberlo, torció el gesto, pero aceptó. No estaba el patio para faralaes.

Santaella acudía como abogado de Conde y de Perote. Cuando ya salía hacia Parcent, para ir desde allí con Belloch a La Moncloa, Mario Conde le dio un aviso tan astuto como altanero:

—Jesús, no te fíes de ésos: te pueden grabar. Nosotros no hacemos proposiciones. Ellos han cometido el error y ellos deben proponer la solución. Nosotros nos limitamos a escuchar.

La audiencia con el presidente fue un paripé de formalidad: Belloch repetía ante González lo que ya había hablado con Santaella, y ante Santaella lo que ya había acordado con González. Salvo una novedad que el abogado acababa de comunicar al ministro,

13. Juan Alberto Perote, *Confesiones de Perote*. RBA, 1999.

cuando iban juntos en el coche, y que Belloch, en su afán de tener a González al tanto del último dato, le soltó nada más llegar, sin importarle la presencia de Santaella:

—Presidente, me ha dicho Jesús que la declaración de Losada no se destruyó... Como lo oyes: a Julián le contaron una milonga los jueces militares.

El tejemaneje quedaba así obscenamente al desnudo. No sólo habían intervenido Julián García Vargas y el juez militar Jesús Palomino: el ministro de Justicia y el presidente del Gobierno estuvieron también al corriente entre bastidores. Del trajín de esa gestión se encargaron dos eficientes edecanes, los coroneles Bruno Otero y Jesús del Olmo. Uno y otro fueron pronto ascendidos a generales y gratificados con altos cargos por sus servicios siempre discretos... aunque no siempre claros.[14]

No era preciso mencionar los papeles del Cesid. González, Belloch y Santaella sabían bien que en aquella sala de columnas con sofás blancos y delicados bonsáis se estaba ejerciendo una presión subliminal, fronteriza con el chantaje, y que la herramienta de fuerza no era otra que «la información sensible de altísimo voltaje que el coronel Perote está dispuesto a usar».

Con todo, lo que Felipe González pretendía era ganar tiempo. Meses atrás, ya no pudo nombrar un nuevo ministro de Interior y tuvo que doblarle el cargo a Belloch. En aquel momento, columbraba que tampoco podría elegir un vicepresidente de refresco. Tenía demasiados frentes abiertos a la vez. Y todos de corrupción. Él mismo se sentía en el visor del juez Garzón: le habían llegado rumores de que el caso Segundo Marey podía a saltar al Supremo en cualquier momento, «y tú, Felipe, estarías entre los imputados». Necesitaba tregua y cuartel. Sobremanera, teniendo como principal trabajo de agenda preparar el semestre en que a España, a él, le correspondía la Presidencia Europea.

González se esforzó por estar amable y receptivo. Cuando Santaella expuso el tema del juez García-Castellón y la petición de que el caso Banesto pasara a Moreiras, hizo con la mano un gesto magnánimo, como quitando estorbos, sin escuchar hasta el fin el discurso del *juez natural*: «Yo me encargo de tratarlo con Pascual Sala.»

14. Bruno Otero fue nombrado vocal del Consejo General del Poder Judicial. Jesús del Olmo, secretario general del Cesid.

Una pausa. «¿Qué más?» Belloch avanzó el mentón hacia Santaella, animándole a hablar.

—Bueno, Mario quiere una indemnización patrimonial: que se restituya su estado de cuentas a cuando se intervino Banesto.

—Y eso ¿cuánto sería?

—Unos catorce mil millones de pesetas.

Amagando desconocimiento, Felipe González miró a Belloch, que intervino rápido:

—Pedro Solbes ha hablado ya de eso con los del Santander, y saben que antes o después habrá que llegar a una transa económica. Antoni Zabalza podría ocuparse de esa valoración.

Aunque Santaella estaba aquella tarde en La Moncloa para defender los intereses de Mario Conde, que pagaba su minuta abogacial, no podía olvidar que era el letrado del coronel Perote. Pero tampoco se le iba de la mente el taimado aviso de Conde: «Te pueden grabar... nosotros no hacemos proposiciones.» Sin embargo, las había hecho. Gallegueó cuanto supo, para no pronunciar ni el nombre de Perote ni las siglas del Cesid, al pedir que, «a cambio de silenciar y olvidar la *memoria sensible* que el coronel ha acumulado durante tantos años, se arregle su situación penal; cabría, incluso, firmar un escrito de autoinculpación...».

—Eso se hace, a modo de caución, en algunos servicios de inteligencia de otros países —apostilló Belloch.

Él era, en realidad, el padrino de esa antijurídica y aherrojante fórmula por la que un hombre, después de firmar una confesión, quedaba moralmente trincado en poder de otros: sin responder de sus culpas ante la Justicia, pero sin la esperanza de despejar su horizonte ante la sociedad y liberarse.

La reunión se había celebrado bajo la carpa del pacto de caballeros: «esta conversación no ha existido». Pero Conde, quizá porque no asistió, se desembarazaría del compromiso en cuanto viese que el estatus de Perote se arreglaba y el suyo no.

Ciertamente, a Felipe González le importaba poco el futuro de Mario Conde. Era su propio futuro el que le quitaba el sueño. Por eso, avezado olfateador de dónde estaba el riesgo, orientó un grueso caudal de atención hacia Perote. Como primera providencia, por orden del gobierno se aligeró la situación penal del coronel: el 15 de julio, Perote abandonaba la prisión militar de Alcalá para quedar en arresto domiciliario.

Durante aquel verano, Santaella fue requerido al menos en un par de ocasiones —y no como abogado de Conde, sino de Perote— para entrevistarse en secreto con el nuevo secretario general y factótum del Cesid, Jesús del Olmo.[15] Se encontraron el 20 de julio en la suite 501 del hotel Velázquez, y el 28 de agosto en la habitación 557 del Florida Norte. En esas conversaciones, el flamante general dijo a Santaella que el archivo del sumario contra Perote, acusado de revelar secretos de Estado, tenía una contrapartida irreductible de silencio, de olvido, de amnesia:

—Dile a Perote que se olvide de sus jodidos papeles. Nunca podrá demostrar que son auténticos, porque yo le he garantizado al gobierno el entierro de las microfichas originales, para que nunca vean la luz ni se entreguen jamás a la Justicia.

Y tras la andanada, la oferta:

—Estamos estudiando su asunto penal. Hemos sondeado a los generales togados y se ha tanteado también en el Supremo, a un nivel muy alto. ¿Mi pronóstico? Será más fácil cancelar el caso en la Sala Quinta[16] del Supremo que en el tribunal militar.

Ajeno a estas historias, Baltasar Garzón concluía el caso Segundo Marey que, como alguien le había dicho a González, pronto saltaría al Supremo; y trabajaba en otros cinco casos de los Gal, desglosados del sumario matriz.[17]

Siguiendo el plan trazado por el equipo de Mario Conde, Santaella se presentó ante Garzón:

15. Jesús del Olmo Pastor sustituyó a José Orzáez de Lamoneda como *número dos* en el Cesid el 5 de julio de 1995.

16. Presidía entonces la Sala Quinta del Supremo —instancia de apelación de lo militar— José Jiménez Villarejo, un magistrado socialista que sintonizaba bien con el gobierno de González.

17. Los sumarios 9/89, 15/89, 17/95, 18/95 y 19/95, sobre crímenes perpetrados en el sur de Francia entre 1983 y 1987 contra personas del entorno de ETA. En concreto, once asesinatos: Juan Carlos García Goena, José María Etxaniz Maiztegi, Agustín Irrazustabarrena Urrusola, José Etxaide Ibarguren, Ignacio Astiasuizarra Pagola, Ramón Oñaederra Vergara, Ángel Gurmindo Lizarraga, Vicente Perurena Telletxea, Christian Olazkoaga, Mikel Goikoetxea Elorriaga y Rafael Goikoetxea Errazkin; dos asesinatos frustrados: Jesús Zugarramurdi Huici y Claude Olazkoaga; una batería de detenciones ilegales, torturas, malversación de caudales públicos, uso de nombres supuestos, falsedad de documentos, depósito ilegal de armas, etc.; y, en conexión directa con esos delitos, la formación de un grupo armado criminal que unas veces actuó bajo las siglas GAL y otras sin mencionarlas.

—Mi cliente, el coronel Perote, conoce elementos interesantes para algunos sumarios que se llevan en este juzgado, y parece dispuesto a aportarlos.

El juez fue citando a Perote sucesivamente los días 4, 7 y 25 de julio, 7 de agosto, 5 y 6 de septiembre. El coronel acudía; pero a la hora de hablar se mostraba con gana o con desgana, según marchasen las cosas en la feria del mercadeo político. Garzón ignoraba entonces que esas vacilaciones respondían a una táctica de diseño: «Le encelo pero no le cebo», decía cínicamente Perote al salir del juzgado. Era una estrategia muy medida, en la que el coronel no pasaba de ser un complaciente guiñol de Mario Conde, una boca de ganso por la que el financiero emitía mensajes subliminales de advertencia al poder político.

Más adelante y con cierta perspectiva, Garzón pudo tener la impresión de que para el coronel lo importante era el proceso militar en el que estaba imputado. La primera vez, el 4 de julio, no declaró nada. La segunda, divagó por las ramas. Apuntaba que sabía ciertas cosas, pero ahí se detenía: «En este momento no deseo decir más, no me conviene, puede perjudicarme.» Al juez le acechaba la duda de si esa inopinada aparición de Perote como testigo voluntario en su juzgado no sería una estrategia de Santaella, un movimiento más en una partida que se traían entre ellos y que Garzón desconocía. Era fácil advertir que querían servirse de lo que Perote sabía de los Gal y aprovechar sus comparecencias en el juzgado n.º 5 para dar toques de aviso al Cesid y al gobierno sobre otros temas judiciales que se ventilaban fuera de ese juzgado: la causa militar contra Perote y el pleito económico contra Conde. Pretendían sacarle partido al hecho de que Garzón citase a Perote, para generar un suspense o un agarrotamiento en la esfera política. Pero el juez no iba a prestarse a ese juego.

El 13 de julio de 1995, Garzón envió un oficio al general Félix Miranda Robredo, nuevo director de *La Casa* en sustitución de Manglano, preguntándole si el Cesid obtuvo o elaboró información sobre actividades de los Gal; si había en el Centro plasmación documental sobre ese asunto; y si él podía afirmar que en ninguna nota de despacho, elaborada por responsables de las unidades del Centro o jefes de apoyo operativo, se trataron gestiones acerca de lo que cabría llamar *guerra sucia* contra ETA.

Esperó dos semanas y no recibió respuesta. Entretanto, el 27 de julio elevó al Supremo el sumario de Segundo Marey imputando a Benegas, Barrionuevo, Serra y González. El ambiente estaba electrizado. Los dirigentes socialistas lanzaban venablos contra el juez. Hasta Alfonso Guerra fustigó cáusticamente a Garzón. Tan áspera fue la embestida, que Javier Gómez de Liaño, vocal del Consejo del Poder Judicial, pidió amparo para el magistrado. «¿Cómo vamos a ampararle —respondió Pascual Sala—, si lo que pretende es meter en el trullo al presidente del Gobierno?»

Dos días antes, el 25 de ese mismo mes, Felipe González había afirmado, rotundo: «¡No existe memorándum de los Gal!» Lo dijo persuadido de que nunca se desclasificarían los papeles del Cesid. Tenía potestad para ordenarlo así. Había dado instrucciones a Suárez Pertierra y a Manglano de que hicieran desaparecer esos documentos: que los enterrasen en los arcanos. Y Jesús del Olmo se había comprometido a hacer de sepulturero. Felipe hablaba, pues, seguro de que eso jamás vería la luz.

El 28 de julio, Natalia Reus, la secretaria judicial, llamó por teléfono al secretario general del Cesid para notificarle un nuevo requerimiento que Garzón dirigía al director.

—Tengo una cita importante a las nueve y no os puedo recibir —contestó desabrido Jesús del Olmo.

—Lo siento, general, pero debo practicar una diligencia que afecta al Cesid...

—Oye, ¿cuándo nos vais a dejar en paz?

—Mire, yo... me limito a cumplir mi obligación.

—Yo también, pero mi obligación no es estar pendiente de todo lo que a un juez se le ocurra ir pidiéndonos. A ver, ¿qué quiere ahora?, ¿en qué consiste esa diligencia?

—Son dos requerimientos: uno, en el sumario 1/88 de los casos Marey Batzoki y Consolation; y otro, en el sumario 15/89 sobre los hechos de MonBar. Y una cita testifical para el director.

—¡Joder!

Natalia Reus hizo constar en acta, escuetamente: «Jesús del Olmo Pastor responde con una expresión malsonante *(joder)*.»

Por esas fechas, Heriberto Asencio, amigo de Garzón y compañero de estudios le llamó por teléfono: tenía cierta inquietante información.

—Baltasar, lo que voy a decirte no lo he sabido por razón de mi empleo y cargo, sino por «comentarios de café». Pero la fuente es fiable cien por cien: Pascual Sala y Belloch se han puesto de acuerdo para sacar de tu competencia todo lo relacionado con los papeles del Cesid.

—¿Qué quieres decir? ¿Cómo van a sacar...? No entiendo.

—Te están preparando una trampa para que te líes tú mismo. La idea es birlarte el caso.

—Pues, no caigo... ¿Puedes darme una pista...?

—La jugada es muy simple: en cuanto tú te dirijas al gobierno pidiendo esos documentos o cualquier información que ellos estimen clasificada, secreto de Estado, plantearán un conflicto de jurisdicción.

—Pero ¡qué conflicto, ni qué leches!, ¡eso es una barbaridad, eso no procede! ¿Adónde quiere ir a parar esta gente?

—No quieren que tú sigas con el tema, Baltasar, y te lo van a quitar. Lo tienen muy estudiado. Así que ándate con pies de plomo. Te digo más: Pascual Sala le ha garantizado a González que, si tú pides que desclasifiquen esos papeles y el gobierno plantea el conflicto de jurisdicción, él en persona se encarga de que se tramite y prospere. Y como eso se dilucidaría en el Supremo, tú ahí ya no tocarías bola.

—Pero ¿cómo coño van a atreverse a plantear un conflicto de jurisdicción entre un gobierno y un juzgado, estando como estamos en pleno proceso penal? Sería invadir el ámbito de lo judicial. Entiendo que el gobierno se defienda, pero no tiene vela en este entierro. ¡No hay conflicto que valga...!

—Baltasar, lo van a hacer. Sólo están esperando a que tú te dirijas al ministro. En ese mismo instante te la meten doblada.

Desde aquel momento, Garzón evitaba dirigirse al ministro de Defensa y remitía sus oficios al director del Cesid, aun sabiendo que sus preguntas y peticiones iban a parar al ministro. Mientras pudo, en agosto y en septiembre, se abasteció con la información que obtenía de los testigos: de Perote, de Damborenea... Pero sabía que esos documentos que iba consiguiendo, al estar clasificados como materia reservada, no podían exhibirse y no servirían de prueba, salvo que les alzaran el carácter de secretos de Estado.

El teniente general Félix Miranda compareció como testigo el 31 de julio de 1995. Llevaba la conciencia dividida entre el juramento de decir la verdad y la orden del ministro Suárez Pertierra prohibiéndole informar sobre los datos que el juez le pedía.

—Estos días —explicó— estoy aterrizando como director del Cesid y conociendo las distintas áreas... Pregunto a mis subordinados acerca de esos documentos que su señoría me reclama sobre acciones violentas y de *guerra sucia* en el sur de Francia, y me niegan que existan. Yo soy un hombre veraz y no tengo derecho a pensar que los demás no lo sean. De modo que les creo: asumo todo lo que hay en el Cesid.

—General, en el Cesid hay miles y miles de microfichas, ¿no se excede usted, al asumir con tal contundencia que allí no existe nada sobre *guerra sucia*?

—Señoría, si yo no lo asumiese, tendría que dejar la dirección del Cesid en este mismo instante.

—No ha tenido usted tiempo material de ver todo lo que hay en los archivos del Cesid. ¿Cómo arriesga su limpio expediente militar y su honorabilidad personal, al albur de unos datos que podrían aparecer cualquier día? No es sensato que se complique la vida, general, respaldando lo que otros hicieron sin que usted haya podido conocerlo.

El general se concentró un momento, en silencio. Después, muy despacio y como si dictara sus palabras, dijo:

—Asumo del Cesid todo lo que sea legal. Lo ilegal, no.

El general Miranda discrepaba de su ministro en ese empeño de obstruir la marcha de la Justicia amparando delitos bajo el manto del secreto de Estado; y, cuando Suárez Pertierra le ordenó no entregar datos ni documentos al juez Garzón, le respondió: «Señor ministro, póngame esa orden por escrito.»

El 3 de agosto, el director del Cesid escribía a Garzón informándole de dos importantes extremos: de una parte, le enviaba copia de la orden de «guardar secreto» que le daba el ministro de Defensa y la prohibición de entregar documento alguno «a persona u órgano no autorizado expresamente en consejo de ministros»; después, sin desvelar ningún contenido documental, respondía a unas preguntas del juez sobre las microfichas devueltas por Perote: «Existe una nota de despacho que hace referencia a las cuestiones planteadas en su oficio (...). Esa nota corresponde a la Dirección anterior del Centro.»

Félix Miranda se labró su propia salida al declarar en persona[18]

18. Miranda compareció por segunda vez el 8 de agosto de 1995. Tres meses después, cuando presentó una dimisión protocolaria, se la admitieron inmediatamente.

ante el juez: «En el Cesid hay algo de lo que su señoría busca: documentos relacionados con *guerra sucia*. Están bien guardados; pero el ministro de Defensa no me permite dárselos. Aduce que son secretos de Estado.» Ahí ya quedaba enganchado el gobierno. Hasta ese momento, habían negado que hubiese en el Cesid constancia documental de la *guerra sucia*.

En los primeros días de agosto, Perote compareció ante Garzón. A ciertas cuestiones, daba respuestas elusivas: «Es posible», «creo recordar que sí, que ese *Plan sur de Francia* se elaboró el 6 de julio de 1983», «deme tiempo para reflexionar, señoría, y yo me comprometo a traer los datos de que logre disponer». Sin embargo, precisó dónde se guardaban tales documentos en el Cesid: «Se hacían tres copias de microfichas positivas. Un juego, o el propio negativo, quedaba en el Servicio de Documentación, otro en Secretaría General y otro en la AOME. Se guardaban en lugares diferentes, incluso en edificios distintos, por seguridad.» Describió un *jacket* de microfichas: «Tamaño octavilla, cabe en un sobre *minister* normal. Un *jacket* contiene sesenta y cuatro o cuarenta y dos folios microfilmados, correlativos: ocho hileras de ocho microfichas cada una, o seis de siete microfichas. Si se extrajera alguna microficha, quedaría el hueco. Jordán, mi ayudante, los numeraba a mano,[19] y de atrás adelante para facilitar la tarea de microfilmado.»

Perote desmontó también las conjeturas sobre la falsificación de sus papeles: «¿Qué sentido tendría que alterase yo un positivo de esas microfichas, cuando quedaban en *La Casa* dos juegos y el negativo del original? Además, sería técnicamente dificilísimo y se notaría enseguida. Un alevín, un aprendiz de agente lo detectaría a simple vista.»

Cuando ya se iba, y en presencia del abogado Santaella, el juez preguntó a Perote si en el Cesid se utilizó a unos mendigos como cobayas para probar un suero pentotal. El coronel, sorprendido, respondió: «Es verdad. Eso se hizo.» Quizá luego le advirtieron: «¿Cómo has dicho eso?, ¿no ves que ahí te la juegas tú?» Lo cierto es que Perote se amedrentó y, en otra comparecencia ante Garzón, se desdijo: «No sé, no lo recuerdo bien, pensaré a ver...»

19. En abril de 2000, durante el juicio por el caso Lasa y Zabala, el brigada Miguel Fernández Jordán, del Cesid, reconoció ante la Sala los números escritos en esas microfichas, como de su propia mano.

Aleccionado por Santaella, Perote llevaba muy aprendido lo que tenía que decir y en qué punto debía callar. Se dosificaba. Orientaba su relato hacia el *Informe Crillón*, que sin duda era lo convenido con su abogado. Y modulaba sus respuestas según le interesase para el proceso que tenía abierto en el juzgado militar número 1. Ese amagar y no dar iba exasperando a Garzón.

Perote dijo ante el juez que, entre los papeles del Cesid y en un corto listado de etarras a eliminar, se señalaba a Ramón Oñaederra, alias Kattu. Confirmó que por Pedro Gómez Nieto supo que eran inminentes las acciones al otro lado de la frontera: «Don Alberto —me dijo—, eso va a toda pastilla.» Y dejó entrever que en aquella segunda confidencia de Gómez Nieto, «ya en octubre del 83, pasada la fiesta del Pilar», el sargento no sólo le entregó las veinte hojas de bloc manuscritas con lo que le había grabado a Galindo: le confió que iban a cargarse a Kattu.

—Al día siguiente —declaró Perote—, yo tenía despacho con el director y le informé: Manglano lo supo antes que ocurriera.

En 1983, el 12 de octubre —fiesta de la Virgen del Pilar— cayó en miércoles. Por ser festivo, Perote no despachó con Manglano ese día, y lo trasladaron al viernes 14. La visita urgente de Gómez Nieto fue el jueves 13. El doble secuestro de Lasa y de Zabala se produjo el sábado 15. Parece más verosímil que Perote informase a su director de las que iban a ser las primeras e «inminentes acciones» de los Gal, aunque le mencionara también el plan contra Oñaederra, cuya muerte no ocurrió hasta diciembre.

Santaella suponía que, contando esto de Kattu ante el juez, su cliente no se implicaba. Ellos querían aportar datos, pero sin comprometerse. Les interesaba mantener la opinión pública al pil-pil. Y Santaella provocaba ese hervor, buscando los micrófonos y las grabadoras en las puertas de la Audiencia cada vez que declaraba el coronel. Garzón no podía prohibírselo, pero le hacía ver el perjuicio que esa vocinglería acarreaba a unos sumarios cuya instrucción era todavía secreta.

Perote insistía en decir que el primer atentado de los Gal fue el asesinato de Oñaederra, Kattu, excluyendo taimadamente los de Lasa y Zabala. Y es que ahí el coronel pisaba limo escurridizo, porque él tuvo el relato de Gómez Nieto, testigo presencial, con pormenores espeluznantes sobre cómo se les trasladó a Alicante con mordazas oprimiéndoles las mandíbulas, vendas sobre los ojos, las manos atadas a la espalda y dando tumbos como fardos en el interior del maletero del coche; y la crueldad de que, llegados a un descampado, les hicieran cavar su propio «agujero» antes de descerrajarles dos tiros en la cabeza. Sin embargo, Perote no denunció esas muertes. Calló. Como también supo y calló que Gómez Nieto y Bayo Leal se cargaron a Gurmindo y a Perurena: los vieron por la calle en Hendaya y los abatieron a tiros con sus armas de reglamento. Y cuando tuvo que informar en *La Casa* sobre los servicios prestados por el agente Gómez Nieto en Intxaurrondo, a modo de aval «tranquilizante» escribió: *De otro tipo de actividades que haya podido realizar, no hay documentación alguna sobre ellas, ni testigos civiles ni militares que no fueran los propios ejecutantes (siempre guardias civiles).*[20] Un aval, pues, para el encubrimiento.

Con un mes de adelanto, Garzón citó a Perote para el 5 de septiembre. Dentro de la estrategia de «asustar a los poderes», Santaella pregonó a los cuatro vientos esa cita judicial. Y tuvo su efecto en «los poderes». La Moncloa movió ficha, pero en sentido contrario al que el equipo de Mario Conde deseaba. El agente multiuso Francisco Paesa apareció en escena como emisario de Presidencia del Gobierno. Fue presentado a Perote por Francisco Álvarez, amigo común. El primer encuentro transcurrió en la solitaria oficinilla de informes técnicos ZPA que Perote tenía en la calle Juan Álvarez Mendizábal.

—Juan Alberto, ¿tú quieres que metan en la cárcel al presidente del Gobierno de España? —Paesa iba al grano.

Tranquilizado por el «no» de Perote, pasó a la oferta:

—Me envía Presidencia del Gobierno. Contra ti no hay nada personal. La denuncia ante el tribunal militar es una cuestión disciplinaria, que podría quedarse en falta leve por negligencia en la custodia de documentos... De otra parte, ellos saben que este escándalo te ha ocasionado perjuicios económicos. Te mantendrían tu puesto en Repsol, y buscarían un modo de recompensarte generosamente. Creo que hay ciertos contratos de seguridad que se podrían adjudicar a tu empresa. Te estoy hablando de unos doscientos millones, más o menos...

—¿Y yo qué tendría que hacer?

20. Nota de despacho del Cesid: 32/11.09.86, 4.º párrafo.

—De momento, nada. Les bastará saber tu buena disposición.

Allí mismo, Paesa llamó por su móvil a José Enrique Serrano, jefe de gabinete del presidente del Gobierno, que antes lo había sido del vicepresidente Serra: «¿José Enrique? La cosa está bien. Estoy con él... Sí, él también desea un arreglo... Nos hablamos.»

Vencido agosto, el 24, Perote y Paesa tuvieron su segundo encuentro, en el Meliá Princesa. Álvarez acudió también. Le interesaba: las contratas de servicios que Repsol adjudicara a Perote, las subrogaría Check-In, la empresa de Álvarez.

—Mira, Juan Alberto —Paesa no usó vericuetos—, esta vez sí te digo qué tienes que hacer. Lo primero es lo del día 5. Tú dile a Garzón que lo que supiste era por referencias, y que no tienes constancia de que en el Cesid se hayan tramitado escritos ni informes sobre los Gal. Si haces eso, al día siguiente puedes pasarte por Repsol a firmar tu contrato de asesoría. Está todo hablado con ellos. Aparte, claro, lo de las contratas por unos doscientos millones. Segunda condición: debes desaparecer, quitarte de en medio. Y tercera: romper con Mario Conde.

—Y de lo mío en el tribunal militar, ¿qué?

—Jesús del Olmo tiene instrucciones del ministro para que eso se cierre en falta leve, como te dije.

Bajo un sol de chicharrera, Perote se fue a jugar al golf. Necesitaba descargar adrenalina. Y preguntarse y responderse, a solas: «Juan, ¿eres como ellos?, ¿eres un puto tío con precio?»

«Una falta leve... O te caen siete años y pierdes la carrera.» Ésa era la opción.

Lanzó muy lejos la bola. Sintió amargura en la garganta. Cerró los ojos... Cuando volvió a mirar el *green*, ya había decidido que él no estaba en venta.

Algún tiempo después, volverían a planteárselo otros:

—Tu sentencia está puesta, Juan; pero aún se podría remediar... Tendrías que cambiar tus declaraciones en los puntos en que a nosotros nos pones en el despeñadero.

Y a Perote le pareció que aquellos hombres tenían ojos vidriosos de tahúres y voces ruines de gángsteres. Pero no le amilanaron. Les fue mirando a la cara, uno por uno, como en travelling lento —Vera, Galindo, Elgorriaga, Argote— antes de decirles: «*Sorry*, ya no me caben más mentiras en la conciencia.» También los chacales tienen su reglamento.

Llegado el 5 de septiembre, Juan Alberto Perote dijo a Garzón que lo que iba a contar podía concernirle y perjudicarle, y el juez le cambió la condición: de testigo a imputado. Más implicado, pues, pero sin juramento de decir la verdad.

Perote empezó hablando del documento *Plan de actuaciones en el sur de Francia*. Declaró que «en 1983, por encargo de Emilio Alonso Manglano, el director, se elaboró en el Cesid un documento teórico que era un plan estratégico para acabar con ETA en el sur de Francia, previo a las acciones de los grupos que luego se llamaron a sí mismos los Gal». Manglano había trasladado a todos los organismos del Cesid «la preocupación del gobierno por el terrorismo de ETA, que entonces golpeaba durísimamente». Reunió a los jefes y les habló de la gravedad del momento: «La situación —les dijo— empieza a afectar seriamente a la seguridad del Estado: hay que neutralizar la actividad de ETA.» Y solicitó a varias unidades de *La Casa* un estudio sobre posibles formas de lucha clandestina en el sur de Francia, que era donde los terroristas tenían su refugio, su *santuario*, protegido incluso por las autoridades vecinas. Manglano les especificó que debían «evaluar las ventajas e inconvenientes de cada una de las propuestas operativas» que hiciesen. Les confió también que «se había llegado a la conclusión de que la lucha clandestina —es decir, secreta e ilegal— era la única manera de acabar con ETA».

«Todos los allí presentes —manifestó Perote— entendíamos que el encargo de hacer ese estudio venía de una instancia superior. Vamos, que no era una idea que se le hubiese ocurrido al director ni a nadie del Cesid, sino que a él se lo habían pedido.

»A primeros de julio quedó listo un informe teórico donde exponíamos diferentes modos de atacar a ETA, pero siempre desde un enfoque de acciones armadas, violentas: represalias, eliminaciones físicas, secuestros...

»Hubo una reunión para leer y discutir este documento, en el despacho del director del Cesid, que entonces estaba en Castellana 5. Sentados en sofás y sillones —precisó Perote—, alrededor de una mesa central, estábamos el director, Alonso Manglano; el secretario general, Luis Roca; el jefe de la División de Inteligencia Interior y los de las secciones de Involución, DI3, Santiago Bastos, y de Terrorismo, DI4, Manuel Guerrero Bravo; yo, como jefe de la Agrupación Operativa de Misiones Especiales... Tuvimos varias reuniones de reflexión sobre ese texto, y asistieron responsables de otras unidades.»

Perote nunca mostró al juez el documento ni admitió tenerlo en su poder. Sin embargo, analizó su contenido, recitando de memoria párrafos enteros:

«El informe —declaró— iba dirigido a alguien situado en una instancia superior. Y se expresaba así desde el inicio: *El riesgo habrá de valorarse respecto a las reacciones previsibles en el Gobierno francés, en el pueblo vasco y en ETA (...). Sólo quien está conduciendo la lucha contra el terrorismo en su conjunto podrá decidir emprender o no este tipo de acciones; pero siempre con el convencimiento de que se pisa un terreno muy resbaladizo, y con la conciencia clara de que con ellas se pretende alcanzar una determinada finalidad, que es esencial y no alcanzable por ningún otro procedimiento...*

»A partir de ahí —seguía el coronel, intercalando citas literales—, el estudio describía distintos objetivos, pero siempre desde *la posibilidad de emplear métodos de lucha no sujetos a... limitaciones legales*. O sea, fuera de la ley. Se indicaba la necesidad de *disponer de una infraestructura operativa muy fuerte*; y que, precisamente por ese empleo de material, de información, de vehículos, de hombres y de armas, *nadie creería que algo tan complejo pudiese estar al alcance de "incontrolados"; por tanto, serían de esperar acusaciones al Gobierno en el Parlamento, reacciones diplomáticas francesas...*

»Se hacía hincapié en ese punto, porque era previsible que las acciones ilegales acarrearan ciertas molestias políticas: *una intervención del Gobierno francés a nivel diplomático y policial*. También señalábamos el riesgo de que *una actividad de hostigamiento sistemático hiciera sospechar que estaban detrás los servicios secretos, empeñados en una "guerra sucia" amparada por el Estado*. El texto advertía de modo recurrente sobre el peligro de que se percibiera *una actuación oficial detrás*: que podía vérsenos el plumero a los servicios secretos y a las fuerzas policiales del Estado.

»Al final, el informe recomendaba de manera taxativa: *En cualquier circunstancia, se considera que la forma de acción más aconsejable es la desaparición por secuestro*. Recuerdo que cuando lo estudiamos, les indiqué: "Un secuestro no se improvisa, eh, es una operación compleja y requiere cierta infraestructura."»

El juez y el fiscal preguntaron a Perote: ¿Para quién hicieron ustedes ese informe?, ¿cuál era esa «instancia superior»?, ¿quién estaba detrás? El coronel tenía que nadar y guardar la ropa. Y a veces respondía con «deducciones lógicas personales»:

—¿Detrás? Si se aceptaba la opción de actuar fuera de nuestro país y desbordando la ley, con los problemas políticos, jurídicos y diplomáticos que eso suponía, detrás tenía que estar necesariamente el jefe del Gobierno, que era quien *conducía la lucha contraterrorista en su conjunto*.

»A toro pasado, y a la vista de los sucesos de los Gal, el hecho es que se aceptó esa fórmula. Luego...

En otros momentos, el coronel aportaba vivencias suyas:

—Manglano, en despachos posteriores, me hizo entender que el destinatario era el presidente del Gobierno. Una vez, en la resolución que él anotaba de su puño y letra sobre la hoja de despacho, escribió: «Me lo quedo. Presidente, para el viernes.»

El fiscal Pedro Rubira le preguntó:

—¿Vio usted al señor Manglano escribir eso en la hoja de despacho? ¿Le vio usted... físicamente?

—Sí. Yo le veía físicamente, claro. Lo escribió a lápiz. Y al escribirlo me dijo: «Esto me lo quedo para despacharlo con el presidente del Gobierno.»

Perote no había matizado que Manglano escribió sólo la abreviatura *Pte.* Sin duda, en su juego de autodefensa, el coronel no quería traslucir que recordaba con tal precisión algo escrito por otro, no por él. En aquel momento no le convenía que se supiera que guardaba copia de tales notas.

Le hicieron una pregunta de doble filo:

—¿El Cesid investigó a los Gal?

—Nunca investigamos ni quiénes eran los Gal ni qué hacían ni dónde estaban.

—¿Por qué?

—Nunca me encargaron que investigara. Todos sabíamos quiénes eran los Gal... Y de eso no se hablaba. Se había instalado una especie de directriz no escrita de silencio, de mirar hacia otro lado. Yo jamás dudé que lo de Lasa y Zabala, lo de Zabalza, lo de Oñaederra y todos los atentados ocurridos en el sur de Francia eran cosa de la Guardia Civil, o de policías y mercenarios contratados. Además, era obvio: el gobierno no se preocupaba de investigarlo y perseguirlo, porque lo respaldaba.

—Dentro del Cesid, ¿dónde puede conservarse ese documento *Actuaciones en Francia. Plan SF*, de 6 de julio del 83?

—En varios sitios. Tiene que estar microfilmado en Documentación; en la Secretaría General del Centro; en el área DI4, de Terrorismo, dentro de la División de Interior; en la jefatura de la AOME. Cuando yo estaba allí, lo tenía en un armario de mi secretaría. Además, ese plan se editó en la Memoria de la AOME de 1984. Y pasó también a la Memoria del Cesid del mismo año. Al presidente del Gobierno se le enviaba un ejemplar y otro al ministro de Defensa. Sé que ese documento se difundió en organismos oficiales: yo lo vi en la Dirección General de la Guardia Civil. Y Sancristóbal me dijo que lo vio en el despacho de Narcís Serra...

Perote estaba diciendo que el *Plan SF* era un texto oficial, no de una «teórica interna», que el Cesid difundió, y que el gobierno lo conoció necesariamente. El coronel debía saber, aunque no lo mencionó, que García Damborenea, como secretario general del PSOE de Vizcaya, lo tuvo también. A él se lo entregó, «para información y uso del partido en el País Vasco, el coronel Somontes, agente del Cesid destinado en el norte».

Al día siguiente compareció Alonso Manglano. Aplomado y frío, el teniente general medía mucho sus palabras, sin afirmar ni negar tajantemente para no incurrir en perjurio, ya que acudía como testigo. Se refugió en una abúlica y muy hábil desmemoria: «Han pasado muchos años... Es posible, pero no lo recuerdo...» Siempre dejaba una vía abierta por si después aparecía algún documento, o porque él sabía que tal documento existía.

En cambio, estuvo más categórico en los tramos que, por afectar a personas aforadas, quedaban al margen de la competencia de Garzón. Como su juramento no incluía esa materia, ahí podía mentir con impunidad. Negó haber informado al presidente González o al ministro Serra sobre «el inicio de las acciones violentas en el sur de Francia», como negó que le hubiesen encargado elaborar una estrategia de lucha clandestina contra ETA.

Sin previo aviso, Garzón le solicitó unas pruebas de escritura al dictado.

—General, voy a dictarle números, letras sueltas y algunas palabras. Por favor, escriba: *5, 4, 23, 8, 0, P, F, S, F, Pendiente, Me lo quedo, Visto, vº, Viernes, Pte., Falta...* Otra vez, si no le importa: *Pendiente, Pte.*

Manglano se quedó perplejo. Le desconcertó que el juez no le dictase la palabra *presidente*, que era lo que importaba de fondo. En cambio, le dictó la abreviatura *Pte.*, detalle que hasta ese momento nadie había mencionado. ¿Acaso Garzón había visto sus notas a mano en la carpetilla *Hoja de Despacho*?

En realidad, lo que el instructor buscaba con ese test era su caligrafía, para verificar la autenticidad de sus anotaciones. Y, pese a lo declarado por Perote el día antes, en las casillas de los asuntos de despacho Manglano nunca escribió *presidente*, y sí varias veces *pendiente*, y una vez *Pte.*

A continuación, hubo un careo de tres cuartos de hora entre Manglano y Perote. El teniente general no se alteró, pero tampoco se atrevió a contradecir a su antiguo subordinado.

Perote reafirmó lo que ya había declarado sobre el sello de caucho con las siglas y la leyenda de los Gal:

—El director me encargó que lo hiciéramos en el taller técnico de la AOME. Era un favor que le pedían de la Dirección General de la Guardia Civil. Me comentó que Andrés Cassinello y Cándido Acedo le habían hablado de que querían ese tampón. La orden de Manglano a mí fue verbal: «Manda que hagan este sello, y envíalo luego al Ministerio del Interior.» Se hizo, y lo llevó mi enlace, Navarro. En Interior estaban esperándolo, y lo recogió Francisco Álvarez que, por lo visto, sabía de qué iba. Eso fue en diciembre del 84 o en enero del 85.

Manglano ni afirmó ni negó lo que relataba Perote:

—Si él lo dice, será así... Dado el tiempo transcurrido, no recuerdo si di o no di esa orden.

El juez suscitó después la cuestión de cuando Perote, el 28 de septiembre del 83, tras oír la confidencia de Gómez Nieto, informó a Manglano del «inminente comienzo de las acciones armadas por fuerzas de la Seguridad del Estado y mercenarios en el sur de Francia»; y que Manglano tomó esa nota que le presentaba el coronel, dijo: «Me quedo con esto para despacharlo con el presidente», y escribió a lápiz sobre la carátula: *Me lo quedo. Pte. para el Viernes.*

Manglano escuchó en silencio, impávido. Ni protesta, ni sorpresa, ni negación, ni afirmación.

—¿Qué dice a esto, general?

—No digo que no... Yo he despachado en el Cesid miles y miles de asuntos... De ése no me acuerdo. Tal vez, no le di importancia. Se está hablando de algo de 1983. No puedo recordar.

—La abreviatura *Pte.*, ¿qué significaba para usted?

—Significaba *pendiente*.

—¿No podía significar *presidente*?

—No. En el nomenclátor del Cesid, presidente del Gobierno era *PG* —de pronto, el general había recuperado la memoria.

Perote le replicó con firmeza:

—En nueve años como jefe de la AOME, despaché cientos, miles de asuntos con el director. Con frecuencia le vi escribir como resolución la palabra *pendiente*, pero con todas sus letras. En cambio, contadísimas veces, tres o cuatro, no más, usó la abreviatura *Pte.* Y siempre relacionada con asuntos serios que exigían un despacho del director con el presidente del Gobierno. Eso consta y puede verificarse, porque las carátulas de *Hoja de Despacho*, el índice de los temas tratados, están también microfilmadas y archivadas.

Luego adujo otro episodio:

—En cierta ocasión, los de Interior pretendían montar con policías y guardias civiles un servicio de inteligencia paralelo, un Cesid-bis, al margen de Defensa. Para zanjar el intento, con dos ministerios a la greña, tenía que intervenir Felipe González en persona. Bueno, pues en la casilla de ese asunto, Manglano escribió *Pte.* Y sólo podía referirse al presidente.

Tampoco esta vez Manglano contradijo a Perote.

Aquel mismo 6 de septiembre, pasadas las diez de la noche, Ricardo García Damborenea comparecía a petición propia ante el juez del n.º 5. Obviamente, era una visita anunciada. Había «encontrado» una copia del documento del Cesid *Actuaciones en Francia. Plan SF*. Lo tuviera por Santaella, o por Perote, o por Sancristóbal, o por el coronel Somontes, o lo hubiese hallado en el fondo de un baúl, lo cierto es que lo aportaba. Después, los periodistas —siempre empeñados en llamar a las cosas por su nombre— bautizarían esos folios como *Acta fundacional de los Gal*.

A eso de las once, el coronel Perote —que seguía allí, por indicación del juez— vio el texto y lo reconoció como idéntico al que él presentó a Manglano el 6 de julio de 1983.

—El único destinatario de ese informe —Damborenea respondía a Garzón— era necesariamente el presidente del Gobierno. Por el momento que se vivía, y por la conciencia que todos teníamos de cerrar filas, cualquier iniciativa ajena a esa dirección única podía ser gravemente perjudicial para la política que comenzaba a diseñarse.

La *guerra sucia* que los servicios de inteligencia proponían en ese plan —asesinatos, precedidos a ser posible de secuestro, para no dejar cadáveres en el país vecino— entrañaba el concurso muy comprometido de diversos departamentos gubernamentales. Así, a través del Cesid, que actuó como «Estado Mayor estratégico», se aportaba el diseño global de la *guerra*, el señalamiento de los «objetivos humanos a eliminar» y los datos para su localización. Con esas tareas del Cesid, se implicaban el Ministerio de Defensa y la Presidencia del Gobierno. Al Ministerio del Interior atañía la logística: la actuación de los cuerpos y fuerzas de seguridad, los equipos mecánicos, las armas, el pago de mercenarios con fondos reservados y la imprescindible colaboración de los delegados del gobierno en las zonas limítrofes. El Ministerio de Asuntos Exteriores debía estar al quite de los conflictos diplomáticos ya previstos en el plan de *Actuaciones...* Como el de Justicia, rápido a la hora de impartir directrices inhibitorias a la Fiscalía. No se precisaba demasiada agudeza para colegir que la aprobación de una propuesta así tenía que proceder de la *instancia superior* que tuviera en sus manos la batuta *de la lucha contra el terrorismo en su conjunto.*

Garzón miró los folios que tenía delante y se pellizcó un brazo para convencerse. ¡Había merecido la pena esperar...!

Ciertamente, era un texto del Cesid. Redactado sin afeites ni melindres, con la jerga escueta y seca del pistoletazo, una sintaxis descabalada y un vocabulario garbancero, para ofrecer —¡todo por la patria!— un sórdido menú de fórmulas criminales... Un documento mestizo, medio militar medio policiaco. Un informe de asepsia espeluznante en el que la eliminación de etarras era algo mucho más cuajado que un desiderátum: era un plan. Un plan estratégico. Un plan evaluado fríamente. Un plan desalmado, donde a las víctimas se las llamaba *objetivos* y a los asesinatos *acciones*. Un plan «inteligente», elaborado por los cabeza de huevo de los servicios secretos del Estado. Un plan de diseño. Un plan *por encargo*. Un texto *sólo para los ojos del presidente*, que dirían en Langley los de la CIA. Ese producto inteligente no empezaba y acababa en sí mismo, como el ejercicio de un colegial castigado: esos ocho folios de *Actuaciones...* tenían que ser elevados a alguien con autoridad de gobierno. Alguien capaz de alzar el pulgar y decir: «Hágase.» Alguien asimismo capaz, ante las protestas terminantes de Mitterrand, de volver a alzar el pulgar y decir: «Déjese de hacer.» Y tanto al inicio como al final, desplegando ese poder carismático al que se obedece con el mecanismo ciego y mudo con que cae inexorable una guillotina.

Habían pasado un par de meses desde que González afirmó, contundente: «¡No existe memorándum de los Gal!»

Garzón tenía sobre su mesa ese memorándum. Y enfrente, al grandullón barbado, gafudo y miope de Damborenea. Para sus adentros susurró algo así como: ¿Quién te iba a decir, Felipe, que el «despreciable» Dambo te dejaría por embustero, con una mano delante y otra detrás...?

El otoño político de 1995 fue como una tormenta seca de alto voltaje que no acababa de descargar. El Cesid agotó el plazo judicial y se negó a soltar un solo papel. Lo más impresentable era que ninguno de los documentos que se le requerían estuvo considerado «materia secreta» cuando se redactó. El gobierno ordenó blindarlos bajo clasificación reservada muchos años después de usarlos: en 1991, ante las condenas de Amedo y de Domínguez por hechos de los Gal.

El juez Garzón imputó a Perote y a Manglano, por colaborar con los Gal.

El ministro Belloch compareció ante la Cámara para dar explicaciones sobre la visita de Santaella a Felipe González: negó que se hubiera hablado de documentos del Cesid, aseguró que no hubo chantaje, pero admitió que el abogado de Conde reclamó una elevada suma al gobierno: catorce mil millones de pesetas.

«Es normal que el gobierno haga todo lo posible por mantener los documentos secretos bajo control», dijo el ministro de Exteriores, Javier Solana, delatando a los propios protagonistas que negaban haber negociado sobre los papeles secretos.

También en el Congreso de los Diputados, Suárez Pertierra hizo una extraña simulación informativa, mostrando ante la Comisión de Secretos Oficiales algunos documentos del Cesid: ¿verdaderos?, ¿falsos?, ¿interesantes?, ¿carentes de interés?, ¿vigentes?, ¿caducados? Como tomó él la iniciativa de comparecer, no tuvo que someterse a las cuestiones de sus señorías. Lo que pretendía el ministro de Defensa era exhibir muchas anotaciones manuscritas con la abreviatura *pte.* Pero, como comentaría después uno de los diputados asistentes, «¿eran muchas anotaciones con la misma abreviatura, o eran muchas fotocopias de una misma anotación?» Entre los papeles que enseñó estaba la nota de despacho de 28.9.83, donde Perote alertaba a Manglano sobre *acciones inminentes en sur de Francia*. El ministro reconoció que su gobierno fue informado de que iban a ocurrir esos hechos.

Perote, de nuevo ante Garzón el 6 de octubre, desveló que en alguna nota de trámite interno podía verse cómo, en octubre de 1983, el Cesid tenía datos personales de varios miembros de ETA a quienes se consideraba «objetivos». De memoria, desgranó una lista: Pello el viejo, responsable de finanzas; Mikel Lujua Gorostiola; Antxon Etxebeste, número dos de la organización, con quien se había establecido contacto; José Ángel Múgica Arregi; Josu Abrisketa, máximo responsable de ETA pm, y su mujer, Ana Puyo, bajo control por sus frecuentes venidas a Madrid... Efectivamente, el 4 de diciembre del 83 se intentó en Hendaya el secuestro de Mikel Lujua, en una operación policial con matones contratados que se equivocaron de sujeto y capturaron a Segundo Marey, un hombre ajeno al movimiento abertzale.

En esa relación de «objetivos» que Perote declaró a Garzón, además de Lujua estaba «un tal Kaitu». Esa voz se pronuncia así en euskara, pero se escribe Kattu. En la lista del Cesid, junto a ese alias aparecía esta llamada: «Ofrece facilidades para una operación técnica.» Se buscó a conciencia, pero en todo el mundo abertzale o etarra no había ningún Kaitu o Katu o Kattu más que Ramón Oñaederra Vergara. Y ése fue asesinado en Bayona por los Gal el 19 de diciembre de 1983.

A esa altura de su investigación, el juez del n.º 5 hizo lo que hasta entonces había intentado soslayar: se dirigió al ministro de Defensa requiriéndole varios documentos de los servicios de inteligencia: notas de despacho como la que avisaba del arranque de la *guerra sucia* en el sur de Francia; informes relacionados con «represalias contra miembros de ETA», «gamas de misiones contra miembros de Comandos Autónomos en Burdeos, incluyendo acciones físicas sobre objetivos a designar»; el *Plan de Actuaciones en Francia* —«Acta fundacional de los Gal»—; otros escritos en los que el Cesid comunicaba ubicación y datos personales de miembros de ETA... Todo ello había salido a relucir en las declaraciones de Perote. El juez sabía que la respuesta del gobierno sería plantear la jugada que tenían en la recámara: el conflicto jurisdiccional. Pero él ya no podía eludirlo por más tiempo. Llamó por teléfono a Suárez Pertierra. Era viernes. Aunque el gobierno estaba ya reunido en La Moncloa, le pasaron aviso al ministro, y salió un momento:

—Baltasar, estamos en consejo de ministros. ¿Es muy urgente o podemos hablar luego con más calma?

—No, no hace falta, Gustavo. Te lo digo rápido. Pero es que quiero avisarte yo mismo, y que no lo tomes como una cosa personal: voy a cursar un oficio instándote a ordenar que se desclasifiquen y se me entreguen los documentos del Cesid que indico en una relación...

—Ah, ya... Pues te agradezco la llamada y..., bueno, te digo lo mismo, Baltasar: tampoco tú lo tomes como algo personal, pero no se te va a dar esa documentación.

—Gustavo, sabes que esa actitud no es razonable...

—No te lo discuto, pero es una decisión firme del gobierno. Y te anuncio que vamos a plantear el conflicto jurisdiccional.

Así sucedió. El ministro de Defensa se cerró en banda a entregar esos papeles que se pedían como elementos de prueba. Pese a ser secretos de plaza pública que circulaban ya por todos los periódicos, Suárez Pertierra adujo que eran «materia reservada del gobierno a la que no podía acceder el juez». El quid de la batalla era que el juez necesitaba no sólo conocer los papeles sino haberlos obtenido de modo lícito. El conflicto suscitado entre el ámbito político y el judicial debía dirimirlo un tribunal *ad hoc*, que se constituiría en el Tribunal Supremo.

La maniobra se ejecutaba milimétricamente, tal como había pronosticado Heriberto Asencio. Pero Garzón no se arredró. Ya otras veces le había plantado cara al gran fetiche del secreto de Estado. Siempre que tuvo sospechas fundadas de que so capa del «interés del Estado» podían encubrirse delitos: los fondos reservados; los talones «desaparecidos» del Banco de España; el fax oficial de Belloch para averiguar la falsa extradición suscrita en Laos; las partidas ilegales de armas vendidas por España a Libia que, a su vez, las pasaba al ejército del IRA... Así que, en cuanto se materializó el conflicto de jurisdicción, lo rechazó ante el Supremo acusando al gobierno de obstruir el trabajo de la Justicia.

Lo que se pretende —decía en su escrito— *es sustraer de la jurisdicción penal algo que sólo a ella le corresponde: la obtención de unas pruebas definitivas para seguir instruyendo el caso.* Agregaba que el conflicto suscitado era una artimaña, *un fraude de ley*, y se mostró dispuesto a *proceder judicialmente contra el ministro de Defensa.*

Las razones argüidas por el gobierno para escamotear esos documentos no se sostenían en pie. Garzón se vio en el trance de decirles, siempre a través del Supremo: *No se busca desde este juzgado atacar ni alterar ni perturbar mínimamente la seguridad del Estado, a no ser que ésta se confunda con la seguridad de determinadas personas (...). Son de tal gravedad las imputaciones y los datos que poco a poco se van conociendo —y, hasta la fecha, sin la colaboración que cabría esperar del Poder Ejecutivo—, que produce sonrojo, cuando se habla de paso de armas, apertura de zulos, anuncio de asesinatos, ocultación de pruebas..., que alguien pretenda decir que eso afecta a la seguridad del Estado.*

El Tribunal de Conflictos reprendió al juez, y Pascual Sala tanteó la posibilidad de acusarle de prevaricación. Llegado el 12 de diciembre de 1995, día de sentenciar sobre el conflicto, no había unanimidad entre los magistrados. Y Pascual Sala resolvió el desempate apostando su propio voto en favor del gobierno. El vaticinio se cumplía hasta en la letra menuda. Tan poco sutil fue el golpe de mazo de don Pascual, que la opinión pública ilustrada lo llamó con sarcasmo *el pascualazo.*

El lacre del secreto no se quebró. Pero Garzón no se dio por vencido: «Ya vendrán mejor dadas.» Y siguió investigando.

Entretanto, Mario Conde y Felipe González jugaban una partida de ajedreces múltiples con Belloch, Barrionuevo, el Cesid y el poder judicial por medio. Con astuta picaresca, Santaella y Perote trataban de utilizar cualquier comparecencia ante el Garzón para sacar ventajas en otros tableros: en la causa militar que instruía el juez Palomino, o en el caso Banesto que llevaba García-Castellón. Hasta que un buen día el juez del n.º 5 se hartó de ese estudiado equilibrio que se traían, y les desbarató el juego con una decisión imaginativa: entrada por sorpresa en la prisión militar de Alcalá para registrar la celda de Perote.

¿Por qué lo hizo? La actitud de Perote no era de ayuda franca, como la del arrepentido o la del colaborador que decide exponer cuanto sabe; y si calla algo es porque se le ha olvidado, pero en cuanto se le refresca la memoria vuelve ante el juez y lo dice. No, Perote sabía mucho y decía poco. Prometía y no cumplía. Garzón notaba maniobras ajenas a él: cierta conducción por parte del defensor Santaella. Buscaban sacar provecho en el proceso militar: datos de allí que afluyesen al sumario que se instruía en el n.º 5, o que de ahí rebotasen al otro. Esa situación le sublevaba. El juez sentía que andaba recogiendo migajas, a expensas de lo que quisieran ir dándole: «Hoy no recuerdo, quizá mañana», «hasta aquí digo; desde aquí me callo, porque he de ir al tribunal militar, que es donde de veras me juego los cuartos». Garzón recibía el testimonio de Perote, sin forzarle; pero no le perdía de vista: observaba sus reacciones, su proceso mental, si memorizaba o si improvisaba... Y tomaba nota.

«Este señor —pensaba—, no puede conservar en la cabeza todos esos nombres, marcas de armas, fechas, textos literales de documentos que dice que vio o escribió ¡hace doce años! Necesita un soporte físico de cintas, notas, agendas... Cada vez que viene a declarar, trae estudiados sus papeles. Y, por lo fresco y seguro que lo dice todo, los tiene muy a mano. O es un prodigio de memoria, como mil elefantes africanos juntos, o guarda el material consigo. Y no piensa dármelo.

»¿Dónde puede tenerlo? En su casa no, porque no le es fácil el acceso. ¿En el despacho de Santaella? Quizá... Pero no voy a hacer un registro a Santaella, porque sería invadir el derecho de defensa, sin tener yo indicios fundados de criminalidad. ¿Qué te va que este hombre guarda los documentos en su propia celda?»

En estas —comentaba después Garzón a los de su equipo judicial—, me acordé de cuando fui con Carmen Tagle en comisión rogatoria a Francia, en 1989. Por entonces, no teníamos textos manuscritos de los miembros de ETA y nos las veíamos y nos las deseábamos para los análisis caligráficos de las notas que la cúpula de ETA enviaba a sus activistas. Los etarras obedecían la consigna de no poner nada por escrito, ni la firma, ante la policía o ante el juez, para no dejar sus trazos de escritura. Y estando allí nosotros tomándole declaración a Elena Beloki, el juez Michel Legrand nos dijo: "¿Quieren ustedes muestras de escritura? Pues vamos a conseguirlas ahora mismo registrando las celdas de esta gente." Así obtuvimos la letra de Josu Ternera, de Santipotros, de Elena Beloki y de otros. Y ésa fue la escritura utilizada después por los peritos en muchos juicios.

»Al recuerdo de aquellos registros en Francia, un día en que Perote estaba tranquilo, sin tensión, regresando relajado de mi juzgado a la cárcel, me dije: "¡Ahora!" Lo decidí sobre la marcha, en mi despacho: "El tiempo del almuerzo será el momento mejor para pillarle con la guardia baja, y que se haya dejado los papeles en la celda." Era el 8 de febrero de 1996 al mediodía. Encargué la entrada y registro a la secretaria judicial: ¡Salid escopeteados! Tenéis que llegar antes que él.»

Perote asistió al registro, sin dar crédito a lo que veía. Desde allí mismo, Natalia Reus telefoneó a Garzón:

—Resultado positivo.

—¿Tenía papeles?

—¡Mogollón! Pero aquí están todos asombrados y revueltos.

—Traed ese material al juzgado a toda pastilla. Y di que conduzcan al coronel Perote a mi despacho.

Perote venía contrariado y sorprendido. Santaella, nervioso y con un punto de irritación:

—¡Esto es un atropello! Esos papeles no podían conocerse, y menos así. ¡Quiero hacer constar mi protesta!

—Está en su derecho: haga constar todas las protestas que quiera; pero el registro se ha realizado conforme manda la ley. Por favor —Garzón se dirigió a Perote—, revise bien lo incautado y dígame si está todo aquí o si quedan documentos en su celda...

Perote se percató de que el juez estaba testando su grado de colaboración con la Justicia:

—Sí, queda algo más... debajo del televisor. Allí no buscó la señora secretaria.

Se hizo un segundo registro. En cuanto llegó a manos de Garzón el material que Perote le iba dando con cuentagotas, se acabó el tira y afloja. En adelante, el ritmo de las citaciones lo marcaba el juez. Él llevaba las riendas del proceso. Ahí se les quebró el juego.

Entre la documentación había datos sobre Felipe Bayo y Pedro Gómez Nieto, como miembros del Cesid que sirvieron un tiempo en la 513.ª Comandancia de la Guardia Civil de Intxaurrondo. En otra nota, el jefe de la AOME criticaba *que se recurra a las mafias para reclutar mercenarios en la lucha antiterrorista*. También aparecieron dos minuciosos relatos: la muerte de Mikel Zabalza en la tortura de *la bañera*, en Intxaurrondo; y las «ejecuciones» de Lasa y de Zabala. Otros papeles tenían que ver con los asesinatos de Gurmindo y Perurena, el sello de los Gal, la muerte de Lucía Urigoitia de un tiro en la nuca y la posterior alteración de pruebas...

Garzón se aplicó a estudiar los largos fragmentos de conversaciones entre el sargento Gómez Nieto —alias el Alemán— y el comandante Rodríguez Galindo. Ahí se mencionaba como gente «dispuesta» a un tal José Romero, un guardia civil apodado el Moro; y a otro, llamado Cándido, «al que le mataron a su hermano en Zarautz»; o se hacían observaciones como: «El jueves viene el grupo... ¿podría actuar?» Era la información sobre preparativos de los Gal que Gómez Nieto entregó a Perote «en octubre del 83, pasada la fiesta de El Pilar», en vísperas de los secuestros de Lasa y de Zabala, y que Perote mostró a Manglano.

Después, hizo comprobar ciertos puntos de ese documento: qué «grupo» vino el jueves; localizó a ese José Romero, el Moro; averiguó la identidad del otro guardia con el que se contaba para «pasar, golpear y venirse»: Cándido Gil Martín.

Garzón siguió investigando años y años.

Frente al juez, en la escueta silla tapizada en verde, se sentaron uno tras otro los generales Emilio Alonso Manglano, Andrés Cassinello, José Antonio Sáenz de Santamaría, Enrique Rodríguez Galindo y Javier Calderón.

Cassinello aparecía señalado como quien pidió a Manglano el sello de los Gal para reivindicar los atentados. Varios testigos —Velázquez Soriano, Roldán y Perote— habían hecho imputaciones contra él sobre torturas y *guerra sucia* de los Gal. También el coronel Lull Catalá le situó en la cima de las decisiones adoptadas en Intxaurrondo durante aquel aciago tiempo: «A él se acudía, como jefe del Estado Mayor de la Guardia Civil, y él decidía en temas de contraterrorismo.»

Ante Garzón, Cassinello se negó a declarar y presentó un ferviente memorándum: manifestaba que todo lo había hecho como un servicio a España, por sentido del honor, y no tenía nada de qué avergonzarse en su carrera militar. Se mostró muy astuto, pero con escasa noción de lo judicial: quería desembarazarse del lastre de los Gal y echaba balones fuera.

—Apelo a mi hoja de servicios y a mi honor militar, que aquí se están poniendo en tela de juicio...

—Nadie pone en tela de juicio ni su honor ni su hoja de servicios —le decía Garzón—. Yo le pregunto lo que usted ha podido hacer en este asunto concreto del sello para los Gal.

—¿Cómo se me puede imputar, ¡a mí, que soy un general!, que

he delinquido, que he colaborado con unos criminales, o que yo mismo soy un criminal? —protestaba abriendo los ojos con pasmo.

No resultó convincente.

Tampoco Rodríguez Galindo quiso declarar. Recusó al juez, y fue multado por actuar de mala fe. Pero no se permitió una altivez ni una salida de tono. Sabía que no era la ocasión de andarse con bravatas y desacatos.

Sáenz de Santamaría, otro estilo militar muy diferente, iba más de campechano que de solemne, más de bribón que de héroe. Trataba de hacerse el simpático, usando un tuteo desenfadado fuera del trámite de la declaración.

Una vez firmada el acta, en tono coloquial y confianzudo, como entre amiguetes, dijo al juez: «Bueno, Baltasar, no necesito decirte que toda esta historia no va conmigo. Yo nunca estuve en esa guerra. Yo, de estar, estaría en la parte contraria...»

Garzón le miró con cara de póquer, sin mover un músculo del rostro. Al general se le desangeló la sonrisa entre sus canosos bigotes. Estaba haciendo lo mismo que en la noche del 23-F, cuando zascandileaba por los alrededores del Congreso sin que se supiera si estaba con los asaltantes o con los asaltados. Quince años después, exactamente igual: desmarcarse de unos, congraciarse con otros, elegir un bando con perfil de ganador.

«Deja en la cuneta a sus compañeros generales y a sus subordinados —pensó Garzón—; pero tampoco se ofrece a colaborar con la Justicia declarando lo que sepa. ¡Valiente actitud!»

Eduardo Fungairiño, como fiscal jefe en funciones, decidió asistir a los interrogatorios siempre que comparecía un general. Así pues, estuvo presente cuando declaró Javier Calderón, sucesor de Félix Miranda en la dirección de los servicios secretos.[21] Solicitó esa comparecencia el fiscal Rubira. La Fiscalía, por entonces, era entusiasta del esclarecimiento del tema Gal. Pero pronto —y por orden de Fungairiño— los fiscales cambiaron su actitud de medio a me-

21. Llamativa negligencia de Estado en quienes tanto celo pretendían aplicar a la custodia y reserva de documentos: Félix Miranda dimitió el 8.3.96; pero hasta el 24.5.96 no se nombró nuevo director del Cesid. En esos ochenta y dos días —y con el descontrol de un proceso electoral en que el poder cambió de signo— todos los *arcana imperii* quedaron en manos de Jesús del Olmo, quien como edecán de La Moncloa reconoció haber «garantizado al gobierno el entierro de esas microfichas originales, para que nunca vean la luz».

dio: a la pasividad investigadora unieron sus peticiones continuas de «carpetazo» y archivo para todos los sumarios de *guerra sucia*.

Aunque el general Calderón no había estado en el Cesid durante los hechos de los Gal, se le requería como imputado por el escabroso caso *Mengele*: un supuesto criminal en el que un mendigo y dos drogadictos, indigentes e indocumentados, que solían pulular por el barrio de Malasaña —de Madrid—, habrían sido utilizados como cobayas por agentes del Cesid para experimentar con ellos la eficacia de un fuerte anestésico y un suero pentotal. Había una colección de indicios puntuales y concretos; pero faltaban, no ya las denuncias de los familiares o amigos de las víctimas, sino los cuerpos de las hipotéticas víctimas. Claro que los cadáveres de Lasa y Zabala tardaron dos años en aparecer y trece en ser identificados... Según las referencias, el mendigo murió por la potencia del somnífero; y los dos yonquis, que eran hermanos, sufrieron heridas al oponer resistencia a sus captores del Cesid. No era descabellado pensar que estos dos, atemorizados por ser testigos visuales de un crimen, no tuvieran el menor interés en salir a dar la cara. El suceso se fijaba en 1988, con Manglano de director de *La Casa*, Perote al frente de los operativos y Emilio Jambrina como oficial de esta *Operación Shuto*, de la que en el Cesid hubo constancia escrita.

Garzón ordenó una batida policial de rastreo retrospectivo en viejos listados de hospitales, depósitos de cadáveres, dependencias de la Cruz Roja, institutos anatomicoforenses, denuncias de desaparecidos, avisos de familiares a emisoras de radio... También tomó declaración al doctor Diego Figueras, un especialista cardiovascular que, a petición de Manglano, y desconociendo seguramente la finalidad de la consulta, asesoró a los del Cesid sobre el uso de ciertos fármacos anestésicos de alto riesgo, e incluso les recomendó algún aparato clínico para asistencia urgente «por si se produjera un episodio de fibrilación ventricular, mientras se está usando el pentotal».

El general Javier Calderón dijo que él no sabía nada de mendigos ni de yonquis, que en el Cesid no había documentación sobre operaciones de ese tipo, que eso era repugnante... Después, encarándose al juez con tono muy enérgico:

—Y tenga por cierto, señoría, que si en el Cesid hubiera cadáveres en los armarios, ¡habrían salido ya por las ventanas! Yo no consiento ilegalidades.

—¿Cómo puede afirmar que no hay cadáveres en los armarios?

—Porque no hay ninguna prueba documental de operaciones de ese tipo.

—¿Ha ordenado usted un registro?

—No, no lo he hecho. Pero asumo lo que haya allí.

El tenor del diálogo hizo que Garzón se acordase del que meses antes tuvo con su predecesor, el general Félix Miranda. Pero eran tipos humanos de entretelas muy diferentes.

—Señor Calderón, es un riesgo asumir «lo que haya allí», sin haber averiguado antes...

—Ningún jefe de servicios de inteligencia, en el mundo, investiga la situación anterior.

—¿Y si de la situación anterior pueden derivarse hechos delictivos?

—El Cesid no tiene por qué hacer esa investigación. El Cesid no es policía judicial. Ni siquiera es policía. Probablemente usted, señoría, tampoco hizo un examen exhaustivo de lo que había en este juzgado cuando llegó...

—Pues se equivoca: sí lo hice. Cuando a un juez lo destinan a otra plaza debe dejar hecho el «alarde» de litigios vivos, y el juez entrante tiene que darle el visto bueno.

Cuando acabó de declarar, el general Calderón se dirigió al juez con gesto impaciente:

—Señoría, ¿me ha alzado la imputación...?, ¿me ha alzado la imputación...?

Garzón se enfrascó en los folios que tenía sobre la mesa. El director del Cesid insistió por tercera vez.

—Le pregunto que si me ha alzado la imputación...

—Puede usted retirarse —dijo el juez por toda respuesta. Aquél no era el momento procesal de comunicar al general... que seguía estando imputado.[22]

La instrucción del sumario Oñaederra, alias Kattu, era difícil. Los papeles del Cesid no servían como prueba mientras no estuviesen liberados del secreto. Los testigos fingían no recordar nada, o negaban

22. El 9 de junio de 2000 Garzón concluyó la investigación de este caso *Mengele* sin suficientes pruebas de culpabilidad para acusar a nadie. Pero en noviembre del mismo año —estando en imprenta este libro— el caso de reabrió por el hallazgo de nuevos datos.

hoy lo que habían afirmado ayer. Los imputados disfrazaban hasta el color de sus ojos: Pedro Gómez Nieto acudía a declarar con el pelo teñido en moreno oscuro y lentillas color marrón tabaco, para desmarcarse del mote el Alemán con que le conocían sus compañeros del Cesid y de Intxaurrondo. Con todo, Garzón consiguió la presencia de dos testigos que —al margen del valor probatorio de sus aportaciones— le alentaron la convicción de que pisaba el camino cierto.

Uno de los declarantes, José María Velázquez Soriano, ya en 1986 había sido el primero en hablar de «un *gal verde* de la Guardia Civil». Lo conoció desde dentro: estando destinado en Intxaurrondo, él mismo participó en algunas «acciones». Este hombre acudió como testigo, pero al advertirle Garzón: «Lo que declare puede afectarle penalmente a usted mismo», pidió comparecer como imputado y se buscó un abogado que le defendiera.

Velázquez relató con detalle lo que él vio y vivió de primera mano durante los inicios del *gal verde*. Ciertas reuniones preparatorias, de «calentamiento moral», en la vivienda del comandante Rodríguez Galindo, dentro del acuartelamiento de Intxaurrondo, en el paseo de Txoki. Las situó en septiembre de 1983, «por los atuendos de algunos y porque empezaba a hacer frío». Dio nombres y grados de los oficiales y guardias asistentes. Recordaba retazos de una arenga de Galindo a aquel grupo de «patriotas seleccionados, con los que hemos pensado contar para combatir a ETA en el otro lado, en Francia, de un modo desgraciadamente ilegal; es decir, no actuaréis como funcionarios españoles ni con vuestras armas reglamentarias, que ésas las dejaréis en el cuartel (...). Tenemos que dar puñaladas a ETA, para que ETA deje de apuñalar a los nuestros. ¿Medios? Los que necesitéis. Seguimos instrucciones del gobierno, y nos respaldan nuestros mandos: ¡sentíos muy apoyados!».

—Galindo nos llamaba «salvadores de la patria» —declaró Velázquez—. Cuando ya estaba exponiendo el plan de acción, uno de los presentes, el sargento Moreno Sierra, se puso de pie y le interrumpió: «Perdone, mi comandante, pero creo que yo no debo estar aquí. No quiero meterme en eso que se nos está proponiendo. Yo prefiero luchar con mis armas: la Constitución en una mano y el Código Penal en la otra.» Galindo le dijo: «Bueno, ésta es una reunión informal, aquí no se obliga a nadie. Si tú piensas que no va contigo, pues no pasa nada. Hombre, lo que sí te encarezco es... en fin, ya sabes: de lo que has oído, reserva absoluta.»

—¿Sigue ese hombre en la Guardia Civil? ¿Sería localizable?

—José Moreno Sierra sigue en la Guardia Civil. Es oficial y está destinado en la Comandancia de Cáceres.

Velázquez aportó datos de vehículos, armas ilegales con que funcionaban, el sistema informático *Mistral*, los dossieres de miembros de ETA contra los que se iba a actuar. Su testimonio amplió el cuadro de actores de la *guerra sucia.*[23]

Relató también que, por orden de Galindo, en 1984 viajó de Fuenterrabía a Madrid —vuelo de Aviaco— «para entregar en mano al comandante Irabedra una bolsa de deporte con varias pistolas Browning y tres metralletas, dos Stein y una Uzi». Ni esas armas eran legales, ni una entrega oficial de armamento se realiza así.

Velázquez Soriano narró el intento de secuestrar a Salegi Elorza, Txipi, cabecilla de los Comandos Autónomos Anticapitalistas, en que él mismo participó:

—Enrique Dorado, Felipe Bayo, Alejandro Iglesias y yo pasamos a Biarritz con otros dos equipos, para simular un accidente, bloquear el paso a Salegi y meterle en uno de los coches. Los radiotransmisores que usamos aquel día no eran de Intxaurrondo: nos los prestó el Cesid de San Sebastián. Cuando ya íbamos a actuar, vimos que Salegi llevaba guardaespaldas. Además, estaban con él su compañera sentimental, una niña pequeña y su hermana Belén. Esta chica reconoció a Alejandro, de nuestro equipo, advirtió a Txipi, y escaparon a toda mecha...

Garzón anotó en su bloc de folios: *Radiotransmisores Cesid SS.* Y debajo: *Comandos Autónomos Anticapitalistas: docs. Perote.*

Ciertamente, en algunos documentos incautados a Perote aparecían planes explícitos sobre la conveniencia de actuar contra líderes de los Comandos Autónomos Anticapitalistas en el sur de Francia: el Cesid propuso en distintos momentos *operaciones técni-*

23. Velázquez Soriano implicó a miembros de la Guardia Civil citados ya por varios testigos: Rodríguez Galindo, Vaquero, Gómez Nieto, Dorado Villalobos, Bayo Leal, Del Hoyo Cepeda, Bárez, Espejo, Davó, Hermida Bouza, etc. Otros aparecían por primera vez: José Domínguez Tuda, Alonso Vicaría Hevia, Julio González Álvarez, Juan Rodríguez, Manuel Bote Cáceres, Manuel Macías Ramos, José Miguel Alonso Manzano, José Rancaño Fernández, Luis Sandoval Campos, Francisco Javier Millán, Alejandro Iglesias Blanco, Fernando Castañeda Valls, Pedro Moreno Reig, Gumersindo Hernández Rubio y Manuel Mariño. También mencionó, aunque sin imputarles nada, a dos agentes del Cesid en Intxaurrondo: Carlos Prieto Bragado y el sargento Gallardo.

cas y de fuerza para *asestar el golpe definitivo*; y una *gama de misiones* que concluían con la *acción física sobre un objetivo a designar.*[24]

Otro testigo interesante fue el coronel José Lull Catalá. Entre 1981 y 1990 estuvo al frente de las comandancias de la Guardia Civil en Vizcaya y en Vitoria, con las mismas funciones que Rodríguez Galindo ejercía en San Sebastián.

Sobre las técnicas antiterroristas de Galindo, Lull dijo:

—Eran redadas masivas y a bulto en las que se cometían muchos abusos sin escatimar violencias. Una de las prácticas, que llamaban «sacar al monte», consistía en coger a los sospechosos, llevarlos a un descampado y darles una tunda de palos. A los que resultaban piezas rentables, porque eran de ETA o muy próximos, los detenían; y a los que no sabían nada, les dejaban marchar, pero magullados y asustados. Si a algún guardia se le iba la mano —unas costillas rotas, un brazo o una pierna fracturada— hacían un simulacro de accidente para encubrir la tortura. Desde el primer momento, me opuse a esos métodos tajantemente.

»Por entonces, la opinión general en los ambientes de mando político era: "A ETA se la tiene que combatir con sus mismas armas: hay que matar etarras." En las reuniones que los mandos policiales teníamos con el gobernador Sancristóbal para tratar de la lucha contraterrorista, dije reiteradas veces: "La confrontación violenta no es un camino bueno. No sé si será eficaz, pero ni es moral, ni es legal. Conmigo no contéis." Y quizá por ello, porque yo no estaba en su línea, Sancristóbal me apartó de esas reuniones.

»Lo vi todo más claro cuando desde el gobierno hicieron el movimiento de peones: Sancristóbal fue designado director de la Seguridad del Estado; Francisco Álvarez, jefe del gabinete de Operaciones Especiales; Planchuelo, jefe superior de Policía de Bilbao; y Rafael Masa, secretario del gabinete de Sancristóbal. Entre ellos quedaba el juego. Este Masa, siendo subordinado mío, tenía mi indicación expresa de no asistir a las reuniones. Sin embargo, él iba porque aprobaba esos procedimientos. Nunca me lo dijo. Lo supe por Cassinello, el jefe de Estado Mayor de la Guardia Civil, que era de la misma línea dura de Galindo.

24. *Informe sobre actividades que han venido desarrollándose en el sur de Francia durante 1984. núm./ref. 189/19.12.84.* Y otra Hoja de Despacho de 25 de abril de 1984, *Asunto: Sur de Francia.*

»A Galindo se le consideraba *el número uno* en la lucha contra ETA. Pero su sistema, según decía él mismo, era "coger etarras como sea, aunque sea matándolos". Y se rodeó de un equipo de guardias, que llamaban *de élite*, pero que actuaban estimulados por el dinero: a tanto por comando. Yo discrepaba de raíz. Para mí, desarticular comandos entraba en el sueldo de cualquier miembro de la Guardia Civil. ¿Apoyo a los subordinados? ¡Todo el que hiciera falta! Pero por la vía de la estima moral y del apunte en su hoja de servicios; no por un fajo de billetes.

El coronel Lull expuso ante Garzón cómo los dirigentes políticos contagiaron un *modus operandi* corrupto, que caló a los mandos militares y policiales y a los subordinados, premiando unos métodos quizá «rentables» pero criminales.

Recordaba Lull que, en vísperas de atentados de los Gal, los de Intxaurrondo lo sabían: «Hacían comentarios como: "¡Andaos con cuidado, que va a ocurrir algo en Francia!" Y ocurría.»

Garzón y Rubira le preguntaron si esas actuaciones de *guerra sucia* pudieron ser iniciativas autónomas de Rodríguez Galindo, o si precisaban el respaldo de la autoridad gubernativa.

—Cualquier acción violenta contra ETA que se realizara desde la Comandancia —dijo Lull sin dudarlo— requería el conocimiento y la autorización expresa del gobernador civil. En el caso concreto de San Sebastián, entre el gobernador Elgorriaga y el comandante Galindo había una conexión íntima y una connivencia tremenda. La sumisión de la Guardia Civil al mando político era excesiva quizá. Elgorriaga conocía todo lo que se hacía, legal o ilegal, en esa Comandancia.

Ya al final de su testimonio, el coronel Lull contó:

—En una reunión, presidida por Corcuera, llamó mi atención la defensa que Galindo hizo de Amedo, y su queja: «¡¿Cómo es posible que el Estado español tenga a un héroe en la cárcel?!»

Transcurridos doce años, cuando la Audiencia Nacional condenó a prisión, entre otros, al propio general Galindo y al ex gobernador Elgorriaga por los asesinatos de Lasa y Zabala, causó pasmo Felipe González con su protesta, indignada en la solidaridad pero contrahecha en el silogismo: «¡¿Cómo es posible que unos jueces se atrevan a condenar a unos inocentes?!»

Lo que no parecía «posible» era que un hombre que se decía

demócrata, en un Estado basado en el imperio de la ley, se atreviese a negar, precisamente a los jueces, el derecho y el deber de establecer quién es culpable y quién es inocente.[25]

En febrero de 1996, Garzón almorzó con sus compañeros de promoción judicial. Algunos comentaban con extrañeza el reciente adiós del juez Carlos Bueren, y que hubiese colgado la toga teniendo en su mesa un caso tan electrizante como el de Lasa y Zabala. Las conjeturas mezclaban «su amistad con Vera», «presiones personales», «los miedos de su mujer» y «la boyante salida que le han puesto en bandeja». Bueren, en efecto, había cambiado el juzgado n.º 1 y su sueldo de funcionario por las magníficas minutas del bufete de Rodrigo Uría Meruéndano, abogado de relumbrón y de acreditada sintonía socialista.

En un aparte del almuerzo, Garzón charló con Margarita Robles, secretaria de Estado del Interior.

—¿Crees que Carlos Bueren no se ha atrevido a hincarle el diente al caso Lasa y Zabala? —le preguntó Margarita.

—No tengo datos para pensar eso.

—Bueno, Baltasar, como tú ahora le sustituyes, agarra ese caso con ganas, métete a fondo... Yo he puesto a investigar a Enrique de Federico y su equipo. Tengo todo el empeño del mundo. Es un asunto terrible. ¡Te aseguro que me quita el sueño!

—A mí no me quita el sueño. Es un caso tremendo, sí, pero es un caso más. Y no dudes que me lo tomaré con todo interés.

—¿Hay elementos para detener al general Rodríguez Galindo?

—Margarita, ni lo sé, ni aunque lo supiera... Lo que sí te puedo decir es que si el caso Lasa y Zabala lleva a Intxaurrondo, el gobierno tiene que saberlo. Y, por hache o por be, les da pánico que yo entre ahí. Tú fíjate: ya hace más de quince días que Bueren se fue, pero el cese no ha aparecido aún en el BOE... Yo llevo todo el trabajo de mi juzgado y, por sustitución, los asuntos del n.º 1. Sin embargo, oficialmente este hombre no ha cesado...

25. González declaró a Proceso (México) en mayo de 2000: «Me aterra la quiebra del Estado de derecho que supone el que unos inocentes estén en la cárcel. Los jueces humanamente tendrán esa convicción, pero no tienen derecho a condenar a unos inocentes.»

—No vas desencaminado. Hay cierto interés en retrasar la publicación del cese en el BOE.

—Margarita, eso ¿es una impresión o... es una información?

—Piensa lo que quieras. Tampoco yo debo decirte más.

Era una de las triquiñuelas de Belloch. Cara a la galería, sacaba pecho: «¡Venga, ahí va un fardo de millones, averigüen si esos cadáveres de la Foya de Busot son los de Lasa y Zabala!» Luego, bajo cuerda, ponía trabas reglamentistas, como la de generar un tiempo muerto para que Garzón no entrase a fondo en un tema de tal envergadura. Los asuntos del juzgado n.º 1 sólo pasarían de modo definitivo a la competencia de Garzón si, transcurrido el plazo oficial, no hubiese candidatos.

—O sea —recapituló Garzón—, que tu querido ministro va a estirar esta situación indefinida lo más posible, para que yo no pueda arremangarme a tomar iniciativas en esa instrucción.

El silencio de Margarita Robles fue holgadamente elocuente.

—¿Y por qué no dices que esto es así, Margarita? ¿Por qué no denuncias el doble juego? Te lo digo porque yo también sé un montón de maniobras kafkianas de Belloch en la sombra. Y no te hablo ya de sus tejemanejes con Santaella y Perote y Mario Conde; ni de los líos con Paesa y Cobo del Rosal y los papeles de Laos, para traerse a Roldán. Te hablo del artificio que ha montado el gobierno con el conflicto de jurisdicción, con tal de no darme los documentos del Cesid. Detrás de esa treta estaba Belloch. Me consta. Lo sé. Pero yo no debo decirlo. Tú sí.

—No me pidas lo que no puedo hacer. Me une gran amistad con Juan Alberto, y no haré nada en su perjuicio. Pero ten una cosa clara, Baltasar: yo no soy como él.

Baltasar Garzón sentía a un tiempo la hostilidad del gobierno, de muchos dirigentes del PSOE, de ciertos frentes mediáticos y del propio Consejo del Poder Judicial, cuyo presidente había enviado tres veces una inspección interna al juzgado n.º 5 para ver en qué podía engancharle. En ese áspero contorno, acusaba aún más la ausencia de su colega Carlos Bueren.

Una mañana, tomando café en Riofrío con Javier Gómez de Liaño, Garzón le animó para que dejase su cómoda vocalía en el Poder Judicial y volviera a vestir la toga:

—Vente a la Audiencia, Javier. Pide la plaza del n.º 1. Es una hora difícil: están saltando temas muy gordos, y yo estoy ahí demasiado solo. Me acribillan, me fríen por todas partes...

No eran amigos, pero coincidían en muchos puntos.

Javier Gómez de Liaño, que no se recataba de decir: «Tengo mono de toga», decidió volver a la Audiencia. Y no con sus galones de magistrado de sala, sino como mero juez instructor. Era el tiempo de batirse el cobre en la refriega. Envió su solicitud por sorpresa: en el último minuto de la última hora del último día del plazo de admisión. Así evitó que el gobierno metiese en liza a cualquier candidato de su cuerda. Había entre los dos magistrados cierta unión inicial, de colegas. Pero, poco a poco, Garzón fue discrepando de varias actuaciones judiciales de Liaño: su modo de instruir algunos casos de narcotráfico y del terrorismo de los GAL.

Cuando el Partido Popular formó gobierno en 1996, Garzón volvió a reclamar la desclasificación de los papeles del Cesid que había solicitado en vano al gobierno de Felipe González en diciembre de 1995.

Aznar, con una mayoría pírrica, tenía el poder muy condicionado. Desde fuera, se adivinaban forzados compromisos de «pasar página» —ésa era su monocorde expresión—, «no hacer más sangre con el tema de los Gal» y «por nada del mundo sentar en el banquillo a Felipe González». El ministro de Defensa, Eduardo Serra, puesto ahí quizá para eso, se negó a alzar el secreto a los documentos del Cesid.

En diciembre de 1996, las acusaciones —particular y popular— del caso GAL plantearon ante la Sala Tercera del Tribunal Supremo la desclasificación de esos papeles. El gobierno de Aznar, acatando la sentencia —esta vez favorable—, alzó el secreto de esos documentos reservados. Era ya presidente del alto tribunal Javier Delgado Barrio.

«Mi lucha contra el secreto de Estado —evocaba más tarde el juez del n.º 5— por los fondos reservados y por los papeles del Cesid fue una contienda terrible y sin belleza... Me enfrentaba a la inteligencia del Estado y a la podredumbre y ruindad de sus cloacas y sus cajas fuertes. El gobierno de González admitía que hubo actuaciones ilícitas. Pero, invocando la seguridad del Estado, me prohibía investigar. Luego, de hecho, las amparaba.

»Peleé siete años por echar luz sobre los fondos reservados, en relación con los Gal. Desde 1988 hasta que, en 1995, el Supremo dijo que los fondos reservados no sólo se podían sino que se debían investigar cuando hubiera indicios de que se usaron para cometer un delito o fueran pista para su averiguación.

»La otra lucha, por los documentos del Cesid, empezó en julio de 1995 y acabó en diciembre de 1996: cuando el Supremo sentenció que el gobierno tenía obligación de desclasificar esos papeles.

»Con todo, se sentó un precedente equivocado y peligroso al dejar que el gobierno dijera la última palabra sobre qué documentos se daban o se retenían. Los asuntos criminales —y éste lo era y lo es— no pueden ventilarse fuera de la jurisdicción penal. Lo que estaba en la palestra no era soltar este o aquel documento, sino el sometimiento de los servicios secretos al imperio de la ley. De lo contrario, una ley de silencio para los secretos oficiales se convierte en un manto de impunidad. Por sensible que sea ese terreno, no puede haber covachuelas blindadas en los servicios secretos cuando existen sospechas de delitos, y delitos graves: homicidios, secuestros, torturas, malversación de caudales públicos, organización de banda armada, etcétera. Yo, como juez, me quedé con un sabor agridulce.»

El 18 de noviembre de 1999 Garzón se dirigió por escrito al Tribunal Supremo para consultar si podía seguir instruyendo el caso Oñaederra —cuatro asesinatos y otro frustrado, y la previa creación de una organización terrorista a sí misma llamada Gal—, o si debía remitirlo ya a ese alto tribunal. Exponía que, en julio de 1995, cuando les elevó el caso Segundo Marey, todavía no estaban desclasificados los documentos del Cesid, y no pudieron estimarse como prueba. Esos papeles, unidos a nuevos testimonios —que citaba—, podrían dar un sesgo distinto al proceso, de modo que resultase imputada alguna persona con fuero, como Felipe González.

Esa exposición del juez produjo perplejidad, incluso provocó chanzas entre tertulianos ocurrentes y amasadores de opinión. El propio González comentó con ironía: «Yo creo que Garzón lo preguntaba para que le dijesen que no, y cerrar el caso.»

En realidad, lo que Garzón recordaba a los magistrados de la instancia máxima era que los papeles del Cesid, que tanta guerra dieron, estaban *sin valorar desde un punto de vista penal* por el Tribunal Supremo; y había que hacerlo *para fijar el límite de responsabilidad desde arriba.*

Como si quisiera evitar difuminados, Garzón concentraba el foco de su consulta: *determinar si el entonces presidente del Gobierno español estuvo implicado o fue ajeno a la trama delictiva que se puso en marcha en 1983 desde las instituciones del Estado (...) y que desarrolló sus actividades criminales según el plan diseñado en el Cesid, con una treintena de atentados, hasta el asesinato de García Goena en julio de 1987, fecha esta que debe regir a efectos de prescripción, por ser la del último crimen de esa trama, que además se reivindicó con el sello y logotipo de los Gal.*[26]

Aducía Garzón los testimonios de Sancristóbal Iguarán, García Damborenea, Perote Pellón, Roldán Ibáñez y Velázquez Soriano —*al margen de la valoración moral que merezcan estas personas, cosa que de ningún modo puede influir ni tomarse en cuenta en un proceso penal*—, coincidentes en acreditar algo que él mismo, como juez instructor, compartía: *La organización de los Gal no surgió por generación espontánea, aislada y ajena al Gobierno o sus ámbitos de competencia. Muy al contrario, fue creada desde instancias oficiales en forma premeditada, cuidada, estudiada y evaluada en su alcance y consecuencias (...). Su actuación, amparada, guiada y financiada desde esas mismas instancias, dispuso de la necesaria cobertura oficial para desarrollar una actividad contraterrorista frente a ETA.*

De la colección de papeles del Cesid, el juez recababa la atención del Supremo sobre dos documentos cardinales: el *Plan de actuaciones en el sur de Francia* y la nota de Perote de 28.9.83 informando de la inminencia de esas acciones, con el acuse de recibo de Manglano escrito a mano, y su posible despacho con el presidente González.

Los trece miembros de la Sala Segunda del Supremo se reunieron con toda urgencia. En dos horas escasas, estudiaron, votaron y determinaron unánimes devolver a Garzón el caso Oñaederra para que siguiera instruyéndolo. Estimaban que no había aportado *elementos distintos a los ya tenidos en cuenta.*

26. En su escrito al Supremo, Garzón indica que hasta el 2007 no prescriben ciertos delitos de los Gal conexos con asesinato.

Le venían a decir, sin decirlo, que ya deliberaron sobre los documentos del Cesid cuando enjuiciaron el caso Segundo Marey.

Le venían a decir, sin decirlo, que ya en su día consideraron que González no incurrió en responsabilidad penal.

Le venían a decir, sin decirlo, que *Pte.* no era *Presidente.*

Pero, justo porque decían sin decir, abrían más interrogantes de duda. Elementos *ya tenidos en cuenta* ¿cuándo?, ¿cómo?

¿Los documentos del Cesid fueron *tenidos en cuenta* al juzgar el caso Segundo Marey? ¿Se estableció en tal momento el valor y el alcance penal de esos papeles? Si fue así, ¿cómo no aparecía referencia alguna a ellos en la sentencia? En todo caso, ¿cómo podría saberse eso, si en la sentencia no consta... y las deliberaciones fueron secretas?

En aquella causa —sumario Segundo Marey—, Felipe González no era acusado ni imputado: compareció sólo como testigo. ¿Estaban admitiendo que la Sala Segunda del Supremo debatió la responsabilidad penal de un testigo, en secreto, a sus espaldas, sin comunicárselo a él? Si no lo hicieron, la cuestión de *fijar las responsabilidades desde arriba* —nudo del escrito de Garzón— estaba sin estudiar y sin deliberar. Seguía intacta. Y si lo hicieron, si deliberaron y estimaron que Felipe González quedaba exonerado de responsabilidad punible, ¿por qué no se dijo en aquella sentencia de 29 de julio de 1998?

Más de un año después, en el auto de 24 de noviembre de 1999, como respuesta del Supremo al juez Garzón, que expresamente lo preguntaba, ¿por qué tampoco despejaban ese fantasma? No se decía ni una palabra acerca de si González podía ser o no ser imputado por el tema Gal. Ni sí, ni no. Se esquivaba la cuestión. ¿Por qué esa elusión?, ¿por qué ese silencio? Los altos magistrados no podían ignorar que *lo que no está en actas, no existe*; y que, mientras ellos no se pronunciaran, quedaría en pie la duda sobre cuándo, cómo y con qué argumentos le fue alzada la responsabilidad penal al ex presidente González.

De otra parte, había magistrados nuevos, llegados a la Sala Segunda del Supremo entre julio del 98 y noviembre del 99, que no participaron en aquella deliberación —supuesta deliberación— sobre el alcance acusatorio de los papeles del Cesid.

La respuesta a Garzón —en noviembre del 99— no sólo fue veloz, sino unánime. Es decir, que se contó también con el *sí* de los nuevos.[27] Lo cual enrarecía la credibilidad del acelerado acuerdo con otra duda: esos nuevos magistrados, ¿pudieron leerse todas las actuaciones del caso Marey —miles y miles de folios—, estudiar desde el punto de vista penal los papeles del Cesid, atender a la exposición razonada de Garzón, deliberar y tomar una decisión unánime... en sólo dos horas? ¿O dieron por buenas, con un acto de fe ciega y ágrafa, las deliberaciones secretas de sus compañeros más veteranos: aquellos que, al parecer y sin que conste en parte alguna, al juzgar el caso Marey determinaron qué significaba *Pte.* y a qué *instancia superior* dirigía el Cesid su plan estratégico de *guerra sucia* contra ETA?

La respuesta del alto tribunal se sustanciaba en un «tenga usted el caso y siga investigando».

Garzón la conoció en Milán, durante un simposio contra la corrupción política. Sin poder evitarlo, se le agolparían en las sienes preguntas estupefactas:

«¿Que siga investigando... a quiénes? Los que no tienen fuero ya están investigados. Y los aforados exceden mi competencia. Por eso me dirigí al Supremo y le dije que detectaba imputaciones hacia arriba. Y señalé a Felipe González...»

Once años antes, cuando el 13 de julio de 1988 decretó la prisión de Amedo y Domínguez, Garzón asumió el riesgo en solitario: sin que lo pidiera el fiscal. En el *far west* dirían: «Lo hice por mis pistolas.» Esta vez, peor que solo: con el fiscal en contra y un Supremo distante que se lavaba las manos.

Refiriéndose al *Plan de actuaciones en el sur de Francia*, Baltasar Garzón había escrito a la Sala Segunda: *El análisis de este documento da sentido —por muy terrible que resulte— a todo lo que posteriormente sucede.* Una frase dramáticamente similar a la que dice Konstandinos Tsatsos, el juez del filme *Z* enfrentado también

27. Entre el 29 de julio de 1998 —sentencia sobre el caso Segundo Marey— y el 24 de noviembre de 1999 —auto de respuesta a Baltasar Garzón— la Sala Segunda ha experimentado notables cambios en su composición y en su presidencia. Baste decir que en la primera de esas resoluciones intervinieron sólo once miembros; en la segunda, trece. De aquellos once de 1998, dos ya no estaban en noviembre del 99: José Jiménez Villarejo y José Manuel Martínez-Pereda, que se habían jubilado. Y cuatro nuevos magistrados se habían incorporado: Carlos Granados Pérez, Adolfo Prego de Oliver Tolivar, Joaquín Giménez García y Andrés Martínez Arrieta. Lo cual supone nada menos que seis alteraciones en un tribunal de trece.

al terrorismo de Estado en la Grecia de los coroneles: «Por duro que resulte, si se acepta la hipótesis de que la policía actuó siguiendo las órdenes de sus mandos, todo encaja, todo se entiende. De otro modo... nada tiene sentido.»[28]

28. Filme de Costa Gavras con guión de Jorge Semprún. 1969.

VIII

UN ABRAZO DE HUMO

> «Anson, Campmany y García-Trevijano buscan un juez sensible al problema político. A ti te ven más difícil, más esquivo, que no te dejas. En cambio, con Gómez de Liaño y María Dolores todo va como una seda.»
>
> (El juez Navarro Estevan al juez GARZÓN. Enero de 1997)

Baltasar Garzón trabaja en la buhardilla de su casa. 1999. 15 de septiembre. Sobre la mesa, recortes de periódicos, folios de autos con membrete de la Audiencia Nacional, sus agendas y sus diarios de un par de años atrás. A la mañana siguiente comparece como testigo ante el Tribunal Supremo. Se juzga al magistrado Javier Gómez de Liaño, acusado de prevaricación.

A Garzón le desagrada hasta la bilis que se empeñen en meterle en esa reyerta de ambiciones y poderes. Él no es de ninguna de las cofradías que andan a la gresca. Le importa medio bledo Sogecable. Y le extraña que sea el equipo de la defensa de Gómez de Liaño quien le cite como testigo: «Me denunció ante el fiscal general, hace dos años. Ha escrito contra mí un libro que es como el insulto de un loco. Sólo he leído unos trozos, y lo he dejado con náusea. Este hombre, Javier, se ha fabricado conmigo un fetiche para el vudú. Me ataca en toda ocasión. Y ahora... ¡me convoca de testigo, ante el Supremo! ¿Qué espera que diga yo en su favor?»

Ni queriendo ha podido olvidar aquello. Fue el tiempo más amargo de su vida. Salvar su integridad de juez le costó un precio muy alto: perdió amigos; ganó enemigos; quedó ante mucha gente como el malo de la película; se le denigró como a un maldito sicario de Polanco; se vio denunciado con falsedad ante el Supremo, episodio que se diluyó en un cuarto de hora, pero el trallazo en el alma no se lo quita nadie. Los hechos están ahí, hincados como menhires de piedra, a pie de memoria. Y, a pie de garganta, ese sabor acre y macho, áspero en el paladar, que es a lo que sabe la soledad de un juez.

El caso Sogecable fue como esos vendavales de arenisca enloquecida y tumultuaria que meten miedo; pero, en cuanto cesa el viento, al poco se aquietan y acaban en nada. Se inició el 25 de febrero de 1997 por una denuncia de Jaime Campmany. Después de doscientos cincuenta días de una instrucción mantenida a trancas y barrancas, y con Polanco en un tris de ir a la cárcel, el 3 de noviembre del mismo año se archivó, desinflado. Era una carcasa vacía. Una causa abierta en falso. Pasó por la mesa de cuatro jueces y se estudió en varias sesiones de sala de la Audiencia Nacional. Es absurdo pensar que tal número de magistrados, separados o juntos, temiesen a Jesús de Polanco... El *affaire* Sogecable se archivó porque no contenía sustancia delictiva.

Tanto impacto mediático e inmediático, tanta crispación política, tanta convulsión judicial, tanta agresión humana, ¿para qué? Lo más de lamentar es que arrambló con un buen puñado de amistades. Mejor dicho, las cambió de bando.

Ese caso se estudiará en la Escuela Judicial como paradigma del empecinamiento de un juez instructor: todas las iniciativas que adoptó Gómez de Liaño, todos sus autos, excepto uno, fueron anulados por la Sala de lo Penal de la Audiencia, con severas reconvenciones descalificando las medidas del juez como «desproporcionadas», «inadecuadas», «innecesarias», «irrazonables», «injustas».

Antes que la Audiencia Nacional cancelase el caso, Juan Luis Cebrián, mandarín del Grupo Prisa —por tanto, Sogecable, Canal Plus, Santillana, Anaya, Crisol, y todo el holding del imperio—, recusó al juez Liaño. Le atribuyó «enemistad manifiesta» e «interés indirecto» en la causa.

Como juez sustituto de Liaño, Garzón debía rechazar o aceptar esa recusación. Pero no quiso resolver ni a favor ni en contra. Adujo que, aun sin haberse asomado al sumario, conocía desde fuera demasiadas trapisondas de los entresijos del tema; y que en conciencia no se sentía imparcial ni para recusar ni para no recusar. Se abstuvo. Y ahí empezó el drama.

El juez siguiente, García-Castellón, se abstuvo también.[1]

Un tercer juez, Ismael Moreno, estimó «parcialidad objetiva» en Gómez de Liaño, que fue recusado y apartado del caso. A esas al-

1. García-Castellón debía abstenerse porque había instruido antes el caso Banesto, de evidentes concomitancias con el Grupo Prisa y con Gómez de Liaño.

turas del proceso, Liaño se había preservado tan poco de la pugna política, que ahí se libraba a sangre, y había deambulado tanto por los callejones de la refriega mediática que, lejos de dar la imagen de un magistrado ecuánime y sin sesgos, era visto como un juez influido por los criterios de unos, manipulado por los tejemanejes de otros, connivente con los intereses de una de las partes en conflicto. Eso podía no ser cierto, pero transmitía a los justiciables una inquietante apariencia de parcialidad.

Sogecable se sobreseyó y pasó a la historia. Pero ahora se está viviendo la resaca. La onerosa factura. Sin perder un minuto, el todopoderío del Grupo Prisa desenvaina contra Gómez de Liaño una querella como tres puñales, uno por cada delito de prevaricación.[2] Le acusan de haber tomado, cuando instruía el caso, tres decisiones que pudieron ser injustas a sabiendas. Jesús del *gran poder* ha bebido, quizá por vez primera en su vida, el cáliz de la humillación, y no renuncia a la venganza: «¡A ese títere de Liaño lo dejo yo sin toga y en pelotas vivas!»

Los querellantes pisan fuerte. Han fletado una brigada de acusadores con lo más *jet* de la abogacía: Matías Cortés, Horacio Oliva y Antonio González-Cuéllar, más su escudería de asesores jurídicos de lujo. Emilio Rodríguez Menéndez es el acusador particular.

Liaño va de pobre. Pero la afición le brinda columnas y elogios. Le defiende la fiscal María Dolores Márquez de Prado, su reciente esposa. Y Jorge Trías Sagnier echa una mano.

En este septiembre de 1999 se celebran las vistas del juicio. El Supremo pone sus pomposas liturgias. Los *mass media*, sus espectaculares calambrazos de morbo. Y el público, una obsesiva búsqueda de tongo, de trampa y de cartón.

«No sé qué se traen entre manos —Garzón aventa un manojo de recortes de prensa, y los deja caer sobre la mesa—. Por lo que leo, están mintiendo. Ignacio Gordillo, Joaquín Navarro Estevan, Ma-

2. Tres decisiones en las que Liaño se apartó de la ley con abuso de su posición judicial: prohibió la salida del territorio nacional a varios directivos de Canal Plus, no habiendo orden de detención; impuso una fianza arbitraria y desproporcionada de doscientos millones de pesetas a Polanco; reimplantó el secreto del sumario, burlando la expresa desautorización de la Audiencia Nacional.

ría Dolores, Javier... mienten. Se han trazado una estrategia de defensa y se han puesto de acuerdo entre ellos. Bien. Pero ¿yo qué pinto ahí?, ¿por qué me llaman de testigo?, ¿qué ganan? Atacarme por atacarme, no les aporta nada. Además, yo podría revolverme... Si quiero poner las cosas en su sitio y restablecer la verdad de lo que pasó, el momento es éste. ¡Y menudo momento!, ¡espectáculo en bandeja! Hasta ahora no he abierto los labios, me he cerrado en banda a entrevistas y declaraciones. En 1997 guardé el tema como en una caja de hierro. Adrede, no me he permitido rememorarlo, por no hacerme mala sangre.

»Se veía desde el tren que lo de Sogecable era un asunto político —Garzón se ha quitado los zapatos y pasea por el despacho; le gusta andar descalzo y pensar caminando—. Reconozco que todavía no me he enterado de qué son las plataformas digitales. Lo que sí sé es que había dos grupos de poder enfrentados. Una opción, mezcla de privada y pública, apoyada por el gobierno de Aznar: Vía Digital. Ahí estaban Televisa, Telefónica, El Mundo, ABC, Campmany, Mario Conde... La otra plataforma, más en línea con el PSOE, era la del Grupo Prisa y de Antena-3. En cualquier momento, unos u otros cambiarán de trinchera y se pondrán de acuerdo entre ellos. Es así en el mundo del dinero y en el de la política. Lo que me subleva es que, por un pleito de poderes mediáticos que debió haberse ventilado fuera de los juzgados, metiesen en danza a los jueces, fabricando denuncias sin fuste en beneficio de los intereses de... ni se sabe quién.

»Esto era en diciembre de 1996. Andaban en plena *guerra del fútbol*, a ver quién se llevaba el gato al agua para explotar la retransmisión de los partidos. El gobierno ya había acordado su fórmula: Vía Digital, con Telefónica, con Televisa, con algunos periódicos y con Antonio Asensio, del Grupo Z y Antena-3. Pero, en el último momento, Asensio y Polanco se entienden y firman el *pacto de nochebuena*. Telefónica, Televisa y todos los demás se quedan fuera y con un palmo de narices. Al gobierno se le descabala el proyecto. Álvarez Cascos está que trina. Hay chasco y crispación en los ambientes de los que tenían ya el boleto en la mano para entrar en el gran negocio. Ése era el trasfondo, no visible pero muy activo, de esta historia.

»Yo asisto en enero del 97 a una cena con Luis María Anson, en la casa de ABC. Están también el abogado Antonio García-Trevijano, el juez Joaquín Navarro Estevan y el profesor Jesús Neira. Se comentan unas crónicas recientes de Jesús Cacho en la revista Época y en El Mundo, donde se afirma que Sogecable —que entonces ya era Canal Plus— podía haber incurrido en delito de apropiación indebida de las fianzas que los abonados de Canal Plus habían depositado a cambio de los decodificadores, y en una serie de delitos societarios, de falsedad documental... Anson dice con gran seguridad que eso se basa en un informe encargado por el secretario de Estado de Fomento —me parece recordar— a los economistas Gerardo Ortega y Ramón Tamames y al jurista Rafael Pérez Escolar. Y agrega: "Yo tengo ese informe." García-Trevijano se entusiasma: "¡Uuyyy, eso podría ser el final del polanquismo! Ahora sólo haría falta un juez sensible a este problema, que es el más grave de la democracia en España. Si cae el polanquismo, detrás cae el felipismo. Y se acaba así con la corrupción desde el Estado." Anson facilitó un par de copias de ese informe, una a Trevijano y otra a Joaquín Navarro, en sendos sobres cerrados. Yo no vi qué contenían los sobres, pero sí vi que se los dio. Neira y yo lo comentamos, atónitos, cuando me trajo a casa.»

Un mes después, Jaime Campmany se apoyará en ese informe, encargado y pagado por el gobierno, para presentar su denuncia contra Polanco y demás directivos de Sogecable.

«Lo de ir yo a cenar con Anson venía de más atrás —sigue pensando Garzón—. Como en ABC me atacaban brutalmente, echándome encima escarnio y basura sin parar, cuando yo investigaba Al Kassar, Ucifa, los Gal, Intxaurrondo..., me sugirieron Neira y Navarro: "Sería interesante que Anson y tú os conocierais mejor, para que amainase esa fobia que te tienen en ABC." "No me apetece —les dije— sentarme a la mesa con un tipo que me insulta y es consciente de que miente." Y así se lo planto al propio Anson, almorzando en El Montecillo. Él me explica que en ABC tienen muy buenas fuentes. Y hasta me dice cuáles. "Podéis tener muchas fuentes, Luis María, pero sobre mí no dais más que bazofia de noticias falsas. Y no os molestáis en verificarlas. A eso en mi tierra lo llaman mentir." Anson se compromete a contrastar las noticias que les lleguen sobre mí. Un buen propósito, que no le duró mucho.

»Me invitó a dos o tres cenas en la sede de ABC. Eran interesantes porque Anson manejaba mucha información, aunque algunas cosas había que ponerlas en cuarentena.

»Cuando Gómez de Liaño instruía el caso Lasa y Zabala, ABC le atizaba cruelmente. Para Anson, el general Galindo era un héroe y merecía todas las portadas de honor... Navarro y Neira me dijeron entonces, por sugerencia de Trevijano: "Hombre, así como al trataros Anson y tú la agresión se ha rebajado, ¿por qué no hacemos lo mismo con Javier?" Sin dudarlo, facilité ese contacto. García-Trevijano tenía un especial deseo de conocer a Gómez de Liaño, y quiso que yo se lo presentara "antes y sin Anson". Lo hice: almorzamos en Casa Domingo. Después vino la cena con Anson, que fue muy tensa: yo hablé a Luis María en términos tajantes, que jamás había empleado con nadie, para hacerle ver la injusta ignominia que en ABC estaban cometiendo con Gómez de Liaño: "Además, hacéis un flaco servicio a vuestros lectores, ocultándoles la verdad sobre la *guerra sucia* y sobre Galindo y sus guardias de Intxaurrondo." "No vuelvo más. Ni Anson ni García-Trevijano me merecen respeto", me dijo luego Javier.»

Hay amistades inexplicables, que arrancan de una animadversión ideológica, biográfica, personal, y acaban amasando hogaza de intimidad. Lo cierto es que, desde entonces, comienza un trato cada vez más asiduo de Gómez de Liaño con esas personas, en especial con Joaquín Navarro. «¡Qué cambios! —reflexiona Garzón—. Durante tiempo y tiempo, no se tragaban. Joaquín no tenía la menor estima por Javier, y a María Dolores la criticaba sin clemencia: "Es dura, es cruel, es la boca negra del fascismo, es mandona, lleva a Javier por donde ella quiere", decía.»

Detrás de las amistades *contra natura* hay en ocasiones un simple «factor común». Biotipos tan opuestos como Arzalluz y Álvarez Cascos dialogaban porque compartían un «factor común»: los dos cultivaban camelias. Entre un monárquico rancio como Anson y un republicano recalcitrante como García-Trevijano existía también un «factor común»: ambos eran juanistas, habían sido del Consejo Privado de don Juan y andaban esquinados con el Rey. Un *rojo* a machamartillo como Joaquín Navarro y un derechón ex falangista como Jaime Campmany tenían el «factor común» de la peña de Los Murcianos. Del mismo modo, en poquísimo tiempo se hicieron amigos Campmany y Liaño: tenían como «factor común» a María Dolores. Ella estaba unida sentimentalmente con Javier. El lazo con Jaime era, más que amistad, confianza familiar: una hermana de la fiscal estaba casada con un hijo de Campmany. Y eso, que en otros casos no da pie para nada, en éste generó un trato muy fluido.

¿Amistades del último cuarto de hora? Sí, pero fraguaban con la intensidad del deseo mutuo. La nueva pareja de novios quería entrar en ambientes sociales distintos de los que cada uno había compartido con su cónyuge anterior. Y los otros precisaban conocer a jueces y a fiscales de la Audiencia Nacional, porque esa instancia sería la palestra de su gran pleito.

«Esas relaciones se cultivaron de modo intenso y deliberado. Enseguida, en enero del 97 —está recordando Garzón—, ya me comentaba Joaquín Navarro el interés que él percibía en Anson, en Trevijano y en Campmany, separadamente, por tratarnos a Gómez de Liaño y a mí: "A ti te ven más difícil, más esquivo, como que no te dejas. En cambio, con Javier, a través de María Dolores y de Campmany, va todo como una seda. Y Antonio Trevijano se va subiendo poco a poco a ese carro." Por su lado, Joaquín tenía con Javier la puerta franca del juez que habla con otro juez.

»A finales de ese mes de enero, fui a mi última cena en ABC. Se habló del libro *La Tercera República*, que García-Trevijano acababa de escribir. Anson, Navarro y Trevijano expusieron que debían implantarse elecciones primarias con listas abiertas... Trevijano decía: "El Rey tiene que irse y dar paso a la República, sin que volvamos a caer en otro 36." Anson no estaba de acuerdo, aunque sí en que el Rey abdicase en su hijo. Nunca vio bien que don Juan Carlos aceptara el trono "en detrimento del buen Rey que hubiese sido su padre". Ése era el punto de coincidencia de estos dos nostálgicos juanistas... En Madrid siempre hubo cenáculos donde se hosannaba la memoria de don Juan, como peaje para criticar al Rey.»

Por aquellas fechas, Trevijano y Navarro ya habían puesto en marcha, a nivel conspirativo de salón, su plan para traer la República, por pasos contados: destruir el polanquismo; liquidar el felipismo; echar al Rey sin violencias; e instaurar la Tercera República. Lo alucinante era que hablaban en serio y enardecidos.

«Trevijano —rememora Garzón— intentó que yo interviniese en la presentación de su libro en la universidad. Me buscaba como banderín de enganche de no sé qué movimiento de regeneración. Yo me zafaba. Al final, el libro preconizando la República lo presentó... ¡Anson!»

Campmany quería poner su denuncia contra Sogecable cuando Gómez de Liaño estuviese de guardia o en puertas. En la Audiencia, los asuntos que llegan se reparten entre los titulares de los juzgados. Si no hay temas nuevos suficientes, el juez al que le han tocado menos casos queda «en puertas de denuncias» para el próximo reparto. Y eso es fácil de saber: basta preguntar en la Audiencia quién está en puertas. Si alguien presenta su denuncia esa tarde, a la mañana siguiente le toca por reparto al juzgado que quedó en espera, casi con toda seguridad. Y así lo hizo Campmany el 24 de febrero con la denuncia contra Sogecable.

«El 26 de febrero se celebra una comida en el restaurante Lur Maitea. La organizan los llamados *fiscales indomables*: Eduardo Fungairiño, Ignacio Gordillo y Dolores Márquez de Prado, en agradecimiento a quienes les han apoyado en un acto público de homenaje días atrás: Antonio García-Trevijano, Federico Carlos Sainz de Robles y Enrique Gimbernat. Asisten también Gómez de Liaño, Navarro Estevan y Neira... La víspera, Liaño ha admitido la denuncia de Campmany contra el Grupo Prisa, y es el tema de actualidad y de rumores ese día. Pedro Rubira y yo llegamos un poco tarde. Aún no me he sentado, cuando Trevijano, desde el fondo del comedor, me suelta con voz bien sonora:

»—Baltasar, ya no vas a ser el único *juez estrella* del país: Gómez de Liaño te ha quitado de un plumazo todos los titulares y las portadas, porque él lleva el más importante asunto que pueda haber en esta democracia.

»—¡Qué descanso! En ese tiempo, podré engordar unos kilos...

»A la mañana siguiente, volviendo los tres de desayunar en Riofrío, casi al llegar a la Audiencia, me dicen María Dolores y Javier:

»—¡Con este caso vamos a hacer la revolución desde la Justicia...! Esto de Sogecable hará caer todo el sistema corrupto que ha sostenido al felipismo...

»—Pero ¿qué decís? Nosotros, como jueces, no tenemos la misión mesiánica de salvar a la sociedad de nada. Hemos de limitarnos al caso concreto. Y con el terreno reglado por ley: si hay delito, hay delito; si no lo hay, no lo hay. Y punto.

»Ese comentario mío les cae como un jarro de agua fría.

»Al otro día, 28, Javier cita a los del Grupo Prisa. Y recuerdo el comentario de María Dolores: "Polanco y Cebrián van a tener que hacer el paseíllo. Y mañana, la primera página serán ellos dos subiendo la escalerilla... ¡Que se jodan!"»

En cuestión de horas, el abogado Javier Sainz Moreno se persona y presenta una querella contra Sogecable por los mismos hechos que denunció Campmany. Gómez de Liaño exige una lista con los 1.400.000 abonados de Canal Plus, para publicar edictos y que se personen en la causa los posibles damnificados. Canal Plus emite un largo informe explicando que su gestión ha sido «escrupulosamente respetuosa con la ley».

Mientras Polanco espera en el juzgado a que el juez Liaño le reciba, RNE y TVE interrumpen sus programas matinales para dar la noticia: «Querella contra Polanco, por apropiación indebida de 23.000 millones; se le ha prohibido salir de España sin permiso judicial.» El miedo tiene los pies ligeros. Antes que cunda el temor, Polanco se ve obligado a suscribir un seguro por 150 millones de dólares para garantizar a los abonados de Canal Plus que, si desean retirar sus depósitos, hay liquidez de respuesta. Ese seguro acarrea a la empresa un gasto de 210 millones.

Por precipitación, Liaño empieza ya a dejarse pelos en la gatera: No llama a Campmany para que ratifique su denuncia. Acepta la personación de Sainz Moreno como acusador popular, aunque está inhabilitado por el Colegio de Abogados, y no le pide fianza. No toma declaración a Polanco ni a Cebrián ni a los otros directivos de Sogecable a los que cita en su juzgado, cuando la ley[3] en ese punto es taxativa: «La persona a quien se impute un acto punible, deberá ser citada sólo para ser oída.» Se limita a comunicarles que hay una denuncia y una querella contra ellos. Y, aún peor: vulnera la Constitución, al quitar la libertad deambulatoria para salir del país a unas personas a las que no puede mandar detener, porque no tiene causa legal que esgrimir.

En esos momentos hay una encendida división de opiniones sobre la cuestión Sogecable. Los querellantes exigen que se aclare si los directivos de Sogecable se quedaron con los 23.000 millones de pesetas que los abonados a ese canal de televisión depositaron

3. Ley de Enjuiciamiento Criminal, artículo 486. Las inculpaciones de Campmany y de Sainz Moreno contra Sogecable no tienen corroboración objetiva ni en ese momento ni después.

como fianza, y no se podían tocar; y que se investigue si Canal Plus evitó una ampliación de capital, y pudo así repartir beneficios. Los del Grupo Prisa contraarguyen que los depósitos se utilizaron legítimamente, ya que la ley no obliga a inmovilizar esas fianzas; y los dividendos no se los quedaron los directivos, sino que se repartieron entre todos los accionistas: «No ha habido —dicen— ni perjudicados ni apropiación indebida.»[4]

Canal Plus de Francia despliega sus antenas. Hay inquietud. El perjuicio puede ser de envergadura. En fin de semana y con urgencia, el fiscal Eduardo Torres Dulce reúne a la Secretaría Técnica de la Fiscalía General del Estado, de la que es jefe, y elaboran un dictamen con el respaldo unánime de los fiscales de ese organismo. Ahí se concluye que «la querella contra Sogecable es inviable, porque de los hechos denunciados no se desprende la existencia de delito». El fiscal general, Ortiz Úrculo, está de acuerdo con el informe, y así se lo hace saber a Ignacio Gordillo, que es el fiscal del caso. Este aviso de aquietamiento se produce ya en marzo. Con todo, está en marcha un peritaje de Hacienda.

El 5 de marzo, Joaquín Navarro y su mujer, Pura Mañas, invitan a cenar en su casa, cerca del Retiro, a otras dos parejas: Antonio Navalón y Carmen, Baltasar Garzón y Yayo.

—Estoy preocupado —comenta Navarro, refiriéndose al caso Sogecable—, porque escucho a García-Trevijano y a Gómez de Liaño, a cada uno por su parte, y percibo una connivencia, un trabajo conjunto que no me huele bien... como si esos dos estuviesen instruyendo juntos. Encima, el argumento de Trevijano es que «lo de Polanco es *¡de cársel, de cársel!*»; y que «lo que hay que conseguir es que a ese *personahe* le condenen a prisión, al margen de si la causa es tal o es cual; porque, si se acaba con Polanco, se acaba con Felipe y el felipismo, que es la primera necesidad de este país: un servicio de interés nacional».

En ese mismo tono pesaroso y escandalizado, Navarro llega a decir que «por lo que ambos dos me van diciendo, más que un caso judicial con trasfondo político, parece una causa política a la que quieren darle patente judicial, que es muy distinto».

4. Después coincidirán con esa estimación el peritaje de Hacienda, la resolución de archivo del caso por la Audiencia Nacional (3.11.97) y la sentencia del Tribunal Supremo condenando a Gómez de Liaño (15.10.99).

Garzón escucha sin meter baza en la conversación. En ésas, suena el teléfono. Joaquín Navarro dice a su mujer: «Cógelo, Pura, y si es García-Trevijano, no estoy.» En efecto, es Trevijano. Siguen cenando. Cambian de tema y cambian de platos, levantándose todos porque no hay servicio. Pasa un rato, y el teléfono suena por segunda vez. Pura anda en la cocina. Joaquín, que está más cerca, descuelga: «Hombre, Antonio, ¿qué hay? Dime... ¿A mí? No, a mí no me... pero ¡qué me dices...! ¡¿Cómo...?! ¡Qué barbaridad!» Todo son interjecciones, balbuceos de asombro, medias palabras de estupor. Pura reaparece, trayendo una fuente con viandas: «¡Ya lo ha cazado!» En ese instante, Garzón se va del comedor. Navarro sigue su diálogo telefónico con Trevijano. Cuando se despide, regresa a la mesa llevándose las manos a la cabeza: «¡Están completamente locos! Acaba de preguntarme Antonio si Liaño me ha enviado un auto sobre el tema Sogecable. Le he dicho que no, que de ninguna manera. Y es que... a él sí se lo ha mandado, para que lo lea y le diga qué opina.»

Yayo echa de menos a Baltasar, que no ha vuelto. Por tanto, no ha oído eso último. Navalón va en su busca y lo encuentra en la cocina, de pie, las manos en los bolsillos y mirando al techo.

—Pero ¿se puede saber qué coño haces aquí...?

—Estoy aquí... porque no quiero estar allí. Todo lo que está contando Joaquín es un delito. Y él tiene que saberlo: es tan juez como yo. Si eso es verdad, su deber es irse al juzgado de guardia y denunciarlo.

—A lo mejor es una simple impresión de Joaquín, o una fantasmada de Trevijano...

—¡Pues si son impresiones, que se las calle, y que no juegue con eso, coño! Además, yo tengo el problema añadido de que, si ocurre algo, soy el juez sustituto de Gómez de Liaño. De modo que no quiero oír nada, no debo oír nada... Por eso me he venido.

—Bueno, Baltasar, estamos aquí invitados a una cena de amigos y no puedes quedarte en la cocina. Venga, vuelve...

—Sí, pero que no saque más el tema, por favor. No quiero ponerme violento. Intenta que hable de otras cosas...

Joaquín Navarro planea todavía un par de veces sobre el caso Sogecable:

—Baltasar, esto es muy feo... ¿Vas a hablar tú con Javier?

—No. Ni Javier habla conmigo de los asuntos de su juzgado, ni yo hablo de mi juzgado con él.

Concluida la cena, yendo hacia el ascensor, Joaquín insiste:

—Tú, que eres tan amigo de Javier, deberías darle un toque. Esto del auto, que acaba de decirme Trevijano, es gordísimo. Y no me gustaría, Baltasar, que algo de tanto calado acabara mal por un tratamiento frívolo...

—Mira, Joaquín, vas a hacerme un favor: no me hables más de Sogecable. No quiero saber nada de esa historia. ¿Lo entiendes?

La noche del 11 de marzo, Joaquín Navarro llama a Garzón, a su casa de Pozuelo:

—Ya sé que no quieres que te diga... pero esto de hoy lo tienes que saber. Lo que voy a referirte lo sé por Antonio García-Trevijano: se han reunido los cuatro.

—¿Qué cuatro?

—Javier Gómez de Liaño, Ignacio Gordillo, Dolores Márquez de Prado y el propio Trevijano. En esa reunión —almuerzo, creo que me ha dicho— han estado viendo estrategias para impulsar el caso Sogecable. A Sainz Moreno lo tienen muy en el aire, porque el tío está suspendido por el Colegio de Abogados: sólo puede ejercer en causas propias. Y éstos han barajado nombres de abogados, a ver quién sigue con la querella. Pero la cosa no acaba ahí. Como el asunto nada más despegar está perdiendo fuelle, han hablado, ¡agárrate!, de que convendría reforzarlo presentando nuevas denuncias y nuevas acusaciones... Trevijano está entusiasmado porque él mismo va a meter pluma en el borrador de una querella nueva.

—Joaquín, ¿tú estás seguro de que eso ha ocurrido así?

—¿No te digo que me lo ha contado el mismo García-Trevijano, que ha estado en esa reunión?

—A ver si he entendido bien: el juez del caso y el fiscal del caso, reunidos con otras personas para buscar acusaciones, para elegir abogados, para darle fuelle a la causa... ¿Tú te das cuenta de la componenda torticera que me estás contando?

—Sí, sí, es tal atrocidad legal que cuesta creerlo. Baltasar, esto está llegando por días a un nivel de deterioro y de contaminación que, no sé, sinceramente, pienso que la única salida un poco decente es convencer a Javier para que frene el caso, y a Campmany para que retire la denuncia. Yo, a título personal, voy a hablar con la parejita.

Joaquín Navarro habla con «la parejita». Relata esa «reunión de los cuatro» a su amigo Antonio Navalón. Con oficiosidad de correveidile, se toma el desvelo de informar también a Jaime García Añoveros, a quien conoce de las tertulias de Lhardy. Sabe que el ex ministro de Hacienda es consejero del Grupo Prisa.

Un efecto de esa reunión de Liaño, Gordillo, Márquez y Trevijano es que ahí se «designa» a Manuel Murillo como abogado de la acusación particular. Y es Trevijano quien le encarga que se persone y asuma otra querella contra Sogecable.

Garzón lee en su Diario la página de aquel 11 de marzo:

El problema que me provocan estas noticias es que no sé si son o no son ciertas. No es comodidad, pero prefiero que no me cuenten nada: que no me intoxiquen, aunque pierda información.

Aquellas tertulias que comenzaron en Lhardy, pasaron a celebrarse después en Casa Domingo. El 19 de marzo se reúnen pocos comensales. A un lado de la mesa, Joaquín Navarro y Antonio Navalón; frente por frente, al otro lado, Jesús Neira y Jaime García Añoveros. Neira se dirige a Navarro, pero pueden oírle los demás:

—Me ha llamado García-Trevijano y me ha leído un auto de Gómez de Liaño, que todavía no lo ha sacado. ¡Esos dos están completamente locos, porque extrapolan lo que podríamos decir aquí, en ambiente de tertulia, con una actuación que es jurisdiccional!

—¡Sí, es alucinante...! Eso va a terminar muy mal. Yo se lo he dicho a Javier, y se lo he dicho a Antonio.

Ahí, en ese momento, Navarro está confirmando lo que dice Neira. Hablan con total franqueza entre ellos.[5] Queda patente ante testigos que, cada uno por su parte, tienen ambos las mismas noticias. Es, pues, una certificación de dos fuentes.

Jaime García Añoveros, adicto también a la memoria del Diario, reseña ese encuentro en su Diario:

«Miércoles, 19 de marzo. Almuerzo de la Tertulia en Casa Domingo. Somos pocos. Al final, Joaquín Navarro, sin que yo le diga nada, me habla del asunto Sogecable (...) que ha estado con Gómez

5. Por esas fechas el problema era si el abogado Sainz Moreno tenía o no legitimidad para ejercer la acusación. La polémica venía desde el principio —febrero del 97— y no se zanjó hasta que el 16 de junio se decretó su inhabilitación procesal.

de Liaño y su compañera la fiscal y les ha manifestado su opinión y el peligro que corre el juez, si sigue engolfándose por ese camino.»[6]

Una tarde, a finales de ese mes de marzo, Joaquín Navarro telefonea a Antonio Navalón. Tiene muy alterado el tono de voz: «Javier me ha llamado para anunciarme que mañana va a meter en la cárcel a Polanco... Pero lo que me asusta no es que este insensato viole así su propio secreto sumarial, y más con una decisión tan grave: lo peor es que acabo de hablar con García-Trevijano ¡y me ha leído el borrador del auto de prisión! ¡Sí, sí..., Gómez de Liaño se lo ha enviado a él, para consulta o para lo que sea!»

Navarro traslada a Jaime García Añoveros y a Antonio Navalón esa noticia y otras sobre el mismo asunto, a medida que van sucediendo. Añoveros y Navalón, amigos de toda la vida, las comentan con estupor:

—Mira, Jaime, yo no puedo pensar que Joaquín Navarro se dedique a fabular chismes —dice Navalón—. Me creo lo que él me cuenta. Pero, joder, me deja de piedra. Escucha la última, y dime si no es para alarmarse en serio. Me ha llegado, idéntica, por dos fuentes distintas: El 28 de marzo, Viernes Santo, Navarro y Neira estuvieron con García-Trevijano tomándose un café en el Zoco de Pozuelo, y luego caminaron charlando un rato. Trevijano les dijo, muy satisfecho: «El control del caso Sogecable, que es la operación jurídica, política y mediática más importante de la democracia, lo llevo yo.» Así, como lo oyes: «lo llevo yo».

Trevijano les comentó también que había que conseguir que Polanco fuera a prisión. Les repitió su teoría del dominó: hay que provocar las caídas sucesivas del polanquismo, del felipismo y del sistema político corrupto, para que se produzca la «hecatombe necesaria»...

—¡Qué obsesión!

—Al parecer, en cierto momento, Navarro y Neira le sugirieron a Trevijano «hombre, Antonio, tú que tienes ascendiente sobre Gómez de Liaño, aconséjale por su bien que desactive el tema Sogecable, o que lo enfríe, porque no parece que ahí haya causa penal, y se va a pegar el tortazo él, como juez instructor».

6. Testigo de cargo, tanto en la prueba de recusación de Gómez de Liaño en la Audiencia Nacional como después en el Tribunal Supremo, Jaime García Añoveros aportó varias notas de su Diario que hacían referencia a la actuación judicial en el caso Sogecable. Entre otras, las aquí reproducidas.

—¿Qué dijo Trevijano?

—Que «¡de ninguna manera! ¡Ese proceso tiene que seguir a toda costa: yo estoy ahí trabajando para eso, y va a seguir con más empuje que nunca!». Bueno, de Liaño habló, no ya con desapego, sino con auténtico desprecio: «Si Javier se la pega o si Javier se la deja de pegar, a mí ¿qué? Ya es mayorcito para saber dónde se mete... Tontos útiles los ha habido siempre.»

—¡Vaya cinismo!

—Ah, y algo así como que «no me gustaría que Gómez de Liaño fuese el juez de una causa mía».

También a Garzón le llegaban retazos de información por Navarro, por Neira y por otras personas. Ahora, de un mazo de fichas de cartulina blanca sujetas con una pinza de metal pavonado, entresaca un par de apuntes manuscritos:

1 de abril. Neira y Navarro me cuentan, cada uno por su lado, una conversación que han tenido con García-Trevijano. Subrayo una frase de éste que me parece tremenda: «Hay que conseguir que Polanco vaya a la cárcel y sea condenado, porque ése es el fin del sistema político...» Y que la suerte que corra el juez Gómez de Liaño no le importa, porque «Polanco tiene que ir a la cárcel, con razón o sin ella».

El 4 o el 5 de abril, Joaquín Navarro y Jesús Neira vuelven a llamarme, por separado, y me dicen que Trevijano les ha comentado que él conocía las resoluciones de Liaño sobre Sogecable «antes que se comunicasen a las partes personadas». Les ha citado el auto prohibiendo a Polanco la salida del territorio nacional. «Javier me pide criterio», les ha dicho. Según Navarro y Neira, «da la impresión de que Trevijano y Gómez de Liaño se lo comunican todo entre sí».

García Añoveros, en su Diario, dejaba constancia rápida de unos episodios similares:

«Martes, 1 de abril. Veo a Joaquín Navarro en el Hotel Alcalá. Está escandalizado por la connivencia Liaño-Trevijano...

»Éste colabora con Liaño en la confección de la querella y en el desarrollo del sumario, con vulneración de la más elemental de las leyes penales. Liaño, además, hace lo que le dice la fiscal M.ª Dolores Márquez de Prado, que no es la fiscal de este caso.»

«García Trevijano apoya todo esto porque cree que la prisión y condena de Polanco sería un golpe mortal para el sistema político. Joaquín le ha reprochado la incompatibilidad de esa actuación con su condición de jurista, la indecencia que supone... Joaquín reitera que lo que está haciendo Gómez de Liaño es prevaricación.»

«Viernes, 4 de abril. Al mediodía me llama Polanco. Liaño le ha denegado viajar a USA para recibir un doctorado... Me pongo en movimiento. La gente de El Mundo ya sabía ayer el contenido del auto. García-Trevijano lo ha recibido antes que el destinatario. Joaquín Navarro se escandaliza. Reciben la comunicación antes que la parte...»

Coincidiendo en el tiempo, Trevijano se hizo cargo de la defensa de María Dolores Márquez de Prado, removida de su puesto en la Audiencia Nacional por sus enfrentamientos con el juez García-Castellón: es el tema de los «fiscales indomables».

«A principios de abril —Garzón hojea un dietario de 1997, buscando la fecha exacta—, recuerdo con nitidez la escena, en el despacho de María Dolores Márquez de Prado hablo con Javier para que recapacite sobre el berenjenal en que se está metiendo:

»—Javier, ¿tienes muerto o no tienes muerto? Si tienes muerto, aprieta con todas tus fuerzas —a la vez, arqueo mis brazos, como si estrechara a alguien para retenerle, para reducirle—. Si tienes elementos, tira p'alante, decreta las prisiones, y no habrá ningún problema. Si hay delito, ¡tríncalos, joder! Y, si se han quedado con veinte mil millones que no eran suyos, que vayan a la cárcel. Pero ¡ojo!, ¿tienes muerto o sólo tienes... humo? En el caso de Lasa y Zabala, tienes muerto. ¡Dos muertos tienes! Ahí puedes apretar. Pero aquí, en Sogecable, no tienes delito para meter a nadie en la cárcel. No tienes muerto. ¡Humo, coño, humo es lo que tienes! No te engañes, que si sólo tienes humo, al apretar te encontrarás agarrándote tus propios brazos.

»A partir de ahí, él ya no habla de estos temas conmigo.»

El 1 de mayo, fiesta y cabeza de un largo puente en Madrid, al mediodía Javier Gómez de Liaño y Dolores Márquez de Prado salen en el coche oficial del gran chalet que García-Trevijano posee en

Somosaguas. Han tenido una larga sesión de trabajo con el abogado que tramita la defensa de la *fiscal indomable*. En cierto momento, Trevijano ha aconsejado a Liaño que reanude su amistad con Garzón y acorte distancias, «porque me consta que esa separación tiene mucho que ver con el caso Sogecable, y no es conveniente». Desde el coche mismo, Javier llama a Baltasar. Quedan para desayunar juntos el lunes 5.

Se encuentran en Zurbano 10, una cafetería tranquila, muy cerca de la Audiencia, donde solían reunirse meses atrás. Se acomodan en la zona de arriba, que apenas hay gente. En los primeros minutos, Javier lleva la iniciativa del acercamiento:

—Baltasar, hace mucho tiempo que tú y yo no hablamos... Me gustaría que volviéramos al clima de compañerismo de antes. Yo te estimo mucho...

—También yo a ti, Javier, aunque discrepe de algunas cosas que haces... Bueno, venga, ¿tú como estás?

—Bien, bien, el asunto va muy bien.

—¿Qué asunto? ¿Narcotráfico? ¿Lasa y Zabala? ¿Sogecable?

—¡Sogecable, por supuesto!

—Mira, Javier, ya que lo mencionas, quiero decirte que discrepo de algunas medidas que has tomado en ese caso... Desde admitir a trámite la querella de Sainz Moreno, hasta la forma de notificar el auto, que ha sido gravosa para las partes afectadas; incluso el propio auto prohibiéndole la salida a Polanco: era innecesario...

—Pues ¿quieres saber lo último que he descubierto? —Liaño abre mucho sus ojos azules claros, oprime con fuerza el antebrazo de Garzón y baja el tono de voz—. A través de Editorial Santillana, Polanco puede haber blanqueado dinero...

—¡¿Qué estás diciendo?! Javier, los hechos de Sogecable que tú investigas llegan, que sepamos, hasta enero del 96. Y el blanqueo de capitales como delito sólo existe desde mayo del 96, salvo que ese blanqueo de dinero proceda del tráfico de drogas. ¡Y no creo que intentes imputar a Polanco por narcotráfico...!

—Bueno, yo te digo que hay indicios...

—Pero no seas cabezota, Javier, que cuando ese tipo delictivo entra en vigor el tema de Sogecable ya se ha acabado...

—Y me han dicho que el informe de los peritos de Hacienda va a ser demoledor: salen delitos de falsedad documental, de apropiación indebida, societarios... ¡la berza!

En su momento, ese informe pericial llevará al archivo del caso Sogecable, por no apreciarse hechos delictivos.

Los dos jueces se despiden palmoteándose la espalda uno al otro. A Liaño, que es más sentimental, se le nublan los ojos.

Han roto el hielo, han dejado una puerta abierta... pero Garzón sabe que ese gesto de Javier responde a una indicación de Trevijano. Joaquín Navarro se enteró y le fue con el chisme... Tres días después, el 8 de mayo, la Sala de lo Penal de la Audiencia anula las órdenes de Liaño prohibiendo a los directivos del Grupo Prisa —Polanco, Cebrián, Aranaz y Rodríguez Gil— salir de España sin permiso judicial.

Al hilo de los hechos, Joaquín Navarro habla una y otra vez con Antonio Navalón. Le lanza mensajes alarmistas y le dice que, como magistrado, el tema le preocupa y le escandaliza:

«Tenemos que advertir a Gómez de Liaño: no se da cuenta de la insostenible situación que se ha creado. Por una serie de datos que tengo, he llegado a la convicción de que a Javier lo están manipulando entre Campmany, Trevijano y quizá alguien más, con la ayuda de María Dolores. Ignacio Gordillo anda también en esa operación... Yo quiero suponer que Javier está de buena fe, y hay que abrirle los ojos. Además, va a destruir estúpidamente todo el trabajo serio y ético de lucha contra la corrupción que, entre Baltasar y unos pocos más han cargado sobre sus espaldas. Hombre, ahora que está entrando un aire limpio de regeneración y de dignidad en la vida nacional... ¡cuidado, que todo eso se puede ir al carajo por lo de Sogecable! Lo que Javier está haciendo no es de recibo, no es legal. ¡Es... un escándalo!»

Y en otra ocasión:

«Antonio, tendríamos que hablar con Baltasar Garzón. Él tiene autoridad moral para poner a Javier frente a la atrocidad jurídica que está perpetrando, y convencerle de que se inhiba y pase el asunto a otro juez. A mí, como jurista, se me remueve el estómago de pensar que un juez se ponga de acuerdo con García-Trevijano, o con quien sea, para instruir un caso por razones políticas... Esto es muy grave. Y no quisiera yo ver a Javier en la cárcel, que es como va a acabar...»

El 12 de mayo, Baltasar Garzón anota en su Diario:

Dolores Márquez de Prado me invita a una comida en casa de

Campmany, el miércoles 14. Asistirán ella, Javier Gómez de Liaño y Joaquín Navarro. Percibo un deseo de acercamiento... Sin grosería, le hago notar que me choca que Javier almuerce con Campmany, que es el denunciante de un caso que él instruye. Le pregunto simplemente: «¿Y eso?» Es lista, y me da una respuesta «light»: «Jaime quiere regalarnos su último libro.» Le digo que no iré porque tengo algo que hacer en Valencia.

Al día siguiente, la Audiencia Nacional anula otra resolución de Liaño: el auto por el que decretó el secreto del sumario Sogecable. La expresión con que se revoca es muy dura: «No justificado, irrazonable, innecesario, desproporcionado e inadecuado.» Es un varapalo tremendo, y se comenta en los despachos y en los pasillos de la Audiencia...

A Garzón se le agolpan ahora las imágenes y las voces de aquel mediodía, a eso de las dos:

«Oigo a Natalia: "¡Un auto terrible, pobre Javier!" Dejando a un lado el fondo de la cuestión, pienso en la persona: es un compañero, le han tumbado ya varias actuaciones, lo está pasando mal. ¿Bajo o no bajo? Si no bajo, toda mi vida me censuraré no haber tenido corazón generoso para ir a consolarle. Es lo que me gustaría que hicieran conmigo... A eso de las dos menos cuarto, voy a su despacho para darle un abrazo. Me lo encuentro desencajado, fuera de sí. En cuanto entro, me dice:

»—¡Baltasar, la Sala ha prevaricado! ¡Es una Sala prevaricadora! Voy a dictar una resolución poniéndolo así.

»—Venga, hombre, serénate, tranquilízate. No te busques líos...

»En ese instante suena el teléfono. Es Gordillo, su fiscal. Javier le dice: "Ignacio, tienes que hacerme un dictamen diciendo que es necesario el secreto parcial para no entorpecer la investigación y tal... Así, yo le digo a la policía que me lo pidan ellos..." Luego, agrega: "¿Por qué para el secreto han de tener con Polanco un criterio distinto que con Mario Conde? ¡No lo entiendo!" Entonces, señalo con el dedo hacia el techo, dándole a entender que me subo a mi despacho, en el piso de arriba. No quiero oír más del enjuague. La Sala manda levantar el secreto para que los afectados sepan de qué va el tema y puedan preparar su defensa. Y estos dos, juez y fiscal, están poniéndose de acuerdo para hacer otra cosa... Me voy.

»A los pocos minutos, cuando estoy recogiendo la mesa, entra Javier en mi despacho. Viene tan desencajado como lo dejé. Estamos los dos de pie. Vuelve a soltar lo de que “la Sala ha prevaricado”, pero ahora dispara zambombazos más gruesos:

»—¡Clemente Auger y Bacigalupo son asalariados del Grupo Prisa, les hacen informes, trabajan para ellos...! ¡Hay datos de que han cobrado de Sogecable!

»—¡Un momento, Javier! ¿Tienes pruebas de eso que estás diciendo?

»—No tengo pruebas... ¡pero tengo fuentes!

»—¿Quiénes son esas fuentes?

»—No te las puedo decir.

»—Pues si no lo puedes probar y no me puedes decir unas fuentes de referencia, cállate.

»Insiste con vehemencia: “¡Están comprados, están vendidos!” Le corto con fuerza:

»—¡Basta, Javier! Te prohíbo que en mi despacho insultes así a compañeros tuyos y míos. Son injurias graves las que les estás echando encima, y no te tolero que las digas aquí, si no tienes pruebas ni fuentes que mostrar.

»—¡No, si a lo mejor tú también criticas mi auto de prisión de Polanco!

»—A mi juicio, no se dan los requisitos para la prisión provisional, pero tú sabrás...

»—¡¡Son magistrados corruptos...!!

»—Venga, Javier, cálmate... Anda, márchate, vete a tu casa.

»—¡¡Te digo que son magistrados corruptos...!!

»—¡Coño, cállate, no puedes decir eso...! Tú estás mal de la cabeza, tío. Has perdido el equilibrio... y te vas a hundir. ¡Reacciona, Javier, reacciona, que te están hundiendo!»

En presente, al rebobinar el recuerdo, Garzón cae en la cuenta de que Gómez de Liaño, quizá por la tremenda tensión a la que estuvo sometido, fundió y confundió en su mente algunas de aquellas frases —«serénate», «estás mal de la cabeza», «vete a tu casa»—. Eso explicaría que dos años más tarde fabulase al escribir en uno de sus libros:[7] «Garzón me sugirió que pidiera un permiso de tres días para así hacerse cargo él de mi juzgado y tomarles declaración a Polanco y a Cebrián.» Claro que Liaño sitúa esa imaginada sugerencia

7. Javier Gómez de Liaño, *Pasos perdidos*, p. 271. Temas de Hoy. Madrid. 1999.

«una mañana del mes de abril, en el despacho de María Dolores»; en cambio, esta escena ocurrió el 13 de mayo, a las dos de la tarde, en el despacho de Garzón.

Muestra de que ese 13 de mayo Gómez de Liaño no sintió lo que después escribió en su libro —«ganas de echarle con cajas destempladas», «mi seca despedida fue lo más parecido a un adiós insultante», «María Dolores expresaba rabia civilizada»— es que, al día siguiente, María Dolores y él insistían de nuevo en llevar a Garzón a la comida con Campmany.

Volví a decir que no, que me iba el día 15 a Valencia para una escritura de hipoteca —apunta Garzón en su Diario, bajo la fecha 14 de mayo—. *A Joaquín Navarro le aconsejé: «Yo en tu lugar tampoco iría.» Me dijo: «Voy para enterarme.» Después me llamó: «¡Menos mal que no has ido! Salió a relucir el asunto Sogecable. Campmany comentó: "Ese caso está muy parado", y María Dolores dijo: "Hay que seguir adelante, aunque nos inmolemos."»*

Lo que Liaño y Gordillo hablaron por teléfono, estando Garzón delante, revelaba cierto empecinamiento en el juez de Sogecable, al querer que la policía judicial pidiera lo que él hubiese tenido que decidir por sí mismo sin ampararse en nadie. Como más tarde explicaría el inspector jefe de la Brigada de Delincuencia Económica, Fabián Zambrano, «ese informe policial pidiendo el secreto se hizo porque el juez nos lo pidió: el magistrado me llamó a mí, no yo a él, y me sugirió que le enviara un escrito por fax indicando que convenía mantener el secreto; a la policía nos da igual que el sumario esté o no secreto: nosotros siempre trabajamos en secreto». Liaño no alzó el sigilo hasta veintinueve días después. Fue una de sus prevaricaciones: se constató que durante ese tiempo ni practicó diligencia alguna sobre «hechos nuevos», ni había «nuevos documentos» que proteger con secreto, ni «investigación nueva» que se pudiera frustrar. Para que la policía volcase sobre el papel los datos de los bancos, que tenía ya en su poder desde abril, no se precisaba el sigilo. El secreto es una medida de excepción, de uso sin abuso, que suspende ciertas garantías y deja indefenso al justiciable.

En esos días, Navarro habla por teléfono con Garzón:

—Baltasar, la Sala de lo Penal ha prevaricado al mandarle a Javier que levante el secreto en el caso Sogecable: hay un informe policial en el que se pide mantener el secreto, porque alzarlo perjudicaría lo que están investigando.

—¿Y tú cómo lo sabes?

—He leído ese informe. Javier me lo ha enviado por fax.

Con ese par de frases, Garzón se percata de dos cambios: Uno, Navarro ya no se escandaliza por las actuaciones de Liaño; antes bien, apunta contra la Sala. Y otro, su fuente sobre lo que hace o dice el juez de Sogecable ya no es lo que Trevijano le quiera contar; sino que, según dice, él mismo recibe en su fax los documentos internos del proceso. Por lo demás, Liaño sigue vulnerando el mismo secreto sumarial que con tanto celo defiende.

Al poco, se celebra una tertulia en el Pazo de Monterrey. Garzón recuerda:

«Debió de ser por esas fechas. Estábamos diez: Joaquín Navarro, Jesús Neira, Jaime García Añoveros, Ezequiel Jaquete, los periodistas Bonifacio de la Cuadra, Sol Alameda y Lorenzo Contreras, el psiquiatra Francisco Albertos, el catedrático Juan González Encinar y yo, que llegué un poco tarde. Había clima de polémica. Navarro y Añoveros estaban enzarzados sobre la restauración del secreto sumarial ordenada por Liaño contra el parecer de la Sala. Joaquín Navarro dijo en voz alta lo que me había referido en privado: que él había visto "un informe policial pidiendo al juez que mantuviera el sigilo". Neira y yo nos miramos. Con su indiscreción, Navarro ponía en berlina a Javier, ya que precisamente esa parte del sumario estaba secreta, y nadie podía conocerla. Le di algún toquecito con el pie bajo la mesa, pero Joaquín no atendía, estaba embalado. La discusión sobre Sogecable se amplió: intervinieron con mucho brío, de una parte, Sol Alameda, Bonifacio de la Cuadra y García Añoveros, y Joaquín Navarro y Neira de otra. Yo les advertí "no quiero opinar, porque puede tocarme ser juez de esa causa en cualquier momento". De pronto, Navarro soltó una frase rotunda y brutal: "Entre un juez prevaricador y una Sala prevaricadora, me quedo con el juez prevaricador."

»Fue la gota que colmó mi vaso. No volví a asistir más a esas tertulias... por no encontrarme con él.

»En casa dije que me filtrasen las llamadas. Joaquín era como un sarpullido: telefoneaba sin parar, le dictaba los recados a mi hija María. Pero yo había decidido aislarme de él y de otros que me venían con noticias de las tripas judiciales de Sogecable. Mi deber como juez sustituto era preservarme de cualquier contaminación, por si tuviese que intervenir. No soy de piedra, y ese chorreo de informaciones me iban haciendo mella.

»Por otro lado, yo veía desmoronarse la montaña. La Sala iba anulando, una tras otra, las resoluciones de Javier, con autos razonados y fundados en derecho. Una de las misiones de la Sala es defender la pureza del proceso frente a posibles errores del juez instructor. El caso Sogecable registró el enfrentamiento más duro que se haya visto jamás entre un juez y la Sala.

»Y en éstas, ocurre lo que me temía: el 6 de julio, alzado ya el secreto y conocidos los informes de la Fiscalía General y de Hacienda, que no veían delito en la gestión de Sogecable, Juan Luis Cebrián recusa a Liaño: alega que el juez siente hacia él "enemistad manifiesta" y tiene "interés indirecto" en la causa. Me toca hacerme cargo y dirimir la recusación.

»Al día siguiente, en el hotel Princesa, Mayor Oreja presenta *Narco*, un libro escrito al alimón entre Eusebio Megía y yo. Allí aparecen Neira y Navarro: "Baltasar, tendríamos que vernos. Llevamos mucho tiempo llamándote, y no hay manera... ¿Por qué no comemos juntos mañana?" Pongo una condición: "Ni una palabra sobre Sogecable, ¿hace?"

»Estamos los tres en el comedorcito reservado del Pazo de Monterrey. Neira dice que él ha detectado "ciertos manejos de Trevijano hacia Gómez de Liaño". Y que "Trevijano no está en el caso sólo por una idea política, ni de forma altruista y gratuita: tiene un interés económico, puesto que es asesor legal de Televisa". En esas fechas, Anson es director de ABC y presidente de Televisa. Al oír a Neira yo entiendo que se va cerrando el círculo de los intereses.

»En plena comida, me sueltan lo que querían: Trevijano les ha dicho que van a arreciar los ataques contra mí a través de prensa y radio, como se me ocurra admitir la recusación contra Gómez de Liaño. Piensan movilizar "todo lo que no es el Grupo Prisa".

»Navarro lleva la voz cantante. Neira asiente apesadumbrado.

»—Prepárate a la ofensiva: Anson, García-Trevijano, Pablo Sebastián, Jesús Cacho y demás "amigos" empezarán a disparar con artillería pesada. Quieren machacarte, Baltasar. Dirán que tienes intereses económicos y políticos con Polanco...

»—Ya están diciéndolo...

»—Que has pactado con Polanco: que te paga los estudios de tus hijos en Estados Unidos y va a financiar tu retorno a la política fundando un Partido Socialista Renovado.

»—Mirad, mi honradez es lo único que tengo, y la campaña de desprestigio que me están haciendo es vil, es abyecta; pero en mi trabajo no acepto amenazas ni coacciones. Voy a tramitar la recusación de Cebrián. Y haré lo que crea que debo hacer.

»—Tú tienes que abstenerte en esa recusación. Y debes hacerlo por la amistad que existe entre Javier y tú.

»—Si entiendo que debo abstenerme, lo haré; pero no por amistad o por enemistad. Cógete la ley, Joaquín: cuando un juez tiene que resolver si otro es o no recusable, la amistad no es causa legal de abstención. La Sala no me la aceptaría. Si me abstengo, lo haré cuando procesalmente pueda hacerlo, no cuando me lo digas tú. Además, lo haré contando la verdad.

»—¿Qué verdad...?

»—La verdad de lo que he conocido.

»—Pero, pero... ¡eso es una locura, Baltasar! Si haces eso, te hundes por siempre jamás. Si haces eso, te machacan vivo...

»—Es un riesgo que tendré que correr, pero debo ser honesto conmigo mismo. No sé tú, pero yo no sé afeitarme a ciegas: necesito mirarme al espejo... y no quiero tener que desviar los ojos. Desde luego, no voy a tirarme al vacío como un suicida sin más bagaje que mi testimonio, para que todos los demás, compinchados, nieguen que se han producido tales encuentros, tales comentarios, tal cruce de informaciones, y nadie crea mi versión...

»—Entonces... ¿qué cojones vas a hacer?

»—Yo puedo aceptar o rechazar la recusación. Y también puedo abstenerme. Pero haga lo que haga, debo fundamentarlo, no puedo resolver de boquilla: debo argumentarlo sobre hechos constatados.

»—Pero, Baltasar... ¿tú te das cuenta de que, si haces eso, me obligas a decir que soy yo quien te lo he contado?

»—Es que deberías hacerlo. Sería lo mejor para la Justicia.

»—¡Sería lo mejor para la Justicia... y a mí, como juez y como magistrado, me hundes! ¡Estás loco! ¿Cómo coño voy a decir yo que lo que tú sabes lo sabes por mí? ¡Ni harto de vino...!

»Navarro está encendido de ira. Se produce un silencio espeso. Al poco, vuelve a hablar él. Le miro: se le ha mudado la expresión. De la indignación ha pasado al aborrecimiento. Del temor, al cinismo:

»—Baltasar, nada de lo que tú sabes, y yo sé, vas a poder probarlo nunca... ¿No lo habías pensado?

»—Tengo muchas cosas que decir. Sé más de lo que quisiera.

»—Sí, pero no te sirve de nada. No puedes contar nada. No tienes pruebas. Y lo que no está en autos, en derecho no existe.

»—Pero existe en mi conciencia.

»—Pues, si vas por ahí, ésa será tu perdición, ése será tu final. ¡Te vamos a destrozar, como juez y como persona! ¡Te vamos a laminar... y tú solito te lo habrás buscado!

»Me quedo noqueado al ver la calaña de quien me amenaza así. Me levanto y voy hacia la puerta. Cuando estoy sacando el billetero para pagar, Neira me dice "no, no, te hemos invitado nosotros". Pero aún oigo, ya de espaldas, unas últimas palabras zafias de Joaquín Navarro... En el aseo, vomito. Vomito de asco, por esa coacción tan miserable. Y noto dentro mucha náusea acumulada.

»Nunca en mi vida habían presionado en mi libertad judicial. ¡Qué poco me conocen! Intentar ponerme un yugo es incitarme a una reacción impetuosa de más independencia, de más libertad.»

En agosto de 1997, Baltasar Garzón tiene una beca del Foreign Office para estudiar inglés en Eaton upon Avon, pero renuncia en el último momento.

—No voy a ir. No podré concentrarme en el inglés —dice a su mujer—. Estoy pasándolas canutas. Noto el peso casi físico en mi conciencia: la duda entre aceptar la recusación contra Javier, rechazarla, abstenerme... No es una decisión trivial. Afecta seriamente a un compañero, afecta seriamente a la Justicia, y me puede afectar seriamente a mí. Además, Yayo, estoy seguro de que si me voy éstos me hacen alguna putada.

Reparten las vacaciones entre Almería, Sevilla y Llavorsí, un pueblecito de Lleida. Hacen deporte fluvial con los chiquillos, rafting en lanchas de lona por el Noguera Pallaresa.

«Y yo —Garzón recuerda aquel desasosegado agosto—, dándole vueltas al tema en mi cabeza. Lo fácil era el manotazo: rechazarla con un simple "no se ha acreditado el interés indirecto". Lo difícil era yo mismo. Tengo muchísimos defectos. Puedo ser soberbio, testarudo, colérico, celoso... pero creo que soy recto y honrado: no transijo con una injusticia, ni con una ilegalidad, si me consta que se está cometiendo y perjudica a alguien. No puedo pasar por alto lo que sé. Si lo oculto, me convierto en cómplice. Si lo expongo, puede decirme la Sala de Gobierno que debí declararlo antes. Pero... me llevo a mí mismo por delante, y quedo a los pies de los caballos.

»Mi familia me decía: "¿Otra vez tienes que sacar pecho? Esto te acarreará consecuencias. Son como una secta: se te echarán encima, todos de uñas, quedarás como un mal amigo." "Ya lo sé; pero no voy a actuar por respetos humanos, ni por miedos. ¡Ojalá se despejara todo, y brillase el sol, y nadie tuviera que pagar prenda!"

»Yo no me sentía ecuánime de espíritu para aceptar o rechazar la recusación de Liaño. Estaba mediatizado por lo que me habían ido contando, aparte lo que yo mismo había presenciado.

»Desde chico, siempre he optado por la justicia, la independencia, la verdad. Son opciones que tienen mala paga, pero opté por ahí. Expuse ante la Sala de Gobierno de la Audiencia mi conflicto moral. La Sala aceptó mi decisión de abstenerme.

»Previamente, practiqué las pruebas que Cebrián pedía como recusante de Liaño. Una de ellas era verificar los envíos de información por fax, del juez Gómez de Liaño a García-Trevijano y a Navarro...»

Al parecer, Liaño utilizaba el fax del juzgado n.º 2 —el de Ismael Moreno—, donde María Dolores trabajaba como fiscal. Ella tenía amistad más que suficiente con una de las funcionarias, Mari Carmen Gallego, como para ir cualquier tarde y poner uno o dos faxes sin darle explicaciones. Aunque ajena legalmente al caso Sogecable, Márquez de Prado se subraya escena a escena como una hábil concertadora de todos esos encuentros de intereses.

Aunque era el fax de un organismo público y Garzón tenía en curso una prueba judicial, no entró a buscar en el fax del juzgado. Eligió algo más aséptico: preguntó a Telefónica. Le dijeron que, transcurrido cierto tiempo, no guardaban el listado de números. Y ahí zanjó esa indagación. No quería hacer sangre.

«Parte de las pruebas opuestas que pedían el recusante y el recusado era que declarasen Trevijano, Navarro, Neira y Añoveros. Los cité. Uno de ellos, García Añoveros, explicó cómo Joaquín Navarro le contaba paso a paso los mismos sucesos que a mí. Bien.

A partir de esa declaración de Añoveros, me dije: "Aquí me detengo; ya puedo abstenerme, porque hay otro testigo que, no siendo yo, sabe lo mismo que yo; alguien en quien apoyar mi versión, sin que la Sala me la eche atrás."

»El 3 de septiembre, aquí, en esta misma buhardilla, cojo el bolígrafo para dictar el auto motivando por qué me abstengo. Sé que haga lo que haga me quedo a la intemperie, sin defensa, y que no voy a agradar a nadie. Es lo contrario de contentar al corro. Un bando quiere que yo decida "Liaño, recusado". El bando de enfrente, que rechace la recusación y diga "Liaño sigue". Sin embargo, no voy a hacer ni lo uno ni lo otro. Y lo que es peor: el argumento de mi abstención es el tufo maloliente de complot, el metesaca de intriga que vengo percibiendo. No voy a gustar a nadie, no me va a aplaudir nadie. Me triturarán, vale; pero mi conciencia, que no es conformista, me dejará dormir en paz.»

Se pone a escribir. Sin tildes, sin comas. Prosa ramplona y desvencijada sintaxis. Un *torpe aliño indumentario*, a su manera. «¡Te *vamos* a machacar!», «con este caso *vamos* a hacer la revolución...», «seguir adelante aunque *nos inmolemos*». Garzón no puede espantar de su memoria esos plurales de trama, que siguen sonándole a quebrantahuesos mafioso, a pandilla vindicativa, a Cosa Nostra amenazante...

«No tomo la decisión más cómoda, ni la más rentable, sino la que considero más justa. Si no lo hiciera así, yo mismo traicionaría al juez Garzón: él cree en serio que la Justicia es un servicio público, y no puede encadenarse a intereses particulares, ni arrodillarse ante miedos reverenciales.

»Has hecho —me digo— lo que tenías que hacer. Y me dispongo a pasar esa página y a centrarme en mi trabajo: los desaparecidos de Argentina, el narcotráfico, las cuentas de la Expo'92, Telemundi, Telecinco, Berlusconi, Durán, De la Rosa... Pero alguien se empeña en no dejármela pasar: Liaño remite mi escrito de abstención al fiscal general del Estado —que es nuevo: acaban de cesar a Úrculo y han nombrado a Jesús Cardenal—. Él entiende que, con lo que digo en el auto, le acuso. Eso, con mucho guirigay y mucha fanfarria de prensa, radio y televisión, provoca una denuncia del fiscal del Estado. Y el Supremo nos convoca, primero como testigos y luego como imputados, a Javier, a María Dolores, a Ignacio, a Joaquín Navarro y a mí. Como a niños revoltosos: "Por pelearos,

¡castigados, todos!" Oiga, ¡un momento! Yo lo único que he dicho es que los señores Navarro, Neira y García Añoveros —y podría añadir algún otro nombre— me han contado una misma película de enredos. ¿Es cierta? ¿Es falsa? No lo sé. Y como esa duda me impide ser imparcial, me quito de en medio, me abstengo. Indaguen ustedes si es verdad o no es verdad... Pero ¡qué van a indagar! Se percibía un humus raro, raro... Cuando acudí al Supremo, pregunté: "¿Qué hago yo aquí? ¿En concepto de qué estoy citado?" Allí estábamos Javier, que era el denunciante, y yo, que era el denunciado. Ni siquiera el fiscal Luzón tenía una respuesta: "Eso mismo digo yo: ¿qué hacemos aquí?"

»Yayo sufría. Ella no lo sabe, pero la vi llorar. Conmigo procuraba estar animosa, quitando hierro: "Si las cosas salen mal, levantamos la casa y nos vamos. ¿Qué nos une a Madrid? Nuestra gente está fuera. Y los amigos de verdad seguirán siéndolo aunque vivamos en otro lugar." En cierto momento me dijo: "Tú has destapado un asunto, y ellos lo quieren tapar. No te olvides, Baltasar, que detrás están los intereses del Gobierno. Y el fiscal obedece al gobierno. Ahora montan este show, os meten a todos en el mismo saco, la gente se confunde... Y al final, ya verás: justos por pecadores, rapapolvo general, y aquí no ha pasado nada. Eso va a ser un paripé." Y no iba descaminada. También me advertía del corporativismo judicial: "Todos son patanegra. Ignacio, Javier y María Dolores tienen a sus familias en la magistratura. Tú no. Búscate un abogado amigo, de quien te puedas fiar." Le hice caso, y llamé a Manolo Medina.»

El 26 de septiembre de 1997 Garzón declaró en el Supremo. Fue un trago amargo, comparecer como imputado. El instructor era Joaquín Delgado. El fiscal, José María Luzón.

—De esas noticias que a usted le daban sobre reuniones entre los señores Jaime Campmany, Javier Gómez de Liaño y María Dolores Márquez —inquirió el fiscal—, ¿dedujo que había un acuerdo para cometer delito de prevaricación y retardar el caso Sogecable de modo malicioso? En tal caso, ¿intentó usted perseguir tal delito, o impedir que se realizara?

—Nunca percibí —Garzón se señaló instintivamente los ojos— que se estuviera cometiendo un delito. Mi conocimiento era sólo referencial: recibido en charlas y en conversaciones privadas. Por esa misma carencia de pruebas, me resultaba imposible formular una denuncia o una acusación solvente sin el riesgo de que fuese tachada de calumniosa. Ahora bien, esos mismos datos que consideré insuficientes para hacer una denuncia, sí los estimé suficientes para abstenerme sobre la recusación presentada contra mi compañero Gómez de Liaño. Y lo hice en el momento en que constaté que, en efecto, lo que yo había conocido fuera del proceso me impedía resolver ese conflicto con imparcialidad.

Con perspicacia de mujer, Yayo Molina adivinó que aquel desfile de jueces y fiscales por el Supremo, con su fogonazo de espectacularidad, sería apenas un formalismo, apariencia de investigación a la que se dio carpetazo rápido:[8] no hubo trama, no hubo conchabeo ni complot, nadie era culpable de nada. Y lo más enjundioso: ese paso por el Jordán del Supremo convirtió la historia en intocable, dándole patente de "cosa juzgada".

Después, el juez Ismael Moreno dirimió la recusación contra Liaño y lo apartó del caso Sogecable por "parcialidad objetiva".

En su Diario, Garzón anotó aquel 26 de septiembre:

Declaro en el Supremo. Por no perjudicar a nadie, me limito a argumentar mi abstención. Estrictamente. No paso a más. He sido muy parco. Tampoco he visto interés en averiguar la verdad de lo que ocurrió, si hubo enjuague o no lo hubo. En todo caso, he respetado la reserva de unas conversaciones privadas.

Ahora, releyendo esas líneas, piensa: «Pero esa reserva tiene un límite: el derecho de los ciudadanos a que sus jueces sean independientes y no arbitrarios...»

El fiscal Gordillo se ufanaba ante algunos colegas de que su postura representaba lo que el gobierno de Aznar quería en el tema Sogecable. Por el vicepresidente Álvarez Cascos supo una semana antes que iban a cesar al fiscal general Ortiz Úrculo. Es más, que Úrculo caía por no plegarse al gobierno en lo de Sogecable. De ahí que Gordillo se atreviera a desafiar a su máximo jefe, desoyendo su instrucción verbal y escrita de «oponerse a cualquier medida cautelar contra los directivos de Canal Plus, porque no hay indicios de delito». Se salta esa orden y da por buenas varias «medidas caute-

8. El proceso duró un mes. La denuncia del fiscal general se archivó el 22 de octubre de 1997.

lares» como la prohibición a Polanco, Cebrián y demás de salir de España sin permiso y la fianza de doscientos millones. Contra lo que la Sala ha dispuesto, Gordillo se aviene también a prorrogar el secreto. Así, alargan el caso ficticiamente. Todo esto se volverá en contra de Liaño, pero no de Gordillo. Sus indisciplinas no le acarrean sanción alguna. Tampoco al fiscal Fungairiño. Sin duda, ambos tienen el mejor de los blindajes: están en la línea que interesa al gobierno.

Ignacio Gordillo jugó en la trastienda con Javier, con María Dolores, con Trevijano... Él supo siempre que éste era un caso político, que la denuncia de Campmany y el informe de Fomento en que se basaba eran piezas de un mecano político. Todos lo sabían. Todos, menos el juez que lo llevaba.

¿Qué le ocurrió a Liaño? ¿Por qué se dejó manejar? Desde el punto y hora en que aceptó el diálogo para designar a los abogados, cambiar las querellas, aumentar las denuncias, incluso el simple compadreo con el denunciante Campmany, el juez entró en connivencia con los intereses de una de las partes. Igual de nocivo hubiese sido que tuviera los arrimos con la otra parte.

Garzón se despereza a la inglesa: extiende ambos brazos y los lleva hacia atrás hasta rodear el respaldo del sillón, mientras aspira y espira con largo bostezo. En unos folios ha anotado fechas, nombres, lugares y ciertas frases al pie de la letra. Se frota el puente de la nariz para desentumecer la huella del arco de las gafas. Recoge los diarios y las fichas de cartulina. Echa todavía una mirada al retrovisor del caso Sogecable, «el caso fantasma», «el caso que nunca existió»:

«Abusaron de su bonhomía. Trastearon su vanidad. Alguien detectó que su talón de Aquiles era cierta tendencia al heroísmo iluminado; y, por ahí, le imbuyeron de la trascendencia histórica del caso Sogecable y de que con ese lance acometía, ¡qué sé yo!, una obra purificadora, en el sacrosanto nombre de la Justicia... ¡la inmolación!

»Javier no obró bien. Pero no quiero que pierda la toga.

»Sin embargo, hay algo que me llama la atención en toda esta historia: ¿por qué Javier nunca ha querido saber qué había conocido yo fuera del proceso, qué me habían contado, qué graves cosas decía de él su nuevo amigo Joaquín Navarro, que a mí me impedían la ecuanimidad para el sí o el no de su recusación?»

Por la escalera, los pasos de Yayo que sube a la buhardilla.

—¿Te falta mucho?

—He terminado ya...

—Para mañana, te he preparado el traje gris ligero. ¿Vas a llevar camisa de color...?

—No, camisa blanca con gemelos y la corbata gris de rayitas.

—Venga, si has terminado, bájate y cena algo...

—Yayo, ¿tú entiendes por qué me cita María Dolores como testigo de la defensa de Javier?

—Lo estoy pensando desde que te llegó la citación. A Javier le acusan de prevaricar al instruir el caso Sogecable. Y tú, de eso, ¿tienes algo que decir?

—Yo ahí ni entré ni salí. Me mantuve al margen. No conozco el sumario. Se lo crean o no, no leí ni un folio...

—Los trapicheos entre Liaño, Trevijano, María Dolores, Campmany... los faxes, las consultas, las reuniones... todo aquello que contaban es papel mojado, se archivó, ¿no?

—Aquello era muy gordo, pero le dieron carpetazo. Además, no tiene nada que ver con lo que ahora se juzga. Por eso me choca que éstos me llamen...

—¿Y crees que Javier y María Dolores van a querer desenterrarlo en perjuicio de ellos?

—En buena lógica de cordura, no tendrían que citarme. No les convengo. Sin embargo, me convocan, con el riesgo de que, a poco que hurgue ahí, les pueda perjudicar. No se dan cuenta de que, como testigo, estoy obligado bajo juramento a decir la verdad.

—Yo no sé qué busca María Dolores...

—Yo tampoco. Sólo puedo entenderlo como que piden árnica: que yo haga una declaración favorable a Javier...

»Yayo, he estado leyendo las agendas, reconstruyendo la historia. Y he tomado una decisión: para mañana en el juicio, quiero borrar dos años de mi vida, los dos peores años de mi vida. Voy a ir en blanco, sin rencor, sin recordar la hostilidad que han desatado contra mí en este tiempo. Yo no podría ser amigo de ellos. Pero Javier está en un trance muy dramático, se juega la carrera. Para mí, eso sería jugarme el sentido de mi vida. Al mínimo resquicio de acercamiento que yo perciba, estoy decidido a tenderle, no una mano: las dos. Es lo que me gustaría que hicieran conmigo. Bueno... siempre que no me fuercen a mentir.

A la mañana siguiente, 16 de septiembre de 1999, Garzón comparece ante la Sala Segunda del Supremo. Es un escenario vetusto, solemne y con empaque. En el estrado, los magistrados juzgadores: Gregorio García Ancos, Enrique Bacigalupo y José Manuel Martínez-Pereda. A la izquierda del testigo, las defensas del acusado: Dolores Márquez de Prado, Jorge Trías y el propio Gómez de Liaño, que también se defiende a sí mismo. A la derecha, el fiscal Luzón y los letrados de la acusación: Horacio Oliva, Matías Cortés, Antonio González-Cuéllar y Emilio Rodríguez Menéndez. Dentro y fuera, toda la prensa nacional y foránea.

En pie, Garzón jura decir la verdad y escucha las generales de la Ley. Luego, se sienta. Con parsimonia, se sirve agua y bebe un sorbo largo. Busca la mirada de Gómez de Liaño... No la encuentra.

La defensora Márquez de Prado, más que interrogar, afirma:

—Tanto el acusado como el testigo Ignacio Gordillo, que ha declarado bajo juramento, dicen que usted reprochó a Gómez de Liaño su actitud «demasiado débil» y que, de haber sido usted el juez, «Polanco y Cebrián estarían ya en Alcalá Meco».

—Esa conversación no existió, aunque un testigo lo haya declarado bajo juramento.

A Garzón le viene de súbito a la mente algo que ocurrió el día antes en su juzgado: una oficial, Elena Jiménez, después de leer en el periódico que Liaño y Gordillo habían declarado eso de «si yo fuera el juez, ésos estarían ya en Alcalá Meco», le comentó: «Don Baltasar, lo que han dicho no es verdad.» Ella se acordaba de una escena que presenció allí, en el despacho de Garzón, dos años antes: «Natalia decía: "¡Uff, Gómez de Liaño le ha puesto doscientos millones de fianza a Polanco! Claro, como al pobre le están dando tanta caña desde El País..." Y usted contestó: "Eso es una barbaridad. Hay que perseguir el delito, no a las personas porque te hayan dicho tal o cual desde un periódico. Polanco podrá ser lo que quieran, pero si en esto no ha delinquido, ¿cómo se le va a poner la mano encima? ¡Me da igual que sea Polanco, al que sólo he visto en dos actos oficiales, o que sea Cebrián, con quien no he hablado en mi vida! Esa acepción de personas, esa persecución *ad hominem*, quebranta el alma de la Justicia." Y luego nos dijo que el fondo de ese planteamiento era prevaricador.» Elena se ha ofrecido a declarar lo que vio y oyó.

—Tengo notas, tomadas entonces —agrega Garzón, señalando

levemente su portafolios—, de las siete conversaciones cara a cara y las cuatro telefónicas que mantuve con Gómez de Liaño desde que se inició el caso Sogecable. Y esa que usted menciona, y ha salido en la prensa, existió; pero no en la fecha que usted dice ni con el contenido que señala.

Márquez de Prado no calibra el mensaje de advertencia que acaba de lanzarle Garzón: no me trastoques la historia, porque la traigo escrita. Enarca las cejas con gesto desdeñoso, entre burlón e incrédulo. Garzón decide poner a esa mujer en su sitio, sin perjudicar a Liaño.

—En cambio —continúa, con asombro de la defensa—, recuerdo que el día que se admitió a trámite la denuncia, viniendo los tres de desayunar en Riofrío, usted misma dijo: «Polanco y Cebrián van a tener que hacer el paseíllo por las escaleras de la Audiencia.» Sí, y añadió: «Con este caso *vamos* a hacer la revolución desde la Justicia, para acabar con el polanquismo, con el felipismo y con el sistema corrupto...»

Adrede, sin mentir, deja fuera del relato a Javier. María Dolores, sorprendida y nerviosa, esboza una sonrisa irónica.

—Eso fue así, aunque usted se sonría.

La defensora insiste en interrogar a Garzón sobre conversaciones privadas entre los dos jueces, con lo cual fuerza al testigo a decir verdades inconvenientes para el acusado:

—En el despacho de Gómez de Liaño —responde Garzón—, le pregunté: «Javier, ¿estás seguro de lo que estás haciendo?» Me dijo: «Sí.» Le insistí: «¿Seguro que hay delito?» Volvió a decirme: «Sí.» Allí mismo le advertí: «Ten cuidado con García-Trevijano: puede enredarte»... Otra conversación, esta vez en el despacho de usted, a primeros de abril, cuando pregunto a Javier qué piensa hacer con las peticiones de prisión contra Polanco, Cebrián... Me contesta que aún no tiene un criterio formado, y le expongo la metáfora del abrazo: que apriete con fuerza si tiene muerto, si tiene delito; pero que lleve cuidado por si lo que abraza es sólo humo... Y usted estaba presente.

Márquez de Prado vuelve a sonreír, despectiva. Garzón la mira fijamente a los ojos y, muy serio, repite las siete palabras de antes, pero derritiendo las sílabas como si fueran de plomo:

—Eso fue así, aunque usted se sonría.

—¿Por qué tenía usted tanto interés en el caso Sogecable?

—Ningún interés, en absoluto. Y usted lo sabe... Bueno, sí, uno: que mi compañero Javier no se diera de bruces en el suelo.

—¿Es cierto que insinuó a Gómez de Liaño que se tomara una baja, para recibir usted las declaraciones de Polanco y de Cebrián, y así imponerles medidas cautelares más suaves?

Un murmullo recorre la sala. Hasta ahora, las preguntas o eran improcedentes porque se referían a un asunto ya archivado, o eran perjudiciales para el acusado porque maldisponían al testigo. En este momento, queda en evidencia que la defensora navega sin brújula. Al principio, pretendía imputar a Garzón animosidad contra los directivos de Sogecable. De pronto, da un viraje y derrama la hipótesis de que quizá Garzón deseó quedarse el caso para tratar a Polanco y Cebrián con suavidad.

—Es falso. Si tanto interés tenía yo, dígame ¿en qué folios del sumario están las declaraciones que tomé a Polanco y a Cebrián, o los autos levantando las medidas cautelares que había ordenado mi compañero Javier? Usted sabe perfectísimamente que no hay tal, que eso es mentira... y que yo estoy bajo juramento.

A petición de García Ancos, presidente de la Sala, Garzón desgrana los encuentros y conversaciones por teléfono con Liaño. Y ahí ya sale todo, incluido el almuerzo del 14 de mayo, cuando el juez del caso Sogecable acepta la invitación del denunciante Campmany y, ante el reproche de «ese caso está muy parado», el propósito de «seguir adelante aunque nos inmolemos», por boca de la fiscal metida a defensora. Garzón mira a Gómez de Liaño en el estrado. Le ve bajar los ojos, con gesto abatido. ¿Cómo iba a suponer que el parlero de Navarro iba por ahí contándolo todo?

De regreso a casa, suena el móvil de Garzón. Es Yayo:

—Baltasar, ¿cómo estás?

—Destrozado y asqueado...

—He oído por la radio que te has enzarzado con María Dolores...

—Esa mujer no ha hecho más que provocarme. A la segunda pregunta, ya me imputó un delito. Intentaba desplazar el juicio contra mí, olvidando que a quien se juzga por prevaricación es a Javier. Pero ha dado en hueso. Le he tenido que decir: «A ver, saque usted las actas del sumario y dígame dónde he actuado yo en el caso Sogecable.» ¡Muda se ha quedado! Como juez sustituto de Javier, ya lo creo que tuve un amplio almanaque de tiempo para meter baza en ese caso. Pero no quise. A cosa hecha, me quedé escrupulosamente fuera. ¡No toqué el sumario ni con la punta de los dedos...! ¿Qué me viene usted a insinuar, señora? Yo, en esa demencial historia, lo único que hice fue ¡abstenerme, coño, abstenerme! Piensen ustedes: algo habría para que yo no pudiera rechazar esa recusación... ¡Algo habría!

—¿Vas a tardar en venir?

—No, estoy ya de camino... Lo siento por Javier. Tú sabes que yo iba dispuesto a ayudarle; pero no sé a qué jugaba esa mujer. Con cada pregunta, me ponía en un brete: o mentir bajo juramento por ayudar a Javier, o decir la verdad y... Lo siento, pero no he visto ni un atisbo de aproximación...

El 15 de octubre de 1999, la Sala Segunda del Tribunal Supremo condenó a Gómez de Liaño por un delito continuado de prevaricación, inhabilitándole para el ejercicio judicial durante quince años, con pérdida definitiva del cargo y sus honores.

«El riesgo de la justicia humana —piensa Baltasar Garzón— es que uno puede equivocarse. Cualquier juez sensato está en vilo y sufre por ello. Sabe que han puesto en sus manos un poder sobre la libertad, los bienes y la honra de otros. Sí, puedes equivocarte. Pero que nunca te echen en cara que tu error fue... convertir tu voluntad en ley, abusar de tu poder como juez. Es lo que ocurrió en este caso. No había materia para una causa judicial. No había delito. No había *muerto*. Se abrazó el humo.»

IX

A LAS OCHO, EN EL GIMNASIO

«Tú eres una pieza de caza mayor muy codiciada: un *medalla de oro*. Todos te tienen ganas, y te han puesto ya la cruz del visor en el costado. No vas en manada, no comes en la mano de nadie, te mueves solo por el bosque... Pero, cuidado, Baltasar: si te quedases un instante parado en un claro de árboles, ¡bang!, te derribarían.»

(Luis Domingo, su compañero de gimnasio.
1 de mayo de 1999)

Mayo de 1999. Cuando Baltasar Garzón llega al gimnasio, Luis Domingo ya está esperándole en la puerta. Domingo trabaja en la venta de coches. Garzón y él hacen gimnasia en tándem, hora y media casi todos los días. También van juntos a cazar venados o al descaste de conejos. Domingo es de una familia de leñadores castellanos y conoce bien el bosque. Son amigos. Quizá porque a Domingo le importa un higo el juez Garzón. Así lo dice: «Con mis respetos al juez Garzón, yo de quien soy amigo es de Baltasar. Por lo que tiene de tigre y por lo que tiene de cacho'pan. En la caza es un duro: aguanta doce horas rastreando entre matojos aunque llueva; o arrastra monte abajo un ciervo recién muerto, de ochenta kilos, sin un jadeo, como si llevara el hilo de una cometa. Pero, a la vez, cacho'pan: si estás pasando un bache, lo notas cercano, volcado.»

Una vez, estaban los dos en las colchonetas haciendo flexiones de torso para los abdominales; pasaron las ochocientas, pasaron las mil. Domingo, reventado, lo dejó. Garzón seguía y seguía. A las mil quinientas, el monitor tuvo que ponerse serio: «¡Ya basta!» Luego, en los vestuarios, Garzón le dijo a Domingo: «Yo no busco un récord, eh. Busco drenar. Son demasiados temas difíciles, demasiados enemigos, demasiada gente acechando un error, un desliz, un traspié, o si estallo y digo una barbaridad muy gorda, para echárseme encima. Por eso, sin ser masoca, prefiero quemar aquí lo que haya que quemar, el disgusto, el sufrimiento, el cabreo... Y salir a la calle hecho un señor.»

Hoy es uno de esos días en que Garzón llega con la musculatura agarrotada. El juez Joaquín Navarro Estevan y el abogado Jesús Santaella han puesto una querella tremebunda contra él. Antonio García-Trevijano, representándoles, ha despachado una rueda de prensa tronante con gran pirotecnia de flashes, cámaras y micrófonos, y la vitriólica imputación de ocho prevaricaciones. Todo ello, a propósito de un documento del periodista Pepe Rei, hallado en su ordenador de Egin, que menciona a Navarro y a Santaella. Pero no pueden siquiera llamarse a agravio, porque ni están denunciados, ni son parte, ni hay «caso» judicial.

«Si yo me hubiera caído de un guindo —cavila ahora Garzón en los vestuarios, mientras se pone la camiseta, el meyba azul, los calcetines—, pensaría que éstos creen de verdad que hay un procedimiento secreto en marcha, y que les quiero enganchar por verter injurias contra el Rey en el tintero de ETA. Pero ellos saben tan bien como yo de qué va la historia... y de qué no va. Son tres juristas de campanillas, y conocen que no puede haber ni ocho ni media prevaricación donde no ha habido ni ocho ni media resolución. Y que no cabe desvelar un secreto que no existe como tal secreto... Pero yo no me he caído de un guindo, y sé lo que buscan con esta escandalera.»

Ajustándose los mitones negros de cabritilla, va hacia las poleas y las pesas colgantes para hacer cuatro series de diez por cada brazo. Se arranca con brío. En la monotonía maquinal de avanzar y retroceder las pesas flexionando los brazos, intenta reconstruir en su mente esa historia y toda su trastienda.

A finales de enero de 1999, cuando la policía trabajaba en el volcado de los ordenadores del diario Egin, encontraron un texto donde el periodista Pepe Rei informaba a ETA de una conversación que, según él, había mantenido con Santaella, almorzando en casa del juez Joaquín Navarro. Del escrito se desprendía que Santaella contó al colaborador de ETA un puñado de esos cotilleos maledicentes que circulan de continuo en los saraos de la villa y corte. Dimes y diretes sin paternidad ni *copyright*, que la gente de *la pomada* politicoide escucha con más regocijo que interés. Hay que ser muy provinciano y muy poco ducho en la trivialidad con que se ilustran almuerzos y cenas en Madrid, para dar entidad a esas dicerías de cuarta mano con que, al parecer, Santaella amenizó a Pepe Rei. El caso es que el periodista, ya desde Egin, redactó como «informe confidencial» para el responsable político de ETA cuanto había escuchado.

Según ese texto de Pepe Rei, Santaella le contó entre otras cosas que, a principios de los ochenta, y con ocasión de presidir una Junta de Defensa Nacional, el Rey hizo algún comentario de satisfacción por las acciones del Gal contra ETA. De eso no había constancia alguna. No existían actas de sesión de tales reuniones de la Junta. ¿Un comentario del Rey, sin precisar qué dijo, ni en qué fecha, ni delante de quiénes, y sin mencionar un testigo que lo ratifique? Eso era hablar por no callar.

En otro párrafo de ese relato —siempre repitiendo lo que a él le dijeron sus dos interlocutores—, adobado con bazofias babosas sobre las desviaciones homosexuales o pederastas de tal general, de tal ministro, de tal personaje público, Pepe Rei afirmaba que don Juan Carlos llamó una vez al juez Garzón para sugerirle que amainase su investigación sobre los Gal, porque se estaba entrando en una dinámica peligrosa para las instituciones del Estado y para la convivencia política...

«Jamás, jamás —Garzón extiende atrás y adelante los brazos con las pesas de veinte kilos—, jamás hablé de los Gal con el Rey. Ni él me preguntó, ni yo le dije... De narcotráfico, de ETA, de corrupción política, del mundo judicial, de deporte, de los ligues del Príncipe... de todo eso he hablado yo con Su Majestad. Pero de los Gal, nunca. De temas que estuviera llevando yo, ¡ni media palabra! Hubiese sido una injerencia en mi tarea. Y el Rey, hasta por instinto, siempre sabe estar en su sitio.»

Ante ese documento, Garzón se planteó varias alternativas: ¿destruirlo?, ¿conservarlo, silenciándolo en los autos?, ¿tramitarlo como cualquier otro archivo del ordenador de Pepe Rei? Era consciente de que si lo oreaba podía generar un escándalo, contribuyendo él mismo a difundir las injurias al Rey. Decidió unirlo a los autos de Egin, pero con blindaje: lo segregó en pieza separada y lo depositó en la caja fuerte del juzgado, bajo custodia de la secretaria judicial.

En aquel momento —finales de enero del 99—, el sumario de Egin estaba en el Supremo para que decidieran quién debía instruirlo.[1] Garzón llamó al presidente de la Sala Segunda, Jiménez Villarejo:

1. A los pocos días, el 8 de febrero de 1999, el Supremo desglosó el sumario sobre Egin: remitió al Tribunal Superior de Justicia del País Vasco lo referente a los parlamentarios Josu Andoni Etxeberria Arbelaiz y Pablo Gorostiaga, que gozaban de fuero. La competencia sobre todo el resto pasó a Baltasar Garzón.

—En el ordenador de Pepe Rei, de Egin, aparece un documento que deberías conocer. Como tenéis ahí el sumario, te lo envío.

—¿Qué es?

—Patrañas de sexo sobre gente conocida; pero, sobre todo, intentan salpicar arriba... a lo más alto.

—¿Con qué tema?

—Gal. No tiene el menor agarre jurídico. Nada de nada: pura mala baba. Ahora, como esto se airee, aquí se monta la de dios... Pepe, me permito sugerirte la máxima reserva.

—¡No faltaba más! Lo veo y lo guardo en la caja fuerte.

Del disco duro de Rei se sacaron dos copias en papel: una, la que Garzón hizo llegar al Supremo, y que iba testimoniada por la secretaria judicial Natalia Reus; y otra, a petición del fiscal jefe de la Audiencia, Eduardo Fungairiño. No se le podía negar, porque como fiscal era parte en el sumario matriz de Egin y tenía derecho a cualquier documento. El fiscal Enrique Molina llevó en persona esa copia a Fungairiño y presenció cómo leyó el texto, dobló los folios en cuatro partes, los metió en un sobre y con un propio lo envió al fiscal general del Estado, Jesús Cardenal, «para entregar en mano».

En el Supremo, Jiménez Villarejo reunió a la Sala Segunda e informó al presidente Delgado Barrio. Un relevante emisario del alto tribunal entregaba ese mismo día una «copia de la copia» en Zarzuela.

Ajeno a estos movimientos, Garzón olvidó el tema, hasta que a finales de febrero el Supremo se lo devolvió: «Actúe usted como estime oportuno —le dicen—; porque ese texto, aunque pertenece al material de Egin, no guarda relación con la causa de Egin.» Él percibía ánimo injuriante en el escrito de Pepe Rei. Sin embargo, una injuria no es punible si no se ha propalado, aunque sea contra el jefe del Estado. El fiscal Molina propuso averiguar la difusión. Garzón abrió entonces diligencias «previas» para investigar sólo si el texto de Pepe Rei se había publicado; no si se celebró aquel almuerzo en casa de Joaquín Navarro, ni de qué se habló, porque cada uno en privado es muy dueño de su lengua.

La policía informó al juez: «Esto no se ha dado en Egin periódico, ni en Egin radio.» Y Garzón archivó el asunto, si bien hizo constar que «se ha injuriado al jefe del Estado; de modo que, de acreditarse su publicidad, habría responsabilidad penal».

En esos últimos días de febrero, Margarita Robles —magistrada de Sala en la Audiencia Nacional desde que regresó de la política en 1996— habló con el presidente Auger:

—Clemente, me ha dicho el general Sáenz de Santamaría que, entre los documentos incautados en Egin, ha aparecido un informe de Pepe Rei que puede dar mucha guerra. Él lo conoce, me dio pelos y señales de su contenido; incluso, me pareció que quería darle vuelos a la noticia. Pero su mensaje principal fue que Vera, Barrionuevo y Corcuera, «el trío calaveras», como él les llama, tienen una copia y han decidido armar lío: que Argote y Rodríguez Menéndez se personen en la causa de Egin, para conseguir que el texto salga a la luz.

—Pero ese texto...

—Sí, ese texto, judicialmente, es un bodrio y no sirve para nada. Pero puede enfollonar... El periodista de Egin cuenta ahí lo que «dice» que Santaella y Navarro le contaron a él: un montón de chismes escabrosos, y que el Rey veía bien lo de los Gal. «El trío calaveras» ve el cielo abierto para disparar hacia arriba...

—¿No te dijo Santamaría por dónde les llegó esa copia?

—Yo ahí tengo otra fuente. Si no la copia, una transcripción muy literal pudo salir de la Sala Segunda del Supremo. El primero que la recibió fue Alfredo-Rubalcaba. Él la pasó a Barrionuevo, a Vera... y ya siguió la cadena hasta Felipe González.

Poco después de esa conversación, el 1 de marzo, Telecinco daba la noticia de «un documento extraído del ordenador de Pepe Rei, en el que se afirma que Su Majestad el Rey habló del Gal con Garzón». Telecinco apuntaba también: «El juez Garzón investiga al abogado Santaella y al magistrado Navarro por sus contactos con personas del entorno de ETA.»

Inmediatamente, el juez dirigió un escrito a Telecinco en el que venía a decir:

—Tengo un imponderable respeto a la libertad de expresión, y no voy a pedirles que desmientan ni que rectifiquen; pero sí les agradeceré que aclaren al público, no cuál ha sido su fuente, pero sí cuál no ha sido. La información que han dado afecta a mi juzgado, y puede acarrearnos problemas.

Garzón se arriesgó con ese escrito. Telecinco y sus antiguos gerifaltes, desde Miguel Durán hasta Silvio Berlusconi, estaban procesados por delitos económicos y fiscales. Él llevaba el caso.

Telecinco emitió en sus informativos una nota, afirmando que «nuestra fuente no ha sido el juez Garzón ni nadie del juzgado número 5». Y, con la elocuencia muda de la imagen, dejaron unos instantes en pantalla el portalón... del Tribunal Supremo.

Sube, baja, sube, baja, en cuclillas, de pie, flexiona las rodillas con una pesa de doce kilos en cada mano: «¡Joder, me la jugué sin red! —Garzón acaba de repescar ese recuerdo, casi olvidado—. En Telecinco podían haber dicho que el filtrador fui yo... Y hubiesen arruinado mi carrera.» Y sigue ajustando las piezas de una historia que aún no es historia, sino presente.

En aquellas primeras fechas de marzo, hace ahora dos meses, lo que Garzón tenía en agenda era detener a Pepe Rei por su colaboración con banda armada a través de Egin. El juez entonces ignoraba si el periodista era o no el autor de ese texto, y si lo que ahí relataba se lo contaron o se lo inventó él. Incluso, no le importaba. Ése no era el motivo de echarle el guante. Sin embargo, para que el público no mezclase dos asuntos que nada tenían que ver judicialmente, retrasó unas fechas su detención.

El mismo día que Telecinco destapó la primicia, Joaquín Navarro, indignadísimo, llamaba al fiscal jefe, Fungairiño, exigiendo «cabezas» por la filtración televisiva:

—Además, ¿por qué coños me está investigando Garzón?, ¿qué putada es ésta, y qué secuestro del Estado de derecho, que no se me haya notificado, siendo yo parte afectada? ¡Ah, pero esto no se queda aquí, Eduardo!: ¡a ese tío lo siento yo en el banquillo del Supremo!, ¡le voy a meter una querella que lo voy a fundir!

—Cálmate —le tranquiliza Fungairiño—. Voy a ordenarle a Enrique Molina que pida el archivo del caso. Entre otras cosas, no quiero dar coba a esa gente de Egin.

¿No sabía Fungairiño que, por decisión de Garzón, tras la diligencia policial el caso se había cancelado, sin iniciarse? ¿Por qué no sosegó a Navarro diciéndole la verdad: que no había ninguna investigación en marcha ni sobre Santaella ni sobre él? En cambio, le dio a conocer el contenido del texto de Pepe Rei. La amistad entre Fungairiño y Navarro era de trenza reciente: con el caso Sogecable hicieron piña en favor de Gómez de Liaño y en contra de Garzón. No sólo la política hace extraños compañeros de cama...

Tendido en una colchoneta de lona, las manos bajo la nuca y los brazos doblados en ángulo, Garzón hace incorporaciones rítmicas y continuas para tensar los músculos abdominales. Marca mucho cada aspiración y cada espiración. Está pensando con tal viveza que, sin darse cuenta, mueve los labios:

«¿Que prevariqué porque, dada la "enemistad manifiesta" entre Joaquín Navarro y yo, debí inhibirme? Inhibirme ¿de qué? ¡Si no hay proceso abierto contra Joaquín Navarro! ¿Qué delito se le podría imputar? Aunque fuese cierto lo que cuenta Pepe Rei, los españoles somos libres de reunirnos con quien queramos, y de decir en privado lo que nos salga de las meninges... Lleva ya dos meses dando la vara: "¿Cómo no se me informó, siendo yo parte afectada?" ¡Pero, tío, si fueras parte afectada yo no podría llevar el caso! Eres magistrado en activo de la Audiencia de Madrid, y yo lo hubiese tenido que remitir al instante al Tribunal Superior de Madrid. ¿No has caído en ese "detalle"?

»¿Que prevariqué al enviar la pieza separada al Supremo? ¡Y dale! ¿Éstos no saben que todo lo referente a Egin estaba en el Supremo, mientras decidían a quién correspondía la instrucción?

»¿Que revelé el secreto? Tan listos como son, ¿no entienden que lo secreto era el sumario Egin, y que, al decidir el Supremo que ese texto de Rei no tenía nada que ver con el caso Egin, quedaba fuera del sumario y, por tanto, fuera del secreto? Además, es de cajón: para violar un secreto, antes tendría que haberlo decretado. Y eso es justo lo que no hice. El secreto es una medida excepcional, y aquí no era necesaria. ¿Por qué? Porque, al no haber partes denunciadas, nadie lo iba a conocer, salvo el fiscal y el juez. Además, ya lo blindé con las cautelas tomadas: pieza aparte, caja fuerte y custodia judicial. ¿Que, a pesar de eso, alguien lo filtró? Yo me lavo las manos: Telecinco dijo bien claro que la filtración no salió de mi juzgado.»

En una de las flexiones, Domingo mira de reojo a Garzón:

—¡Baltasar, macho, que llevas un rato hablando solo!

—¡Déjame, no ves que...!

Trevijano, en su rueda de prensa, anunció las prevaricaciones que le imputaban a Garzón. Después, negó que existiera tal documento de Rei, negó que Navarro y Santaella tuviesen relación con gente afín a ETA, negó que se produjera esa conversación, negó incluso la reunión.

En ese momento[2] nadie sabía —ni Trevijano, ni Santaella, ni Navarro, ni los fiscales, ni siquiera Garzón— que, desde dos años atrás, en Instituciones Penitenciarias se guardaba un interesante informe que decía:

«A Lourdes Churruca Medinabeitia, militante de ETA y reclusa en la cárcel de mujeres de Carabanchel, se le intervino una carta,[3] remitida por José Benigno Rei —que firmaba Pepe—, certificada en San Sebastián con fecha 30 de junio de 1997. Era una carta amorosa, de relación sentimental entre Pepe Rei y Lourdes Churruca. También le comentaba, entre otras cosas, ésta:

La semana pasada estuve en Madrid, llegué el lunes para comer, tenía fijada para esa hora una cita en el domicilio particular de un juez muy conocido y con otro personaje más conocido todavía, pero que aquí no puedo comentarte. Hicimos así para evitar curiosos. Nos pasamos cinco horas y media hablando. En las próximas semanas irás viendo publicados algunos de los temas que salieron ahí.

Esa carta era como medio billete. El texto encontrado en el ordenador era el otro medio, que daba las claves: los nombres del «juez muy conocido» y del «personaje más conocido todavía» —en junio de 1997 Santaella aparecía a diario en los *mass media*, por los juicios de Perote—, y los temas hablados. Sin embargo, en tan pocas líneas de misiva quedaban acreditadas varias cosas: Rei y Santaella almorzaron con Navarro en su casa, en Madrid, el lunes 23 de junio de 1997. Fue una cita previamente acordada, como las medidas de discreción a cubierto de «curiosos». Conversaron cinco horas y media. Y lo que a Rei le dijeron era para publicar: él pensaba ir soltándolo «en las próximas semanas».

Lourdes Churruca está presa desde que en noviembre de 1994 su *talde* cayó en refriega con la Ertzaintza. Resultó muerto el etarra Ángel Irazabalbeitia, que era su compañero de comando y su marido. Detuvieron también a Koldo Martín Carmona. Garzón estaba de guardia. Se desplazó a Bilbao con el fiscal Rubira y un equipo judicial para tomarles declaración, en atención a que la etarra estaba herida. Pero ella quiso declarar en el juzgado, como una *militarra*, y no en la cama del hospital. La funcionaria Marimar

2. En noviembre de 2000, a la autora no le consta que se conozca esa información.

3. Por la legislación antiterrorista, Lourdes Churruca tenía intervenidas sus comunicaciones con el exterior.

Bernabé, que transcribió lo que Lourdes Churruca declaraba, quedó impresionada de su aplomo y su dureza combativa: «La recuerdo bien: joven, bajita, poca cosa; sin embargo, era entrenadora de tiro para los etarras. Hablaba con énfasis, muy orgullosa de sus "acciones de guerra". Tenía una tremenda sangre fría. Acababan de matar a su hombre, y no parecía afectada...»

Lourdes acumulaba un denso palmarés de terrorismo: más de una docena de atentados con explosivos. Entre otros, el de la casa-cuartel de la Guardia Civil de Gernika y el asesinato de Goikoetxea, sargento mayor de la Ertzaintza. Su *talde* tenía la orden de matar a Atutxa. Iban tras él. Lo habían intentado varias veces: en un mitin; en trayectos; en una feria agrícola; en Artea, cuando fue a visitar a su madre; en un peaje de autopista; con un maletín de explosivos bajo su coche, aparcado ante la iglesia de Begoña, el día de la boda de su hijo...

¿Cuándo comenzó el romance entre Lourdes y Pepe Rei? Como ella estrenó su viudez en prisión, o esa relación ya venía de antes o fue epistolar y carcelaria. Naciera cuando naciese, el amor entre el periodista y la etarra no fue un episodio pasajero: en septiembre de 1999 Pepe Rei dedicaría románticamente su último libelo a Lourdes —que seguía presa— con una inicial de camuflaje:

Tú sabes, L., que ni las sombras ni la distancia amainarán jamás mi cariño a ti y a Euskal Herria. Soy feliz de quereros a las dos y eso me llena de fuerza y de optimismo. Ven pronto. Ésa será la mejor señal de que habremos ganado la libertad.

Garzón pedalea sudando la camiseta. Por dentro, masculla:

«Se ha puesto de moda convertir los juicios en la picota del juez instructor. ¡Y él es el único que no puede defenderse! Ah, si en algún momento del proceso yo pudiera comparecer ante el tribunal que va a juzgar, y encararme al abogado Fulano: Pero ¿de qué habla usted con tanta arrogancia?, ¿quiere que le saque los colores contando cómo le birló los cuartos a aquel cliente suyo libanés, "vendiéndole" una libertad que yo ya había decidido conceder, y que no dependía de usted? O al abogado Mengano: ¡Qué derechos de la defensa ni qué mandangas, si usted jugaba partidas múltiples con su defendido! ¿No recuerda que tuve que advertirle: "Está llevando una defensa infumable, en perjuicio de su cliente, y empiezo a dudar de a quién defiende usted"?

»Escudándose en el derecho de defensa, está tirado arremeter contra el juez y ponerle como un trapo: ha presionado, ha filtrado, ha prometido libertades a cambio de delaciones... Golpes bajos para provocar que saltes como un tigre y, a renglón seguido, recusarte porque, ¡ja!, eres un juez premotivado con enemistad manifiesta. Montar patrañas sobre tu trabajo. Echar paletadas de porquería sobre tu vida privada, como si tu familia entrara en el sueldo... Eso desestabiliza al más plantado. Pero atacan así, con armas ruines, porque saben que no vas a replicar, que no vas a desenfundar, que no vas a defenderte: ¡eres el juez!

»Y es indignante que predique ética un tipo como Trevijano, que en el caso Sogecable no tuvo escrúpulos en usar a un juez y a un fiscal y a otro fiscal y al *sursum corda*...

»¿Qué buscan, arrojándome encima ocho delitos de prevaricación? *Cui prodest?* No aprovecha a nadie, pero ustedes lo intentan. Su juego es muy simple: Yo estoy citado para el juicio contra Gómez de Liaño.[5] Ustedes saben que voy a decir la verdad. Se trata de destrozar mi credibilidad judicial, de aquí a entonces. De paso, Trevijano se viste de republicano rancio, revuelve en el estercolero, y... a ver si logra que se exhume el documento de Pepe Rei, por si salpica a Su Majestad. Todo en un mismo viaje.»[6]

Domingo mira de vez en cuando a Garzón: le ve pedalear con furia en la bici estática, inclinado y con la cabeza gacha, dale que te pego, como si embistiera al aire:

—¡Qué cara de malo pones, Baltasar!

—¡Y tú qué feo eres, me cago en diez!

—No sé qué estará pasando hoy por tu cabeza; pero, cuando pones esa cara, yo no quiero ser tu compañero de gimnasio...

—¡Calla y pedalea! Esto es para mí una falla de Valencia: se quema todo, arde todo, ¡ni pavesas quedan! Y así tiene que ser. Un juez necesita paz de espíritu y echar fuera los demonios.

5. Esas fechas eran, en efecto, las vísperas del juicio; pero se retrasó cuatro meses, por mandato legal, ya que Gómez de Liaño recusó —sin éxito— a los magistrados que debían juzgarle.

6. En abril de 2000 el Tribunal Supremo archivó la querella contra el juez Garzón. No había delito.

Recién duchados y oliendo a colonia *for men*, Domingo y Garzón se toman un café en el gimnasio.

—Eres cazador y sabes lo que es para los cazadores un animal *medalla de oro*: el ciervo de catorce puntas, en un coto donde lo más, lo más que hay son venados de doce...

—Yo cacé uno...

—Tú cazaste uno, sí señor, con tu Máuser 30.6. Pues, tú eres un *medalla de oro*. En lo judicial, un ciervo de veinte puntas. Una pieza de caza mayor muy codiciada. Baltasar, a ti te han puesto ya la cruz del visor en el costado. Unos por aquí y otros por allá, todos te tienen ganas, todos quieren abatirte. Y, como tienes ya veinte puntas, no vas en manada, no comes en la mano de nadie, te mueves solo por el bosque... Pero, ¡cuidado!: si te quedases un instante parado, sin reflejos, en un claro de árboles, ¡bang!, te derribarían. No te confíes: eres *medalla de oro*, y te han puesto la cruceta para darte de lleno.

X

EL SILENCIO DE LOS CORDEROS

«Algunos se reanimaban al ir a agarrarlos... Una vez, empujando a uno, casi me arrastra y caigo al vacío yo también... ¿Dónde estábamos? Ah, sí, la jeringuilla...»

(Declaraciones de Adolfo F. Scilingo, ex capitán de navío de la Armada argentina)

—Yayo, me llevo a la perra... Ciérrate por dentro.

Garzón le abrocha el collar a *Gina*, se echa por los hombros su anorak azul de Kappa y sale a estirar las piernas por la barriada de chalets. Supone que le siguen dos guardias del retén de vigilancia, pero no se vuelve a mirar. Es 28 de marzo de 1998, de amanecida. Acaba de concluir el borrador, treinta y dos folios, de un auto sobre los crímenes perpetrados durante la dictadura militar argentina.[1] Se ha quemado las pestañas releyendo convenios internacionales y textos de jurisprudencia. Pero le ha merecido la pena, para argumentar por qué un juez español puede —y debe— perseguir delitos de genocidio, terrorismo, tortura, desaparición forzada de personas y secuestro de niños, aunque hayan sido cometidos por extranjeros y en el extranjero.

«Yo no lo busqué. Vino a mi mesa, como una denuncia más. Hay quien cree que voy por ahí cazando casos, eligiendo: "éste me gusta, éste no me gusta". Un juez tiene que cargar con lo que le llegue. Y sin escurrir el bulto.

»Esa denuncia contra las Juntas Militares de Argentina entró en mi juzgado el 24 de marzo del 96. Me tocaba guardia. ¡Madre mía, menudo dietario de trabajo tenía yo en aquel momento! Lleva-

1. El golpe militar del 24 de marzo de 1976 derrocó al gobierno constitucional de Argentina e instauró una dictadura regida por Juntas Militares. Hubo cuatro, presididas sucesivamente por los tenientes generales Jorge R. Videla, Roberto E. Viola, Leopoldo F. Galtieri y Reynaldo A. Bignone. No se restableció la democracia hasta diciembre de 1983, cuando Raúl Alfonsín ganó el poder en las urnas. Con todo, durante años ha sido una «democracia vigilada».

ba temas muy absorbentes: los contactos de Díaz de Usabiaga con etarras en Santo Domingo; la estructura económica de ETA-KAS; la detención del etarra Valentín Lasarte y el interrogatorio de once horitas que nos fajamos, zaca, zaca, zaca, mano a mano él y yo, hasta que confesó sus seis asesinatos... Asuntos muy enrevesados de corrupción económica, como los 200.000 millones de pesetas de actas de Hacienda prescritas, de donde se derivaban mis investigaciones en Telecinco, Fininvest, Gestevisión, Publiespaña, Grand Tibidabo... Y por tanto, Miguel Durán, Silvio Berlusconi, Javier de la Rosa... Tenía abierto el caso Expo'92 y declaraban por entonces Emilio Cassinello y Jacinto Pellón. Era una indagación compleja, con cruces de cuentas, sociedades fantasma y desviación de dinero a paraísos fiscales: seguíamos la pista a Telemundi, que es donde se habían detectado comisiones ilegales de alto bordo. Aquello estaba muy en ciernes y yo no podía decir una palabra, pero me olía a otra *Filesa*.

»A la vez, andaba en pleno cierre de la *Operación Caviar* de drogas y blanqueo de dinero, con jueces y policías de Canadá y de España. Y metía ya el rejón en la *Victoria*, también de narcotráfico. Ahí romperíamos una red inmensa de narcos del hachís, con ciento veintisiete detenidos. ¡Como para buscarme líos en el Cono Sur!»

Fetichista de las coincidencias, Garzón se percata de que, «justo hoy, hace dos años, clavados, que empezó para mí esta historia de Argentina...»

Carlos Slepoy, un abogado argentino a quien alguien hirió en una pierna y desde entonces cojea, funda en Madrid una modesta Asociación Argentina Pro Derechos Humanos, como hay docenas por el mundo. Pero ésta no es de las que gritan salmodias y blanden pancartas. Ésta no rebulle, no se agita. Ésta tiene la imperturbable fuerza lenta de un río silencioso de bueyes mansos. Avanzan con un norte: pedir fuera de Argentina una Justicia subsidiaria, ya que su Justicia nacional o prevaricó o se inhibió. Y aunque entre las víctimas de la represión militar argentina hay personas de veinticinco países, ninguno ha exigido explicaciones. Nadie ha sacado la cara por nadie. Slepoy y su gente hablan con juristas y políticos. Van apareciendo en prensa, radio y televisión. Cuentan su drama con palabras suaves. Buscan un eco...

Un día, el fiscal español Carlos Castresana oye a Slepoy por la radio y se siente tocado. «Pero ¿cómo le hinco yo el diente a esto? No conozco casos, ni víctimas, ni testigos...»

Slepoy busca una puerta judicial. Y Castresana busca argentinos dispuestos a entrar por esa puerta con una demanda en la mano. La casualidad hará que estos dos hombres se encuentren. En el colegio del hijo de Castresana estudia un chaval argentino. «Anda, dile a tu amigo que quiero conocer a su padre.» Y resulta que ese padre es amigo de una amiga de... Slepoy.

Castresana y Slepoy se citan en un bar, por Atocha.

—¿Cómo se te ocurrió buscar contactos argentinos?

—He admirado siempre a las Madres y Abuelas de Plaza de Mayo —le explica Castresana—. Me conmueve su fortaleza, su serenidad para afrontar la injusticia, que es patética. Esas mujeres no reclaman una indemnización: quieren saber si lloran a un hijo vivo o a un hijo muerto... Yo no sé si puedo hacer algo, pero no tengo derecho a desentenderme. Esto es lo de «no preguntes por quién doblan las campanas: están doblando por ti». Te oí por la radio: «España no ha tenido sensibilidad social ni conciencia jurídica.» Y me dije: ¡pues algo habrá que hacer!

»Me puse a buscar un engarce legal. Encontré el artículo 23.4 de la Ley Orgánica del Poder Judicial, que establece la jurisdicción internacional de España para perseguir y juzgar delitos cometidos en el extranjero, entre otros, los de terrorismo y genocidio. Y, por supuesto, el Convenio de Nueva York de 1948, suscrito por España. Ahí ya tenemos un cauce: el principio de "persecución universal". Ciertos delitos son perseguibles por la justicia española, sea cual sea el lugar donde se hayan cometido y la nacionalidad de sus autores o de las víctimas.

A Slepoy, de lágrima fácil, se le empañan los ojos.

—Tenéis que moveros: necesito hechos con sus circunstancias; relaciones de víctimas, testigos y perjudicados —la voz de Castresana es firme—. Yo presentaría la denuncia, no como fiscal en ejercicio, sino como miembro de la Unión Progresista de Fiscales. Y... crucemos los dedos para que nos toque un juez que sepa ver que ahí hay un genocidio imprescriptible.

Estando como juez de guardia Baltasar Garzón, el 24 de marzo de 1996 Castresana presenta su denuncia contra los jefes de las Juntas Militares argentinas y otros responsables «por los delitos de genocidio, terrorismo y torturas cometidos a lo largo de la dictadura contra decenas de miles de ciudadanos, entre los cuales había también españoles y descendientes de españoles». Garzón la admite a trámite, pero no la retiene. Como se refiere a hechos no ocurridos durante su guardia, la entrega al juez decano. Después volverá a él, por turno de reparto.

Castresana hace ampliaciones de la denuncia. Aporta datos de doscientas sesenta y seis víctimas. Garzón ve el embolado que se le viene encima: algo apasionante, pero que requerirá miles de horas de instrucción. Estudia los documentos, recibe más de doscientos testimonios, establece un *corpus* de hasta seiscientas víctimas españolas, o hijos y nietos de españoles. «Aunque aquí la cuestión no son los españoles, sino el conjunto. Y eso sigue incuantificado. Al principio —recuerda Garzón, mientras pasea callejeando— era como si me faltaran leyes y testigos, y me sobraran víctimas y delitos...»

Sin contar los muertos «reconocidos» por la autoridad verdugo, el informe *Nunca más*,[2] encargado por el presidente Raúl Alfonsín, sentó con datos de identidad, fechas y testigos de «la última vez que se le vio con vida», 8.961 casos de desapariciones denunciadas. La horquilla de desaparecidos está entre veinte y treinta mil. En Argentina hubo decenas de miles de personas asesinadas, y se sabe. Otras desaparecieron. Un día no regresaron a casa, se dejó de tener noticia de ellas, no se supo más, no se encontraron sus cuerpos. Todavía hoy se ignora su paradero. Y ninguna autoridad ha dicho que hayan muerto.

En esa irrestañable herida de los desaparecidos, un jirón aún más doliente es el de unos quinientos bebés arrebatados a quienes tenían la legítima patria potestad. Casi siempre eran secuestrados con sus madres, ya nacidos o todavía en gestación. Después, los daban a otros en adopción ilegal, falsificando partidas de nacimiento. De ese modo se les enajenó su identidad civil y les cercenaron los vínculos naturales con su grupo familiar y social, sin que ellos mismos lo sepan.

Garzón ve ahí una similitud con las deportaciones de niños tibetanos: la autoridad de China comunista los arrancaba por la fuerza a sus familias, para sustraerlos de la influencia religiosa budista e instruirlos en el marxismo ateo oriental. Era una forma de

2. El escritor Ernesto Sábato coordinó la Comisión Nacional para la Desaparición de Personas (CONADEP) y elaboró el informe *Nunca más*. Declaró ante Garzón el 1 de agosto de 1997.

genocidio religioso de signo contrario al perpetrado en Argentina, donde el secuestro de niños pretendía «evitar que se contaminasen en el ambiente de unos padres no cristianos».

¿El móvil de la represión militar argentina? Eliminar de la «nueva nación» a todo individuo crítico con el régimen militar, no afín a la «moral occidental cristiana», o que ellos estimasen «enemigo del alma argentina», «elemento nocivo a erradicar». En ese holgado saco entraban marxistas, judíos, intelectuales, obreros, militantes de cualquier partido o sindicato, artistas, sacerdotes con inquietud social y gente que enseñaba a leer por las *villas miseria*... Una sola palabra definía y estigmatizaba: «subversivo». Ésa fue la nueva estrella amarilla para marcar la res victimizable.

Hubo redadas criminales puntillosamente selectivas: «la noche de las corbatas», cuando los detenidos eran abogados, profesores, oficinistas; o «la noche de los lápices», cuando los que desaparecían, o aparecían muertos, eran escolares de 13 a 17 años. Hay doscientas cincuenta denuncias por desaparición de adolescentes. Cifra aparte es la de los muchachos cuyos cadáveres fueron localizados. Ésos entran en el cómputo de los asesinatos.

Garzón ha dado muchas vueltas a la pregunta: «¿El móvil?» La criba fue tan arbitraria que no resulta fácil distinguir a simple vista el tipo de «grupo social» que se quiso eliminar. Pero es indudable que hubo una devastación masiva de argentinos del grupo ideológico «adversario». Se ha calificado como *autogenocidio*:[3] la destrucción interna de una parte del propio grupo nacional. Los represores argentinos actuaron como las autoridades camboyanas en 1975: al tomar el poder, los khemeres rojos deportaron y masacraron a sus connacionales de Kampuchea que habían colaborado con el régimen anterior, o que eran «intelectuales».

Una línea de fuerza de aquella actuación era el exterminio por motivos de creencias. Curiosamente, con los judíos hubo un trato más denigrante y vejatorio, unas torturas más desalmadas. Las batidas de persecución aniquilaron a familias enteras. Y si hoy lo cuenta algún superviviente es porque el día de aquella razia, cuando vinieron a llevárselos, él no estaba en casa.[4] No cabe olvidar que

3. Consejo Económico y Social de la ONU, 2.7.1985.

4. En septiembre de 1999 la Corte Suprema de Argentina, por efecto de la acción judicial española, dio un vuelco en su jurisprudencia y condenó al ex almirante Massera a indemnizar de su bolsillo a Daniel Tarnopolsky, argentino judío cuya

Argentina fue uno de los «paraísos» donde se pusieron a salvo y se establecieron decenas de miles de nazis. Pasados treinta años, ellos o sus hijos humillaban a los judíos argentinos obligándoles a que de rodillas les limpiaran las botas con la lengua, a llevar grandes esvásticas pintadas en la espalda, a alzar el brazo gritando «¡te amo, Hitler!», a beberse los orines de cualquier oficial torturador...

Una de las sevicias cometidas con los judíos era introducirles en el ano un tubo metálico y, por esa vía, una rata viva que, al quedar enclaustrada en los intestinos, buscaba la salida arañando, mordiendo, hiriendo los órganos de la víctima.[5]

A partir del informe *Nunca más*, Garzón analiza el delito de torturas en el caso argentino. Fue un instrumento «útil» que los mandos militares golpistas emplearon desde 1976 hasta 1983. Casi siempre se torturó para extraer datos o arrancar una confesión; también, para que los detenidos descubrieran sus bienes y efectos o hicieran un documento de donación o de venta; pero no pocas veces la tortura fue un mero tormento de castigo o un perverso ensañamiento. La panoplia testificada es tan espeluznante y diversa como la cámara de los horrores: apaleamientos, quemaduras, aplicaciones de corrientes eléctricas por todo el cuerpo, violaciones vaginales y anales, mutilaciones, arrancamiento de uñas, ahogo por inmersión en agua o asfixia con bolsas de plástico, violencias físicas a niños y ancianos en presencia de sus familiares para que éstos delatasen a terceros.

Por un prurito científico, asistía algún médico y pronosticaba el límite de dolor físico que la víctima podía soportar, a fin de dosificarle la intensidad de las torturas. Aun así, muchos morían después de una sesión.

Durante los meses de su reclusión, los detenidos permanecían esposados, con grilletes, con los ojos vendados y la cabeza encapuchada en bolsas oscuras. En algunos lugares, los enterraban vivos y desnudos los dos primeros días tras la detención, para minar su resistencia y que el miedo les hiciera hablar pronto. Ésta fue una práctica usual en la Compañía de Arsenales Miguel de Azcuéna-

familia —sus padres, su hermano de 21 años y su hermana de 15— fue masacrada el 15 de julio de 1976 en Buenos Aires.

5. Consta acreditado en el informe de la CONADEP por personas que lo sufrieron y sobrevivieron para contarlo.

ga, a las afueras de San Miguel de Tucumán. También allí, cada quince días, por la noche y monte adentro, fusilaban a grupos de quince a veinte personas. En el pelotón, por turnos, los jefes y oficiales de la zona. El general Bussi disparaba el primer tiro. Luego, hacía participar a todos los mandos militares, asegurándose así la «lealtad» de sus cómplices.

Cada centro militar de detención tuvo su gama peculiar de tormentos, según la crueldad del jefe torturador, aunque todos estaban coordinados. En El Vesubio se producían abusos sexuales delante de otros familiares detenidos para que, viéndolo, «se arrancasen a informar». En La Escuela Mecánica de la Armada, la ominosamente célebre ESMA, preferían los electrodos sobre la carne húmeda y aplicados a las partes más sensibles del cuerpo: catorce picanas eléctricas funcionaban a la vez. Los *grupos de tareas* de la ESMA, a las órdenes del almirante Massera, torturaron y asesinaron a cuatro mil quinientas personas. De ahí partían también los *vuelos de la muerte*. En la ESMA se habilitaron dos servicios bien extraños en un centro naval militar: un paritorio clandestino con ginecólogos de la Armada, y parrillas para *asados* o barbacoas de cadáveres.

A la mayoría de los detenidos los mataban ametrallándolos en campo abierto. Si hubo testigos del secuestro y les interesaba «legalizar» ciertas muertes, montaban un simulacro de enfrentamiento entre un grupo guerrillero y una patrulla militar. Después, daban un suelto público con «el parte».[6]

En los primeros años, enterraban los cadáveres con cal en grandes fosas comunes de cementerios[7] y en zanjas por el campo; o los abandonaban en ríos y vertederos: sin ropas, machacado el rostro y amputados los dedos para impedir su identificación. Pero pronto llegaron a la misma *solución final* de los nazis: las parrillas y los hornos crematorios.[8]

6. El militar argentino Eduardo D. Giordano describió ante Garzón esos simulacros de enfrentamiento. Él los presenció.

7. Por señalar algunos casos: en el cementerio de San Vicente (Tucumán) llenaron de cadáveres innominados una fosa de 2.240 metros cúbicos. En otros cementerios —La Plata, Moreno, Rafael Calzada, Grand Bourg, Avellaneda, San Martín— se registró casi un millar de inhumaciones policiales clandestinas. Abiertos los ataúdes, en cuyas fichas anónimas se indicaba «afección cardíaca» o «accidente de tráfico», se encontraron cuerpos de mujeres embarazadas, hombres jóvenes y adolescentes, todos con heridas de balas. Datos del informe *Nunca más*, de la CONADEP.

8. La cifra de cuerpos humanos quemados en los hornos de La Chacarita es in-

«Me planteo varias cosas a un tiempo —rememora Garzón, caminando despacio—: si somos competentes; si existe mandato legal para ponernos en marcha; si hay delitos perseguibles a día de hoy, es decir, no prescritos, no juzgados, no indultados; si otra instancia judicial está actuando ya...

»Voy a esgrimir el principio de *justicia universal*, aplicando nuestra Ley Orgánica del Poder Judicial en un ámbito que no es el tráfico de drogas o la falsificación de moneda. En todos ellos he utilizado yo el artículo 23.4 de esa ley,[9] incluso contra la piratería, por el secuestro del buque *Achille Lauro*, en el caso Al Kassar. Pero nunca frente a conductas genocidas, terroristas y torturadoras de gobiernos extranjeros.

»Hay un momento en que llego a la convicción de que la Justicia española no sólo puede sino que debe perseguir y juzgar esos hechos. Tenemos vara y tenemos venia: una serie de tratados internacionales nos obliga a actuar.[10] Antes, he visto frente a qué delitos estamos. Hubo un indubitable terrorismo de Estado que, precisamente con el golpe militar, subvirtió el orden constitucional, impuso sobre la población civil indefensa un régimen de terror y operó con los métodos de violencia terrorista: asesinatos, secuestros, torturas, saqueos, amenazas, explosiones, incendios... Y se ejecutó un autogenocidio. Un plan depurador selectivo, dictado por la cúpula militar, masacró a miles de personas del propio cuerpo nacional argentino.

»Hasta entonces, se habían estimado los asesinatos y los secuestros como actos individuales; pero no la suma, no el horror masivo acumulado, y no su ejecución programada. La novedad judicial es-

---

dicativa de la represión criminal antes del golpe militar, y de su espantoso *crescendo* a partir de 1976. En 1974 fueron incinerados más de 13.000 cuerpos y 15.000 en 1975; en 1976 pasan de 20.000; en 1977, más de 32.000; en 1978, 30.000; en 1979, se superan los 31.000; en 1980, atenuada la caza de brujas, «sólo» quemaron 21.000 cadáveres. Datos de la 2.ª ampliación de denuncia presentada por Carlos Castresana el 18 de abril de 1996.

9. El artículo 23.4 de la LOPJ dice: «Será competente la jurisdicción española para conocer de los hechos cometidos por españoles o extranjeros fuera del territorio nacional susceptibles de tipificarse (...) como genocidio, terrorismo, piratería y apoderamiento ilícito de naves, falsificación de moneda extranjera, los relativos a la prostitución, tráfico ilegal de drogas (...) y cualquier otro que según los tratados o convenios internacionales deba ser perseguido por España.

10. Véase nota 22 de este capítulo.

pañola es enfocar los hechos como "crímenes contra la humanidad". Por ende, imprescriptibles».[11]

Los responsables de las Juntas Militares habían hecho creer al exterior que allí hubo un conflicto interno de subversión y de caos, que reprimieron militar y policialmente pero sin violar las leyes. Es más, durante la dictadura, la mayoría de los argentinos vivía sin percatarse de lo que estaba ocurriendo. No había información, no había datos, no había respuestas. Era el imperio del silencio oficial. Era la burla hipócrita de una oficina habilitada en el Ministerio del Interior para denunciar la desaparición de personas, y donde jamás tenían noticias ni pistas que orientasen a los familiares angustiados en la búsqueda de sus desaparecidos. Sarcasmo de ventanilla sorda y muda, ante la que hubo más de cinco mil quinientas reclamaciones... todas en vano. Los *habeas corpus* se contestaban con informes falsos, aseverando que «no hay registro de que tal persona esté detenida ni retenida, ni constan antecedentes de que lo haya estado».

Los jueces, salvo raras excepciones, no garantizaron a los ciudadanos una efectiva tutela judicial. No persiguieron la iniquidad. Se plegaron a la vileza. Mantuvieron sus cargos, sus togas, sus honores y sus sueldos... en el infierno. Y ésa sí que es una lacra que infecciona el futuro de una sociedad.

¿Averiguar, indagar, reclamar? A más de un esfuerzo inútil, suponía el riesgo de ser considerados «sujetos molestos». El denunciante, por buscar a uno de los suyos, hipotecaba sus propias señas de identidad y domicilio, alzando así la banderola de su pertenencia al grupo «subversivo». Y las represalias no tardaban en llegar. Al final, frente al cínico silencio de la autoridad, fue adensándose el temeroso silencio de los súbditos, el acobardado silencio de los corderos.[12]

En Argentina existían dos realidades, dos mundos desconectados. Se aplicaba al pie de la letra el decreto Noche y Niebla, *Nacht und Nebel*, de Hitler: «Eliminar de modo rápido y silencioso. Se desvanecerán, sin que ni familiares ni amigos sepan qué ha ocurri-

11. Esa nueva perspectiva fue un lúcido hallazgo de la Unión Progresista de Fiscales en la denuncia de Carlos Castresana. Meses después, apoyándose en este precedente, el juez García-Castellón admitirá a trámite una denuncia similar contra Chile, presentada también por la UPF, desde Valencia.

12. Este capítulo toma su nombre del filme de Jonathan Demme.

do. Y si alguien lo sabe, se le elimina también. La mejor limpieza es la que no deja rastro».[13]

«No soy un iluso, y desde el principio sé que no va a ser fácil. A nivel oficial, nadie se ocupará de este asunto. Habrá que echarle ingenio y audacia. La primera barrera me la encuentro en el gobierno argentino, al tramitar peticiones de ayuda. Me dicen que nones. Se produce un bloqueo macizo. En enero de 1997, el presidente Carlos Menem dicta un Decreto Supremo prohibiendo, ¡incluso a los jueces!, cumplimentar mis instrucciones o aportarme datos sobre esta materia —embebido en sus pensamientos, Garzón lleva un rato silbando bajito, tenue: el silbo es la melodía de Howard Shore de *El silencio de los corderos*—. Me armo de paciencia para ir acumulando testimonios de víctimas sobrevivientes, de testigos de la represión, de familiares o conocidos... que van llegándome por los abogados de las acusaciones, los consulados o los mismos declarantes que vienen a mi juzgado. "Baltasar, sin prisas", me digo. Tengo claro que el éxito será juzgar en España, si es posible; pero sobre todo abrir el camino y que esto se juzgue en Argentina. Mi papel es ser punta de lanza: provocar la reacción social y judicial allá.

»He de construir un sumario sólido, muy fundamentado en hechos y en derecho, que sirva aquí y allá. En Argentina tienen dificultades legales para investigar las conductas delictivas amnistiadas por las leyes de Punto Final y de Obediencia Debida que promulgó Alfonsín en 1986 y 1987, o juzgadas e indultadas por Menem en 1989 y 1991. Pero los crímenes de terrorismo de Estado y de genocidio no pudieron beneficiarse con ninguna perdonanza, porque no fueron juzgados. Otros hechos, como saqueos, robos y violaciones sexuales, cometidos por subalternos, no eran acciones militares de guerra ni de antisubversión: eran delincuencia común, no amparable por la obediencia debida. La desaparición física de personas y la enajenación de niños no prescriben con el paso del tiempo,

13. El fiscal Julio César Strassera estableció la escalofriante similitud entre las órdenes del mariscal alemán Wilhelm Keitel y los mecanismos dictados por el general Viola en orden secreta: «La evacuación de detenidos se producirá con la mayor rapidez, previa separación por grupos: jefes, hombres, mujeres y niños, inmediatamente después de las capturas (...). Es imprescindible que la familia del criminal y la población en su conjunto desconozcan la suerte que han corrido»; o las instrucciones dadas en Puerto Belgrano por el almirante Mendía: «Se actuará con ropa de civil, en operaciones rápidas, interrogatorios intensos, práctica de torturas y eliminación física desde aviones: en vuelo, se arrojarán los cuerpos vivos y narcotizados al vacío, proporcionando así a las víctimas una muerte cristiana.»

mientras la situación continúe: son perseguibles. También en Argentina, a pesar de los *puntos finales*, son delitos permanentes.

»Para mí, está siendo muy lacerante, muy de conciencia: he escuchado historias conmocionantes de padres, hijos, hermanos, abuelas... Esas gentes le enseñan a uno a sufrir sin desmoronarse. ¡Tantos años, pidiendo justicia y no revancha...! Además, llevan razón: un Estado debe responder de sus desaparecidos.

»Como juez instructor, he de guardar la distancia para no implicarme afectivamente. Pero los sentimientos son libres: he oído relatos brutales que me han encorajinado; otros me han puesto un nudo en la garganta; un par de veces he tenido que tragarme las lágrimas sin que lo notaran. No sé, pienso que cualquier persona decente y sensible sufre un impacto al conocer de primera mano tanta maldad y tanta desgracia... A mí, el contacto con el delito no me acorcha. Yo no me acostumbro a los asesinatos de ETA. Cada muerte me golpea. Y no por eso pierdo la ecuanimidad para seguir la investigación.»

Ladran unos perros desde un jardincillo con verjas en la acera de enfrente. *Gina* se acurruca asustada entre las piernas de Garzón, hociqueándole las pantorrillas. Unas palmaditas en el lomo —«¡venga, cegatona, que todavía les gustas!»—, y sigue ensartando los hitos del sumario 19/97, la causa Argentina.

Después de declarar que la Justicia española es competente, Garzón cursa dos comisiones rogatorias. Una, a Argentina: les remite una lista con noventa y ocho imputados, entre ellos los generales y almirantes Videla, Galtieri, Massera, Mendía...[14] No responden. Otra a Suiza, para que investiguen si algunos militares imputados tienen allí cuentas bancarias con dinero de procedencia ilícita y documentos comprometedores en cajas de seguridad.[15]

14. La relación de imputados se amplió a ciento cincuenta y siete en octubre de 1998. Sigue sin ser *numerus clausus*.

15. El juez tenía un informe confidencial de la policía española indicando que entre el 12 y el 21 de diciembre de 1983 salió del aeropuerto de Ezeiza un SDA B-707 tipo Hércules de las Fuerzas Aéreas Argentinas, que hizo escala en el aeródromo militar de Gando (Gran Canaria), en ruta hacia Zúrich y Tel Aviv. Viajaban ocho militares: Maldonado Suelvo, Hernández, Reyes Sosa, Freire, el piloto-jefe, Sancho Tena, y tres personas más. Vía estafeta, el cónsul argentino en Canarias solicitó el 9 de diciembre una escala técnica en la base aérea de Gando y reservó habitaciones para esas personas en el hotel Cristina de Gran Canaria. El avión, al parecer, llevaba a bordo documentos y archivos de la represión militar en Argentina entre 1975 y 1983. Otro informe apuntaba que en esa o en otra escala, en Torrejón, el Cesid microfilmó los documentos, a petición del teniente general Bignone.

Cuando la fiscal general de Suiza, Carla del Ponte dice que colaborará en este asunto con Garzón, entonces sí, Argentina mueve ficha y desplaza a Suiza un equipo judicial. Una de las cuentas halladas es del general Bussi, responsable de la muerte de más de seiscientas personas en la provincia de Tucumán, donde fue gobernador durante la dictadura y seguía siéndolo con la democracia. Apodado Mussolini Tucumano, éste era el general que encabezaba el pelotón de los fusilamientos nocturnos. El mismo que hacía enterrar vivos un par de días a los detenidos, para «bajarles los humos». El que, en una de sus «limpiezas», mandó cargar en camiones a todos los pordioseros de San Miguel de Tucumán, trasladarlos a un desierto de Catamarca y allí abandonarlos. ¿Eran «subversivos», o acaso en la «nueva nación argentina» no cabían los pobres? Al investigar su patrimonio, descubren que se ha enriquecido con avidez: diecisiete casas en Buenos Aires y una finca en la provincia, seis automóviles, diecisiete cuentas bancarias en Argentina y cinco en el extranjero, negocios de exportación... Todo por la patria. Las primeras que declaran en esta causa son dos supervivientes de la familia Labrador, españolas, oriundas de Salamanca: Esperanza y su hija Manuela.

Esperanza denuncia —ya lo hizo veinte años atrás— la desaparición de su hijo Miguel Ángel: «Salió de casa, en Rosario, para hacer unos cobros de la industria familiar de calzados y objetos de cuero, y nunca volvimos a tener noticias.» Refiere también los asesinatos de su marido, Víctor Labrador; de su otro hijo, Palmiro; y de su nuera, Edith Graciela Koatz. Esperanza y Manuela cuentan al juez cómo una patrulla policial irrumpió en sus domicilios y saqueó la pequeña fábrica que tenían en los bajos de la casa. Aportan descripciones muy vivas de los asaltantes, la identidad exacta de tres de ellos;[16] «aunque quienes mataron a Víctor, a Palmiro y a Edith eran militares: rodearon la casa». Son dos relatos vigorosos y que aportan muchos detalles.

Sin embargo, ésta sería una historia trágica más entre miles, de no haber ocurrido después lo que testificó el cónsul de España en

16. Manuela Labrador reconoció a los policías José Rubén Lofiego, Alberto Vitantonio, «compañero de universidad de mi hermano Palmiro», y al comisario Antonio Ávila, ante quien ella había denunciado días antes la desaparición de su hermano Miguel Ángel.

Rosario, Vicente Ramírez Montesinos, que se entrevistó con el general Galtieri, entonces jefe militar de la zona. Ya le había visitado para protestar por la desaparición de Miguel Ángel y otros argentinos de origen español. Pero volvió y le reprochó que «una banda de civiles encapuchados entraron sin orden judicial, hicieron un registro y un desvalijamiento, apalearon a varios miembros de la familia, les forzaron a firmar cheques posdatados... y después fue una patrulla militar, fueron ustedes, el ejército, quienes los torturaron y los mataron».

—Lo de Víctor, el padre, ha sido un error —admitió Galtieri—; pero a los otros dos, a Palmiro y a Edith, los estábamos buscando como terroristas montoneros.

—¡¿Terroristas montoneros... una familia industrial, españoles, de Salamanca?! ¡No pensará usted eso en serio...!

Sobre la mesa, Galtieri tenía un folio amarillo con un listado de nombres. Mientras el general hablaba, el cónsul leyó del revés en esa lista los apellidos Labrador Pérez. Vio una cruz roja vertical junto al nombre de Palmiro. En el de Miguel Ángel no había cruz. Galtieri abrió un cajón de su mesa de despacho, sacó una cartera de cuero y se la mostró: «Mire, la gente que usted protege diplomáticamente hace cosas que... ¿Ve? Una parte del forro está sin coser: aquí se podría guardar dinero, documentos ilegales... Esto se encontró en el taller de cueros. La fábrica era una tapadera para algo clandestino.»

Montesinos no daba crédito a lo que oía y veía: Galtieri en persona estaba al tanto de esos pormenores; y, en los escasos días transcurridos entre los asesinatos y su protesta consular, tenía ya en su poder un elemento material del saqueo. «General, voy a sacar del país a los que han dejado vivos de esa familia. Le hago a usted responsable de lo que les ocurra hasta entonces.»

Poco después, él mismo llegará a sentirse en peligro —«ellos saben que yo sé»—, y se irá de Argentina.

Esperanza Labrador es Madre de la Plaza de Mayo. Sigue buscando a su hijo Miguel Ángel. Ese hilillo de ilusión es lo que cada mañana le permite decir «buenos días».

La declaración de las Labrador, unida a la del diplomático Ramírez Montesinos, implica de modo personal y directo al teniente general Leopoldo Fortunato Galtieri. El 25 de marzo de 1997 Garzón dicta orden de detenerle. Estaba imputado ya por genocidio, terrorismo y torturas, delitos perpetrados siendo él jefe del 2.º Cuerpo del Ejército y, luego, presidente de la Junta Militar. Ahí, el proceso sube a un nivel más comprometedor.

Al día siguiente, el presidente Menem llama al juzgado n.º 5 para pedir explicaciones. Garzón indica a la secretaria judicial:

—Natalia, con buenos modos pero bien clarito, dile que en España el presidente del ejecutivo jamás llama a un juez para hablar de un caso que él tenga entre manos. Que me disculpe, pero no voy a ponerme. Y cuando cuelgues, levanta acta de esa llamada.

Semanas antes, el juez del n.º 5 recibió como testigo a la ex presidenta María Estela Martínez de Perón. Fue un impacto en Argentina, porque hacía once años, desde que la derrocaron los militares, que no habían visto su imagen.

Garzón recuerda bien aquella comparecencia. 3 de febrero de 1997. María Estela no acude de grado, sino por aparentar que colabora con la Justicia. Es una mujer menuda, elegante y suave; pero ese día está tensa y nerviosa. En el interrogatorio demuestra gran habilidad para hacerse la estúpida. Teme quedar imputada porque conoció, y no impidió, el terrorismo de Estado de la Triple A —Alianza Anticomunista Argentina—, que surgió estando ella en el poder, con el apoyo de los militares y bajo la tutela del ministro de Bienestar Social, López Rega, su más estrecho colaborador. Este Rega fue un siniestro personaje que manejaba a María Estela. Él la inició en el espiritismo y en los rituales negros: la hacía ir al féretro de Eva Perón a ver si lograba que transmigrase a ella el espíritu de la muerta.

Le preguntan a María Estela cómo, bajo su presidencia, se articula y se provoca el golpe de Estado. La cúpula militar diseña un escenario de terror, asesinatos, explosiones y vandalismo en las calles, cuyos agentes serán los sicarios de la Triple A. La violencia que desatan produce tal efecto de caos y desastre que, en ciertas capas sociales timoratas, se justifica *la solución del hombre a caballo*, el advenimiento del poder militar como remedio enérgico de autoridad y de orden. Una vez más, los bomberos han contratado y asalariado a los pirómanos.

El paso inmediato es presentar a la presidenta como una persona incapaz de llevar las riendas del país. De hecho, ella acepta esa situación y que los militares tengan el control. Les firma un decreto el 5 de febrero de 1975, que es un cheque en blanco para la represión *manu militari*. Y, con el pretexto trivial de arreglarse los dientes, se interna en una clínica. Al día siguiente, el presidente interino Italo Luder les otorga tres decretos más, apoderándoles para «cuantas operaciones militares y policiales sean necesarias a fin de eliminar y aniquilar el *accionar* de los elementos subversivos en todo el territorio del país». Así, un año antes del golpe, se pone en marcha el terrible mecanismo de la *guerra sucia*. Ejército, policía y servicios secretos, como tríada de la muerte, eliminarán a quienes ellos consideren «disidentes del proceso de reorganización nacional».

La oscura pasividad de María Estela Martínez no resistiría la prueba del algodón de un juicio político. ¿Miedo? ¿Lenidad? ¿Connivencia? ¿Alta traición? No sólo enajenó «su» poder: entregó el sistema de libertades y garantías de la democracia argentina.

Ante el juez español, en un aturdido ejercicio de quitarse culpas, llega a hacer esta patética confesión política: «A mis consejos de ministros asistían los jefes militares. Ellos me decían que tenían que estar. Desde octubre del 75 no se me dejó ejercer como presidenta de la República: el golpe ya estaba latente. Durante cinco meses yo fui una figura decorativa.»

Los abogados de la acusación le preguntan por varios mandos de la Triple A. María Estela niega conocerles. Cuando le muestran fotografías donde se les ve a ella y a su ministro López Rega con esas personas,[17] ladea la cabeza: «Pues... no, no los recuerdo.»

Luego la interrogan sobre *honorables* fascistas y masones italianos: «¿Conocía usted la relación de Licio Gelli y Giancarlo Valori con la Triple A? ¿Estuvo alguna vez con Michelle Sindona?, ¿y con Bruno Pasarelli?, ¿y con Roberto Calvi?» Ella, lo mismo: no niega, pero se hace la desmemoriada. Garzón le advierte del falso testimonio, «porque comparece usted como testigo, obligada a decir la verdad». Muy pálida, la ex presidenta pide agua.

Abren una nueva batería de preguntas con fuerte carga: «¿Qué puede decirnos de la conexión entre las personas ya mencionadas de la Triple A y de la logia P2, *Propaganda Due*? ¿Y entre ellos y el almirante Massera? Su esposo, el presidente Perón, ¿nunca le desveló qué vínculos tenía con la masonería italiana P2? ¿Le dijo López Rega que él compraba armas en Libia, para la Triple A, con dinero del Ministerio de Bienestar Social?»

17. Juan Ramón Morales, Miguel Ángel Rovira, Almirón Sena y Pedro Eladio Vázquez.

Las respuestas de María Estela son evanescentes: «Yo no sé nada... no recuerdo... nunca supe que ellos tuviesen vínculos con la Logia P2, ni con el tráfico de armas... Perón no me dijo...»

—¿Sabe usted quiénes eran los de la Triple A?

—Sí... unos que mataban...

—¿Sabe quiénes eran los montoneros?

—Sí... unos que cantaban...

—Perdone, señora —le dice Garzón en ese momento—, pero no logro entender que usted haya sido la presidenta de la República Argentina casi dos años, y no sepa nada de nada...

—Es que yo... soy una pobre mujer ignorante. Además, ¡no entiendo de política! Estuve allá, porque lo decidió Dios.

Todos la miran estupefactos. Poco antes, María Estela se ha referido con elogio al almirante Massera, el de los horrores de la ESMA. El juez le pregunta:

—¿Massera la visitó a usted aquí, exiliada ya en Madrid?

—Sí, él me visitó en algunas ocasiones. Allá, estuvo en Messidor, la residencia de Bariloche donde me tenían recluida. Y acá, cuando pasó por Madrid, me visitó en mi domicilio.

—¿Y cómo es que seguía teniendo usted relación con uno de los jefes de la Junta Militar que la derrocó...?

—¡Ah, Massera es una excelente persona! Primero, tuve con él relaciones de presidenta a jefe militar. Y después, grandes motivos de agradecimiento. Durante mi detención, él me salvó tres veces, ¡por los pelos!, de ser fusilada...

—¿Eso le dijo? Fusilada, ¿por orden de quién?

—Nunca me contó bajo qué órdenes; pero me iban a ejecutar.

Sólo en un instante Estela es ella misma y no la boba que finge ser. Le han preguntado por qué cesó a López Rega. Se yergue en la silla, adelanta el pecho y alza el mentón. Brilla algo metálico en sus ojos cuando responde:

—Ah, si tú *tenés* el mando, pero siempre hay otro que te está mandando, algún día has de demostrar que... quien manda, manda.

Conforme avanza el proceso, cada vez son más los familiares o testigos que quieren declarar. También se ofrecen algunos militares.[18]

18. El 14 de abril de 1997 compareció como testigo protegido el militar argentino Eduardo Daniel Giordano.

Uno de ellos es el teniente de navío argentino Adolfo F. Scilingo, que formó parte de los *grupos de tareas* de la ESMA. Se confiesa «moralmente arrepentido», pero sus delitos siguen en pie. Garzón se entera de que viene a Madrid, a un programa de Carlos Herrera en TVE, y le cita en directo desde el aeropuerto.

Scilingo es locuaz, envolvente, sugiere que «si no podrían gratificarle...». Garzón le deja hablar, mientras le observa. Toma nota de alguna palabra suelta para repreguntar luego. Aunque culpable, va a ser un valioso testigo de cargo. Él trabajó en la ESMA. Dibuja bien, y alza planos de aquel lugar. «Éste es el estadio de fútbol, el *River Plate*... Por acá pasa el río, justo en esa linde estaban las parrillas de los *asados* de cadáveres, para tener más cerca el vuelque de las cenizas y de los restos que no se acababan de quemar... Arriba, un entretecho, ¿cómo lo llaman ustedes?, ¿una altana? Nosotros lo llamábamos *la capucha*, porque a los detenidos los tenían siempre con la cabeza cubierta con una bolsa. Era un lugar que daba espanto: la gente hacinada, amontonada, con esposas, con grilletes, un calor sofocante, y un olor insoportable de excrementos, orines, sangre, sudores... Por acá les bajaban al sótano para los interrogatorios... Sí, cierto, los hacían desnudarse y tenderse sobre somieres de metal. Les ataban manos y pies, la cabeza siempre cubierta. Y empezaba la sesión de picana, una púa metálica con mango de madera que podía descargar doscientos voltios; la hincaban por todo el cuerpo, pero buscaban puntos sensitivos: la boca, los genitales, los pezones. Yo estuve en algún interrogatorio con torturas. Me lo pidió Torres de Tolosa. Recuerdo a una chica con suéter violeta...»

Scilingo confirma extremos que Garzón conoce ya por otros testigos. Detalla las redadas para secuestrar a personas en la calle, en el suburbano, en sus casas. Atracos, extorsiones, robos de coches y camiones para el traslado de detenidos: «A todo eso lo llamábamos requisa y recuperación de material.» En el taller de la ESMA, pintaban de otros colores esos vehículos y les cambiaban las placas de matrícula. Ratifica que se habilitó un paritorio y que había médicos de la Marina para atender los partos. «Una vez, me crucé allí con una mujer joven embarazada, tenía aspecto febril, iba con *négligé*...»

A Scilingo se le agolpan imágenes, tromba de recuerdos en desorden. De pronto apunta: «En el comedor de oficiales servían unas camareras, jóvenes detenidas, pienso. No llevaban los ojos vendados: nos veían las caras... ¿Qué habrá sido de ellas?»

Sin duda, el trago más fuerte de su declaración son los *vuelos de la muerte*. Ellos los llamaban «traslados al sur», al mar de Argentina. «Todos los miércoles y muchos sábados.» Admite que en dos ocasiones le requieren para participar en esos vuelos, y él está a bordo cuando tiran los cuerpos al océano. «Unos médicos, los *Tommys*, les inyectaban suero *pentonaval* a los que iban a lanzar desde el avión. A cada "trasladado", dos dosis. Primero, en tierra, una suave para serenarlos y atontarlos, pero que pudieran ir por su pie desde el sótano hasta los camiones. Ya a bordo, otra más potente que los narcotizaba antes de ser arrojados al mar. En ocasiones, algunos se reanimaban al ir a agarrarlos... Pero, pese a ello, un empujón fuerte y... afuera. Una vez, empujando a uno, casi me arrastra y caigo al vacío yo también... ¿Dónde estábamos? Ah, sí, la jeringuilla. "Es una vacuna, porque os llevamos al sur —les engañaban—. Vais a ser detenidos legales, figuraréis en las listas, vuestras familias sabrán dónde estáis." Con la inyección, medio se alelan. Alguno se queda quieto, apoyado en la pared. Otros, tumbados por el piso. Me acuerdo que una noche pusieron música brasilera, sambas. El capitán Acosta Aubone dijo a una chica que bailara, que se pusiera contenta... Adormilada y todo, la hizo bailar...»

Precisa que en cada vuelo iban entre catorce y veintisiete detenidos. Y una excesiva tripulación: entre diez y veinte oficiales por avión. «Casi toda la Armada participó en esos vuelos, rotando por turnos. Massera quería que voláramos todos. "Así todos tendrán el honor de combatir la subversión", nos decían. Hasta el agregado naval de Argentina en Chile, que estaba unos días en Buenos Aires, vino a un "traslado" en que iba yo, el sábado 7 de agosto del 77. ¿Tropa? ¡No! Sólo jefes y oficiales. Era un tema "delicado". Un jefe, Arduino, te adscribía: "El miércoles, preséntate en Dorado a las cinco con ropa civil: estás asignado a un vuelo". Yo volé en aviones Skyban y Electra.»

La pregunta es ociosa: al no haber marinería a bordo, eran los propios oficiales y jefes quienes tiraban los cuerpos dormidos «por la boca de carga, por popa». Sólo los médicos se libraban de ese último menester asesino. «Llegado el momento de arrojarles, el *Tommy* de turno se iba a la cabina: no participaba, por su juramento hipocrático. Pero ¡qué más daría, si él mismo les narcotizaba para facilitar la faena!»

Esas mujeres y esos hombres morían destrozados por el impacto al chocar con el mar, o ahogados, o congelados, o devorados por los tiburones.

Scilingo informa también de que «al principio, lanzaron a la gente sobrevolando Río de La Plata, pero la corriente arrastró los cadáveres al estuario, hacia las costas de Uruguay; y como los cuerpos estaban vestidos y llevaban monedas argentinas en algunos bolsillos, se armó un escandalazo». A partir de entonces, afinaron el sistema: «Despegando de Punta Indio, se volaba una hora en dirección Atlántico sur, hacia el mar de Argentina. Antes del lanzamiento, desnudaban a las víctimas ya inconscientes. Las ropas y el calzado, en bolsas, se quemaban en la ESMA al volver. No quedaban vestigios. Para que los radares de Mar de Plata no detectasen esos aviones fantasma, las maniobras de salida y regreso se hacían en vuelo rasante. Había un acuerdo entre la Aviación y la Armada: no sólo prestaban los aviones, el carburante y los pilotos, sino que la operación de meter los camiones con la gente en los hangares del aeródromo militar de Ezeiza se realizaba con luces apagadas, porque así lo indicaban ellos. Y no fue una vez ni dos. En tres años, que es lo que yo puedo calcular, hubo de ciento ochenta a doscientos vuelos. Era un sistema. Por cierto, las hojas de esos vuelos desaparecieron de Aeroparque.»[19]

Silencio de estupor, en el despacho de Garzón. Se oye el zep zep zep del arrastre de una bobina en la grabadora. Scilingo, que, abombando el pecho y casi exhibiendo los tatuajes de la hazaña maldita poco a poco ha ido abajando su arrogancia, ahora mira al suelo. No resiste las adustas miradas de todos los presentes.

«En uno de esos vuelos —sigue, incontinente ya—, el capitán Menéndez Salvio le dijo a un joven teniente de fragata: "¡Tírelos!" El teniente no sabía... y creyó que era una bravata loca. Pero el capitán le instaba: "¡Tírelos!" Él vio que iba en serio. Horrorizado, se negó. Menéndez desenfundó su pistola: "¡Es una orden de guerra contra el enemigo!" ¿El enemigo?, ¿unas pobres gentes desarmadas y narcotizadas? Viendo que su jefe le apuntaba, pensó: "¡Carajo!, si no lo hago, voy yo también de cabeza al mar." Obedeció, claro. Y anda casi *pirao*. No pudo superar el trauma.

»Sin coacción, libremente, nos convirtieron en monstruos. Ésa

19. No sólo desde la ESMA, sino también desde el centro militar de detenciones Campo de Mayo despegaban *vuelos de la muerte*. Más de 3.500 personas fueron arrojadas vivas sobre el Río de la Plata o en el Atlántico.

es la clave del silencio. Fíjese, señor juez, que a mí me ha costado tiempo y trabajo encontrar un oficial que me admita que voló... Sólo Juan Orlando Rolón, Antonio Pernías y ese teniente de fragata que se resistía. Pero no, no es que hubiera antes un pacto de silencio: es que hay, ¡ahora!, un pacto de vergüenza.»

Garzón corta en seco la filosofía y pregunta a quemarropa:

—Señor Scilingo, ¿ratifica que participó usted en esos vuelos desde donde personas vivas fueron arrojadas al mar?

—Sí, yo participé.

—Además de ser tripulante de esos aviones, ¿personalmente, arrojó usted a alguien vivo al mar?

—Bueno... yo ya le dije que sí, que participé...

—Bien. Suspendo la declaración hasta mañana. Señor Scilingo, le comunico que queda usted detenido, en prisión provisional, dentro de la causa 19/97 por delitos de genocidio y terrorismo.

Scilingo se pone lívido. Se siente atrapado en un cepo que no imaginaba. Ingresa en la cárcel de Carabanchel. Durante cuatro días seguidos declara ante Garzón, que le imputa cuarenta y cinco asesinatos y un secuestro. Hasta ser procesado y juzgado, no puede salir de España. Es el primer militar argentino detenido por esta causa, después de las leyes de *punto final*. Con esa decisión,[20] la causa asciende otro peldaño. Y así lo entienden en Argentina.

«Hay dos reacciones viscerales inmediatas —*Gina* se ha parado junto a una morera. Se arrima al tronco. Garzón espera, sin prisa—. Varios militares argentinos se querellan contra mí. Dicen que estoy invadiendo la soberanía del Estado; por tanto, he declarado la guerra a Argentina. Me imputan los delitos de rebelión, traición y declaración de guerra. Demencial, sí, pero ahí está... Y, más chusco aún, el presidente Menem contraataca a su manera: "Garzón sólo busca figurar." En otro momento, me llamó *vedette*; y el Consejo del Poder Judicial tuvo que pedirle "un mayor respeto a la persona y a las actuaciones del juez español"... Esa inquina de Menem hacia mí venía de atrás: cuando instruí

20. Emilio Eduardo Massera, Jorge Eduardo Acosta Aubone, Jorge Raúl Vildoza, Carlos Eduardo Daviou, Luis María Mendía, Jorge Enrique Perrén, Carlos José Pazo, Jorge Raúl González y Gonzalo Torres de Tolosa estaban ya imputados; el 20.10.97, y ante la noticia de nuevos delitos, Garzón dictó orden de prisión contra ellos, junto con la de Adolfo F. Scilingo.

el caso *Yomagate*, aparecieron implicados en narcotráfico y blanqueo de capitales Ibrahim Ali Ibrahim y Amira Yoma. Le tocaba muy de cerca. Eran de su familia: los hermanos de Zulema Yoma, su mujer.

»Puedo comprender esas actitudes. En cambio, es chocante que en este tema Manuel Fraga discrepe públicamente de Aznar y de su partido, y se solidarice con Menem en contra de la jurisdicción española. Pero aún es más surrealista que Felipe González ponga fronteras a la defensa de los derechos humanos, se olvide de los tratados internacionales que su propio gobierno ratificó, y acabe dándose la mano con Fraga en que no somos quién para perseguir el genocidio y el terrorismo de Estado de otros países.»

Garzón ha dejado de silbar *El silencio de los corderos*. Tal vez se esté acordando de Ernesto Sábato —enteco de cuerpo y berroqueño de alma, unas aparatosas gafas de concha, el bigote ralo y nubes por la frente—, cuando declaró aquella tarde de verano.

«Tenía la salud muy quebrantada, pero ¡qué lúcido y qué fuerte me pareció en su fragilidad! Aportó algún documento, aunque lo importante era su testimonio vivo de las miserias y las brutalidades que conoció elaborando el informe *Nunca más*. Se entrevistó con miles de personas y verificó en el lugar trescientos cuarenta centros de detención y tortura. Llevaba el sufrimiento cincelado en su rostro de modo ya imborrable, pero con unas intensas ganas de vivir y de confiar en la juventud. Estoy viéndole, ante mi mesa, apretándose la frente como si quisiera estrujarse los recuerdos: "La experiencia más espantosa de mi vida —decía—: el reino del demonio sobre la tierra." Dio su visión de conjunto como indagador: "No fueron hechos aislados. Hubo un plan de terror y de exterminio. Y hubo un sistema. Nosotros, en un año, 1984, aparte los muertos, establecimos 8.961 casos de personas sin paradero... Pero pueden ser treinta mil. Cada vez hay menos miedo, y la gente va denunciando sus desaparecidos."

»Un abogado le preguntó: "¿La Iglesia consintió tales métodos? Un capellán castrense, *pater* Victoria Bonanin, hablaba de la espada flamígera de Cristo, que venía a purificar la nación..." Sábato le contestó: "Ah, siempre algún loco habla de *guerra santa*. Pero no olvide usted a conocidos miembros de la Iglesia católica que fueron asesinados por oponerse a esos horrores ¡y denunciarlos! El obispo Enrique Angelelli, el obispo Carlos Ponce de León, las monjas francesas Alice Domon y Leonie Renée Duquet, tres sacerdotes palotinos, dos seminaristas...”[21]

»Me comentó: “Raúl Alfonsín es amigo mío y es un buen muchacho; pero con las leyes de Punto Final y de Obediencia Debida, ¡se equivocó garrafalmente!”

»Al despedirse, Sábato me dijo algo que no olvidaré: “Se me había hecho cosa natural el pesimismo, el levantarme ya cansado, sin esperanza; pero hoy he visto que aún queda gente que se ocupa de los más desfavorecidos. ¡Gracias, por ayudarnos a hacer justicia! Desde hoy, vuelvo a confiar en este bajo mundo.”

»Yo presentía que, por el calado de la terrible herida que reabría y por la presencia de personajes emblemáticos, la causa 19/97 iba a generar conmoción en Argentina, a favor y en contra. Confiaba en remover el temor de quienes todavía no se atrevían a denunciar la ausencia inexplicada de algún familiar. ¡Y ya lo creo que ha habido reacciones valientes!

»Un caso precioso, el del hijo de Cecilia Viñas. Esta mujer sabía que a su hijo se lo había robado Jorge Raúl Vildoza, cuando era director de la ESMA. Trajo muchos datos. Había dedicado los últimos veinte años de su vida a averiguar... Vildoza ya estaba imputado por la gran causa de genocidio, terrorismo y torturas; pero dicté contra él una orden de detención indicando que tenía como propio a un hijo varón que no era suyo. Yo quería provocar que alguien se moviera. Eso se publicó en Argentina. El riesgo era que Vildoza se quitase de en medio llevándose al chico, y les perdiéramos la pista. Pero el muchacho, que tenía ya 22 años, estuvo rápido de reflejos. Se presentó ante la juez federal María Servini de Cubría: “Háganme las pruebas de ADN, porque puedo ser uno de los niños secuestrados y adoptados ilegalmente.” Y así era. Por supuesto, Vildoza huyó y se le está buscando. A mí, con que una mujer recupere a su hijo, me basta para decir que esta investigación, aunque se interrumpiese ahora, ya ha tenido éxito. Sucesos como el de Cecilia Viñas y su *pibe*, Javier Penino Viñas, que no se cuentan en televisión, son los que dan sentido a mi vida de juez. Cuando la liberación de Ortega Lara, experimenté algo muy parecido...

21. Los sacerdotes Pedro Duffau, Salvador Barbeito y Alfredo Kelly; y los seminaristas Alfredo Leaden y José Barbeti.

»Mi gran suerte es que los sinsabores se me olvidan. Cuento con que entran en mi sueldo. Me los echo a la espalda, no soy lastimero... Hombre, no es cómodo trabajar en solitario, porque el fiscal se desentiende de la investigación o, peor aún, porque lo tienes a la contra. En esta causa, puedo contar con los dedos de las manos las veces que ha asistido a declaraciones. Por orden de Fungairiño, los fiscales están acuartelados en negar la competencia de la Justicia española. Durante estos dos años, han tenido una actitud pasiva, desentendida y, además, incoherente: se oponen a unas cosas, otras me las dejan pasar. Y no dicen si al final van a impugnarlo todo, o qué... Mi sensación es que voy en una bicicleta de la que sólo gira una rueda; la otra, la del fiscal, está parada, y yo pedaleando y tirando de la bici, de la cuesta, de mi cuerpo y de la rueda quieta... Un día ya le dije:

»—Decídete, oponte de una vez, recúrreme la jurisdicción: que la Sala de lo Penal se pronuncie y salgamos de dudas. Yo también necesito una seguridad para continuar o para zanjarlo. Estoy trabajando a destajo, recibiendo testimonios por un tubo, trámites consulares, gente que viene de fuera, comisiones rogatorias, diligencias a barullo, cada día se apunta una nueva asociación de juristas o de derechos humanos, hay tropecientas acusaciones personadas, el sumario va ya por los ochenta mil folios y, joder, yo puedo estar equivocado. Tú, que no reconoces la jurisdicción española en este asunto, en lugar de hacer tantas declaraciones públicas, coño, recúrreme de una puñetera vez.»

Al fin, dieron el paso y formalizaron su oposición. Es el llamado *Informe Fungairiño*. En respuesta, Garzón acaba de redactar un auto rebatiendo punto a punto las objeciones del fiscal. Ahí señala no sólo las normas españolas que les autorizan a perseguir esos crímenes, sino el mandato internacional que les obliga a hacerlo.[22] Siempre desde los registros de conciencia y de justicia universal, al

22. Ley Orgánica del Poder Judicial de 1970, artículo 336, vigente al ocurrir aquellos hechos. Ley 47/1971, que adiciona el artículo 137 bis: Delito contra Derecho de Gentes. Código Penal, artículos: 607, 204 bis (por Ley Orgánica 31/78), 731, 74. Ley Orgánica del Poder Judicial de 1985, artículo 23.4. Código de Justicia Militar, artículo 17, modificado por Ley 42/1971. Pacto Internacional de Derechos Civiles y Políticos de 16.12.66, artículos 7 y 15. Convención de Nueva York, 10.12.84, contra torturas y otros tratos o penas crueles, inhumanas y degradantes, artículos 4 y 5.1.c. Cuatro Convenciones de Ginebra de 12.7.49, artículo 3. Estatuto del Tribunal de Nuremberg, artículo 6c. Estatuto del Tribunal para la ex Yugoslavia, 1995. Todos han sido ratificados por España.

margen de que entre las víctimas haya más de seiscientos españoles o hijos de españoles. Expone que nuestra Constitución prohíbe internamente los indultos generales y no los acepta de otras legislaciones como excusa para coartar nuestro imperio jurisdiccional en el exterior. En cuanto a las leyes de amnistía, son lo que son: el Estado argentino abdicó de ejercer su jurisdicción sobre aquellos delitos. Y cuando un Estado renuncia a juzgar en su territorio crímenes de *lesa humanidad*, cualquier otro puede ser competente. En fin, en ese auto, el juez del n.º 5 corta el nudo de un falso conflicto entre jurisdicciones. «No hay tal conflicto —ha escrito en su borrador—, porque ninguna otra jurisdicción está actuando: no existe el Tribunal Penal Internacional; y de Argentina lo que se sabe, dicho y decretado por Menem, es su negativa a actuar...»

«Ahora, la Sala tiene la palabra. Ni yo busqué este caso, ni me empecinaré en seguirlo.» Se alza el cuello del anorak y sube a tope la cremallera: «Vámonos p'a casa, *Gina*, ¿a ti no se te está metiendo el frío en los huesos?»

El 4 de noviembre de 1998, la Audiencia Nacional confirmará ese auto del juez del n.º 5, estableciendo por unanimidad que la jurisdicción española sí es competente. Pero aún tienen que pasar siete meses y cosas inauditas, que ni Garzón ni nadie sospecha.

Regresa a casa zigzagueando por las callejas. El paso cadencioso de *Gina* le es propicio para pensar. Se acuerda de otro jalón del sumario. Otro jalón con rostro humano: la abuela Sacha.

Como el buscador de perlas no desprecia ninguna ostra, por si fuera madreperla, así Garzón se embebe escuchando a cada testigo, aunque a primera vista parezca que sólo va a sacar puñado de serrín, manojo de vaguedades. Todo, hasta un parpadeo, es elocuente para el juez buscador de perlas.

El caso de la abuela Sacha —Matilde Artés Company, catalana nacionalizada argentina— contenía tres historias en una misma historia. Un primer episodio, el *thriller* azaroso con que esta mujer indagó, buscó, preguntó, hasta reconstruir el drama de su hija Graciela y de su nieta Carla, secuestradas en Bolivia y, según pudo saber, trasladadas a Argentina, donde se les perdió el rastro. Una segunda historia, sentimental y de final feliz: el ingenio que la abuela Sacha puso en juego hasta encontrar viva a su nieta Carla y recuperarla. Y un tercer suceso, que situará la causa argentina, 19/97, ante un nuevo y terrible escenario, no ya de criminalidad de Estado sino entre Estados: el *Plan Cóndor*.

En abril de 1976, la joven Graciela Rutilo Artés, argentina y casada con un boliviano, es secuestrada en Bolivia junto con su hija Carla, que apenas tiene nueve meses. En Bolivia, agentes argentinos torturan a Graciela delante de su niña, a la que cuelgan de los pies, cabeza abajo, para forzar la confesión de la madre. Durante cinco meses, Graciela sigue en régimen de torturas en un centro boliviano, mientras que la pequeña Carla está internada en el orfanato Villa Fátima, de La Paz.

El 29 de agosto, una patrulla militar boliviana, por orden del coronel Ernesto Cadima Valdivia, saca a la niña del orfanato. Ese mismo día, y en el punto fronterizo Villazón-La Quiaca, madre e hija son entregadas clandestinamente a la policía argentina, que las traslada al centro de detenciones Automotores Orletti...

Garzón coge el bolígrafo y aguza el oído cuando la abuela Sacha, declarando ante él, menciona ese nombre. Sabe ya que Automotores Orletti, en Argentina, se utilizó como lugar de tránsito o de desaparición de los presos de ese «consorcio multinacional del crimen» llamado *Plan Cóndor*: a los chilenos que, huyendo de Augusto Pinochet, se les detenía en Paraguay, los pasaban a Argentina, a Automotores Orletti; y de ahí, los devolvían a Chile. Salvo que Chile dijera: «Concluyan ustedes el trabajo.» Entonces, la zanja campera, el bidón de cal, el horno crematorio o un vuelo nocturno sobre alta mar eran los más eficaces «desaparecedores». Asimismo, paraguayos, bolivianos, uruguayos o brasileros que, acosados por las dictaduras de sus países, se refugiaban en Argentina, en cuanto los trincaba la policía iban a parar a Automotores Orletti como estación intermedia de su entrega a los Estados reclamantes, o... como *stazione termini* de sus vidas.

La abuela Sacha continúa su relato:

—Graciela «desapareció» allí. En ese centro operaban a la vez militares de Argentina y de Uruguay, y también gente de la Triple A. Uno de los torturadores, Eduardo A. Ruffo, se apropió de la niña Carla. Él y Amanda, su mujer, hicieron una partida de nacimiento falsa. Ni se molestaron en formalizar un trámite de adopción. Pero esa partida de nacimiento les delatará, cuando en su momento certifiquen clínicamente que Amanda es estéril.

—Perdone, señora Artés, ¿cómo sabe que su hija y su nieta estuvieron en Orletti y que «Graciela desapareció allí»?

—Bueno, yo invertí años en averiguar paso a paso qué ocurrió. Un superviviente, José Luis Bertazo, recluido también en Automotores Orletti, coincidió con Graciela algún tiempo. Por él supe lo que ella le contó y que ahí la vio por última vez...

Oyendo a la abuela Sacha, Garzón comprende por qué esa tesonera mujer está tan viva. Viene a su memoria aquello de Álvaro Mutis: «La muerte no suprime a los seres cercanos, que son nuestra vida misma; lo que se lleva la muerte es su recuerdo, la imagen que se va borrando, diluyendo hasta perderse... y es entonces cuando empezamos nosotros a morir también.»

Cuando Carla estuvo en el orfanato Villa Fátima, le hicieron una ficha con fotografía de carnet. La niña tendría entonces entre 9 y 14 meses. En 1984, ya con el régimen democrático de Raúl Alfonsín, una monja del orfanato da esa foto a las Madres y Abuelas de Plaza de Mayo. Matilde Artés reconoce enseguida a su nieta. Amplía la foto de Carla y otra que ella guardaba de cuando Graciela, la mamá desaparecida, tenía 9 o 10 años, la edad que Carla tiene en ese momento. Y se pasea exhibiendo ambas fotografías en las manifestaciones por plaza de Mayo. No es un «la he perdido», sino un «la busco». Así, ante las dos imágenes, la gente puede asociar dónde han visto una niña similar a ésa.

En efecto, el reclamo arranca dos respuestas. De una parte, la propia Carla, viendo un día la televisión en casa de los Ruffo, sus adoptantes, se fija en que una de las mujeres de plaza de Mayo lleva la foto de una niña igual que ella era de pequeñita. Carla tiene fotos que los Ruffo le hicieron a esa edad, cuando la adoptaron. Ante el televisor, la niña dice en voz alta su extrañeza: «¿Por qué esa señora lleva mi retrato?» Los Ruffo se ponen alerta. Toman cautelas: se mudan de casa, le tiñen el pelo a Carla, incluso le ponen lentillas de color...

La otra respuesta sale del colegio de Carla: alguien, al ver la imagen de Graciela —la mamá desaparecida— con 9 o 10 años, comenta: «En este colegio hay una alumna muy parecida a una de las niñas que buscan las mujeres de plaza de Mayo.» Comienzan las pesquisas. Los del colegio contactan con la abuela Sacha...

Los Ruffo huyen y se llevan consigo a Carla y a Alejandro, otro niño robado también. Les descubren en un lugar vacacional de policías y militares. Y Carla es puesta bajo custodia judicial. En 1985, tras las pruebas de identidad genética, se la entregan a su abuela, que la adopta legalmente.

Como en tantos casos los padres fueron asesinados o no aparecen, es importante el *índice de abuelidad*, ese test de nuevo cuño, para demostrar por el DNA quiénes son los genuinos abuelos de esos chicos. Ellos les devolverán su identidad y su historia.

Pero, más allá del valor sentimental, los testimonios de la abuela Sacha y de Carla llevan a Garzón hasta la entraña del *Plan Cóndor*, al poner sobre su mesa un suceso palpable de aquella odiosa alianza represiva entre dictaduras. En este caso intervenían policías y militares argentinos, bolivianos y uruguayos.

Ave rapaz con tres metros de envergadura entre sus alas, el cóndor vuela sobre los Andes y cruza fronteras sin peaje de aduanas. Corresponde al general Augusto Pinochet Ugarte el execrable honor de haber fundado el *Plan Cóndor*, que comenzó a funcionar en septiembre del 74. Era una especie de mancomunidad represora, una internacional del terror: impunidad, cobertura y medios estatales para secuestrar y asesinar a opositores políticos de los Estados «socios». Participaron seis dictaduras militares: la chilena de Augusto Pinochet, la boliviana de Hugo Bánzer, la paraguaya de Alfredo Stroessner, la brasilera de João Figueredo, la uruguaya de Juan María Bordaberry, y la argentina con sus cuatro sucesivas Juntas Militares.

Los servicios secretos de inteligencia, los de información militar y los policiales, coordinados por el dispositivo *Cóndor*, se transmitían datos de identidad y noticias de ubicación de ciudadanos que, huyendo de un país por la represión política, se ocultaban en otro. Si los descubrían en ese «país refugio», los entregaban a la policía del lugar de origen, y allí les ajustaban las cuentas. Ése fue, uno entre millares, el caso de Graciela y su hija Carla: perseguida en Argentina, Graciela pasó a Bolivia, de donde era su marido, y ahí las cazaron a ella y a la niña.

El *Plan Cóndor* era un espurio convenio de extradición que permitía detener, entregar y castigar... sin juzgar.

También entraban en el *Cóndor* las actuaciones de *guerra sucia* que los servicios secretos concertaban entre sí para operar fuera de su territorio nacional. Así, en mayo de 1976 fueron secuestrados en

Argentina Zelmar Michelini y Héctor Gutiérrez Ruiz, ex ministro y ex presidente de la Cámara de los Diputados de Uruguay. Sus cadáveres se hallaron en el maletero de un coche. Los desgarros y contusiones en los cuerpos evidenciaban torturas bestiales. A los pocos días, también en Argentina, secuestraron a Juan José Torres, ex presidente de Bolivia y militar izquierdista enemistado con el gobierno de Estados Unidos. Su cadáver apareció pronto: tenía signos de ejecución sumarísima. Asimismo, la temible DINA, los servicios secretos chilenos, asesinaron en Washington al ex ministro de Defensa de Chile, Orlando Letelier, y a su colaboradora Ronni Karpen Moffit; en Buenos Aires, al general Carlos Prats, ex comandante en jefe del Ejército de Chile, y a su esposa, Sofía Cuthbert; en Roma, a Bernardo Leighton, presidente de la Democracia Cristiana Chilena y ex vicepresidente de la República, y a Ana Fresno, su mujer. En algunas de esas operaciones la CIA tuvo agentes infiltrados.

Un suceso que permaneció años y años entre brumas de enigma fue el asesinato de Esther Noemí Gianetti de Molfino. Ocurrió en julio de 1980. Esta mujer salió de Argentina, su país, porque se sentía perseguida. En Perú fue secuestrada y conducida a España. Ahí se desvanecían las huellas... Por esas mismas fechas, en los apartamentos Muralto de Madrid se encontró un cadáver de mujer con documentos falsos. Pasados dieciocho años, al hilo del sumario 19/97 de Argentina, el marido y los hijos de Esther Noemí denunciaron su «desaparición o asesinato». Garzón reavivó los hechos. Todo indicaba que le inyectaron una sustancia mortal, y que fue una «operación combinada» entre servicios secretos dentro del *Plan Cóndor*. ¿Por qué escogieron Madrid para asesinarla? ¿Tenían apoyos? En Madrid, la DINA chilena ya había intentado matar en 1976 a Carlos Altamirano, socialista del entorno de Salvador Allende, invitado al XXVII Congreso del PSOE. Al parecer, el servicio secreto español adujo entonces que no era «un momento político oportuno para prestar esa ayuda».

Llegado al zaguán de su casa, Baltasar Garzón se palpa los bolsillos buscando las llaves. Como en su vida, piensa él, casi todo ocurre a la vez, justo por estos días Joan Garcés, abogado de la acusación contra Pinochet, se ha personado en su juzgado para pedirle que reciba declaración de unos testigos en el propio sumario Argentina. Se ha puesto celosamente nervioso. Lleva dos años volcado en la causa de Chile que instruye el juez del n.º 6, García-Castellón, también por genocidio y terrorismo.[23] Pero se impacienta, porque ese molino no muele. Ve que Garzón, investigando los crímenes de las Juntas Militares argentinas, ha dado con el *Cóndor* y le ha tocado ya las vísceras. En cambio, García-Castellón está muy lejos de llegar ahí. Quizá lleva otro ritmo, otra senda, otro afán. De hecho, tiene el caso «dormido». Sin embargo, su campo es la delincuencia de Pinochet. Y Pinochet fue el *alma mater* del diabólico *Cóndor*...

—También yo pienso que el *Cóndor* trasciende Argentina y Chile, tiene cuerpo por sí mismo, y habrá que desglosarlo como sumario aparte —le dice Garzón—. Creo que incluso lo anoté así hace días... Si tienen material nuevo, amplíen la querella.

Sí, Garzón lo anotó en su agenda el 9 de marzo de 1998:

Pienso que debo tomar la iniciativa y activar la investigación del operativo Cóndor: existe una clara conexidad con el asunto que lleva Manolo García-Castellón.

Mientras gira la llave en la cerradura, se acuerda en nebulosa de todo, de nada, de un comentario que le hizo Castresana: «No es colonialismo, Baltasar: es que las víctimas de América Latina, como las de Ruanda o las de los Balcanes, también tienen derecho al buen derecho»; y de algo que él mismo escribió hace un rato en el borrador del auto, aunque luego lo tachó por no caer en retóricas, pero lo piensa de veras: «Cada vez que dejamos un crimen sin castigo, hacemos posible que ese crimen se repita.»

El 27 de abril de 1998 Garzón «toma la iniciativa»: segrega la pieza *Cóndor.*[24] El caso Argentina que lleva Garzón se solapa en ese

23. Inspirándose en la denuncia que Castresana presentó sobre los crímenes de las Juntas Militares de Argentina, también la Unión Progresista de Fiscales denunció meses después, ante el juez García-Castellón, delitos similares perpetrados en Chile bajo la dictadura de Pinochet.

24. Del sumario Argentina, causa matriz 19/97 por genocidio, terrorismo y torturas, contra ciento cincuenta y siete imputados, se desprenden otras dos causas: la Pieza II, de los bebés arrebatados a sus padres y dados en adopción ilegal. Esos niños —argentinos o de otro país del consorcio *Cóndor*— nacieron entre 1973 y 1983. Son jóvenes o adultos. Como la alarma puede provocar en quienes los tienen un cerco de blindaje, un secuestro dentro del secuestro, la Pieza II se instruye en secreto. La Pieza III es el *Plan Cóndor*.

tramo con el de Chile que instruye García-Castellón. Pero la causa Argentina —con su preñez de *Cóndor*— se inició meses antes que la de Chile. Y en derecho procesal los tiempos son de platino-iridio; de modo que cuando, medio año después, el senador Pinochet aparezca en escena y desde España se dirijan contra él dos procedimientos, prevalecerá el que antes arrancó.

Por su parte, el abogado Joan Garcés amplía la querella. Y enseguida comienzan a declarar ante Garzón testigos de las actuaciones del operativo *Cóndor*. El 8 de mayo, Gladys Marín Millie, líder del Partido Comunista de Chile, denuncia la «desaparición» de su marido bajo el régimen de Pinochet. El ingeniero Herman E. Schwember aporta datos sobre la extraña *Operación Colombo*: los ciento diecinueve chilenos desaparecidos. Ernesto Sábato refirió ya ese mismo escabroso suceso como «un fallo» del *Cóndor*: en suelo argentino se hallaron ciento diecinueve cadáveres con tarjetas de identidad de chilenos que no correspondían a los cadáveres. Es decir, ciento diecinueve cuerpos de personas que se sabe que han muerto, pero se ignora quiénes son; y ciento diecinueve créditos de identidad de personas que se sabe quiénes son, pero se ignora si han muerto. Doscientos treinta y ocho acertijos trágicos de vida o muerte.

Garzón no olvida que «el éxito será que estos crímenes se juzguen en Argentina, en Chile...». Y en esa dirección, ayuda: «Yo envío a los jueces de allí los testimonios que recibo aquí, cada vez que me piden información...» Así empiezan a actuar, a pesar del presidente Menem, los magistrados argentinos Roberto Marquevich y Adolfo Bagnasco. En 1997 prospera una querella en Buenos Aires y la Cámara Federal argentina hace suyas las tesis de Garzón: «El secuestro de niños no es cosa juzgada en 1985, ni indultada por las leyes de *punto final*, es un delito permanente, un crimen de *lesa humanidad...*» Hay ya doce presos. Cuatro de ellos fueron miembros de las Juntas Militares.

Pero, junto al respeto a las soberanías nacionales, Garzón no abdica de la Justicia universal: un derecho que es deber. El dos de noviembre de 1999, Garzón dicta orden internacional de detención y auto de procesamiento contra noventa y ocho personas por genocidio, terrorismo y torturas. No es papel muerto. En agosto de 2000, con una de esas órdenes, la policía mexicana detiene en Cancún al ciudadano argentino ex capitán de corbeta Ricardo Miguel Cavallo, alias Sérpico, uno de los más sádicos torturadores de la ESMA. Sus víctimas sobrevivientes no le han olvidado: «A mi bebé de seis días le metió el cañón de la pistola en la boca»; «me dijo que le dolían las manos de usar la picana»; «alguna vez abrió la puerta y dijo: "ah, están acá.. bueno, ya los mataremos"»; «estaba orgulloso de participar en eso y que no se le escapara nadie: pensaba que era un elegido».

En el rostro de un hombre hay siempre algo que le hace inconfundible, único; un rasgo indeleble que ni el tiempo ni la cirugía pueden alterar. Con bigote, con gafas, con más años... al sérpico Cavallo le delatan sus inmutados ojos de serpiente: «Esa mirada fría, sin alma... Sí, es él.»[25]

25. A pocas horas de su captura, fue reconocido por cuarenta personas. Entre ellas, Cristina Bárbara Muro, Telma Jara y Susana Burgos. Suyas son las frases citadas. En el auto de procesamiento, tras interrogar a numerosos testigos, Garzón consideró probado que Cavallo participó en el secuestro de al menos doscientas veintisiete personas, que fueron ejecutadas o que continúan desaparecidas. El 29 de septiembre de 2000 el gobierno español solicitó su extradición a las autoridades de México.

XI

EL PACIENTE INGLÉS

«Y es tan real como las punteras de mis zapatos negros y el enlosado de la calle, húmedo de lluvia. Al entrar hoy en la Cámara de los Lores, sé que empieza algo importante en la historia que me ha tocado vivir... y hacer. Noto en mí esa calma, esa fuerza tranquila de otras veces.»

(Diario de Baltasar Garzón.
Londres, 18 de enero de 1999)

Otoño de 1998. El general chileno Augusto Pinochet quiere viajar a Europa. Desea ir primero a París: unos días en el hotel Ritz, invitado por el empresario suizo Peter Shaad. Pero escamotea los datos sobre su visita, y el jefe del gobierno francés, Lionel Jospin, le niega el visado diplomático: «Díganle que es persona *non grata.*» El general se encorajina y llama a la baronesa Margaret Thatcher. Son amigos desde que en 1981, gobernando él, Chile desapoyó a Argentina y favoreció a Inglaterra en la guerra de las Malvinas. Thatcher le dice que «en Londres será atendido como vuecencia merece». Luego no será así. En el aeropuerto de Heathrow no le esperará ningún funcionario británico.

El ministro chileno de Asuntos Exteriores, José Miguel Insulza, informa al presidente Eduardo Frei: «Es peligroso que el general vaya a Europa. Allí los jueces lo tienen en carteles de *Se busca.*» Saben que el magistrado García-Castellón instruye el caso Chile. Lo que no saben es que, dentro del sumario Argentina, Garzón segregó en abril la pieza sobre el *Plan Cóndor*, a partir de una querella del abogado Joan Garcés en nombre de la Fundación Presidente Allende. Aun así, Frei advierte a Pinochet: «Nos preocupa ese viaje, general. Permítame que se lo desaconseje.»

Retirado y sin mando sobre las fuerzas armadas, el senador vitalicio es un talismán del poder que los militares detentaron en Chile y que todavía se resisten a abandonar. Para los mandos del Ejército chileno, Pinochet es más que una efigie carismática: un icono palpitante, una continua admonición a los civiles de qué límites no deben sobrepasar, si no quieren volver a padecer el peso de la bota. Y un desaire a Pinochet es un desaire a las fuerzas armadas. Tal es su predicamento que el comandante en jefe del Ejército, Ricardo Izurieta, fue nombrado a propuesta suya.

La democracia en Chile está tutelada por el Ejército, que mantiene un extraño estatuto: es un islote amenazante en la masa social, un gueto dentro del Estado. Los militares actúan a su albedrío, se rigen por sus leyes, tienen hasta su propia despensa económica, con gastos e ingresos al margen de los Presupuestos del Estado.

Pinochet está empeñado en hacer ese viaje, y envía a España al general Fernando Torres Silva, auditor jurídico, a que hable con Eduardo Fungairiño, fiscal jefe de la Audiencia Nacional, en cuyo despacho se entrevistan.[1] La cuestión que plantea Torres Silva es si hay riesgo de que la excursión del senador concluya con un mal paso carcelario. Fungairiño le garantiza que «no hay ningún peligro, no puede ocurrirle nada a Pinochet si viaja a Londres, porque la jurisdicción española no es competente». Y le expone sus propios criterios jurídicos. El fiscal jefe no cae en la cuenta de que Garzón ha puesto en marcha ya un fardo de diligencias de la pieza *Cóndor*, que afecta al ex dictador chileno. Quizá confía en que el sumario que instruye García-Castellón no prosperará. Él mismo ha pedido que se archive, y el juez del n.º 6 tiene la causa durmiente desde marzo.

Ya en Chile, Torres Silva tranquiliza a Pinochet, que se pone en marcha sin dar tiempo a que el ministro de Exteriores solicite, siquiera verbalmente, ante su colega británico del Foreing Office cierto blindaje de inmunidad para el visitante. Con todo, por dotarle de mayor cobertura, le habilitan un pasaporte diplomático, en cuya página 9 escriben: *Embajador en misión especial de Chile en Londres, Inglaterra*. Una falsedad. El canciller Insulza explicaría después: «Pusimos eso porque nos lo pidieron, por oficio, del Ministerio del Ejército.»

Es un viaje privado, y el general Pinochet no quiere dar porme-

1. El general Torres Silva estuvo en la Audiencia Nacional el 3 de octubre de 1998. Aparte su entrevista con Fungairiño, se presentó al juez García-Castellón con un alegato de legitimación del golpe militar de Pinochet. Una extraña suerte le libró, ya que estando inculpado por torturas, hubiese sido lógico que García-Castellón le interrogase... con todas sus consecuencias. Durante la dictadura, para conseguir la impunidad de los torturadores, Pinochet se sirvió de los fiscales militares, haciéndoles participar físicamente. Se sabe por varios testigos que el fiscal militar Torres Silva intervino en esas prácticas.

nores de su duración, ni del alojamiento, ni del contenido y motivo; ni siquiera precisa la fecha de salida de Chile.

A Londres llega, procedente de Franckfort, el 22 de septiembre. Quizá haya por medio un viaje camuflado a Liechtenstein o a Suiza, con regreso a Franckfort para tomar el vuelo a Londres.

No se esconde el general durante su estancia londinense. Se aloja en el cinco estrellas Harrod's. Recibe allí a militares amigos suyos. Cena y almuerza en restaurantes de postín, como la casa de té Fortnum & Mason, va de turista al Museo de Cera Madame Tussaud y al Museo del Ejército Británico, concede una entrevista con sesión gráfica al semanario norteamericano *The New Yorker*...

En todo caso, tiene concertada una visita a la baronesa Margaret Thatcher en su casa. Y no sólo a la baronesa. También a su discreto esposo Denis y a su no tan discreto hijo. Viene de lejos cierta relación de negocios en el terreno de la compraventa de armamento.[2] Negocios privados so capa de lo público, de los que no estaría muy lejos un intrincado personaje sobre cuya calaña moral nadie abre apuestas, y siempre bien protegido por los poderosos: el traficante de armas sirio Monzer Al Kassar.

No es patraña malévola lo del viaje de negocios de armas. Así lo esgrimirá más adelante la abogada Clare Montgomery, del equipo de la defensa de Pinochet, en una sesión en la Cámara de los Lores, dando a entender que la visita del senador que acabó en un arresto obedecía a una invitación oficial:

—El Reino Unido invitó al señor Pinochet a venir a Londres, en esta ocasión —dijo la abogada Montgomery, mirando a los lores.

—¿Quiere usted decir que fue invitado por el gobierno de Su Majestad? —le preguntó lord Slyn, presidente del tribunal.

—Bueno... fue invitado por una agencia estatal, The Royal Ordenance, una empresa de fabricación de armas.[3]

Ese mismo otoño del 98, Al Kassar comenta en su círculo íntimo: «Si el general Pinochet tiene dificultades, yo corro con los gastos de su defensa con sumo gusto.» De hecho, el traficante sirio ayudó en esa defensa: entre las alegaciones que presentaron los

2. El *Excelsior* de México publicó que el viaje de Pinochet a Londres no era para operarse; también quería tratar un negocio de compra de armamento con «cierto familiar muy próximo de Margaret Thatcher». El rotativo subrayaba que existía «una larga relación por sus gestiones anteriores en esta materia».

3. Cámara de los Lores, Comisión de Justicia. Sesión 9.11.1998.

letrados de Pinochet ante el alto tribunal se incluían dictámenes orientadores con membrete del bufete Díaz Bastién y Truán, uno de los abogados de Al Kassar en Madrid.

Y bien, como Pinochet en Londres no se oculta, a los tres días de llegar, Andy McEntee, presidente de la potente Amnistía Internacional del Reino Unido, hace sonar la alerta en todas las *amnistías* de Europa para que se movilicen con denuncias ante los jueces de sus países. Pinochet había estado en Londres en 1991, 1994, 1995 y 1997, pero fueron vanos los intentos de detenerle.

Aunque con molestias en la espalda, el general está en forma. No tiene plan de operarse. Es un riesgo temerario «inmovilizarse» fuera de su país. Pero, desoyendo los consejos de su mujer, Lucía Hiriart, se pone en manos de un cirujano iraní, que le opera en The London Clinic el 9 de octubre.[4]

Corren rumores por Chile de que Pinochet está enfermo y hospitalizado... que está muy grave... que ha muerto y no quieren decirlo. Los propios militares dan el mentís al día siguiente en *La Tercera*: «El general senador ha sido operado de una hernia discal y convalece satisfactoriamente en un hospital de Londres.»

—Este hombre ha salido de su torre de marfil. O se le engancha ahora, o no habrá otra ocasión —desde su bufete de Madrid, el abogado Joan Garcés habla por teléfono con Miguel Miravet, presidente de la Unión Progresista de Fiscales y también querellante contra Pinochet—. Lo malo es que estamos en pleno puente del Pilar, con todas las oficinas cerradas a cal y canto.

En efecto, el primer día hábil, martes 13 de octubre, Joan Garcés informa a Garzón de que Pinochet está en Londres, y le plantea si es posible que él averigüe su paradero exacto y curse una comisión rogatoria para tomarle declaración. El juez le dice: «Lo lógico es que eso lo haga mi colega del juzgado n.º 6, García-Castellón, que instruye el sumario principal sobre Chile. Yo, que afecte a Pinochet, sólo llevo lo del *Plan Cóndor*.» El abogado lo hace así, y obtiene licencia del juez del n.º 6 para anunciar en público su intención de ir a Londres «a interrogar a Augusto Pinochet Ugarte, en cuanto se reponga de su intervención quirúrgica». Garzón por su parte, más cauto, se asegura y pregunta a Scotland Yard, a tra-

4. Este capítulo toma su nombre del filme *El paciente inglés* de Anthony Minghella.

vés de Interpol, si el general senador está en Londres. La respuesta es muy escueta: «Sí, está.» Como la policía inglesa le pregunta para qué quiere localizarlo, él les expone que en España, en dos juzgados de la Audiencia Nacional, se siguen sendos procesos contra Pinochet por genocidio, terrorismo y torturas.

El viernes, 16, Joan Garcés vuelve ante Garzón y reitera y amplía la denuncia contra Pinochet que presentó en abril, por los crímenes del *Plan Cóndor*. También ese día, y ante el juez del n.º 5, el abogado Enrique de Santiago, en nombre de Izquierda Unida, presenta otra denuncia similar, dentro de la Pieza III del sumario Argentina, *Cóndor*, que concierne medularmente a Pinochet y a la cúpula militar de su Gobierno. Garzón entonces vuelve a inquirir a Scotland Yard —por el cauce de Interpol y por la embajada británica en Madrid—, precisando más: «El señor Pinochet ¿está en un hospital? ¿Cuánto prevén que dure su estancia? ¿Cumplimentarían ustedes una comisión rogatoria que yo cursara?» La respuesta es ahora más explícita: «El señor Pinochet está en una clínica cuyo nombre se reserva por seguridad.» Garzón pregunta si pueden retenerle hasta que se curse una comisión rogatoria ante la autoridad judicial británica.

El juez se aplica a redactar la admisión de las dos denuncias contra Pinochet que acaban de presentarle. Trabaja rápido, porque se va a Jaén con la familia y unos amigos a ver torear a Curro Romero. En éstas, telefonean de Interpol anunciando un fax urgente, en el que Scotland Yard comunica: «No garantizamos que el señor Pinochet permanezca aquí durante esos trámites: él es libre de irse cuando quiera.» Y a renglón seguido, como información de última hora: «Augusto Pinochet Ugarte ha pedido el alta en el hospital y abandonará Londres mañana.» Como si le hubiesen avisado del súbito peligro judicial que se cierne sobre él... El texto policial británico agrega: «Sólo se le podría impedir si usted dictase una orden de detención.»

A esa hora, las 13,30 de un viernes, en el juzgado n.º 5 no queda un alma. Los abogados Garcés y De Santiago se fueron antes que llegara esa noticia sobre la marcha de Pinochet. Garzón se asoma a la nave donde trabajan los funcionarios. Sólo ve a uno, que recoge ya sus bártulos. Le dice «no te vayas», y él se encierra en su despacho.

Se sienta junto a la mesa rectangular y amplia de reuniones. Se quita las gafas. Consciente de que es una decisión trascendental, se pregunta: «¿Debo hacerlo? ¿Sí? ¿No? Si he de intervenir, ha de ser ya... ¡pero ya, porque ese hombre se va! Tengo que elaborar una orden para que le detengan a efectos de extradición: concebirla, fundamentarla, darle forma, que la traduzcan, ¡joder, además no sé inglés!, y enviarla a Scotland Yard. Los de Londres tendrán que moverse a todo gas para llevar mi orden al juez de guardia, que la acepte y que se atreva a dictarla... ¡buffff!»

Piensa muy rápido, como en torrentera. También con egoísmo. Con esa prudencia realista que busca amarres y seguridades, y que tantas veces deja a los hombres cruzados de brazos: «¿Y por qué coños tengo que meterme yo en este berenjenal? El fiscal lo ha recurrido todo: Argentina, Chile y la *Operación Cóndor*. ¡Todo! La Sala está pendiente de revisar si como Audiencia Nacional somos o no somos competentes. Esto no es saltar en el vacío y sin red. Esto es saltar yo en "mi" vacío. Si me equivoco, me equivoco yo, me la pego yo, me juego la carrera yo... ¡Me la juego de verdad! Y tengo familia... Ah, encima, no puedo consultar a nadie. Se han ido todos: el fiscal, los abogados de las acusaciones... Manolo García-Castellón, como es viernes, está en Valladolid. Y si yo me hubiese ido a mi hora, estaría camino de Jaén y no aquí. No habría recibido ese fax de la policía inglesa... Pero estoy aquí. Y lo he recibido. No puedo darle un manotazo. ¿O sí? ¿Acaso no puedo, sensatamente, dejarlo pasar? Nadie va a decirme nada. En definitiva, el sumario Chile, aunque lento, lo lleva el juzgado n.º 6.

»Claro que quien tiene la competencia sobre el *Plan Cóndor* desde 1996, y de modo especial desde abril de 1998, soy yo; la comunicación de Scotland Yard la tengo yo; quien sabe que Pinochet se va soy yo, y sólo yo... Puede parecer ampuloso, pero saber eso me carga de responsabilidad ante la Justicia, ante los hombres... y ante mi conciencia. ¡La madre que me parió... lo que me cae encima! Puedo hacerlo o no hacerlo. Acertar o fallar. Pero lo que sé que no puedo es mentirme y engañarme. Lo veo nítido. Tengo que intentarlo. Me conozco. Si, teniendo la oportunidad histórica, la inverosímil coyuntura de que el represor esté fuera de su madriguera y haya elementos firmes para detenerle, me amilano y me encojo de hombros, ni yo mismo me aguantaré después la mirada cara al espejo. ¿Con qué autoridad moral podré hablar yo en adelante de los crímenes de lesa humanidad, si tengo en mi mano la ocasión legal, sólida como un queso, y la dejo correr? ¡Venga! Me arriesgo. Pero me arriesgo, sabiendo que a partir de ahora mismo tendré que construirlo todo. No hay caminos hechos. ¡Joder, esto es nuevo! Y siento vértigo.»

Coge un bolígrafo Pilot azul, unos folios y el primer caso de la lista del *Plan Cóndor*: Edgardo Enríquez, chileno, secuestrado y torturado en Argentina. Hay más de mil en el sumario, pero el tiempo apremia y conviene justificar siquiera uno. Redacta de un tirón la orden de detener a... «por delitos de terrorismo, genocidio y tortura». Pasa la minuta al funcionario.

—Don Baltasar, perdone: lo que leo aquí... ¿es lo que... es?

—Sí. Es. Y ¡chisssst! Sigilo total. Ni una palabra a nadie.

Pasadas las tres de la tarde, la orden de detención se envía por fax a Interpol de Madrid, y de ahí a Interpol de Londres.

Algo después, yendo hacia Jaén en el coche con su colega y muy amigo Tomás Sanz, el juez habla por el móvil con John Dew, de la embajada británica en Madrid.

—He hecho mis tanteos —le dice Dew—. Si usted cursa la orden de detención, en Londres le darán curso: no se bloqueará, se tratará como un caso más, en cuanto usted la dicte...

—Pues... ya la he dictado. Está viajando hacia allí...

Garzón nota que el diplomático se alegra: «¡Si estos ingleses son capaces de cumplir mi orden de detención "como un caso más", jooooder, entonces, esto que parecía una muralla inexpugnable, lo mismo va y sale bien!»

Esa misma tarde, Nicholas Evans, magistrado metropolitano del tribunal penal de Bow Street, encargado de los casos de extradición, en cuanto recibe la orden del juez español se pone al habla con el Ministerio del Interior para que consulten al de Exteriores si Pinochet es detenible o si está en Inglaterra con misión especial y con inmunidad. Le responden: «No consta que esté aquí con misión diplomática alguna.»

Curro Romero, ni deplorable ni brillante: aseado. Y Garzón, en el tendido, muy ausente de la faena del torero. Al salir de la plaza llama a Interpol: «El juez Nicholas Evans, de Bow Street, ya ha librado la orden. La detención se hará esta noche.»

A las once menos cuarto de la noche del viernes 16 de octubre, en Devonshire Place, el inspector Andrew Hewitt, la intérprete Jean Pateras, de Scotland Yard, y un *bobby* uniformado llegan a la habitación del general Pinochet en la 8.ª planta de The London Clinic.

Un par de días antes, los escoltas de Pinochet solicitaron más protección, porque hay grupos de chilenos cerca de la clínica que se manifiestan con gritos y gestos hostiles. Cuando llegan los de Scotland Yard piensan que es el refuerzo que han pedido.

—¿Don Augusto Pinochet Ugarte? Traemos una orden judicial de detención.

Como los escoltas oponen resistencia, impidiéndoles el paso, el *bobby* les advierte sin alterar su tono de voz: «Hay dos opciones: o nos permiten el acceso, o se les detiene a ustedes también.»

Pasan a la habitación. Pinochet está en la cama semidormido. Le despiertan y Jean Pateras lee la orden de arresto.

—¿Cómo dicen? ¡¿Yo, detenido?! ¡¿Yo, arrestado?! ¡Eso no es posible! ¿Quién se atreve a detenerme? ¿Un juez inglés?

—Sí. Bueno... la orden, aunque la ha dictado un juez de Londres, en origen procede de un juez español.

—¿Un juez español? ¡Sé quién es! ¡Ese comunista de Garzón!

Lo dice mascullando las palabras y escupiéndolas con asco: ¡esse comuníííííííígggsssttta de Garsssóóóónnnn!

Sorprendentemente, los servicios de inteligencia chilenos han funcionado con inaudita celeridad. Sin duda tuvieron «ayuda». Pinochet debió decir: «¡Sé quién es!, ¡el juez García-Castellón!», puesto que la querella ampliada ante Garzón es cosa de ese mismo día. Sin embargo, Pinochet conoce ya que detrás de su caso está Garzón, y le atribuye la connotación política de comunista. Y es que, la víspera, Pinochet tuvo una interesante y rápida visita en The London Clinic. El general Núñez, agregado de la embajada chilena en Madrid, se desplazó a Londres a cosa hecha, para decirle: «Excelencia, debería irse a Chile cuanto antes: en España, además de García-Castellón, el juez Garzón está actuando también. Y los dos van a enviar acá comisiones rogatorias contra vuecencia.»

A la mañana siguiente, viernes 16, Pinochet pedía el alta.

El general Núñez fue el avisador. Pero ¿quién le avisó a él?

Las agregadurías comerciales, culturales y militares, en casi todos los países, suelen ser la cobertura legal, la *residentur*, para los agentes del servicio secreto de un Estado en otro Estado. Por tanto, al general Núñez el aviso no le llegó por vía diplomática ni militar, sino por los servicios de inteligencia de España, informados con gran premura desde dentro de la Audiencia Nacional. Es un hecho fuera de discusión la fluida avenencia entre la Fiscalía, bajo el mando de Fungairiño, y el Cesid. Fungairiño quizá no sea un hombre del Cesid, pero sí es «el hombre del Cesid» en la Audiencia Nacional. Eficiente antena que les facilita toda suerte de información. Dos miembros de *La Casa* acuden periódicamente a la quinta planta de la Audiencia, donde se ubica la Fiscalía, a buscar datos para sus pesquisas. Datos de sumarios en marcha, que los fiscales conocen porque son «parte» en todo litigio, pero que pueden estar en fase secreta... Sin embargo, los espías del Cesid meten ahí sus narices. Los fiscales tienen orden de Fungairiño de recibirlos a «carpetas abiertas», porque no son unos fisgones cualesquiera: «Son nuestros servicios de inteligencia, dependen de Presidencia del Gobierno, y los fiscales somos el brazo legal del gobierno.»

Ese encamastre informativo entre el aura más noble de un Estado, que es la Justicia, y el hondón más tenebroso de un gobierno, que son sus servicios de espionaje, no es admisible: lesiona derechos de intimidad de los ciudadanos justiciables y puede perjudicar investigaciones secretas. Claro que así se entienden ciertas actitudes pasivas o entorpecedoras de los fiscales a la hora de indagar el terrorismo de Estado, el Gal, el diseño de esa *guerra sucia* desde el Cesid.

Y en ese frondor de relaciones inextricables, el mismo día que Manglano y Perote eran condenados por las escuchas del Cesid, los fiscales de la Audiencia, con Fungairiño a la cabeza, como si ofrecieran un desagravio, acudieron al Edificio Estrella, sede del Cesid, para almorzar con Javier Calderón y su plana mayor.

Tales informaciones de privilegio explican la fruición con que los servicios secretos de Chile beben en las fuentes del Cesid. Sólo con «un soplo» a tiempo puede entenderse que Pinochet pida el alta en The London Clinic justo cuando se iba a tramitar una comisión rogatoria contra él.

Curiosamente de no haber pedido el alta, nunca se habría cursado orden de detenerle. La propia celeridad de los servicios secretos disparó la alarma del juez n.º 5 y activó la detención. O el limpio y exacto robo en el bufete madrileño del abogado Joan Garcés. Entran con escalo, y no abren la caja fuerte: se la llevan íntegra, con sus 350 kilos de blindaje. Eso supone un equipo de hombres con infraestructura de transporte. Pero más singular es la precisión relojera con que actúan los «ladrones de papeles»: aprovechan el puente de la Inmaculada —diciembre del 98—, cuando en el despacho no hay nadie y el letrado acaba de recibir los documentos del *Plan Cóndor*. ¿Quién puede saber eso, sino alguien de la Audiencia Nacional?

Por otra parte, no se estremece ningún secreto afirmando las connivencias *non sanctas* entre servicios secretos, precisamente en el operativo *Cóndor* y en la ejecución de sus crímenes.

Cuando en Chile se conoce la noticia de la detención de Pinochet, el socialista Ricardo Lagos, candidato entonces a la Presidencia, dice: «El mundo le ha sacado tarjeta amarilla a Chile. Ya es hora de que el gobierno dé la espalda a Pinochet.»

En cambio, el jefe del Ejército, Ricardo Izurieta, suspende sus vacaciones y lanza un contundente comunicado: «Por la seguridad y tranquilidad de nuestro ex comandante en jefe, Augusto Pinochet Ugarte, recurriremos a todos los medios jurídicos, diplomáticos y de gobierno que sean necesarios.»

El general Torres Silva, que viajó a Madrid para sondear si había riesgos judiciales, telefonea muy enojado a Fungairiño:

—Me garantizó usted que por parte de España no había peligro, porque no eran ustedes competentes para actuar...

—Se lo dije y lo mantengo —contesta el fiscal jefe—. El juez Garzón se ha extralimitado y tendrá que recular. Eso no puede prosperar de ninguna manera. Esta Fiscalía va a recurrir el auto de detención. Y seguiré oponiéndome a todo el proceso. Estoy persuadido de que la jurisdicción española no es competente.

El militar chileno graba esa conversación, altamente comprometedora para Fungairiño, porque ahí no sólo hipoteca su actuación futura, dándole granítica seguridad de que se opondrá, sino que le indica una serie de claves legales que la defensa de Pinochet en Londres puede esgrimir contra el auto de Garzón.

Eduardo Frei está en la cumbre de Oporto cuando se produce la detención de Pinochet. Su esposa, callejeando por la ciudad portuguesa con el escritor Jorge Edwards, conocido suyo, comenta el suceso sin reprimir una espontánea exclamación: «¡Por fin está entre rejas ese... perro! ¡Que se quede ahí, y no vuelva más!» Su marido no anda muy lejos de esos sentimientos, pero debe amordazarlos. Y aunque desde Oporto asiste con Aznar a la reunión de la Internacional Democristiana en Bayona, cancela varios actos que tenía programados en Madrid y regresa precipitadamente a su país. El lugar más inoportuno para estar el presidente de Chile en esos momentos es en viaje amistoso por España. Sin embargo, antes de marchar y a micrófono abierto, clava dos puyas tan destempladas como improcedentes: «Los españoles tienen el millón de muertos de la guerra civil y los crímenes de lucha antiterrorista del Gal, ¿qué dirían si otro país pretendiese juzgar esos hechos?»

Aznar debió replicar, siquiera por boca de ganso, que para eso existe el edecán ministro portavoz. A la primera descarga: «Nosotros tuvimos una guerra civil declarada, no clandestina: dos frentes abiertos, dos ejércitos contendientes, y muertos en los dos bandos beligerantes. Fue una guerra odiosa y feroz, pero no fue *guerra sucia*, no fue terrorismo de Estado en situación de paz, como en Chile y en Argentina. Nos hubiese encantado que cualquier país pidiera la extradición de Franco en alguno de sus rarísimos viajes a Portugal. Pero no habrían podido imputarle genocidio: la contienda española concluyó en 1939 y, aunque las purgas franquistas se prolongaron tres o cuatro años más, el genocidio no se tipificó penalmente hasta después de los Juicios de Nüremberg, en 1948.»

En cuanto a la segunda embestida, el Gal: «No hace falta una justicia subsidiaria, porque desde 1987 se está juzgando y condenando en España. Con todo, si tienen ustedes pruebas que incriminen por esos hechos a Felipe González, a Narcís Serra o a Txiki Benegas, no duden en pedir su extradición cuando alguno de ellos ponga un pie en el extranjero, donde no gozan del fuero parlamentario que aquí en España les protege.» Pero el portavoz Josep Piqué no anduvo espabilado para hacer ese quite.

Aznar explica a Frei que el gobierno no puede decir a Garzón que pida o deje de pedir: «En nuestras leyes, a efectos de extradición, el gobierno es un mero buzón del juez peticionario.» Felipe González, después, a su correligionario Ricardo Lagos le dice que eso no es así: «Hay precedentes de extradiciones paradas, por razón de Estado. Mi propio gobierno lo hizo. Aznar, si quiere, puede bloquear ese proceso. Lo que pasa es que le interesa utilizar la historia de Pinochet como señuelo en su viaje al centro político.»

García-Castellón se inhibe del sumario de Chile en favor de Garzón. La norma de reparto judicial lo establece así: quien lleve un caso desde antes, asume los temas conexos que se vayan presentando. Castellón incoó el sumario Chile en julio de 1996; pero Garzón había iniciado antes, en marzo, la causa sobre Argentina, donde surgió el tema *Cóndor*, que implicaba a Pinochet. No es, pues, la celeridad al hacerse presente en Londres, sino la antigüedad al frente del caso, lo que decide que la competencia sea de Garzón.

Un par de días antes, García-Castellón comenta a los abogados: «Hitler hizo matar a millones de personas, pero cometió un único delito de genocidio. En el caso de Pinochet es lo mismo. Ni aquí ni en el Reino Unido se entendería que por un mismo delito, cometido por un mismo autor, hubiese dos litigios y dos jueces. Como dice el adagio romano: *non bis in idem.*»

Así lo entiende la Audiencia: la Sala de lo Penal resuelve, unánime, que la inhibición es correcta. La competencia para investigar los sucesos de Chile y Argentina será de Garzón.

El entorno de Pinochet fleta enseguida un sólido equipo jurídico para la defensa del ex dictador: los abogados chilenos Hermán Errázuriz y Miguel Schweitzer, y los británicos Clive Nicholls, Clare Montgomery y Michael Caplan, del prestigioso y carísimo bufete Kingsley & Napley. Más la asesoría de los generales jurídicos Torres Silva y Salgado.

Por esos días, Baltasar Garzón apunta en su Diario:

21 de octubre del 98. No escribo sobre lo que sucede porque no tengo tiempo. ¡Menudo follón se ha montado! Hay declaraciones de políticos a toda pastilla; una reacción inaudita en los medios de comunicación del mundo entero; algaradas callejeras de gente con pancartas en Madrid, en Londres, en Santiago de Chile... A favor o en contra, todos se sienten concernidos. El momento es delicado, incierto. El Foreign Office no reconoce la inmunidad de Pinochet. El sistema judicial inglés me provee de dos abogados —Aluns Jones y James Lewis— que trabajarán con Brian Gibbins, el fiscal del Crown Prosecution Service, en defensa de mi solicitud de extradición. La Fiscalía de la Corona británica no actuará en su función de fiscal, sino como un «abogado» que defiende los intereses del Reino de España: en este caso, mi requerimiento de la extradición. Vienen a Madrid el jueves. Citaré a las partes.

El fiscal Fungairiño recurrió mi auto de prisión contra Pinochet. Ahora, recurre también que García-Castellón se inhiba del caso en mi favor.

A Garzón como al príncipe de Viana, le roen por todas partes.

Margaret Thatcher salta a la primera página de *The Times* con una compulsiva carta pidiendo la libertad de Pinochet «por lo mucho que ayudó a Gran Bretaña en la guerra de las Malvinas». Tony Blair, en cambio, desde Pötschach, resta dramatismo a la cuestión: «Es un tema de jueces y policías. España ha pedido la extradición de Pinochet, y un tribunal se ocupa ya de eso.» Está atolondrado: el gobierno de España aún no ha pedido nada; y cuando lo haga, el gobierno británico de Su Majestad tendrá que mojarse en la decisión, que no es precisamente «de jueces y policías». Aznar, también en una opinión primeriza, dice: «Lo importante es que no se hagan disparates convirtiendo este tema en un asunto político, lo que no llevaría a ninguna parte buena.»

Pero el caso tiene una carga política ineluctable. Como dirá Felipe González, con cinismo de zorro curtido: «Si éste no es un caso político, entonces yo me he equivocado de profesión.» González, desde el primer momento, niega la competencia española y se posiciona contra la iniciativa de Garzón. Su actitud es tan legítima como estrafalario el argumento que esgrime: «Nosotros no somos quiénes para juzgar: la época colonial se acabó en el siglo XIX.» Ahí Felipe se queda solo. Ni Joaquín Almunia, ni Alfredo Pérez Rubalcaba... ni sus más fieles epígonos en el PSOE le secundan. Sólo el argentino Carlos Menem le hace eco.

Garzón sigue en el tajo:

23 de octubre del 98. Sesión de trabajo en mi despacho del juzgado con Jones, Lewis y Gibbins. Viene con ellos la intérprete de Scotland Yard, Jean Pateras. Me informan que el ministro de Defensa inglés, George Robertson, rechaza que Pinochet se aloje en una base militar. Pero Jack Straw, el de Interior, tampoco quiere que esté en arresto domiciliario con vigilancia policial. Ha dicho: «Pues déjenle en libertad condicional.» Les advierto que hay un riesgo objetivo de fuga: si Pinochet se refugia en una Embajada, creará problemas políticos a Inglaterra y a España.

Curso comisiones rogatorias a Suiza y a Luxemburgo para el embargo de las cuentas que Pinochet pueda tener en esos países.

En Chile, más que «ruido de sables», hay gran interés militar en asustar con el «ruido de sables». Hacen gestos ampulosos. Se reúnen. Discursean... Provocan un azacanado trajín entre los políticos. Lagos llama a González: «Los mandos militares están agitados, indignados, presionando al gobierno para que retire embajadores, cancele contratos de compra de equipos, revise las condiciones de los inversores españoles acá... Nos piden gestos de dignidad nacional.» González habla con Leopoldo Calvo Sotelo y con Adolfo Suárez. Pretende que Adolfo dé a Garzón un toque amistoso de sensata «conveniencia de Estado». Saben que entre Suárez y Garzón, dos hombres de orígenes modestos y desclasados que sólo tienen lo que por sí mismos se han labrado, desde el día que se conocieron brotó una amistad instintiva y limpia. Pero Suárez respeta como tierra sagrada la independencia del juez: no acercará sus labios al oído de su amigo Baltasar para deslizarle el mensaje de la «conveniencia».

El presidente Frei habla con el rey Juan Carlos: «Vuestra Majestad ha conducido un proceso de transición y sabe lo difícil que es salir de una dictadura militar sin violencias ni revanchas. Nosotros tenemos un pacto no escrito, pero sí moralmente suscrito por todas las fuerzas políticas, de no revisar la dictadura. Ahora, con este episodio desdichado los militares piden cuentas. Y bueno, la democracia chilena es muy joven, está dando sus primeros pasos y se puede ir al garete...»

¿Es otra tentativa para que al juez le presionen desde arriba? Lo cierto es que ninguno de esos avisos llega a Baltasar Garzón. El Rey sabe que ese juez testarudo da a la ley la interpretación que en conciencia entiende, y nadie va a conseguir que haga una cosa distinta a la que su conciencia le dice.

En pocos días se anuncia una cadena de peticiones de extradición, ofrecimiento de datos y ayuda judicial. Varios países quieren juzgar a Pinochet: Suiza, Francia, Suecia, Noruega, Canadá, Italia, Bélgica, Luxemburgo, Alemania, la fiscal general de Estados Unidos, Janet Reno... Incluso Chile. Y Garzón lo refleja en sus notas de agenda:

27 de octubre. Mi iniciativa prende. No estamos solos. Es de justicia: hay que hacerlo. Todos tenemos causas pendientes.

La Alta Corte de Justicia de Inglaterra y Gales debate el recurso de *habeas corpus* presentado por la defensa de Pinochet. El tribunal, presidido por lord Bingham, estima que la inmunidad soberana de Pinochet ampara todos los hechos —por criminales que fueran— emanados de órdenes suyas como jefe de Estado. Se invalida la orden de detención. La Fiscalía de la Corona, en favor de los intereses del Reino de España, apela ante la Cámara de los Lores. Y, mientras se resuelve la cuestión de si los crímenes de Estado de Pinochet han de quedar impunes o deben ser juzgados, el senador no puede irse. En libertad vigilada, se instala en el lujoso psiquiátrico Grovelands Priory de Southgate.

Uno de esos días, ya atardecido, Garzón está explicando a su hijo Balti las ideologías marxista, liberal, capitalista..., para un ejercicio del colegio. De pronto, el chaval le espeta:

—Papá, dicen de ti que... eres un rojo, de izquierdas, ¡pero que muy de izquierdas! Me lo ha dicho mi amigo Fernando, que se lo ha oído a su padre.

—Hijo, ¿tú sabes por qué quiero yo que se juzgue a Pinochet?

—Hummmmmm... no.

—Presuntamente, ese hombre ha cometido y ha mandado cometer muchos y muy crueles crímenes contra seres humanos como tú y como yo. Sería una injusticia clamorosa que eso quedase impune. El general Pinochet, desde que encabezó el golpe militar en Chile, el 11 de septiembre de 1973, desplegó una represión feroz contra la vida, la seguridad y la libertad de las personas, y contra sus bienes. El saldo es espantoso: más de medio millón de personas detenidas, encarceladas, y casi todas sufrieron agresiones y torturas; más de cien mil exiliados, que tuvieron que huir de su tierra. Aparte los 1.198 desaparecidos, de los que no se sabe nada, hay cinco mil muertos. Además, con los servicios secretos de Chile y de varias dictaduras del Cono Sur, organizó el *Plan Cóndor* para seguir la pista a los chilenos huidos a otros países, detenerlos, matarlos, o que otras policías se los entregasen o los eliminasen...

»Quizá las cifras te resulten frías. Pero lo que tu padre denuncia es una tiranía de terror donde una manera de morir ¡sin tener ninguna culpa! era ahogado en petróleo o en una poza de excrementos, o machacado a golpes; y donde una forma de tortura consistía en forzar al detenido a meter la cabeza en una colmena de avispas... hasta que, loco de dolor, firmase cualquier papel que le pusieran delante; o acostar sobre una mesa a una persona, bien atada, con la cabeza sobresaliendo y colgando, y meterle gaseosa por la nariz: esa mezcla de líquido y gas al llegar a los pulmones produce ahogo; si cargan un poquito la mano, el torturado muere de asfixia... Y no te cuento cosas aún peores.

»Balti, para mí no es un desdoro que digan que soy de izquierdas. Pero perseguir a quienes hicieron esas atrocidades no es ser de izquierdas o de derechas: es tener conciencia de la dignidad del hombre y un sentido de la justicia sin fronteras.

Balti tensa las mandíbulas. Él ha preguntado como un niño, y su padre le ha contestado como a un hombre. Piensa: «¡Jo, qué fuerte!» Y los ojos le brillan como soles de membrillo.

El 28 de octubre, el pleno[5] de la Sala de lo Penal debate si la

5. Integraban la Sala los magistrados Manuela Fernández de Prado, Antonio Díaz Delgado, Jorge Campos, José Ricardo de Prada Solaesa, Francisco José Castro Meije, Ángela Murillo, Luis Antonio Martínez de Salinas, Carlos Cezón, Carlos Ollero y Juan José López Ortega, presididos por Siro García. Por el ministerio fiscal, Eduardo Fungairiño, Ignacio Peláez y Pedro Rubira.

Audiencia Nacional es o no es competente para procesar y juzgar a Pinochet. Garzón se asoma en algún momento, sin ser visto: desde la cabina trasera, donde están los monitores de televisión y el control de megafonía de la sala. Al día siguiente, los once magistrados deliberan y votan a puerta cerrada. Esas sesiones entrarán en la historia de la Justicia como «los juicios de Madrid».

En su Diario, Garzón refleja cómo lo vivió él:

A la una de la tarde, desde mi despacho oigo voces, gritos de gentío y aplausos en la calle. Cada vez más fuerte, cada vez más cerca. Sin asomarme, miro por la cristalera. Abajo hay una muchedumbre con pancartas, coreando algo, abrazándose... Ha corrido la noticia de que la Sala acepta la competencia. Los teléfonos suenan sin parar. No exagero: casi cien llamadas. No puedo estar de telefonista, porque en ese momento debo atender el dispositivo policial y judicial de la Operación Victoria *contra el tráfico de hachís. Los que llaman, preguntan impepinablemente: «Y ahora, ¿qué?» Es de cajón. Pero ni aun así puedo adelantarles que el paso siguiente es pedir la entrega de Pinochet. Pasadas las dos, vienen a mi despacho el ponente Carlos Cezón y la secretaria de la Sala para comunicarme que la decisión se ha tomado por unanimidad, tanto para las víctimas y desaparecidos de Argentina como de Chile y del* Plan Cóndor. *Clemente Auger y Siro García se enorgullecen porque la decisión haya sido unánime. Un magistrado me abraza y me dice: «Baltasar, vive intensamente estos cinco minutos de gloria, que son minutos de tu propia historia.» «Cinco minutos, de reloj; ni un segundo más», le contesto.*

30 de octubre. La Operación Victoria, *simultánea en varias provincias de Andalucía, se salda con noventa y siete detenidos. Se dice pronto, pero he de conjugar al mismo tiempo que declaren todas esas personas, abrir líneas para investigar lo que vayan diciendo y preparar la extradición de Pinochet. Esto último, mirado de frente, puede abrumar; sin embargo yo me siento seguro: tengo los instrumentos legales para proceder bien.*

Me dicen que en cualquier momento el senador Pinochet será devuelto a Chile, y que en la base militar de Bryce Norton, a 76 kilómetros de Londres, aguarda listo un jet reactor Gulfstream III de la Fuerzas Aéreas de Chile, con equipo médico uci a bordo.

Garzón trabaja en una jungla de papeles, cuando alguien telefonea y le cuenta un reciente y expresivo diálogo con el Rey:

—Como comprenderás —decía don Juan Carlos—, yo no puedo dejar de ponerme al teléfono si me llama el presidente Frei. Son muchos los lazos de historia común, de intereses recíprocos y de amistad entre Chile y España... Y esto de Pinochet nos crea un cuadro muy comprometido.

—Pero, Majestad —replicó el interlocutor—, después de cuarenta años de dictadura, sin garantías constitucionales, España salva la cara ante el mundo con esta iniciativa judicial, defendiendo los derechos humanos y persiguiendo a los represores.

—¡Sí, sí, por supuesto! —contestó rápido el Rey—. Garzón ha actuado por derecho, con la ley en la mano y como Dios manda... Oye, y ¡chapó! Pero eso no quita para que a España le caiga una situación muy incómoda. Además, los ingleses no van a dar una extradición así como así. Se fían más de su *common law* que de todas las garantías de los tribunales europeos juntos...

En ese preciso momento, Garzón está zambullido en el estudio de la *common law*, esa costumbre que hace ley. Piensa en personajes de relevancia a quienes Inglaterra no les reconoció la inmunidad soberana, y en otros de los que pidió o concedió la extradición. Así, en el siglo XVI, María Estuardo. Siendo reina de Escocia, fue detenida en Londres, encarcelada durante catorce años y decapitada: la Cámara de los Lores no le concedió la inmunidad soberana, que estaba vigente en Inglaterra desde el siglo XV. En cambio, se le quiere dar ahora a Pinochet. ¿Rige o no rige en el Reino Unido la *common law*? Si la Justicia británica se asienta en el derecho consuetudinario y en la jurisprudencia, no puede olvidar Gran Bretaña que, después de suscribir el Tratado de Versalles en 1919, con su voto —y los de Estados Unidos, Francia, Italia y Japón, las potencias aliadas— pidió a Holanda la extradición del káiser Guillermo II de Hohenzollern. O que, tras firmar el Reglamento del Tribunal Internacional Militar de Nüremberg de 1945, datado precisamente en Londres, o la Convención sobre Genocidio de 1948, apoyó que el almirante Karl Dönitz, jefe de Estado de Alemania después de Hitler, fuese juzgado y condenado sin acogerse a inmunidad soberana alguna. Igual sucedió con Rudolf Hess: era ministro alemán y podía invocar inmunidad cuando fue detenido en suelo inglés y entregado al Tribunal de Nüremberg, que le condenó a cadena perpetua.

Trabaja el juez a contrarreloj, y empalma días y noches desde el 31 de octubre hasta el 3 de noviembre. El 6, el gobierno español solicita la extradición. El fiscal se opone.

Antes, el 4 de noviembre, los lores de justicia, *lawlords*, se reúnen para ver «si, según la ley internacional, la inmunidad soberana de jefe de Estado ampara a Augusto Pinochet en los delitos que el juez español le imputa para detenerle». Los *lawlords* para este caso son Gordon Slyn of Hadley, Lloyd of Berwick, Nicholls of Birkenhead, Steyn y Leonard Hoffmann. Concentran la atención mundial durante veinte días.

La Corte Suprema británica celebra sus vistas en la Cámara de los Lores porque a los magistrados de ese tribunal se les da el título de lord y escaño vitalicio en la alta Cámara.

En esos días, Garzón está instruyendo la *Operación Victoria* de narcotráfico y procesando a los imputados por la estructura financiera de KAS-ETA y a los de Egin, pero a la vez le asignan tres querellas por genocidio: contra el rey Hassan II de Marruecos; contra Theodor Obiang, presidente de Guinea; y contra Santiago Carrillo. Por razones legales diferentes, el juez las desestima de plano.

Aunque humanamente me cueste dar carpetazo a temas como ésos, yo entiendo que tanto Hassan II como Obiang, por ser jefes de Estado en ejercicio, sí que gozan de inmunidad soberana; no se les puede extraditar. En el auto denegatorio de la querella contra Carrillo, digo al magistrado argentino que la pide que... ¡hombre, léase usted las leyes antes! No es serio hablar de genocidio para referirse a los muertos de la guerra civil española, cuando el genocidio no existe como delito hasta 1948.

La ultraderecha chilena amenaza a Garzón y a su familia, por Internet: «No descartamos un atentado personal con resultado de muerte, que se llevaría a cabo si el juez Garzón consigue la extradición. Estamos dispuestos a todo (...), incluso al secuestro, atentado con explosivo o asesinato de Baltasar Garzón, su esposa Rosario y/o uno de sus familiares.»

—Hay esto, Yayo —Garzón muestra una copia del texto a su mujer—. Sin asustar a los chiquillos, extrema ahora un poco más el cuidado. ¿Quieres que os pida protección?

—Para mí, no; pero los niños sí me preocupan, porque ellos qué saben de dónde puede venirles el peligro...

De Interior les envían unos impresos irritantemente minuciosos: horarios de entradas y salidas, identidades y domicilios de las amistades habituales, trayectos, lugares de recreo frecuentes... Y hay que consignar todos los datos en unos recuadros minúsculos donde apenas cabe nada. Desisten. «Tenemos una vida tan poco reglada que más nos vale cuidarnos solos.»

Garzón ha quedado a comer en Pazo de Monterrey con tres amigos. Entra rápido, cruza el salón hacia el fondo, atraviesa las cocinas, saluda con un gesto de cabeza a José Luis, que anda sirviendo vermuts detrás de la barra, y sube deprisa al piso de arriba, a la oficinilla del dueño. Va flechado al mando del televisor, pica el botón de arranque, zapinea y da con un canal que transmite en directo la votación de los lores. Sus amigos suben también con él al cuartucho.

El locutor narra la secuencia paso a paso, con el énfasis y la emoción de un partido de fútbol. Garzón lo sigue de pie:

—Íbamos uno a cero, y ahora... ¡dos a cero! ¡Dos a cero, a favor de la inmunidad!... Hummmm... No, a ver... —el locutor ladea la cabeza para oír mejor lo que le indican por el sonotone de la oreja izquierda—. No, perdón, queremos decir: dos a cero, a favor de alzar la inmunidad. O sea, lo contrario: dos a cero, en contra de... Ah, no... al parecer es a favor de... Bueno, no sabemos si le reconocen la inmunidad a Pinochet, o si quieren retirársela... Y, entretanto, el tercer senador vota en contra. O sea, dos a uno, a favor o en contra...

—¡Joder! ¿A favor o en contra? ¡Este tío no se aclara!

—¡Y otro más en contra! ¡Dos a dos! ¡Empate, señoras y señores! —el locutor acentúa el entusiasmo—. ¡Empate en una sesión trascendental que estamos transmitiendo en directo desde la Comisión de Justicia de la Cámara de los Lores...!

—Está liado —comenta Garzón— porque votan al retruécano: sí que no, no que sí: que sí se le alce la inmunidad, lo cual es inmunidad no; o que no se le anule, lo cual es inmunidad sí. Todo muy inglés.

—Ahora va a votar lord Hoffmann —el locutor pone voz grave, cautelosa, de circunstancias, como si dijera: «va a lanzar un penalti»—. Él resolverá el empate... Y lo hace, señoras y señores, lo hace... ¡a favorrrrr!, perdón, queremos decir ¡en contra!, ¡en contra de que Pinochet se acoja a la inmunidad soberana! De modo que el resultado es de dos jueces lores apoyando la inmunidad del senador, y otros tres en contra de que ese privilegio ampare los supuestos delitos del ex dictador... Y con esto devolvemos la conexión a...

25 de noviembre, 98. Un resultado menos raspado hubiese sido más elocuente. En todo caso —apunta Garzón en su cuaderno de tapas rubias de cuero—, *los lores han hecho justicia.*

Aznar y Blair hablan por teléfono sobre la extradición de Pinochet a España. Según me cuentan, Aznar le ha dado a entender que para nosotros es «una desagradable patata caliente».

Me llama Pepe Bono. La última vez que nos vimos fue hace casi un año en Casa Cornejo: él iba a alquilar un disfraz de Rey Mago, y yo otro de Papá Noel. Aquel día, le pregunté con sorna: «¿Qué hay del queso manchego que me ibas a regalar?» Era un modo de quitar hierro y «lo pasado, pasado está». Hoy me pregunta si me han puesto más protección personal. «De parte de Felipe, que tengas cuidado, porque esta gente ultra es capaz de cualquier barbaridad.» Luego, como cosa suya: «A ver si nos vemos. Esto de Pinochet me ha reconciliado mucho contigo.» Le contesto: «Te has reconciliado... ¿conmigo? Pues yo contigo no estaba peleado.»

Tras la votación de los lores se producen reacciones frenéticas, como azogadas. Pinochet solloza muy deprimido, pero pronto se rehace con enfado: «¡Esos comunistas me han quitado el fuero y lo han tirado a la basura!» El comandante en jefe del Ejército chileno, Izurieta, convoca una reunión urgente con más de dos mil *uniformados* en Santiago. Es el rechazo militar a la detención del general. También el gobierno de Frei mueve ficha: el canciller Insulza viaja súbitamente a Londres y se entrevista con Jack Straw, el ministro del Interior; con Robin Cook, de Exteriores; y con el titular de Defensa, George Robertson. En cambio, una misión militar chilena suspende su visita al Reino Unido, concertada para comprar dos fragatas.

Garzón ha enviado a Estados Unidos una comisión rogatoria, para que desclasifiquen y entreguen los documentos que afecten a la investigación sobre *guerra sucia* en Chile y el *Plan Cóndor*. Es un arma de doble filo para el Pentágono, toda vez que la CIA se movió por las mismas pestilentes sentinas que los servicios secretos de Pinochet. Y más tarde se sabrá que el jefe de la DINA, general Contreras, fue asalariado por la CIA.

Recostado en el sofá frente a la pantalla gigante del Sony, Garzón mira a ratos al televisor y a ratos lee un periódico. Es de noche. Yayo trasiega por la casa. Le oye «discutir» con la locutora. Se asoma a la sala y allí se queda, de pie, como en territorio comanche, entre la tele y su marido.

—Pero, bueno, ¿qué pamplina es ésta? —Garzón golpetea con la punta del dedo índice un titular del periódico que tiene en la mano, y que dice: *Aznar, tras reunirse con el presidente italiano Massimo D'Alema: «No quiero que España se convierta en un Tribunal Penal Internacional.»* ¡Nadie pretende que España sea un Tribunal Penal Internacional! En esta historia, muchos se olvidan de que existe un artículo 23 de la Ley Orgánica del Poder Judicial, hecha en 1985. Ésa es la ley que hay. ¿Es políticamente inconveniente? ¡Pues hagan otra! Yo no soy legislador. Yo soy juez, y tengo que aplicar la ley vigente...

—Para mí que Aznar ha dado una larga cambiada —Yayo enciende un cigarrillo.

—¿Y no le era más fácil decir: «Yo respeto lo que un juez resuelve y lo que un tribunal decide»? O, más claro aún: «Yo apoyo a los tribunales españoles.» Es como esto otro —vuelve a usar el dedo como un puntero, toctoc, sobre la misma página: ¡qué me cuentan ustedes de las inversiones!, ¡que si tenemos más de un billón...!, ¡arréglenlo entre ustedes políticamente!

—¡Lo que se estará moviendo detrás, que ni tú ni yo sabemos y que les obliga a decir eso...!

—¿Lo que se está moviendo detrás? Yayo, no hay más que mirar la portada de los periódicos. Además, quieren que lo sepamos: que si se reúnen los militares, que si peligran nuestros negocios, que si patatín, que si patatán... Y luego, los del gobierno chileno están como atacados. En el telediario acaban de decir que Insulza, el de Exteriores, empalma Londres con Madrid...

En la tele ya está la chica del tiempo con su mapa de soles nublados como huevos fritos. Yayo deja la imagen sin voz, se sienta, y mira a su marido con cara de «no tengo prisa».

—Es que tiene que ir uno con la escafandra puesta y tapones en los oídos para no oír, no ver, no leer... porque, quieras que no, lo que te llegan son continuos mensajes subliminales sobre «la conveniencia», como ese de Aznar, como el de Felipe González, como el de Matutes... No sabes ya si son cosas que se dicen entre ellos porque se las tienen que decir, o si lo que buscan es que me entere yo, que me agobie yo... Oiga, señor presidente, como ciudadano, le pregunto extrañado: ¿qué es eso de recibir aquí al ministro de Exteriores chileno, que viene a criticar la resolución legal de un juez español y a cuestionar una decisión plenaria de la Audiencia Nacional?

—¿Insulza viene? ¿No estaba llorándole a los ingleses...?

—Pues eso te estoy diciendo, Yayo: empalma la turné. Ha visto a Cook, a Straw y a Robertson: Exteriores, Interior y Defensa, de una tacada. Y viene a Madrid con el mismo programa y un plus: entrevista con Aznar. Al gobierno de Chile habría que decirle de una puñetera vez: «Miren, señores, que en España lo de la Justicia independiente es verdad, no es una coña marinera; el poder judicial es un poder del Estado; aquí cada juez es dueño de sus actos y responde de ellos.» Y dejarse de frases retóricas.

—¿Pero a ti te influye lo que digan?

—No, a mí no me influye... porque no me dejo.

—¿Entonces?

—No me influye, pero me cabrea. Y me decepciona. Es como si lo del Estado de derecho sólo nos lo creyéramos unos pocos imbéciles idealistas que tenemos el bolo pasado de rosca...

Se quedan callados un rato largo, relajados en el sofá, mirando los anuncios mudos del televisor sin enterarse, en silencio y cogidos de la mano.

—¿Te digo una cosa, Baltasar? Si algún día dejases de ser un imbécil idealista, ese día... tendrías que olvidarte de mí.

Garzón aprieta la mano de su mujer, y musita un escueto «¡nunca!».

En su visita a Aznar, Insulza le avanza ya que en Londres ha recibido «positivas indicaciones sobre la *compassion* prevista en la ley inglesa para los presos ancianos y enfermos». Pero a la vez, en la Cámara de los Comunes, ciento cincuenta diputados de diversos partidos —entre ellos, ciento veinte laboristas— envían un alegato al ministro Straw, para que no vacile en conceder la extradición. Ahí afirman que «Pinochet vino al Reino Unido, principalmente, a hacer negocios», rechazan cualquier *compassion* antes de un juicio y una sentencia, y amenazan veladamente con un «motín» parlamentario. El 9 de diciembre, Jack Straw autoriza que Pinochet sea extraditado a España.

Garzón se encierra veinticuatro horas y redacta el procesamiento.

Pero como la estrategia defensiva del equipo jurídico de Pinochet es recurrirlo todo, inmediatamente impugnan la decisión de los lores. Arguyen que «ese tribunal está contaminado», porque uno de sus miembros, lord Hoffmann, es consejero de una fundación benéfica vinculada a Amnistía Internacional, que ha sido oída como parte ante los *lawlords*. Nadie denuncia la torticera actuación de los abogados contratados por Pinochet: antes del juicio, ellos conocían esa vinculación, porque estaba declarada por Hoffmann en el registro de los lores. Cuando fue el momento de rechazar a cualquiera de los jueces lores de este caso, no lo hicieron. A sabiendas, se guardaron ese naipe por si el resultado les era adverso. El Supremo británico podría decirles: «Señores, dejaron ustedes pasar el tren, su hora procesal ya pasó.» No obstante, el honor de la Alta Corte de Justicia prefiere flagelarse *urbi et orbi* y que no haya sombras antijurídicas: anula la sentencia y ordena repetir el juicio. Un suceso inaudito en su vetusta historia. La vista será después de las fiestas de Navidad, con siete *lawlords* en lugar de cinco.

Frei, perplejo, pregunta: «¿Es razonable que, después de dos meses de conmoción en Chile, en Gran Bretaña y en España, estemos de nuevo en el punto cero?»

Los chilenos ponen en marcha tres estrategias simultáneas. Al gobierno británico le piden la libertad de Pinochet, invocando razones humanitarias, la *compassion*: «Muéstrense ustedes ante el mundo todo lo legalistas y garantistas que quieran; pero que este hombre venga a morir a Chile.» Al gobierno español le requieren algo más duro: que se envainen la extradición. ¿Y cómo? Intentan una salida negociada, un arbitraje político, extrajudicial, entre los gobiernos de Chile y España, implicando al Consejo de Estado y al parlamento. Un caso penal, convertido en cuestión de Estado.

La tercera estrategia, elemental y tosca, será la presión sobre los empresarios e inversores. Al ministro de Economía, Rodrigo Rato, se le alegran hasta los botoncillos de su camisa cuando le dicen que «en La Moneda desaconsejan su visita oficial en estas circunstancias». A él, desde luego, no le leen la cartilla sobre las inversiones de Telefónica, Iberdrola y Endesa en Chile, que peligran; o las contratas de bienes de equipo, que pueden cancelarse. En cambio, Rodolfo Martín Villa, más fajado en cintos correosos, se presta como emisario de esos mensajes a cara de perro, con el toma y daca de un arbitraje político.

Aquello de Chile parece un esperpento sin libreto y sin director de escena. Un día dicen: «Suspendemos todo contacto bilateral con España»; y esa misma semana nos visita Andrés Zaldívar, el presidente del Senado chileno, «para negociar soluciones». O salen los *uniformados* amenazando con liquidar su agregaduría militar en la embajada de Chile en Madrid, como si pudieran hacerlo sin contar con su gobierno. Incluso destacan una misión mandada por el brigadier Juan Carlos Salgado. Pero no viene a cerrar el quiosco diplomático, sino a contratar abogados para la defensa del impaciente *paciente inglés*, harto ya de tanto encierro, tanta niebla, tanta mantequilla y tanto paseo con nurse en la clínica Grovelands Priory de Southgate.

El brigadier Salgado niega que su viaje esté en relación con el problema judicial: «Es un tema que ni nos compete como Ejército ni tiene que ver con mi misión.» Pero al día siguiente celebra dos sesiones de trabajo en la sede de la embajada con los abogados Stampa y Escardó, que trabajan para Pinochet en España, aunque no le representan legalmente porque el general no se atreve a personarse en su propia causa. ¿No puede reunirse Salgado con los juristas? Claro que sí. En cualquier lugar... menos en la embajada de Chile en Madrid. Tan burda y tan de bulto es la injerencia militar que hasta la mesurada Asociación Profesional de la Magistratura protesta.

El 17 de enero de 1999 Garzón viaja a Londres para asistir al segundo juicio sobre la inmunidad de Pinochet. Se aloja en un acogedor hotelito victoriano, cerca de la embajada de España. En el cuaderno, refleja su impresión *naïf* del primer día:

Vamos a la Cámara de los Lores, desde la Fiscalía de la Corona, Brian Gibbins, los abogados Aluns Jones y James Lewis, el catedrático de Internacional Christopher Greenwood, la intérprete Jean Pateras y yo. Bajamos frente al Big-Ben. Recuerdo la última vez que estuve aquí, como estudiante de inglés, con Yayo y los niños. ¿Dónde andará aquella foto que nos hicimos en Portobello? Todos disfrazados de «belle époque»: Yayo y las niñas con trajes emperifollados, y Balti y yo con levita y chistera. Los cinco muy serios, aguantándonos la risa... La tendrá mi madre.

Hoy está lleno de periodistas. En la calle, gente muy tensa, muy exacerbada, a favor o en contra de la extradición, sin medias tintas. Siento el hormigueo de los grandes momentos, la sensación de estar viviendo algo que, en ese mismo instante, ya es historia, carne de recuerdo; un cuadro, un dibujo lejano, del que yo formo parte. Todo, hasta lo más inmediato y material, un paraguas abierto, unos peldaños, el zócalo enmaderado de la sala de justicia, las pelucas blancas de los «banisters», todo es parte de una escena que me trasciende, pero me incluye para siempre. Era impensable para mí. Y es tan real como las punteras de mis zapatos negros y el enlosado de la calle, húmedo de lluvia. Sé que empieza algo importante en la historia que me ha tocado vivir... y hacer. Noto dentro esa calma, esa fuerza tranquila de otras veces: hemos llegado hasta aquí sin más bagaje que la ley. Por mucho encono, por mucha traba que me opongan, mientras la ley me dé paso, yo seguiré adelante.

La sala de vistas es recoleta y tiene esa rancia solera de las casas inglesas con abolengo. Está abarrotada. En el estrado semicircular se sientan los siete *lawlords*: Nicholas Browne Wilkinson, Robert Goff, James Hope, James Hutton, Mark Saville of Newdigate, Peter Millet y Nicholas Phillips. Enfrente, con pupitres corridos, los abogados de las partes litigantes y de las acusaciones. Garzón se sitúa detrás de Jones y Lewis, los abogados que representan la demanda del Reino de España. A su derecha, el fiscal Gibbins. A su izquierda, Jean, la intérprete. En un lugar destacado, el *amicus curiae*, el amigo del tribunal: un abogado del Estado consultivo, para asesorar con imparcialidad a quien se lo solicite. Los letrados que van a hacer uso de la palabra, los *banisters*, llevan la toga negra y la *wig* de bucles blancos. Detrás, y separado por un antepecho de verja de bronce, el público. Los jueces lores no han estudiado el caso hasta ese momento. Están literalmente «desprevenidos»: sin asomo de «prevención». La vista es para ilustrarlos a ellos, no para convencer al público ni para que los abogados discutan entre sí.

Me dicen que en la primera fila del público, detrás de mí, está un hijo de Augusto Pinochet —continúan los apuntes de Garzón—. *He traído bastante material en mi maletín samsonite verde. De vez en cuando, me consultan sobre el procedimiento judicial español o sobre el alcance penal de un tipo delictivo en España. Por ejemplo: «La* conspiracy *británica, la conspiración para cometer un delito, ¿a qué equivale en la ley española?» «En nuestro Código Penal hay un todo continuo desde que se concibe o se maquina un hecho hasta su ejecución... La* conspiracy *puede equivaler a nuestra figura del autor por inducción o por cooperación necesaria.» Me pasan notas y escribo la respuesta. Jean traduce muy rápido. Es de Costa Rica. Una mujer alta y elegante, morena de tez, de cabellos muy negros, que lleva sueltos en cascada. Tiene los ojos grandes y bonitos, y la voz cantarina y bien modulada. Mejor así, porque son muchas horas de «dicen que...», «diles que...».*

Es novedosa para Garzón la mecánica inglesa de una vista. Se abre un diálogo con el tribunal. Cualquiera de los jueces lores interrumpe al letrado cada vez que quiere más datos sobre un punto: «¿Puede indicarme dónde consta eso... la página? ¿Por qué dice que esto es de aplicación aquí y no allá?» En España, los juzgadores apenas intervienen. Incluso da la impresión de que los discursos de los letrados y del fiscal no son para ilustrar al tribunal sino a la galería. Aquí, el abogado no puede explayarse con un alegato retórico sin riesgo de que le corten cien veces para pedirle precisiones. Como los *lawlords* no conocen el asunto, pueden hacer las preguntas más peregrinas y las más complejas. En algún momento, el abogado dice: «Señoría, *lordship*, no puedo responder ahora; he de ver documentos.» «¿Cuándo calcula usted que podrá contestar?» «Esta tarde.» «Aparcamos la pregunta. Siga con lo otro...» Por la tarde, lo primero: «Letrado Jones, ¿tiene ya la respuesta a la pregunta de lord Hope?»

El equipo de la Fiscalía de la Corona pide a Garzón que se quede un día más para trabajar juntos. Los lores van más allá de si a Pinochet le asiste o no la inmunidad soberana. Estudian a qué tipos penales ingleses corresponden el genocidio, el terrorismo y las torturas, y si Gran Bretaña ha firmado tratados internacionales que le obliguen a perseguir esos delitos. Han entrado en la pura materia de la extradición, y tratan de averiguar si los hechos de que se acusa a Pinochet, y en tales fechas, eran crímenes aquí y allí: si son delitos de incriminación recíproca. Ésa es la condición para que un Estado entregue a otro Estado un detenido.

24 de marzo, 1999. Seis lawlords *rechazan la inmunidad de Pinochet. Sólo lord Goff la defiende. No obstante, dice que los cargos son delitos de doble incriminación, extraditables.*

Es una resolución más restrictiva que la primera. Me lo esperaba: la política ha celestineado sin disimulos. Esta vez los lores no se han ceñido a si fue legal o no la detención. Lo fue. Y Pinochet es extraditable. Pero ponen topes a esa extradición: Ustedes pueden juzgar a Pinochet por conspiración para la tortura y por tortura; no por genocidio ni por terrorismo. Ustedes pueden juzgarle sólo por los delitos cometidos en quince meses, desde diciembre de 1988;[6] *no por*

6. Hasta el 8 de diciembre de 1988 no suscribe Gran Bretaña la Convención de las Naciones Unidas contra la Tortura, de 1984.

lo que hizo durante quince años, entre septiembre de 1973 y diciembre de 1988. No importa. Lo histórico es que se reconoce que no cabe inmunidad para un ex jefe de Estado por los crímenes que cometió o mandó cometer durante su mandato. Otro punto claro: los países que firman un convenio penal no adquieren un derecho sino una obligación de perseguir y juzgar determinados delitos ocurran donde ocurran: justicia sin fronteras.

Por tanto, nuevo fallo de los lores, nueva orden judicial de arresto, nueva detención por Scotland Yard, nueva decisión gubernamental de conceder la extradición a España. ¿Cabe pedir más garantías? Todo revisado por partida doble.

El mismo detective Andrew Hewitt de Scotland Yard que seis meses antes notificó a Pinochet su detención, se presenta una fría mañana de abril del 99 en la residencia de Virginia Water, en la urbanización Wentworth del condado de Surrey, para comunicar al general que está «acusado de delitos de tortura en la jurisdicción del Reino Unido», añadiendo el latiguillo de las generales de la ley: «Puede usted guardar silencio, porque cuanto diga desde este momento podrá ser usado en contra suya.»

Sentado en una silla de respaldo recto, Pinochet escucha muy serio, mirando al policía con sus ojos ahuevados de viejo halcón. Después, alza un brazo con ademán de imperio:

—No voy a guardar silencio. Quiero decir algo: Llevo sesenta y cuatro años sirviendo al Ejército de Chile. Soy un hombre de honor. Y ¡no tengo nada que ver con esos delitos! ¡Nada que ver!

¿Nada que ver? En las entrevistas concedidas durante su estadía como *paciente inglés*, Pinochet había afirmado[7] que él ordenó «hacer muchas cosas al jefe de la DINA»;[8] que, como jefe de la Junta Militar, él decía: «Hay que hacer esto», sin preguntar: «¿Cómo lo vas a hacer?» También declaró: «Yo asumo todas las res-

7. Aparte un reportaje en *The New Yorker*, se publicaron dos entrevistas de Pinochet en *El Mercurio* de Chile y en el londinense *The Daily Telegraph*.

8. Pinochet se refería al general Manuel Contreras Sepúlveda, jefe de la Dirección de Inteligencia Nacional (DINA), los servicios secretos chilenos, condenado por el asesinato en Washington del embajador Orlando Letelier y de su secretaria Ronni Karpen Moffit, entre otros crímenes. Contreras declaró: «Nunca hice nada sin la autorización de Pinochet.»

ponsabilidades»; «Yo quise, yo procuré que hubiese el menos daño, la menos sangre... pero los que actuaron no eran puros ángeles.» Y su hijo mayor, Augusto, al conocer la primera decisión de los lores, bramó contra las víctimas: «No murieron por santos: ¡¡eran extremistas!!»

El 14 de abril, mientras el ministro Straw da vía libre por segunda vez a la extradición de Pinochet, en Cartagena de Indias se alijan doce mil kilos de permanganato potásico, y en España se desmantela la red colombiana que trafica con ese precursor de drogas: una sustancia química esencial para elaborar la cocaína. Garzón dirige el caso, al que han llegado investigando unos flecos de la *Operación Victoria*: ordena el tránsito controlado del permanganato desde Algeciras hasta Cartagena de Indias.

A la vez, prepara el material que los ingleses piden con urgencia para la nueva extradición de Pinochet, por otros treinta y ocho casos de tortura.

Los abogados de Pinochet anuncian que apelarán de nuevo, para impedir la entrega del senador. Pero Garzón amplía el sumario agregando casos. Y Fungairiño ordena al fiscal Ignacio Peláez que se oponga a esa ampliación. Lo chocante es que incluso se adelantan —sin recato— a que los defensores del general recurran. Esos defensores no pueden actuar en España porque Pinochet todavía no ha sido extraditado. Sin embargo, tienen una especie de sucursal en nuestro país: la Fiscalía de la Audiencia Nacional, y una *longamanus* en el propio fiscal jefe.

En sus notas, Garzón plasma un juicio profesional muy severo sobre la conducta de Fungairiño:

El fiscal está actuando de mala fe. Emplea argumentos que nunca antes utilizó en ninguna extradición. Jamás. Que yo recuerde, ésta es la primera vez en la historia de la Audiencia Nacional que el fiscal se opone a una extradición... Además, en los «fundamentos de derecho» utiliza los artículos a medias. Parece una maniobra política más que jurídica, para trasladar a la Alta Corte británica la impresión de que en España ni el tema está claro, ni la Justicia respalda la petición del juez. Y, cara al magistrado Bartle y al ministro de Interior Straw, que han de decidir la extradición, remacha la idea de que aquí hay una animosidad política y una sed de venganza en las acusaciones particulares, que han envenenado al juez español...

Fungairiño sigue despreciando la resolución unánime de la Audiencia Nacional, y se empecina en que no tenemos competencia. Está jugando, de hecho, en la misma línea que la defensa de Pinochet. En el aspecto humano, es incalculable la inquina que me tiene, desde que tomó postura en favor de Javier Gómez de Liaño y María Dolores Márquez de Prado, cuando el tema Sogecable. No me dirige la palabra, y trata de barrenar cuanto hago. A diario. Y no es ninguna broma, porque es el jefe de los fiscales.

En la página siguiente del Diario aparece una sorprendente anotación con dos letras distintas:

Encuentro este mensaje de Yayo, aquí en mi agenda. Se ve que alguna vez abre y lee. No me importa: con ella no tengo secretos. Ha escrito esto: «Mi querido Baltasar: Sueño, y sueño que no puedes estar sin mí y que por eso vienes esta noche. Sueño, y me siento llena de felicidad con el amor joven de cuando éramos novios... Déjame seguir soñando. Te quiero. Yayo.»

Yo también la quiero. No concibo la vida sin ella. Perderla sería tal golpe que nunca me recuperaría. No puedo pensarlo sin sentir escalofrío. Sin embargo, hago cosas que no favorecen esta unión permanente. Quisiera saber entregarme más y más. Sé que, si la perdiese, el más perdido sería yo.

En Río de Janeiro, al hilo de una cumbre de jefes de Estado y de gobierno, Frei plantea a Aznar «desatascar el carro del general Pinochet, sacándolo del atolladero judicial: una solución amistosa de arbitraje político de Estado a Estado».

A partir de ahí, durante varios meses se intenta ese atajo a espaldas de lo judicial. El nuevo ministro de Exteriores, Juan Gabriel Valdés —socialista, aunque su padre fundó la democracia cristiana en Chile—, ha sido nombrado por Frei con una fija: «Pinochet debe morir acá.» Se emplea a fondo, y en ocasiones con diplomacia de brocha gorda, manca de sutileza. Abre líneas de «habla continua» con sus colegas de Madrid y Londres, Matutes y Cook, buscando el mercadeo y la transa... sin togas.

Aznar dice: «Voy a ese arbitraje, si lo respalda un dictamen del Consejo de Estado y se sustancia en el parlamento.» Matutes habla con Joaquín Almunia, entonces secretario general del PSOE. Pero los socialistas españoles, en el caso Pinochet, se han desmarcado de las decimonónicas opiniones de Felipe González. La respuesta de Almunia es clara y cabal:

—Si vosotros, gobierno, consultáis al Consejo de Estado sobre un arbitraje extrajudicial, nosotros esperaremos a conocer el dictamen y opinaremos después. Ahora, si lo que nos pedís es que nos mojemos antes en favor del arbitraje, la respuesta es no.

—¿Y si el Consejo de Estado dice que la fórmula de arbitraje se someta al parlamento? Ésa podría ser la castaña...

—En tal supuesto, te adelanto que votaremos en contra. En el PSOE pensamos que el tema Pinochet puede y debe resolverlo la jurisdicción española, y que conviene que la extradición siga adelante. O sea, que el juez haga su trabajo.

En cuanto sabe que el PSOE no entra en el juego, Aznar indica a Matutes que «de arbitraje político, nada». No quiere convertirse en estafermo y pimpampum de la situación.

Se enfada el ministro Valdés, protesta en los periódicos, dice sentirse engañado tras meses de «conversaciones, promesas y seguridades de que íbamos a una solución arbitral amistosa». El 11 de julio, Matutes le contesta con una carta abierta en *El Mercurio*. Eso es tanto como decir que las valijas, las estafetas, las misivas en sobre lacrado, los recados al oído y los mil ritos de un entendimiento diplomático de seda se han enfangado, y los ministros necesitan vocearse con «cartas al director».

Matutes, en *El Mercurio*, reitera a su colega chileno que el caso Pinochet «está fuera del control del gobierno español y le viene impuesto por el poder judicial». Luego afirma de modo inequívoco: «Mi gobierno ha ofrecido al de Chile toda la colaboración posible a lo largo de los últimos meses. A través del Ministerio de Justicia, le transmitió oficialmente toda la información que nos solicitó sobre las actuaciones del fiscal en su oposición a los diferentes pasos procesales del juez. También les enviamos las razones alegadas por la Fiscalía.»

Así, con toda publicidad, Matutes desvela que el gobierno español ha entregado documentación de los sumarios Chile y *Cóndor* al gobierno chileno, que no es parte en el proceso, ya que deliberadamente se niega a personarse en la causa española.

Garzón está cerrando ya las maletas para irse de vacaciones con su familia; pero antes de partir, pide explicaciones al ministro Matutes por esa entrega de documentos del sumario, «que podría constituir delito», a las autoridades de Chile. En el mismo escrito, encarece que le informe si el ejecutivo «se encamina hacia un arbitraje político que soslaye la extradición»; de ser así, «pediría amparo ante el Consejo del Poder Judicial, porque el gobierno estaría interfiriendo la independencia de este juez».

Aznar aprovecha su rueda de prensa estival en el palacio de Marivent, en Mallorca, para replicar a Garzón: «Las relaciones exteriores de España, incluidas las relaciones con Chile, corresponden al gobierno de la nación, no a ningún tribunal de justicia. Me gustaría que, el mismo respeto que el gobierno tiene hacia la independencia judicial, lo tuvieran todos los tribunales hacia las competencias del gobierno.»

Desde Jerusalén, donde está con su familia, Garzón ve por televisión esa rueda de Aznar. En su inseparable agenda, deja constancia del *inesperado estremecimiento, al pisar estas tierras donde estuvo Jesucristo. En el calvario y en el santo sepulcro... hasta el cuerpo me ha dado un vuelco.*

Punto aparte, y sigue:

He visto y oído a Aznar por televisión. Tergiversa. Yo no me meto en el campo del Gobierno ni en sus relaciones exteriores. Yo, a la vista de la carta pública del ministro español al ministro chileno, en un diario de gran tirada y con el nombre de Abel Matutes al pie, le dirijo una pregunta concreta sobre hechos que él mismo afirma, para tomar o no una decisión judicial, porque podemos estar ante un ilícito. Mi pregunta no afecta en modo alguno a la política del Gobierno. En cambio, la intromisión del Gobierno en el sumario, dando documentos e informes a otro Gobierno, ¡ya lo creo que afecta! Pregunto con respeto: ni intimido ni amenazo a nadie. Aznar ahí desfigura la realidad y falta a la verdad.

Dos meses después, la Audiencia Nacional anula esa pregunta de Garzón, estimando que el juez instructor no es quién para inquirir al gobierno. Lo extraño es que en todo el ámbito de la Justicia no se alce otra instancia que sí sea quién para averiguar ese cambalache de documentos y sancionarlo debidamente. Ni el Consejo del Poder Judicial, ni el fiscal del Estado, ni el Tribunal Supremo dicen esta boca es mía. Y se pasa la página.

En esa disputa política, pelea de gallos que se traen los españoles y los chilenos, Valdés, más bruto que fiero, da picotazos al aire. Un día, llama a consultas al embajador español Sergio Pizarro, sólo para impresionar. Otro día, invita a tomar el té a los grandes inversores españoles en Chile y les mete el miedo en el cuerpo. Otro, se descuelga declarando, despectivo: «¿Lo que opine el juez Garzón? ¡Bah!, no creo que importe.»

Alguien se lo cuenta a Garzón en la Audiencia.

—Es un curioso personaje —contesta el juez—. Primero, falta al respeto. Segundo, confunde el campo político con el judicial. Tercero, se olvida de que estamos ante un caso con miles y miles de víctimas de su país. Jamás las menciona. Quizá no existan para él. Cuarto, no para de hablar. Y quinto, nunca dice: «Señores, mi gobierno va a pedir la entrega de Pinochet para juzgarle aquí.» Chile tiene en sus manos un resorte automático inexorable: basta que dicten una orden de detención a efectos de extradición, y nuestra solicitud en Londres decaería inmediatamente en favor de la suya. ¿Por qué no lo usan?, ¿por qué no lo hacen?

Meses atrás, en abril del 99, a los televidentes de la CNN que seguían un programa sobre el caso Pinochet pudo chocarles la actitud de Henry Kissinger: pidió tajante la liberación del general y su regreso a Chile. Le contestó Elie Wiesel, Nobel de la Paz: «Resulta increíble que Kissinger, un emigrante alemán que ha padecido en su familia y en sí mismo la persecución genocida de Hitler, pida la libertad de un dictador responsable de miles de crímenes de lesa humanidad... Hay que agradecer iniciativas como la del juez Garzón, que abren las puertas a la justicia universal y a que nuestro mundo sea más justo.»

Algunos tienen motivos para ponerse nerviosos cuando se reabren ciertos cofres con doble fondo. Pocos meses después, el 9 de agosto, quien se inquieta es el ex jefe de la CIA, Vernon Walters, al saber que Valdés, el canciller chileno, visita en Washington a su colega Madeleine Albright para hablar de los documentos secretos que el Pentágono guarda sobre el *Plan Cóndor*. Es un arma de riesgo. Al ventilarlo quizá se destapase un hediondo albañal de implicación de la CIA en aquella *guerra sucia* y en el mismo golpe militar chileno, propiciado desde Viña del Mar cuando el jefe de la diplomacia americana era precisamente Henry Kissinger y Vernon Walters el *número dos* de la CIA.

Walters está casualmente en España ese día de agosto de 1999, disertando en la universidad de verano de Santander. Primero, defiende a Pinochet: «¡No es tan negro el diablo como lo pintan! (...).

Allende fue elegido presidente sólo con el 36% de los votos; y Pinochet, teniendo el 48%, dejó el poder.» Luego, critica la extradición del ex dictador: «Me siento viejo para entender que una persona sea detenida en un país a instancias de otro y por hechos ocurridos en un tercero... Hace poco decía Margaret Thatcher: "Tendré cuidado con mis viajes, y también Tony Blair, no sea que Sadam Hussein pida nuestra extradición al país equis, por los muertos de Bagdad." Comparto su sarcasmo. Esa extradición no me gusta: sienta un precedente muy peligroso.»

El 27 de septiembre comienza en el tribunal penal de Bow Street el juicio definitivo sobre la extradición de Pinochet, concedida por el Reino Unido y recurrida por el general imputado. El juez es Ronald Bartle. El 30 de septiembre, adelantándose a la sentencia, Garzón cursa una orden a la Fiscalía de la Corona británica para que se opongan, si el juez Bartle falla a favor de Pinochet y niega la extradición. Lo hace así porque él estará lejos, en Paraguay, cuando se resuelva el juicio.

En efecto, invitado por la Contraloría, Garzón diserta, en Asunción, sobre ética e independencia judicial, ante un millar de jueces y magistrados, en la Corte Suprema de Justicia. El 5 de octubre, recibe allí una intempestiva llamada de Londres. Es el fiscal Brian Gibbins. A través de la intérprete Jean Pateras, le relata algo insólito que acaba de ocurrir:

—Se han presentado aquí, en la Fiscalía, dos funcionarios españoles de Asuntos Exteriores: Miguel Aguirre de Cárcer y Carmen de la Peña, para decirme que, si la sentencia es favorable a Pinochet, yo no me oponga hasta que el gobierno de España me dé instrucciones. Les he indicado: «Yo tengo desde hace seis días, enviada por fax, una orden del juez Garzón para recurrir si a Pinochet se le pone en libertad.» Han insistido en que yo no actúe hasta recibir una nueva indicación del gobierno español.

—Señor Gibbins, el gobierno español en este asunto no tiene nada que decir. Pidió la extradición que yo propuse, y ahí acabó su papel. Todo lo demás es entrometerse en el ámbito judicial.

—Eso mismo pienso yo. Al preguntarles: «Si no recibo esa directriz que ustedes me anuncian, ¿debo seguir la orden del juez Garzón?», el señor Aguirre se ha negado a contestarme. Le he dicho que su actitud era inaceptable: «Yo, para defender el interés de España desde esta Fiscalía, tengo que ser instruido con claridad, y ustedes están confundiéndome.» Les he reiterado que «si Bartle resuelve poniendo en libertad a Pinochet y yo no he recibido una contraorden del gobierno, escrita y por vía diplomática, lo siento, pero apelaré, porque ése es el mandato firme que tengo del juez español». Señor Garzón: me aturde ver que un poder del Estado se opone a otro poder del mismo Estado. Yo le sugiero que me envíe de nuevo la orden de recurrir que me mandó por fax; pero esta vez por valija diplomática.

—¿Para que mi gobierno se implique haciendo de correo?

—Bueno... esa formalidad no estorba. Pero, si Bartle sentencia antes, aquí con su orden por fax podemos funcionar.

—Y yo, a mi vez, le pido que me ponga todo esto por escrito, tal como ha ocurrido, y lo remita al juzgado n.º 5.

Al descubrir la treta que el gobierno ha urdido a sus espaldas, Garzón cancela la ceremonia de un doctorado honoris causa que iba a recibir en Asunción, y regresa a Madrid. Como viajará perdiendo horas, por ir de oeste a este, adelanta el trabajo: llama al juez que le sustituye en su ausencia, Juan del Olmo, y le pide que envíe la orden al fiscal Gibbins. También por teléfono, pone en marcha un seguimiento policial del itinerario de ese documento, paso por paso, desde que sale del juzgado, pasa al Ministerio de Justicia, se recibe en Exteriores, el valijero lo lleva al aeropuerto, la valija embarca en tal vuelo... Bartle puede sentenciar en cualquier momento, y Garzón no va a permitir que Matutes le haga llegar con retraso.

A las 14.30 de la tarde del 6 de octubre, desde Exteriores telefonean al fiscal Gibbins: «La orden del juez Garzón viaja hacia ahí por estafeta diplomática: cúmplanla ustedes.»

No será necesario apelar, porque el juez Ronald Bartle se pronuncia en favor de extraditar a Pinochet.

Hasta ahí, el proceso británico ha sido exquisito. Todo, muy a la inglesa, hecho y rehecho con dobles procesos, como con doble punzón se contrasta y resella la plata de ley. Pero, a la hora de la verdad, la política, alevosa, juega su cuarto a espadas. En el caldeado ambiente de un congreso del partido *tory*, la señora Thatcher ataca al juez Garzón y a España: «Lo que allí se planea es un juicio show, con un resultado predecidido: que el senador Pinochet vaya a morir en una tierra extraña... Pinochet ha sido víctima de un secuestro judicial. ¡No hay pruebas de su participación en los delitos que le imputa ese juez, asesorado por un grupo de marxistas!»

Tras el alegato de la piedad, ofensivamente servido en una calumnia de prevaricación, la baronesa esgrime el argumento de la deuda de sangre. Ante un auditorio ávido, deja caer a plomo la confidencia dramática de un secreto de Estado: «Voy a decirles cómo nos ayudó Pinochet durante la guerra de las Malvinas: Los radares chilenos avisaban a Londres de los ataques de la aviación argentina. Eso permitía a los británicos prepararse para la defensa. Hacia el final del conflicto nos dimos cuenta del valor de esa ayuda: El martes, 8 de junio de 1982, un día que llevo en mi corazón, los radares de Chile no funcionaron, los habían desconectado para su mantenimiento. Los aviones argentinos atacaron y nos destruyeron dos barcos, el *Sir Galahah* y el *Sir Tristam*, con fuertes pérdidas de los nuestros... Tenemos con el presidente Pinochet una gran deuda.»

Un colapso de silencio. Está proponiendo una execrable «justicia» de permuta en la que el asesinato de chilenos se condona por el salvamento de británicos. Sangre por sangre. Los *tories* la ovacionan con fervor.[9]

Thatcher ha abierto la gatera hacia ese último reducto legal que es la *compassion*: la mucha edad o la quebrantada salud, como subterfugio para arrancar una libertad sin antes hacer justicia. Y por ese agujero, abajando la cerviz, pasa el gobierno de Chile e implora al gobierno del Reino Unido, oficialmente, la libertad de Pinochet «por razones humanitarias». Straw ve el cielo abierto. «¡Es lo mejor que podían pedirme!», dice a Tony Blair. Y le expone lo farragoso que sería revisar la extradición, por enésima vez, como pide la defensa del senador: «¿Dos años más con el caso pudriéndose en los tribunales, y que ese hombre se nos muera aquí? ¡No, gracias! Pinochet debe irse a su casa.»

Pinochet se somete a un chequeo oficial en Londres. A la vista de los informes médicos, Straw decide que «el detenido no está en condiciones de soportar un largo proceso judicial», y anuncia que va a repatriarle. Pero Europa entera le está mirando. De todas partes le exigen que haga públicas esas pruebas para que otros facultati-

9. Del mitin de Margaret Thatcher en Blackpool, el 6.10.1999.

vos las revisen. Hay un tenso forcejeo.[10] Straw se resiste. Sabe que esos exámenes no son tan incontestables como él ha dado a entender. El diagnóstico, según el cual el octogenario *paciente inglés* acusa «deterioro cerebral con merma de las facultades mentales entre moderada y severa», es un recurso vacuo. No se habla de «pérdida» sino de «merma» de facultades. Se deja un gaseoso tramo entre «moderada» y «severa». De la diabetes, la tendencia présbita a escribir con letra menuda, la natural dificultad para retener nuevos números de teléfonos y una leve sordera, concluyen que el senador está casi en fase terminal. En fin, uno de los cuatro médicos elegidos por Straw para el chequeo[11] confiesa: «Todos firmamos, pero no todos estamos de acuerdo con todo. Yo firmé por Inglaterra.»

El fiscal Gibbins cumple su deber, recordando al ministro Straw el viejo principio de Grocio: *aut dedere aut punire*. Ante delitos graves, el gobierno está obligado a entregar al detenido o a juzgarlo en su país. Pero Straw no hace ni lo uno ni lo otro. Da un manotazo al derecho internacional de tratados, olvida las obligaciones que Gran Bretaña contrajo al suscribir el Convenio contra la Tortura, y ofrece al mundo una burla antijurídica, una parodia de togas negras y pelucas blancas. Con esa decisión política de liberar al *extraditurus*, Straw no sólo contraría dos sentencias de los lores, dos del tribunal penal de Bow Street y dos extradiciones de su propio puño y letra, sino que pone en almoneda el crédito de la firma del Reino Unido estampada al pie de un tratado entre naciones.[12]

El 2 de marzo de 2000, después de quinientos tres días de detención en Londres, Augusto Pinochet sale de la base británica de Waddington a bordo del Boeing 707 *Águila*. Apenas lleva una hora de vuelo, cuando el juez chileno Juan Guzmán Tapia solicita ante el Tribunal de Apelaciones de Santiago de Chile que al sena-

10. Bélgica, Francia, Suiza, Amnistía Internacional, seis organizaciones de Derechos Humanos y el juez Garzón —no el gobierno de España— recurren contra la decisión de mantener en secreto un informe que es clave para que el gobierno británico permita el regreso de Pinochet a Chile.

11. Rubricaban esos exámenes médicos los profesores sir John Grimley Evans y Andrews Lees, el doctor M. J. Denham y la neuropsicóloga María A. Wyke.

12. Artículo 7.1 de la Convención contra la Tortura de 1984, que Gran Bretaña suscribió en 1988: «El Estado parte, en el territorio de cuya jurisdicción sea hallada la persona de la cual se supone que ha cometido cualquiera de los delitos (...), *si no procede a su extradición, someterá el caso a sus autoridades competentes a efectos de enjuiciamiento.*»

dor le retiren la inmunidad parlamentaria, al tiempo que entrega sesenta querellas criminales contra él. Este juez ha declarado antes: «Sé que Pinochet tiene sus facultades mentales perfectas para afrontar un juicio. Y lo sé fehacientemente por sus abogados.»[13]

En el aeropuerto de Santiago le dispensan una recepción devota pero restringida: empresarios que han costeado sus gastos, ex ministros de la dictadura y jefes militares. Pinochet desciende del avión en pie y erguido. Mientras la banda interpreta *Lili Marlén* y *Erika*, sus marchas favoritas, el general revista la compañía de honores con paso marcial. La silla de ruedas era sólo una pieza del atrezo para forzar la *compassion*.

El 8 de agosto de 2000, tras varias sesiones plenarias de debate, la Corte Suprema de Chile[14] decide el desafuero de Augusto Pinochet Ugarte. Desde ese día, el ex dictador puede ser procesado en su nación. Se enfrenta a ciento cincuenta y siete querellas. Un abrumador suma y sigue en el que, aparte *la caravana de la muerte* y la escalofriante cifra de torturados y muertos, sigue habiendo 1.198 desaparecidos: delitos que permanecen, sin palios de prescripción ni de amnistías, mientras los cuerpos no aparezcan.

Alguien escribe ese mismo día de agosto de 2000: «Si aquel viernes de octubre de 1998 Garzón no se hubiese atrevido a ordenar el arresto de Pinochet, hoy Chile no podría acometer su verdadera transición. Anulada la inmunidad del dictador, los chilenos podemos decir que al fin la dictadura ha terminado.»

No hay asonada militar. No relampaguean los sables. No se desenfunda una sola pistola. Cuando Pinochet regresa, más de doscientos *uniformados* han comparecido ante los tribunales y setenta están ya en el cinturón de un proceso penal...

El desafuero de Pinochet, más que la caída del tótem, viene a ser el justo revés y el revés justo del *punto final*: el punto final, el nunca más, a la impunidad de los crímenes de Estado.

El derecho empieza a estar más cerca de la Justicia.

Mediado noviembre de 2000, por orden del presidente Bill Clinton, se desclasificaron 16.000 documentos secretos en los que quedaba

13. Entrevista por Natasha Niebieskikwiat, 19.1.2000.
14. Por catorce votos contra seis. Presidente, Hernán Álvarez.

patente la implicación de la CIA y del gobierno estadounidense en el golpe de Estado chileno de 1973 contra Salvador Allende, y todo un plan de la Casa Blanca para impedir en Chile un gobierno socialista, que comenzó con magras ayudas económicas en los años cincuenta. Asimismo, esos papeles desvelan en qué alto grado estuvieron involucrados los servicios secretos norteamericanos en las actuaciones criminales del *Operativo Cóndor* fundado por Pinochet. En el texto oficial se menciona, de modo expreso, que la desclasificación responde a la solicitud del juez Garzón.

La iniciativa del juez español en octubre de 1998 conmocionó los planteamientos de justicia internacional. Se han escrito, en apenas dos años, más de una docena de libros sobre el caso Pinochet y cerca de cincuenta tesis doctorales en facultades de derecho de diversas partes del mundo sobre la mundialmente conocida ya como *doctrina Garzón*. El caso Pinochet —la orden de detención y extradición— supone una apertura insospechada hasta entonces del derecho penal internacional. Desde ese momento queda franqueada la puerta a una justicia sin fronteras, pero ahora... hay que hacer camino al andar.

Es de justicia reconocer que la llave fue el auto de Garzón.

XII

BAILANDO CON LOBOS

> Mariscal de Gante: —Te aseguro que ni Aznar dijo eso, ni se colgó la medalla por el cierre de Egin...
> Garzón: —Yo sólo pido al gobierno que respete la investigación judicial, sin meter cargas políticas.

El jefe de un clan mafioso concentra todo el poder. Sólo él tiene la clave de la caja fuerte. Sólo él lleva la agenda de amigos, de clientes, de morosos, de chivatos, de malditos. Sólo él conoce el día, la hora, el punto exacto donde entregarán la sustancia. El capo mafioso sabe demasiado. Si le enganchan, si cae, puede dejar todo el clan al descubierto. ETA, en cambio, es una organización compartimentada, hermética y opaca, hacia fuera y hacia dentro. Los códigos de nombres y el staff de cargos cambia cada poco tiempo. Nadie tiene toda la información. Nadie es jefe único. Si alguien de la cúpula cae, a rey muerto rey puesto, *Euskadi Ta Askatasuna* sigue funcionando, matando. Por eso en ETA nunca hay desbandadas. Sus estructuras permanecen.

Garzón le da vueltas a esta idea, a esta simple pero incontestable idea de la permanencia: la bestia lleva más de treinta años con las fauces manchadas de sangre. Y ahí sigue. Desde 1988, el juez observa a ETA. No la pierde de vista. La escruta como dicen que hay que escrutar al enemigo: su rostro, sus músculos, sus riñones, su pulso en la yugular. Se fija en sus ropas de trapo barato. Sus casas desastradas, malolientes, cutres. Su malvivir sobresaltado y con lo puesto. Su moral degradada de trinchera. Y a sí mismo se dice algo obvio: «No matan por dinero: ¡apenas tienen para ir tirando!»

Poco a poco, Garzón va sabiendo que en ETA no hay una economía especulativa para acumular riquezas, aunque mueva dos mil, tres mil millones cada ejercicio: «Son muchas bocas, muchas familias, muchas necesidades, muchos frentes abiertos... Y una sola caja.» En ETA hay una economía austera de subsistencia. Lo suficiente para tener activo a todo ese cuerpo social que es su apoyo, su pulmón, su criadero humano, su razón de ser. Esa población abertzale que está a un lado o al otro de la *muga*, o en Nicaragua, o en Cabo Verde, o en la cárcel. Los militantes de los comandos. Los que se entrenan para formar comandos. Los *apparatchiks* de la estructura: ETA segrega mucha burocracia clandestina, mucho «liberado» que precisa un sueldo. Los militantes presos. Los huidos. Los familiares. Los abogados. Y los miles de activistas de esa jungla de elementos afines que es el Movimiento de Liberación Nacional Vasco. El MLNV. El «movimiento». Mantenerlos unidos es esencial. Si ETA abandonase económicamente a los suyos, ellos mismos la verían como una desalmada maquinaria criminal. Ese gran pan de apoyo se disgregaría, se dispersaría. Sería el fin de la organización. Atender a esas feligresías no es para ETA un sentimentalismo: es lo que da sentido a su aspiración de patria vasca.

Durante años, Garzón aguza el oído: ETA crece, silenciosa, como una tela de araña. Cuando todos suponen que ETA sólo sabe pegar tiros, se afana en tejer una red social y económica muy amplia, muy diseminada, muy todo terreno, muy agarrada al pueblo y muy difícil de desmontar. Es «el movimiento», con vocación totalitaria, que va desde los niños en las *ikastolas* a los jubilatas en las *herriko* tabernas, los colectivos feministas, la alfabetización de barrio en euskara,[1] el adiestramiento de jóvenes en la lucha callejera prearmada, la *kale borroka*, con su aparente gamberrismo sin cerebro pero dirigida al milímetro por los *Grupos Y*, de Jarrai... ETA no es sólo un comité de encapuchados dando órdenes detrás de una mesa. Es, sobremanera, una movilización pie a tierra que nunca se para.

Para dejar a ETA fuera de combate o malherida por un tiempo, piensa Garzón, hay que asestarle el golpe por la espalda. Sorprenderla en su retaguardia, en las colmenas de sus *bulegos*, sus oficinas, donde el laboreo de su gente gris. Descalabrar su despensa doméstica, sus cuentas de la vieja. Eso que ellos tienen tan seguro que ni se han preocupado de protegerlo. Entrar en su casa tranquila por la puerta de atrás.

«Aparte lo que consiga con el impuesto revolucionario y con los rescates por secuestro, una organización criminal compleja y numerosa que actúa fuera de la legalidad necesita una malla financiera

1. Vascuence. La voz *euskara* es preferida a *euskera* por la Academia de la Lengua Vasca *(Euskaltzaindia)*.

—el juez está convencido—. Hay que dar con ella. Y en esa médula descargar el hachazo. Aunque sea menos espectacular que desarticular comandos.»

Garzón abre nuevos caminos en la investigación del terrorismo. Innova. Se propone buscar la responsabilidad no sólo del comando que mata, sino de quien da la orden: ir a la cabeza, acumular pruebas contra la cúpula. En los interrogatorios, pregunta: ¿Usted disparó?; y a renglón seguido: ¿Quién le mandó hacerlo?, ¿dónde se alojó?, ¿cómo recibió el dinero para alquilar el piso? En sus autos de procesamiento, los hechos se producen siempre «obedeciendo órdenes de la dirección de ETA...». Y por ese ascenso hasta quien da las órdenes, consigue imputar a las sucesivas cúpulas de ETA un mazo de atentados que otros cometieron pero ellos ordenaron. En mayo de 1989, va con la fiscal Carmen Tagle a la prisión de Rhênes, en Francia, para tomar declaración a los dirigentes etarras Elena Beloki; Urrutikoetxea Bengoetxea, Josu Ternera; Arrospide Sarasola, Santipotros; y Zabaleta Elosegi. En mayo del 92 vuelve a Francia y, también por varios sumarios, interroga a los miembros de la cúpula, Álvarez Santacristina, Txelis; Arregi Erostarbe, Fittipaldi; Lasa Mitxelena, Txikierdi, y Múgica Garmendia, Pakito. Integraban el directorio Artapalo y han sido detenidos en un caserío de Bidart.

Otro cambio que impulsa el juez del número 5 es dirigir la investigación él en persona, a pespunte con la policía, pero marcándoles la pauta. No al revés, como se venía haciendo. Hasta entonces, la policía recurría al juez como un trámite burocrático ineludible, para pedirle los mandamientos de entrada y registro; pero sin explicarle por dónde iba la indagación ni qué indicios tenían. El instructor debía creerse lo que el comandante del puesto o el comisario policial le dijeran, y autorizar un pinchazo telefónico, un registro, una detención, fiándose, a ciegas. Desde su primer día en la Audiencia Nacional, Garzón se planta: «No voy a firmar una sola orden sin saber a ciencia cierta qué está pasando —les dice—. Conmigo hay que motivar las peticiones y explicar de qué va la cosa. Aquí, quien tiene la responsabilidad legal de la instrucción soy yo; por tanto, quien debe controlar la investigación soy yo.»

Y se empieza a ver al juez en el lugar del atentado terrorista, en los levantamientos de cadáveres, y tomando la iniciativa de la indagación sobre el asfalto. Eso, en 1988, en la Audiencia Nacional es una novedad.[2] Quizá por eso Belloch dice de Garzón, peyorativamente, que «es mejor policía que juez». Y Pascual Sala critica su afán de «actuar como el fiscal de las películas americanas, con una legión de policías alrededor».

En 1994, Garzón ve que hay montañas de papeles, documentos incautados a diversos comandos a lo largo de los años, que jamás se han analizado de modo sistemático ni en la policía, ni en la Guardia Civil, ni en la Ertzaintza. Nunca han cruzado esos datos. Cada uno ha hecho la guerra a su aire, con celotipias mutuas y una descoordinación aberrante. No saben ni lo que tienen. Garzón cita en su despacho a los mandos de cada cuerpo policial:

—Desmantelamos comandos, pero los reponen de modo automático. Y la cabeza de ETA sigue intacta. ¿Dónde está el impulso que la hace vivir? No en los comandos. Luego, ha de estar en otra parte. ¿Dónde? En la prensa hablan mucho de KAS y desenvuelven sus siglas: *Koordinadora Abertzale Sozialista*. Pero ¿qué es eso?, ¿está registrada KAS?, ¿cuál es su sede?, ¿quién dirige KAS? Es un agujero negro en el espacio. Un concepto vacío. Todo el mundo afirma que existe; pero nadie sabe qué es ni dónde está ni quién la manda. Bueno, pues... averigüen y díganme qué diablos es KAS.

Revisando textos de reuniones orgánicas de ETA y algunos boletines internos, *barne buletina*, la policía no tarda en saber que ETA y KAS forman el «bloque dirigente», con una distribución de funciones. ETA es la vanguardia armada y codirige con KAS los restantes frentes del «movimiento»: político, económico, institucional, informativo y obrero. La dirección es bicéfala, pero KAS se subordina a ETA, que ejerce el liderazgo político, imparte las directrices y dice la última palabra. Las órdenes de ETA no son discutidas.

KAS no es un ente de razón: es una estructura clandestina y alegal, de la que no hay registro ni constancia pública en ninguna parte. Se niega su existencia. Sus militantes son los que son y, como en una logia masónica o en un servicio secreto, sólo un grupúsculo de entre ellos sabe quiénes son todos los demás. Los colectivos y servicios, las empresas —más de un centenar— que integran el «movimiento», el MLNV, dependen de la *koordinadora* KAS y se le someten con obediencia vertical. KAS, a su vez, se supedita a ETA

2. También Carlos Bueren trabaja con este estilo de instructor sobre el terreno. Luego se irá haciendo norma en la Audiencia Nacional.

al más alto nivel. La Euskal Herria libre, la patria vasca independiente, es la utopía que anima y da sentido a la organización. Por eso, ETA es politicomilitar.

Hasta 1994, cuando cae un comando, en la documentación intervenida se buscan los datos «militares»: zulos, tipo de armas, pisos francos desde donde pueden desplegar una acción, listados de direcciones, números de teléfonos, recortes de prensa con nombres y fotografías de posibles «objetivos humanos» a neutralizar, atentados que planean y que la policía aborta, etc. Garzón decide que hagan una nueva lectura, desde el prisma político y económico, de ese material ingente que han ido confiscando a los responsables de ETA:[3] discos duros de ordenadores, unidades zip, disquetes, cartas, boletines internos, informes, facturas, agendas, listados, autocríticas, planes...

A Santacristina, Txelis, se le incautó un documento que será el *ábrete sésamo* de esta indagación: «Reunión de Responsables de Proyectos Udaletxe», de 1 de marzo de 1992. Udaletxe es el nombre encubierto de KAS en el correo interno de la propia organización. Ese documento se completa con otros posteriores requisados a Kepa Pikabea y a José María Dorronsoro, también dirigentes de ETA.

El juez del n.º 5 habla con el comisario general de Información, Jesús de la Morena, y con Antonio Martín Zaragoza, jefe de la flamante UCI, la Unidad Central de Inteligencia de la policía:

—Ahí, en lo del «Proyecto Udaletxe», están las bases de lo que se proponían acometer. Y no parece ni una parida que se pensó y se desechó, ni un sueño lejano, sino algo que continúa en el tiempo, algo que está funcionando y que los de la dirección de ETA conservan consigo en archivos encriptados. Yo propongo que lo investiguemos... A ver, de ese caudal de datos del ordenador de Dorronsoro, qué empresas están activas, quiénes trabajan ahí, qué hacen con el dinero, adónde va... En esa línea, ¡venga!, intervenciones telefónicas, rastreo por los registros mercantiles, seguimientos, observaciones de calle... ¡lo que haga falta! Jesús, Antonio, meted ahí gente con

3. En esta investigación sobre KAS, la policía se centra en los papeles de Sokoa; los de Santipotros y Josu Ternera; los de Álvarez Santacristina Txelis de 1992; los de Agirre Lete; los que dejó el comando Madrid en el piso de la calle Doctor Fleming; los de Dorronsoro Malaxetxebarria, responsable del «aparato político» de ETA, altamente interesantes porque evidencian el peso real de KAS; y los incautados a Arizkuren Ruiz, Kantauri, en 1999, entre otros.

olfato y con talento... No es fácil. Puede ser un damero endiablado. Pero, joder, ¿y si le damos a ETA en su punto vital, donde ella no se espera...?

Martín Zaragoza destina para ese asunto a dieciséis inspectores. Les encarece: «Hay que romper la rutina del análisis tradicional. Se tarda lo que se tarde, pero no cabe un error. No demos nada por supuesto, ni lo que tengamos ante las mismísimas narices.» Estos de la UCI arrancan por las empresas que se mencionan como ya existentes en el «Proyecto Udaletxe». Es decir, en el Proyecto KAS. Y enseguida ven que no es una quimera, sino la puesta en marcha de un plan financiero para que el «movimiento» se abastezca a sí mismo y no tenga que depender de la caja de ETA. En esa reunión de «Proyecto Udaletxe» se ha decidido que haya una tesorería para todo el entramado de ETA-KAS, que atienda las demandas de presos, deportados, huidos, gestoras, familiares, necesidades de imprenta, problemas mercantiles del periódico Egin, organización de viajes... Y también, abrir cauces nuevos que alleguen dinero de modo estable. Entrar en el juego societario, pero con la cautela de que «en los consejos que administren esas sociedades haya siempre personas afines al movimiento». Surge así la figura del «delegado de KAS», el *hombrekas*: una especie de funcionario, *apparatchik* de confianza, comisario vigilante en toda empresa, en todo servicio, en toda organización grande o pequeña del «movimiento». Cero social anónimo y presente, el *hombrekas* no tiene poder por sí mismo, pero... es el ojo de KAS y es el enlace con ETA.

Secundando el trazado del «Proyecto Udaletxe», se ponen en marcha sociedades como Ganeko, una agencia de viajes al Caribe, o Gadusmar, una pequeña bacaladera de Bermeo que compra pescado en Islandia y lo envía a Cuba. Los etarras deportados allí distribuyen y venden esa mercancía. El dinero con sus ganancias lo revierten otra vez a Gadusmar que, ya desde el País Vasco, les paga un sueldo de mil dólares al mes. Se asegura así la manutención de los militantes que viven en Cuba, y KAS ingresa unos beneficios para la caja común. Poco a poco, despliegan una red de empresas de pesca y operadoras de turismo en Cuba, Santo Domingo, Panamá, México y Venezuela, para mantener a los etarras refugiados en esos países. En el control de las tesorerías que estas actividades generan, ETA coloca a *hombreskas*.

Se alientan las *kuotas* personales y las de empresitas de medio pelo, como loterías, rifas, apuestas de mus, *herriko* tabernas, *txoznas* o casetas de feria de fin de semana, que ingresan un dinero metálico contante y sonante, sin control contable, y sirven para desviar o para blanquear capital ilícitamente conseguido. Son vías financieras muy simples, muy modestas, y lugares de encuentro con el tejido popular: suplen la forzosa falta de sedes sociales de ETA y de KAS.

El «Proyecto Udaletxe» dinamiza también un puñado de pequeños negocios de manejo fácil y contabilidad de lapicero en la oreja: alquileres de sillas, mesas, carpas y catering para fiestas y verbenas, ferreterías, tiendas de artículos de deporte, de electrodomésticos, lonjas de pescado, restaurantes de barrio, agencias de mensajería, una productora de vídeos... Con todo eso, se cruzan facturas y hay un movimiento de dinero real y otro aparente. En los libros de contabilidad los balances cuadran, pero falta el dinero. El dinero está saliendo crudo hacia Francia y hacia Centroamérica.

Los agentes de la UCI van identificando esas empresas. Rastrean actas de Hacienda, listados de la Seguridad Social, apuntados y desapuntados en las oficinas de desempleo... Al cotejar los consejos de administración, aprecian que algunos nombres se repiten en unas sociedades y en otras. Esos consejeros «comodines» con doble o triple dedicación son, indefectiblemente, *hombreskas*. O *mujereskas*. Observan y siguen a las personas que manejan el dinero. Detectan contactos y reuniones entre consejeros de empresas heterogéneas. Todas las operaciones de *cash* pasan por las sucursales de Caja Laboral Popular, que es con la que opera KAS. Ahí la policía se detiene. Ahí no puede fisgar, porque esas cajas están trufadas de gente abertzale y militantes de HB.

En los papeles del «Proyecto Udaletxe» se cita como «empresa fuerte» de KAS una academia de alfabetización en euskara, AEK, *Alfabetatze Euskaldulze Koordinakundea*. Eso llama la atención de la policía. Pero suponen que KAS la valora como «fuerte» porque, a más de enseñar la lengua vasca, allí se imparte la ideología del «movimiento». Ahora bien, cuando dan un respingo de perplejidad es al saber que esa euskaldunizadora AEK mueve más de mil millones de pesetas al año. No entienden semejante facturación por enseñar euskara. «¡Ni West Point, ni Oxford...!» Y, encima, con aulas del barrio y profesores subarrendados, sin contratos laborales ni altas en la Seguridad Social. Garzón indica a Jesús de la Morena: «Pon a tus hombres a seguir ese rastro.»

Paso a paso, el estudio policial de los documentos revela que la *Alfabetatze Euskaldulze Koordinakundea* es una «jeringuilla» para transfusiones de *cash*. Tras la pantalla de la docencia de euskara, AEK se dedica a inyectar dinero donde haga falta en cada momento. Desde las cuentas de la alfabetizadora se pagan sueldos de liberados de KAS o de HB que nada tienen que ver con las clases de euskara; se costean alquileres de pisos utilizados como sedes por las juventudes de Jarrai, que es un elemento puro de KAS, tan clandestino y alegal como KAS. Desde AEK se abona la adquisición de vehículos, seguros de coches, gasolina, peajes y otras demandas de miembros de KAS. Hay un continuo flujo de dinero de cuentas bancarias de AEK a cuentas cuyos titulares son *hombreskas*. La liberalidad de AEK no tiene topes: sufraga trabajos de imprenta de terceros; afronta gastos de Egizan, la institución feminista de KAS, o de Ezpala, una revista de KAS; desembolsa nueve millones de pesetas para la bacaladera Gadusmar; soporta facturas de Xaki, el frente de relaciones internacionales de ETA: viajes y mantenimiento de las *herri embaxadas* de ETA en Bruselas, París, Managua; hace préstamos sin intereses y sin retorno a Orain S.A., la editora de Egin... AEK es realmente la caja de tesorería de ETA-KAS.

Llegados a este punto, los sabuesos policiales hacen sonar la alerta roja en el teléfono del juez Garzón:

—Esto se pone muy caliente: la misma que regala dinero a Egin, corre con los gastos de los teléfonos móviles contratados por Herri Batasuna para uso de los *hombreskas*. No es una minucia: más de 1.300.000 pesetas en sólo unos meses del año 1998.

Pero lo comprometedor no es el cuánto, sino el porqué y el para quién. No es fácil de explicar que un centro de enseñanza pague la reparación del coche de un emblemático miembro de HB y *hombrekas* hasta los tuétanos como Arnaldo Otegi Mondragón.

Va quedando a la vista una coincidencia asombrosa entre las necesidades del complejo mundo de KAS y la contabilidad de AEK. KAS pide y AEK paga. Eso explicará que los movimientos dinerarios de KAS y de AEK confluyan bajo un mismo gestor.

De modo fortuito, se descubre que el administrador de AEK y el responsable financiero de KAS son un mismo hombre: Iker Beristain Urizarbarrena. Esto ocurre así: La Ertzaintza ha detenido a un *talde* de *Grupos Y*. Confiscan el ordenador de uno de esos chicos, pensando que es suyo. Luego resulta que el disco duro contiene trabajos contables de su padre, Vicente Askasibar, alias Txente. Y entre esos trabajos, apuntes como una transacción de varios millones de pesetas de la euskaldunizadora AEK a la bacaladera Gadusmar, la que asalaria a etarras en el trópico.

Siguiendo esa pista, llegan hasta el tesorero de AEK: Iker Beristain, empleado de Galgaraka —una sociedad instrumental del grupo KAS— y responsable financiero de KAS nacional. Beristain es *hombrekas* de máxima confianza para la dirección de ETA. Hasta el punto de que, a través de él, ETA mantiene comunicación cifrada con otros miembros de KAS. Cuando le detengan, al volcar la memoria de su computadora aparecerán las dos contabilidades: la de KAS y la de AEK. Y —otra vez el azar— se ve que un día, desencriptando una carta de ETA, se grabó sin él advertirlo una copia de seguridad en el disco duro, y ahí quedó... La traición del software delatará su pertenencia a ETA, que fue tesorero de Jarrai y que lo es de KAS y de AEK.

¿Simplicidad o simpleza? ¿Desconfianza, quizá? Lo cierto es que ETA concentra demasiados riesgos en muy pocas manos. Y tiene mal cariz que el tesorero de KAS nacional gestione las cuentas bancarias de AEK. Sobre todo, cuando esa caja de AEK va descaradamente mucho más allá de lo que podría ser el gasto de una euskaldunizadora de barrios. Con el agravante de que, pese a esos pufos y a que no contrata personal, desde 1990 no es molestada por la visita de los inspectores de la Hacienda Foral ni de la Seguridad Social. Pero lo realmente sagrativo es que percibe subvenciones del Gobierno Vasco. Mucha saliva hubiese tenido que gastar el gobierno del PNV para explicarlo.

En mayo de 1996, la activista de ETA Nagore Múgica viaja desde Centroamérica con su compañero, Juan Carlos Iglesias Txouzas, Gadaffi, y su hijo pequeño. La policía francesa, advertida de que harán escala en París, trata de interceptarlos en el aeropuerto de Orly. Gadaffi se les escabulle; pero detienen a Nagore y le ocupan unos disquetes que lleva encima. En esos disquetes se expone el desarrollo de una cadena de empresas pesqueras para la zona del Caribe, y se indica el utillaje que han de adquirir: artes de pesca, aparejos, redes, embarcaciones... Esa red se crea y funciona: Itzas Izarra y Ugao S.A., empresas tuteladas por Gadusmar. De modo que, en mayo del 96, el «Proyecto Udaletxe» no es ni una teoría de papel, ni un tema caducado. Está en pleno despliegue.

Dato sobre dato, la policía verifica que ninguna de las fibras de ese tejido, ni siquiera las legales, como la bacaladera Gadusmar, la feminista Egizan o la agencia de viajes Ganeko, pueden tomar iniciativas que afecten al conjunto del «movimiento» patriótico vasco sin la aprobación de KAS o de ETA. La subordinación de todos al eje ETA-KAS es incontestable.

«Aquí —dirá Garzón— no se compra un coche, no se imprime un cartel, no se monta una partida de mus, no se gasta un duro... y no se pega un tiro, sin el amén de KAS y de ETA.»

Esa lectura oblicua de los documentos arroja luces insospechadas. Cuando los analistas policiales casi empiezan a acostumbrarse a esas inyecciones de metálico entre empresas de pelaje tan variopinto, de pronto les sacude otra descarga inesperada. Así, la chocante desviación de 110 millones de las *herriko* tabernas a Orain S.A., la editora de Egin, un periódico siempre en apuros. ¿Por qué esa ayuda, si unas tabernas de barrio y un periódico no tienen nada que ver? ¿O sí tienen que ver?

En efecto, en ese conglomerado hay trasvases raros de dinero, hay cajas be, hay mezcla de partidas, hay doble contabilidad, hay desvíos, hay fraude contra la Hacienda... Pero no se trata de engancharles, como a Al Capone, por un delito fiscal. Lo que aquí se persigue es el maridaje fanático del dinero y la sangre, el encamastre cómplice con la banda armada. «Eso es lo que se ha de acreditar en la instrucción y probar luego ante la Sala: no nos desviemos de esa línea», les recuerda Garzón cada dos por tres.

Las fuentes son a veces los propios detenidos. Cuando en mayo de 1998 a los «legales»[4] Serafín Lasa y Alfonso Sebastián se les pregunta qué debían hacer en caso de ser descubiertos, uno responde: «Ponerme en contacto con algún miembro de KAS»; y el otro amplía la información: «Avisar al responsable de KAS de mi barrio, decirle mi situación y el lugar donde iba a ocultarme; él lo notificaría a la dirección de ETA, y luego me pasaría instrucciones.» Esos trazos perfilan con nitidez el papel del *hombrekas*: comisario, control de zona y engranaje con ETA.

4. Un comando de «legales» está integrado por militantes de ETA que viven en España con identidad, trabajo y domicilio en regla. Pasan inadvertidos, como ciudadanos pacíficos, pero su actividad primordial es la lucha armada. «Legales» eran, por ejemplo, los que tuvieron secuestrado a Ortega Lara.

Los papeles que le requisan al etarra José Luis Agirre Lete, responsable de los comandos de «legales», resultan utilísimos a la policía. En la agenda de este hombre, anotaciones como *Bol. 5 kilos. Ortega*, serán la pista de éxito para liberar a Ortega Lara. También le encuentran unas cartas en las que alguien le da noticias y datos sobre la posible recluta de «uno del pueblo de pescadores... de ahí puede salir algo bonito»; en otra, le confirman ya la captación del nuevo individuo para ETA.

A partir de un número de fax y una dirección comercial en Bermeo —«pueblo de pescadores»—, la policía comprueba que «el nuevo» es Juan Pablo Diéguez, un sesentón de Bermeo, a quien KAS coloca como administrador «visible» de la bacaladera Gadusmar. Se sigue discretamente a Diéguez. Incluso en un viaje a Cuba acompañado por su yerno, Segundo Ibarra, alias Bigarren. Éste es miembro de ETA y *hombrekas*. Él gestiona de hecho Gadusmar y supervisa el trabajo de los etarras en Cuba. Él captó a su suegro para la banda. Y él era quien escribía a Agirre Lete. Durante esa estancia en La Habana, Bigarren mantiene contactos con tres de ETA.

Garzón apunta que bifurquen la investigación y no pierdan de vista ni al suegro ni al yerno. Escuchando lo que Bigarren habla por teléfono, se enteran de que recibe varias cantidades de dinero de AEK. Y de que, a instancias de García Mijangos —alto directivo de Egin, y a la vez gerente de KAS para Vizcaya—, habilita un local en la calle Mitxel Labergerie 2, 2.º, de Bilbao, como «depósito seguro». Un zulo civil. Lo usa en común con Begoña Pérez Capapé, del Equipo de Investigación de Egin, para actividades extrañas a un periódico y a una pesquera, pero que tienen mucho que ver con la organización terrorista ETA-KAS.

En ese «depósito» de Bigarren, la policía hallará[5] un visor optrónico, cuatro radiotransmisores y equipos de carga, cuatro sistemas de recepción y transmisión inalámbrica, un arrancador telefónico, un artilugio para captar conversaciones a través de paredes, cloroformo, sprays paralizantes, dos punteros láser, una picana para generar descargas eléctricas, de uso coactivo en interrogatorios... Más anómalo aún es que los recibos de compra de esos elementos no estén ni en el «depósito» de Bigarren, ni en Gadusmar, ni en

5. En mayo de 1998, cuando se produzcan los registros y detenciones de la *Operación Kaseta*, que se narra más adelante, en este mismo capítulo.

Egin, sino en la mesa de trabajo de un tercero: Vicente Askasibar, Txente, ex tesorero de KAS.

La policía requisará también, en ese «depósito seguro» de Bigarren, disquetes con actas de KAS sobre la lucha armada y, dentro de la *armatua borroka*, instrucciones concretas para la lucha callejera, *kale borroka*. Y un servicio secreto de información cuyo nombre cifrado es *Naemko/Informazio Taldea*. Es un servicio para KAS, de fines políticos y económicos, no militares. Su diseño es semejante al del servicio informativo de ETA —*Sarea* (La Red)— y al del Equipo de Investigación de Egin, de manera que en ciertos bloques coinciden y en otros se complementan. Y se pueden usar en reciprocidad.

Bigarren debe obtener información sobre instituciones y personas hostiles al MLNV, y acarrear datos de «notables del pueblo» y «gente con alta disponibilidad económica» para exigirles el impuesto revolucionario. Dispone de almacén fotográfico de personas que podrían ser «objetivos».

Los tres servicios de información —el de Egin, el de KAS y el de ETA— son redes abastecidas por las mismas fuentes humanas y documentales. Utilizan boletines oficiales del Estado y del País Vasco, censos electorales, listados de policías y guardias civiles, información de empresas, nombres y direcciones de afiliados a la Seguridad Social, el funcionariado del Gobierno Vasco, directivos de cajas de ahorros y bancos...

Sus confidentes son abertzales que aprovechan su trabajo en empresas o instituciones públicas para acceder a datos, documentos o noticias de interés; otros rebuscan en las basuras de las sedes de los partidos políticos; otros realizan puro espionaje: filman, graban, montan vigilancias, abren buzones de correo, sacan fotos furtivas, interceptan emisoras policiales... Para esta tarea, Bigarren dispone de un largo estadillo de frecuencias de radio: las que emplean en su comunicación interna la Ertzaintza, el Ejército de Tierra, la Guardia Civil, el Cuerpo Nacional de Policía, Protección Civil, el Gobierno Vasco... Tiene asimismo estudios prácticos sobre medidas de seguridad de puntos urbanos populosos, como el hospital de Basurto o El Corte Inglés de Bilbao. Son idénticos a unos que ya se le requisaron a ETA tiempo atrás. Quizá sean los mismos, trasvasados de una red a otra.

Nueva sorpresa para la policía: una copia informática de parte de esa base de datos la encuentran, naturalmente sin buscarla, en la sede central de la alfabetizadora AEK, en San Sebastián. Ahí vuelven los interrogantes con su aguijón: ¿Por qué la docente AEK tiene copia del *Naemko/Informazio Taldea*, servicio secreto de KAS? ¿Para qué querrá una euskaldunizadora identificar «objetivos» de extorsión económica o de hostigación con lucha callejera, si sus fines sociales nada tienen que ver con los fines «militares» de ETA? ¿O sí tienen que ver?

Garzón lleva años buscándole las juntas al ensamblaje de ETA y KAS, y averiguando el nexo entre las Gestoras y KAS, entre HB y KAS, entre Egin y KAS, entre Jarrai y KAS, entre Xaki y KAS...

«Cualquier prestación a ETA —es su tesis de hierro—, sea en dinero, en horas de trabajo, en cobertura social, en defensa política, en información... es colaborar con una banda armada. Y con ETA no se colabora sólo pegando tiros. Hay una estudiada distribución de funciones: unos espían, otros informan, otros venden bacalao para sostener a los deportados, otros montan chiringuitos o alquilan carpas de feria para ganar dinero y socorrer a Egin, otros llevan las cuentas... Y no son favores de hoy te doy, mañana ya veremos. No son ayudas casuales, sino organizadas, establecidas. Existe una comunidad de intereses. Y todo confluye en una colaboración con quien tiene el liderazgo, con quien manda en la banda. Y ésa es ETA.»

En éstas, el 12 de febrero de 1996 Garzón entra de guardia. ETA acaba de matar a Fernando Múgica. HB justifica el asesinato y programa la emisión de un vídeo en favor de ETA. Atutxa denuncia el vídeo de HB, y el caso llega a la Audiencia Nacional. El 14 de febrero, ETA vuelve a la carga y asesina al ex presidente del Tribunal Constitucional, Francisco Tomás y Valiente. Garzón, de guardia, levanta el cadáver. Ese atentado dispara una dura embestida de ataques y reproches de la oposición. Se ve a Felipe González abatido y consternado de dolor, y hundido y sin reflejos al gobierno. En tal clima de crispación política y de tensión preelectoral, hay que resolver el tema del vídeo. HB distribuye copias y exige su difusión obligada en las radios y televisiones públicas como cuña electoral, porque al final pide el voto para HB. Envía también ejemplares a los ayuntamientos donde tiene concejales. Y, como gesto de desafío, remite un vídeo al Rey; otro al gobierno; otro a Garzón...

Baltasar Garzón, Pedro Rubira, el fiscal jefe José Aranda y Natalia Reus se reúnen en la biblioteca de la Audiencia para visionarlo. Una intérprete traduce del euskara al castellano la voz en off: «Herri Batasuna quiere ceder su voz a la propuesta democrática, a la propuesta de paz para Euskal Herria...» Después, en imagen, la ikurriña y el anagrama de ETA como telón de fondo respaldando a dos encapuchados que, sentados detrás de una mesa, los rostros cubiertos y en la cintura un par de pistolas, exponen en nombre de ETA las condiciones para negociar con el gobierno español: «Autodeterminación, amnistía total, salida de las Fuerzas Armadas de Euskal Herria... Os animamos a que continuéis en la lucha... Los Estados francés y español no nos cederán gratis lo que han robado por las armas... ETA seguirá combatiendo para construir la Euskal Herria del mañana...»

—Te voy a pedir el secuestro de ese vídeo —dice el fiscal Aranda a Garzón—, porque es clarísima apología del terrorismo.

—Perdona, Pepe, pero la vía no es ésa, sino colaboración con banda armada: HB presenta a ETA y le presta su voz y sus espacios gratuitos en radio y televisión.

Egin informa de que el vídeo de HB se ha emitido en cincuenta locales y anuncia su proyección en otros veinte, de municipios vascos y navarros. Garzón ordena a la Ertzaintza y a la Policía Nacional que adviertan a los titulares de esos locales que emitir el vídeo es colaborar con banda armada. Como el instrumento del delito es el propio vídeo, dicta un auto de intervención de todas las copias, y procede contra los dirigentes de HB «por la tenencia del vídeo electoral que ellos patrocinan y ponen al servicio de ETA». Jon Idígoras, como portavoz de la mesa nacional de HB, da una rueda de prensa y asume los hechos: «HB suscribe el vídeo y lo ha distribuido para su emisión. Toda la mesa nacional es solidariamente responsable», enfatiza Idígoras ante los micrófonos y las cámaras. Y después, socarrón: «Si quieren detenerme, yo estaré por aquí paseando con mi perro.» Pero lo cierto es que Idígoras, requerido por el juez, se escaquea y no comparece. Al no ser aforado, Garzón ordena que le detengan. El fiscal Aranda está de acuerdo, pero temeroso:

—La vas a joder, Baltasar. Es un paso muy duro, y más en campaña electoral. ¿Te das cuenta del follón que vas a montar?

—Me da igual. Esta gente está poniendo en jaque al Estado de derecho; y los demás, bajando la cerviz día sí y día también. O se responde con contundencia, o se toman la ley por el pito del sereno. En un delito de colaboración con banda armada, la orden ha de ser de detención. Y lo siento: yo no he hecho la ley.

Enseguida, al funcionario de enlace de la Ertzaintza:

—Víctor, localizad a Idígoras. Voy a dictar una orden de detención... Si es posible, que le detengan por la mañana temprano en su casa y sin cámaras. No quiero darle ni medio segundo de publicidad gratis.

Ya en Madrid, y ante Garzón, Idígoras protesta:

—Yo no soy el responsable de esto...

—Usted ha aparecido como portavoz y ha asumido públicamente la responsabilidad solidaria en este asunto del vídeo.

—Por esa regla de tres, tendría usted que detener a toda la mesa nacional...

—De momento, está usted aquí para prestar declaración.

—¡Yo no pienso declarar! No reconozco la autoridad de nada de esto. Ese vídeo se inscribe en la lucha del Pueblo Vasco...

—Señor Idígoras, en otra ocasión le oiré encantado su discurso político; pero éste no es el lugar ni el momento. Aquí estamos para investigar un hecho criminal.

—Usted sabe como yo que las cosas no son así...

—Usted sabe como yo que las cosas sí son así... y que la vinculación entre HB y ETA existe y funciona. En todo caso, demostrarlo es una obligación mía, no suya.

Idígoras sigue en sus trece de negarse a declarar, y el juez le envía a la cárcel. Fija una fianza de trescientos millones.

—¡Es desmesurada! —dice Aranda—. Con medio millón bastaría. Piensa que Idígoras es un pobre maestro de escuela...

—Pero, ¿ha cometido el delito como maestro de escuela o como miembro de una fuerza política que está colaborando con ETA? Pepe, no me puedes valorar la conducta de Idígoras como si fuera un maestro de escuela que le ha dado un capón a un niño.

Posteriormente, HB justifica ante el juzgado que un enorme endeudamiento le impide afrontar esa cantidad, y solicita una minoración de la fianza. Después de hacerlo constar, se rebaja a cinco millones. En el momento de pagarla, Garzón explica a la abogada Jone Goirizelaia: «Las fianzas se imponen para ser constituidas. Nadie debe permanecer en prisión preventiva por ser pobre. Ahora bien, nadie puede torear la ley. Idígoras va a salir porque HB, en este punto, ha cumplido la ley ¿Me explico?»

Pero HB todavía amaga con otro desafío a la Justicia: anuncia que va a emitir el vídeo, como cierre de campaña, en el estadio de Anoeta. Garzón habla con los mandos de la Ertzaintza:

—¿Qué alcance de alteración de orden público podría haber en Anoeta?

—Ahí caben unas veinte mil personas...

—¿La Ertzaintza podría hacerse cargo de la situación, si se organizara una revuelta por lo que yo decida hacer?

—Sí. Nosotros podríamos movilizar a dos mil ertzainas...

—Hay que identificar y localizar a los organizadores de la emisión del vídeo en Anoeta, porque voy a ordenar su detención. Por tanto, convendría entrar en el estadio e incautar el vídeo antes que llegue el público.

—Don Baltasar, es que estará allí toda la mesa de HB...

—Pues avísenles que esto va en serio. Y si, a pesar de la advertencia, emiten el vídeo, yo dispongo que entren y detengan a toda la mesa, aforados o no. Ante un delito flagrante, estaríamos obligados a intervenir.

A Jone Goirizelaia se lo dice en los mismos términos. La letrada pone los ojos en blanco, como si dijese: «¡Madre, la que se va a armar!» El mensaje surte efecto: Goirizelaia lo transmite a los de HB: «Os la jugáis: Garzón va a por todas.» Lo piensan mejor, y en ese mitin final se envainan el vídeo.

Pero las cincuenta o setenta proyecciones y la profusa distribución ya son irreversibles. La causa sigue. Como en la mesa nacional de HB hay aforados del Parlamento Vasco y del Navarro, al afectar a jurisdicciones de más de una autonomía, Garzón remite el caso al Tribunal Supremo, como instructor común superior. Los miembros de la mesa nacional de HB ingresan en prisión. Y el Supremo les procesa y les condena.

Ése es el punto de inflexión. Ahí se da el salto. Se afronta judicialmente una realidad, no por más conocida menos delictiva: HB es una institución política legal, pero subordinada a ETA-KAS. Lo del vídeo no es una anécdota baladí: responde al reparto de tareas que ETA-KAS encarga a cada frente del «movimiento». En esa ocasión, a HB le han encomendado salir y decir: «Prestamos nuestra voz a ETA. Nuestra oferta es la de ETA. Nuestro mensaje electoral no es el de HB, sino el de ETA.» Y así lo ha hecho.

Por su parte, los agentes de la Unidad Central de Inteligencia siguen rastreando KAS desde 1994. Años de investigación silenciosa, paciente, acumulativa, sin sobresaltos, sin atar nudos en el aire. Llevan ya gruesos mamotretos de diligencias y cachazudos estudios sobre documentos, contactos, conversaciones. Luego entrarán los peritos de la Agencia Estatal Tributaria, los inspectores de Trabajo, los analistas financieros del Estado... Todos, a auscultar las cuentas de KAS, los rugientes ceros de los socios de ETA. Va quedando patente que KAS no es una entelequia. Y la dependencia servicial de una batería de sociedades y personas respecto a KAS y a ETA, sin vuelta de hoja.

Llega un momento en que esos policías plantean al juez:

—Tenemos una pila de papeles. Todo encaja, todo cuadra; pero por esta vía ya no podemos avanzar más.

—Pues habrá que entrar, registrar esas empresas, practicar detenciones, interrogarles... Y, si esos nuevos datos confirman nuestras sospechas, abrir un procedimiento judicial.

Quien, sin él saberlo, precipita realmente la operación es Txemi Matanzas, un abogado de Gestoras pro Amnistía.[6] En mayo del 98, publica un artículo en Egin advirtiendo que el objetivo del Estado y el objetivo de Garzón es KAS. «Y yo soy un elemento de KAS», afirma retador. Después, se cuidará muy mucho de no volver a decirlo. Desde que Garzón empitonó a la mesa nacional de HB, el mundo abertzale está en ascuas. Y Matanzas, sensitivo, percibe el tornado antes que se produzca. Garzón reacciona rápido:

—¡Este tío ya lo ha visto! Éste se ha dado cuenta de que andamos rondando la estructura de KAS. Hay que tirar de la cuerda y actuar enseguida, no sea que desmonten el tinglado.

Inmediatamente se pone en marcha la *operación Kaseta*[7]: registros en las empresas de KAS y detenciones de *hombreskas* y *mujereskas* responsables. El juzgado n.º 5 se desplaza a Bilbao. En vuelo regular, y como si no se conocieran, viajan Baltasar Garzón, el fiscal Enrique Molina, la secretaria Natalia Reus, el forense Ángel Canelada, los oficiales José Carlos, Luis, Elena, Agustín, y el técnico informático, Jesús Sánchez.

6. Gestoras pro Amnistía, GGAA, son un elemento de KAS. Se encargan de la atención personal y legal de los etarras presos.

7. Es la misma que los policías de la UCI llaman *Operación Persiana*.

El centro operativo se establece en la Jefatura de Policía. Están también el director general, Juan Cotino y el subdirector, Pedro Díaz-Pintado. Es una intervención peligrosa y de envergadura. Pisan terreno minado. Han de ir sobre seguro, sin dar un paso en falso. Pero no pueden descartar cualquier reacción defensiva violenta. Entran en lo desconocido.

Al juzgado n.º 5 le habilitan una oficina en la misma comisaría. Garzón da las órdenes a Jesús de la Morena, y éste a Martín Zaragoza, que las distribuye entre los policías. Son mandamientos de entrada y registro por pertenencia o colaboración con banda armada, alzamiento de bienes, falsedad contable, fraude fiscal...

La operación comienza a las cero horas y un minuto de la noche del 27 al 28 de mayo de 1998. Como están previstas diez o doce detenciones y seis registros simultáneos en lugares de Álava, Guipúzcoa y Vizcaya, se reparten entre los funcionarios del juzgado. Los inspectores tienen ya localizadas a las personas y sus domicilios, locales y oficinas. Hay dispuestos cuarenta agentes para las detenciones, más un equipo uniformado, de cercanía, en cada inmueble. Llueve esa noche en Bilbao.

Extendido sobre una mesa, en la Jefatura de Policía, un plano grande. Y ahí, los objetivos, visibles con puntos de colores. Un móvil y un receptor inalámbrico de radio. Los agentes llaman dando novedades: «G2, closed... IIZ, closed. A y B, a oscuras...» Martín Zaragoza traduce a los que están allí: «Galgaraka, cerrada... Itzas Izarra, cerrada... Aulki y Banaka, todo apagado... Txente Askasibar entra en su casa... Maite Amezaga, luces fuera...» Con un rotulador amarillo, va marcando: «localizado». Con otro verde, «listo para detención».

No encuentran al gerente de KAS en Vizcaya, García Mijangos. Es una pieza importante de la investigación, más que como directivo de Egin, como administrador único de la agencia de viajes Ganeko, una de las pocas empresas que figuraban ya en la matriz del «Proyecto Udaletxe». García Mijangos es *hombrekas*, tiene línea directa con ETA y capacidad para apoderar a terceros. Pero, justo hoy, está de viaje. Le detendrán al día siguiente. Alguno, ubicado ya en su casa, sale a la calle. Martín Zaragoza le anula el trazo verde en el plano, hasta que regrese... Ese compás de espera, con la atención concentrada en el mapa, los puntos de colores y el radiotransmisor, dura hasta las 00.30 de la noche.

En pleno cierre operativo, una imprecación: «¡La madre que la parió!» Es Garzón. Sostiene en el aire una pluma chorreando tinta. La mira como si fuera a explotar: «Ha debido de rebosar en el avión, y al abrirla, ¡joder!, me he puesto perdido: la camisa, la corbata y el traje, que lo estreno hoy. Menos mal que he traído otra muda... Bah, no importa... Peor lo tienen otros.»

Es una noche tensa, incierta. Hasta los tubos de neón parecen trémulos. En la comisaría huele a una mezcla agria de café, tabaco, tinta de impresora, sudor, lluvia y estrés.

Una de las instrucciones de seguridad impartidas por ETA a sus *cabeza de huevo* es: «toda la contabilidad, en disquetes: unidades zip». Y otra: «nunca disquetes en casa». Así que les arrestan en sus domicilios, pero hacen los registros en las oficinas. Son contables, gente de números, no van armados, no forcejean. Uno —Diéguez, el sesentón de Bermeo— ironiza: «¿Qué pensáis, que soy de un comando de ETA? ¡Ya no tengo edad para eso!» Pero los demás, rostros demudados, brazos caídos y ni una palabra. Saben que lo que llevan entre manos es ilegal. Verse algún día con las esposas puestas entraba en sus cálculos.

Pasadas las dos de la madrugada, Garzón, Molina y Natalia Reus van con un contingente policial a los registros de Gadusmar, Ganeko y el «depósito seguro» de Bigarren. En San Sebastián, otro equipo accede a la central de AEK, la alfabetizadora. Son puntos donde esperan encontrar la documentación de más interés.

En Ganeko, les sorprende que casi todos los clientes de la agencia de viajes sean abertzales que van a lugares de Centroamérica donde hay deportados de ETA y gente buscada por la policía. El flujo más intenso es hacia Cuba. La contable y apoderada, Inmaculada Berriozabal, tiene entre manos un proyecto en la zona del Caribe, como mayorista turístico. Trabaja para KAS desde que era interventora de Caja Laboral Popular de Bilbao. Viaja con frecuencia a Cuba. Allí, a través de su novio, contacta con los etarras empleados de Gadusmar y Ugao en la compra y venta de pescado. Lleva también la contabilidad de *herrikos*, *txoznas* y otras actividades de KAS. En su oficina encuentran escrituras, contratos de arrendamiento, recibos de préstamos entre empresas de KAS: un montón de documentos cuya custodia tenía encomendada como persona de confianza. Entre ellos, el del alquiler del «depósito seguro» que utilizan Bigarren y Begoña P. Capapé, la periodista de Egin. Ese cubículo, una oficinilla de 3,5 metros por 2, no más, será uno de los registros más reveladores: el servicio secreto de información KAS, *Naemko / Informazio Taldea*, y sus sofisticados artilugios de espionaje. Detienen a Bigarren y a Begoña Pérez Capapé.

Empiezan a llegar los detenidos a la Jefatura de Policía. Mientras esperan en los calabozos, se cuida estrictamente la incomunicación: que no coincidan, que no se vean, que nadie sepa quién más ha caído. Leen a cada uno sus derechos y el motivo de su detención, y pasan a reconocimiento del médico forense. Después, cada detenido es trasladado a Madrid en un coche policial, con otro vehículo de protección.

Sin más cena que un sándwich, cafés y coca-colas, trabajan toda la noche. Por la mañana temprano, una ducha en el Ercilla, un desayuno de *marines* y una buena roncada en el vuelo de regreso. Garzón y Molina van directos al juzgado. Algunos funcionarios se quedan con Natalia Reus, porque ha surgido un registro en Gernika, a consecuencia de los hallazgos en el «depósito seguro» de Bigarren.

Llenan un furgón con el material incautado: libros contables, albaranes, recibos, disquetes y varios ordenadores, que vacían ya en Madrid. Han encontrado más de lo que buscaban. Sólo de una firma, la gestora Banaka S.A., dependen ciento ocho sociedades.

Baltasar Garzón anota en su Diario:

28 de mayo, 1998. La documentación incautada puede ser importante: deja al descubierto la imbricación y el cañamazo financiero de ETA-KAS. Espero que todo cuadre. En el registro de Gadusmar / Itzas Izarra ha aparecido un proyecto de banco nacional vasco, una especie de Banco de España para Euskadi, de estructura similar a la cooperativa de Mondragón. Empiezo a estudiar esos papeles. Han detenido a otros dos. Once, pues.

Balti se enfrenta a la profesora de inglés. Según el chico, la profesora le insultó por apuntar a una compañera. Yayo le pone de castigo no hablar conmigo. O sea, que también me castiga a mí. Me estoy haciendo mayor: necesito mucho a mis hijos.

Días después, ya en el juzgado, Bigarren, retranqueado en un silencio berroqueño, aguanta impávido el interrogatorio de Garzón. Es un tipo menudo y bajito, de expresión hosca. No va a hablar, pero escucha atento las preguntas: quiere conocer qué sabe y qué no sabe el juez. Taciturno, de mirada oscura, hace balance mental de la cuantía de los daños, hasta dónde afecta el destrozo, qué datos tienen, quién más ha caído...

Iker Beristain también se niega a colaborar. Garzón le dice: «Mire, está aquí todo... Hablar sólo podría beneficiarle. Usted verá.» Es un hombre joven, de unos 25 años. Procede de las juventudes de Jarrai. Había tomado tantas precauciones de códigos secretos, encriptamientos, compresión de archivos, nombres en clave, destrucción de talones y apuntes bancarios... que no sale de su asombro, no acaba de entender cómo han podido pillarle con la guardia baja. En el interrogatorio, parece ausente. Navega sin duda por su internet cerebral buscando «algún jodido topo delator entre los nuestros».

El chip inteligente y oculto, el cerebro en la sombra de ese armazón financiero de ETA-KAS, el dirigente máximo de quien todos reciben directrices y a quien todos rinden cuentas se llama Josu Andoni Etxeberria Arbelaiz. Un quídam anónimo, un hombre sin rostro, con 110.000 pesetas de miserable sueldo para tirar todo el mes, y al que los periódicos se referirán tres días más tarde como «un tal Etxeberria, hermano al parecer de Rufi Etxeberria, el miembro encarcelado de la mesa nacional de HB». Garzón le imputa los delitos de asociación y pertenencia a la organización terrorista ETA-KAS y alzamiento de bienes.

Entre la cordada de detenidos, además de Josu Andoni Etxeberria, hay otro *hombrekas* de alto bordo, que también almacena en su memoria un arsenal de datos de valor: Pablo Gorostiaga. Como ETA-KAS sabe lo que tiene en juego, blinda a esos dos hombres metiéndolos en las listas electorales de HB.[8] En octubre de ese mismo 1998, ambos son elegidos parlamentarios vascos. Adquieren así el beneficio del fuero. Y salen de la inquietante órbita judicial de Garzón.[9]

El juez del n.º 5 refleja en su cuaderno personal:

1 de junio, 1998. Entro de guardia. Tomando declaración a los once detenidos, hasta las 6.30 de la madrugada. Estamos empalmando días y noches sin dormir, pero la operación requiere esta continuidad para que produzca efectos. Algunos se cierran a cal y

8. En esas elecciones, HB se llamará Euskal Herritarrok.

9. A instancia de Garzón, el Supremo segrega de la causa total —sumario 18/98— lo referente a estos dos imputados, y lo remite al Tribunal Superior de Justicia del País Vasco, que prosigue la instrucción en lo que concierne a esos aforados.

canto. Ha habido dos declaraciones claves: la de Inmaculada Berriozábal y la de Vicente Askasibar, Txente. Inmaculada es contable de toda confianza para ETA-KAS, no sólo de la agencia de viajes. Controla valiosa información y conoce bien los pagos y el sistema financiero del grupo KAS. Al principio se niega a declarar. No quiere implicarse. Ante el acopio documental que tenemos investigado, empieza a ser más explícita: «Bueno, esto lo que significa es... este recibo se refiere a...» Después de muchas dudas —miradas, silencios, medias palabras... nunca sabré qué ocurre en sus conciencias en ese instante—, de pronto esta mujer dice: «¡Venga!», y decide contarme lo que sabe por su participación personal.

Askasibar, Txente, tesorero de KAS hasta 1997, ha sido exhaustivo: los alambiques de la economía de KAS, los préstamos de unas empresas a otras nunca devueltos ni reclamados, las personas asalariadas como «liberados» de HB o de KAS...

Decían que no existía KAS. Pero... se va viendo, negro sobre blanco, que existe. Decían que HB y ETA no tenían nada que ver. Pero... resulta que comparten sedes, que unos a otros se enjugan sus deudas y se hacen préstamos sin retorno, que unos pagan los teléfonos y los seguros del coche de otros...

El próximo paso será Orain-Egin.

Yayo habla con el coordinador de Balti. ¡Va a tener razón el chiquillo!

«El próximo paso será Orain-Egin...» Entre las empresas que ETA-KAS considera suyas, y que figuraban ya en el «Proyecto Udaletxe», está Orain S.A. Es decir, la editora del periódico Egin y de la emisora Egin Irratia.

Juan María Atutxa no se cansa de decir que «Egin son los 50 gramos diarios de amonal», y en 1996 encarga a la Ertzaintza un informe sobre las deudas de Orain S.A. al erario público. Ahí se ve que la editora de Egin debe más de quinientos millones de pesetas a la Seguridad Social,[10] y su plantilla de personal trabajador no resistiría la más benévola inspección laboral.

El Gobierno Vasco no quiere meterse a dinamitar Egin; pero da

10. A 16 de marzo de 1998, la deuda de Egin con la Seguridad Social era de 551.305.147 pesetas. Continúa vigente y el gobierno español no la reclama...

ideas por si otros le hacen el trabajo de artificieros: ese informe llega a la mesa del ministro Belloch. Le sirven en bandeja que proceda contra Orain. Belloch ve el dossier y lo aparta con gesto de superior munificencia: «En esta situación están muchas empresas periodísticas: endeudadas hasta las cejas con la Seguridad Social; pero el gobierno hace la vista gorda. Hay cierta tolerancia, ya tradicional, por aquello de respetar la libertad de prensa. Para ir contra Egin, habría que cargarse de razones de otro paño; si no, se vería discriminatorio.»

Poco después, ese estudio llega al comisario general Jesús de la Morena. Los analistas de la UCI se lo echan a la cara y detectan que en 1993 se produjo una súbita descapitalización en Orain S.A.: temiendo ser embargada por la Seguridad Social, puso a resguardo su patrimonio —por valor de 831 millones—, traspasándolo a Ardatza S.A., una empresa hueca, de mera fachada, que resulta ser de KAS. Hicieron el paripé formal de suscribir un pacto de retro, de retorno de los bienes, con vencimiento a los cinco años. Pero, cumplido el plazo de esa devolución, Orain renuncia a recuperar lo que es suyo. Y sin contrapartidas.

Tan raro movimiento hace sospechar a la policía: o entre Orain y Ardatza hay una confianza más fuerte que la que se da en una familia; o aquello es un simulacro, y Orain y Ardatza son la misma cosa con nombres distintos. Investigan. Y comprueban que la descapitalización fue ficticia. Simplemente, se ocultó el capital de modo fraudulento, cambiándolo de caja.

En la indagación salta otro dato muy expresivo de la conexión que Garzón busca: esa artimaña financiera para salvar a Egin, ETA se la indica ya en 1992. Y así aparece en los papeles incautados a Santacristina, Txelis, cuando detuvieron a la cúpula etarra en Bidart. Se ve ahí cómo Egin da cuentas a ETA de sus intimidades económicas, de sus vicisitudes mercantiles, hasta del número de ejemplares que vende. Y ETA muestra su desvelo: «Seguimos con preocupación los balances que nos transmitís periódicamente, pero sin ver soluciones claras...» Desde ETA, explican a Orain paso a paso exactamente ese plan financiero y jurídico para que oculte su patrimonio y lo libre de la Seguridad Social. ¿Por qué iba a molestarse ETA en dar recetas de solución a nadie, si no era porque estaba protegiendo algo suyo?

¡Y tan suyo! En febrero de aquel mismo 1992, Egin somete a

ETA los nuevos nombramientos de director y directora adjunta: Xabier Salutregi y Teresa Toda van a Francia con Ramón Uranga, el consejero delegado de Orain S. A. Están tres días encerrados con Txelis, jefe del «aparato político» de ETA, en la suite número 10 del hotel Des Pyrénées de Bidart. Allí reciben el *placet* y las instrucciones de la organización a la que deben servir.

También hay constancia de que ETA es consultada y da su parecer a la hora de designar al nuevo consejo de administración de la editora de Egin. Sin disimulos, dejan ahí demasiado a la vista dos coincidencias: todos los consejeros de Orain son *hombreskas*; y todos los consejeros de Orain son consejeros de Ardatza, su tapadera ficticia.[11]

Garzón indica a la policía por dónde deben investigar:

—Egin es un instrumento de ETA y le está subordinado. Pero yo necesito pruebas de ese engarce y de esa dependencia.

Por las cartas que se cruzan, es patente que ETA controla: desde criticar la falta de tensión narrativa de un periodista de Egin Irratia, «el locutor soporífero, sin ninguna reacción viva», o autorizarles a «pedir dinero para el periódico en el continente americano, aunque lo de México no lo vemos», hasta instaurar un mecanismo electrónico con el que ETA y Egin se comuniquen «a nivel dirección y sólo dirección, sin que nadie más tenga la clave», y evitando «interferencias de la *txakurrada*» (policía). El sistema que establecen es «comprimir los textos, para que la transmisión sea más rápida y menos captable»; «encriptarlos y enviarlos por módem, con ordenador portátil, pues las líneas estarán pinchadas y pueden descubrir fácilmente desde dónde se envía, si lo hacéis siempre desde el mismo sitio»; «usar un código secreto de tres letras», etc. Esa conexión, inmediata y por arriba, garantiza a ETA recibir de Egin un flujo de información blindada y tener su filosofía editorial bajo control.

En esa línea de periódico instrumental, la policía reúne atesta-

11. En 1991, el consejo de administración de Orain era exactamente el mismo que el de Ardatza: Presidente, José Luis Elkoro Unamuno. Vicepresidente, José Ramón Aranguren Iraizuz. Consejero delegado, Ramón Uranga Zurutuza. Secretario, Íñigo Iruin Sanz. Consejeros, Francisco Murga Luzuriaga, Jesús María Zalakain Garaikoetxea, Julen Calzada Ugalde. Cuando en 1992 cesó Íñigo Iruin como secretario, fue nombrado Xabier Alegría Loinaz para ambas sociedades. Todos ellos, del núcleo de responsables de KAS.

dos donde terroristas de diversos comandos desmantelados declaran que se comunicaban con los dirigentes de ETA a través de Egin, y que disponían de un repertorio de claves en euskara para identificarse ante el periódico cuando debían insertar un mensaje o reivindicar un atentado. Usaban los saludos, *agurraks*, y los anuncios por palabras, *merkatus*. Ahí, entre vendo coche y alquilo piso, se leía de pronto: «Gorretzu, te espero el día 14 donde siempre.» Era una cita entre ellos.

Aitor Ibargen, detenido en 1998, reconoce: «Si me surgían problemas, yo tenía instrucción de decirlo enseguida a los responsables de ETA por la sección de *agurraks* de Egin.»

Con el insulso y elemental juego de letras cruzadas, la dirección de ETA envía mensajes de vida o muerte sobre los secuestrados Iglesias Zamora y Ortega Lara. Así lo reconocen sus captores: «En las letras de dos canciones estaba la clave de si teníamos que liberarlos o matarlos.»[12]

En el ordenador del dirigente de ETA Dorronsoro encuentran una lista de empresas extorsionadas por ETA con el impuesto revolucionario. No es una simple relación de nombres, sino que contiene datos muy precisos: número de registro mercantil, fecha de constitución, capital social, domicilio, administradores, finalidades, volumen de facturación, último balance económico, etc. A la policía le choca, y pregunta en Incresa, una agencia especializada en servir ese tipo de informes. Incresa ve los datos empresariales extraídos del disco duro de Dorronsoro y los reconoce: «Esto se dio desde aquí. Nos lo pidieron de Egin. En concreto, el periodista José Benigno Rei.»

Al Equipo de Investigación de Egin, que dirige José Benigno Rei, Pepe Rei, le indican sobre quién ha de hacer pesquisas, a quién ha de «dar leña»... Igual que le piden noticia sobre ciertos individuos de Cuba: «La cuestión —le escriben— sería conocer quién cojones es este León Carrasco, cuál es su relación con el aparato del Estado español, sea mafia, *txakurrada*, servicios especiales, aparato del PSOE... o todo junto.»

12. Miembros de diversos comandos de ETA reconocieron judicialmente esa comunicación a través de Egin: Iparragirre Genetxea, del Comando Lambroa; Sola Torres, del Nafarroa; Almaraz Larrañaga, del Araba/Itxasador; Aramburu Larrañaga, del Katamotz; Murga Cenarruzabetia, del Sugoi; Doyaga Altamira, del Atxerre; Uribetxeberria Bolinaga, Erostegi Bidaguren y Gaztelu Otxandorena, del Bellotxa/Gohierri; Ibargen Legorburu, del Ria, etc.

El diario publica informaciones críticas contra determinados personajes públicos de la sociedad vasca —políticos, empresarios, policías— que considera hostiles al MLNV, enemigos. Sucesivamente, monta una campaña denigratoria sobre cada uno de ellos. Los fustiga, los desacredita, los demoniza. Los marca como elementos que merecen ser eliminados del pueblo vasco. El señalamiento en la picota pública de alguien como «próxima víctima» se consuma trágicamente en once ciudadanos, que primero han sido estigmatizados por Egin y después asesinados por terroristas de ETA. Desde que ETA encomienda a Xabier Salutregi la dirección de Egin, en febrero del 92, y hasta que en julio del 98 Garzón clausura el rotativo, desde ese periódico se desatan al menos once campañas de hostigación *ad hominem* que inexorablemente acaban con la muerte de ese hombre. Así, José Antonio Santamaría (20.01.93), Joseba Goikoetxea (26.11.93), José María Olarte (27.07.94), Antonio Morcillo (15.12.94), Gregorio Ordóñez (23.01.95), Fernando Múgica (05.02.96), Ramón Doral (04.03.96), Isidro Usabiaga (26.07.96), Francisco Arratibal (11.02.97), Tomás Caballero (06.05.98) y Manuel Zamarreño (25.06.98). Cuando la secuencia criminal es tan indefectible, no cabe invocar el argumento de la casualidad. Allí todos lo saben: cada vez que Egin dice: «Tú no me gustas», la funeraria debe preparar un ataúd.

ETA es quien encarga a Egin «marcar al que ha de morir». Sobre ese «ejecutable», los comandos ponen luego su cruz filar.

El lunes 13 de julio de 1998, de noche y en su casa, Garzón escribe de un tirón una página entera de su Diario:

Todo el día, preparando la Operación Orain. *Yo la llamo «Agur». Serán de once a trece detenciones. Y el cierre de Egin. Lo tengo decidido.*

Llama la atención que haya sido así durante tanto tiempo, y todos consintiéndolo. Las medidas son fuertes. No es fácil atreverse a tomarlas. Pero yo soy juez, y la ley me lo da tasado: el cierre o la suspensión provisional de actividad. Código Penal, artículo 129. Es lo que voy a aplicar. Tengo muy claro que no ataco la libertad de expresión. Egin es un medio informativo, sí, pero está en manos de una organización terrorista que lo utiliza para sus fines criminales. Y, frente a la actividad delictiva, el derecho a informar cede. No es silenciar ni es censurar por apología del terrorismo. Jamás se me ocurriría callar a nadie porque dijera barbaridades. Como aquel cura de Vitoria, al que Alfonso Guerra pretendía que yo lo bajara del púlpito y lo encarcelara... O como lo del vídeo de HB: yo no procedí contra HB porque hicieran apología de ETA; sino porque, prestando su voz y su imagen a ETA, colaboraban con banda armada.

La verdad es dura como una piedra. Ahí está: durante más de treinta años, hemos consentido que se instalara un movimiento político y social liderado y comandado desde una filosofía de violencia y terror. ¿Qué hacer ahora? ¿Entonar un mea culpa*? La opción es la judicial. Y nadie puede pararla, porque el Estado de Derecho exige al juez que actúe desde la ley y con independencia, sea o no sea políticamente oportuno.*

Me voy a San Sebastián. ¡Ayúdame, papá!

Garzón y su equipo judicial aterrizan de noche en Fuenterrabía. Se alojan en el Silken Amara, de San Sebastián. La operación tiene sus escenarios en puntos muy dispersos de cinco provincias: Vitoria, Lezo, Bilbao, Rentería, San Sebastián, Oyarzun, Hernani, Pamplona y Madrid. Ahí se ubican las sucursales del periódico, la emisora de radio, la imprenta y los domicilios de los directivos de Orain, Ardatza, Erigane, Egin, Egin Irratia, Lema 2000, Hernani Imprimategia, que han de ser detenidos.

Los comisarios Jesús de la Morena y Antonio Martín Zaragoza coordinan un potente y entrenado dispositivo policial: van a participar trescientos cincuenta hombres. Varios equipos hacen batidas de vigilancia de campo, por zonas. Los objetivos humanos están bajo control. Quieren hacer todas las detenciones a un tiempo: cuando esas personas estén ya en sus casas; no en bares o restaurantes, donde un tercero pueda advertirlo y avisar a otros; y no por la calle, para evitar fugas.

La hora cero, minuto uno, del martes 15 de julio es el momento del inicio. Como tantas veces, de noche. Sobre la mesa de la Jefatura de Policía, los croquis de ubicación de domicilios y sedes: calle, portal, casa, piso... Los objetivos, marcados con un número de identidad. Y Martín Zaragoza con el radioteléfono pegado a la oreja, recibiendo noticias rápidas de sus agentes: «objetivo 3, apagado», «objetivo 7, situación de espera», «el 11 entró, pero ha salido». Transcurren así dos horas.

Desde Madrid, por teléfono, el ministro Jaime Mayor Oreja sigue los episodios paso a paso. El cierre de Egin tiene un alto voltaje político. Pero no es una operación política. Es neta iniciativa judicial. El juez dirige esa acción. Él da las órdenes. Él asume los riesgos. Y si hay error, él responde del error.

Los consejeros y directivos no entienden qué ocurre, no dan crédito, cuando a esas horas de la noche unos policías llaman a sus puertas. Hasta ese momento se han sentido acorazados, intocables. Son ejecutivos, entre cuarenta y cincuenta años, con un estatus no boyante, pero estable. El consejero delegado de Egin, Ramón Uranga, pide afeitarse antes de salir de casa esposado.

A Garzón siempre le golpea, como trallazo en el costado, ver a un hombre con las esposas puestas. No se acostumbra. Le sobreviene cierta vergüenza, cierto pudor, y tiene que desviar la mirada. Aunque lluevan razones legales, ese apresamiento, esa inmovilidad forzada es, piensa, una profanación de algo sagrado. Quizá el preso no lo sepa, pero él sí sabe que la libertad no es una merced, ni un logro, ni una conquista, ni un derecho. Es mucho más. Y mucho antes. Es esencia y cuajo del hombre. El hombre, o es libre, o no es hombre. Por eso, cuando le traen un detenido, lo primerísimo: «¡Quítenle las esposas!»

En la Jefatura de Policía se vive esa noche un minuto de tremenda turbación. Mientras Garzón recibe uno a uno a los arrestados, sube de repente Natalia Reus casi sin resuello y parpadeando muy alterada:

—Este señor, Ramón Uranga, dice que Orain S.A. no existe...

Garzón se vuelve hacia el comisario De la Morena, alzando las cejas por encima de los cristales de sus gafas:

—¡¿Cómo?! ¿Cómo dice? ¿Que Orain no existe...?

Se quedan todos sorprendidos por la «información».

—Dice que no —insiste Natalia—, que todo esto es un error, que Orain S.A. no existe desde 1993...

Como impelido por un resorte, el juez reacciona:

—A ver, traigan un ejemplar de Egin... uno cualquiera...

Busca rápido el recuadro de identidad editorial y mercantil. Son unos segundos de suspense. Garzón se ha quitado las gafas para leer mejor la letra menuda. Clava el dedo índice con fuerza en un punto del periódico y, taladrando con la mirada a Natalia, pero serena la voz, dice a los presentes:

—¿Qué pone aquí?

Ahí pone *Empresa editora: Orain S.A.*

La sede central y los talleres de edición de Egin están en el polígono Eciago de Hernani, a unos kilómetros de San Sebastián.

El plan es entrar en Egin a las cinco de la madrugada. Ese momento bisagra en que se han marchado los redactores del turno de noche, las rotativas están paradas, no queda nadie en los talleres y todavía no han llegado las mujeres de la limpieza.

Entre dos luces, una larga caravana de vehículos oscuros con los faros encendidos avanza como un tráiler imponente y veloz por la carretera de San Sebastián a Hernani. Son los policías de la UCI, los *geos* y toda esa tropa uniformada, marcial, temible. Visten traje de fajina azul marino, pasamontañas de tupamaro y botas de media caña. Los subfusiles cruzados sobre el pecho, en «prevengan». Jóvenes, ágiles, se mueven con elasticidad mecánica. Mete miedo ver llegar a tantos, tan robóticos y tan a la vez.

Los del equipo judicial —Garzón, el fiscal Molina, Natalia la secretaria, y tres o cuatro funcionarios— llegan y entran solos. Tienen prisa por acceder a la rotativa. Hay que actuar en pocas horas y con precisión. Llevan dos expertos en *teleco* para manejar los soportes informáticos, las piezas claves que inutilizan la rotativa y las *manchetas*. Garzón quiere impedir que en un par de días impriman el periódico clandestinamente en cualquier otro sitio, pero con la misma cabecera de Egin.

En las inmensas naves aún quedan, rezagados, docc o catorce trabajadores con sus monos de faena. Reconocen a Garzón. En un instante se percatan de lo que ocurre. Dos de ellos se ponen a aplaudir con aire provocador. Otro le interpela con sorna:

—¡Qué...! ¿Quieres que te aplaudamos porque vienes a cerrarnos el periódico?

Garzón se gira rápido y se les encara:

—¿Qué pasa? ¿Tienen ustedes algo que decir...?

Silencio compacto. No hay respuesta. Los que aplaudían, se quedan quietos, pasmados.

El fiscal Enrique Molina percibe en los rostros de los obreros expresiones de temor, de achantamiento... Se extraña, porque los operarios son más que ellos. Por la dirección de sus miradas, cae en la cuenta de que esos hombres se han asustado al ver lo que está ocurriendo justo a espaldas de Garzón y su gente: por las galerías altas de las naves han comenzado a entrar en ese momento los policías encapuchados, con sus amenazantes cetmes entre las manos.

Garzón y el fiscal Molina echan un vistazo a los archivos: «¡Esto es enorme... Aquí hay registro para dos meses por lo menos!» Sentado a una mesa del Egin, el juez se aplica a leer y seleccionar documentos. Trabaja veloz. Con ritmos sincronizados, los agentes de la UCI van precintando los ordenadores y las cajas de cartón donde los oficiales meten disquetes, cintas magnéticas, carpetas, archivos, sobres con papeles. Natalia Reus levanta acta detallada hasta del último clip. Llenan siete furgonetas de material requisado.

La tensión mayor es más tarde, al mediodía, en el Egin de Bilbao. Ya se conoce la noticia desde hace horas. Puede haber una reacción de respuesta violenta. La gente se ha ido concentrando por los alrededores del periódico. Expectación, curiosidad y morbo. Trabajadores de Egin increpan, abuchean y hacen gestos hostiles con el puño al juez y a todo el equipo mientras suben a los coches. También hay bilbaínos que miran en silencio. «Mi impresión —comenta Enrique Molina ya en marcha— es que les parece bien el cierre; pero tienen miedo a decirlo en voz alta.»

Son dos investigaciones en paralelo: por integración y colaboración con ETA y por delitos económicos. Encuentran nueva plasmación documental de que Orain —Egin— presta servicios a KAS desde 1989: imprime folletos, pegatinas, banderolas y carteles para Egizan, Jarrai, Gestoras pro Amnistía y otros elementos de KAS, y se los cobra a mitad de precio. Publica entrevistas a dirigentes de ETA. Paga varias deudas de ETA, y más tarde se las condona. Pasan al fardo de «provisión de insolventes» una serie de facturas de publicidad de KAS y gastos de «liberados» como Xabier Alegría, Juan Miguel Zabala... Apoya financieramente a empresas de ETA-KAS, como la bacaladera Gadusmar y la turística Ganeko, a la que costea obras de reforma en su sede social.

A la recíproca, también se reflejan continuas entregas de dinero de ETA a la editora de Egin. La policía tiene noticia de que, en 1978, ETA adquirió un paquete de acciones de Egin por 40 millones de pesetas, a través del dirigente etarra José Miguel Beñarain,

Argala. Pero, muerto Argala, ese punto está sin verificar. Sí hay resguardos, en cambio, de otras aportaciones de ETA en metálico y comprando acciones, por varios millones de pesetas cada vez,[13] en ese mismo 1978.

Ya de regreso, Baltasar Garzón anota en su Diario:

15 de julio de 1998. La Operación Agur *ha salido bien. Y limpia. Quince detenidos. A Madrid sólo trasladamos a once. En el coche, de San Sebastián a Bilbao, recibo llamada de Atutxa. Muy cariñoso, me da la enhorabuena por la decisión: «Esa medida tenía que haberse tomado hace mucho tiempo. La apoyo totalmente.» Se lo agradezco. Sobre todo, porque en ese momento acababa yo de oír por la radio a Anasagasti y a otros del PNV protestando. Sin entrar en la causa, que está secreta, le digo: «Yo era consciente de que ésta sería la primera vez que se clausurase un periódico en democracia. Y tenían que estar muy claras y muy amarradas las razones. Sólo puedo decirte una cosa, Juan María: no ha sido algo improvisado. Hay un largo conocimiento de la documentación, datos a punta pala que veníamos reuniendo desde hace años...»*

Pocos días después, vuelve a escribir:

19 de julio. Es domingo. A las 12 del mediodía empiezo a tomar declaraciones. Paso el día y la noche en el juzgado, hasta que amanece. Los funcionarios se turnan. Decreto ocho prisiones. Ayer, preparando los interrogatorios, me perdí la fiesta sorpresa para mi hija María. Se va a Ohio (USA) a estudiar todo este curso. La voy a echar tanto de menos... No quiero pensar en ello.

En esa tunda de declaraciones, el juez decreta prisión incondicional al presidente de la editora de Egin, Isidro Murga. Allí mismo, mientras aguarda su traslado a la cárcel, este hombre se desahoga con el fiscal y con uno de los funcionarios:

—Aunque me rebajase pena, ante el juez no lo puedo declarar porque me trincan, matan a la mujer y matan al hijo; pero... ¡yo quería quitarme ya de esta historia! Te colocas, porque quieres, en esa situación y con esas obligaciones. Luego, poco a poco, te vas complicando más y más... Y al final, no ves manera de cortar y salirte de ahí... ¡joder, estás cogido!

13. ETA suscribió acciones de Egin a través de sus militantes Andoni Elorza, Xabier Pagalday y Eduardo Jiménez Ormaetxea.

Garzón sigue reflejando por escrito sus impresiones personales sobre la épica de esos días:

22 de julio de 1998. Algunos periodistas y algunos políticos critican el cierre de Egin. Pero en los ambientes jurídicos el auto tiene buena acogida. Pienso que está fundamentado en Derecho. Y si no... ¡que me lo tumben! Cuando lo redacté, después de doce horas de interrogatorios, estaba yo cansado y preocupado: las consecuencias de equivocarme en lo más mínimo podían ser impredecibles, no ya para mi carrera, que serían brutales, sino para la estabilidad del país, por tocar algo tan sensible como el entorno social del terrorismo. Pero, conforme repasaba las declaraciones, los documentos, las pruebas, las coincidencias no casuales, los análisis contables, veía que, aun siendo una decisión de riesgo, era acertada.

23 de julio. El presidente Aznar, en viaje oficial por Turquía, dice desde Ankara que él ha cerrado el Egin: «Nosotros hemos callado al Egin... ¿creían que no nos atreveríamos a cerrarlo?» Me quedo atónito. Sé que se enteró la víspera de que yo decidiera acometer la operación. No pudo conocerla antes. ¿Cómo iba a saberlo, si hasta el 13 por la tarde no tuve yo claro el sí en mi conciencia? ¿A qué viene ese protagonismo? ¿A qué ese afán de politizar una decisión que ha sido sólo judicial?

Con declaraciones así, padece la imagen de la independencia judicial. Como juez, me perjudica. Como ciudadano, me enfada.

Margarita Mariscal de Gante me telefonea enseguida. Es magistrada y comparte mi disgusto por la interferencia. Pero también es ministra de Justicia, y echa un capote a su presidente:

—Baltasar, te aseguro que el presidente no dijo exactamente lo que se ha publicado. Subrayó que era un mandato judicial que el Gobierno cumplió con diligencia. Te aseguro que no se ha colgado la medalla del cierre del Egin...

—Si ha sido así, perfecto. Yo lo único que pido al Gobierno es que deje trabajar al juzgado: que respeten una investigación secreta sin meterle cargas políticas ¡por favor!

Yayo se fue ayer a Nueva York, para dejar allí a María, camino de Ohio. Aurorita está en Sevilla con mi madre. Y Balti se marcha mañana a Israel, a un kibutz. Me quedo solo: con una pila de trabajo, con mucho cansancio acumulado, con morriña... Ah, y con Gina, *la perra. Ciega y todo, como si lo intuyera, viene, se tumba en el suelo y ahí se queda, sin apartar su cabeza de mi pie.*

Porque calibra las consecuencias políticas de «equivocarse en lo más mínimo», Garzón pone inmediatamente la empresa Orain S.A. bajo administración judicial, para no lesionar los legítimos derechos de los trabajadores. En cambio, se toma tiempo, mucho tiempo, antes de detener al periodista de Egin Pepe Rei. Con esas cautelas se acuerda del «cuidado con el perro», *cave canem*, que los romanos ponían en las cancelas de sus villas. Con todo el esmero del mundo, *cave canem*, ordena un estudio minucioso del material incautado en el gabinete de trabajo de Rei.

Como jefe del Equipo de Investigación de Egin, Pepe Rei rastrea datos de personas o instituciones y redacta notas confidenciales, que no son para publicar: es información hacia dentro. Si, por ejemplo, unos etarras detenidos denuncian malos tratos, Rei indaga qué policías estaban de servicio, y facilita a ETA sus nombres, destinos, domicilios, rasgos físicos, lugares de ocio que frecuentan, matrícula, marca y color del coche...

Cuando la policía francesa detuvo al dirigente etarra Carlos Almorza, Pedrito de Andorain, le requisaron informes sobre «objetivos humanos» posibles, a efectos de extorsión, atentado, secuestro... Ahora, los agentes españoles comprueban que el remitente de aquellos informes fue Rei, desde Egin.

El correo del periodista con ETA es de doble sentido: a Pepe Rei también le encuentran una carta de ese mismo Carlos Almorza dándole directrices en tono perentorio y autoritario sobre una información importante que debe obtener del activista preso Xabier Abasolo y enviarla a ETA cuanto antes. En el ordenador de Rei, la policía rastrea la secuencia completa: el periodista ha obedecido esas instrucciones al pie de la letra.

Mobutu[14], encargado del «aparato militar» de ETA, al ser detenido en 1994 tenía, entre otros papeles, un mensaje de fecha 14 de octubre de 1993 firmado por *Pepe (fuente reservada)*. En ese texto, el comunicante Pepe alerta a Mobutu sobre un psicólogo, Enrique Etxeburua, rector de la Facultad de Psicología de Zorroaga, que en esos momentos está desempeñando cierto papel voluntarista en la liberación de Julio Iglesias Zamora —todavía secuestrado— y en su recuperación anímica. «Es jefe de psicólogos de la Ertzaintza al más alto nivel», escribe Pepe a Mobutu. Le facilita

14. Félix Alberto López de la Calle Gauna, alias Mobutu.

datos de su domicilio, teléfono y DNI; relata una conversación telefónica «escuchada» entre la mujer de Julio Iglesias y la del psicólogo; y acaba insinuando que Etxeburua, con el pretexto de tratar psíquicamente a Iglesias, podría sonsacarle información. Por muchas sospechas que suscite el nombre Pepe, ese papel duerme casi cinco años en las carpetas policiales. Pero ahora, al explorar los archivos informáticos de Pepe Rei en Egin, la policía encuentra el mensaje original que recibió Mobutu, idéntico y con la firma *Pepe (fuente reservada)* al pie. Quizá no hubiera otro Pepe en todo el submundo de ETA. En Egin, desde luego, sólo había uno. Ese documento es otra prueba más de que lo que Rei escribe a ETA llega a ETA.

La policía coteja de modo exhaustivo las tres redes de información: el Equipo de Egin, el *Naemko/Informazio Taldea* de KAS y la *Sarea* de ETA. No sólo están coordinados, sino que hay un único arcano de datos con las mismas plantillas y distintas vertientes, para que cada frente del «movimiento» tome de ahí lo que interese a sus actividades. Los tres se nutren de las mismas fuentes y persiguen los mismos fines. En marzo de 1999 queda hecha esa constatación. El juez ordena entonces detener a Rei.

El periodista niega y reniega ante Garzón:

—Yo me siento desde hace años —dice— objeto de una persecución política y judicial personalizada... Lo que usted pretende es amordazar las voces críticas del movimiento abertzale.

—Mire, yo no pretendo amordazar a nadie. Lo que tengo sobre usted es una serie de indicios acumulados, que pueden constituir un delito de colaboración con la banda armada ETA. En su ordenador hay muchas informaciones no publicadas, y varias de ellas se han encontrado, idénticas, en poder de dirigentes de ETA; encargos de informes sobre ciertas personas, que usted safisface; contactos recíprocos entre usted y dirigentes de ETA; claves reservadas que corresponden a estructuras de KAS y de ETA... Por si eso no fuera suficiente, dirige usted un Equipo de Investigación que coincide con los servicios informativos secretos de ETA y de KAS... Sí, sí, sí, coinciden en el sistema informático, en la base de datos, en los contenidos, en los informantes. Se aprecia una coordinación recíproca no casual, sino pretendida.

»Usted está en su derecho de negarlo todo. Ciertamente, soy yo quien tengo la obligación de demostrar que esto es así. Pero aquí, señor Rei, no hay nada personal. Yo a usted no le conozco. Entiéndame: no me interesa ser su perseguidor.

Y se lo dice con la frialdad de quien ha dejado pasar más de siete meses, desde que cerró Egin, hasta ordenar su arresto.

El episodio de Pepe Rei era una anécdota. Lo categórico fue que Garzón decretó la ilicitud de la *Koordinadora Abertzale Sozialista*, KAS, con toda su nervadura económica, institucional y social, y el cierre de Egin, procesando a veintiséis responsables y remitiendo al Tribunal Superior Vasco la causa de otros dos, con fuero de parlamentarios.

Lo categórico fue que, teniendo ETA tranquila su casa, abastecida su despensa, atendidas sus parentelas activas y sus clases pasivas, alguien dijo un buen día, y lo dijo sin más bagaje ni más arma que la ley: «No podemos seguir con el juego de detener a un comando y a otro y a otro. ETA los repone en veinticuatro horas. ¡Esto es el cuento de nunca acabar! Demos la batalla en un terreno diferente. Investiguemos hasta el último clavo del andamiaje en que se apoya ese "movimiento": su malla empresarial, su ingeniería financiera, su economía de pan llevar, sus *ikastolas*, sus *herriko* tabernas, sus *txoznas* de feria, su periódico, sus *taldes* juveniles prearmados, sus *herri embaxadas* en otros países, sus gestoras de presos... Esa pretensión de Estado dentro del Estado que han ido construyendo sin meter ruido, confiados en que nunca se lo tocaríamos.»

En el margen de una página del Diario, Garzón anota:

Era una selva oscura y subterránea. Muchas veces pensamos cómo entraríamos ahí. Y hemos entrado... con la ley en la mano.

A últimos de julio de ese mismo 1998, Garzón habla en su despacho con Íñigo Iruin, letrado de varios procesados de Egin.

—¿El paso siguiente es ilegalizar HB? —le pregunta Iruin, a quemarropa.

—Eso lo has dicho tú. No yo.

—Hombre, leyendo bien tus autos, se ve que HB está en tu punto de mira...

—Íñigo, yo nunca doy un adelanto de mis resoluciones.

Al poquísimo tiempo, Herri Batasuna cambia de siglas. La camuflan en una estructura más amplia: Plataforma Euskal Herritarrok. Y así la blindan.

Más tarde, Iruin explica a Garzón:

—Estos de HB están a la que salta. Se ha unido todo: el vídeo, la mesa nacional, KAS, Egin... Bastó que les contara tu comentario de «yo nunca doy adelanto de mis resoluciones», para que dijeran: «¡Este tío viene a ilegalizarnos!» Y por la vía rápida, ¡zas!, cambio de siglas.

En agosto, el mundo de ETA-KAS se retira a sus maltrechos cuarteles de invierno y entra en un debate profundo. Sobre la mesa, declarar o no declarar una tregua.

A Garzón le madrugan la noticia por tres vías. Y una de ellas, bien pintoresca: De la dirección de ETA han hablado con Fidel Castro. El comandante envía a Adolfo Suárez un mensaje oficioso: «Mi sugerencia es que te ofrezcas de mediador. Como gesto inicial de buena voluntad, ETA abriría una tregua unilateral, sin contrapartidas, por un mes.» El mensaje es mucho más largo y frondoso: Castro no hace discursos de menos de seis horas, ni comunicados de menos de seis folios.

El 7 de septiembre de 1998, en un encuentro con Mayor Oreja y con Martí Fluxá, Garzón avisa al ministro:

—ETA va a anunciar una tregua. Las acciones judiciales les han hecho un buen descalabro. No hablo a humo de pajas. Será antes de doce días. Y pienso que el gobierno debería adelantarse a ETA: convocar a todos los partidos y formar una comisión negociadora encabezada por un líder imparcial y prestigioso, interlocutores vascos en ambos lados, presencia visible de la Iglesia y un observador de Estados Unidos.

—No hay indicio alguno de que ETA vaya a iniciar una tregua —responde Mayor Oreja.

Suárez advierte también a Aznar: «Me han propuesto esto.» Pero Aznar no cree que ETA tenga deseo de negociar en serio. Cuando llegue el momento, escogerá una fórmula con menos galones y alamares, más de segundo nivel. Aceptando, eso sí, la presencia de un obispo vasco.[15]

El 16 del mismo mes, Garzón telefonea al ministro:

—Jaime, lo de la tregua va. Y va ya.

Al día siguiente, ETA inicia una tregua *sine die*.

15. Representan al gobierno Javier Zarzalejo, Pedro Arriola y Ricardo Martí Fluxá. Está presente también monseñor Juan María Uriarte, tío, por cierto, de la abogada de HB Jone Goirizelaia.

Sin embargo, ETA está en sus peores condiciones para sentarse a negociar. Ahí acertaba Mayor Oreja. Y, de hecho, ETA no negocia. Despliega bandera blanca, forzada por la batida policial y el acoso judicial; pero sólo pretende ganar tiempo. Es lo único que necesita. Tiempo. Un alto, un respiro. Tiene sus cuentas embargadas, sus contables en la cárcel, sus oficinas cerradas, cientos de millones depositados en el juzgado «para eventuales responsabilidades pecuniarias». La han dejado sin voz y sin liquidez. Desmantelada su red de estructuras. Sus nudos de enlace deshechos. Los tendones que sostenían toda esa gran carpa social, quebrados, averiados...

Un día, Iñaki Esnaola y Christianne Fando, abogados abertzales, comentan a Garzón: «Tú eres el causante de que ETA haya declarado la tregua.» El juez niega, moviendo la cabeza:

—Una actuación judicial, por amplia y brillante que sea, no colapsa a todo el MLNV... Esta tregua no es el final: es sólo un alto en la guerra. ETA sabe que cuanta más sangre haya hecho, y cuanto más reciente y fresca esté esa sangre, más fuerza tiene ante una mesa de negociación. La cosa es así de brutal. Lleva desde 1968 golpeando. Nosotros queremos que acabe pronto. Pero ETA no tiene ningún interés en que acabe pronto. A no ser que se acepten sus exigencias. Juega a largo. Su baza es el tiempo: lo único que puede ofrecer a sus seguidores es un horizonte inalcanzable, que no vivirán para ver. Y como sabe que no le van a dar lo que reclama, antes de declarar un alto el fuego tiene ya listas las pistolas para *el día después*.

El *día después* fue el 21 de enero de 2000. La bestia tenía listas las pistolas. Y volvió a hacer sangre.

El *día después* fue el 29 de enero de 2000. También la policía tenía listas sus diligencias. Y el juez Garzón, sus órdenes de «entren, registren, espérenles a pie de avión, deténganles». Una operación ágil y exacta, de diseño, desarboló en pocas horas toda la estructura Xaki: el «Ministerio de Relaciones Internacionales» de ETA. Otra ristra de etarras, a la cárcel.[16] Etarras *master class*, expertos en dossieres, encargados de los *bulegos* —las oficinas con-

16. Detenidos de Xaki: Elena Beloki, Gorka Martínez, Esther Agirre, Mikel Gotzon Corta, Miriam Campos, Txaro Buñuel, Mikel Gotzon Resa, Íñigo Elkoro, Sabino del Bado, Jokin Gorostidi, Antxia Zelaia Tucán, Nekane Txapartegi, Carlo María Gonzato, José María Olarra, Carloz Sáez de Egilaz, Mikel Egibar.

sulares de ETA por esos mundos—, y mucho más costosos de sustituir que los matones del gatillo.

Egin se convierte en Gara, un periódico clonado que toma el relevo y hace sus veces. Garzón dicta un auto imputándoles «sucesión» de empresas. Eso significa que Gara, como sucesor y continuador, tendría que afrontar la deuda milmillonaria de Egin.

Un ertzaina le dice a Garzón: «Aquel día del mitin de Anoeta, en marzo del 96, cuando los de HB no se atrevieron a poner el vídeo porque estábamos allí nosotros con su orden de intervenir, ¿se acuerda? Pues en la pantalla grande que tenían preparada, proyectaron su rostro... pero enmarcado en una diana de tiro y con la cruz filar. Cuídese, porque ésos se la guardan.»

ETA no ha dejado de tener a Garzón en su visor. En el verano de 2000, un confidente alerta a la policía de que hay preparativos para atentar contra la vida del juez: «Un balazo en la nuca, cuando esté en su despacho.» Ya está todo dispuesto: Garzón trabaja sentado y de espaldas a un gran ventanal que da a la calle de Génova. En la casa de enfrente, en el número 25, el Comando Madrid ha detectado un piso donde viven dos ancianos solos. Desde ahí, con rifle de mira telescópica, piensan hacer el disparo. Cuando Garzón lo sabe, se ofrece a hacer de cebo, para que los policías tiendan una emboscada a ETA.

Y no altera el ritmo de su «guerra». Ese mismo verano, mediado septiembre, dirige la *Operación Lobo Negro*: veintiún detenidos, el «gobierno en la sombra» de ETA. Las cabezas dirigentes de EKIN, que es el nuevo KAS reciclado. Y, con los etarras, sus ordenadores, sus documentos, todo su trabajo organizativo de dos años. Un filón de datos sobre la banda.

La víspera del despliegue de esa operación, por el juzgado n.º 5 deambula Txema Matanzas, aquel joven y listísimo abogado abertzale, el primero que se dio cuenta de que Garzón iba a entrar en ETA por la puerta de KAS... El juez hace una señal a la funcionaria Marimar. Sin palabras, le indica que «normalidad y disimulo». Matanzas no sabe que también él está en la lista de objetivos. Y, en efecto, es uno de los que cae en esa redada.

Un periodista pregunta: ¿Por qué *Lobo Negro*? Y un policía le contesta: «Yo para ellos soy un cipayo, y ellos son lobos negros.[17] Lo próxi-

17. En la jerga de ETA, a los policías de la Ertzaintza los llaman «cipayos», en alusión despectiva a los soldados indios que durante la colonización americana

mo puede ser lobo gris, lobo rojo, lobo pardo... En todo caso, lobo.»

Garzón sigue apuntando a la cabeza «a los que piensan, a los que montan la desobediencia civil, a los que planean "volver loco al Estado", a los que ordenan que esos talibanes descerebrados y fanáticos aprieten el gatillo o activen el detonador». En octubre hace nuevas detenciones de «diseñadores de la violencia» de ETA-EKIN. Ya van sesenta y seis, ya van setenta presos más...

La respuesta de ETA es encarnizada y brutal. Ese otoño de 2000, las hojas doradas de septiembre se emborrachan con la sangre de noviembre esparcida en el asfalto. Los matarifes se ceban con el poder judicial. Y no es espíritu de cuerpo, ni es que a Garzón unas muertes le muerdan más que otras; sin embargo, una voz desoladora se derrama por su alma: «Matan al fiscal Portero, matan al magistrado militar Querol... pero quieren matarte a ti. Tú cargas sus tormentas de muerte.» Lo piensa, lo oye resonar en su cerebro como un estallido insoportable, como una ola de mar bravío estrellándose crispada contra el acantilado. Eso, mientras recoge trocitos de los cuerpos del magistrado José Francisco Querol; de su chófer, Armando Medina; de su escolta, Jesús Escudero. Garzón está de guardia:

«Yendo en el coche, escucho por la radio a Luis del Olmo y él da la noticia... Me voy enseguida al lugar del siniestro... Pavoroso. Dantesco. Todo en llamas. Todo rojo y todo negro. Y el olor acre a quemado, a gasolina, a pólvora. Me golpean a la vez la ira y el abatimiento. ¡Qué fácil, en ese instante, consternarse, indignarse, embrutecerse! ¡Qué fácil, amilanarse y huir de allí corriendo, llorando...!

»Pero otra vez se impone, soberana, la cuajada serenidad de siempre. ¿Sangre fría? Creo que no: *No somos islas: somos continentes. La vida de cualquier ser me importa y me afecta. La muerte de cualquier ser me disminuye. No preguntes por quién doblan las campanas. Están doblando por ti.*[18]

»Saco fuerzas no sé de dónde y me pongo a meter las manos entre aquellas chatarras del Renault abrasado, amasijo de hierros retorcidos, para rescatar cuanto más pueda de los restos mortales...

—XVIII y XIX— servían a Francia, Inglaterra o Portugal. En la misma época, los guerrilleros indígenas de la resistencia se llamaban «lobos negros».

18. Ernest Hemingway, *Por quién doblan las campanas.*

Esto no es un levantamiento del cadáver, Dios mío, esto es una búsqueda macabra de muchos pedacitos de cadáveres...»

Con esas mismas palabras se lo cuenta a sus hijos, ya de noche, cuando el juez vuelve a casa a cambiarse de ropa. Se ha manchado, se ha puesto perdido, y debe adecentarse para ir al Tribunal Supremo a velar los féretros. Yayo le mira sin decir nada. Ella lo tiene muy asumido. Pero los chiquillos no. Balti con el puño le golpea cariñoso el hombro izquierdo. María le ha cogido la mano y se afana en acariciarle los dedos uno a uno. La pequeña Aurora abre de par en par sus ojos negros, y en el territorio de su frente infantil apunta un prematuro frunce de gravedad. Entiende demasiado. De repente, se echa en sus brazos:

—Papá, ¿no puedes dejar de ir a esa capilla ardiente?

—Aurora, hija, no me lo pongas más difícil...

ETA sigue asesinando. Y Garzón, montando batidas, interrogándoles, mirándoles a los ojos, sintiendo su aliento en la cara y su odio en el pecho. Cualquier día la descarga será para él. El amonal atroz o un tiro a distancia. A cañón tocante no se atreverán... No les tiene miedo. Pero sabe —escalofriantemente lo sabe— que está bailando con lobos.[19]

El Soto, 1 de noviembre de 2000

19. Este capítulo toma su nombre del filme *Bailando con lobos*, de Kevin Costner.

ÍNDICE ONOMÁSTICO

Los números en *cursiva* remiten a las ilustraciones

Álbum íntimo de Baltasar Garzón

133 fotografías inéditas

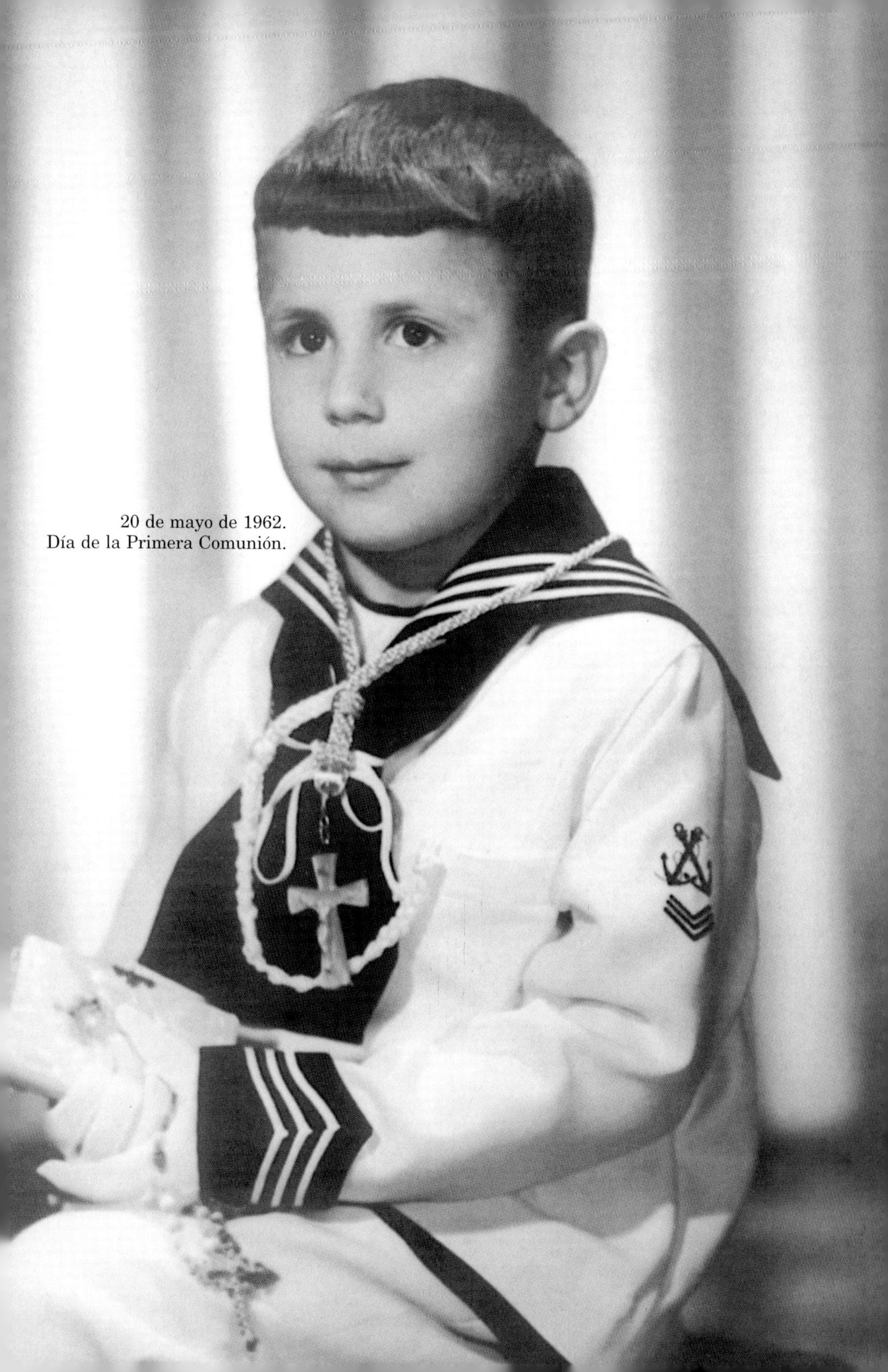

20 de mayo de 1962.
Día de la Primera Comunión.

Torres, pueblo natal de Baltasar Garzón, visto desde El Viso.

Ildefonso Garzón, padre de Baltasar.

María Real, madre de Baltasar.

Diciembre de 1961. Primera fotografía de Baltasar, en Jaén. Era la primera vez que salía del pueblo: tenían que operarle de amígdalas.

20 de mayo de 1962. Recordatorio de la Primera Comunión.

Cantemos en este día
alabanzas al Señor
por que es mucha la alegría
el haber recibido a Dios.

Guarda este recuerdo de mi
Primera Comunión.

El niño

Baltasar Garzón Real

recibió a Jesús Sacramentado,
el día 20 de Mayo de 1.962, en la
Iglesia Parroquial de Santo Domingo
de Guzmán, de Torres (Jaén).

Papelerías y Librerías «Santo Rostro».-Jaén

13 de junio de 1963. Procesión de Corpus Christi en Torres. Garzón era monago.

1964

1965

1969

1970

Baltasar Garzón, de los once a los quince años.

1971

1972

1973

1974

Baltasar Garzón, de los dieciséis a los diecinueve: ya es una constante su mirada grave y circunspecta.

1975

1976

1977

Estudiante de Derecho y opositor a judicatura.

LIBRO DE CALIFICACION ESCOLAR

Instituto Nacional de Enseñanza Media

de

Linares

FILIACION

Apellidos Garzón Real

Nombre Baltasar

Fecha de nacimiento 26-Octubre-1955

Naturaleza Torres (Jaén)

Nombre y domicilios de padres o tutores

Idelfonso y María

Número del expediente escolar

Observaciones:

Linares 21 de Marzo de 1965

Firma del alumno, El Secretario,

V.º B.º: El Director, (Sello del Centro)

Baltazar Garzón Real

Instituto Nacional de Bachillerato «Santísima Trinidad» - Baeza

ENSEÑANZA OFICIAL - CURSO 1972-1973

Curso de Orientación Universitaria

EVALUACION ANALITICA

MATERIAS	JULIO	SEPTIEMBRE
Lengua española	Notable	
Idioma extranjero ( )	Bien	
Matemáticas	Bien	
Filosofía.	Sobresaliente	
Latín.	Bien	
Griego.	Not.	
Seminario de F. Cívico-Social	Notable	
Seminario de F. Religiosa	Sobresaliente	

Calificación global Notable

Consejo de orientación Derecho - Letras

Baeza, de 11 J[illegible] de 19

El Tutor,

El Secretario del Instituto Nacional de Bachillerato «Santísima Trinidad de Baeza

CERTIFICO: Que la evaluación global y consejo de orientación transcritos en este libro concuerdan con el acta que se archiva en esta Secretaría.

Baeza, de [illegible] de 19

V.º B.º El Director, El Secretario

Notas de uno de los cursos de bachillerato.

1969. Tomando el sol junto a la alberca de El Hueco, la finca de labranza de su familia, en Torres.

1970. En mulo por El Hoyalino, en Torres.

1969. En el seminario de Jaén, junto a varios compañeros y el sacerdote Juan Viedma.

1970. Campeonato provincial de fútbol juvenil de Jaén. Fueron campeones provinciales y subcampeones nacionales. Baltasar, de pie, el primero por la izquierda, era el portero del equipo.

1973. De camarero en el restaurante sevillano «El Castillo, bodas, bautizos y comuniones».

Agosto de 1974. Con Yayo, en las cuevas de Nerja.

1974. Junto a Yayo en el aeropuerto de Sevilla.

Junio de 1976. En Sevilla, en el Colegio Mayor Hernando Colón.

1977. Paseando con Yayo por Granada.

Verano de 1978. En la plaza de la Signoria de Florencia, durante el viaje de fin de carrera.

Verano de 1978. En Génova, durante el viaje de fin de carrera.

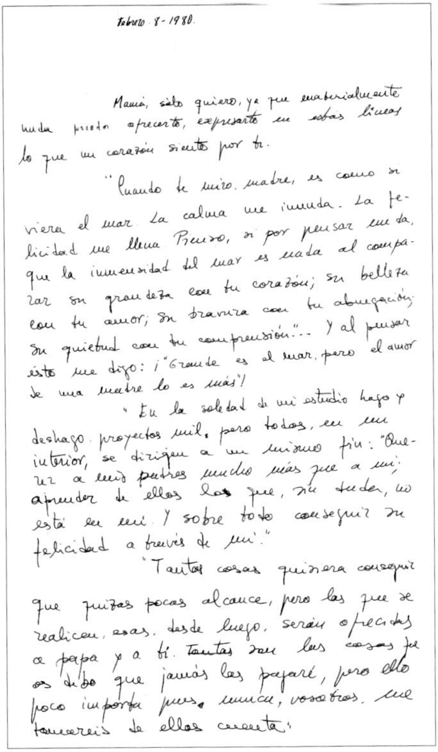

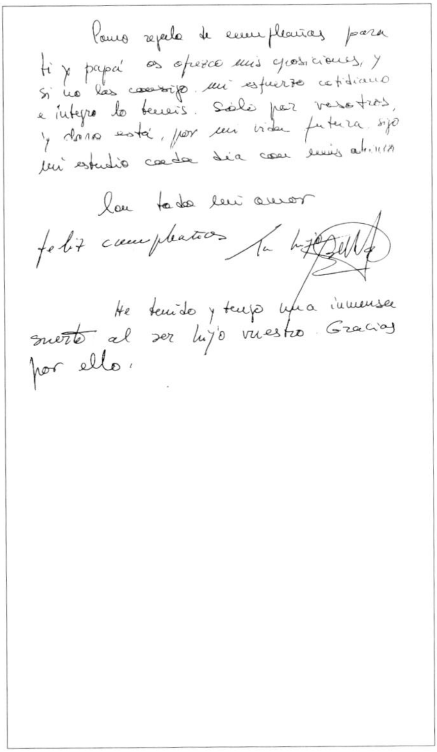

Febrero - 8 - 1980

Mamá, sólo quiero, ya que materialmente nada puedo ofrecerte, expresarte en estas líneas lo que mi corazón siente por ti.

«Cuando te miro, madre, es como si viera el mar. La calma me inunda. La felicidad me llena. Pienso, si por pensar me da, que la inmensidad del mar es nada al comparar su grandeza con tu corazón; su belleza con tu amor; su bravura con tu abnegación; su quietud con tu comprensión...» Y al pensar esto me digo: «¡Grande es el mar, pero el amor de una madre lo es más!»

«En la soledad de mi estudio hago y deshago proyectos mil, pero todos, en mi interior, se dirigen a un mismo fin: "Querer a mis padres mucho más que a mí; aprender de ellos lo que, sin duda, no está en mí. Y sobre todo conseguir su felicidad a través de mí."»

«Tantas cosas quisiera conseguir que quizás pocas alcance, pero las que se realicen, ésas, desde luego, serán ofrecidas a papá y a ti. Tantas son las cosas que os debo que jamás las pagaré, pero ello poco importa pues nunca, vosotros, me tomaréis de ellas cuenta.»

Como regalo de cumpleaños para ti y papá os ofrezco mis oposiciones, y si no las consigo, mi esfuerzo cotidiano e íntegro lo tenéis. Sólo por vosotros, y claro está, por mi vida futura, sigo mi estudio cada día con más ahínco.

Con todo mi amor.
Feliz cumpleaños.

Tu hijo, Baltasar

He tenido y tengo una inmensa suerte al ser hijo vuestro. Gracias por ello.

29 de noviembre de 1980.
Baltasar y Yayo el día de su boda.

29 de noviembre de 1980. Ceremonia de boda en la capilla de El Sagrario, catedral de Jaén. Les casa un cura amigo: Manuel Morales.

Enero de 1981. Vigesimo séptima promoción de jueces y fiscales. Baltasar Garzón, con barba, es el cuarto por la izquierda de la segunda fila.

1981. Con la peña «Los piltrafas», de la que formaba parte, en Valverde del Camino, primer destino como juez de instrucción. Garzón, de pie, en la última fila, junto a Ramón Membrillo, su «compadre»: Yayo y Baltasar apadrinaron a su hijo.

Marzo de 1981. Con Yayo en la sierra de Cazorla, cuando era juez en Villacarrillo.

14 de noviembre de 1982. Nacimiento de María, su primera hija, en la clínica sevillana del Sagrado Corazón.

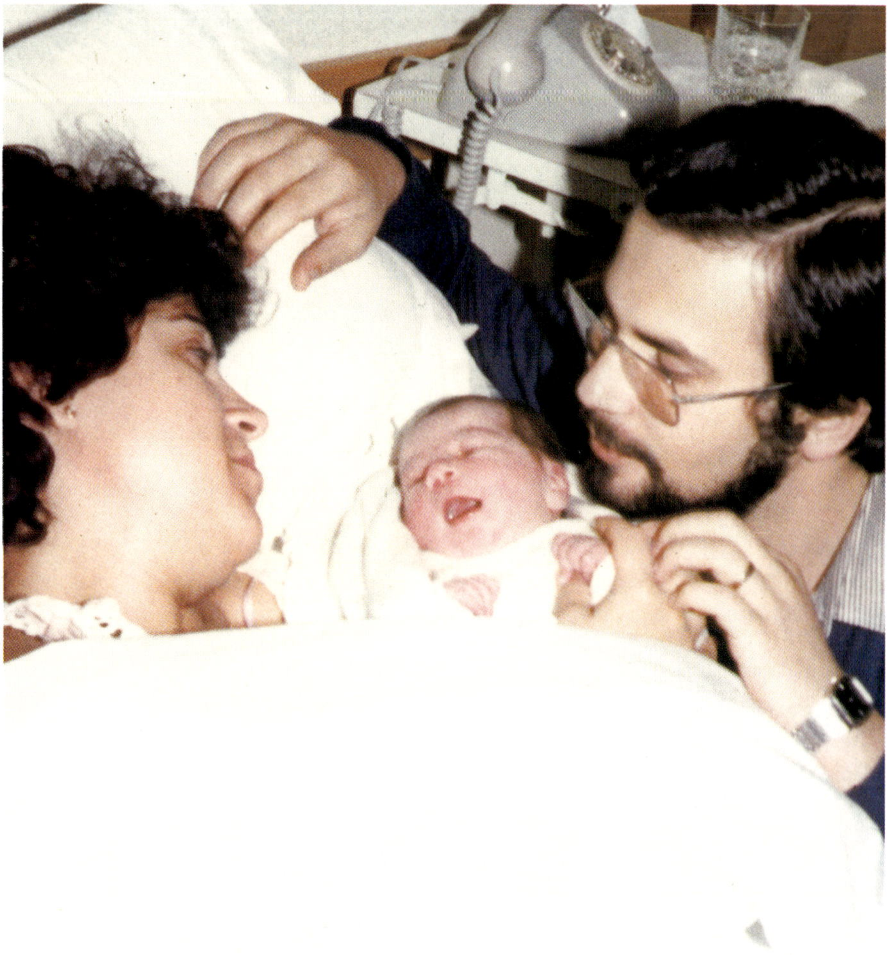

1983. Con su hija María en brazos, el día de su despedida como Juez de Instrucción de Villacarrillo (Jaén).

Octubre de 1983. Con Yayo y María en el monte Igueldo, de visita en San Sebastián, cuando estaba destinado como magistrado en Vitoria.

1986. En Almería, jugando con sus hijos María y Balti.

Septiembre de 1987. Con la familia en el zoo de Madrid.

Septiembre de 1987. Casando a su hermano Luis con Anabel, en Tarragona.

Verano de 1988. Sevillanas con la fiscal Carmen Tagle, en Valdemorillo, un año antes de que fuera asesinada por ETA.

Julio de 1988. En Basilea, con Javier Zaragoza, durante la Comisión Rogatoria de la Operación Alcira de narcotráfico.

21 de diciembre de 1988. En Bayona, tratando por primera vez del asunto GAL con el juez francés Armand Riberolles.

1988. Baltasar Garzón con sus hijos María y Balti en una excursión familiar a la sierra de Cazorla.

13 de septiembre de 1989. En el entierro de Carmen Tagle. «De pronto, nos abrazamos como una muralla humana.» De izquierda a derecha, los magistrados Hernández Gil, Garzón, Bueren, Gómez de Liaño y Moreno Chamorro.

12 de octubre de 1989. Balti, Baltasar, Yayo y María en Santiago de Compostela.

Semana Santa de 1990.
Esquiando en Sierra Nevada.

1990. Madrid, con sus perros *Athos* y *Luna*.

1990. Bailando con María.

4 de diciembre de 1991. Entrega de premios «Garbanzo de plata», con el dibujante Mingote y el alcalde de Madrid, Álvarez del Manzano.

1991. Garzón en su laberinto.
Foto de Schommer para El País.

Mayo de 1992. El día de la Primera Comunión de su hija María.

1992. Toreando una vaquilla en Salamanca.

En las fallas de Valencia, con su hija y la alcaldesa Rita Barberá.

Santiago de Compostela, 1989. Baltasar y Yayo: a la sombra de una sombrilla... y lloviendo.

Semana Santa de 1992. En Santo Domingo, un viaje de novios con doce años de retraso.

Semana Santa de 1992. Los Altos de Chabón, en la República Dominicana.

Verano de 1992. Cabalgando por el río Noguera Pallaresa, en la comarca leridana del Pallars Sobirà.

7 de abril de 1993. En la facultad de Filosofía y Letras de la Universidad Complutense, con ocasión de una conferencia sobre el narcotráfico.

10 de mayo de 1993, con Narcís Serra y José Bono, antes del primer mitin en Albacete.

26 de mayo de 1993. Iñaki Gabilondo, Baltasar Garzón, Jesús Hermida y Luis del Olmo en el Nou Camp de Barcelona.

Mayo de 1993. Junto a Felipe González en la presentación de la candidatura del PSOE por Madrid.

El mismo día en el hotel Mindanao, acompañado de Ramón Rubial, Máximo Valverde y Felipe González.

4 de junio de 1993. Mitin del cierre de campaña en la Casa de Campo, junto a Joaquín Leguina, Felipe González, Javier Solana y Carmen García Bloise.

El mismo día, Garzón y González comentan anécdotas de la campaña electoral.

Julio de 1993. En el Congreso de los Diputados, con Belloch y Serra al hilo de la ley de inmigración.

3 de agosto de 1993. Toma de posesión como secretario de Estado del Plan Nacional sobre Drogas. Asisten los ministros Suárez Pertierra (Defensa), Ángeles Amador (Sanidad), José Luis Corcuera (Interior), Juan Alberto Belloch (Justicia) y Cristina Alberdi (Asuntos Sociales).

Septiembre de 1993. En el pueblo de Torres, junto al alcalde Juan Rojas, al bautizar con su nombre la calle Mayor.

3 de enero de 1994. Rueda de prensa del ministro del Interior Antonio Asunción: «Quiero que se vea y se sepa que el número dos de Interior eres tú.»

27 de noviembre de 1993. Con Felipe González y el canciller alemán Helmut Khol, durante la Cumbre hispano-alemana de 1993. En esta charla Felipe comunica a Khol que ha encargado a Baltasar Garzón un proyecto de coordinación de la Policía en su lucha contra el crimen organizado.

10 de diciembre de 1993. Reunión en Toledo para el «Impulso democrático». Junto a Garzón, entre otros, Borrell, Alberdi, Pérez Mariño, Bono, Hernández Moltó, Carrillo, Santesmases, Solchaga, Morán, Alborch, Virgilio Zapatero, Rodríguez-Ibarra, Asunción y Belloch.

17 de diciembre de 1993. Recibiendo al presidente de Portugal Cavaco Silva, en el aeropuerto de Son Sant Joan (Mallorca), para la cumbre hispano-lusa. Están también el presidente González y los ministros Asunción, Borrell y Navarro.

1993. Foro de alta dirección. El Príncipe de Asturias entrega a Garzón el *Master de Oro*.

24 de diciembre de 1993. Disfrazado de Papá Noel junto a su hijo Balti, durante la cena de Nochebuena.

Febrero de 1994. Conversando con el Rey en la Zarzuela, como delegado del Plan Nacional sobre Drogas.

Marzo de 1994. Con Serra y Gutiérrez Mellado ante Su Majestad la Reina, que preside la Fundación Contra la Droga.

20 de abril de 1994. Con V. Pérez Mariño (diputado del PSOE) y J. Antonio Belloch (ministro de Justicia) en el Debate sobre el Estado de la Nación.

20 de abril de 1994. En el Congreso de los Diputados, sentado junto a José Luis Corcuera, tras su dimisión como ministro de Interior.

20 de abril de 1994. Conversando con Javier Arenas en el Congreso de los Diputados acerca de la posible votación del PP a favor de la formación de la Comisión de Filesa.

8 de mayo de 1994. Primera Comunión de Balti. Junto al matrimonio, a la izquierda, Rosario Serrano, Madre de Yayo, y a la derecha, María Real, madre de Baltasar Garzón.

Julio de 1994. Homenaje a Blas de Otero en El Escorial. Baltasar Garzón con Juan Diego, Yayo, Imanol, Fany Rubio y Pepe Martín.

Verano de 1944. Asando chuletas junto a su madre, María, y Enrique de Diago, en la finca El Hueco, en Jaén.

Verano de 1994. Pepi, Baltasar, doña María, Juani, Luis y María Esther, en la finca El Hueco.

4 de agosto de 1994 en Mallorca, visitando un submarino con su hija Aurora.

1995. Baltasar Garzón en su juzgado, junto a una niña ucraniana damnificada por la catástrofe nuclear de Chernobil.

17 de febrero de 1995. Al salir de la Audiencia Nacional, después de tomar declaración a Rafael Vera en el asunto GAL y tras haber decretado su prisión provisional.

Julio de 1995. En Valencia, viste de mora a su hija Aurora.

Agosto de 1995. Descenso del Barranco del Infierno, en el Pallars Sobirà (Lleida).

Agosto de 1995. Otro momento del mismo descenso a rappel.

27 de agosto de 1995. Plaza de toros de Linares, sentado entre Federico Soria y Manolo Medina.

Verano de 1995. Con la familia en l'Estany Negre de Espot, en el Parque Nacional d'Aigües Tortes. Había un plan de «atentado sangriento» contra él y su familia en sus vacaciones.

15 de octubre de 1995. En Villanueva del Arzobispo, Jaén, recogiendo aceitunas de cornezuelo con su amigo Antonio.

8 de diciembre de 1995. Con Yayo, su mujer, frente a la Casa Blanca, Washington.

1995. Cena en Barcelona a favor del Proyecto Hombre. Johann Cruyff, Amalio Moratalla (subdirector del *Marca*) y Lino Salas.

Marzo de 1996. Junto a Luis del Olmo, haciendo entrega a Su Majestad la Reina de la recaudación del partido jugado en el estadio de Riazor (La Coruña).

28 de abril de 1996. Bailando con Yayo en la Feria de Sevilla.

Enero de 1997. En Washington, durante la toma de posesión de Bill Clinton y Al Gore.

Enero de 1997. Con Yayo en Washington, durante una fiesta de Al Gore.

Marzo de 1997. Acto de entrega a Su Majestad la Reina de la recaudación del partido de fútbol *Drogas No*. Con Luis del Olmo, Johann Cruyff y Rita Barberá.

Mayo de 1997. Corrida de toros en la plaza de las Ventas. Fiestas de San Isidro. Con su amigo y colega Tomás Sanz.

1997. Con Yayo, Aurorita y unos compañeros de raffting en el río Noguera Pallaresa.

1997. Practicando hidrospeed en el río Noguera Pallaresa, del Pallars Sobirà.

Guisando un estofado.

Octubre de 1997. Sierra de las Villas, en Jaén.

Diciembre de 1997. Modela una vasija de arcilla en presencia de Paco Tito, escultor y alfarero de Úbeda (Jaén).

Diciembre de 1997. En una cacería de faisanes en Toledo.

Diciembre de 1997. Un descanso, con Leandro y Pepe Oliva, en la jornada de caza.

Diciembre de 1997. Garzón cocina unas migas para los cazadores de faisanes.

Guardameta en el estadio de Mestalla, en Valencia, durante el partido *Drogas No*.

Valencia. Partido *Drogas No.*

1996. En Madrid, con el poeta José Agustín Goytisolo.

Abril de 1998. Escanciando sidra en los lagos de Covadonga, Asturias.

1998. Bailando con su mujer en la Casa de Andalucía de Gijón, con motivo del Pregón de Riego.

Eduardo Fungairiño, Javier Gómez de Liaño, María Dolores Márquez de Prado y Baltasar Garzón visitan la tumba de su compañera Carmen Tagle. Algunos de estos magistrados fueron conocidos como «los indomables».

11 de junio de 1999. Jardines del ayuntamiento de Palermo. Baltasar Garzón saluda a Hillary Clinton en presencia del alcalde de Palermo y eurodiputado De Luca Orlando, con motivo del Encuentro por la Democracia y Contra la Corrupción.

19 de enero de 1999. Garzón «sólo contra los elementos», entra en la Cámara de los Lores donde se debate la inmunidad de Pinochet.

12 de abril de 1999. Con Kofi Annan, secretario general de la ONU en la entrega de premios de la Asociación Internacional de Prensa. Ambos han recibido ese galardón en 1998 y 1999.

«Kofi Annan me dio ánimos y me dijo que siguiera adelante en la defensa de los derechos humanos.»

Garzón defiende en Bogotá a las ONG amenazadas por grupos armados. En la imagen junto a Kerry Kennedy Cuomo, hija del asesinado fiscal general de EE.UU., Robert Kennedy.

2 de agosto de 1999. Baltasar Garzón charla con su amigo el escritor y humanista argentino Ernesto Sábato, autor del informe «Nunca más» (*Informe Sábato*), sobre la represión y los crímenes durante la dictadura argentina de 1976 a 1983.

19 de marzo de 2000. Con Yayo en Venecia, reviviendo veintidós años después el viaje que hicieron siendo estudiantes.

13 de mayo de 2000. Primera Comunión de su hija Aurora.

14 de abril de 2000. Intervención ante la asamblea de las Naciones Unidas, en Viena.

14 de abril de 2000. Viena. En el despacho de Pino Arlachi (derecha), secretario general del X Congreso de la ONU para la Prevención de la Delincuencia y el Tratamiento de Delincuentes.

Julio de 2000. Universidad de verano de El Escorial, Garzón dirige un curso sobre Derechos Humanos, en el que intervienen los escritores Juan Goytisolo y José Saramago, nobel de literatura.

Agosto de 1999. Garzón ataviado con el *hata* saluda a un beduino por las inmediaciones de Petra.

Julio de 2000. Con David Trimble, primer ministro de Irlanda del Norte y premio Nobel de la Paz, en los cursos de la Universidad de Verano de El Escorial.

10 de agosto de 2000. Con Óscar Arias, ex presidente de Costa Rica y premio Nobel de la Paz. Garzón disertó sobre derechos humanos, en San José de Costa Rica.

26 de octubre de 2000. En la Universidad Complutense, con el fiscal —y ahora político— Antonio di Pietro.